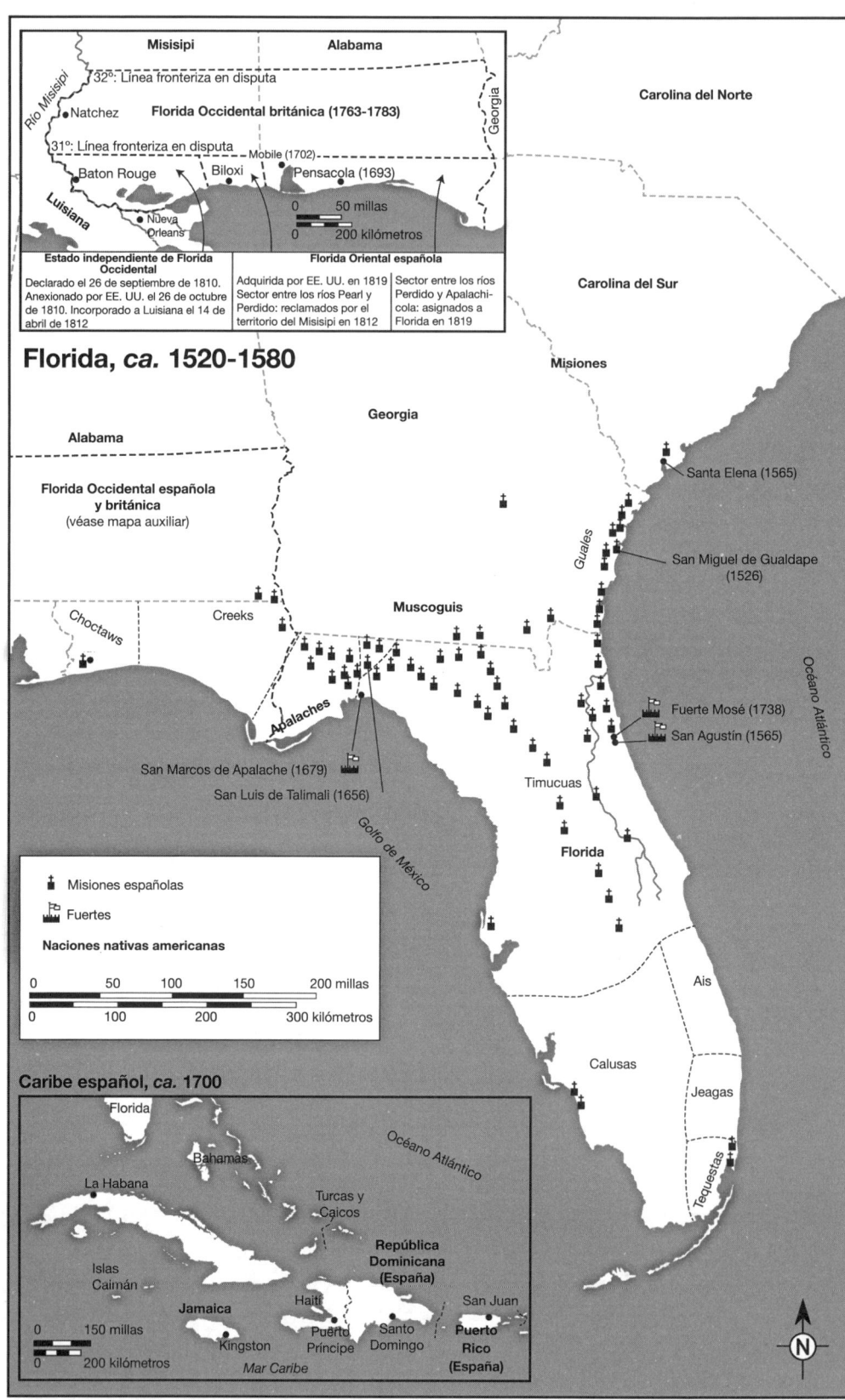

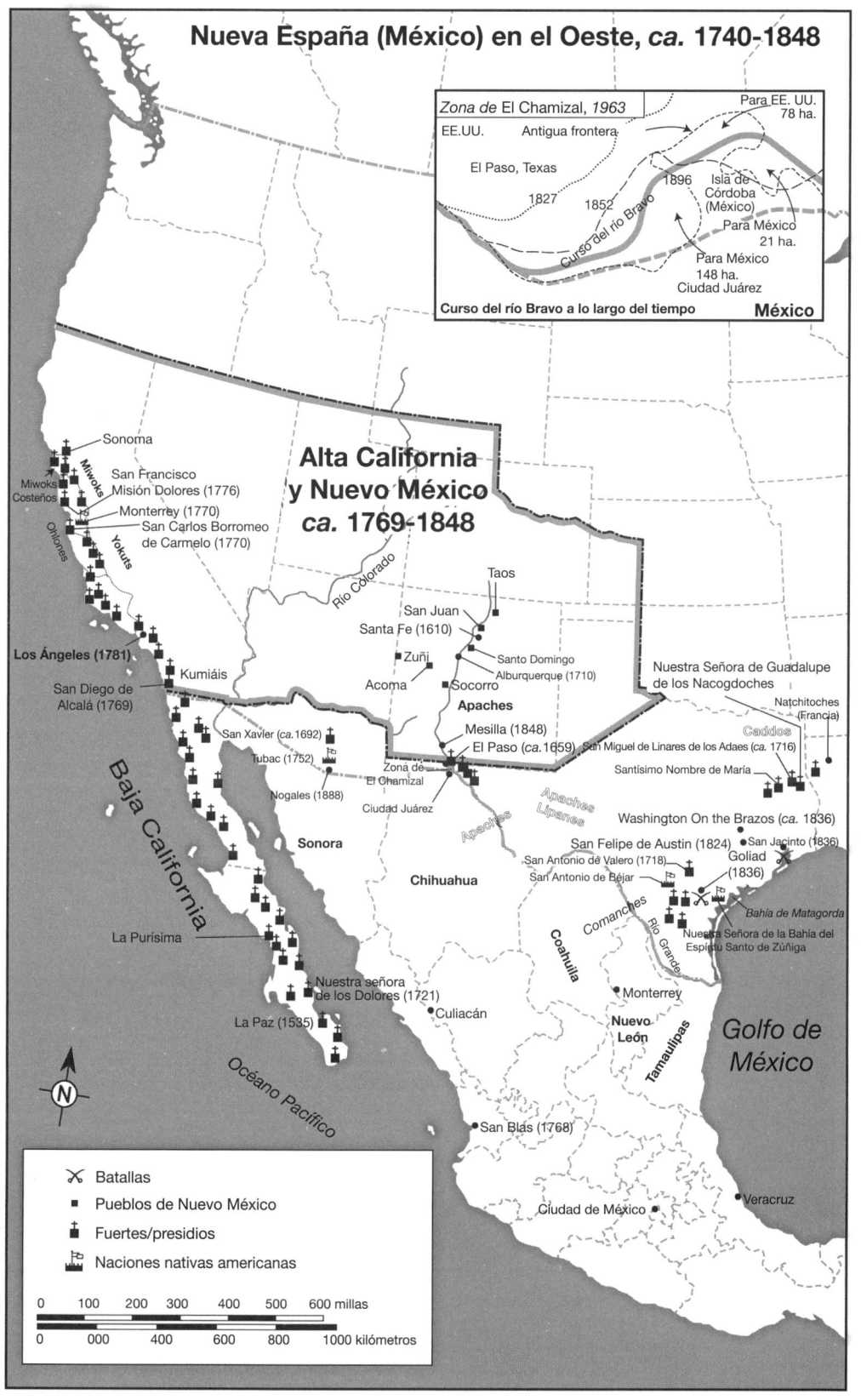

EL NORTE

La epopeya olvidada de la Norteamérica hispana

Carrie Gibson

Traducción de Pablo García Hervás

www.edaf.net

MADRID - MÉXICO - BUENOS AIRES - SANTIAGO
2022

Título original: *El Norte. The Epic and forgotten story of hispanic North America*
© 2019, Carrie Gibson
© 2021, de la traducción: Pablo García Hervás
© 2022. De esta edición, Editorial Edaf, S.L.U., Jorge Juan, 68 – 28009 Madrid, por acuerdo con A. M. Heath Literary Agents, 6 Worwick Court Holborn, London WC1R5DJ.

Diseño de cubierta: Gerardo Domínguez
Maquetación y diseño de interior: Diseño y Control Gráfico, S.L.

© Todos los derechos reservados

Editorial Edaf, S.L.U.
Jorge Juan, 68,
28009 Madrid, España
Teléf.: (34) 91 435 82 60
www.edaf.net
edaf@edaf.net

Ediciones Algaba, S.A. de C.V.
Calle 21, Poniente 3323 - Entre la 33 sur y la 35 sur
Colonia Belisario Domínguez
Puebla 72180, México
Telf.: 52 22 22 11 13 87
jaime.breton@edaf.com.mx

Edaf del Plata, S.A.
Chile, 2222
1227 Buenos Aires (Argentina)
edaf4@speedy.com.ar

Editorial Edaf Chile, S.A.
Avda. Charles Aranguiz Sandoval, 0367
Ex. Circunvalación, Puente Alto
Santiago - Chile
Telf: +56 2 2707 8100 / +56 9 9999 9855
comercialedafchile@edafchile.cl

Queda prohibida, salvo excepción prevista en la ley, cualquier forma de reproducción, distribución, comunicación pública y transformación de esta obra sin contar con la autorización de los titulares de la propiedad intelectual. La infracción de los derechos mencionados puede ser constitutiva de delito contra la propiedad intelectual (art. 270 y siguientes del Código Penal). El Centro Español de Derechos Reprográficos (CEDRO) vela por el respeto de los citados derechos.

Febrero de 2022

ISBN: 978-84-414-4138-5
Depósito legal: M-2671-2022

PRINTED IN SPAIN   IMPRESO EN ESPAÑA
COFÁS

A Matteo: amigo, guía y hermano

«¿Cómo sabremos que somos nosotros, si no tenemos pasado?».
—John Steinbeck, *Las uvas de la ira*

ÍNDICE

Nota de la autora. La búsqueda de El Norte 11

Introducción. Nogales, Arizona 15

Capítulo 1. Santa Elena, Carolina del Sur
ca. 1492-1550 27

Capítulo 2. Río San Juan, Florida
ca. 1550-1700 55

Capítulo 3. Alcalde, Nuevo México
ca. 1540-1720 75

Capítulo 4. Fuerte Mosé, Florida
ca. 1600-1760 99

Capítulo 5. Nueva Madrid, Misuri
ca. 1760-1790 123

Capítulo 6. Bahía de Nutka, Canadá
ca. 1760-1789 147

Capítulo 7. Nueva Orleans, Luisiana
ca. 1790-1804 161

Capítulo 8. Río Sabina, Texas
ca. 1804-1823 173

Capítulo 9. San Antonio de Béjar, Texas
ca. 1820-1848 201

Capítulo 10. Mesilla, Nuevo México
ca. 1850-1877 241

Capítulo 11. Ybor City, Florida
ca. 1870-1898 281

Capítulo 12. Del Río, Texas
ca. 1910-1940 309

Capítulo 13. Nueva York
ca. 1920-1970 345

Capítulo 14. Los Ángeles, California
ca. 1920-1980 369

Capítulo 15. Miami, Florida
ca. 1960-1980 405

Capítulo 16. Tucson, Arizona
ca. 1994-2018 425

Epílogo. Dalton, Georgia, 2014 451

Cronología de acontecimientos clave 462

Agradecimientos 471

Bibliografía selecta 475

Notas 481

Índice temático 551

Nota de la autora

La búsqueda de «El Norte»

Mi viaje a «El Norte» fue algo tortuoso, pues me llevó a Inglaterra y más adelante a las islas del Caribe, antes de acabar no muy lejos de donde empecé, en Dalton, Georgia. Situada en los Apalaches, esta ciudad tranquila y mayoritariamente blanca experimentó una transformación dramática cuando yo estaba en secundaria. En 1990, cuando entré en el instituto, la mayoría de los alumnos eran de habla inglesa y solo había unos pocos en la asignatura de Inglés como Segunda Lengua (ISL). En mi último año los anuncios de la mañana se daban en inglés y español, y las clases de ISL estaban llenas. A Dalton se habían trasladado miles de obreros y sus familias, principalmente de México, para trabajar en su mayor parte en las fábricas de alfombras que dominaban la economía local. Me gradué en 1994, tan solo meses antes de que entrara en vigor el Tratado de Libre Comercio de América del Norte o NAFTA. Nos encontrábamos a dos mil kilómetros de la frontera, pero México había venido hasta nosotros. Hoy, el alumnado de mi instituto tiene aproximadamente un 70 % de hispanos, y la ciudad un 50 %.

La complejidad de lo que viví entonces y en las dos décadas siguientes es lo que conforma este libro. Lo que comenzó en mis clases de español se vio enriquecido más adelante por la llegada de gente con la que pude aprender de telenovelas y banda sinaloense. Más adelante, se sumó a esta mezcla los diez años que pasé investigando para un doctorado acerca de la historia colonial de Cuba, República Dominicana y Puerto Rico. Finalmente, mi experiencia ha pasado por el filtro de veinte años residiendo en una de las ciudades más multiculturales del mundo como es Londres.

Mi familia se mudó de Dalton hace años, como tantos de mis amigos del instituto, y realmente no había pensado de una manera seria en la ciudad, o en la cuestión de la inmigración en Estados Unidos, hasta las elecciones de 2012. Me encontraba en Washington D. C., trabajando en mi historia del Caribe, titulada *Encrucijada del imperio*. Al seguir la cobertura periodística, me asombró el tono de la conversación mediática. La manera en que se representaba a los hispanos me sorprendió, porque el lenguaje no parecía haber cambiado respecto a la retórica de hacía más de una década. Los subtextos y mensajes implícitos eran los mismos: apenas se reconocía un largo pasado compartido, y en su lugar se hablaba de saltadores de fronteras o de la falta de documentación, y se usaba «mexicano» como una forma abreviada de decir «inmigrante ilegal». Era algo discordante porque la realidad de quienes estaban yendo a Estados Unidos llevaba tiempo siendo algo más complejo, empezando porque hay muchísimos inmigrantes y ciudadanos con raíces en todas las diversas naciones de Latinoamérica. Los miedos latentes hacia la población hispanohablante que revelaba esa retórica estallaron en la carrera presidencial de 2016, en la que se pudieron oír los cantos de «¡Construye ese muro!» en los mítines de campaña de Donald Trump. Cuando comencé este proyecto, aún faltaban años para esas elecciones.

Este libro sigue tratando las cuestiones que surgieron en 2012, pero estas han cobrado ahora un nuevo carácter de urgencia: hay una imperiosa necesidad de hablar de la historia hispánica de los Estados Unidos. El debate público se ha ampliado considerablemente durante el periodo transcurrido entre estas elecciones. En ocasiones, la respuesta a un diálogo sincero sobre cuestiones como el privilegio blanco parece haber sido un ruidoso resurgir del nacionalismo blanco. El presente lleva bastante tiempo desincronizado con el pasado. Gran parte de la historia hispánica del país ha permanecido ignorada y marginada. Dado que este pasado precede en un siglo a la llegada del Mayflower, es de todo punto igual de importante a la hora de dar forma a los Estados Unidos de hoy.

Viendo a mis compañeros de clase mexicanos me di cuenta de que, si mi apellido hubiese sido García en vez de Gibson, sobre mí habrían pendido una serie de suposiciones y expectativas culturales enteramente diferentes. Yo también me había mudado al Sur por necesidades de trabajo de mi padre, aunque nací en Ohio. También éramos católicos, mi abuela no hablaba bien el inglés y yo tenía muchos parientes en un país extranjero. Sin embargo, mi condición de blanca de clase media me protegió de las indignidades, grandes y pequeñas, que se amontonaban sobre los inmigrantes no europeos. Al igual que casi todo el mundo en Estados Unidos —con la obvia excepción de los nativos americanos—, mi gente viene de otro lugar. De hecho, nuestra llegada fue algo tardía. Por parte de mi padre, casi toda la variopinta mezcla europea de irlandeses, daneses, ingleses y escoceses data de 1840 en adelante. Mis abuelos maternos, sin embargo, llegaron a Estados Unidos desde Italia en el periodo en torno a la Segunda Guerra Mundial, antes en el caso de mi abuelo, y después en el de mi abuela. En los años 50 había una gran presión por «americanizarse» y mi abuela, que nunca perdió su fuerte acento italiano, vio la necesidad de educar a mi madre en inglés. Murió antes de que me fuera posible aprender algo de su dialecto véneto. Mi nombre anglosajón oculta mis recientes raíces inmigrantes. Lo que seguía perturbándome era esto: ¿por qué había sido yo, y otros ítaloestadounidenses, capaz de trascender estos orígenes, pero no aquellos con nombres hispanos?

Idioma, pertenencia, comunidad, raza, nacionalidad: estas son cuestiones difíciles en el mejor de los tiempos, pero están especialmente cargadas de dolor en este momento. Este libro es un intento de hallar un sentido histórico en la larga y compleja andadura de los hispanos en Estados Unidos. Han pasado más de doscientos años de guerras, leyes y actitudes sociales que conforman la situación contemporánea, además de tres siglos previos de intrincada historia colonial.

Gran parte de este proyecto también consistió en llenar las lagunas de mi propio conocimiento, además de conectar los puntos en todo lo que había aprendido, desde las influencias mexicanas en mi adolescencia a mi trabajo académico sobre el Caribe español. Sin embargo, en el medio había un abismo. En mi vida solo había cruzado el Misisipi unas pocas veces, por lo que, como parte de mi investigación, partí a experimentar la inmensidad de «el Norte», una expresión usada coloquialmente para referirse a Estados Unidos, pero que está cargada de significado. Recorrí más de dieciséis mil kilómetros, desde Florida al noroeste de Canadá, deteniéndome en todo tipo de lugares, desde puestos ambulantes de tacos hasta colecciones especiales en bibliotecas universitarias, además de parques nacionales y monumentos históricos. Mi objetivo era adquirir un sentido palpable del gran ámbito del pasado y presente hispánicos. El panorama de esta indagación histórica a menudo resultaba tan infinito y abrumador como el cielo sobre una carretera solitaria en Texas. Ahora bien, en realidad solo era el punto de partida de un viaje mucho más largo.

Escribiendo en 1883 para declinar una invitación para hablar con ocasión del aniversario de la fundación de Santa Fe, el poeta Walt Whitman reflexionó acerca del pasado español del país. «Los estadounidenses aún tenemos que aprender de verdad nuestros propios antecedentes, y ordenarlos, para unificarlos», dijo. «Por ahora, impresionados por los escritores y maestros de escuela de Nueva Inglaterra, nos abandonamos tácitamente a la noción de que los Estados Unidos se han fraguado únicamente a partir de las islas británicas y de que, en esencia, no forman más que una segunda Inglaterra, lo cual es un gran error». Whitman creía que el comprender la nación dependía de conocer su pasado hispánico, y que «para componer esa identidad estadounidense del futuro, el carácter español proporcionará algunas de las piezas más necesarias»[1].

Introducción

Nogales, Arizona

Conducir por la Interestatal 19 desde Tucson a Nogales, en Arizona, es todo lo que un pasajero podría esperar de un viaje por el desierto. Es un panorama llano y polvoriento; las montañas escarpadas te seducen desde la lejanía mientras atrás se van desdibujando los achaparrados matorrales. A medida que la carretera se aproxima a la pequeña ciudad, el llano da paso a suaves ondulaciones. Aparecen las casas, punteando una empinada ladera de vivos colores rosa, azul y naranja. A continuación, tras doblar una curva, algo más surge a la vista: la súbita impresión que da es como ver una serpiente en la maleza. Es larga, de color cobrizo, y se va deslizando por las colinas. Es la valla de seguridad entre México y Estados Unidos, visible a kilómetros de distancia.

Tal como quedó claro en la campaña de las elecciones presidenciales de 2016, una parte del público estadounidense sentía que esta barrera ya no era suficiente. En realidad, hay dos ciudades con el nombre de Nogales, una a cada lado de la frontera, separadas por una cerca construida con enormes postes. Estos permiten que las familias se vean unas a otras —aunque ahora el enrejado que se ha añadido a algunos tramos de la cerca les impide introducir la mano—, lo que da la sensación de estar en una gran cárcel a cielo abierto. El Nogales de México, al igual que tantos otros lugares a lo largo de la frontera, ha visto llegar la violencia del narcotráfico y la desaparición de los turistas, confiriéndole un aire de serena resignación. Ni siquiera los coloridos azulejos y la artesanía mexicana que se venden en las tiendas junto al cruce fronterizo consiguen disipar la atmósfera grisácea.

A alguien que se encuentre junto a la valla le costaría imaginar cómo era Nogales antes de la década de 1880, cuando la ciudad era un célebre punto de conexión entre las dos naciones, al enlazar el ferrocarril de Sonora con el de Arizona y Nuevo México. En cierta manera, Nogales fue víctima de su propio éxito. A comienzos del siglo XX había tanto movimiento en ambas direcciones que la ciudad fue dividida mediante una franja de terreno despejado de casi veinte metros de ancho, lo que facilitó a las autoridades el seguimiento de las idas y venidas de residentes y visitantes por igual[1]. Estas personas no eran solamente mexicanos o estadounidenses, sino que componían una amalgama de nacionalidades que incluía a personas procedentes de Europa y China, llegadas para trabajar en las vías del tren o en las minas cercanas, además de nativos americanos. El cruzar esta línea bien podría haber supuesto en sus vidas un elemento habitual o tal vez cotidiano. Las tierras fronterizas son, por naturaleza, zonas de interacciones. Algunas de ellas son positivas (comercio, intercambio cultural, innovación lingüística...), mientras que hay otros aspectos menos deseables, en particular el comercio ilícito, el racismo y la violencia. Las fronteras requieren ciertas clases de flexibilidad, entre otras la capacidad de hablar múltiples idiomas, calcular en más de una divisa, o asumir diferentes identidades. También, en ocasiones, exigen demarcación y hasta militarización. Las fronteras pueden ser un potente recordatorio del poder y la posesión. Estas divisiones también son algo que, como señaló Juan Poblete, la gente puede llevar consigo en su vida diaria, una «frontera interiorizada»[2].

Hoy día la valla de seguridad se extiende a lo largo del espacio abierto de antaño, quedando a un lado el Nogales de Arizona, una ciudad de unos veinte mil habitantes, y extendiéndose al sur su vecino sonorense, ahora con un tamaño más de diez veces superior. Este tramo de cerca es un testimonio físico de la larga y a menudo turbulenta historia entre las dos naciones, que trae a la mente la cruda aseveración del autor mexicano y premio Nobel Octavio Paz de que Estados Unidos y México están «condenados a vivir el uno al lado del otro»[3]. O, con una descripción más gráfica de la poetisa y académica Gloria Anzaldúa, la frontera es «una herida abierta» y un lugar establecido «para distinguirnos a *nosotros* de *ellos*»[4].

Dado que las Américas se vieron transformadas en su totalidad por la llegada de los europeos, la demolición demográfica de las comunidades indígenas y el uso de esclavos africanos, ¿qué constituye el «nosotros» y el «ellos»? ¿Unas líneas en un mapa? ¿Catolicismo contra protestantismo? ¿El idioma español en lugar del inglés? El mito del «excepcionalismo americano» ha eclipsado durante demasiado tiempo otras maneras de contemplar el curso de la historia de los Estados Unidos, llegando hasta el uso de *American*. Tal como explicaba el historiador español José Luis Abellán en su obra *La idea de América*, cuando alguien de España empleaba el término «América», tradicionalmente se refería a América Latina —y lo mismo ocurría al hablar de sus habitantes—, mientras que «cuando un norteamericano habla de América se refiere a su propio país: los Estados Unidos»[5]*. En la actualidad es este el uso predominante, pero podría resultar útil volver a su antiguo significado. Desde hace tiempo ha habido historiadores que sostienen que los Estados Unidos forman parte de una América Latina más amplia, en estudios que abarcan desde los años 30, con el *The Epic of Greater America* de Herbert Eugene Bolton, hasta la más reciente afirmación de Felipe Fernández-Armesto de que Estados Unidos «es —y tiene que ser— un país latinoamericano»[6]. Pensar en los Estados Unidos de este modo puede ayudar a entender un pasado que va mucho más allá de las demarcaciones de la frontera con México y que, por el contrario, tiene un mayor enfoque sobre unas conexiones hemisféricas más amplias, desde Canadá hasta el extremo de Chile.

Incluso después de aceptar que los Estados Unidos son parte de una comunidad latinoamericana más extensa, aún queda la cuestión de quién es hispano y, en correspondencia, quién es estadounidense. El término «hispano» se emplea aquí en parte para expresar un sentido de continuidad, dado que la palabra se remonta al pasado romano de Hispania y alcanza hasta los registros censales del presente. Es a la vez una etiqueta panétnica —los mundos de los europeos, africanos, asiáticos y amerindios se vieron todos ellos transformados por la llegada de los españoles a las Américas—, además de servir hoy en día como una categoría de *marketing*[7]. Cuenta con un largo pasado; sin embargo, su encarnación actual es producto de una constante reinvención.

En su mayor parte, quienes proceden de países latinoamericanos se identifican a sí mismos por la nación que los vio nacer: cubanos, colombianos, venezolanos. Tan pronto llegan a Estados Unidos, a menudo se ven categorizados como hispanos o latino/as, o más inclusivamente latinx**. Este uso

---

* Este libro usará el término «anglo» para referirse a la población blanca y angloparlante dentro de los Estados Unidos. Asimismo, siempre que sea posible se utilizarán nombres nativo americanos específicos, dejando el empleo del término «indio» para transmitir un sentido más general.

** Hay un largo y acalorado debate acerca de las nomenclaturas, donde «hispano» está resultando la menos favorecida. Se han dado algunas críticas por este término, la más seria de las cuales es que se trata de un término exclusivista, al dejar fuera a las

moderno es en parte una identidad creada en los Estados Unidos y que aporta una cierta uniformidad —aunque también un peso político fundamental— a un colectivo diverso. Incluso asumir que las personas de América Latina son hispanohablantes resulta inapropiado, puesto que por todo el continente se habla una amplia variedad de lenguas amerindias. El uso del término «hispano» en este libro es una manera de hacer crítica, de cuestionar y de entender su significado, examinando las fuerzas históricas que determinaron su evolución lingüística y su contexto social.

Ahora bien, a aquellos de origen hispanoamericano que llevan mucho tiempo en Estados Unidos se les podría hacer la pregunta inversa: ¿a partir de qué punto se te permite dejar de ser hispano?. Las personas identificadas en el censo como «hispano» quizás tengan un abuelo llegado de México o de Cuba dos generaciones atrás, o tal vez solo conozcan los rudimentos del español, pero a menudo chocan con la expectativa de que, como recién llegados, deberían ser conocedores de su «herencia» y «tradiciones», las cuales, implícitamente, no son angloamericanas.

El idioma, en particular, no es una cuestión que se pueda tomar a la ligera. ¿Eres hispano si no hablas español? El porcentaje de hispanos que hablan español en casa ha disminuido, con un 73 % en 2015 frente a un 78 % en 2006, según un estudio del Pew Research Center. A pesar de esta caída, otro sondeo realizado en 2015 sobre la población hispana reveló que para un 71 % de los encuestados no era necesario hablar español para ser considerado latino[8]. Pese a estas variaciones, la cifra global de hispanohablantes en Estados Unidos sigue siendo una fuente de preocupación para los que consideran que «hacerse americano» equivale a hablar inglés. El español tiene unos 440 millones de hablantes nativos, frente a los aproximadamente 370 millones del inglés, y al menos el mismo número lo habla como segunda lengua. Con cuarenta y un millones de hispanohablantes y casi doce millones que dicen ser bilingües, Estados Unidos se ve superado únicamente por México en este número. Al mismo tiempo, treinta y un estados —incluidas Florida,

---

personas de origen africano, asiático e indígena. Al mismo tiempo, algunos piensan que engloba a cualquiera con raíces en una nación hispanohablante. Resulta interesante el hecho de que, en una obra de 2017, *Keywords for Latina/o Studies*, compuesta de 63 ensayos breves que tratan de un único término, se omite la palabra «hispano» en su totalidad, siendo quizás el más próximo un capítulo sobre latinidad/es, si bien este vocablo también ha sido objeto de polémica al homogeneizar la diversidad de todo el hemisferio occidental, tal como señala la propia autora.

Arizona y California— han declarado el inglés como idioma oficial. Se ha guardado un gran silencio sobre este aspecto en concreto del pasado hispánico, como si prohibir el uso del castellano pudiera de alguna manera borrar esa historia, además de resolver los problemas actuales. «Nunca estamos más cargados de historia», escribió el historiador haitiano Michel-Rolph Trouillot en su clásico *Silenciando el pasado*, «que cuando fingimos no estarlo»[9].

Junto al idioma se encuentra una cuestión que penetra cada poro de la vida contemporánea estadounidense: la raza. En esta obsesión aparentemente infinita por la fisionomía, en esta ponzoñosa resaca que dejaron la esclavitud y las leyes Jim Crow, ¿no es «hispano» simplemente otra manera de decir «no blanco»? Aunque las nociones científicas acerca de la «raza» han quedado desacreditadas, sigue siendo una fuerza que ordena la sociedad, estableciendo jerarquías en todo, desde la organización del trabajo al reparto de derechos. Fabricar la «blanquitud» y otorgar acceso a la misma fueron —y siguen siendo— maneras de crear poder y ejercer control social[10]. Como indica la historiadora Nell Irvin Painter en *The History of White People*, la raza no tiene base científica y por tanto «es una idea, no un hecho, y es una cuestión que más bien requiere respuestas de la esfera conceptual, y no de la factual»[11]. En su nivel más básico, la raza es una manera de «inventarse a la gente», como apuntan los sociólogos Michael Omi y Howard Winant. Para ellos, el desarrollo social de los Estados Unidos ha estado marcado por lo que ellos denominan «racialización», un proceso por el cual el «significado racial» se extiende a «una relación, práctica social o grupo sin clasificación racial previa», en este caso, a los hispanos[12].

Encontrar sentido a la raza es algo que tratan de hacer historiadores, activistas, novelistas y la gente en sus quehaceres diarios, mientras continúa la práctica de colocar a la gente en categorías raciales. Esto no es exclusivo de Estados Unidos; todas las naciones latinoamericanas son partícipes del legado colonial del racismo, al igual que Canadá. En algunos lugares, incluyendo México, es cuestión de parecer más indígena o más europeo. En otros, como República Dominicana, tiene que ver con la «negritud»[13]. Incluso tendencias aparentemente positivas como el multiculturalismo o el mestizaje, como dicen en México, han suscitado críticas de que esa indiferencia al color sigue ocultando las desigualdades estructurales y la pervivencia del racismo. Un vistazo a los ricos y los poderosos de América Latina muestra que, a menudo, la cúspide la ocupan los que tienen la piel más clara. Sin embargo, estos distintos grados de blanquitud a menudo no se trasladan, y mucha gente descubre que ha pasado de ser blanca en su nación de origen a ser «hispana» o «marrón» en los Estados Unidos. «El marrón confunde», escribió Richard Rodríguez en sus memorias sobre la raza. «El marrón se forma en la frontera de la contradicción», aunque con su mixtura de indios, africanos y europeos, para Rodríguez es la auténtica «paleta fundadora»[14].

Igual de enturbiada está la cuestión de la «etnicidad», que se solapa con marcadores tales como el idioma o la comida. No existe un consenso claro sobre la posición que ocupan los hispanos en este espectro, o siquiera sobre cómo delimitar la etnicidad. Para el historiador Allan Gallay, una identidad étnica «sólo se manifiesta cuando la gente se enfrenta a una amenaza externa que la une en grupo», una conclusión extraída de su investigación sobre los nativos americanos en el siglo XVII. Para Gallay, la etnicidad es «relacional y situacional», y por tanto no puede haber etnias «puras» porque incluso elementos como la religión o el idioma son mudables[15]. En el contexto de los mexicano-estadounidenses, el historiador George J. Sánchez ha descrito la etnicidad «no como un conjunto fijo de costumbres que han sobrevivido de la vida en México, sino más bien como una identidad colectiva que surge de la experiencia cotidiana en los Estados Unidos»[16]. Para el periodista californiano Carey McWilliams, según escribió en 1948, los términos «anglo» e «hispano» eran simplemente «la cara y la cruz de una sola moneda, un solo sistema étnico; cada término cobra significado únicamente en la medida en que el otro va implícito»[17].

Hoy día la etnicidad sigue siendo algo tan confuso como la raza e, igualmente, a menudo está determinada por estereotipos. ¿Sigues siendo «hispano» si solamente hablas inglés, eres protestante y te traen sin cuidado los tacos? Idioma, raza y etnicidad también se solapan con la cuestión de la ciudadanía, conformando así uno de los problemas subyacentes clave: la pertenencia. Esto puede conducir a lo que la historiadora jurídica Mae Ngai ha descrito como «ciudadanos extranjeros», que definió como «personas que en virtud de su nacimiento son ciudadanos estadounidenses, pero a las que la cultura predominante en EE. UU. y, en ocasiones, el propio Estado, suponen como extranjeros». Para Ngai, puede existir una especie de extranjería en la propia patria, en la cual un grupo, como por ejemplo el de los hispanos, es juzgado como «ilegítimo, criminal e inasimilable». A pesar de ser ciudadanos, lo que les dicen es que no forman parte[18].

Démosle ahora la vuelta: ¿quién forma parte? ¿A quién se permite ser estadounidense, o «americano»? Aunque se trata de una nación con un discurso inmigrante en su seno —un relato que inmediatamente apartó a un lado la historia de las personas negras y nativas—, muchos de los grupos que llegaron a Estados Unidos en cantidades significativas soportaron algún tipo de prejuicio. Benjamin Franklin, por ejemplo, recelaba de los alemanes, preguntándose: «¿Por qué Pensilvania, que fue fundada por ingleses, tendría que convertirse en una colonia de extranjeros quienes dentro de poco serán tan numerosos que podrían germanizarnos?»[19]. Sin embargo, en los comienzos de la independencia —en sí misma un experimento político—, los Estados Unidos necesitaban elaborar una identidad. En cierta manera fue una reacción a la Europa de los siglos XVII y XVIII, que era un caleidoscopio de reinos, ciudades-Estado y principados, a menudo en guerra entre sí[20]. Para unos incipientes Estados Unidos, la identidad también era una cuestión existencial. Sobrevivir separados del Imperio británico dependía de algún tipo de unidad, sobre todo porque esa franja de trece colonias a lo largo del Atlántico estaba rodeada de naciones de nativos americanos y amenazada por la presencia cada vez mayor de españoles y franceses. Al formular lo que serían los Estados Unidos, uno de los fundadores, John Jay, tenía esta visión de nación: «La providencia se ha complacido en otorgar este país indiviso a un pueblo unido, un pueblo descendiente de los mismos antepasados, que habla la misma lengua, que profesa la misma religión»[21].

Al igual que la blanquitud, el ser «americano» fue concebido a cierto nivel como algo excluyente; basado en un linaje anglo y noreuropeo, en la religión protestante y, en su mayor parte, en el habla inglesa. No había lugar para los indios o los esclavos africanos, o siquiera los europeos del sur. Para John Hector St. John de Crèvecoeur, un inmigrante francés que arribó en 1759 y escribió en la época de la Revolución estadounidense, los «americanos» eran «una mixtura de ingleses, escoceses, irlandeses, franceses, holandeses, alemanes y suecos». Crèvecoeur, cuyas *Cartas de un granjero americano* (*Letters from an American Farmer*) gozaron de gran éxito en Europa, consideraba que estos individuos habían sido «fundidos en una nueva raza de hombres, cuyos afanes y posteridad causarán un día grandes cambios en el mundo»[22].

En el siglo XIX, durante una época de gran inmigración procedente del este y el sur de Europa, los sureños mediterráneos tales como italianos y griegos no se consideraban del todo «blancos». Sin embargo, a comienzos del siglo XX se permitió a los braceros mexicanos ser «blancos», hasta cierto punto, en una época en que estaban muy demandados. Lo blanco, al parecer, era una zona gris. Ahora a los italianos se les considera blancos, pero en general a los mexicanos no. Al igual que muchas de las categorías en circulación —raza, etnia, negro, blanco, latino—, «americano» o estadounidense es una construcción social, sustentada por un andamiaje de precedentes históricos, tradición, estructuras legales y legislación gubernamental. A pesar de tanto hablar de la ensaladera o el crisol de culturas, a pesar de tantas protestas, trifulcas en Twitter y cabezas parlantes, la cuestión de a quién se permite ser estadounidense sigue sin estar resuelta.

Así pues, este libro está dedicado a examinar la construcción del pasado hispánico. La historia que esboza es épica; podría fácilmente ocupar muchos volúmenes, así que no se prometerán narraciones exhaustivas. Tampoco hay glorificación: hubo sobrados motivos de vergüenza para los españoles. Tampoco se detallará cada acontecimiento, ni se diseccionarán cada una de las políticas de cada uno de los presidentes. El foco se pondrá mayoritariamente en España, México, Cuba y Puerto Rico, puesto que fueron estos quienes predominaron en la relación de Estados Unidos con sus vecinos del sur hasta los años 50. Del mismo modo es necesario abreviar las historias de los nativos americanos, afroestadounidenses y asiáticoestadounidenses, que son parte importante de esta historia, al igual que las relaciones con Brasil y los lusoparlantes. Tampoco hay margen para considerar los aspectos más mutuos de estas largas conexiones, principalmente el alcance de la influencia de Estados Unidos en América Latina. Sin embargo, la bibliografía completa (disponible en Carriegibson.co.uk) proporciona una guía para una lectura más detallada.

En general, la ruta que he escogido para recorrer esta densa historia tiene dos vías paralelas: una autopista que ofrece una narración histórica de eventos y personas desde la llegada de los españoles a comienzos del siglo XVI hasta el día de hoy. Esta es la historia de «El Norte». La carretera de vuelta, por así decirlo, es la cultural. El libro está salpicado de observaciones sobre cómo se recuerda, olvida y reinventa el relato del pasado hispánico, reflejando el constante cambio del lugar que ocupa en la amplia memoria colectiva de la nación.

El Norte se organiza de manera cronológica, con cuatro secciones solapadas. La primera comienza con la llegada de los españoles a Norteamérica. Después de todo, durante gran parte de su historia temprana los Estados Unidos no fueron una potencia hegemónica. Era un pequeño aunque problemático fleco de habla inglesa en un mundo dominado por España[23]. A partir de ahí el libro pasa a la segunda sección, el periodo de la independencia en que las colonias de España se fueron convirtiendo en naciones, donde se examina la relación de los jóvenes Estados Unidos con estas nuevas repúblicas —especialmente México— a lo largo del siglo XIX. Esta fue una época de grandes turbulencias, en particular la Revolución de Texas, la guerra mexicano-estadounidense o la guerra hispano-estadounidense-cubana, que puso fin al siglo.

En la tercera parte se analizan las primeras décadas del siglo XX, especialmente la inmigración, con la llegada de un gran número de mexicanos, cubanos y puertorriqueños. Este es el periodo en que las sendas hacia el presente se vuelven más reconocibles, donde se endurecen los estereotipos y donde en partes de la estructura social se empieza a excluir a las personas hispánicas. Se solapa con la última sección, que considera los cambios en las actitudes públicas más amplias y en las ideas acerca de la inmigración tras la Segunda Guerra Mundial —en la que los hispanos de EE. UU. desempeñaron un papel importante— y la Revolución cubana, la llegada del NAFTA y el actual clima político.

•••

Ahora bien, la primera parada no es en «el Norte», sino en la pequeña isla bahameña de San Salvador, donde se cree que desembarcó Cristóbal Colón en 1492. Aunque es admirado y denostado por todo el continente, no hay manera de contar la historia de España en las Américas sin Colón[24].

El navegante genovés escogió un momento oportuno para presentar a Isabel y Fernando, los poderosos reyes de Castilla y Aragón, su plan de emprender una expedición a Oriente. Acababan de finalizar una ofensiva en Andalucía para arrojar de la península ibérica a lo que quedaba de los reinos moros, y su victoria en Granada a principios de 1492 puso fin a siglos de presencia musulmana en España. Los monarcas estaban enardecidos por su triunfo, además de interesados en posibles nuevas fuentes de ingresos con los que cubrir sus costes.

Colón, un experto navegante, llevaba años intentando captar fondos. Creía que sus cálculos acabarían por llevarlo al este —a pesar de navegar en dirección oeste— y a Cipango, como se identificaba a Japón en los mapas primitivos. Allí hallaría todas las riquezas que atesoraba esa parte del mundo, según se decía. Finalmente logró obtener el apoyo de los Reyes Católicos, organizó sus barcos y se hizo a la mar, sin darse cuenta de que sus cálculos estaban errados en miles de kilómetros. En vez de arribar a Japón, en octubre de 1492 avistó las islas Bahamas. El encuentro inicial con sus habitantes no le animó a entretenerse —aquella isla arenosa no se correspondía con sus expectativas de grandes urbes orientales—, y así sus tres naves siguieron adelante hasta llegar a Quisqueya. La reclamó para la Corona, y la rebautizó como La Española (también llamada Hispaniola, y actualmente República Dominicana y Haití). Allí encontró suficientes indicios de oro como para convencerle para buscar más[25]. Colón también había estado en misiones comerciales, por lo que estaría familiarizado con el tipo de transacciones con la población local que los portugueses llevaban décadas realizando en los puestos comerciales que jalonaban la costa occidental africana, lo que incluía intercambios de telas, oro, armas y seres humanos.

La arribada de Colón y sus hombres sembró las semillas de la destrucción del modo de vida indígena, y la amistad y curiosidad iniciales de los habitantes de Quisqueya pronto se tornaron en miedo y hostilidad cuando los recién llegados comenzaron a esclavizarlos, o al enfermar de extrañas dolencias. Colón quiso establecer una colonia y poner en práctica lo que se acabó conociendo como encomienda[26]. Este sistema otorgaba a quienes habían dirigido una expedición exitosa —llamados encomenderos por haber recibido una concesión o encomienda— el derecho a recaudar impuestos de los pueblos vencidos. En el caso de La Española, requería la negociación de acuerdos o el uso de la fuerza para obtener tributos de los caciques indígenas. Aunque una parte iba a parar a las arcas de la Corona, también había una enorme recompensa personal por llevar a cabo una expedición. Se cree que la indignación inicial por la conducta de los españoles provocó la desaparición de la primera colonia, llamada La Navidad por las fechas en que fue fundada, en la costa septentrional de la isla. Colón dejó allí a 39 hombres y regresó a España en enero de 1493 para mostrar a los reyes lo que había hallado, además de reaprovisionarse. Para cuando regresó a La Española en noviembre de 1493, el asentamiento estaba vacío. Sin arredrarse, Colón se desplazó más al este y en honor a la reina fundó La Isabela, que sí sobrevivió.

El oro no era la única preocupación: también estaba Dios. A cambio de tributos, los españoles ofrecieron protección contra cualquier enemigo y la conversión al cristianismo al pueblo de Quisqueya. A los ojos de la Corona y de los conquistadores, este era un intercambio legítimo; en palabras de un historiador, estos españoles podían «servir a Dios, a su país y a sí mismos al mismo tiempo»[27].

La conversión religiosa estuvo ligada al proyecto de colonización de España y Portugal desde el comienzo. En 1493, el papa Alejandro VI promulgó la bula *Inter cætera*, en la que se describía este aspecto espiritual, estipulándose que en estas travesías a tierras no cristianas debían ir «varones probos y temerosos de Dios, peritos y expertos para instruir en la fe católica e imbuir en las buenas costumbres a sus pobladores y habitantes»[28]. El documento también otorgaba esferas de influencia a España y Portugal, demarcaciones que fueron confirmadas en 1494 mediante el Tratado de Tordesillas, donde se fijaba el límite de la zona portuguesa a 370 leguas (unas 1185 millas náuticas) al oeste de las islas de Cabo Verde. España recibió todo lo que se encontraba al oeste de dicha línea, que era la amplia mayoría de la masa continental americana, quedando para los portugueses solo la parte más oriental de Brasil. En el momento de redactar estos documentos, el tamaño de la zona era especulativo, y difícilmente se podría haber imaginado el número de posibles conversos[29]. No se cree que hubiese sacerdotes en el primer viaje de Colón, aunque para el segundo, en septiembre de 1493, embarcaron dos o tres franciscanos. A partir de ese momento, las órdenes religiosas estuvieron muy vinculadas a la conversión de las Américas[30].

Si bien el término «español» se utiliza como forma abreviada para referirse a los hombres de Colón, estos eran de todo menos eso; más correcto es llamarlos europeos o, al menos, mediterráneos. Colón, a pesar de estar largo tiempo asociado con España, se había criado en Génova, y Portugal fue el punto de partida de muchos de sus viajes como marino. Los límites geográficos de la península ibérica contenían una amplia variedad de gente. Muchos de ellos, incluyendo a catalanes, vascos y gallegos, además de los portugueses, formarían parte del proyecto imperial en el nuevo mundo. España, como identidad, no existía en 1492, sino que se fue desarrollando con el tiempo, a medida que se consolidaban los reinos y las coronas[31]. De hecho, a medida que los exploradores se adentraban en nuevos territorios en América Central y del Sur, estos se añadían a lo que por entonces se consideraban reinos —y no colonias— bajo la Corona de Castilla[32]. Parte del significado de ser un súbdito español se forjó en las colonias del incipiente imperio, donde el catolicismo y el uso del castellano (en vez de otras lenguas como el vasco o el catalán) pasaron a ser parte integral de dicha identidad. Asimismo, en el periodo de los cuatro viajes de Colón, entre 1492 y 1502, los españoles y los grupos indígenas empezaron a mezclarse sexualmente, ya fuese por deseo, a la fuerza o por pragmatismo, lo que dio origen a un grupo de personas que se denominaron mestizos, aunando ambos mundos.

Los españoles lograron sobrevivir en La Española a pesar de los continuos ataques de las comunidades indígenas, al tiempo que la Corona comenzó a alarmarse por las noticias de los abusos de los conquistadores hacia los amerindios[*]. Hasta el mismo Colón se enemistó con los reyes al conceder a sus hombres tierras en las islas sin tener permiso real, y en 1499 Francisco de Bobadilla fue enviado a La Española para reemplazar a Colón como gobernador. Al año siguiente, en 1500, la Corona promulgó una cédula real que liberaba a cualquier esclavo amerindio que se hubiese traído a España, aunque los nativos del Caribe podían seguir siendo esclavizados si se resistían a convertirse al cristianismo.

Colón murió en España en 1506, aferrándose hasta el final a la creencia de que había llegado a Oriente, sin reconocer nunca lo que había descubierto. Tal vez esto explique por qué fue el nombre del navegante florentino Amerigo Vespucci el que empezó a figurar en los mapas europeos. Vespucci, que exploró estas tierras a finales de la década de 1490, puso en cuestión las afirmaciones de Colón. También acuñó la expresión «Nuevo Mundo» en su panfleto *Mundus Novus*, en el cual sostenía que había territorios sin descubrir al sur del ecuador[33]. Sus descubrimientos dieron origen en 1507 al mapa *Universalis cosmographia*, atribuido al cartógrafo alemán Martin Waldseemüller, donde se puso el nombre de *America* a la masa de tierra más allá del Atlántico sur[34]. Fuera cual fuera el nombre, los europeos ya tenían un pie en estas nuevas tierras.

---

[*] Las fuentes del siglo xvi denominan taínos al pueblo de La Española, aunque es posible que se deba a una confusión con el modo en que estos se llamaban a sí mismos. Igualmente, a algunos de los habitantes de las otras islas se les llamaba caribes. Hoy se siguen utilizando ambos términos, pero los estudios contemporáneos los identifican como miembros del pueblo arahuaco.

Capítulo 1

Santa Elena, Carolina del Sur

ca. 1492-1550

E n el extremo sur de Parris Island, en Carolina del Sur, en el centro de un plácido bosquecillo repleto de musgo español, se alza un sencillo monumento de color blanco. En él se lee:

>Aquí se alzó
>Charlesfort
>construido en 1562
>por Jean Ribaut
>para el almirante Coligny
>un refugio
>para los hugonotes
>y para la
>Gloria de Francia

Llegar a este punto supone atravesar en coche el *Lowcountry* (o País Bajo) de Carolina hasta llegar al centro de reclutamiento del Cuerpo de Marines que ocupa la mayor parte de la isla. Al sur de la base, pasando un campo de golf, una carretera flanqueada por árboles conecta la casa club con un pequeño parque. Nada más cruzar una pasarela de madera sobre un riachuelo seco, se encuentra el umbrío paraje donde se yergue el monumento. Erigido en 1925, a este hito histórico se añadieron posteriormente otros que, repartidos por la zona, explican cómo los españoles avistaron esta porción de tierra en 1521, la nombraron Santa Elena en 1526 y se batieron por ella contra los franceses, que llegaron tres décadas más tarde. Parris Island, donde convergen los ríos Broad y Beaufort, está rodeada de marismas, mosquitos y el denso y húmedo olor del cieno aluvial. Parece un lugar improbable en el que comenzar la historia de los españoles en Norteamérica, y en cierta manera lo fue.

Se puede trazar el camino que siguieron los españoles hasta Santa Elena, yendo de España a La Española y saltando de isla en isla en el Caribe hasta llegar a Veracruz, en México. En los primeros años del siglo XVI llegaron a La Española tres hombres cuyas vidas quedarían ligadas a la creación del Imperio español en las Américas: Bartolomé de las Casas, en 1502; Hernán Cortés, en 1504; y Juan Ponce de León, que había participado en el segundo viaje de Colón en 1493. Los tres tuvieron un complicado periplo por las Américas y por la vida: De las Casas experimentó una célebre conversión con relación al tratamiento hacia los indígenas; Cortés hizo una apuesta que le reportó un premio inimaginable; y Ponce de León moriría derrotado, aunque sus hazañas perdurarían, mal entendidas y mal recordadas.

La carrera de Ponce de León tuvo un comienzo prometedor. Nació en la provincia de Valladolid en torno a 1474, y de joven participó en la exitosa campaña contra los moros en Granada, antes de unirse a Colón. Posteriormente tomó parte en la represión de un levantamiento indígena que tuvo lugar en 1504 en Higüey, en La Española, motivo por el cual le recompensaron poniéndolo a cargo del territorio oriental de la isla[1].

En 1507 solicitó permiso a Nicolás de Ovando, quien había sustituido a Francisco de Bobadilla como gobernador, para emprender una expedición a la cercana isla de Boriquén (a veces escrito Borinquén), o de San Juan Bautista, como la bautizó Colón en su segundo viaje, que en la actualidad es Puerto Rico[2]. Ponce de León se reunió con jefes locales y exploró la costa antes de regresar a La Española, donde obtuvo los permisos necesarios para colonizar la isla. Actuar así le otorgaba derecho a una parte de lo que se descubriese, y encontró oro. No tardó en cerrar acuerdos con los caciques para obligar a su gente a trabajar prospectando ríos o cavando en las minas, además de cultivar los campos para la subsistencia de los españoles, y así comenzó el sistema de encomiendas en Puerto Rico[3].

En 1509 fue nombrado gobernador de la isla, puesto que mantuvo hasta que se lo disputó Diego Colón, el hijo del almirante, quien había convencido a los tribunales de Madrid de su derecho a recibir los títulos de su padre de Almirante y Virrey del Nuevo Mundo. Con sus nuevos poderes, en 1511 desbancó a Ponce de León[4], a lo que se sumó un gran alzamiento de indígenas en Puerto Rico que costó la vida al menos a doscientos españoles[5]. A estas alturas, el ya exgobernador había acumulado suficientes riquezas como para acometer otra expedición, y en 1512 obtuvo una concesión real por el derecho a colonizar lo que se creía que era la isla de Bimini, en Bahamas, si bien se pondría de nuevo en evidencia la imprecisión geográfica de los españoles[6].

El principal motor de este viaje era la exploración, pero también pretendían incursionar las islas cercanas en busca de amerindios que esclavizar, una lucrativa empresa[7]. Siguiendo la costumbre, Ponce de León adelantó su propio dinero. Embarcó a sus hombres en tres naves y se abrió paso desde Puerto Rico hasta la costa atlántica de la actual Florida. El lugar donde desembarcaron es incierto, pero el consenso es que fue en algún lugar entre Ponte Vedra, justo al sur de la actual Jacksonville, y Melbourne, cerca del cabo Cañaveral, en territorio de los ais[8].

Llegaron en abril de 1513 en fechas próximas a la fiesta de la Pascua Florida, por lo que Ponce de León bautizó el lugar como la Florida. Que se sepa, este fue el primer encuentro con europeos en esta parte de la Norteamérica continental, aunque es muy posible que otros exploradores, esclavistas y náufragos hubieran sido arrojados a la costa con anterioridad. Al principio creyó que se encontraba en una isla, aunque se dio cuenta de que no era la que estaban buscando, al no corresponderse con la idea que se había hecho del tamaño de Bimini. Sea como fuere, reclamó el territorio para España[9].

La expedición prosiguió hacia el sur, dejando atrás la bahía Vizcaína, llegando a los cayos y rodeando la punta meridional para acabar en el golfo de México. Por el camino se toparon con la feroz corriente del Golfo —cuyo descubrimiento se atribuyó posteriormente a Ponce de León[10]— y desembarcaron en una zona que pertenecía a los calusas, cerca de la actual Fort Myers[11]. Aunque permanecieron allí algunas semanas, el recibimiento fue hostil y resultó en una serie de pequeñas escaramuzas lo bastante desagradables como para impulsarlos a abandonar la zona.

Algunos historiadores han sugerido que hubo amerindios de Cuba que huyeron de la isla cuando los españoles la colonizaron en 1511, por lo que Ponce de León y sus hombres no eran tan extranjeros después de todo, ya que los pueblos nativos de Florida estaban sobre aviso. Algunos de los primeros —aunque no de los principales— testimonios de los encuentros entre indígenas y europeos en Florida respaldan esta teoría, afirmando que había nativos americanos que sabían hablar español. Esto implicaría que los calusas tenían indicios de lo que querían estos extranjeros, y de qué eran capaces[12]. En este caso concreto, no perdieron tiempo en mandarlos de vuelta al Caribe.

Ponce de León presentó una versión de su intento en 1514, llegando al punto de enviar al rey algo de oro puertorriqueño para dar la impresión de que la expedición a Florida había sido un éxito[13]. Su treta funcionó, y recibió el título de Adelantado (gobernador de frontera) de la Florida al año siguiente. El título era un vestigio de la era de la Reconquista, y hacía referencia a quienes «adelantaban» tropas, o invasores, lo que suponía el avance de la frontera cristiana y la expulsión de los moros. En las Américas, otorgaba el derecho a organizar una expedición a tierras ignotas para reclamarlas y gobernarlas en nombre de España. Juan Ponce de León empezó a hacer planes para su retorno.

∴

Hernán Cortés, al igual que Ponce de León, prosperó al abandonar La Española. Hijo de hidalgo, nació en torno a 1484 y se crio en Extremadura. Estudió derecho en Salamanca, pero más tarde lo dejó y se embarcó a La Española hacia 1504. Una vez en la isla, obtuvo el puesto de notario en Azúa, a unos 110 kilómetros al oeste de Santo Domingo[14]. Allí permaneció algunos años hasta que se unió a Diego Velázquez de Cuéllar, quien también había estado en el segundo viaje de Colón, en una expedición a Cuba en 1511. En su primera travesía, Colón había navegado por la costa de una isla que llamó Juana, posiblemente en honor a la princesa Juana de Castilla. Este nombre se empezó a intercambiar con menciones a Cuba y acabó siendo reemplazado. El nombre de Cuba procedía de cómo Colón interpretaba que los nativos llamaban a la isla, y no tardó en figurar en los mapas[15].

Velázquez erigió un asentamiento en el extremo sureste de la isla, cerca de la actual Baracoa, aunque el cuartel general se desplazó a un lugar que bautizaron como Santiago de Cuba, en la costa más meridional. Durante algunos años, Cortés ejerció como secretario de Velázquez de Cuéllar y más tarde fue alcalde de Santiago, hacia 1517[16]. Al igual que en el caso de La Española y Puerto Rico, las relaciones entre los españoles y los indígenas fueron complejas, y a menudo resultaron en cruentos enfrentamientos. Subyugarlos fue una tarea formidable, y los primeros años del periodo colonial fueron brutales. Aunque la reina Isabel había tratado de moderar el trato hacia los amerindios, a quienes consideraba vasallos que no podían ser esclavizados, la violencia estaba a la orden del día. Los vacíos legales en los decretos que promulgó la Corona podían ser aprovechados, en particular la esclavización de cualquiera que se resistiese a convertirse al cristianismo.

Isabel murió en 1504, y ocho años pasaron hasta que el rey Fernando volviera la atención a cómo se estaba tratando a los indígenas. El resultado fueron las Leyes de Burgos de 1512[17]. En ellas se exigía a los encomenderos que dispensaran un buen trato a los indios que trabajaban para ellos y les proporcionasen alimento suficiente, además de prohibir los maltratos físicos.

Para favorecer una labor más sistemática en la conversión cristiana, también instaban a establecer asentamientos de indios en la proximidad de las poblaciones españolas, una práctica que causaría importantes alteraciones en los modos de vida tradicionales[18].

Al estar las incipientes colonias tan alejadas de una supervisión oficial, los abusos continuaron. El vacío entre lo que buscaba la Corona y lo que ocurría sobre el terreno se llenó con un concepto, que se fue desarrollando en esas primeras décadas, conocido como el «Obedezco pero no cumplo», lo que significaba que los mandatos de España se aceptaban pero no se seguían al pie de la letra, lo que daba flexibilidad a las autoridades —en sentido positivo y negativo— a la hora de lidiar con órdenes dictadas a miles de kilómetros de distancia por monarcas y consejeros que jamás habían visto por sí mismos los desafíos de este Nuevo Mundo.

Alrededor de 1517, el gobernador Velázquez de Cuéllar envió varias expediciones desde Cuba a la cercana península del Yucatán, al oeste de la isla. Una partida bajó a tierra, en parte para explorar, pero también para hacer aguada. Allí se encontraron a los mayas que habitaban la zona. Aunque su intención quizá fuera esclavizar a algunos de esos indígenas, el enfrentamiento resultante provocó la muerte de cincuenta españoles y la captura de otros dos. En 1518 desembarcó en Cozumel, una isla frente a la costa del Yucatán, una segunda expedición con unos doscientos hombres. Aunque fueron atacados, continuaron explorando la costa antes de regresar a Cuba para informar de sus hallazgos[19]. El gobernador Velázquez juzgó que esta tierra podría ser apropiada para colonizar, por lo que escribió a la Corona para obtener los permisos necesarios[20]. En 1519 ordenó a Hernán Cortés que prosiguiera con la descubierta del Yucatán, pero limitándose a explorar y comerciar, no a colonizar[21]. Este obedeció, pero eso no significaba que fuese a cumplir. Tenía otras ideas en mente, por lo que reunió a unos quinientos hombres y se hizo a la mar en once navíos.

Cortés estaba haciendo una apuesta. Al no esperar al permiso real —pues actuar así habría revelado sus planes a Velázquez de Cuéllar, que tenía el mismo objetivo— se arriesgaba a perder todo lo que pudiera encontrar[22]. Se dirigió en primer lugar a Cozumel, y al poco encontró a dos españoles viviendo en tierra firme. Gonzalo Guerrero había desposado a una mujer de la zona y no estaba interesado en volver con los europeos, mientras que Jerónimo de Aguilar, que hablaba el maya yucateco, sí se unió a Cortés. Más adelante, sus dotes como traductor resultarían ser una importante ventaja[23].

El comienzo fue accidentado; se produjo una batalla contra los mayas que costó la vida a treinta y cinco españoles, pero Cortés acabó recibiendo regalos de lealtad, incluyendo a una esclava. Al parecer, se llamaba Malintzin, sabía hablar maya chontal y náhuatl, y para Cortés llegaría a ser mucho más que una simple intérprete[*]. Junto con Aguilar, Malintzin proporcionaría vínculos lingüísticos fundamentales a medida que Cortés, que en ese momento se encontraba yendo hacia el suroeste del Yucatán, proseguía su exploración de la costa del Golfo[24]. En abril de 1519, el día de Viernes Santo, se detuvo en un prometedor puerto cerca de una isla que los españoles llamaron San Juan de Ulúa. Cortés y sus hombres desembarcaron, y al cabo de dos semanas habían recibido la visita de unos representantes enviados por Moctezuma, gobernante de la confederación mexica, descrita en fuentes posteriores como el «Imperio azteca»[25].

Esta confederación se componía de muchos grupos diversos, pero en su centro se encontraba una triple alianza formada entre los mexicas, hablantes del náhuatl, cuyo ascenso al poder comenzó en el siglo xv, y los pueblos de Texcoco y Tlacopán[26]. La confederación también estaba conectada con los mayas y los mixtecas del sur, y gozaba de amplia influencia. Estas civilizaciones contaban con aristocracias propias y complejas jerarquías sociales, al igual que los reinos europeos. Elegían a un poderoso emperador en el seno de la alianza, aunque la tradición dictaba que fuese un varón mexica. Sin embargo, Cortés no tardó en descubrir que en la confederación no había lealtad o apoyo uniformes, algo que averiguó tras hablar con los totonacas, en cuyo territorio había desembarcado[27].

Durante aquel periodo, establecieron un campamento en tierras próximas a donde se habían reunido con los representantes mexicas. Aunque en varias semblanzas sobre Moctezuma escritas por europeos se afirma que el emperador había sido testigo de profecías referentes a la llegada de un dios de piel blanca, llamado Quetzalcóatl, o que se habían observado otros augurios cosmológicos que presagiaban la caída de los mexicas, bien podrían haber sido embellecimientos posteriores[28]. Hay gran incertidumbre respecto a qué sabía Moctezuma, por qué hizo lo que hizo, y cómo decidieron interpretarlo los españoles. En algunos relatos, los representantes mexicas encontraron a Cortés, le ofrecieron presentes y permanecieron con él cerca de dos semanas,

---

[*] Posteriormente pasaría a la historia como Marina, su nombre español, aunque también se la conocería como La Malinche.

en parte para averiguar más acerca de estos extranjeros. Otros lo interpretan como un intento de deshacerse de los españoles, mientras que algunos consideran esta visita como un preludio a un encuentro con el emperador en la capital[29].

En su avance, la expedición se fue fracturando. Algunos hombres querían ceñirse al pie de la letra a las órdenes originales de Velázquez de limitarse a explorar y comerciar, mientras que otros eran más ambiciosos[30]. Cortés decidió establecer un asentamiento a finales de junio, llamándolo Villa Rica de la Vera Cruz (la actual Veracruz) por haber desembarcado en Viernes Santo. Nombró oidores, regidores, un alguacil y un tesorero que, a su vez, nombró a Cortés Capitán y Justicia Mayor bajo la autoridad del rey, una astuta manera de establecer su legitimidad. Para julio ya se había organizado una rudimentaria villa, y se envió un navío a España portando el «quinto real»: tesoros que habían obtenido, manufacturados en finas telas de algodón, plumas y oro. Asimismo, se enviaba a la corte una crónica de la expedición y una petición del consejo de regidores buscando la sanción real de sus acciones[31]. Tras partir la embarcación, algunos de los miembros más inquietos de la expedición empezaron a planear su regreso a Cuba. Una vez Cortés averiguó lo que se estaba maquinando, ordenó que el resto de las naves fuesen desmanteladas. No habría vuelta atrás[32].

A principios de agosto, Cortés emprendió la marcha por tierra hacia la capital, Tenochtitlán (la actual Ciudad de México). En los meses sucesivos, él y sus hombres se encontraron con diversos pueblos mesoamericanos, que confirmaron sus sospechas de que el imperio no estaba tan unificado como podía parecer. Los totonacas no eran los únicos vasallos descontentos: la confederación mexica se había fundamentado sobre la conquista de otros pueblos, a quienes se obligaba a pagar tributos pero que, crucialmente, mantenían sus propios líderes y sistemas de gobierno. Era la fuerza lo que mantenía unida a la confederación, a quien se creía con poder de imponer su voluntad política, personificada en el emperador. Cortés vio las debilidades, pero necesitaba ganar aliados. Libró una dura batalla contra los tlaxcaltecas, que eran hostiles a los mexicas pero también sospechaban de los españoles. En las emboscadas y escaramuzas que siguieron, Cortés vio la habilidad de su ejército al tiempo que aumentaban las bajas de los españoles. Comprendió que tenían que estar en el mismo bando y finalmente negoció una paz[33]. A partir de ahí, Cortés se dirigió a Cholula junto a cerca de cinco mil soldados tlaxcaltecas, con la esperanza de convencer a sus recelosos habitantes de que se unieran a él. Esos días surgió el rumor de un complot para masacrar a Cortés y a sus hombres, que involucraba a las tropas mexicas, así que él atacó primero y mató a miles de personas, si bien esta es la versión española de los hechos. Las interpretaciones posteriores no han revelado tal plan, aunque el resultado final fue una sólida alianza con los tlaxcaltecas[34].

Cortés llegó a Tenochtitlán el 8 de noviembre de 1519, adentrándose en un mundo de una escala mucho mayor y con una urbanización superior a cualquiera que hubiesen encontrado hasta entonces. En primer lugar, Tenochtitlán era una maravilla en sí misma, asentada en una isla en el plácido lago Texcoco, en medio del exuberante valle de México, rodeado de montañas y a más de dos mil kilómetros sobre el nivel del mar. El aire fresco y liviano habría supuesto un marcado contraste respecto a la presión constante de la humedad tropical a nivel del mar. La ciudad estaba conectada a la tierra circundante por un sistema de calzadas que podían retirarse para impedir invasiones. Se estima que la capital tenía una población de alrededor de 150 000 habitantes en el tiempo en que llegaron los españoles, por lo que era mucho más grande que cualquier ciudad europea —en Sevilla, por ejemplo, vivían unas 40 000 personas en aquella época[35]—. Se calcula que el valle de México albergaba a entre uno y 2,65 millones de habitantes[36].

En octubre de 1520, Cortés informó a la Corona de que no podría «decir de cien partes una, de las que de ellas se podrían decir» acerca de Tenochtitlán, antes de intentar relatar la magnitud de sus mercados:

> Tiene otra plaza tan grande como dos veces la ciudad de Salamanca, toda cercada de portales alrededor, donde hay cotidianamente arriba de sesenta mil ánimas comprando y vendiendo; donde hay todos los géneros de mercadurías que en todas las tierras se hallan, así de mantenimientos como de vituallas, joyas de oro y de plata, de plomo, de latón, de cobre, de estaño, de piedras, de huesos, de conchas, de caracoles y de plumas. [...] Finalmente, que en los dichos mercados se venden todas cuantas cosas se hallan en toda la tierra, que además de las que he dicho, son tantas y de tantas calidades, que por la prolijidad y por no me ocurrir tantas a la memoria, y aun por no saber poner los nombres, no las expreso[37*].

---

[*] La traducción de las citas de fuentes históricas en castellano se ha basado, en la medida de lo posible, en los textos originales, algunos de los cuales los ha facilitado la propia autora, a quien agradezco su gentileza. En aquellos (pocos) casos en que no se han podido recuperar dichos textos originales, se ha utilizado una traducción propia. (*N. del T.*)

Cortés se encontraba asimismo a las puertas de lo que sería un gran intercambio biológico; carecía de vocabulario para gran parte de lo que vio. Del mismo modo, los mexicas no estaban familiarizados con el trigo, reses, cerdos y caballos que los españoles trajeron de Europa, ni tampoco tenían nombre para los extraños, invisibles y mortales microbios que acompañaban a los recién llegados[38].

Tras llegar a la ciudad, Cortés aceptó el ofrecimiento de reunirse con Moctezuma y fue conducido a la corte, un vasto complejo de palacios, apartamentos, bibliotecas, almacenes y hasta un zoológico[39]. Cortés fue recibido con gran cortesía y el emperador le mostró las maravillas de la capital. A cambio, los españoles decidieron tomar a Moctezuma como rehén[40]. Secuestrar a un prisionero no cristiano de renombre era una táctica que los españoles ya habían empleado con anterioridad contra los musulmanes[41]. Para Cortés, fue la etapa final de un legítimo traspaso del poder imperial de Moctezuma a Carlos I de España, Sacro Emperador Romano y sucesor de Fernando II, que había muerto en 1516[42].

Fue en esta delicada situación cuando intervino Pánfilo de Narváez. Velázquez de Cuéllar lo envió en la primavera de 1520 para arrestar a Cortés por insubordinación, después de enterarse de lo que había pasado gracias a la tripulación del barco enviado desde Veracruz, que había hecho escala en Cuba en su ruta hacia España. Cortés se vio obligado a dejar a Moctezuma bajo vigilancia para resolver la situación. Al final, logró convencer a muchos de los novecientos hombres que Narváez había traído consigo para que se unieran a él. Sin embargo, en su ausencia Pedro de Alvarado, a quien había dejado al mando, lanzó un ataque contra una multitud desarmada en el Templo Mayor durante la celebración religiosa del Toxcatl[43]. Para cuando Cortés regresó a la capital, se encontró con que sus hombres estaban bajo asedio. En un intento de impedir el asalto, convenció a Moctezuma para que se presentase ante su pueblo. Según algunos testimonios, una pedrada lanzada desde la multitud hirió en la cabeza al emperador, que murió tres días más tarde; otros relatos culpan de su muerte a los españoles[44]. A Cortés no le quedaban muchas más opciones que la retirada. El 30 de junio de 1520, él y sus hombres, incluidos sus aliados tlaxcaltecas, sufrieron un ataque sin cuartel mientras pugnaban por huir de la capital, en un episodio que posteriormente llamarían la Noche Triste, ya que perdieron la vida cuatrocientos españoles y miles de soldados tlaxcaltecas. Cortés sobrevivió y con sus hombres se replegó al este, hasta Tlaxcala, cuyo territorio se corresponde con el del actual estado homónimo, para reagruparse.

En los siglos posteriores, los tlaxcaltecas quedaron relegados a un papel histórico secundario, si bien desempeñaron un rol primordial en los acontecimientos que siguieron, sobre todo con la aportación de más de treinta mil soldados[45]. Los huexotzincas, cholultecas y chalcas proporcionaron otros tantos[46]. Aunque Cortés no disponía de esos números entre sus hombres, contaba con la tecnología, como los cañones y las armas de fuego. Al mismo tiempo, las enfermedades europeas empezaron a propagarse, brindando a Cortés un arma silenciosa e inadvertida[47]. De hecho, fue un brote de viruela el que acabó con el sucesor de Moctezuma, su hermano Cuitláhuac, por lo que los preparativos para la guerra recayeron en el siguiente emperador, Cuauhtémoc[48]. No tardarían en sucumbir millares de personas en el valle de México ante enfermedades que acabarían exterminando a millones*.

Para mayo de 1521, Cortés y sus aliados habían lanzado una ofensiva a gran escala. No está claro con cuántas tropas contaban, pero las estimaciones oscilan entre 100 000 y 150 000. También jugó a su favor un brote de peste que asoló la capital. En una crónica posterior, un indígena describió que la epidemia «mató gentes sin número, muchas murieron de hambre porque no había quien pudiese hacer comida; los que escaparon de esta pestilencia quedaron con las caras ahoyadas, y algunos los ojos quebrados; duró la fuerza de esta pestilencia sesenta días»[49]. En poco tiempo, Cortés y sus hombres volvieron a hacer entrada en Tenochtitlán; pusieron sitio a la ciudad hasta que obtuvieron la rendición el 13 de agosto de 1521. Tras justificar sus acciones ante una Corona que aceptó su conquista a regañadientes, Cortés adquirió algunas de las mayores heredades de tierras en México, que le proporcionarían inmensas riquezas. Sin embargo, esto no bastó para calmar su ambición, y los años venideros le verían emprender la búsqueda de un nuevo Tenochtitlán[50].

España no tardó en asentar firmemente este territorio en su constelación de reinos, dándole el nombre de Nueva España. Para 1526, un decreto había puesto toda la tierra bajo dominio de la Corona y se había iniciado la extracción de los yacimientos de plata y la recaudación de impuestos de la población indígena[51]. Poco antes, en 1524, se había instaurado formalmente un Consejo de Indias para asesorar al rey en la gobernación de estas

---

* Se cree que la población de México antes de la llegada de los españoles rondaba los diez millones, aunque algunas estimaciones llegan a alcanzar los veinticinco millones. Al cabo de un siglo, la cifra se desplomaría hasta menos de un millón.

nuevas tierras. Asimismo, la Casa de Contratación, que se había establecido en 1503 en Sevilla, mantenía un férreo control sobre todo el comercio con las Américas[52].

En Nueva España, el ejército se vio reforzado con los tlaxcaltecas, antiguos miembros de la confederación mexica, además de con los mayas, zapotecas y otros grupos, una necesidad debida al hecho de que solamente la mitad de los cerca de dos mil españoles que acompañaron a Cortés lograron sobrevivir[53]. Estos, además, no tenían mucho interés en ser soldados, sino que aspiraban a ser terratenientes al igual que Cortés. En esos primeros años también tomó forma una burocracia, una que con sus plumas ejercería sobre colonos e indígenas un poder mucho mayor que el de los conquistadores con sus espadas[54]. Se constituyó una audiencia para la administración de justicia, y para 1528 ya se había nombrado un oidor, además de una jerarquía de puestos oficiales en pueblos y ciudades[55]. En 1535 se instauró formalmente el virreinato de Nueva España, con un virrey nombrado en la metrópolis —por un mandato de duración variable— para gobernar en representación del rey. Así pues, Nueva España no era una colonia, sino parte de la corona española[56].

Los cambios también se hicieron sentir en la esfera física además de en la política. Durante su empuje final, Cortés arrasó gran parte de la capital. Al poco, el presente hispánico se fue asentando, piedra a piedra, sobre el pasado mexica[57]. En Tenochtitlán se destruyó el Templo Mayor, dedicado a los dioses de la lluvia y la guerra, Tláloc y Huitzilopochtli. Junto a este lugar sacrosanto se erigió la catedral católica, que hoy día se encuentra en la plaza principal, llamada el Zócalo, en Ciudad de México[58].

Aunque Tenochtitlán proporcionó a los españoles unos buenos cimientos para su ciudad, fue Santo Domingo, la capital de La Española, la que se había convertido en modelo del centro urbano colonial. En general, los pueblos y ciudades constituirían la piedra angular de la conquista. El entorno edificado de estos lugares, así como la multitud de administradores que los gobernaban, reflejaban el apego de los españoles hacia la vida urbana, además de su preocupación por el mantenimiento del orden. Las callejuelas laberínticas de las ciudades andalusíes como Sevilla o Granada se consideraban algo contraproducente, y en su lugar se optó por la utilidad de un trazado en damero. Esta planificación se había usado con éxito en Santo Domingo, y pronto se convirtió en el patrón —adaptado y perfeccionado con el tiempo— de las ciudades españolas en las Américas, cuyo número comenzó a aumentar a lo largo del siglo XVI[59]. No es sorpresa que las hazañas de Cortés espoleasen a otros conquistadores a buscar su propio

Tenochtitlán en América del Sur. En Perú, Francisco Pizarro comenzó su campaña contra el Imperio inca en 1530, y al cabo de medio siglo España había tomado posesión del continente en toda su amplitud, desde la costa del Caribe, pasando por la cordillera de los Andes, hasta acabar en Chile y Argentina. Las ciudades que se fueron construyendo en esta diversidad de tierras seguían una pauta que posteriormente fue recogida en las Leyes de Indias. Los asentamientos urbanos debían tener una plaza principal, en torno a la cual se dispondría una cuadrícula de calles. En la plaza se ubicarían la mansión del gobernador, las oficinas administrativas y una iglesia, y en su proximidad residirían las familias más destacadas. Los estamentos más bajos —a menudo indígenas— eran los que vivían más alejados de la plaza, en casas de madera u otros materiales menores[60].

La conversión de almas al catolicismo siguió siendo una prioridad, y también constituiría un pilar importante en que afianzar la autoridad colonial. Con el fin de atenerse a la naturaleza religiosa de la conquista, Cortés solicitó que mandaran misioneros a Nueva España[61]. Para 1524 había llegado a Veracruz una cantidad simbólica de doce franciscanos, que hacia 1550 habían aumentado hasta cerca de trescientos ochenta[62]. Los dominicos les siguieron en 1526, y los agustinos en 1533. Para 1559 había alrededor de ochocientos frailes en Nueva España[63]. Los franciscanos formaban parte del llamado clero regular —del latín *regula*, 'regla'—, formado por los sacerdotes y frailes de las órdenes religiosas. A estos se añadió el clero secular —de *sæculum*, en referencia al mundo o a la vida fuera de los claustros—, que abarcaba desde los curas parroquiales hasta los obispos y arzobispos. Asimismo, era la corona española y no el papa quien se ocupaba de los nombramientos de los prelados en las Américas, y quien se encargaba de recaudar el diezmo de la Iglesia.

Al principio, la mayoría de los misioneros pertenecían a las órdenes religiosas, aunque los clérigos seculares fueron aumentando en número a medida que se fundaban nuevas diócesis. Aunque las órdenes estaban unidas en su esfuerzo de conversión, sus razones eran diversas. Ciertos franciscanos, por ejemplo, creían que una vez se hubiesen hallado y convertido a «los últimos gentiles» —y los mexicas encajaban a la perfección—, se desencadenaría el fin de los tiempos, a lo que seguiría un paraíso posmilenarista en la Tierra[64]. Fuesen regulares o seculares, la conversión supuso una ardua tarea para el clero y se vio obstaculizada por numerosos factores, principalmente lingüísticos. Con el fin de hinchar el número de conversos, se efectuaron conversiones en masa, en ocasiones de cientos o miles de personas a la vez, sin que forzosamente tuvieran una idea clara de lo que estaba pasando[65]. Algunos sacerdotes trataron de aprender lenguas indígenas, como el náhuatl, llegando a veces a escribir gramáticas o catecismos en dichos idiomas, al tiempo que se requería a los nuevos conversos a asistir a determinados servicios y aprender ciertas oraciones[66]. Los amerindios podían haber vivido en una misión o en sus proximidades, pero con la aplicación en el siglo XVI del sistema de reducciones, recibieron el mandato de formar poblaciones cristianas de indígenas. Así, el reasentamiento forzoso de cientos de miles de personas fue el modo en que España ejerció su control sobre grupos a menudo muy dispares.

A pesar de todos estos cambios, se tardó más tiempo en erradicar algunas de las creencias y prácticas indígenas. Los objetos religiosos, como las estatuillas que representaban o simbolizaban deidades mexicas, se consideraban paganos y a menudo eran destruidos, y se castigaba a los líderes espirituales que practicaban rituales prohibidos. Aun así, las costumbres indígenas resultaron ser muy adaptables. Quizás uno de los ejemplos más conocidos en México sea el de la Virgen de Guadalupe. De acuerdo con el mito, en 1531 un campesino indio llamado Juan Diego afirmó haber presenciado una aparición en los campos próximos a Ciudad de México. La mujer dijo ser la Virgen María, y pidió que se edificara una iglesia en ese lugar. Informó de lo que había visto al obispo, quien pidió que se lo probaran con un milagro. Juan Diego recolectó flores que no eran típicas de la zona y las puso en su capa para llevárselas al obispo. Cuando las flores cayeron al suelo, en la capa quedó impresa una imagen de María; hoy día este suceso es símbolo nacional de México. La iglesia actual está edificada sobre el templo mexica a Tonantzin, la diosa madre de la Tierra[67]. Posteriormente, esta aparición de la Virgen se interpretó como la encarnación de la mexicanidad, en el sentido de que fue un símbolo único de la nación y de su fusión de lo antiguo y lo moderno, de lo católico y lo indígena[68].

• • •

El legado de Bartolomé de las Casas en las Américas no fue menos espectacular que los de Cortés o Ponce de León, pero en su caso la odisea fue espiritual. Su padre, Pedro de las Casas, acompañó a Colón en su segundo viaje en 1493, cuando Bartolomé era un muchacho de nueve años[69].

Pedro regresó en 1498, y para 1502 su hijo ya iba camino de Santo Domingo, embarcado en la flota de Nicolás de Ovando[70]. De las Casas empezó como supervisor de la encomienda que su padre había establecido, aunque al mismo tiempo ya había comenzado el periplo espiritual que lo conduciría al sacerdocio[71]. De las Casas no podía soslayar la brutalidad con que los españoles trataban a las gentes de La Española. En 1504 contempló de primera mano la masacre de indios en Higüey en la que participó Ponce de León, y posteriormente escribiría que «fueron infinitas las gentes que yo vi quemar vivas, despedazar, y atormentar por diversas y nuevas maneras de muertes y tormentos, y hacer esclavos todos los que a vida tomaron»[72]. No estaba solo en su malestar: los dominicos, que habían llegado a la isla en 1510, cada vez mostraban más preocupación. En 1511, el fraile dominico Antonio de Montesinos expresó ante sus feligreses en Santo Domingo una feroz denuncia de la conducta hacia los habitantes de la isla por parte de los españoles, a quienes preguntó: «¿Estos no son hombres? ¿No tienen ánimas racionales? ¿No sois obligados a amarlos como a vosotros mismos?»[73]. La crítica suscitó controversia inmediata tanto en la isla como en el propio De las Casas, cuya transformación ya estaba en curso y que a esas alturas quizás ya estuviera ordenado sacerdote[74].

En 1512, De las Casas se unió a una expedición a Cuba encabezada por Diego Velázquez, y más tarde acabaría con Pánfilo de Narváez, que también participó. Sobre esta época escribiría muchos años después, reflexionando que «allí vi tan grandes crueldades, que nunca los vivos tal vieron ni pensaron ver»[75]. Con Narváez pasó dos años, según describió, «asegurando la isla», que para él significaba intentar convertir a la gente de manera pacífica. Al mismo tiempo, Velázquez lo seguía recompensando con indios para su encomienda[76]. Comprendió la hipocresía de su propia situación y empezó a renunciar a sus posesiones como encomendero, hasta que en 1514 decidió consagrarse a poner fin al azote de violencia que los españoles infligían a los amerindios, un empeño que más adelante le granjeó el título de «protector de los indios».

Al igual que a muchos frailes, a Bartolomé de las Casas le preocupaba el que los indígenas a menudo fueran caracterizados como enemigos de la cristiandad, lo cual le parecía injusto ya que nunca habían oído hablar de la fe[77]. En un intento de resolver esta situación, en 1512 la Corona había instaurado el «requerimiento», un artificio legal mediante el cual los conquistadores habían de leer un documento en voz alta ante los futuros súbditos, con el propósito de explicar a los indios la visión católica y monárquica que los españoles tenían del mundo y los peligros de no someterse a ella. Si los indios no consentían tras habérseles informado de este modo, entonces cualquier conflicto con ellos se consideraría una guerra justa, los vencidos podrían ser tomados como esclavos y sus propiedades arrebatadas. Este procedimiento se fue utilizando a medida que los españoles prosiguieron su avance por América Central y del Sur[78].

Para De las Casas no era suficiente y, ardiendo en deseos de reforma, en 1515 zarpó hacia España, acompañado de Montesinos, con la intención de obtener una audiencia con el enfermo rey Fernando y convencerle de que la práctica de la encomienda debía terminar[79]. A final de año pudo relatar al rey las atrocidades que se estaban cometiendo en la isla, a pesar de las Leyes de Burgos. Fernando escuchó, pero nada resultó de aquel encuentro, y el rey murió poco después[80]. Al año siguiente, en 1516, De las Casas escribió su *Remedio* para los indios, al tiempo que se ganó la atención de dos poderosos consejeros y regentes del rey Carlos I, que tenía dieciséis años: Adriano de Utrecht, que se convertiría en papa en 1522, y el cardenal Francisco Jiménez de Cisneros[81]. En esta obra expuso su visión para salvar a los indios, aunque una de sus sugerencias regresaría para atormentarlo en años venideros, pues en ese «remedio» propuso que en las minas se usaran «negros u otros esclavos» en lugar de indios.

Del mismo modo en que los primeros conquistadores habían esclavizado amerindios y habían llevado a algunos de ellos a España para ponerlos a trabajar o venderlos, los portugueses habían hecho lo mismo con la población de la costa oeste africana desde mediados del siglo XV. Los musulmanes del norte de África, a menudo referidos como moros, constituían un precedente al habérseles capturado sobre la base de que no eran cristianos[82]. La práctica continuó hasta el siglo XVI, y hacia 1502 empezaron a verse en La Española esclavos africanos comprados y vendidos en la península ibérica. A continuación, se produjo la licencia de este comercio en 1513, en un momento en que probablemente se estuviesen llevando esclavos al Caribe directamente desde el África Occidental, en contravención con los reglamentos comerciales del momento. Hacia 1518 ya estaba implantado el transporte directo de esclavos bajo licencia, por lo que ahora se podía mandar a miles de personas esclavizadas a cualquier rincón de un Imperio español cada vez mayor[83]. Tal fue el crecimiento y la magnitud de la esclavitud africana que, en 1547, De las Casas se vio obligado a alzar la voz contra lo que estaba pasando, aunque para ello necesitó otra conversión personal[84]. Esta vez la causante fue la lectura de crónicas acerca de la actividad portuguesa en aquel continente, que le hizo darse cuenta de que la esclavitud no se estaba produciendo bajo las condiciones «justas» que había supuesto. Comprendió que no podía abogar por el fin de la servidumbre de los indios sin hacer lo mismo por los africanos; más tarde escribió que lamentaba el consejo que había dado al rey[85]. Entre 1514 y 1600, unos 250 000 esclavos africanos fueron obligados a desembarcar en las colonias españolas del Caribe y el continente, en muchos casos destinados a trabajar en las minas de oro y plata[86]. Para la década de 1570, tan solo Ciudad de México albergaba al menos a ocho mil esclavos africanos[87].

Mucho antes de este cambio de parecer respecto a la esclavitud africana, De las Casas regresó a las Américas en 1516, y gran parte de las décadas siguientes las pasó yendo y viniendo de España, llamando la atención sobre las penurias de los indígenas. Aunque su intención era acabar con su sufrimiento, a menudo hablaba de los amerindios en términos paternalistas, al igual que otros escritores de la época. Los describía como «las gentes más simples del mundo, las más humildes, más pacientes, más pacíficas y quietas», además de ser «delicadas, flacas y tiernas en complexión y que menos pueden sufrir trabajos»[88]. Aun así, estaba furioso por los abusos que padecían. En 1542, De las Casas escribió a Carlos I acerca del tratamiento que recibían en su *Brevísima relación de la destrucción de las Indias*. No escatimó palabras explicando cómo los conquistadores españoles «entraban en los pueblos ni dejaban niños, ni viejos ni mujeres preñadas ni paridas que no desbarrigaban y hacían pedazos, como si dieran en unos corderos metidos en sus apriscos»[89]. No era mucho mejor el destino que a menudo aguardaba a los que sobrevivían, pues como mano de obra «murieron ellos en las minas de trabajos y hambre, y ellas en las estancias o granjas de lo mesmo»[90].

La Corona tomó la decisión de promulgar en 1542 las Leyes Nuevas, cuyo propósito, una vez más, era promover un mejor tratamiento hacia la población indígena. Asimismo, las leyes pretendían eliminar gradualmente las encomiendas, suprimiéndolas en el momento en que muriese cada titular y liberando a todos los indios que hubiera en ellas[91]. No es sorpresa que esta legislación fuese impopular entre los encomenderos y que llevase a un grupo a rebelarse en el Perú, donde decapitaron al virrey. Más adelante se modificaron algunas partes de las Leyes Nuevas para prevenir alzamientos similares en otras partes del Imperio, incluida Nueva España. A pesar de haberse debilitado estas medidas, el sistema de encomiendas fue cayendo en desuso a lo largo del siglo XVII.

Al mismo tiempo, los enemigos de España leyeron el relato de Bartolomé de las Casas con tanto interés como Carlos I, aunque por motivos muy diferentes, ya que sacaba a la luz la crueldad de la España católica. La *Brevísima relación* se publicó en España en 1552 y el texto circuló por toda Europa. En 1578 apareció la primera traducción en holandés, y en 1583 en inglés[92]. En la edición en latín, publicada por Théodore de Bry en 1598 en Alemania, se incluía una serie de grabados representando escenas violentas, tales como indígenas siendo ahorcados o quemados[93]. La monarquía de los Habsburgo, que en ese momento controlaba España, también comprendía partes de Italia, los Países Bajos y por un tiempo también Portugal (1580-1640)[94]. Cuando Felipe II ascendió al trono en 1556, gobernaba sobre un reino inmenso pero problemático*.

La combinación de tensiones religiosas, celos imperiales y el vívido relato que pintó De las Casas contribuyó a sentar las bases de lo que acabó por conocerse como la «Leyenda Negra», un concepto que tergiversaría las hazañas de los conquistadores y ensombrecería la reputación de España durante siglos. En su forma más simple, alegaba que los conquistadores católicos eran malvados y sanguinarios como ningún otro —una acusación que pasaba por alto abusos similares cometidos por los protestantes europeos en las Américas—, pero también se oponía al alcance de los poderes de Felipe II y a la ortodoxia católica que defendía la Inquisición española, una institución que un observador inglés describió como «ingenio malvado de la tiranía»[95].

Los escritos de Bartolomé de las Casas proporcionaron munición de sobra a los adversarios de España, como por ejemplo su afirmación de que «la causa por que han muerto y destruido tantas y tales y tan infinito número de ánimas los cristianos ha sido solamente por tener por su fin último el oro y henchirse de riquezas»[96]. Los holandeses estuvieron particularmente interesados en la Leyenda Negra, en parte porque su frustración con Felipe II se fue acrecentando durante la década de 1560. En 1568 comenzó la guerra de Flandes, o guerra de los Ochenta Años, y estas imágenes de conquistadores brutales sirvieron para alimentar la propaganda antiespañola. Circularon panfletos donde se equiparaba a los vasallos de Felipe II en los Países Bajos con los esclavos indígenas en las Américas. Con el lento transcurrir del conflicto,

---

* Su tío Fernando asumió el título de Sacro Emperador Romano y gobernó las tierras de los Habsburgo en Austria y Alemania.

algunos holandeses reflejaron en sus escritos el miedo a que ellos también tuvieran un final violento, como había sucedido con los amerindios[97].

De las Casas regresó a Nueva España en 1545 para asumir el puesto de arzobispo de Chiapas. Sin embargo, pocos años después volvió a cruzar el Atlántico, y hacia 1550 se encontró defendiendo a los amerindios ante el Consejo Real en Valladolid. La cuestión de la legitimidad de la conquista seguía sin estar resuelta, y seguía atrayendo a los principales juristas españoles[98]. Juan Ginés de Sepúlveda fue uno de esos académicos, y en su obra *Democrates alter*, de 1547, defendió el comportamiento de los conquistadores, aunque nunca hubiese cruzado el océano[*]. *Democrates alter* apoyaba la creencia en un orden «natural», en el que «los perfectos y los más poderosos dominan sobre los imperfectos y los débiles»[99]. Al argüir que «algunos son amos por naturaleza y otros esclavos por naturaleza», Ginés de Sepúlveda daba a entender que los indios podían ser esclavizados, principalmente porque eran «gentes bárbaras e inhumanas»[100]. Esta visión suscitó críticas airadas por parte de Bartolomé de las Casas y sus partidarios. En la algazara resultante se decidió interrumpir la publicación de la obra —que originalmente había circulado en manuscritos— y se organizó un debate formal en Valladolid, donde ambos eruditos presentaron sus respectivos alegatos, aunque no lo hicieran frente a frente[101].

En su turno ante los catorce juristas congregados en agosto de 1550, De las Casas se pasó cinco días —frente a las tres horas de Ginés de Sepúlveda el día anterior— exponiendo sus argumentos de que quienes nunca habían estado expuestos al cristianismo no debían ser castigados por ello, para después señalar que, a pesar de los «enormes y extraordinarios crímenes» que los españoles cometían contra los indígenas, muchos aún «abrazaban la verdad cristiana muy voluntariamente», lo que él consideraba «un gran milagro»[102]. Se convocó otra sesión en primavera de 1551, pero al final se produjo un empate intelectual sin un vencedor claro[103]. La gran cuestión moral e intelectual del momento quedaría sin resolverse.

De las Casas también dedicó gran parte de su vida a escribir su monumental *Historia de las Indias*, dando instrucciones de que se debería publicar a los cuarenta años de su muerte[104][**]. Cuando esto aconteció, en 1566, los

---

[*] *Democrates alter* no fue publicado hasta dos siglos después de la muerte del autor.
[**] Al final se tardaría mucho más: el manuscrito, con su poco halagüeña descripción del imperialismo español, no vio la luz de la publicación hasta 1875.

contornos del colonialismo ya estaban cambiando. La destrucción de las poblaciones nativas y la continua llegada de africanos habían transformado las Indias Occidentales, al tiempo que proseguía la colonización española en América Central y las regiones andinas de Sudamérica. Una zona, sin embargo, permaneció inalterada: la impenetrable Florida.

•••

El primer intento de Ponce de León de establecer un asentamiento en la Florida terminó en fracaso, pero esto apenas disuadió a otros de seguir explorando la costa y de efectuar incursiones para capturar esclavos. De hecho, en un momento dado Ponce de León interpuso una demanda, en su calidad de adelantado de la Florida, contra Diego Velázquez por llevarse ilegalmente a trescientos esclavos de este territorio[105]. En 1519, el explorador español Alonso Álvarez de Pineda partió desde Jamaica, que todavía era colonia española, y recorrió el golfo de México siguiendo la costa de Florida, Alabama, Misisipi y Nueva España. Bien pudo haber sido el primer europeo en contemplar el río Misisipi, al que dio el nombre de Espíritu Santo, que se usó en los mapas durante un tiempo[106]. Aunque transcurriría un siglo hasta que surgieran guías más precisas, cada viaje que acababa con éxito colocaba a los exploradores un paso más cerca de hacerse una idea de las ignotas tierras al norte. En un mapa de 1519 de la zona del Golfo, atribuido a Álvarez de Pineda, se refleja claramente el contorno de Florida y su conexión con una masa de tierra más grande, poniendo fin a la idea de que era una isla[107]. También es posible que Álvarez de Pineda descubriese, a unos 550 kilómetros al norte de Veracruz, un río que se acabó conociendo como el Pánuco, adonde regresó para fijar un asentamiento que posteriormente se convertiría en la ciudad de Tampico, aunque este intento inicial acabó desbaratado por los huastecos que habitaban la zona[108].

En 1521, oyendo de nuevo la llamada de la Florida, Juan Ponce de León organizó otra expedición, con dos navíos que, una vez más, pagó de su propio bolsillo. En una carta a Carlos I dijo: «Y ahora yo vuelvo a aquella isla, plácido a la voluntad de dios a poblar»[109]. Volvió a parar en la costa suroeste de Florida y, al igual que en su primer intento, pronto se encontró combatiendo a los calusas. Sin embargo, esta vez resultó herido por una flecha y fue llevado de vuelta a Cuba, donde murió de gangrena en julio de 1521. Por supuesto, este no fue el final de Ponce de León; su figura perdura en el mito, aún popular, de que iba en busca de un manantial mágico del que brotaba el agua de la vida eterna. A pesar de todos los relatos que lo desmienten, su objetivo no era la Fuente de la Juventud, si bien la leyenda no tardó en circular, mencionándose por primera vez en 1535 en la *Historia general y natural de las Indias*, del cronista Gonzalo Fernández de Oviedo y Valdés. A partir de ese momento, el mito quedaría para siempre vinculado a Ponce de León[110].

Coincidiendo con la última empresa de Ponce de León, un navío español recaló en las proximidades de la bahía de Winyah (cerca de la actual Myrtle Beach) en la fiesta de San Juan Bautista, en junio de 1521[111]. Estaba capitaneado por Pedro de Quejo, quien fue el primero en avistar tierra. Tras unírsele Francisco Gordillo, al mando de la otra carabela, desembarcaron junto con parte de la tripulación, y allí fueron recibidos por un grupo de indios. Los españoles apresaron a algunos y los subieron a bordo —su misión, después de todo, era capturar esclavos[112]—. Cuando De Quejo y Gordillo regresaron a La Española, traían consigo a un joven, posiblemente originario del pueblo catauba, a quien dieron el nombre de Francisco de Chicora[113]. El Chicorano, como a veces se le llama, no tardó en aprender el español, y también fue bautizado. Lo enviaron a España, donde agasajó con historias de su tierra natal a la corte y al cronista Pedro Mártir. Les describió un paraje ubérrimo y lleno de oro y riquezas, avivando el deseo de los españoles de establecer una colonia en este lugar, que acabaría adoptando dimensiones míticas, y al que llamaron Chicora[114].

Lucas Vázquez de Ayllón, oidor en la audiencia de Santo Domingo y promotor de la expedición que trajo a Francisco de Chicora, se hizo eco de estas afirmaciones, describiendo sus tierras como una «nueva Andalucía». Hacia 1523 logró obtener las cédulas necesarias para explorar y colonizar la zona[115]. Mientras finalizaba los preparativos, en 1525 envió a De Quejo en viaje de reconocimiento. En aquel viaje llegó a alcanzar el actual cabo Fear, en Carolina del Norte, y por el camino puso nombre al río de la Cruz (el actual río Savannah)[116]. De Quejo hizo una parada y se reunió con los pueblos de lenguas muscogueanas que poblaban la zona antes de seguir adelante. También regresó al lugar donde recaló en 1521 y lo llamó punta de Santa Elena. No está clara su ubicación exacta, aunque se cree que se corresponde con la actual bahía de Port Royal[117].

El éxito de Cortés en México hizo que otros exploradores volvieran la mirada hacia el sur en busca de nuevos descubrimientos; sin embargo, la poca información que obtuvieron del Chicorano bastó para impulsar a Vázquez de

Ayllón a dirigirse al norte. En 1526 partió de Puerto Plata, en La Española, al mando de seis navíos. La expedición se componía de seiscientos entusiastas colonos y un puñado de esclavos no tan dispuestos, además del propio Francisco de Chicora, y viajaban bien provistos de caballos, ganado y materiales para levantar una colonia permanente. Coincidió que Bartolomé de las Casas se encontraba en la isla y se unió a la multitud congregada para despedirles; a bordo se encontraba su amigo el padre Montesinos, uno de los tres frailes a quienes encomendaron la colonización espiritual[118].

Muy poco después de arribar a la bahía de Winyah, Francisco de Chicora y los demás indios escaparon y jamás regresaron. Entretanto, se habían despachado tres partidas de exploración que estaban teniendo dificultades en encontrar una buena base, por lo que se decidió navegar algo más al sur, quizás en torno a la bahía de Sapelo, en la actual Georgia, si bien el punto de desembarco sigue siendo objeto de debate[119]. Para entonces, una de las naves había encallado y se habían perdido gran parte de las provisiones[120]. La gente estaba enfermando y se vieron obligados a desembarcar, por lo que una de las partidas viajó por tierra hasta el lugar designado y más tarde se les unieron las demás embarcaciones. A pesar de no conocer el terreno, lograron sobrevivir con los alimentos que recogieron por el camino[121]. A finales de verano de 1526 establecieron un rudimentario asentamiento, al que llamaron San Miguel de Gualdape; se trataba del primer poblado español en esta parte de Norteamérica, a más de tres mil kilómetros al norte de México. Lo bautizaron en honor al arcángel San Miguel por la proximidad de su fiesta, el 29 de septiembre[122]. Al estar en la costa, se trataba de un lugar caluroso, cubierto de arena y ciénagas, y poco apropiado para una colonia. Vázquez de Ayllón murió el 18 de octubre y el precario asentamiento se sumió en el caos[123]. Los españoles nunca pudieron establecer una buena relación comercial con los indios guales que habitaban la zona, y al mismo tiempo también se rebelaron algunos de los esclavos negros que habían traído en la expedición. Con la llegada del invierno, los casi ciento cincuenta supervivientes, entre los que se encontraba Montesinos, decidieron retornar al Caribe[124]. Al final, las riquezas de Chicora que con tanto empeño buscaron no fueron más que una quimera, y San Miguel de Gualdape resultó ser otra debacle floridana. Sin embargo, durante un tiempo fue todo lo que se supo de esta zona y, en su mapa de 1529, Diego Ribero puso el nombre de «Tierra de Ayllón» a esta parte de la costa[125].

El fracaso de Vázquez de Ayllón no arredró a otros aspirantes a adelantado. En 1527, el año siguiente al regreso de los supervivientes, Pánfilo de Narváez —el conquistador tuerto que había participado en la invasión de Cuba y que posteriormente intentó, sin éxito, arrestar a Cortés— partió desde España con una cédula real para explorar y colonizar la zona situada entre la Florida y las ignotas tierras al oeste[126]. La expedición comenzó con mal pie: encontrándose en Cuba, un huracán destruyó dos embarcaciones y murieron sesenta personas y veinte caballos[127]. Para febrero de 1528, Narváez había reemprendido la navegación con cinco navíos y varios centenares de hombres, además de ochenta caballos[128].

Narváez arribó cerca de la actual bahía de Tampa, aunque no pudo establecer alianzas con los tocobagas de la zona. Sin embargo, estos le hablaron de un lugar donde Narváez creyó que encontrarían oro —además de maíz, pues sus provisiones empezaban ya a escasear— en la provincia de Apalache[129]. Se encontraba a una considerable distancia al norte de los tocobagas, quienes bien podrían haberse inventado la historia para deshacerse de esos barbudos intrusos; quizás también estuviesen enemistados con los apalaches en aquel momento y pretendieran darles una desagradable sorpresa con la llegada de Narváez[130]. Este envió a parte de sus hombres por tierra, mientras que otros navegaron siguiendo la costa. La idea era que ambos grupos se abrieran paso en paralelo hasta el río Pánuco, en México, que ya formaba parte de Nueva España. Dividir así a sus hombres resultó ser una decisión terrible para Narváez, en parte debido a los enormes errores de cálculo respecto a dónde se encontraban y dónde esperaban estar. Ni siquiera los pilotos podían ponerse de acuerdo[131].

El segundo al mando de esta expedición era Álvar Núñez Cabeza de Vaca, que provenía de una familia de conquistadores. Se crio en Andalucía, cerca de Jerez, aunque de joven participó en diversas campañas militares en Europa, tras las cuales recibió el nombramiento real para unirse a la expedición a la Florida[132]. Difícilmente podía imaginar en aquel momento que este viaje lo llevaría mucho más allá de los confines del mundo conocido.

Cabeza de Vaca fue a pie con Narváez, y durante las dos primeras semanas marcharon en dirección norte desde la actual bahía de Tampa. En esa misma expedición participaban los conquistadores Andrés Dorantes y Alonso del Castillo Maldonado, además de un esclavo negro conocido únicamente como Estebanico (el Moro). Los tres figurarían en el relato que Cabeza de Vaca escribiría muchos años después. A lo largo de los meses siguientes, en su caminar se encontraron con los diferentes grupos que habitaban las regiones costeras, llegando a pasar algún tiempo con los apalaches que tanto buscaron, y descubriendo que no había ni rastro de oro en sus aldeas. Sin embargo, no pasó mucho tiempo hasta que las escaramuzas, los accidentes y el hambre empezaron a hacer estragos entre los exploradores. Los 242 supervivientes se repartieron en cinco gabarras fabricadas con madera de palmito, en las que partieron desde una caleta en la bahía de Apalachicola, y durante un mes vagaron por la costa en busca del mar abierto. Desesperados por la sed y azotados por un temporal, buscaron cobijo entre unos indígenas de la costa que inicialmente parecían amistosos pero que los atacaron por la noche, obligándolos a huir. En los días siguientes, las barcazas se dispersaron y una de ellas se fue a pique. En la gabarra de Cabeza de Vaca, los hombres «estaban caídos en ella unos sobre otros, tan cerca de la muerte», pero siguieron adelante hasta recalar en otras orillas, y más tarde se refugiaron con los indios de la zona tras hundirse su embarcación debido al fuerte oleaje[133]. Poco tiempo después, Cabeza de Vaca se reencontró con Andrés Dorantes y Alonso del Castillo, tras avisarles los indios de la presencia de los otros españoles. Necesitaban reparar una de las barcazas que les quedaban, y asimismo decidieron enviar a cuatro hombres para intentar alcanzar Nueva España, mientras los demás invernaban en algún punto de la costa de Texas, en una isla que llamaron Malhado (Mala Fortuna)[134].

El número de supervivientes se redujo de cien a cuatro, a medida que la enfermedad, el hambre y los ataques acabaron con el resto, incluyendo a Narváez. Los únicos que quedaron fueron Dorantes, Castillo, Estebanico y el propio Cabeza de Vaca, quien más tarde relataría que estaban en tal estado, «que con poca dificultad nos podían contar los huesos, estábamos hechos propia figura de la muerte»[135]. Los cuatro continuaron a pie hacia el oeste, a través de lo que hoy sería Texas, y cruzaron el río Grande. En su camino entraron en los dominios de numerosos jefes nativos americanos. En ocasiones sufrieron cautiverio, pero aparentemente los cuatro acabaron convirtiéndose en curanderos, a quienes los indios llamaban cuando tenían enfermos, para «[santiguarlos] y soplarlos, y rezar un *Pater Noster* y un *Ave Maria*, y rogar lo mejor que podíamos a Dios Nuestro Señor que les diese salud»[136].

Tras permanecer caminando un tiempo que les pareció una eternidad —a estas alturas llevaban ocho años de expedición y habían cubierto una distancia de casi diez mil kilómetros—, hacia marzo de 1536 encontraron a «cuatro cristianos de caballo», los cuales se quedaron atónitos al ver en el camino a esos cuatro hombres que no eran indígenas, pero que tampoco parecían ser españoles. Más tarde, Cabeza de Vaca recordaría que «recibieron gran alteración de verme tan extrañamente vestido y en compañía de indios.

Estuviéronme mirando mucho espacio de tiempo», y tuvo que pedirles que le llevasen a donde estaba su capitán, que se llamaba Diego Alcaraz y estaba a cargo de la ciudad de Culiacán[137]. Los cuatro habían recorrido a pie todo el camino desde Florida hasta el noroeste de Nueva España y, al perderse, habían conseguido encontrar una ruta que conectaba por tierra este Nuevo Mundo aparentemente infinito.

Al lograr este contacto con españoles, el periplo de Cabeza de Vaca tocó a su fin, aunque aún debía abrirse paso hasta Ciudad de México y después Veracruz, donde su intento de retornar a España se vio frustrado por una tormenta que hizo zozobrar su barco. Inicialmente titulado *La relación* y publicado en 1542, el relato de sus aventuras en Norteamérica es un documento fascinante, pero no de corte antropológico. Aunque posteriormente ha servido para intentar hilvanar un bosquejo de cómo era la vida de los nativos americanos, su autor utiliza un lenguaje místico, abundando en su propio tránsito de cautivo a milagrero. Resulta no obstante una historia épica de sufrimiento y violencia, pero también de proporciones míticas, con sorprendentes reveses de fortuna que consiguen mantener con vida a los cuatro hombres mientras prosiguen su caminar por el valle de las sombras*.

Ni siquiera estos años de tribulaciones bastaron para disipar la atracción de la Florida. Poco después del regreso a España de Cabeza de Vaca en 1537, Hernando de Soto se propuso zarpar hacia esta tierra[138]. Era un conquistador experimentado, habiendo participado en las hazañas del Perú, y en 1538 fue nombrado gobernador de Cuba y adelantado de la Florida[139]. Él también estaba convencido de que el lugar contenía riquezas misteriosas, basándose

---

* Una de las dificultades para entender esta época es que gran parte de lo que se conoce —y que de hecho se toma a menudo como verdad histórica— procede de la leyenda o de fuentes de otro modo dudosas. Las crónicas que tratan de explicar el nuevo mundo, tales como el *Códice florentino* de Bernardino de Sahagún (*ca.* 1569), las *Décadas del Nuevo Mundo* de Pedro Mártir (1530), o la *Historia general y natural de las Indias* de Gonzalo Fernández de Oviedo (*ca.* 1535), proceden de la tradición previa a la Ilustración. Al igual que los mapas primitivos eran de naturaleza espiritual, con Jerusalén en su centro, estos primeros testimonios tenían a la Corona y la Iglesia en el núcleo de su narración, y en ocasiones parecen historias sobrenaturales. La tarea se complica aún más con documentos oficiales de la época que contienen los escritos de autores poco fiables —Cortés, por ejemplo, tuvo que embellecer su historia para que su desobediencia pareciese aceptable a los ojos del rey—.

en pistas como el relato de Cabeza de Vaca, que en cierto momento recibió «cinco puntas de flecha de esmeralda», aunque los expertos creen que en realidad se trataba de malaquita, de menor valor[140]. De hecho, De Soto trató de convencerlo para que se uniera a él, sin conseguirlo[141].

Hernando de Soto partió de España con nueve navíos y unas ochocientas cuarenta personas, más las herramientas y el armamento necesarios para levantar un asentamiento[142]. Hicieron escala en Cuba y después se dirigieron al norte, desembarcando en mayo de 1539 en «Bahía Honda», en las proximidades de la bahía de Tampa. Escribiendo desde su barco el 9 de julio, De Soto contó que los nativos le dijeron que había «muchos mercaderes entre ellos y mucho trato y abundancia de oro y plata y muchas perlas. Ruego a Dios que sea así porque yo de estos indios no creo sino lo que veo, y aun bien visto puesto que saben y tienen por dicho, que si me mienten les ha de costar la vida»[143].

De Soto no tardó en oír hablar de Juan Ortiz, un hombre que había sido capturado durante la expedición de Narváez hacía más de una década[144]. Envió a sus hombres a buscar a Ortiz, quien resultó que podía hablar con los indios mocosos y ucitas que poblaban la zona[145]. Ortiz se convirtió en el intérprete de Hernando de Soto, cuyos hombres pasaron el invierno de 1539 a 1540 dependiendo de la buena voluntad de los pueblos que hallaron en torno a la actual Tallahassee. Hernando de Soto contempló grandes aldeas y túmulos donde se alzaban templos, sobreviviendo a base de maíz, caza y pescado. Ahora bien, no estaba en misión cultural, por lo que no se privó de saquear cultivos, esclavizar indios y lanzar ataques. Junto a sus hombres se adentró en Florida, batallando con los apalaches, y después en Georgia y Carolina del Sur, donde se dejó llevar por la búsqueda del cacicazgo de Cofitachequi[146]. Se cree que en su marcha cruzó el sur de los montes Apalaches, donde encontró a los pueblos de lenguas muscogueanas. De allí pasó a Alabama, donde halló a los choctaw. En un momento dado, los españoles alcanzaron Mabila, en Alabama central, donde, atraídos por el jefe Tascalusa, resultaron atacados y perdieron muchos hombres[147]. También pasaron tiempo con pueblos más prósperos y sedentarios, como los caddos y los muscoguis (o creeks), en Misisipi. Se encontraron con los chickasaws y los tupelos, y quizás llegaran a cruzar el río Misisipi en 1541.

En su avance, quedó claro que De Soto buscaba algo más que una simple ubicación para levantar un asentamiento: quería hallar más riquezas[148]. También tenía puesto un ojo en el paso hacia Oriente, aún por descubrir[149]. Nada de esto pudo encontrar, pero sigue siendo uno de los primeros europeos conocidos en recorrer grandes extensiones de América del Norte. Su odisea devoró gran parte de su fortuna y quizás también su cordura. Decidió dar media vuelta, pero enfermó y murió, según se cree, en algún punto cercano al Misisipi en Arkansas o Luisiana, en mayo o junio de 1542. El resto de su grupo se dirigió al sur con la esperanza de alcanzar Nueva España, para acabar pasando el invierno construyendo unos barcos cerca de la actual Natchez, en el estado de Misisipi. Por fin, los trescientos hombres emprendieron el descenso del gran río y alcanzaron el golfo de México en septiembre de 1543, lo que posiblemente les convirtió en los primeros europeos en navegar por el Misisipi[150].

A mediados de la década de 1550, empezó a propagarse la noticia de que Giovanni da Verrazzano había alcanzado en 1524 el extremo norte de la Florida (en torno a la actual Carolina del Norte), estando al servicio del rey de Francia. Los franceses planeaban ahora algún tipo de empresa en esa zona, y el Consejo de Indias de España estaba resuelto a impedir semejante intrusión. A finales de 1557 se aprobó un plan para enviar una gran flota desde México para establecer un asentamiento en la costa del Golfo. Los españoles irían por tierra hasta Santa Elena, que serviría de emplazamiento para otra colonia, y desde allí construirían una calzada a lo largo de la cual fundarían misiones y pueblos para, en teoría, conectar la Florida con Nueva España[151].

En 1559, la expedición se puso bajo el mando de Tristán de Luna y Arellano, que había sido nombrado gobernador de la Florida. Nacido en España, en la década de 1530 se había trasladado a Nueva España, cuyo virrey era su primo Antonio de Mendoza. Para cuando partió hacia la Florida, Luis de Velasco había sido nombrado virrey y estaba participando intensamente en los preparativos. En junio zarparon desde Veracruz mil quinientas personas, entre las cuales había quinientos soldados, un centenar de artesanos y seis frailes dominicos[152]. En agosto desembarcaron en las proximidades de la bahía de Pensacola, al oeste de la península[153]. Al principio solo vieron algunas chozas de pescadores en la playa, y De Luna envió a algunos hombres a seguir explorando la costa[154]. Entonces, el 19 de septiembre sobrevino el desastre, cuando se desató un huracán que destruyó la mayor parte de la flota y de los víveres que tenían para el año. El hambre empezó a hacer mella, y algunos de los colonos salieron en busca de ayuda[155]. Comenzaron las disputas internas; la mayoría quería regresar a Nueva España. Para la primavera de 1560 habían llegado refuerzos desde la capital y habían montado un campamento provisional entre los nanipacanas. Estos indios no tardaron en huir, dejando a los españoles sobreviviendo a base de bellotas y otros alimentos que pudieron recolectar. De Luna siguió enviando partidas de reconocimiento al interior, en busca de comida y de otros pueblos dispuestos a ayudarles, y acabaron por dar con el pueblo de Cusa[156]. Ese verano llegó otro barco con suministros de socorro, pero para agosto la situación seguía siendo desesperada, y Tristán de Luna envió a parte de la expedición a circunnavegar la península hasta la costa atlántica y comenzar las obras de la colonia en Santa Elena. En primer lugar se dirigieron a Cuba con el fin de abastecer la nave, pero esta fue destruida en otra tempestad[157]. Enfurecido por el caos reinante, el virrey cesó a De Luna como gobernador de la Florida, y envió embarcaciones para evacuar a los colonos a comienzos de 1561, con Ángel de Villafañe ahora como gobernador. En abril, De Luna partió hacia España pasando por La Habana, donde también se encontraba su sucesor, que se estaba reabasteciendo en ruta hacia Santa Elena. Sin embargo, Villafañe nunca llegó, pues en junio perdió muchos barcos debido a una tormenta. Él logró sobrevivir, y más tarde regresó a Pensacola para llevarse a los colonos restantes. Para los virreyes, estas expediciones podían resultar sumamente frustrantes por los múltiples factores que podían echar a pique sus esfuerzos: huracanes, ataques de indios, etc. También podía pasar bastante tiempo hasta que pudieran oír por qué había fracasado una misión y, en caso de necesidad, obtener una relación más exhaustiva de los hechos a través del sistema judicial[158].

En los casi cincuenta años desde el viaje inicial de Ponce de León en 1513, ningún súbdito del Imperio español había conseguido hacer cuajar nada en la Florida. Se trataba de un mundo muy distinto al que Cortés encontró en México. Aunque algunos indígenas habitaban aldeas permanentes, muchos eran nómadas, por lo que poner en práctica un sistema tributario como el de la encomienda habría resultado difícil, si no imposible[159]. Asimismo, el terreno era arenoso, y el clima pasaba de bochornoso a helador. Todo en la Florida parecía destinado a frustrar los planes de los conquistadores. México se estaba transformando rápidamente en el centro de un próspero imperio, y las islas del Caribe se habían convertido en puestos avanzados estratégicos una vez agotadas sus reservas de oro[160]. Frustrado, Felipe II decretó en 1561 que no concedería más permisos para estas caras y vergonzosas expediciones para colonizar la Florida. Sin embargo, su mandato traía sin cuidado a los franceses.

Capítulo 2
Río San Juan, Florida
ca. 1550-1700

Hubo otra ruta hasta Santa Elena, aunque esta no fue forjada por católicos españoles, sino por protestantes franceses. Las raíces de esta empresa se remontan a la pequeña ciudad alemana de Wittenberg, donde un descontento fraile agustino llamado Martín Lutero formuló sus noventa y cinco tesis en 1517, dando comienzo a la Reforma protestante. Las disputas y conflictos religiosos que provocó sembraron el desorden por toda la cristiandad europea, llegando a alcanzar las incipientes colonias españolas. Para mediados del siglo xvi, en Inglaterra, Holanda y Francia había muchos nobles y exploradores protestantes que ya no estaban dispuestos a acatar las reglas del papado, tales como las bulas que respaldaban las nuevas tierras que España y Portugal habían reclamado. Al igual que a millares de europeos, les habían cautivado las historias de grandes riquezas. Se trataba de una batalla por algo más que meras ideologías religiosas; los holandeses, junto con los demás protestantes europeos, como los ingleses o los hugonotes de Francia, estaban tratando de justificar su propia intervención en las Américas y su derecho a explorar, conquistar, saquear y esclavizar. Estos deseos quedaron plasmados en la obra de destacados pensadores como el jurista holandés Hugo Grotius, quien abogó por la libre navegación de los mares en un momento en que los Países Bajos estaban tratando de extender sus redes comerciales por todo el globo, incluyendo Norteamérica y las Indias Occidentales.

Muchos marinos emprendedores conocían de sobra las flotas de Indias que transportaban oro y plata a España, y no pasó mucho tiempo hasta que estos «corsarios luteranos», como les llamaban los españoles, se precipitasen sobre las Américas. Con el auge de la piratería protestante, en las islas españolas se empezaron a construir fortificaciones. En Puerto Rico, por ejemplo, las obras del castillo de San Felipe del Morro comenzaron en 1539 en la costa norte de la isla, cerca de San Juan, que había sido fundada en 1521. El propósito de estos fuertes era proteger el botín imperial a bordo de los galeones en ruta hacia España, y que regresaban con productos manufacturados en Europa para los colonos. La flota zarpaba dos veces al año, poniendo rumbo a Veracruz desde Sevilla (y posteriormente desde Cádiz, cuando la colmatación impidió el acceso al puerto fluvial), mientras que otra flota, la llamada de Tierra Firme, iba destinada a Cartagena de Indias, en Colombia, y de ahí a Portobelo, en Panamá. Las mercancías procedentes del Perú se llevaban a Panamá y luego por tierra hasta Portobelo, y lo mismo sucedía con las sedas y otros artículos de lujo procedentes de Oriente, que se descargaban en Acapulco para enviarlos por ruta terrestre hasta Veracruz.

A continuación, los galeones regresarían en primavera, concentrándose en La Habana antes de cruzar el Atlántico. Este sistema tenía muchos puntos débiles: los naufragios en los cayos de Florida eran habituales, al igual que los huracanes que barrían flotas enteras. Sin embargo, la piratería era uno de los problemas más persistentes[1]. España estuvo enemistada en distintas épocas con Inglaterra, Países Bajos y Francia, por lo que estos corsarios, a menudo provistos de patentes otorgadas por sus respectivos monarcas, consideraban legal el atacar los galeones españoles. También había piratas independientes, sin vínculos políticos o religiosos, dispuestos a jugarse la vida por poner las manos en tan solo uno de esos barcos cargados de tesoros.

Había otros protestantes que no buscaban riquezas, sino refugio de las guerras de religión que estaban estallando en Europa. Uno de esos grupos tan resueltos fueron los calvinistas de Francia, conocidos como hugonotes, que hacia la década de 1560 estaban padeciendo una persecución cada vez mayor y creían que estas nuevas tierras podrían proporcionar un lugar pacífico en el que vivir y rendir culto. Hubo un plan para fijar un asentamiento al otro lado del Atlántico que se ganó el favor de la Corona, y Catalina de Médicis apoyó la idea en nombre de su hijo, el joven Carlos IX. También era partidario de ella Gaspard de Coligny, un almirante francés que también era hugonote[2].

Los navíos de las primeras expediciones francesas podrían haberse guiado por las vías de agua que se extienden, como si fueran venas, por las tierras bajas de Carolina del Sur, para llegar desde la bahía de Port Royal hasta un punto de desembarco en el extremo de Parris Island en mayo de 1562, pero esta no fue su parada inicial. En realidad, recalaron más al sur, en el estuario del río San Juan, en el norte de Florida, el cual desagua en el océano Atlántico no lejos de la actual Jacksonville. Los franceses lo bautizaron como *Rivière de Mai*, señalando el mes de su arribada[3]. Los dos navíos estaban al mando de Jean Ribault, quien erigió una pequeña columna para marcar la toma de posesión por parte de Francia.

Ribault era un experto marino, nacido en torno a 1515 en la ciudad portuaria de Dieppe, en Normandía, en el seno de una familia de la baja nobleza. Durante un tiempo estuvo al servicio de Enrique VIII de Inglaterra, lo cual no era extraño entre los marinos normandos durante la década de 1540, en una época en que el rey estaba tratando de reforzar las defensas marítimas inglesas[4]. En este periodo vivió todo tipo de experiencias, desde estar brevemente encarcelado por cargos de espionaje hasta trabajar para el navegante Sebastián Caboto. Ribault regresó a Francia a mediados de la década de 1550 y combatió en batallas navales contra flamencos, ingleses y españoles, afianzando su reputación de marinero habilidoso[5].

Una vez en tierra, los franceses no tardaron en establecer contacto con los timucuas que habitaban cerca de la costa, a quienes ofrecieron presentes[6]. Posteriormente René Goulaine de Laudonnière, el segundo al mando de la expedición, describiría el lugar de desembarco como «hermoso por encima de toda comparación»[7]. Sin embargo, Ribault quería seguir explorando más al norte, y un par de semanas después llegaron a una ensenada a la que dieron el nombre de Port Royal. Fue allí donde fundaron Charlesfort, nombrado en honor a Carlos IX.

No era la época del año más propicia para comenzar semejante empresa, con el calor y la humedad alcanzando su punto álgido en julio y agosto. Frente a ellos se extendía un infinito mar verdiamarillo de praderas marismeñas, un mundo de maravillas naturales, desde los diminutos cangrejos anidados en el barro hasta las garzas y águilas pescadoras que sobrevolaban los arroyos en busca de alimento, pasando por todo tipo de flores y plantas extrañas a su alrededor. Construyeron un rudimentario fortín e iniciaron los contactos con los oristas y los guales de los alrededores. Los primeros vivían en las zonas costeras en torno al valle del río Edisto, que forma una isla homónima a unos 60 kilómetros al sur de Charleston, en Carolina del Sur, mientras que los otros se encontraban más al sur, repartidos por los estuarios entre los ríos Ogeechee y Altamaha[8]. El territorio guale se dividía en unas treinta o cuarenta aldeas, cada una gobernada por un cacique, con una población total que se estima que oscilaba entre mil trescientas y unas cuatro mil personas[9].

Toda la región de la Florida que España reclamó inicialmente era una tierra de gran diversidad en términos de población, clima y paisaje, y muy diferente respecto del Caribe y Nueva España. Cerca del litoral y los ríos vivían comunidades costeras, como los oristas y los guales, que subsistían gracias a la pesca. En las zonas interiores al norte y al oeste se encontraban los nativos que los europeos llamarían posteriormente muscoguis o creeks, emparentados con un grupo más amplio de pueblos de lenguas muscogueanas que habitaban la zona, y cuya nación se extendía por parte de los modernos estados de Georgia, Alabama, Tennessee, Misisipi y Luisiana, además de Florida. En la costa al oeste o *panhandle* de la península de Florida estaban los indios apalaches, y en el interior de la misma, más al este, vivían los pueblos de lengua timucuana, organizados en unos veinticinco cacicazgos diferentes que no siempre resultaban amistosos[10]. Más al sur, en la costa oriental, se hallaban los ais, y los tocobagas en la occidental. La sección más meridional estaba poblada por los calusas y los tequestas, entre otros grupos más pequeños[11]. En términos globales, las estimaciones de la población total de nativos en Florida previa al contacto con europeos son muy dispares, con cálculos que van desde tan solo diez mil personas hasta llegar a las cuatrocientas mil[12].

Sus asentamientos adoptaban numerosas formas, en función del entorno. Por ejemplo, los calusas al sur eran sedentarios y dependían de la pesca y, progresivamente, del comercio con los europeos que pasaban por la zona y del saqueo de naufragios. Los guales y oristas de la costa también confiaban en el mar y los ríos para su supervivencia, aunque pasaban parte del año cazando y cultivando. Los timucuas también vivían de una combinación de caza, recolección y cosechas. Los cultivos como el maíz o la calabaza constituían una parte importante de su dieta, pero el suelo del norte de Florida no era tan fértil como en tierras más septentrionales, como las que habitaban los apalaches, que dependían en mayor medida de la agricultura[13].

Los españoles se habían dado cuenta rápidamente de que las comunidades indígenas de Florida no eran adecuadas para el sistema de encomiendas, en parte porque sus aldeas a menudo no tenían gente suficiente para emplear como mano de obra, ni tampoco se prestaba a ello su estructura social. En conjunto, no eran sociedades tributarias como las que componían la confederación mexica, aunque se piensa que los calusas del sur tal vez recaudaran tributos de otros cacicazgos[14]. Sin embargo, en aquellos primeros años el principal reto para españoles y franceses fue, sencillamente, intentar comprender las relaciones entre estos grupos y averiguar el modo de ganarse su confianza y ayuda[15].

Jean Ribault no permaneció mucho tiempo en Charlesfort, y a comienzos de junio de 1562 regresó a Francia para hacer acopio de provisiones para la colonia. Atrás dejó a veintiocho hombres con instrucciones de proseguir la construcción del fuerte con troncos y arcilla, un trabajo agotador en aquella canícula. Continuaron su labor con la esperanza de que pronto vendrían refuerzos, pero para enero de 1563 seguían sin aparecer barcos, y el hambre acechaba[16]. Desesperados, los colonos pasaron el invierno construyendo un balandro que los llevara de vuelta a Francia, y en abril de ese año se hicieron a la mar. Más tarde los rescataría un navío inglés, cuando muchos se encontraban al borde de la muerte al habérseles agotado las provisiones y el agua[17].

Por su parte, Ribault llegó a Francia al comienzo de las que se convertirían en las largas guerras de religión entre católicos y protestantes. De allí se dirigió a Londres, donde escribió acerca de sus experiencias en la Florida. Apareció una traducción inglesa titulada *Whole and True Discoverye of Terra Florida* (Completo y verídico descubrimiento de la Terra Florida), impresa por Thomas Hacket hacia 1563. En este relato, Ribault pintó un vívido cuadro de la que se refirió como la «tierra de Chicore [Chicora], de la que algunos han escrito». Al igual que algunos de los testimonios de los españoles, el suyo también hablaba de la Florida como «un país lleno de abrigos, ríos e ínsulas de tal fecundidad que ninguna lengua podría expresar», sin duda con el propósito de animar a sus benefactores a financiar una expedición mayor «que en corto tiempo podrá hallar grandes y preciosas mercaderías»[18]. Su historia le ayudó a obtener una audiencia con la reina Isabel I. En un momento dado pareció tener asegurado el apoyo real, pero entonces sus planes se truncaron. Ribault fue denunciado por espionaje y llegó hasta a pasar un tiempo encarcelado, acusado de una conspiración para robar barcos ingleses y llevárselos a Francia[19].

Mientras Ribault estaba en Inglaterra, en 1564 se envió desde La Habana un navío al mando del capitán Hernando Manrique de Rojas, con la intención de destruir el asentamiento que Francia tenía en la Florida. Tras varias paradas en la costa, los españoles encontraron dos indios que indicaron «por sus señas» que habían pasado «barcos de cristianos» por aquella ensenada, pero no vieron indicios de ningún fuerte[20]. Reanudaron la navegación por la costa y para junio se toparon con «un cristiano vestido como los indios de aquel país, que decía ser francés»[21]. Manrique de Rojas interrogó al hombre, que se presentó como Guillaume Rouffi y explicó que no había querido acompañar a los demás en el balandro que habían improvisado para regresar su tierra. Les dio la ubicación del ya abandonado fortín, al que los españoles prendieron fuego antes de regresar a La Habana[22].

Mientras Manrique de Rojas exploraba la zona, otra expedición francesa pasó inadvertidamente por su lado. Este grupo, de unas trescientas personas, estaba encabezado por René de Laudonnière, que había acompañado a

Ribault en su viaje de regreso a Francia. Había zarpado en abril de 1564 a bordo de tres navíos: un galeón de trescientas toneladas como buque insignia y dos embarcaciones menores. En junio llegaron al río San Juan[23], pero esta vez Laudonnière decidió no volver a Charlesfort. En su lugar, fundó Fort Caroline sobre un promontorio que dominaba el río, creyendo estar en buenos términos con los timucuas, lo que para él era fundamental, pues les consideraba buenos guerreros y «bravos de espíritu»[24].

Los franceses tenían la equivocada impresión de que los timucuas cultivaban comida de sobra, por lo que los colonos simplemente tendrían que comerciar para satisfacer sus propias necesidades. En vez de sembrar, se centraron en construir su nuevo fuerte. Resultó ser un error fatal: los cacicazgos timucuas solamente cultivaban lo que necesitaban, y no tenían lo suficiente para alimentar a los franceses además de a sus propias aldeas [25]. Pronto se hizo demasiado tarde para cultivar nada más, y las provisiones de los franceses comenzaron a escasear al tiempo que se crispaban los ánimos, lo que provocó un motín hacia finales de 1564. Mientras Laudonnière trataba de refrenar a los airados colonos, un alivio apareció en el horizonte: el esclavista y comerciante inglés John Hawkins recaló en el río San Juan en agosto de 1564, brindándoles la oportunidad de reabastecerse[26].

A estas alturas, Ribault había sido liberado de prisión en Inglaterra y en mayo de 1565 zarpó de Dieppe con rumbo a la Florida[27]. Siguiéndole de cerca, en junio partió Pedro Menéndez de Avilés, oriundo de la montañosa región de Asturias, en la costa norte de España, y que al igual que muchos de sus paisanos buscó su fortuna en el mar. En su caso, se había labrado una reputación combatiendo a los corsarios franceses del golfo de Vizcaya. Más adelante estuvo al mando de la flota de Indias, accediendo al lucrativo comercio entre España y las colonias[28]. Consiguió prosperar, pero sus éxitos fueron intermitentes. En 1563 un huracán le costó algo más que su fortuna, al perder en la tormenta un barco en el que viajaba su hijo, que posiblemente naufragó en algún lugar cerca de Florida. Ese mismo año fue convocado por el rey, preocupado por la actividad francesa en la Florida. Mientras se encontraba en España entró en pleitos comerciales, y sufrió arresto domiciliario en 1564 hasta que las denuncias fueron resueltas[29]. Dispuesto a limpiar su nombre, Menéndez de Avilés negoció la concesión de una cédula para establecer un asentamiento en Florida y se puso en camino. Había organizado una expedición de diecinueve navíos, con unos mil quinientos soldados y colonos. Su plan era que parte de la flota se concentrara en las islas Canarias, y que el resto le siguiera más adelante[30]. Sin embargo, el comienzo fue muy accidentado, pues algunos barcos nunca llegaron a las Canarias, y una tempestad destruyó la mayoría de los que quedaban. Una de sus carabelas se desvió tanto que fue apresada más tarde por corsarios franceses. A duras penas, finalmente pudo llegar a San Juan de Puerto Rico a bordo de su buque insignia, el San Pelayo[31].

A pesar de estos contratiempos, sus fuerzas consiguieron reagruparse y hacer arribada en algún punto cercano al cabo Cañaveral, justo después de que Ribault regresara al río San Juan, a finales de agosto de 1565. Cuando descubrieron el paradero de la flota enemiga, se produjo un breve enfrentamiento entre los barcos españoles y franceses, en el que estos últimos lograron bloquear la entrada a la desembocadura del río. Menéndez de Avilés decidió dirigirse más al sur, a otra ensenada que había localizado antes. Cuando él y sus hombres bajaron a tierra, tomaron posesión de Florida (otra vez) en nombre del rey, y dieron el nombre de San Agustín al punto de desembarco, pues habían avistado tierra por primera vez el 28 de agosto, el día de la fiesta de aquel santo[32]. Un banco de arena atravesaba la ensenada, lo que significaba que, aunque tuviesen que anclar su buque insignia en aguas más abiertas, aquel puerto les serviría para protegerse de los ataques[33]. Mientras levantaban un campamento, Ribault envió cuatro embarcaciones y a casi toda la guarnición de Fort Caroline para acometerlos. Su plan se hizo añicos al desatarse otro huracán: Ribault fue incapaz de avistar los barcos españoles, por lo que acabó pasándolos de largo. Al final, la ferocidad de la tormenta hizo que sus propios barcos acabaran naufragando justo al sur de San Agustín[34].

En vez de esperar a que Ribault regresara para hacerles frente en el mar, Menéndez de Avilés decidió atacar Fort Caroline por tierra. Tras casi cuatro días de marcha bajo lluvias torrenciales, las tropas españolas llegaron a su destino el 20 de septiembre. Pudieron capturar el fuerte sin problemas, matando a casi ciento cuarenta franceses, aunque otros cuarenta y cinco lograron escapar. También se llevaron cautivos a cincuenta mujeres y niños[35]. Tras asegurar la posición, Menéndez de Avilés regresó a San Agustín para combatir a Ribault, sin darse cuenta de lo que le había sucedido hasta que unos indios le avisaron de que el mar había arrojado a unos franceses a una ensenada cercana, a unos veinticinco kilómetros al sur del fortín español. Menéndez dio con los náufragos, que se rindieron, aunque él ordenó que los mataran de todos modos, dejando vivir únicamente a los católicos de aquel grupo. Esta sangrienta ejecución originó el nombre que este lugar ha llevado hasta la fecha: bahía de Matanzas. Pocas semanas después llegaron más supervivientes a la misma zona, esta vez con Jean Ribault entre ellos, y corrieron la misma suerte. Un último grupo apareció en noviembre. Algunos de ellos huyeron, pero esta vez mantuvieron con vida a los cautivos, a quienes pusieron bajo custodia en un fortín cercano al cabo Cañaveral[36].

• • •

Uno de los hombres que lograron escapar del ataque a Fort Caroline fue Jacques le Moyne de Morgues, un cartógrafo y grabador que, a su regreso a Europa, publicó el relato de sus experiencias y proporcionó ilustraciones del pueblo timucua, así como de la flora y fauna de la zona. Perdió la mayor parte de su trabajo durante la huida, pero lo rehízo de memoria; posteriormente fue reproducido y publicado por Theodor de Bry, que en 1588 compró la crónica escrita y las imágenes a la viuda de Le Moyne. René de Laudonnière también escapó de aquel ataque y junto con otros supervivientes huyó hasta el río San Juan, desde donde zarparon con rumbo a Francia a bordo de dos embarcaciones[37]. Terminó en Swansea, en Gales, donde comenzó su *Historia notable de la Florida* (*L'Histoire notable de la Floride*) antes de regresar a su patria, donde se publicó en 1586, seguida por la obra de Le Moyne en 1591. Estos dos libros fueron traducidos y leídos por toda Europa, mostrando a mucha gente por primera vez cómo era la vida de los nativos americanos. Laudonnière proporcionó uno de los primeros testimonios en Europa sobre los timucuas, describiendo a los hombres como «de color oliváceo, de gran corpulencia, apuestos, bien proporcionados y sin ninguna deformidad», haciendo mención de sus taparrabos de piel de ciervo y sus tatuajes, diciendo que «se pintan el cuerpo, los brazos y muslos con hermosos motivos»[38]. Las láminas de Le Moyne reflejan esta descripción, representando a hombres fieros, musculosos y tatuados, y a mujeres de estatura similar, altas y fuertes, con el pelo largo y los pechos desnudos.

Ahora los españoles tratarían de reafirmar su autoridad en esta parte de Florida. En 1565 tomaron el control de Fort Caroline y lo rebautizaron como San Mateo[39]. Más adelante aquel año, Pedro Menéndez de Avilés comenzó a explorar el resto de Florida partiendo desde San Agustín, y trató de establecer alianzas con los nativos americanos. Construyó más fuertes, como San Antón de Carlos en el territorio calusa de la isla de Mound Key, en la costa oeste (al sur de la actual Fort Myers), además de puestos avanzados en las tierras de los tocobagas y los tequestas, si bien ninguna de estas fortificaciones sobrevivió más allá de 1569[40].

Su cuñado Gonzalo Solís de Merás acompañó al adelantado en sus hazañas y posteriormente escribiría sobre sus experiencias[41]. Los dos estaban presentes en el encuentro que se produjo en 1566 con los calusas del suroeste de Florida. Su partida estaba buscando a un grupo de náufragos españoles que llevaban cautivos más de veinte años. Encontraron a parte de ellos, y se organizó una reunión entre Menéndez y el jefe calusa. Al principio se produjo un intercambio de presentes y viandas y más tarde, según Solís, «el Adelantado le dijo que el rey de España, su Señor, le enviaba por los hombres y mujeres que él tenía, cristianos, y que si no se los llevaba, le mandaría matar»[42]. Le hicieron entrega de los prisioneros y se intercambiaron más regalos. El cacique, por su parte, al parecer había adoptado hace tiempo el nombre de Carlos, cuando sus presos le dijeron que el emperador Carlos V era el rey de todos los cristianos. En otra señal de respeto, Carlos intentó entregar a su hermana como esposa para Menéndez de Avilés. Así lo narró Solís de Merás:

> El cacique le dijo que se fuese a reposar a un aposento que estaba allí, con su hermana, pues se la había dado por mujer, y si no lo hacía que sus indios se escandalizarían, diciendo él que se reía de ellos y de ella y la tenía en poco; y había en el pueblo más de 4.000 indios e indias. El Adelantado [Menéndez] mostró una poca de turbación y díjole por la lengua que los cristianos no podían dormir con mujeres que no fuesen cristianas[43].

Puesto en este brete cultural, Menéndez trató de explicar las prácticas cristianas; el cacique le dijo que aceptaba y hasta permitía que fuese bautizada su hermana, quien acabó por conocerse como doña Antonia[44]. Este «matrimonio» —a pesar de que el adelantado ya tenía una esposa en España— sellaría una suerte de hermandad entre los dos hombres; acto seguido tuvo lugar un extravagante banquete.

Las historias de mujeres indias siendo «regaladas» a los españoles abundan en los relatos de los conquistadores de todas partes del imperio, presentadas desde un solo punto de vista. Estas mujeres, fuesen esclavas o princesas, a menudo ejercían de traductoras lingüísticas y sociales. Se habían llevado pocas mujeres españolas a Florida, por lo que a los hombres no les quedaba más remedio que intentar relacionarse con las indígenas, a veces por la fuerza. Muchas nativas fueron utilizadas como sirvientas del hogar y concubinas, atrapadas en la servidumbre y la esclavitud sexual. Esta situación no fue exclusiva de Florida, y por toda la América española a los descendientes de estas relaciones se les conoció como mestizos. Tomó forma un elaborado sistema de castas, estableciéndose una jerarquía racial según la mezcla de razas, en la que los más «españoles» se encontraban en lo más alto y los más indígenas o africanos en lo más bajo. Esta racialización estaba ligada a un concepto más antiguo procedente de la península ibérica: la «limpieza de sangre», que hacía referencia a la posible ascendencia judía o musulmana que una persona pudiera tener. Puesto que algunos de los españoles que fueron a las Américas tenían antepasados que se habían convertido del islam (moriscos) o del judaísmo (conversos a secas), esta preocupación también pasó al otro lado del Atlántico[45]. Es difícil determinar cuán arraigadas estaban estas ideas de raza en la Florida española en este periodo; las comunidades indígenas estaban muy diseminadas, los colonos españoles eran muy pocos y la documentación es demasiado escasa como para tener una imagen detallada de la extensión del mestizaje y la situación de esta nueva jerarquía de castas.

Menéndez de Avilés siguió pasando tiempo con Carlos, quien eventualmente le pidió ayuda para atacar a los tocobagas, cuyo territorio se encontraba al norte de los calusas. El adelantado no quiso involucrarse en el conflicto, aunque sí negoció una paz entre ambos grupos[46]. Durante sus tratos con los calusas conoció a un cautivo, Hernando de Escalante Fontaneda, que había naufragado en el sur de Florida y que conocía al hijo de Menéndez, de quien se supo que no había sobrevivido. Escalante ejerció de intérprete para los españoles y en 1569 partió a Cuba[47]. También escribió unas *Memorias* de sus experiencias, un excepcional testimonio escrito de alguien que pasó un periodo prolongado con los pueblos indígenas de la Florida. Su obra contiene una mezcla de admiración y prejuicio, y en ocasiones parece intentar hacer una valoración negativa de las expectativas españolas en la Florida, en marcado contraste con las cartas de los conquistadores a la Corona que ensalzaban las virtudes de este rincón del imperio. Tal vez estuviese abogando, de forma indirecta, contra la construcción de nuevos asentamientos en la Florida para librar a los indígenas de más incursiones europeas, al escribir[48]:

> [Los de de Ais y Jeaga] son ricos, como tengo dicho, de la mar y no de la tierra. Desde Tocovaga [*sic*] hasta Santa Elena, que habrá de costa seiscientas leguas, no hay oro ni menos plata de natural de la tierra, si no es lo que tengo dicho por la mar. No quiero decir si hay tierra para habitar, pues los indios viven en ella; si es abundosa para ganados y para sembrar azúcar caña [...] En todas estas provincias que he declarado, desde Tocovaga Chile hasta Santa Elena, son grandes pescadores, [...] son grandes flecheros y traidores, y tengo por muy cierto que jamás serán de paz, ni menos cristianos[49].

Sin embargo, estas conclusiones fueron ignoradas. Con sus esfuerzos, Pedro Menéndez de Avilés por fin había logrado que los españoles estuviesen firmemente asentados en la periferia de Florida. También descubrió que, si se ceñía a la costa oriental en lugar de hacer frente a la corriente del Golfo, podrían tener una navegación mucho más tranquila hacia La Habana. En poco tiempo, San Agustín se convirtió en el principal asentamiento en la Florida, desbancando a Santa Elena, que se encontraba a más de trescientos kilómetros al norte[50]. Sin embargo, Felipe II quería que hubiese presencia en Santa Elena para evitar que los franceses regresaran en el futuro, por lo que Menéndez de Avilés se dirigió allí junto con ciento cincuenta soldados, y en abril de 1566 establecieron el fuerte de San Felipe, cerca del antiguo emplazamiento de Charlesfort[51].

Una vez concluidas las fortificaciones, Menéndez regresó a San Agustín, dejando la colonia con un centenar de hombres bajo la supervisión de Esteban de las Alas. Para el verano, habían comenzado los problemas en Santa Elena: sesenta miembros de la guarnición se amotinaron cuando arribó una embarcación con suministros procedente de San Agustín, de la cual se apoderaron para escapar a Cuba. Otros veinticinco desaparecieron tierra adentro, dejando a otros tantos fiando su supervivencia a la buena voluntad de los nativos americanos[52].

En julio, poco después de la huida de los rebeldes, llegaron unos trescientos hombres al mando del capitán Juan Pardo, enviados desde España junto con provisiones. Los recién llegados trabajaron con los supervivientes en la mejora de las fortificaciones, a tiempo para la llegada de Menéndez de Avilés en agosto de ese año. Satisfecho con el resultado, nombró gobernador a Esteban de las Alas —Menéndez mantenía estos poderes en su calidad de adelantado—, y por un breve espacio de tiempo hubo una aparente estabilidad en Santa Elena[53]. A finales de 1566, Juan Pardo encabezó una expedición hacia el interior en busca de la ansiada ruta que conectara por tierra la Florida con Nueva España, lo que formaba parte de las instrucciones que la Corona había dado a Menéndez[54]. El optimismo de este era tal, que pensaba que también encontraría una vía navegable hacia el Extremo Oriente desde Florida[55].

Juan Pardo se dirigió al oeste, adentrándose en Carolina del Norte y llegando hasta Tennessee, encontrando en su camino a numerosos nativos americanos, y levantando dos fuertes más. Uno de ellos fue el fuerte de San Juan, cerca del poblado indígena de Joara (a veces llamado Joada), cerca de la actual Morganton, en Carolina del Norte. Cuando Pardo regresó a Santa

Elena al cabo de pocos meses, en 1567, descubrió que se habían agriado las relaciones entre sus hombres y los indios de la zona. A pesar de estas tensiones, hizo planes para volver a partir más adelante aquel año[56].

Por su parte, Menéndez de Avilés se había ganado el favor de la Corona con sus éxitos en la Florida, y decidió aprovechar la situación para regresar a España a gozar de su reconocimiento, partiendo en mayo de 1567. En septiembre, Juan Pardo emprendió su segunda expedición tierra adentro, y retornó a Santa Elena en marzo del siguiente año. Una vez más, en su ausencia la colonia se había sumido en problemas, principalmente la falta de víveres y los constantes ataques de los indios[57].

Para complicar las cosas, en abril de 1568 llegaron corsarios franceses, sedientos de venganza. Los relatos de los pocos supervivientes que regresaron habían empezado a circular por Francia, revelando la magnitud del desastre sufrido en Florida[58]. Dominique de Gourgues, que anteriormente había sido prisionero de España, organizó una expedición de castigo, que partió de Burdeos. Al llegar, recibió el apoyo de unos cuatrocientos indios timucuas, y con ellos se dirigió al lugar de la primera gran masacre, en Fort Caroline (San Mateo), junto al río San Juan[59]. Al enterarse de su inminente llegada, el centenar de soldados allí acantonados trataron de huir a San Agustín, lo que permitió a De Gourges destruir el fuerte antes de regresar a Francia. Santa Elena, sin embargo, quedó indemne.

Hacia 1568 llegaron más colonos a Santa Elena, que en su apogeo llegó a albergar a cerca de cuatrocientas personas. Para 1571, Menéndez de Avilés había logrado obtener un subsidio para Florida, llamado «el Situado», con el fin de garantizar su crecimiento y protección[60]. También recibieron asignaciones de plata —a menudo a intervalos erráticos— otras partes del imperio que, como Cuba y Puerto Rico, habían agotado sus riquezas minerales, pero tenían importancia estratégica.

El plan de Menéndez de Avilés era colocar soldados, colonos y misioneros a lo largo de toda la Florida, que para los españoles abarcaba desde el extremo de la península hasta la bahía de Chesapeake, o bahía de Santa María, como se llamaba entonces[61]. Este lugar era especialmente importante, ya que se creía que conectaba con el fabuloso Pasaje del Noroeste, que enlazaría la América española con Asia[62]. El adelantado ya había dado los primeros pasos en la realización de esta visión en el momento de su muerte en 1574, que se produjo en España mientras estaba preparando otro viaje a Florida.

Aunque Pedro Menéndez de Avilés había logrado expulsar a los franceses y establecer rudimentarias guarniciones en la Florida, para España siguió siendo un territorio frágil. Hacia 1576, Santa Elena se estaba desmoronando; sus líderes se tornaron violentos, exigiendo tributos a los oristas y cometiendo actos brutales, como la ejecución de dos jefes guales. Esto provocó un alzamiento de quinientos indios de estos dos pueblos, que atacaron el fuerte de San Felipe[63], por lo que los españoles decidieron abandonarlo y retirarse hasta San Agustín[64].

Es complicado evaluar en esta época la hostilidad o la cooperación de los indígenas con los españoles e incluso entre sí. A menudo, los relatos o testimonios escritos de los colonos sobre ataques o emboscadas proceden de actuaciones judiciales y reflejan las creencias y prejuicios en España[65]. Aunque también hubo periodos de calma en la zona de Santa Elena, este no fue el caso en las zonas costeras próximas al río San Juan, donde los cacicazgos de Seloy y Saturiwa, que formaban parte de los pueblos de lengua timucuana, mostraron una hostilidad casi constante. Desde el comienzo se habían producido escaramuzas en un intento de expulsar a los españoles de San Agustín, lo que provocó represalias por parte de su guarnición hasta finales de la década de 1560[66].

Los intentos de reforzar Santa Elena continuaron cuando Pedro Menéndez Márquez, sobrino del de Avilés, llegó en 1577 con órdenes de reconstruirlo. Se levantó el fuerte de San Marcos, con una guarnición de cincuenta hombres y tres piezas de artillería[67]. También trató de negociar la paz con los guales y oristas, y descubrió que había algunos franceses viviendo entre ellos en la costa[68]. Se produjeron enfrentamientos con los nativos americanos y sus aliados franceses a lo largo de la década de 1570, pero también continuaron los asentamientos. Las relaciones con los guales volvieron a romperse, y en 1579 los españoles quemaron algunos de sus poblados y cultivos de maíz. Hacia 1580, Menéndez Márquez logró detener las agresiones de algunos de los cacicazgos próximos a Santa Elena, aunque la relación con los guales y oristas siguió siendo problemática[69]. Sin embargo, las autoridades españolas habían decidido fijar su base en San Agustín, en parte porque por fin habían negociado una paz con los hostiles jefes timucuas, como se desprende de los documentos acerca de los bautizos de indígenas en esta época, además del establecimiento de dos poblados de indios cerca de la colonia[70].

Al final, no fueron los ataques oristas o franceses los que acabaron con Santa Elena, sino los de los ingleses. El asalto de Francis Drake a San Agustín en 1586 impulsó a Menéndez Márquez a llevarse allí a los colonos de Santa Elena para reconstruir el asentamiento y reforzar sus defensas, aun cuando Drake no había sido capaz de encontrar Santa Elena, dejándola por tanto indemne. En medio de grandes protestas, el gobernador obligó a los colonos a abandonarla en 1587, y el fuerte quedó desmantelado.

...

Las complejas negociaciones y los enfrentamientos a menudo violentos que se produjeron durante la construcción de asentamientos en la Florida constituyeron una parte del proceso de colonización. En paralelo discurrieron los esfuerzos de las órdenes religiosas que, dispuestas a construir iglesias y convertir a la población nativa, generaron conflictos de distinta naturaleza. La evangelización de la Florida presentó desafíos básicos pero importantes. El primero era la propia supervivencia de los sacerdotes. Al igual que los conquistadores, tuvieron muchos comienzos en falso, como el malhadado viaje del fraile dominico Luis Cáncer en 1549.

Luis Cáncer había conocido a Bartolomé de las Casas, que en aquel momento era el arzobispo de Chiapas, en México. Al igual que De las Casas, Cáncer quería convertir a la población de Florida por medios pacíficos. Llegó a la bahía de Tampa en 1549, y algunos de los habitantes de la zona capturaron a parte de los frailes, obligando a los restantes a seguir navegando[71]. Cuando se volvió a detener, fue apaleado hasta la muerte a los pocos minutos de pisar tierra[72].

Pasaron casi dos décadas hasta que se produjo otro intento coordinado, y solo ocurrió una vez que Pedro Menéndez de Avilés hubo expulsado a los franceses. Este recurrió a la nueva orden de la Compañía de Jesús, fundada en 1540. Los jesuitas estaban dedicados a la evangelización y la enseñanza, y el adelantado quería que trabajasen con los indígenas de la Florida[73]. La experiencia de la Compañía en las Américas era limitada, habiendo tan solo ido a Brasil en 1549, pero eran entusiastas. Al igual que a los dominicos, les preocupaba que los vicios y costumbres mundanas de los soldados y colonos estuviesen afectando la conquista espiritual de estas tierras; de las órdenes religiosas dependería el que hubiera una conversión exitosa y duradera[74].

En 1570, un pequeño grupo formado por soldados y jesuitas zarpó desde Santa Elena con rumbo hacia la bahía de Santa María, al norte, a una zona que creían que se llamaba Ajacán o Axacán. Con ellos viajaba un hombre llamado don Luis de Velasco, aunque no era español, sino un nativo americano cuyo nombre original era Paquiquineo. Decía proceder de ese lugar, y que en 1561 lo habían subido a bordo del navío español Santa Catalina, que quizás hubiese estado por la zona en misión de reconocimiento, o tal vez se hubiera desviado de su rumbo[75]. En aquel viaje había sido bautizado, recibiendo el nombre del entonces virrey de Nueva España, y a continuación pasaría casi una década entre Cuba, Nueva España y la metrópolis, donde se ganó el favor de Felipe II[76]. Velasco contó muchas historias de su tierra natal y agasajó a la corte con descripciones de su abundancia, lo que contribuyó a reavivar el interés del rey en la Florida[77].

Luis de Velasco y Menéndez de Avilés se conocieron finalmente hacia 1566 o 1567, y los dos compartieron viajes entre Cuba y la Florida. En aquel entonces, el adelantado quería establecer un asentamiento en la bahía de Santa María, y su interés por Ajacán creció en parte gracias a sus conversaciones con Velasco. En su correspondencia con el rey, el de Avilés también mencionó la posibilidad de que existiera una vía navegable hacia Oriente[78]. Sin embargo, Velasco, que ya llevaba años entre los españoles, no podía ignorar cómo se comportaban en sus territorios americanos. Al margen de lo que pensara en realidad, Velasco se mostró entusiasta hacia el cristianismo y los planes para la expedición, que partió hacia Ajacán en agosto de 1566 con una dotación de frailes dominicos y soldados. Al aproximarse a la bahía, Velasco trató de orientarlos, mas no pudo —o no quiso— encontrar la entrada apropiada. Se vieron obligados a abandonar y dar media vuelta[79].

A pesar de las sospechosas circunstancias en torno a la incapacidad de Luis de Velasco de guiarlos por lo que deberían haber sido aguas familiares, hubo otro intento en 1570, esta vez con los jesuitas. Con ellos no viajaban soldados, solamente iban Velasco, ocho sacerdotes y un muchacho llamado Alonso de Olmos, un español nacido en las Américas. Esta vez llegaron a Ajacán hacia septiembre, y pronto se encontraron en la aldea de su guía. Sus amigos y familiares creyeron que había regresado de entre los muertos, pero a los curas les pareció que estas gentes también estaban medio muertas, dados los signos de escasez que encontraron, en vez de la prometida abundancia[80]. Se suponía que Velasco ejercería de traductor para los jesuitas, pero no tardó en abandonarlos a su suerte.

Para cuando llegó un barco con suministros en la primavera de 1571, ya era demasiado tarde. Los marineros se alarmaron al ver en la orilla a indios vestidos con atuendos sacerdotales. Tomaron dos rehenes (uno saltó por la borda) y regresaron a Cuba para obtener la historia completa. Lo que oyeron es que Luis de Velasco había abandonado a los clérigos, pero estos se habían visto obligados a regresar a su aldea, dada su falta de alimentos para sobrevivir y las dificultades para comunicarse con otros indios. Cuando tres jesuitas se presentaron pidiendo hablar con su guía, este los mató, y a continuación asesinó a los otros cinco hombres, que aguardaban en un campamento cercano[81].

Menéndez de Avilés, que en aquel momento se encontraba en La Habana, organizó de inmediato una expedición de castigo y para rescatar al único superviviente, el joven Alonso de Olmos. Zarparon hacia Ajacán en 1572 y, atrayendo a algunos indígenas a su navío, les tendieron una emboscada y mataron a veinte de ellos. El adelantado logró que liberasen a Olmos de su cautiverio, y exigió también que trajeran a Velasco a su presencia; a falta de ello, mandó ahorcar a algunos de los prisioneros indios[82]. Después de este episodio, los jesuitas decidieron no enviar a más miembros de su orden a la Florida. Fueron sustituidos por los franciscanos, hecho señalado por la llegada del padre Francisco del Castillo a Santa Elena en 1573, y poco después del padre Alonso Cabezas, que fue a San Agustín[83].

Los sacerdotes llegaron al tiempo que Felipe II promulgó nuevas leyes destinadas a cambiar la naturaleza de la conquista de las Américas. Menéndez de Avilés le había escrito en 1573 solicitando permiso para esclavizar a los indios de Florida en caso de que se dieran las circunstancias de una guerra justa contra aquellos que habían «roto la paz muchas veces, matando a muchos cristianos»[84]. La respuesta llegó ese mismo año, en forma de las llamadas Ordenanzas de Felipe II (*Ordenanzas de descubrimiento, nueva población y pacificación de las Indias*), que estipulaban que «los descubrimientos no se den con título y nombre de conquistas pues [han de hacerse] con tanta paz y caridad como deseamos»[85]. Ordenó que fuesen los misioneros, y no los adelantados, quienes dirigiesen este esfuerzo, dejando a los militares a cargo de la defensa de las misiones[86].

El segundo desafío para los sacerdotes —una vez asegurada su propia supervivencia— fue la propia labor encomendada: convertir al cristianismo a la población nativa, un proceso que se vería obstaculizado por malentendidos culturales y la incomprensión lingüística. En la década de 1580, los franciscanos comenzaron a establecer pequeñas misiones —llamadas doctrinas—, en las que los frailes instruían a los lugareños en la doctrina católica. Debido a lo ocurrido en Ajacán, además del abandono de Santa Elena en 1587, lo más al norte que llegaron estas misiones fue San Diego de Satuache, junto al río Ogeechee, al sur de la actual Savannah[87]. Otras misiones salpicaban la costa hacia el sur hasta llegar a San Agustín, en lugares como Santa Catalina de Guale, en la isla homónima. Hacia 1596 había nueve doctrinas y una docena de frailes, y la expansión proseguía hacia el sur y el oeste[88]. No tuvieron tanto éxito con los calusas y tequestas del sur de Florida (cerca de Miami)[89]. Allá donde las misiones consiguieron arraigar, especialmente entre los timucuas y apalaches, la conversión se acogió con un cierto grado de entusiasmo. Se supo de un caso en el que un cacique llegó a solicitar que los frailes acudieran a su aldea, un cambio de parecer que, antes que con la transformación espiritual, quizás tuviera más que ver con el aprovechamiento de una alianza con los españoles para reforzar su propia autoridad[90].

Los clérigos también se vieron obligados a tratar de entender a las gentes que querían convertir. Francisco Pareja aprendió la lengua timucuana para facilitar su labor en la misión de San Pedro de Mocama, que se había establecido en 1587 en el cacicazgo de Tacatacuru de la isla de Cumberland, en Georgia[91]. Pareja llegó en 1595, y sus esfuerzos por comunicarse han preservado lo poco que se sabía del idioma de los timucuas y al menos nueve de sus dialectos. Su método era sencillo: el fraile convertía el habla de los indios en lenguaje escrito, deletreando las palabras según sonaban. De este modo, fue capaz de traducir doctrinas religiosas a la lengua timucuana, aunque esto fue solo una pincelada del panorama lingüístico de Florida. Este incluía el idioma guale y el apalache del interior, ambos emparentados con las lenguas muscogueanas, pero el timucua era distinto a todos ellos[92].

Una vez establecidas relaciones pacíficas, seguidas de una voluntad de someterse a las prácticas de la Iglesia, todavía quedaba un tercer desafío: cómo lograr que una misión sobreviviera e incluso prosperase. A menudo ello exigía que se intentase atar a la gente a la tierra. En determinadas épocas del año, los guales y oristas se trasladaban tierra adentro, sin duda para librarse en ocasiones de los misioneros, a quienes les preocupaba porque suponía que los indios estarían mucho tiempo sin oír misa[93]. Tal como reflejó un jesuita llamado Juan Rogel en una carta de 1570, este «vagabundeo» era la clave del problema: «para haberse de hacer fruto [...] es necesario que primero se dé orden cómo se junten los indios, y vivan en poblaciones y cultiven la tierra»[94]. Sin embargo, no todos los pueblos vivían únicamente de la agricultura, en parte debido a la diversidad medioambiental de Florida. En la parte sur era más complicado sembrar cultivos, ya que el terreno arenoso y los pantanos no los favorecían. Aunque San Agustín y muchas de las primeras misiones se establecieron cerca de la costa, en parte sobrevivieron gracias a la ayuda de los indios que habitaban el interior y practicaban una agricultura más avanzada[95].

Aun cuando se conseguía cultivar, la vida en las misiones podía ser difícil. Las estructuras a menudo eran muy simples: los frailes tenían que arreglárselas con bajareque —mezcla de cañas y barro— o mortero de conchas de ostión como materiales de construcción, techumbres de palma y suelos de tierra. Una misión típica disponía de una capilla, cocina y aposentos para los clérigos, construidos en torno a un patio, y algunas contaban con guarniciones militares para su protección[96].

Algunos de los indígenas que se convirtieron trabajaban para las órdenes religiosas como braceros o labradores, y a menudo residían en pequeños poblados cerca de las misiones. Para muchos grupos, este fue un cambio trascendental y duradero respecto a su nomadismo estacional: con el cristianismo vino el asentamiento. A pesar de esta transformación, la mayor amenaza para cualquier tipo de permanencia era la posibilidad de una revuelta india, que podía echar por tierra años de trabajo. La labor franciscana se vio dificultada por el levantamiento de los guales de 1597, también conocido como la revuelta de Juanillo por su líder don Juan, que era el heredero de un cacicazgo. Aunque estas sublevaciones podían desencadenarse por muchas razones, lo que se sabe de este incidente en particular gracias a los documentos que se conservan es que tanto españoles como indígenas estaban soportando gran variedad de dificultades y frustraciones[97]. Por ejemplo, se ha aceptado que la causa de la rebelión y la posterior decapitación del padre Pedro de Corpa, que tuvieron lugar en Nuestra Señora de Guadalupe de Tolomato (cerca de la actual Darien, en Georgia), fueron los supuestos intentos por parte del sacerdote de refrenar la conducta poligámica de don Juan. Al mismo tiempo, las tensiones subyacentes entre los distintos caciques también alimentaron estos sucesos[98].

El padre Corpa estaba destinado en Tolomato, el pueblo gobernado por uno de los más importantes caciques de los guales, a quien los españoles llamaban don Francisco. Los clérigos habían logrado convertir a varios miles de personas, así que al sacerdote le tomó por sorpresa cuando un grupo de guerreros irrumpieron mientras rezaba sus oraciones matinales. Juanillo, el hijo del jefe, ordenó matar al cura en el acto. Acto seguido hizo venir a los demás caciques guales a Tolomato, desde donde asaltaron otras misiones, como Santa Catalina de Guale y Santa Clara de Tupiqui, asesinando a cinco frailes más y prendiendo fuego a las capillas y otros edificios[99]. Desde ahí planearon desplazarse al sur, hacia las misiones cerca de San Pedro, en territorio mocama, pero en la mañana del 4 de octubre de 1597 se toparon con un número inesperado de soldados españoles, que por casualidad habían recalado en aquella isla con su bergantín. Muchos de los guales dieron media vuelta y, aunque algunos atacaron de todos modos, ninguno de los dos frailes que allí había resultó herido[100]. Uno de los misioneros supervivientes envió una carta a San Agustín suplicando ayuda, y hacia el 17 de octubre llegaron refuerzos[101]. Una vez repelidos los ataques, el gobernador Gonzalo Méndez de Cancio inició las pesquisas e interrogatorios, además de llevar a cabo incursiones de castigo. Aunque los españoles se preocupaban por su propia seguridad, también sufrieron daños las estructuras y propiedades de otros caciques, lo que implica que se estaba dando una pugna más amplia por el poder.

La investigación duró años. Hacia 1600, Méndez de Cancio comenzó a negociar tratados de paz con numerosos jefes[102]. Además, en 1601 envió a don Domingo, cacique de la aldea de Asao, en misión para capturar a don Juan, ello a pesar de haber estado él mismo implicado en el levantamiento inicial de 1597. Sin embargo, el gobernador estaba más interesado en restaurar las alianzas con los líderes guales, incluido don Domingo, que en ese momento gozaba de un poder considerable.

El cacique había visitado San Agustín, donde reveló quién estaba detrás de los ataques. También llevó consigo un grupo de braceros para trabajar en los campos de maíz de los españoles y, a cambio, Méndez de Cancio le proporcionó tejidos de lana[103]. A continuación, don Domingo dirigió una partida junto con otros caciques y sorprendieron a don Juan en un reducto en Yfusinique. Allí acabaron con su vida y la de los parientes varones que le acompañaban. Don Domingo envió la cabellera de don Juan al gobernador, que dio por zanjado el asunto[104]. Otros caciques estaban ahora jurando o reafirmando su lealtad y obediencia a la Corona española; don Domingo se mantuvo en el favor de Méndez de Cancio, y cuando los franciscanos regresaron para fundar una nueva misión, esta se estableció en Asao en 1606 con el nombre de Santo Domingo de Asao[105]. El levantamiento de los guales muestra el grado de complejidad y solapamiento de estas relaciones, no solo entre españoles y nativos americanos, sino entre los cacicazgos indios, entre los que el equilibrio de poder estaba en constante cambio[106].

Para comienzos de la década de 1600 ya se habían restaurado las misiones en la Florida, y en 1606 decidió inspeccionarlas el obispo de Cuba, Juan de las Cabezas Altamirano. Al cabo de pocas décadas, los clérigos empezaron a adentrarse en Florida, y en 1633 se estableció la primera misión franciscana en territorio apalache, en la zona costera al oeste de la península. Allí se beneficiaron de un terreno más fértil, ideal para una agricultura a mayor escala, dado que San Agustín requería un suministro constante de alimentos básicos[107]. Pronto se abrieron caminos que conectaban este asentamiento con las misiones, un trayecto de unas dos semanas de duración[108]. Las misiones entre los apalaches en general eran pequeñas, aunque hubo algunas más significativas, como San Luis de Talimali, en la actual Tallahassee. Por ejemplo, allí se producían excedentes de trigo, ganado y maíz, que podía distribuirse en San Agustín o incluso exportarse a otros lugares[109].

Costó más de medio siglo, pero los españoles consiguieron levantar un asentamiento en Florida, expulsar a los franceses, lograr alianzas con los indios y hasta contar con miles de conversos a principios del siglo XVII. Las tierras de Ayllón y Chicora no produjeron el ansiado oro, pero esos primeros exploradores se habían guiado por mapas mentales impulsados tanto por imaginaciones como por las realidades de la navegación. Aunque para comienzos del siglo XVII una parte de Florida estaba firmemente asentada en la órbita española, solo había unos pocos cientos de personas viviendo en San Agustín, precariamente situada en los confines tanto del Imperio español como de un mundo indígena mucho mayor que, extendiéndose a lo largo de miles de kilómetros desde Florida, apenas habían penetrado, y difícilmente podían imaginar.

Capítulo 3

Alcalde, Nuevo México

ca. 1540-1720

Florida resultó ser un espejismo para los españoles, pero esta solo fue la mitad de su historia en Norteamérica. Mientras Menéndez de Avilés y otros iban llegando desde el Caribe, los conquistadores en el oeste se iban desplazando a través de los desconocidos límites septentrionales de Nueva España. Ellos también iban a la caza de otra tierra mítica, aunque por fuerza en esta región la búsqueda se emprendió a pie y a caballo, a través de grandes extensiones de matorral y desierto, a menudo bajo un cielo tórrido e inclemente. En un lugar tan vasto, las leyendas no conocían límites. En lugar de una única tierra de riquezas, se decía que este territorio escondía siete ciudades repletas de tesoros: las Siete Ciudades de Cíbola[1].

La leyenda de Cíbola recibió cierta credibilidad gracias a la pluma del padre Marcos de Niza. En 1539 fue enviado a la frontera en misión de exploración por orden del virrey de Nueva España, Antonio de Mendoza. Al igual que muchos otros, incluido Hernando Cortés, el virrey había oído las fabulosas historias de las aventuras de Cabeza de Vaca en «tierra adentro», y quería creer que existía otra Tenochtitlán. Por debajo subyacía un relato más antiguo: la leyenda de las Siete Ciudades de Antilia, que hablaba de siete obispos portugueses que huyeron de la España musulmana mucho antes de la Reconquista y que supuestamente cruzaron el océano y fundaron estas ciudades. En algunas versiones lo hicieron en una isla; en otras sucedió más lejos, en el interior. Fuera cual fuese la procedencia, la maravillosa riqueza de las ciudades creció de manera exponencial a lo largo de las décadas[2]. La amplitud de las zonas desconocidas por los cartógrafos europeos daba rienda suelta a la imaginación, y los exploradores españoles llenaban los espacios en blanco con sus propios deseos.

Nuño de Guzmán, presidente de la audiencia y conquistador, había forjado a sangre y fuego la expansión de la frontera española al noroeste, hacia el Pacífico, llegando hasta la altura de Sinaloa. Allí fundó en 1531 la ciudad de San Miguel de Culiacán, que se convertiría en la base para nuevas expediciones al norte. También fue el lugar adonde Cabeza de Vaca y los otros tres supervivientes fueron conducidos tras su épica odisea. Todavía se la consideraba una región remota y, a diferencia de la población sedentaria del sur de México —incluyendo la capital y sus alrededores—, los indígenas del norte eran mayoritariamente nómadas. Además de todo acto de resistencia o agresión, estos grupos causarían muchos quebraderos de cabeza a los futuros conquistadores: los signos de riqueza podían no resultar evidentes a primera vista, y la tributación de sus trabajos sería mucho más difícil. Aun así, algunos españoles estaban dispuestos a abrirse paso hacia el norte, aunque pasarían décadas, cuando no siglos, hasta que aparecieran asentamientos en los confines septentrionales de Nueva España[3].

El padre Marcos de Niza partió de Culiacán con el ya veterano explorador Estebanico —el africano que había sobrevivido junto con Cabeza de Vaca— y algunos exploradores indígenas en busca de estas fabulosas siete ciudades[4]. Tras pasarse semanas avanzando lentamente desde Culiacán, Estebanico y otros marcharon por delante del cura. Cuando se encontraban a un día de marcha de Hawikuh, uno de los mayores poblados de los zuñis (o zunis), situado a algo más de trescientos kilómetros al oeste de la actual Albuquerque, enviaron un mensaje a los que venían por detrás apremiándoles a que se unieran a ellos. Antes de que pudieran alcanzarlos, llegó otro mensajero con lúgubres noticias: Estebanico había sido asesinado[5]. Es posible que se hubiese propasado al exigir a estos nativos americanos que le dieran objetos de valor, o que le hubiesen tomado por un espía[6]. El padre Marcos regresó a toda prisa, aunque más tarde afirmaría haber visto el próspero reino de Cíbola desde lo alto de una colina, declarando que era «más grande que la ciudad de México»[7]. Según otro relato, es posible que el nombre de Cíbola fuese simplemente el equivalente a «zuñi» en alguna de las lenguas locales[8].

Fuera cual fuese el origen, Niza informó de que había hallado a un «natural de Cíbola», un hombre «de buena disposición» que le dijo que «Cíbola es una gran ciudad, en que hay mucha gente y calles y plazas, y que en algunas partes de la ciudad hay unas casas muy grandes, que tienen hasta diez sobrados [plantas], y que en estas se juntan los principales, ciertos días del año»[9]. El clérigo escribió una deslumbrante descripción del lugar, diciendo que tenía «muy hermoso parecer de pueblo, el mejor que en estas partes yo he visto»[10]. Niza contó cómo le hablaron de otra de las siete ciudades, Ahacus, y explicó que la más rica era Totonteac. Coronó sus logros imaginarios tomando posesión en nombre de España de las siete ciudades y de los «reinos de Totonteac y de Acus y de Marata»[11].

Inspirado por el relato del fraile y sin manera de saber hasta dónde alcanzaba su exageración, Antonio de Mendoza envió una partida de reconocimiento mucho mayor. Esta vez puso al mando a Francisco Vázquez de Coronado, de veintinueve años, asignándole unos trescientos soldados, ochocientos aliados indios de Nueva España, mil quinientos caballos y mulas y seis franciscanos, incluido el padre Marcos de Niza. Con él también viajaba un joven Tristán de Luna, veinte años antes de su desastrosa expedición para establecer una colonia en Florida. Partieron en febrero de 1540 desde Compostela, situada cerca de la costa en la región de Jalisco[12]. Coronado marchó por tierra, mientras que Hernando de Alarcón zarpó con dos embarcaciones desde la cercana Acapulco, para intentar hallar una ruta marítima[13]. Consiguieron llevar sus naves hasta el golfo de California y el actual río Colorado, donde alcanzaron el río Gila hasta tener que dar media vuelta. Esta expedición en el oeste estaba teniendo lugar al mismo tiempo que Hernando de Soto se encontraba acampado con los apalaches, durante su malhadada exploración de Florida[14].

Niza guio a Vázquez de Coronado de vuelta a las supuestas ciudades de Cíbola, llegando en primer lugar al poblado de Hawikuh. Aunque era impresionante, con sus casas de adobe de varias plantas, había pocos indicios de oro. Además, los zuñis recelaban de estos visitantes y se negaron a dejarles entrar en el pueblo, lo que provocó una breve batalla en la que Coronado resultó herido y los españoles saquearon las reservas de alimentos de los indígenas[15].

Los zuñis eran un grupo dentro de una comunidad mucho más grande y diversa, que los españoles categorizaron bajo el término genérico de indios «pueblo». Escogieron esta palabra porque la población de esta zona era sedentaria y vivía en lo que los españoles consideraban «pueblos» reconocibles. Las aldeas pueblo salpicaban el valle del río Bravo en Nuevo México, extendiéndose al oeste y al norte hasta alcanzar el Arizona septentrional. Los indios pueblo tienen una raíz común ancestral en los anasazis, que habitaron la zona hacia el 1000 d. C. y que para cuando llegaron los españoles habían desaparecido. Sus descendientes se diversificaron, alcanzando una población estimada de unas sesenta mil personas[16]. Repartidos en un vasto territorio, abarcaban cinco grandes grupos lingüísticos: a lo largo del río Bravo vivían los tañoanos, que incluían a los tiwas, towas, tewas y piros. Remontando el valle se encontraban los queres, que también se extendían hacia el oeste y englobaban a los acomas. Siguiendo al oeste estaban los zuñis, y más allá, al norte y oeste, los hopis. Además, algunos hablarían algo de navajo y apache gracias a los contactos comerciales. Sin embargo, estos grupos lingüísticos y los dialectos emparentados eran mayoritariamente ininteligibles entre sí, por lo que los españoles se habrían visto obligados a recurrir a intérpretes multilingües[17].

El paisaje era tan variado como la población, con los matorrales del desierto de Chihuahua dando paso a la cuenca del río Bravo. Desde allí el valle asciende hasta superar los tres mil metros, adentrándose en las montañas hasta llegar a la meseta del Colorado, un terreno ultramundano de rocas rojizas y cielos de un azul penetrante. Las altitudes elevadas resultaban muy frías por la noche, mientras que más abajo podía hacer un calor abrasador, y la lluvia caía por lo general en ciclos estacionales. Muchas de las aldeas pueblo contaban con las condiciones apropiadas para la agricultura, por lo que en su mayoría eran comunidades agrarias sedentarias, que trabajaban cultivos como el maíz.

Estas sociedades se organizaban en clanes, normalmente por descendencia matrilineal, aunque los hombres a menudo eran polígamos. Las familias vivían en casas de adobe, que con frecuencia se iban expandiendo hasta formar complejos, conforme el clan crecía. Estos alojamientos podían tener varias plantas de altura, a las que se accedía mediante un sistema de escaleras de mano[18]. Las casas en las aldeas solían construirse alrededor de una plaza donde se encontraban las kivas, que eran edificios sagrados destinados a rituales religiosos y actos comunitarios. A pesar de estas similitudes generales, los grandes grupos lingüísticos de los pueblo se consideraban social y culturalmente diferentes entre sí, aunque había puntos de solapamiento, uno de los cuales habría sido su experiencia común en el trato con los españoles.

Estos indios pueblo estaban rodeados de comunidades nómadas, tales como los apaches, navajos y utes. Los apaches comerciaban con los pueblo, a cuyas aldeas llevaban valiosas pieles y carne de bisonte, aunque también eran temidos por sus incursiones violentas[19]. Las rutas comerciales de los indios de las llanuras se adentraban al oeste hasta llegar a los pueblo de Taos[20]. Al sur, en el Arizona meridional, que los españoles llamaron la Pimería Alta, se encontraban los tohono o'odham, los yumas y los sobaipuris, y ya adentrándose en Nueva España estaban los opatas, pimas bajos, seris, conchos, lipanes, y tarahumaras[21]. Era una región de gran riqueza y diversidad, aunque no del modo que esperaban Coronado y sus hombres.

Francisco Vázquez de Coronado ocupó el poblado de Hawikuh durante seis meses, usándolo como base de exploración mientras sus hombres se aventuraban en territorio acoma y hopi prosiguiendo su búsqueda de indicios de metales preciosos[22]. Un grupo liderado por Hernando de Alvarado se dirigió al norte, donde habitaban los hopis, y de allí marchó hacia el este hasta el río Bravo y más allá, al lugar que posteriormente se llamó «tierra del Bisonte». En su camino se cruzaron con los acomas, cuya aldea estaba encaramada sobre un afloramiento rocoso, elevado y de forma aplanada, que se conocía como «mesa» y que les permitía avistar a visitantes o invasores desde kilómetros de distancia.

Los hombres de Alvarado alcanzaron el poblado de Pecos, al oeste de la actual Albuquerque, donde un indio a quien llamaron «el Turco» les habló de las riquezas de un lugar remoto llamado Quivira, que resultó ser la tierra de los wichitas[23]. Los españoles se creyeron la historia, ignorando al parecer la posibilidad de que se la estuviera inventando con el fin de deshacerse de esos violentos extranjeros ladrones de maíz.

Mientras Alvarado seguía explorando, algunos de sus hombres se prepararon para pasar el invierno en los poblados de los tiwas, que vivían cerca del río Bravo y al oeste de Pecos. Sin embargo, la conducta de los españoles —como por ejemplo sus exigencias de víveres, guías y mujeres— provocó una rebelión en la cercana aldea de Arenal que se acabó extendiendo al menos a otra docena de pueblos, desencadenando lo que acabaría llamándose la guerra de Tigüex, puesto que este era el nombre que Vázquez de Coronado había dado a la provincia[24]. En este episodio sus hombres lograron poner sitio a quince aldeas tiwas y ejecutaron a unos doscientos varones, quemándolos en la hoguera[25].

En primavera, Coronado estaba listo para marchar al este en búsqueda de Quivira. Junto a sus hombres deambuló a lo largo de la actual frontera entre Nuevo México y Texas, a menudo perdiéndose en unas llanuras donde apenas había árboles que sirvieran de orientación[26]. Al final, Coronado se dio cuenta de que lo habían engañado. Se plantó frente al Turco, que estaba viajando con ellos, y le exigió saber la verdad. Este confesó que le habían ordenado que los hiciera extraviarse y fue ejecutado por ello.

Sin duda, Vázquez de Coronado tuvo visiones de ciudades relucientes, pero estas le rehuían. Se vio obligado a redactar un informe desmoralizador:

«Desde que llegué a la provincia de Cibola, a donde el Visorey de la Nueva España me envió en nombre de V. M., [he] visto que no había ninguna cosa de las que Fr. Marcos dijo»[27]. Coronado regresó a México en la primavera de 1542; a pesar de haber recorrido miles de kilómetros a través de lo que ahora son los estados de Arizona, Nuevo México, Texas, Oklahoma y Kansas, había vuelto con las manos vacías. El fiasco de la expedición fue tal, que fue llevado a rastras ante un tribunal[28].

...

Antes de embarcarse en su expedición, Francisco Vázquez de Coronado había sido gobernador de Nueva Galicia, provincia que los españoles habían creado cerca de Guadalajara. A los pocos meses de partir su expedición, se inició un levantamiento entre los indios caxcanes de las regiones de Jalisco y Zacatecas, a seicientos kilómetros al noroeste de Ciudad de México, el cual se conoció como la guerra del Mixtón (1541-1543). Tras la sublevación había numerosos factores, tales como la animadversión al sistema de encomiendas y el rechazo del cristianismo[29]. Se tardó un tiempo en sofocarla debido a que los indios se habían posicionado en una serie de cerros que les proporcionaban ventaja táctica, uno de los cuales se llamaba Mixtón. Con la ayuda de unos treinta mil guerreros de Texcoco y Tlaxcala los españoles recuperaron el control del territorio[30]. Poco tiempo después se descubrió plata en la cercana Zacatecas, donde hacia 1548 se habían localizado tres grandes filones[31].

Se trajo a mano de obra indígena procedente de otras partes de Nueva España para trabajar en las minas y sembrar cultivos para una población en rápido crecimiento[32]. Al principio se pudo explotar los yacimientos de plata en la superficie de las colinas en torno a Zacatecas, pero estos se agotaron muy pronto. A continuación surgieron las minas a cielo abierto, a las que siguieron excavaciones más profundas que hacían de la extracción de plata un trabajo cada vez más peligroso[33]. El establecimiento de las minas también perturbó la región entera, y no pasó mucho tiempo hasta que los mineros y comerciantes españoles comenzaron a sufrir ataques por parte de los grupos nómadas del lugar, como los zacatecos, chichimecas, guachichiles y guamares. Los chichimecas, que más adelante libraron su propia guerra contra España en la década de 1550, vivían al norte de Zacatecas, zona que se convirtió en un terreno hostil y peligroso[34]. Aunque era arriesgado proseguir las labores de exploración y cartografiado, la atracción de la plata supuso que siguieran brotando otros poblados mineros, incluyendo una nueva base en el extremo septentrional: Santa Bárbara, fundada en 1567 en el actual estado de Chihuahua.

Al mismo tiempo, las órdenes religiosas profundizaban en su empeño. Los franciscanos entraron en Zacatecas hacia la década de 1550, avanzando hacia el norte desde su sede en Michoacán, a unos quinientos kilómetros al sur; los primeros jesuitas llegaron en 1574[35]. Al igual que sus homólogos seglares, los sacerdotes y frailes también se aventurarían en los límites exteriores de Nueva España. En 1581, el franciscano Agustín Rodríguez emprendió una de estas misiones, aunque a estas alturas ya había pasado un tiempo considerable desde el fallido intento de Vázquez de Coronado. Lo acompañaban otros dos sacerdotes, además del capitán Francisco Sánchez y un puñado de soldados. Alcanzaron el río Bravo y se adentraron en el territorio de los pueblo, comerciando y entablando relaciones amistosas con la gente que se encontraban, y por aquel entonces el jefe de la expedición bautizó la zona como San Felipe del Nuevo México. Sin embargo, todavía estaban en busca de Cíbola, y el capitán Sánchez y sus hombres no dejaron de buscar plata durante todo el viaje[36]. Al final los soldados partieron hacia Santa Bárbara, y Agustín Rodríguez decidió quedarse en uno de los poblados tiwas. Otro de los misioneros también quiso regresar, pero fue asesinado de camino a Nueva España. Preocupados ahora por el destino de los dos clérigos restantes, los soldados organizaron una partida de rescate encabezada por el franciscano Bernardino Beltrán y por Antonio de Espejo, que se llevaron a catorce hombres como protección[37].

Partieron en noviembre de 1582 y, al llegar a los poblados, descubrieron que los frailes habían muerto[38]. Sin embargo, tras regresar a Santa Bárbara, Antonio de Espejo redactó un informe en 1583 donde recomendaba el valle del río Bravo para un asentamiento español, rogando permiso para colonizar la zona[39]. Felipe II se lo concedió ese mismo año. Espejo estaba ansioso por liderar esa aventura pero murió en La Habana, donde se había detenido en ruta hacia España. El virrey tardó más de una década en encontrar un sustituto apropiado, principalmente porque el candidato debía contar con sus propios medios para sufragar semejante empresa[40].

No obstante, esto no impidió que hubiese expediciones ilícitas, como la de Gaspar Castaño de Sosa, que se llevó sin permiso a varios centenares de colonos a Nuevo México, donde estuvo de 1590 a 1592 antes de ser descubierto. Le siguió en 1593 Francisco Leyva de Bonilla, que partió de Nueva

España y se cree que se alejó tan al noreste que llegó hasta Nebraska. Durante la marcha tuvo una disputa con su segundo, Antonio Gutiérrez de Humaña, quien finalmente asesinó a su compañero; a su vez, él acabó muriendo a manos de los indios de las llanuras.

Por fin, el virrey y el Consejo de Indias lograron ponerse de acuerdo en quién habría de colonizar esta parte de Nueva España: Juan de Oñate. Era un hombre de las Américas, un criollo, lo que significa que había nacido en Nueva España de padres españoles, en su caso en torno a 1550. Su familia había hecho fortuna con la plata de Zacatecas y numerosas encomiendas. Estaba casado con Isabel de Tolosa Cortés, nieta de Hernán Cortés y bisnieta de Moctezuma, lo que le situaba en la categoría más alta de las élites mexicanas[41]. Contaba con el dinero necesario para costear la empresa y por tanto se le designó como adelantado. Aunque esto se resolvió en 1595, pasarían tres años de preparativos hasta que se puso en marcha. En parte se debió a que fue nombrado un nuevo virrey, Gaspar de Zúñiga, que se empeñó en revisar cada detalle del arreglo[42]. Oñate era consciente de los riesgos —en 1598 se había enterado del desastroso intento de Leyva de Bonilla y Gutiérrez de Humaña gracias a un guía que estuvo con ellos—, pero también conocía la probable recompensa[43].

Aunque a Juan de Oñate se le permitiría administrar únicamente una pequeña encomienda, recibió instrucciones de que «[colonos y soldados] tendrán que tratar bien a los indios, tendrán que seguirles la corriente y entretenerles, para que los Indios vengan en son de paz y no de guerra. [...] Esto es muy importante para conseguir el éxito de tan extraordinario proyecto»[44]. No debía obligarlos a trabajar y sólo podría exigirles un tributo mínimo[45]. Asimismo, los misioneros franciscanos que le acompañaban recibirían un subsidio como parte del patronato real con el que en ese momento se apoyaba su obra.

Al servicio de Oñate estaba el capitán Gaspar Pérez de Villagrá, criollo como él, que posteriormente relataría su experiencia en un poema épico titulado *Historia de la Nueva México* (1610)[46]. En él reflejó su creencia de que, al igual que Cortés hacía más de setenta años, iban a conquistar un «nuevo» México, escribiendo: «Aquel prodigio inmenso que hallamos / Cuando el camino incierto no sabido / De aquella nueva México tomamos»[47].

La expedición partió en enero de 1598 del valle de San Bartolomé, en las cercanías de Santa Bárbara, que formaba parte de una región más amplia llamada Nueva Vizcaya —un topónimo irónico, dado que el húmedo clima oceánico de la región vascongada era prácticamente lo contrario a la sequedad extrema del desierto que durante meses recorrería Juan de Oñate—. Lo acompañaban unas quinientas personas entre soldados, colonos y misioneros, junto con los suministros que usarían en la construcción de asentamientos, repartidos en unos ocho carromatos[48]. Para abril habían alcanzado el río Bravo y continuaron hacia el norte. Oñate atravesó lo que se conocería como la Jornada del Muerto, un tramo de cien kilómetros de sendas polvorientas sin ningún manantial. Aunque era peligroso y difícil—en esos seis días de marcha tuvieron que dejar atrás algunos de los carros con su carga—, resultó ser un atajo útil que cortaba a través de la curva que describe el río Bravo, junto al cual discurría la ruta más larga[49].

Cuando volvieron a avistar el río, se encontraban cerca de los indios pueblo. Los más próximos eran los piros, que habían huido alertados por la llegada de los españoles. Juan de Oñate trató de enviar regalos para apaciguar los ánimos y, cuando llegaron al poblado de Teypana, su jefe les ofreció un presente de maíz, a lo que correspondieron dando a la aldea el nombre de Socorro[50]. Oñate siguió adelante y en julio alcanzó un pueblo perteneciente a los queres, que conocía gracias al viaje de Castaño de Sosa y que rebautizaron como Santo Domingo. Dos indios mexicanos llamados Tomás y Cristóbal habían decidido quedarse allí, y ejercieron de traductores para Oñate. Este les pidió que explicaran a los habitantes de Santo Domingo, y a aquellos de otros poblados que allí se encontraban presentes, que debían jurar lealtad al rey, lo que en la práctica equivalía a promulgar el requerimiento[51]. Una vez creyeron haberlo conseguido, continuaron la marcha.

Más al norte, el pueblo de Ohkay Owingeh fue inicialmente hospitalario con Oñate, que dio a su poblado el nombre de San Juan de los Caballeros. Los españoles se detuvieron en la cercana aldea de Yunque, que fue rebautizada como San Gabriel y que por un tiempo les serviría como capital. Oñate dividió la zona en seis distritos, asignando sacerdotes a todos ellos. También repartió encomiendas y trató de recaudar tributos, pero los indios pueblo carecían de estos sistemas de trabajo y tasación, y pronto ello se convirtió en fuente de numerosas discrepancias[52].

Hacia octubre de 1598, Juan de Oñate se dispuso a encontrar el pasaje hacia el Pacífico, aún sin descubrir y que seguía obsesionando a los españoles. En su camino, envió instrucciones, entre otros, a su sobrino Juan de Zaldívar, pidiéndole que se uniera a su expedición. Sin embargo, Oñate no le esperó, y pronto llegó al poblado acoma que Vázquez de Coronado había visitado con anterioridad, a unos cien kilómetros al oeste de las demás aldeas[53].

Informó a sus habitantes de que ahora eran súbditos de la Corona, y trató de comerciar con ellos. No obstante, se había puesto en marcha una conjura para asesinar a Oñate —de quien desconfiaban los acomas—, en la que tratarían de atraerlo a una ceremonia de oración en una de sus kivas para darle muerte. Por el motivo que fuese, Oñate declinó la invitación, y al final los líderes acomas abortaron el plan debido a los reparos que tenían algunos[54]. La expedición continuó avanzando, pero pronto recibirían inquietantes noticias de este pueblo.

Juan de Zaldívar se había dirigido hacia el oeste para alcanzar a su tío y también se detuvo entre los acomas, enviando por delante a parte de los treinta hombres que lo acompañaban para pedirles víveres y agua. Los hombres acamparon a los pies de la mesa donde se asentaban los nativos, quienes les invitaron a subir al igual que habían hecho con Juan de Oñate. Los que fueron por delante habían obtenido la comida que buscaban, pero para cuando llegó Zaldívar los ánimos habían cambiado, y los acomas estaban enfurecidos. Diferentes crónicas indican que los españoles trataron de secuestrar a unos sacerdotes, que robaron comida o que acosaron o incluso violaron a una mujer de la aldea. Al final, los acomas atacaron a los españoles, asesinando a Zaldívar y unos diez hombres más, cuyos cadáveres despeñaron desde lo alto del cerro, al tiempo que los demás se precipitaron por la pendiente rocosa y huyeron en busca de Oñate[55].

Este envió a Vicente de Zaldívar, hermano menor del difunto, al mando de una expedición de castigo. El 21 de enero de 1599 volvieron a encontrarse a los pies de la mesa y exigieron que les entregasen a quienes habían matado a sus hombres. Los acomas respondieron con flechas, jabalinas y abucheos[56]. Entonces los españoles trataron de distraerlos escalando un lado del cerro, mientras otros soldados traían un cañón desde el otro lado. Abrieron fuego sobre la aldea, y al final perdieron la vida unos ochocientos acomas y otros seiscientos fueron capturados[57]. A continuación se llevó a juicio a los prisioneros porque, en palabras de Oñate, debían responder por romper su lealtad al rey. La sentencia fue dura: a los varones de más de veinticinco años se les amputaría el pie derecho y se los condenaría a una vida de servidumbre; los hombres y mujeres más jóvenes pasarían veinticinco años al servicio de los españoles, y los niños fueron repartidos entre los misioneros (las niñas) y la supervisión directa de Vicente de Zaldívar (los niños)[58].

A algunos colonos les pareció un castigo demasiado severo y el virrey recibió noticia de lo que había sucedido, lo que condujo a una investigación[59]. Oñate, mientras tanto, emprendió otra expedición en búsqueda del océano Pacífico. Durante su regreso en 1605 al territorio de los indios pueblo, esculpió su nombre en un afloramiento rocoso conocido hoy día como El Morro, no lejos de la actual frontera entre Arizona y Nuevo México, en una inscripción que decía: «Pasó por aquí el adelantado Juan de Oñate a el descubrimiento de la mar del Sur al 16 de abril de 1605»[60]. Aunque suena como si volviera de una misión exitosa, se encontraba a cientos de kilómetros del Pacífico, habiendo llegado tan solo al curso bajo del río Colorado.

Oñate fue convocado en Ciudad de México y en 1607 renunció a su cargo de gobernador, tras haberse gastado una cantidad estimada en 400 000 pesos de su propio bolsillo, sin muchos resultados que mostrar[61]. Hacia 1613 regresó a Zacatecas, pero en 1614 fue acusado y condenado por la audiencia virreinal en la capital por la violenta represión de los acomas. Se pasó gran parte del resto de su vida tratando de limpiar su nombre, y en 1620 viajó a España para presentar su caso. En 1624 fue nombrado inspector de minería, y pasó sus últimos años en la Península antes de su muerte, en 1626[62]. El poeta Villagrá también fue desterrado por su participación en las atrocidades, y estuvo seis años exiliado de Nuevo México[63]. Su *Historia de la Nueva México* termina con una detallada descripción del ataque a los acomas, que Villagrá concluye diciendo:

> De todo lo que es última miseria,
> Dolor, tristeza, y último quebranto,
> Dejemos las historias que están llenas,
> De mil sucesos tristes ya pasados,
> Y dígalo este idólatra perdido,
> Suelto, desamparado, y ya dejado,
> De tan santa, divina, y alta mano[64].

• • •

Para 1610 había un nuevo gobernador a cargo de Nuevo México, Pedro de Peralta, y la capital se había trasladado de San Gabriel, en la confluencia del río Chama con el Bravo, a un lugar a unos sesenta kilómetros al sur, un asentamiento fundado en 1608 y conocido como La Villa Real de la Santa Fe de San Francisco de Asís. La población española de Nuevo México a comienzos del siglo XVII seguía siendo reducida; a los veinte años de su fundación, Santa Fe era poco más que un puesto avanzado de frontera, con tan solo un millar de colonos: doscientos cincuenta españoles, setecientos cincuenta mestizos y unos veinticinco frailes[65]. Aunque en la nueva capital había algunos clérigos, el centro espiritual o «custodia» se encontraba oficialmente en otra parte: hacia 1616 estaba en el pueblo de Santo Domingo, a unos cuarenta kilómetros al sur[66]. Las misiones se propagaron por la zona, aunque a menudo los frailes tuvieron dificultades para situarse en el centro de la vida de los indios pueblo, ya fuese en un sentido físico o espiritual. Puesto que los nativos vivían en poblados con plazas y edificios construidos con anterioridad, las nuevas misiones quedaron relegadas a las afueras[67]. De manera similar, aunque mucha gente accedió a convertirse, las creencias cristianas no suplantaron a las existentes con facilidad. En un sentido amplio, las prácticas religiosas de los pueblos tenían mucho en común con las de otras culturas mesoamericanas, inspirándose en el tiempo o las estaciones, recurriendo a hombres de medicina o curanderos, y con rituales consagrados a la fertilidad de las personas o la tierra. Algunos de los ritos indígenas y católicos se solapaban, como el uso del agua en el bautismo o los cánticos durante los oficios. Del mismo modo, determinados símbolos podían tener múltiples significados; por ejemplo, el crucifijo se interpretaba como una importante vara de oración[68]. Los clérigos trataron de extirpar las creencias de los pueblo, pero muchos siguieron llevando a cabo sus propias ceremonias, aunque se vieran obligados a hacerlo alejados de la mirada entrometida de los misioneros[69]. En investigaciones arqueológicas modernas se han hallado vestigios físicos de ello, como por ejemplo ídolos pueblo ocultos bajo altares de iglesia[70].

Las misiones tenían otra dimensión más mundana: aprovechar el potencial económico de los indios pueblo haciéndoles trabajar. Al igual que sucedió en Florida, en ocasiones de ello dependía la supervivencia de los clérigos[71]. Las manos indígenas producían la mayor parte de los alimentos, y también construyeron las iglesias y demás edificios en las misiones. De casi una docena en 1616, el clero pasaría a tener más de cincuenta iglesias y conventos hacia la década de 1650[72].

Un día típico en una misión comenzaría con el repicar de las campanas tocando a misa, para después empezar a trabajar. Más tarde podía haber instrucción religiosa. A medida que las misiones crecían, algunos indios pueblo asumieron papeles no religiosos en la iglesia, como por ejemplo el de «fiscales», un trabajo con el que contribuían al mantenimiento del templo además de disciplinar a los que se desviaban de la doctrina cristiana[73]. Para ello, a menudo se ayudaban del látigo —que en ocasiones usaba el fiscal, intentando controlar a su propio pueblo[74]—. De este modo, los franciscanos fueron capaces de incorporar a muchos nativos a la vida misional. Desde luego, algunos de los clérigos tenían vínculos bastante personales con las misiones: los niños mestizos eran una prueba viviente de que los frailes no guardaban necesariamente el voto de castidad. Un sacerdote informó de que en Nuevo México «todos los pueblos están llenos de hijos de frailes»[75].

Otro clérigo que se encontraba por esta época en Nuevo México fue el franciscano portugués Alonso de Benavides, que en 1630 escribió una larga memoria para la corona española acerca de sus viajes por el territorio. En 1634 realizó una revisión de su obra y esta vez envió una copia al papa Urbano VIII, que posteriormente fue traducida al latín, francés, holandés y alemán[76]. Benavides llegó a Santa Fe en enero de 1626, tras un largo recorrido desde Ciudad de México. Su informe, al igual que muchos de la época, pasaba de puntillas por algunas de las realidades más complejas de la vida en las misiones de frontera, pero también pintaba un retrato surrealista y a veces místico de la población y el entorno. Ese fue especialmente el caso en su descripción de la aparición milagrosa de María de Ágreda, a quien más tarde se llamaría la Dama Azul y que pertenecía a la orden de la Inmaculada Concepción, especialmente devota de la Virgen María. Benavides afirmó que, a comienzos de la década de 1620, esta religiosa había «visitado» algunas de las aldeas pueblo por bilocación, o translocación divina, no en cuerpo. Según su relato, algunos indios pueblo decían haber visto a esta «mujer de azul» que les urgía —en sus propios idiomas— a convertirse al cristianismo[77]. Ofreció estimaciones, sin duda generosas, del número de conversos, y señaló que aún quedaba mucho trabajo por delante. En un poblado le hizo frente un hombre a quien describió como un «hechicero», que le dijo: «Vosotros los españoles y cristianos, como sois locos, y vivís como locos, queréis enseñarnos a que lo seamos también»[78]. Benavides ignoró sus palabras, achacándolas al «demonio, que se iba huyendo, confuso de la virtud de la divina palabra»[79].

Además de con su propio sustento, los frailes tenían que lidiar con otros asuntos mundanos, incluyendo su a menudo turbulenta relación con la administración colonial. Nuevo México no había proporcionado la abundancia esperada, enzarzando a ambos grupos en disputas por los pocos recursos de que disponían[80]. Por su parte, los colonos estaban descontentos con los pocos tributos que podían recaudar, que a menudo se pagaban en telas o maíz[81]. A pesar de encontrarse en los confines del Imperio español, Nuevo México seguía formando parte de una economía imperial más amplia. Se había empezado a criar ovejas y otros tipos de ganado, y también había un cierto grado de comercio con la capital, en parte porque los españoles carecían de acceso a alimentos importados, como el vino. Desde Ciudad de México, las mercancías debían viajar casi dos mil quinientos kilómetros al norte, a lo largo del llamado Camino Real, y de vuelta otra vez.

La fractura entre la burocracia española y el clero se fue ensanchando durante el siglo XVII. En ocasiones surgieron disputas sobre asuntos bastante fundamentales, como el tratamiento que recibían los indios pueblo. Los franciscanos creían que estaban actuando de acuerdo con los dictados del rey, convirtiendo a los no creyentes mediante medios pacíficos. En cambio, los burócratas querían sus encomiendas, y estaban dispuestos a esclavizar a los reacios a convertirse; ni siquiera los conversos voluntarios estaban a salvo de las incursiones ocasionales para capturar trabajadores de las misiones, a pesar de las disposiciones reales que prohibían esta conducta[82].

A nivel administrativo había un gobernador que controlaba el territorio, aunque durante bastante tiempo dispuso de pocos subordinados, teniendo hasta 1680 tan solo dos lugartenientes apostados en sendas jurisdicciones, a unos treinta kilómetros al norte y sur de Santa Fe[83]. Aunque a los franciscanos no se les confería una gran autoridad civil en la zona, sí que ejercían las funciones de la Inquisición y, por tanto, podían acusar a los colonos —aunque no a los indios de las misiones— por todo tipo de ofensas, tales como herejía, blasfemia o intolerancia con los nativos, lo que podía conducir a un juicio en la capital y a la pérdida de todas sus propiedades e incluso de la vida. Esto proporcionó a una treintena de frailes una ventaja fundamental contra las autoridades coloniales[84]. Al mismo tiempo, los burócratas podían hacer que la labor de los clérigos fuese mucho más complicada, como cuando el gobernador Juan de Eulate (1618-1625) se negó a dar escolta militar a los clérigos que visitaban nuevos poblados en busca de conversos. También llegó a alentar a los indios de Taos a no hacer caso de los curas, y mostró poco interés en los ídolos o prácticas de los indígenas. Le preocupaba mucho más ganarse la confianza de los indios pueblo para después explotarlos o incluso esclavizarlos[85].

La Iglesia y el Estado fueron incapaces de formar un frente unificado, y con el transcurrir del siglo XVII fue aumentando el resentimiento de los indios pueblo tanto hacia los administradores como hacia los frailes. Entonces, hacia las décadas de 1660 y 1670 se produjo una circunstancia que nadie podía controlar: la sequía[86]. Por esta época, los franciscanos contaban con unas sesenta estancias misionales —o haciendas de tierra arable— en el valle del río Bravo, en las que se producía y almacenaba el grano[87]. En general, cuando había que distribuirlo en épocas de carestía se tañía una campana para indicar el reparto de raciones[88]. Sin embargo, en este periodo las misiones apenas tenían nada de qué desprenderse. Al mismo tiempo se incrementaron las incursiones por parte de navajos y apaches, que también estaban pasando hambre. Los apaches en particular habían demostrado su habilidad al aprender a usar una herramienta introducida por los españoles, el caballo, lo que los transformó en un enemigo aún más temible[89].

Todo esto estaba sucediendo con el trasfondo de un aumento de enfermedades infecciosas. Al igual que la mayor parte de los nativos que se encontraron con europeos, los indios pueblo sufrieron el azote de microbios extraños. Hacia 1638 su población ascendía a unas cuarenta mil personas; para 1660 se había reducido a veinticuatro mil, y veinte años después a diecisiete mil. No obstante, la mortandad de las nuevas enfermedades se vio en parte mitigada por el clima árido, las altitudes elevadas y la dispersión de los asentamientos españoles. La población de colonos y mestizos solo aumentó de dos a tres millares en las dos décadas anteriores a 1680[90]. No había muchos pobladores que se viesen atraídos por esta región remota, y gran parte del crecimiento demográfico se debió a los matrimonios mixtos[91].

A medida que la sequía empeoraba, también lo hicieron las relaciones entre los indios pueblo y los españoles, al no estar cumpliendo estos su parte del pacto colonial. Un misionero franciscano escribió que, en Nuevo México, «en el pasado año de 1688, gran cantidad de indios perecieron de hambre, cayendo muertos en los caminos, en las quebradas y en sus chozas»[92]. El catolicismo no podía hacer que lloviera, ni tampoco podían estos colonos proporcionar la protección adecuada ante incursiones enemigas. Los indios pueblo empezaron a retomar sus propias costumbres religiosas con la esperanza de poner fin a su sufrimiento, pero los españoles intervinieron y los castigaron, provocando solo más ira[93].

En un intento de reafirmar su autoridad sobre los misioneros y de aumentar la represión de las prácticas religiosas de los nativos, el gobernador Juan Francisco Treviño ordenó arrestar a cuarenta y siete hombres de medicina de los tewa en 1675. Sufrieron tortura y confesaron bajo coacción que estaban practicando «brujería», un delito a menudo utilizado contra las prácticas indígenas, como las danzas ceremoniales[94]. A tres se los ahorcó y los demás fueron flagelados y vendidos como esclavos. El incidente indignó a los tewa, y un grupo de ellos se encaminó a Santa Fe para exigir la liberación de los presos. A los indios pueblo se les había agotado la paciencia.

Un líder religioso llamado Po'pay (o Popé), que había estado implicado en el incidente inicial, se convirtió en uno de los principales organizadores de una sublevación masiva que en 1680 unificó a la mayoría de los indios pueblo en contra de los españoles[95]. Po'pay pretendía aglutinar a otros líderes pueblo en lo que posteriormente se llamaría la Rebelión de los Indios Pueblo, y aunar a los seis mil guerreros con que contaban en total —con los que todavía superaban cinco veces en número a los colonos—, además de involucrar a los apaches[96]. Asimismo, participaron algunos mestizos y personas de origen indio-africano, pues los españoles habían traído consigo un pequeño número de esclavos africanos a Nuevo México[97]. El plan se vio plagado de obstáculos, empezando por la comunicación entre los distintos poblados. Po'pay y los demás líderes consiguieron hallar soluciones a este problema, como transmitir los mensajes de cuándo había que atacar en forma de cordones anudados[98].

El complot estuvo a punto de ser descubierto en varias ocasiones, como por ejemplo el 9 de agosto de 1680, cuando los españoles capturaron a unos mensajeros que llevaban cuerdas anudadas y los torturaron hasta que confesaron, aunque los españoles no anticiparon la magnitud de lo que se les venía encima. El entonces gobernador de Nuevo México, Antonio de Otermín, explicó posteriormente que «importó poco mi diligencia, añadiéndose a esto algún genero de omisión por la parte de no haber dado entero crédito al dicho alzamiento»[99]. Los líderes de la rebelión enviaron otro mensaje en cuanto se enteraron de la captura de los correos, y al día siguiente unos quinientos indios atacaron Santa Fe. Más tarde se vieron reforzados por la llegada de otros dos mil quinientos, poniendo sitio a la ciudad durante nueve días y acabando con la vida de trescientos ochenta colonos y veintiún misioneros[100]. No hubo piedad con los clérigos; de hecho, a menudo fueron el blanco de los ataques. Muchos indios pueblo demolieron las iglesias en sus aldeas e instalaron kivas religiosas en su lugar[101].

Con casi quinientos muertos, los españoles se vieron obligados a retirarse al sur del río Bravo, en torno a la actual El Paso/Ciudad Juárez[102]. Los indios pueblo salieron victoriosos, aunque no todos los poblados habían decidido unirse a la lucha y algunos optaron por permanecer leales a los españoles. Cuando estos se marcharon, les acompañaron algunos miembros de los piros y los tompiros, que vivían al suroeste de Santa Fe[103]. El Paso del Norte serviría ahora como base para los españoles en Nuevo México, y se levantó un pequeño presidio para su defensa. Más tarde, en 1682, los indios tigua construyeron la iglesia de la misión del Corpus Christi de la Isleta del Sur.

Otermín intentó recuperar el territorio en 1681, cuando hizo prender fuego a ocho aldeas y apresó a más de trescientas personas, aunque se trató de una fugaz represalia y no de una recolonización sostenida. Sin embargo, al mismo tiempo las comunidades de indios pueblo se iban fracturando. Por ejemplo, los tewas y los picuris estaban aliados contra las poblaciones de Jémez, Taos, Zía, Santo Domingo y otras comunidades queres. Esto sucedía mientras una serie de poblados sufría los ataques de los apaches y los utes combatían a los tewas y a los indios de Jémez, Taos y Picuris[104]. Las luchas por el liderazgo continuaron después de la revuelta. Po'pay permaneció en el poder tras el levantamiento, pero más tarde fue derrocado por los queres y los habitantes de Taos y Pecos cuando trató de recaudar tributos[105].

El siguiente gobernador, Domingo Jironza Petrís de Cruzate, pasó mucho tiempo reforzando el asentamiento de El Paso antes de aventurarse al norte para ver si alguno de los indios pueblo deseaban retomar las relaciones. En agosto de 1689 encabezó una expedición a lo largo del río Jémez, afluente del Bravo, donde atacaron a los zías, acabando con seiscientas personas y capturando a unas setenta. Se negoció entonces una frágil paz, pero los españoles siguieron siendo incapaces de reafirmar su autoridad hasta la llegada en 1691 de Diego de Vargas, el nuevo gobernador[106]. Vargas triunfó donde los demás habían fracasado, pero no sin combates ni concesiones. En otoño del año siguiente, Vargas informó a la Corona de que Santa Fe y una docena de pueblos estaban de nuevo bajo dominio español. En septiembre hizo su entrada en Santa Fe, portando un estandarte de la Virgen María, e hizo frente a los indios allí presentes:

> Al amanecer, me acerqué a veinte pasos con el lenguas, mi secretario de gobernación y guerra, y el capitán del presidio, diciéndoles que había llegado enviado desde España por su majestad el Rey nuestro señor, para perdonarlos y que volvieran a ser cristianos como habían sido, y que el diablo no los descarriase[107].

Poco después comenzó a llegar gente de los poblados vecinos y Vargas tuvo problemas para comunicarles el mensaje, escribiendo: «Vengo a perdonarlos, como les he dicho. Eran rebeldes y no escucharon mis palabras bondadosas». En vez de eso, optaron por hacer lo que el gobernador interpretó como preparativos de guerra, a medida que seguían llegando indios pueblo y se ponía cerco a la fortaleza del enclave. Al final acordaron que, si los españoles se marchaban con sus armas, podrían negociar una paz, y fue así como hicieron. Según lo describió Vargas, «los indios, aunque asustados, empezaron a salir a darme la paz, y yo se la di a todos ellos, con todo mi amor»[108].

De este modo, y usando en su beneficio las divisiones persistentes entre los indios pueblo, Diego de Vargas fue visitando aldeas y negociando la paz con sus dirigentes, al tiempo que los misioneros bautizaban a los niños y ofrecían la absolución[109]. Esta situación no duraría mucho, y pronto volvió a tornarse violenta cuando estalló otra rebelión a gran escala el 4 de junio de 1696. Los combates se prolongaron durante meses, durante los cuales hubo clérigos asesinados y se produjeron ataques a las misiones en los poblados de Tewa, Tano y Jémez, entre otros[110]. Finalmente, los indios pueblo capitularon en noviembre de 1696[111].

Estos años de violencia transformaron la región. Algunas aldeas fueron abandonadas, lo que a menudo era una estrategia para poner distancia entre los indios pueblo y el enemigo, fuesen españoles o apaches[112]. En un caso, la población de Jémez abandonó sus tierras y se trasladó a vivir entre los acomas, hopis, zuñis y otros. Los zuñis, por su parte, habían visto cómo sus seis poblados quedaban reducidos a uno. Los piros, tompiros y los tiwas y tewas del sur fueron absorbidos por pueblos de mayor tamaño[113].

Con el comienzo del siglo XVIII también surgió en Nuevo México una jerarquía de castas raciales: la élite de burócratas coloniales se encontraba en lo más alto, seguida por los campesinos con tierras, que en su mayoría eran mestizos, aunque a menudo se llamaban españoles a sí mismos para que no los identificaran como indios. Por debajo estaban los «genízaros», gentes destribalizadas a quienes se trataba casi como a esclavos. Un «genízaro» podía ser un indio pueblo que se negaba a someterse al dominio español o al cristianismo, y que en consecuencia quedaba relegado al servicio doméstico. El término también podía referirse a un indio no perteneciente a los pueblo y capturado por los españoles, como por ejemplo un apache[114]. Los colonos también compraban esclavos indios entre los cautivos apresados por los apaches y otras comunidades ajenas a los pueblo, a quienes los españoles consideraban esclavizados justamente y por los que por tanto se podía negociar o pagar un rescate[115]. Entre 1700 y 1850, unas tres mil personas se incorporaron a la sociedad neomexicana tras haberse pagado un rescate por ellas[116]. Aunque oficialmente la Corona ya no permitía esclavos indios, los funcionarios locales a menudo hacían la vista gorda con lo que sucedía en esta remota frontera.

Los indios pueblo representaban un cuarto grupo[117]. Tras la rebelión, se les permitió seguir viviendo en sus propias comunidades, sin tantas interferencias como antes. Los franciscanos no podían detener tanto poder, por lo que redujeron sus actividades «civilizadoras», tales como intentar enseñarles oficios como la herrería, u obligarles a trabajar en los campos sembrando cultivos europeos[118]. Tras más de cien años intentando colonizar la zona, los españoles de Nuevo México seguían estando en los confines no solo de su imperio, sino de un mundo aún dominado por los nativos americanos[119].

• • •

Más al oeste, la exploración y colonización de California fue avanzando a trompicones a lo largo de un siglo. A comienzos de la década de 1530, los españoles seguían igual de confundidos acerca del tamaño del continente americano y la existencia de posibles vías navegables que pudieran conectar el océano Atlántico con el Pacífico, que los españoles habían explorado por primera vez unas dos décadas atrás, con Vasco Núñez de Balboa. Hernán Cortés también estaba decidido a tener un segundo golpe de suerte, por lo que financió un par de expediciones para explorar el norte por mar. La primera partió de Acapulco en 1532, y al año siguiente aparecieron restos de su naufragio. La segunda zarpó de la costa oeste en 1533, con Fortún Jiménez asumiendo el mando tras un breve motín, y alcanzó el extremo sur de la península de la Baja California a finales de diciembre. Tras desembarcar, Jiménez y parte de sus hombres perdieron la vida en un ataque, pero los supervivientes regresaron a Nueva España afirmando que habían hallado una isla con gran cantidad de perlas. Fue por esta época cuando la zona empezó a llamarse California[120].

Por una vez, el nombre español procedía de la mitología en vez del catolicismo. Se cree que «California» se basa en la isla imaginaria del mismo nombre que gobernaba la reina Calafia, personaje de un relato escrito hacia 1510 por Garci Rodríguez de Montalvo. *Las sergas de Esplandián* cuenta la historia de esta isla «poblada por mujeres negras, sin que algún varón entre ellas hubiese, que casi como las amazonas era su estilo de vivir»[121]. Hacían gala de «ardientes corazones y grandes fuerzas», nada menos que alimentando a sus aterradores grifos con cualquier hombre que hubiese en la isla, incluyendo a los que ellas mismas daban a luz[122]. La isla también era famosa por su «abundancia de oro y piedras preciosas»[123]. La historia se situaba en el contexto de las luchas entre cristianos y musulmanes, cuando Calafia irrumpe en la batalla y al final se casa y se convierte al cristianismo.

Leyendas aparte, la información acerca de las perlas bastó para convencer a Cortés de emprender el viaje él mismo, por lo que, zarpando de Acapulco, arribó a la Baja California en torno a 1535. Levantó un asentamiento en las proximidades de la actual La Paz, casi a la altura de Culiacán al otro lado del golfo, el cual duró menos de dos años[124]. A pesar del fracaso, Cortés envió en otra expedición a Francisco de Ulloa, quien en 1539 circunnavegó el golfo de California. Después de Ulloa, en 1542 Juan Rodríguez Cabrillo partió del pequeño puerto de Navidad, a unos setecientos kilómetros al noroeste de Acapulco, en la costa del Pacífico, y navegó hasta un fondeadero natural que llamó San Miguel, y que posteriormente fue rebautizado como San Diego[125]. La expedición siguió recorriendo la costa, pero Cabrillo murió durante la travesía y las naves retornaron a Nueva España. El entusiasmo por estas costosas expediciones disminuyó al hallarse plata en el interior, y con el auge del comercio tras establecerse los españoles en las Filipinas en 1565. California, por el momento, se quedó por el camino.

De hecho, el próximo visitante no sería español, sino inglés. A bordo del Golden Hind, Francis Drake recaló en 1579 en una bahía al norte de la actual San Francisco, después de pasarse meses asaltando los puertos sudamericanos del Pacífico. Él también iba en busca del Pasaje del Noroeste, pero hacia el Atlántico. Permaneció unas cinco semanas en el norte de California, bautizando el territorio como Nueva Albión (Nueva Inglaterra); se cree que llegó a alcanzar la actual costa de Alaska antes de poner proa a las Filipinas, para después regresar a Inglaterra pasando por el cabo de Buena Esperanza[126]. Drake siguió molestando a los españoles, esta vez en las Indias Occidentales, cuando en 1586 atacó San Agustín, en Florida, entre otros lugares.

Con el aumento del comercio en el Pacífico entre Manila y Nueva España, las incursiones de Drake se convirtieron en motivo de preocupación. En 1587 se ordenó a unos navíos españoles que venían de Manila que procedieran a reconocer parte de la costa californiana. Durante la misión, los barcos fueron atacados y saqueados por otro pirata inglés, Thomas Cavendish, que prendió fuego al galeón Santa Ana antes de partir. Sin embargo, la tripulación logró regresar a Acapulco en los restos chamuscados del buque, lo que envió un mensaje claro acerca de la creciente amenaza en el Pacífico[127].

El próximo intento serio de explorar la costa de California no llegó hasta 1594. Al igual que en 1587, la expedición tuvo lugar en un viaje de vuelta desde Manila. Esta vez estuvo dirigida por el comerciante portugués Sebastián Rodríguez Cermeño, que en 1595 arribó al mismo fondeadero que Drake y tomó posesión del mismo en nombre de España. También bajó a tierra y se encontró con los miwok que habitaban la zona, pero más tarde su barco se perdió en una tormenta y se vio obligado a abrirse paso hasta Nueva España en una embarcación de fortuna[128].

Usar los navíos que regresaban de Manila había resultado costoso, por lo que la siguiente empresa partió de Acapulco. Esta vez, en 1602, estuvo liderada por Sebastián Vizcaíno, que había pasado tiempo en Manila y ya había navegado por algunas partes de la Baja California[129]. En esta travesía llegó a alcanzar el cabo Mendocino, hasta que el mal tiempo le obligó a dar media vuelta. Puso nombre a San Diego y a la bahía de Monterrey, esta última en honor al virrey de Nueva España que le había encomendado el viaje: Gaspar de Zúñiga Acevedo y Velasco, V conde de Monterrey. En diciembre de 1602 informó de que el puerto de Monterrey estaba en «buena altura» y era «seguro de todos los vientos», con gran cantidad de pinos en sus proximidades, convirtiéndolo en una parada ideal para los barcos que venían de Filipinas; dijo que estaba «toda poblada de indios, y es muy fértil y es del temple y terruño de Castilla y se dará en ella cualquier semilla que sembrar, y hay grandes dehesas y muchos géneros de animales y aves»[130].

A pesar del deslumbrante informe, no hubo más exploraciones en California durante otros ochenta años, por lo remoto y costoso que resultaba para un uso prudente de los recursos de Nueva España. Cuando surgieron los primeros asentamientos, la punta de lanza fueron los jesuitas, que en 1684 comenzaron a establecer misiones remotas en la Baja California[131]. Quien lideró la iniciativa es tal vez el jesuita más conocido de esta época: Eusebio Kino, que llegó acompañado de Juan María de Salvatierra. No procedían de España, sino del norte de Italia, y Kino había llegado a Nueva España en 1681 enviado por su orden. Hacia 1683 se encontraba explorando la península californiana, tras haber zarpado desde el puerto de Chacala, en el Pacífico. Más adelante, en 1687, dirigió la puesta en marcha de la misión de Nuestra Señora de los Dolores, en Sonora. De allí se desplazó a las cuencas de los ríos Gila y Colorado[132]. Al igual que los misioneros en Nuevo México, el padre Kino y sus hombres hallaron resistencia por parte de los nativos americanos, incluyendo una rebelión en 1695 que costó la vida a dos sacerdotes y en la que resultó atacada la misión de San Pedro y San Pablo del Tubutama, a unos cien kilómetros al sur de la frontera estadounidense, en el actual estado de Sonora. Las tropas españolas tomaron parte en las represalias, y los combates se prolongaron durante meses[133]. Pese a las amenazas, Kino recorrió miles de kilómetros a caballo y a pie, abarcando todo el terreno y encontrándose con numerosos nativos americanos, muchos de los cuales acabaron construyendo las misiones del clérigo, hasta su muerte en 1711.

• • •

El legado de Eusebio Kino se puede ver a unos quince kilómetros al sur de Tucson, en Arizona, donde la «paloma blanca del desierto» se alza sobre pardos yermos y manchas de verde apagado, con las resplandecientes torres de la iglesia en contraste con los llanos del entorno, como si la estructura entera hubiese caído del cielo. San Xavier del Bac se ubica a un par de kilómetros del emplazamiento original señalado por Kino en 1692 y, a diferencia de la misión de Tumacácori al sur, permanece intacta. Su fachada ricamente esculpida no se está desmoronando, y su interior, dominado por un exuberante retablo de pan de oro, señala su uso ininterrumpido como espacio de culto y lugar histórico, un vínculo espiritual entre el mundo de Kino y el actual, al igual que su permanente conexión con los tohono o'odham[*].

Quedan muchos otros recuerdos de aquel largo siglo XVII que transformó estos confines exteriores de «El Norte». Se afirma que la fundación de la iglesia de San Miguel, en Santa Fe, se remonta a 1610, haciendo de ella la iglesia más antigua de los Estados Unidos continentales. Hasta los levantiscos indios acomas conservaron San Esteban del Rey, cuya sobria fachada y torres siguen dominando el extrarradio de la Ciudad del Cielo (*Sky City*). Algunas ruinas de los españoles y los indios pueblo se han convertido en lugares protegidos, y en Nuevo México los turistas pueden pasearse por las antiguas aldeas y misiones de San Gregorio de Abó, Gran Quivira y Quarai, todas las cuales datan de la década de 1620 y que hoy conforman el Monumento Nacional de las Misiones Pueblo de Salinas. Incluso la Unesco ha intervenido, al designar como Patrimonio Mundial las pardas casas de varios pisos del pueblo de Taos. Aún pervive la compleja diversidad del mundo que encontraron Oñate, Kino y miles de españoles. Sin embargo, el legado de lo que allí sucedió sigue siendo fuente de polémica.

Justo a las afueras del tranquilo pueblo de Alcalde, en Nuevo México, subiendo por la Estatal 68, se ve un hombre a caballo. Juan de Oñate se

---

[*] San Xavier fue reconstruida por los franciscanos en 1783.

yergue sobre su corcel de bronce, cabalgando sobre ásperas yerbas y crecidas matas. Tras él se alzan mástiles desprovistos de banderas y un descolorido edificio rosa, con el nombre de Centro de Visitantes y Monumento a Oñate. La estatua queda empequeñecida por su entorno, como si el conquistador hubiera tomado un camino equivocado. Mucha gente en la zona se mostraría de acuerdo.

La estatua captó la atención de todo el país en 1998 —el cuarto centenario de la llegada de Oñate a Nuevo México—, cuando el *New York Times* informó de que un grupo de indios acomas había cercenado con una sierra el pie derecho del conquistador, en venganza por el castigo impuesto a sus ancestros[134]. Este acto encarnó la contraposición de las distintas versiones de la historia del lugar: para la población hispana, el monumento era emblema de su herencia, mientras que para los acomas era un insulto. Hoy día la estatua conserva ambos pies. Por ahora.

Una estatua de Oñate aún más grande recibe a los pasajeros justo al salir del aeropuerto de El Paso, a lomos de una majestuosa montura erguida sobre sus cuartos traseros, dispuesta a dirigirse hacia el horizonte. Sin embargo, esta estatua de diecisiete toneladas no lleva su nombre desde que varios grupos de nativos americanos convencieron al ayuntamiento para rebautizarla como *El Ecuestre*[135]. Inaugurada en 2007, la obra «conmemora la historia común de España, México y los Estados Unidos en el Paso del Norte».

A pesar de la polémica, la era de los conquistadores sigue teniendo un gran influjo en Nuevo México. Santa Fe celebra todos los años una fiesta de tres días que data de 1712 y que se instauró en honor a la entrada de Diego de Vargas en 1692. La gente viste ropas de época, participa en procesiones religiosas y conmemora los eventos ocurridos hace más de tres siglos, aunque los festejos también suscitan protestas[136]. El pueblo de Española, a unos quince kilómetros al sur de Alcalde, celebra en el mes de junio la Fiesta del Valle de Española, un festival que se remonta a 1933 y que también conmemora la llegada de los españoles. Esta fiesta comienza con el nombramiento de un Don Juan de Oñate y la coronación de una Reina. A Oñate lo asisten jóvenes vestidos de conquistadores, mientras que la reina cuenta con un séquito femenino que incluye a indígenas[137].

En lugares como el Memorial Nacional de Coronado, un bosque al sur de Tucson bautizado en honor del explorador español, estos contrastes y solapamientos se vuelven más sombríos. A la entrada del parque, justo frente a un cartel con una ilustración que representa a un conquistador (supuestamente Coronado), hay un letrero que dice: «El contrabando y/o las entradas ilegales son habituales en esta zona, debido a la proximidad con la frontera internacional». Quienes hoy siguen los pasos de los españoles afrontan una serie de amenazas naturales al atravesar de sur a norte las casi dos mil hectáreas del parque, sean los osos, sean las temperaturas extremas de la sierra Huachuca. A esto se añaden hoy día las rondas de la Patrulla Fronteriza que, recorriendo los caminos a toda velocidad en todoterrenos equipados con sus propias celdas, recuerdan que en este lugar las complicaciones del pasado se sostienen en las exigencias del presente.

Capítulo 4
Fuerte Mosé, Florida
ca. 1600-1760

Mientras los españoles se adentraban en Nuevo México y el Oeste, la costa atlántica de Norteamérica había atraído a ingleses y holandeses. Ellos también querían ver qué podían encontrar; cuanto menos, habría algún barco español que apresar, aunque muchos persistían en la creencia de que encontrarían metales preciosos. Richard Hakluyt, geógrafo y entusiasta de las colonias, opinaba que los primeros aventureros y exploradores habían dejado pistas en textos como la descripción de Florida de Jean Ribault.

En su *Discurso sobre la plantación occidental* (*Discourse of Western Planting*), publicado en 1584, Hakluyt afirmó que había «en esta tierra oro, plata y cobre». Estos eran recursos que, según dijo, obtendrían en las colonias legítimamente reclamadas por la reina Isabel I, un territorio que se extendía «desde Florida al norte hasta los 67 grados (y sin estar aún en posesión efectiva de ningún príncipe cristiano)».

Hakluyt era partidario de implantar colonias inglesas en Norteamérica por una serie de motivos, empezando porque sería «magno engrandecimiento del evangelio de Cristo». Y lo que tal vez fuera más importante, beneficiaría al comercio y traería «empleamiento de múltiple número de hombres ociosos». Esta colonia también permitiría a los ingleses descubrir el Pasaje del Noroeste y, quizás lo mejor de todo, humillaría a Felipe II porque «los límites de los dominios del rey de España en las Indias Occidentales no son cosa tan grande como es generalmente imaginado»[1].

Los ingleses ya estaban familiarizados con tales empresas; antes de mirar al otro lado del Atlántico, se habían centrado en Irlanda. En el siglo XVII emigraron a Irlanda más de cien mil personas, principalmente protestantes de Inglaterra, Gales y sobre todo Escocia, con el fin de establecer «plantaciones», en un sistema que les recompensaba con la tenencia de tierras y que alteró la dinámica de las relaciones sociopolíticas, en detrimento de los irlandeses católicos. La isla había pasado a formar parte del reino de Enrique VIII en 1541, pero el proceso de reubicación se aceleró en 1609 bajo la Colonización del Úlster (*Plantation*, en inglés) ordenada por Jacobo I. Sin embargo, estos acontecimientos se vieron obstaculizados por periodos de feroz resistencia por parte de los irlandeses, lo que exigió la presencia de decenas de miles de soldados.

Las expediciones para establecer un asentamiento eran costosas y, por tanto, los aspirantes a colono debían poseer el capital ellos mismos, o bien generarlo mediante empresas conjuntas sancionadas por la Corona[2]. El primer intento serio de fundar una colonia en Norteamérica estuvo promovido por el aventurero Walter Raleigh, que también era terrateniente en Irlanda. Recibió una carta real de Isabel I para erigir un emplazamiento en lo que los españoles consideraban que era la Florida, pero que los ingleses entendían como «no habitado por gentes cristianas»[3]. En 1585 se halló un lugar entre tierra firme y el largo cinturón de islas-barrera que se extiende en lo que hoy día se conoce como los Bancos Exteriores (*Outer Banks*) de Carolina del Norte, cerca de la bahía de Albemarle. Estos pobladores ingleses vivían entre los indios roanokes, por lo que la colonia adoptó ese nombre, en una zona que bautizaron como Virginia, según se cree en honor a la Reina Virgen, aunque quizás también se inspiraran en Wingina, un poderoso cacique local. Aunque Raleigh no acompañó a los colonos, albergaba la esperanza de que el enclave prosperase como una base de corsarios desde la cual atacar la flota española. De hecho, fue allí adonde se dirigió Francis Drake tras saquear San Agustín en mayo de 1586.

Los colonos sobrevivieron un invierno, pero padecieron muchas de las mismas penalidades que los franceses en Florida veinte años atrás, especialmente la escasez de víveres y el deterioro de las relaciones con los nativos americanos. Para cuando Drake llegó en junio de 1586, los pobladores querían regresar a Inglaterra y el asentamiento fue abandonado. En 1587 se envió una nueva hornada de esperanzados colonos, pero debido a las constantes hostilidades navales entre Inglaterra y España —en un periodo en que se encuadra la derrota de la armada española en 1588— no se pudo enviar embarcaciones de reaprovisionamiento. Cuando estas finalmente llegaron en 1590, no encontraron supervivientes.

El fracaso no enturbió el entusiasmo de Inglaterra por las colonias de ultramar, y el Tratado de Londres de 1604 contribuyó a que se planeara un nuevo intento. Este acuerdo cesó, por el momento, las hostilidades entre ambas potencias, reanudándose el comercio. Jacobo I había accedido al trono en 1603, mientras que su homólogo español, Felipe III, ostentaba la corona desde 1598. Aunque Jacobo I quería mejorar las relaciones con España, muchos ingleses seguían desconfiando de los católicos españoles, mientras que en España algunos recelaban de los designios de Inglaterra en las Américas. Había razones de sobra para albergar sospechas, tal como descubrió Pedro de Zúñiga, el embajador español en Londres.

Zúñiga llegó a Inglaterra en julio de 1605, y dos años después informó acerca de planes «hechos en gran secreto» para enviar embarcaciones a Virginia y a Plymouth[4]. En octubre de ese año consiguió obtener una audiencia con Jacobo I, donde insistió en su reivindicación de que «Virginia es una parte de las Indias perteneciente a Castilla». El rey se opuso a la idea, alegando que tales disposiciones no estaban recogidas en el Tratado de Londres. Zúñiga informó de que «[Jacobo I] nunca ha tenido conocimiento de los derechos que Vuestra Majestad tenía [para con Virginia], pues era una región muy alejada de donde los españoles se habían asentado». Jacobo indicó al embajador que los que tomaban parte en aquellos viajes lo hacían por su cuenta y riesgo, por lo que no podría protestar si los españoles los capturaban y castigaban. La reunión terminó con un ruego final por parte de Zúñiga de que había de «encontrarse un remedio a la cuestión de Virginia», mas no se halló ninguno[5].

Pedro de Zúñiga siguió preocupado por las repercusiones que aquello acarrearía para España, y en 1609 avisó a su rey de que entendía que los asentamientos se consideraban «tan perfectos (como dicen) para excursiones de piratería, que Vuestra Majestad no podrá traerse la plata de las Indias». Su consejo para resolver la situación de los asentamientos fue «ordenar que sean aplastados con la mayor presteza posible»[6]. Felipe III envió a Francisco Fernández de Écija, un capitán que había estado a las órdenes de Menéndez de Avilés durante la fundación de San Agustín, para que averiguase más cosas. Aunque a esas alturas ya superaba los sesenta años, Fernández de Écija zarpó de San Agustín en junio de 1609 para recabar información sobre lo que sucedía en Virginia[7]. Su informe narra con detalle sus viajes a lo largo de la costa, incluida la zona en torno a Santa Elena, y sus encuentros con nativos americanos. Navegó cerca de las ruinas de la colonia de Roanoke, de la que ya habían tenido noticia los españoles, antes de continuar hacia la bahía de Chesapeake, donde sus hombres finalmente avistaron un navío inglés con «dos gavias y un enorme gallardete en la perilla». No pudieron pasar inadvertidos, y la embarcación estuvo un tiempo dándoles caza[8]. Una vez fuera de su alcance, los españoles prosiguieron su investigación antes de regresar a San Agustín a finales de septiembre[9].

En la época en que Fernández de Écija redactó su informe, la colonia de Virginia ya estaba bien asentada, habiendo llegado los primeros colonos en 1607. Aunque para 1600 habían emigrado a las colonias más de cien mil españoles, según algunas estimaciones llegando hasta los trescientos mil, pocos de ellos habitaban zonas próximas a Virginia. La mayoría se encontraba en Nueva España o más al sur, dejando indefensa una zona que España consideraba suya[10]. El asentamiento inglés, organizado por la Compañía de Virginia, se hallaba más al norte que el de Roanoke, en la zona de la bahía de Chesapeake. Para los españoles, esta había sido la malhadada tierra de Ajacán, que habían abandonado hacía más de un siglo, pero para los ingleses era Jamestown, en honor a Jacobo I. En el mismo año en que las naves partieron hacia Virginia, otras se dirigieron más al norte, financiadas por la Compañía de Plymouth, que también contaba con carta real. Esos pobladores fundaron la colonia de Popham en 1607, a orillas del río Kennebec, en el actual Maine, donde construyeron un fortín. Sin embargo, después de un año (y un crudo invierno), los colonos regresaron a Inglaterra.

Virginia salió adelante a duras penas, y los primeros años fueron precarios. Sus pobladores perecieron a mansalva de enfermedad o hambre: cerca de diez mil personas llegaron entre 1607 y 1622, pero para ese año solo unas dos mil seguían con vida[11]. La Corona, no obstante, comprendió que esta colonia podría resultar un lugar útil al que enviar a posibles revoltosos además de a los menesterosos, lo que por ejemplo se tradujo en el envío entre 1618 y 1619 de dos centenares de niños pobres[12]. Los ataques por parte de los nativos americanos exigían una vigilancia constante. Ahora bien, al igual que los franceses, los ingleses también dependían del apoyo de los indios para su supervivencia, pero no tardaron en desposeer a los indígenas de sus territorios, tal como hicieron los españoles. A este proceso contribuyeron las enfermedades que se cernieron sobre la confederación Powhatan, de lengua algonquina, cuya población en Virginia se desplomó: en la época del primer encuentro con los ingleses su número rondaba los veinticuatro mil, pero esta cifra se había reducido hasta dos mil hacia 1669[13]. Las colonias de Inglaterra también tuvieron un menor grado de mestizaje (en su caso, angloindio) que las de España. Mientras que la corona española había permitido el matrimonio entre colonos y amerindios —y en los primeros años incluso lo había fomentado—, los ingleses no actuaron de este modo. A pesar de ello, uno de los más importantes relatos fundacionales sobre este asentamiento sigue siendo el de cómo Pocahontas, hija de un jefe powhatan, supuestamente salvó la vida del capitán John Smith, que formó parte del viaje inicial, aunque más tarde fue cautiva de los ingleses. Aun así, en 1614 se casó con John Rolfe, y sus actos lograron mitigar temporalmente la creciente animosidad entre ambos grupos. Pocahontas fue una excepción y lo siguió siendo; a medida que más mujeres inglesas se embarcaron hacia Norteamérica, el concubinato o cohabitación con nativos americanos estuvo cada vez peor visto[14*].

Cualquier esperanza de hallar minerales valiosos se esfumó durante la primera etapa de la colonia. El capitán Smith, al escribir su *Description of Virginia*, tuvo mucho que decir sobre las maravillas naturales de la colonia, aunque no tanto acerca de esas otras riquezas. Publicada en 1612, su obra elogia los bosques de robles, nogales y olmos, la gran variedad de frutos que allí se daban, y la abundancia de aves y peces: «no hay lugar más apropiado para el gozo, lucro o sostén del hombre»[15]. Con relación a las riquezas extraíbles se mostró más circunspecto, al afirmar que «respecto de las entrañas de la tierra, poco puede decirse con certeza [...] solo esto es cierto, y es que muchas regiones en las mismas latitudes ofrecen minas muy ricas de diversa naturaleza»[16].

El auge del tabaco reafirmó la creencia de los ingleses de que la propia tierra era capaz de proveer riqueza mediante la producción de una materia prima que exportar y, en consecuencia, los terrenos sin explotar equivalían a la pérdida de un beneficio potencial. Los colonos se mostraron perplejos por el uso que los algonquinos hacían de la tierra, y a menudo afirmaron que esta estaba sin «utilizar» como justificación para intentar comprarla, trocarla o arrebatársela a los indios. Trabajar la tierra significaba poseerla, y este fue el patrón que se repitió en el Tidewater, la región de llanuras litorales en Maryland y Virginia[17]. El filósofo inglés John Locke, que acabaría por convertirse en secretario de uno de los lores propietarios de Carolina y accionista de la Real Compañía Africana, dedicada a la trata de esclavos, creía que el trabajo para «mejorar» la tierra era la esencia del proyecto de colonización. Mucho más tarde, en sus dos *Tratados sobre el gobierno civil*, de 1690, escribió que «tantas cuantas fanegas de tierra pueda un hombre arar, sembrar, cultivar,

---

* Para 1691, la Asamblea General de Virginia había aprobado una ley prohibiendo los matrimonios de blancos con nativos americanos, además de con personas negras o mulatas.

y de cuyo ámbito puede consumir los esquilmos para su subsistencia, otras tantas le pertenecen como propiedad», argumentando que «la extensión de una posesión es de muy poco valor sin el trabajo»[18].

Tras algunas deliberaciones, en 1611 el Consejo de Indias en España finalmente recomendó atacar Virginia, aunque la expedición nunca llegó a materializarse. En su lugar, se presentaron quejas diplomáticas y se aumentó levemente la guarnición de San Agustín, ya que era el punto más próximo a los ingleses[19]. La Corona no deseaba arriesgarse a otro largo y costoso conflicto con Inglaterra. La inacción de España quizás evitó problemas a corto plazo, pero a la larga acarrearía profundas ramificaciones, pues permitió a los ingleses cimentar su posición en Norteamérica y la esfera atlántica en su sentido más amplio. Poco después de la fundación de Jamestown, se establecieron otras colonias en islas con poca o ninguna presencia española, como, por ejemplo, San Cristóbal en 1623 y Barbados en 1627. Posteriormente los ingleses también tomaron Jamaica en 1655, como premio de consolación tras su fallido intento de arrebatar Santo Domingo a los españoles.

Dondequiera que fueran los ingleses, pronto les seguían otros europeos. Los corsarios franceses ya estaban merodeando las Indias Occidentales. Los holandeses estaban igualmente implicados en la piratería, aunque ellos también empezaron a utilizar empresas conjuntas en la fundación de colonias, como la que establecieron hacia 1625 en lo que llamaron Nueva Ámsterdam (Nueva York), además de algunas islas del Caribe, incluyendo en 1634 Curasao, que se convirtió en centro de la trata de esclavos.

El comercio y la riqueza no eran los únicos objetivos de los colonos ingleses; también tenían la mente puesta en Dios. El cristianismo fue un factor crucial de la colonización, aunque por distintos motivos que los españoles. Los protestantes carecían del equivalente a los jesuitas o franciscanos para atender a los nativos americanos, ni tampoco se exigía la conversión en los edictos promulgados en Inglaterra. Aunque algunos pobladores como el capitán Smith creían, tal como escribió, que podrían «traer a estos pobres infieles al verdadero conocimiento de Dios y su santo Evangelio», el protestantismo seguiría una trayectoria propia en las Américas[20]. Al principio, la religión proporcionó a muchos colonos la razón para estar en Norteamérica. John Rolfe describió la presencia inglesa como un signo de estar «señalados y escogidos por el dedo de Dios»[21]. Nueva Inglaterra se convirtió en un foco de esperanza para los protestantes que huían de las incertidumbres de la Reforma anglicana, que a menudo podían resultar fatales, y aunque la colonia inicial de Plymouth resultó ser un fracaso, seguirían con la mirada puesta en las costas norteamericanas.

Aunque Enrique VIII había roto con Roma en 1533, los detalles del protestantismo inglés no estaban en absoluto definidos. Los puritanos, que seguían las enseñanzas de Juan Calvino, abogaban por cambios más profundos en la iglesia anglicana; de hecho, el término «puritano» se usó inicialmente como insulto por parte de los anglicanos, que los consideraban extremistas. Había grandes discrepancias en los círculos puritanos sobre cómo se debían llevar a cabo estas reformas, pero en general entre sus metas estaba el establecimiento de una relación más directa con Dios y una liturgia más informal. Sin embargo, estas disensiones fueron interpretadas de distinta manera por los sucesivos monarcas y, por tanto, en ocasiones las creencias puritanas podían resultar peligrosas[22]. Con Jacobo I fueron toleradas, aunque algunos puritanos, intranquilos, empezaron a buscar refugio religioso al otro lado del Atlántico. Los Peregrinos, el grupo más famoso de disidentes, fueron los primeros en dar el paso. También eran calvinistas, pero eran más extremados en sus exigencias que otros puritanos. Su barco, el Mayflower, arribó en 1620; tocaron tierra en el gancho que forma el extremo oriental del actual Massachussets, antes de cruzar la bahía y establecer su colonia de Plymouth.

Cuando Carlos I ascendió al trono en 1625, surgieron problemas más serios, empezando por que estaba casado con una católica y tenía simpatías hacia el catolicismo inglés. De hecho, Cecilius Calvert, II barón de Baltimore, recibió en 1632 una carta real por la cual se fundaría la colonia de Maryland, con la intención de que fuera un lugar de tolerancia y refugio para los católicos, que estaban sufriendo discriminación en Inglaterra, aunque entre los primeros pobladores que llegaron en 1634 también había protestantes[23]. Por aquel tiempo, los puritanos estaban abandonando Inglaterra en tropel, tras haber establecido en 1630 la colonia de la Bahía de Massachusetts, cerca de los asentamientos de los Peregrinos. A lo largo de la década de 1630 emigrarían unos treinta mil puritanos, muchos de los cuales habían sido comerciantes de clase media en Inglaterra y volverían a serlo en las nuevas tierras[24].

A diferencia de Virginia, donde las plantaciones de tabaco estaban tomando forma, Nueva Inglaterra se convirtió en una tierra de pequeños terratenientes, artesanos y casas de comercio. Desde allí, los puritanos podrían construir su «ciudad en la colina» y practicar el culto de una manera que no les estaba permitida en Inglaterra[25]. Estos asentamientos también soportaron penurias en su etapa inicial, y muchos eran muy rudimentarios en comparación con algunas partes del Imperio español. Por ejemplo, hacia 1620 Ciudad de México contaba con una población de al menos ciento cincuenta mil personas, una universidad y una catedral[26]. Treinta años más tarde, Boston albergaba en torno a dos mil almas, tan solo[27].

Aunque otras partes de la América española estaban pobladas y urbanizabas, San Agustín se había quedado atrás. El sueño de una Florida llena de prósperas misiones no se había materializado, aunque para 1655 había unos setenta frailes atendiendo a una población de veintiséis mil personas en el territorio, repartidos en cuatro provincias misionales: Guale, Timucua, Apalache, y Apalachicola[28]. Este modesto éxito, sin embargo, poco pudo hacer para frenar la disminución de la población indígena hacia mediados del siglo XVII. A ello contribuyó una serie de factores, como algunos brotes graves de viruela y sarampión, pero también los cambios en la dieta y el uso de la tierra que trajeron las misiones. También se produjeron rebeliones importantes, como la sublevación en 1656 de los timucuas, que duró ocho meses, además de incursiones por parte de otros nativos americanos[29]. La población de colonos españoles y mestizos siguió siendo reducida. En cambio, los timucuas resultarían prácticamente erradicados, al desplomarse su número de unos diez mil en 1600 a catorce para 1727, mientras que los apalaches quedarían reducidos a la mitad, hasta casi diez mil personas, a lo largo de un periodo similar[30]. Algunos indios de Florida se desplazaron al norte y oeste, a menudo incorporándose a otras comunidades indígenas[31]. Otros volvieron la vista hacia el sur, en busca de la ayuda y protección de los españoles; los guales, por ejemplo, se dirigieron a San Agustín hacia 1680[32]. A medida que estos grupos emigraron disminuyó la cantidad de braceros, por lo que muchas misiones tuvieron dificultades para salir adelante.

Otro factor que propició estos cambios en Florida fueron los ingleses, que se acercaban cada vez más. Con la prosperidad de Virginia aumentó la presión en la colonia por abrirse paso hacia el sur, con el fin tanto de expandirse como de, según afirmaban, defender Jamestown de cualquier incursión española[33]. En 1663, Carlos II concedió una cédula a un grupo de inversores —que también eran partidarios de su restauración en el trono tras la guerra civil inglesa— para establecer un asentamiento que habría de llamarse Carolina. Muy pronto hubo barcos ingleses explorando las vías de agua en torno a Santa Elena, aunque el puerto principal, Charles Town (la actual Charleston, en Carolina del Sur), se estableció un poco más al norte, a orillas del río Ashley, en 1670. Ese mismo año, ingleses y españoles consiguieron forjar los términos del Tratado de Madrid, redactado con el fin de aliviar las tensiones surgidas a raíz de una serie de enfrentamientos en el Caribe entre embarcaciones de ambas potencias. Supuso un punto de inflexión en las relaciones angloespañolas, pues finalmente otorgó un reconocimiento oficial a las reivindicaciones británicas sobre Jamaica y Virginia, y estableció el límite de la Florida española en la latitud 32º 30' Norte, con Charles Town justo por encima de esta frontera.

Por esta misma época, en 1672, se concedió a la Real Compañía Africana el monopolio de todo el comercio inglés entre la costa occidental africana, el Caribe y las colonias norteamericanas, con el resultado de que los barcos ingleses se sumaran a los portugueses, españoles y holandeses en la migración forzosa de africanos por medios violentos. Al cabo de treinta años, había unas seis mil seiscientas personas viviendo en Carolina, de las que tres mil ochocientas eran colonos y el resto esclavos[34].

Los africanos fueron el otro grupo importante de emigrantes en el siglo XVII. No eran los primeros en el continente; entre los españoles había esclavos y libertos desde sus expediciones del siglo anterior, pero los ingleses incrementaron este número. Según Trans-Atlantic Slave Trade Database, entre 1670 y 1700 desembarcaron en Norteamérica unos ocho mil seiscientos africanos, la mayoría procedentes de la región occidental. La mayor parte fue al territorio de Virginia (4504) o al de Maryland (2917)[35]. Su número fue en aumento a medida que los colonos demandaban más mano de obra para la expansión de sus plantaciones, y los africanos reemplazaron a los braceros blancos o indígenas. El uso de personas esclavizadas también se propagó por las colonias británicas en las Indias Occidentales, donde se las puso a trabajar en los campos de caña de azúcar en islas como Barbados.

Sin embargo, no todos los esclavos eran africanos. La esclavitud entre los nativos americanos siguió siendo un elemento importante del sistema laboral de las colonias inglesas en esta época y entrado el siglo XVIII. Los ingleses veían el conflicto con los indios como una «guerra justa», por lo que cualquier forma de esclavización o cautiverio se consideraba legítima. Hasta 1700, los indígenas constituyeron la mayor parte de la mano de obra no blanca en Nueva Inglaterra, con unas mil trescientas personas esclavizadas en aquel momento[36]. Tampoco estaba clara la definición de esclavitud por aquella época, y un contrato de servidumbre injusto podía suponer una suerte de esclavización para un trabajador no abonado, aun cuando en 1700 se ilegalizó la tenencia de esclavos indios[37]. Los colonos de Virginia también esclavizaron indios durante el siglo XVII, como por ejemplo tras una serie de conflictos con los powhatan. Algunos permanecieron en la colonia y otros fueron exportados (a menudo con pingües beneficios) a otras colonias inglesas[38].

Carolina, por su proximidad con las comunidades nativas de Florida, tuvo una gran participación en esta trata de esclavos. Los dirigentes de la colonia se aliaron con los westos (también llamados rickahockan), que habían emigrado a mediados del siglo XVII a una zona próxima al río Savannah y expulsado a los guales de sus tierras. Los westos fueron esenciales en la captura de esclavos indios en Carolina, a cambio de los cuales se les ofrecía mercancías inglesas, como armas de fuego, herramientas o telas. Esto hizo que las incursiones pudieran ser una actividad mucho más lucrativa que cazar o cultivar la tierra, pero también supuso un dilema excepcional para los ingleses, ya que en este arreglo comercial había una clara ausencia de «guerra justa»[39].

Las incursiones contra los cacicazgos vecinos y en territorio español provocaron el fin del sistema de misiones en Florida, pues los clérigos ya no podían ofrecer protección cuando los westos asaltaban los enclaves en Timucua y Apalache. La situación fue tal, que en la década de 1690 España juzgó conveniente acantonar tropas en un fortín en la misión de San Luis de Apalache y en los alrededores[40]. En los primeros años del siglo XVIII, se desintegró la cadena de misiones que enlazaba el territorio de los guales con San Agustín, poniendo fin a más de un siglo de labor evangélica[41].

Aunque estos ataques destruyeron una parte esencial de la Florida española, resultaron fundamentales en el desarrollo de la economía de plantaciones de Carolina. Los líderes de la colonia trataron de acaparar para sí todo el comercio, al utilizar los beneficios de la venta de esclavos indios a otras colonias inglesas para comprar las herramientas y los esclavos africanos necesarios para labrar la tierra, y los productos manufacturados para intercambiarlos por más esclavos[42]. No obstante, la situación entera era frágil, y en las décadas de 1670 y 1680 se produjeron guerras entre los westos y los ingleses[43]. Los dueños de las plantaciones se vieron obligados a encontrar aliados más allá de los westos, como, por ejemplo, los yamasis, una confederación de cacicazgos más pequeños de Georgia y Carolina del Sur que realizaron incursiones en territorio apalache entre 1684 y 1685[44]. Algunos llegaron a traerse esclavos de lugares tan remotos como la actual Texas, una práctica que continuó hasta bien entrado el siglo XVIII[45].

Además de estas agresiones, se mantuvieron las hostilidades navales entre Inglaterra y España. En 1668 la Florida fue atacada por corsarios ingleses, y lo mismo sucedió durante la década de 1680. Una de esas operaciones destruyó en 1682 el fortín de San Marcos, situado junto a la confluencia de los ríos Wakulla y Saint Marks, cerca de la costa occidental de la península. Sin embargo, los españoles tenían orden de no contraatacar, ya que ello infringiría el acuerdo de paz con Inglaterra[46]. Frustrados, los gobernadores de Cuba y Florida se valieron de un corsario español llamado Alejandro Tomás de León para organizar en su nombre la represalia. La expedición partió de San Agustín en mayo de 1686 y prendió fuego a un asentamiento conocido como Stuart Town (o Stuart's Town), al sur de Charles Town, antes de proceder a asaltar y saquear las plantaciones a lo largo de la costa[47]. Estos ataques y contraataques por tierra y por mar se prolongaron hasta finales del siglo XVII.

Durante este periodo tan turbulento, los españoles trabajaban en otro fuerte en San Agustín, empujados a la acción por el ataque de 1668. Las obras del nuevo castillo de San Marcos comenzaron en 1672, aunque se tardaría otras dos décadas en completarlo. Estaba destinado a ser otro eslabón en el amplio sistema de defensa español, enlazando con las fortalezas más antiguas, como San Juan de Ulúa en Veracruz y San Felipe del Morro en San Juan de Puerto Rico. San Marcos era más modesto que estas otras plazas, aunque suponía una gran mejora respecto a su predecesor. Cada una de sus cuatro esquinas contaba con un baluarte en forma de diamante, con garitas redondas en cada uno de ellos. Aunque su estilo iba en línea con el diseño de las demás fortificaciones, los materiales de San Marcos eran únicos, pues fue construido con coquina, un tipo de roca caliza compuesta de diminutas conchas marinas comprimidas. La solidez del fuerte muy pronto se pondría verdaderamente a prueba.

• • •

Al tiempo que Inglaterra y Holanda se abrían camino por el litoral atlántico, Francia había cambiado de rumbo. Los hugonotes de la Florida española habían sido solo uno de los brazos de la intervención francesa en las Américas; ya en 1534, Jacques Cartier exploró las aguas de Terranova y el río San Lorenzo, y tomó posesión de la zona en nombre de Francia, aunque su intento de establecer un puesto comercial fracasó. Tras volver a intentarlo de forma intermitente, los franceses finalmente cosecharon algún éxito en 1608, fecha en que Samuel de Champlain erigió un asentamiento en Quebec.

Desde allí se expandieron en dos direcciones. En primer lugar, se adentraron en lo que llamaron Nueva Francia, a través del golfo de San Lorenzo y hacia los Grandes Lagos, donde se dedicaron a la captura de animales y al lucrativo comercio de pieles, y también avanzaron hacia el sur del valle del Misisipi. Asimismo, al igual que hicieron ingleses y holandeses, tomaron posesión de islas como Martinica (1635), Guadalupe (1635) y, a finales del siglo XVII, Saint-Domingue (1697), que era el tercio occidental del Santo Domingo español.

Tal vez España hubiera tenido éxito al expulsar a los franceses de la Florida, pero ahora se le presentaba un problema similar en el golfo de México. Los españoles habían explorado gran parte del mismo y lo consideraban parte de su territorio, aunque permanecía escasamente poblado. Así, cuando René-Robert Cavelier, señor de La Salle, decidió comenzar sus viajes por el Misisipi en febrero de 1682, no había españoles que lo detuvieran. La Salle, que recorrió gran parte de la América francesa, también creía en el sueño de encontrar un pasaje hacia el Pacífico. Con tal fin se puso al frente de una partida compuesta por veintidós franceses y dieciocho nativos americanos, incluidas siete mujeres, y partió desde la confluencia del río Illinois con el Misisipi, justo al norte de la actual San Luis. En su camino hacia el sur, cruzaron los ríos Misuri, Ohio y Arkansas, antes de llegar a las proximidades de la desembocadura del gran río en abril[48]. No hallaron ninguna ruta evidente hacia el oeste, pero no se arredraron y tomaron posesión de las tierras alrededor del Misisipi en nombre de Luis XIV, bautizándolas como La Louisiane.

La Salle regresó a Francia al año siguiente para abogar ante la Corona por la colonización de este territorio, y volvió a hacerse a la mar en 1684 con cuatro embarcaciones y unas trescientas personas. Durante la navegación, un error de cálculo en el golfo de México hizo peligrar la empresa: en lugar de arribar a la desembocadura del Misisipi, en 1685, La Salle fue a parar a la actual bahía de Matagorda, en Texas, a unos seiscientos kilómetros al oeste. Los franceses construyeron un rudimentario fortín, y La Salle se pasó los dos años siguientes explorando la zona por tierra y por mar, tratando de encontrar la ubicación del río Misisipi, y ahora también una ruta terrestre a las célebres minas de plata del norte de México[49].

La colonia a duras penas pudo sobrevivir, y el resentimiento se fue acumulando durante las largas ausencias de La Salle. En marzo de 1687, varios de sus hombres se amotinaron durante uno de sus viajes y acabaron con su vida. Algunos de los supervivientes de esta expedición regresaron a Francia, y los pocos que permanecieron en el asentamiento fueron atacados al año siguiente por los indios carancaguas que habitaban la zona[50]. Los españoles hicieron cinco intentos de encontrar a La Salle tras averiguar lo que se proponían los franceses, y en 1689 encontraron las ruinas de Fort Saint Louis. Tras nuevas exploraciones, encontraron a dos supervivientes viviendo con los nativos americanos. Un superviviente y amotinado, Jean l'Archevêque, les contó lo que había sucedido y fue más tarde apresado[51]. Sin embargo, cuando lo liberaron juró lealtad a España y sirvió como soldado e intérprete, reapareciendo más tarde en Nuevo México.

La siguiente expedición francesa de importancia estuvo dirigida por Pierre Le Moyne d'Iberville, que logró encontrar la desembocadura del Misisipi y abrirse paso por su laberinto de canales. En 1699 erigió un asentamiento en la bahía de Biloxi y, cerca de la costa, un pequeño puesto militar de avanzada, Fort Maurepas, el cual serviría como la primera capital del territorio de la Luisiana[52]. En 1702 se trasladaron al noreste, a un promontorio que dominaba el río Mobile donde establecieron Fort Louis de la Louisiane, aunque solo duraría unos pocos años. En 1711 sus habitantes se trasladaron una vez más para establecerse a cuarenta kilómetros al sur, donde construyeron un nuevo Fort Louis, que en 1723 se rebautizaría como Fort Condé[53]. A estas alturas los franceses estaban liderados por el hermano de Iberville, Jean Baptiste Le Moyne, señor de Bienville, que gobernó el territorio de la Luisiana hasta 1740.

Los objetivos de Francia en Norteamérica no eran diferentes a los de España e Inglaterra: exploración, comercio y lucro. No obstante, su interacción con los indígenas fue claramente distinta a la de los españoles. En vez de emplear un sistema de trabajo similar al de las encomiendas, o establecer plantaciones en línea como los ingleses, muchos franceses cosecharon sus primeros éxitos comerciando con pieles, como la del castor. Estos tratantes a menudo vivían en proximidad con los nativos americanos y, con el tiempo, fueron capaces de establecer vínculos íntimos con muchos cacicazgos, emparejándose con mujeres indias, con las que tuvieron una descendencia a la que se dio el nombre de *métis*. Las pieles más rentables se enviaban a Francia, desde donde se enviaban armas y productos manufacturados para vendérselos a los indígenas.

Esto no quiere decir que Francia dejara de lado actividades más espirituales. Aunque los primeros colonos franceses en Santa Elena eran hugonotes, el catolicismo siguió siendo la fe dominante de quienes llegaron en el siglo XVII, entre ellos una cierta cantidad de jesuitas que empezaron a verse por Norteamérica a comienzos de siglo. Estos clérigos escribieron extensos relatos del tiempo que pasaron con los nativos americanos en la actual frontera con Canadá, en particular los iroqueses y algonquinos. Al igual que los comerciantes, los jesuitas a menudo vivían en los poblados indios, donde siguieron tratando de convertir a estos pueblos «paganos»[54]. Algunos jesuitas también tomaron parte en las misiones de exploración, como por ejemplo Jacques Marquette, que fue miembro de la partida que en 1673 descubrió una ruta que conectaba el lago Míchigan con el río Misisipi, que La Salle recorrería hasta el final nueve años después[55].

La actividad francesa en el valle del Misisipi inquietó a los administradores de la Florida española, así que en 1698 erigieron un pequeño emplazamiento defensivo cerca de la bahía de Pensacola, al que llamaron Santa María de Galve. Por la misma época, en el norte de Nueva España prosiguieron los intentos por establecer alianzas con los nativos americanos al oeste del gran río, como por ejemplo los indios hasináis, de lengua caddoana, con el fin de bloquear cualquier avance francés en aquel territorio.

Los hasináis pertenecían a la confederación Caddo, que se extendía por el este de Texas y el oeste de Luisiana. Aunque se componía de unos veinticinco cacicazgos diferentes, sus modos de vida tenían ciertas características en común. Eran comunidades principalmente agrícolas, que sembraban cultivos como el maíz o la calabaza, que complementaban con la caza del bisonte y otros animales. También eran sedentarios y vivían en chozas de paja, en aldeas donde también había montículos sobre los que se alzaban templos[56]. El nombre español de Texas, o Tejas, procede del vocablo *ta-sha*, que en hasinái significa «amigo» o «aliado»[57]. El clero intentó establecer misiones entre estos indígenas, y en 1690 levantaron San Francisco de los Tejas, justo al este de la actual Augusta, seguida ese mismo año por Santísimo Nombre de María, a orillas del río Neches a unos veinte kilómetros al noreste. Poco después comenzó una epidemia de viruela que acabó con la vida de unas tres mil personas. Los hasináis echaron la culpa a los españoles por la tragedia y los expulsaron del territorio. San Francisco de los Tejas fue abandonada en 1693; Santísimo Nombre de María había quedado destruida en una inundación el año anterior. Con tan poca recompensa por sus esfuerzos, el virrey de Nueva España, que a estas alturas estaba lidiando con otras preocupaciones, renunció en 1694 a emprender nuevas actividades en esta parte de Texas, por el momento[58].

•••

El siglo XVIII se inició con una crisis en Europa: Carlos II, rey de España de la casa de Habsburgo, murió en 1700 sin dejar un heredero. La perspectiva de que el trono pasara a un borbón francés, Philippe d'Anjou, que era nieto de María Teresa de Austria —hermanastra de Carlos II y primera esposa de

Luis XIV—, causó una gran preocupación en el resto de Europa acerca del equilibrio de poderes, en caso de que se unieran España y Francia. Inglaterra, Austria y Holanda unieron sus fuerzas contra España y Francia en la guerra de sucesión española, un conflicto que se extendió a las colonias y que en Norteamérica se conoció como la guerra de la reina Ana (1702-1713).

Algunos de los primeros cañonazos se dispararon contra el recién terminado castillo de San Marcos en San Agustín, cuando los ingleses, con la ayuda de sus aliados indios y liderados por James Moore, gobernador de Carolina del Sur, atacaron a los españoles en 1702. Se habían abierto paso desde sus colonias, destruyendo un fortín español en la isla de Amelia y otras fortificaciones cerca del río San Juan. Para cuando los ingleses llegaron a San Agustín, sus habitantes se habían refugiado en el fuerte, a la espera de un asedio que se prolongó unas siete semanas. Las murallas de coquina resistieron hasta que a finales de diciembre llegó una flota procedente de La Habana que dio caza a los ingleses, pero no sin que antes estos prendieran fuego a la ciudad.

Francia no disponía de muchos recursos con los que contribuir al conflicto; en 1708 la Luisiana se componía de menos de trescientos colonos, incluidos ciento veintidós soldados[59]. Sin embargo, se organizó un plan para aprovechar el poderío naval de los corsarios franceses, que en 1706 formaron una fuerza conjunta con los españoles de la Florida para atacar Charles Town, aunque la ciudad se mantuvo en manos inglesas[60]. La guerra terminó en 1714, con Philippe sentado en el trono de España como Felipe V tras renunciar a sus pretensiones en Francia. Los británicos —como pasaron a llamarse tras el Acta de Unión que en 1707 unificó Inglaterra y Escocia— salieron vencedores en las negociaciones del Tratado de Utrecht. Se les cedió gran parte de los territorios franceses en Norteamérica, incluyendo Terranova, Nueva Escocia y la bahía de Hudson. En Europa, por otra parte, España se vio obligada a entregar Gibraltar y la isla de Menorca a Gran Bretaña. De igual importancia fue la obtención del lucrativo asiento, un contrato que concedía a los comerciantes británicos el derecho en exclusiva a proveer de esclavos africanos a la América española.

Los colonos de Norteamérica tuvieron que lidiar con los cambios en el equilibrio de poderes en dos frentes: las guerras y rivalidades en Europa y las de los nativos americanos. Las enfermedades, las migraciones y la esclavitud, que a finales del siglo XVII habían obligado a muchos indígenas a encontrar nuevas tierras, supusieron que a comienzos del XVIII surgiera una serie de nuevas alianzas y enemistades entre los grupos indígenas. Entre los más poderosos se encontraban los creeks, también conocidos como muscoguis. Los altos creeks, como les llamaban los europeos, vivían junto a los ríos Tallapoosa y Coosa, que confluyen para formar el Alabama, hacia el este del estado homónimo y el oeste de Georgia. Los conocidos como bajos creeks, por su parte, estaban situados a lo largo del Apalachicola, en Florida, y se extendían al norte hasta la confluencia del río Chattahoochee con el Flint[61]. Ambos grupos mantenían una pugna constante por obtener influencia, comercio y alianzas con británicos y españoles, una situación de la que ambos bandos podían sacar provecho. Por ejemplo, los creeks ayudaron a Gran Bretaña en su lucha contra España en un devastador ataque en 1702 a la misión de Santa Fe de Toloca, en territorio apalache. Sin embargo, en determinados momentos los españoles se sirvieron de las inquietudes de los creeks, diciéndoles que podrían acabar esclavizados por los británicos[62]. Las relaciones eran frágiles y podían cambiar rápidamente.

Los creeks también participaron en incursiones esclavistas para Gran Bretaña, que había empezado a proveerles de mercancías a crédito como armas y alcohol, dejándoles acumular grandes deudas. Dado que las misiones españolas en Florida habían sido abandonadas a comienzos del siglo XVIII, quedaban pocos indios que esclavizar. Tuvieron que recurrir a las pieles de ciervo para pagar a los británicos e incurrieron en una deuda del orden de cien mil pieles hacia 1711, una cantidad que requeriría años de trabajo. Los creeks estaban indignados por cómo se les estaba tratando, no solamente por considerar un engaño el permitir que aumentasen sus deudas, sino por la costumbre que tenían los británicos de castigar a los indios endeudados con humillantes azotes en público[63].

Los creeks no eran los únicos agraviados, y en abril de 1715 un grupo de indios yamasis ejecutaron a un grupo de comerciantes británicos, lo que desencadenó un conflicto conocido como guerra yamasi (1715-1717). Una serie de naciones de nativos americanos, como los altos creeks o los chickasaws, se sumaron a los yamasis en sus ataques a los asentamientos ingleses, y hasta algunos esclavos negros huidos se unieron a la lucha[64]. Tras meses de combates, los británicos se veían abocados a la derrota, hasta que lograron ganarse la ayuda de los indios cheroquis, que expulsaron a los yamasis del territorio de Carolina, obligándolos a trasladarse a la Florida española[65].

El conflicto también se propagó por el golfo de México. En 1718, el gobernador Bienville reclamó para Francia una pequeña media luna de terreno cerca de donde el Misisipi desemboca en el Golfo, bautizándola como La Nouvelle-Orléans, en honor al duque de Orléans[66]. A pesar del clima brutal, pues era tórrido y pegajoso en verano, y propenso a inundaciones y huracanes, estaba bien situada para comerciar, y allí se trasladó un grupo de colonos. Asimismo, los franceses habían seguido explorando hacia el norte siguiendo el curso del Misisipi, y en 1716 construyeron un pequeño puesto de avanzada cerca del río Rojo, que serpentea por el norte de Texas y Luisiana hasta desembocar en el gran río. Se encontraba cerca del territorio de los nachitoches, un grupo que también pertenecía a la confederación Caddo y con quienes los franceses mantenían una buena relación comercial. Los nachitoches también desconfiaban de los españoles, en parte por el intento fallido de establecer sus misiones entre los hasináis a finales del siglo XVII[67]. Este territorio no había pasado a ningún dominio europeo, pero a medida que Francia avanzaba hacia el oeste, los españoles regresaron a Texas. Pasaron a la acción cuando en julio de 1714 aparecieron unos comerciantes franceses en el puesto avanzado de San Juan Bautista, cerca del río Bravo, junto a la actual Guerrero, en el estado de Coahuila[68]. La respuesta fue un periodo de febril construcción en el este de Texas, donde en 1716 levantaron un fortín y cuatro iglesias de madera[69]. Asimismo, en un intento de establecer un límite entre las esferas de influencia de España y Francia entre los nativos americanos, se fundaron dos misiones franciscanas justo al oeste del territorio de los nachitoches: Nuestra Señora de los Dolores de los Ais, cerca de la actual Saint Augustine, en Texas, y San Miguel de Linares de los Adaes, próxima a lo que sería Robeline, en Luisiana. Más al sur, se construyó en 1718 un presidio al que llamaron San Antonio de Béjar cerca del nacimiento del río San Antonio. Aquel año se fundó en ese mismo lugar la misión de San Antonio de Valero, que posteriormente se conocería como El Álamo[70]. Más adelante se añadieron otras cuatro misiones, repartidas a lo largo del río San Antonio.

Ese mismo año se reanudaron las hostilidades en Europa, esta vez en la guerra de la Cuádruple Alianza, que enfrentó a España contra Francia, Inglaterra, Holanda y Austria. Los franceses en territorio nachitoche aprovecharon la oportunidad para capturar San Miguel de Linares de los Adaes, y también atacaron por sorpresa el fuerte de Pensacola en mayo de 1719[71].

Aunque los españoles planeaban atacar la Luisiana, el conflicto terminó en 1720. La administración colonial en Texas se valió de la oportunidad para reforzar sus fronteras, cuyo añadido más importante fue un presidio cerca del emplazamiento de los Adaes construido en 1721 y que albergaría a unos cien hombres, convirtiéndose en la capital de la Texas española de 1729 a 1773[72]. Más lejos de Luisiana, en la costa del Golfo, se construyó también en 1721 el presidio de Nuestra Señora de la Bahía de Espíritu Santo de Zúñiga, en el emplazamiento de la fallida expedición de La Salle.

Mientras tanto, en Nuevo México, el gobernador Antonio Valverde y Cosío había iniciado en 1719 un ataque contra los indios utes y comanches al enterarse de que había franceses en las proximidades, viviendo entre los pawnees y los jumanos[73]. En junio de 1720 envió a su lugarteniente Pedro de Villasur con un centenar de hombres, entre los que se encontraba el francés Jean l'Archevêque, superviviente de la colonia de Matagorda y que había jurado lealtad a España[74]. Partieron de Santa Fe en dirección noreste y alcanzaron el río de Jesús María (el actual río Platte, en Nebraska), cuyo curso siguieron hasta alcanzar el río San Lorenzo (hoy conocido como río Loup). Encontraron a los pawnees, pero sus intentos de comunicarse con ellos fracasaron. Villasur y sus hombres acamparon en las proximidades, y a la mañana siguiente los despertó una ráfaga de disparos —sin duda, de armas francesas— cuando los pawnees les tendieron una emboscada. Entre los muertos estaban Jean l'Archevêque y el propio Villasur, y solo unos pocos españoles lograron escapar[75].

Pese a sufrir una serie de pérdidas y contratiempos en las dos primeras décadas del siglo xviii, los españoles lograron incrementar su presencia en Texas hasta cerca de doscientos cincuenta soldados y diez misiones, aunque esto equivalía a poco más que unas motas de terreno en un panorama aún dominado por los nativos americanos. Aunque habían ahuyentado a los franceses, la falta de colonos en Texas fue cada vez más preocupante, puesto que lastraba la capacidad de España de mantener el control de la frontera[76]. Un fraile franciscano escribió al rey en 1716 pidiendo que vinieran «gallegos e isleños [canarios]» a Texas para aprovecharse de un paraíso ubérrimo con un clima «similar al de Castilla»[77]. Los ataques por parte de los indígenas de la zona —que estaban resultando ser reacios a la conversión— suponían una amenaza constante. Aunque se emitieron concesiones oficiales de terreno, muchas de las zonas eran difíciles de cultivar, y había pocos indicios de que hubiera nuevas minas. Para muchos de los habitantes de Nueva España, trasladarse a la frontera era peligroso, y no parecía que los riesgos mereciesen la pena. Aún preocupada por la escasa colonización, la Corona accedió en 1723 a costear el pasaje de dos centenares de isleños canarios para emigrar a Texas, aunque al final el plan se vio obstaculizado por ocho años de retrasos burocráticos, tras los cuales solamente se trasladaron cincuenta y seis personas repartidas en quince familias. Aunque en teoría los isleños eran bienvenidos, en la práctica les costó mucho labrarse su propia posición entre las misiones y las guarniciones militares. Los frailes procuraron que los colonos no pudieran contratar mano de obra india, ya que esta proporcionaba excedentes agrícolas a las misiones. Los canarios se vieron con problemas para competir, y en su lugar optaron por criar ganado o trabajar como mercaderes[78]. Sin embargo, al mismo tiempo, habían fundado su propio pueblo, San Fernando, con un gobierno civil independiente que reivindicó tierras que antes habían sido irrigadas por los soldados, lo que volvió a crear fricciones, esta vez con los militares. Esto provocó que, frustrados, los isleños trataran de obtener permiso del virrey para contratar indios —una maniobra malograda por los frailes— al tiempo que los gobernadores militares prohibían que sus tropas compraran a los comerciantes canarios de la zona[79]. En 1745, el virrey de Nueva España los describió como gente que «vive muy holgadamente del comercio», aunque muchos de ellos discreparían en ese sentido[80]. Esta contienda a tres bandas se prolongó durante años, lo que obstaculizó la llegada de nuevos colonos e hizo que Texas siguiera siendo un puesto avanzado de los españoles.

. . .

En 1725 el gobernador de la Florida, Antonio de Benavides, envió una carta a uno de sus superiores buscando respuesta a un dilema que tenía respecto de un grupo de esclavos fugados, señalando que «ocho meses poco más o menos que se hallan en este presidio siete negros que en dos distintas ocasiones se han venido huidos de la ciudad de Carolina»[81]. Benavides, al igual que sus predecesores, estaba acostumbrado a la llegada de fugitivos.

El primer episodio documentado de esclavos fugitivos de las plantaciones de Carolina del Sur se remonta a 1687; los españoles les bautizaron y proporcionaron asilo. Se corrió la voz, provocando que muchos más se abrieran paso hasta la Florida. Las autoridades de San Agustín se vieron obligadas a pedir consejo a la Corona, que en 1693 emitió un real decreto por el que se concedía la libertad a estos refugiados a condición de su conversión al catolicismo y un juramento de lealtad al rey. Esto beneficiaba a España de dos maneras, pues privaba a los ingleses de su mano de obra al tiempo que poblaba la frontera con personas leales[82].

El problema para Benavides, más de dos décadas después, era que el último grupo de fugitivos había llegado durante una pausa en la continua animadversión entre España y Gran Bretaña[83]. Estaba dispuesto a pagar doscientos pesos por cada uno de los fugados, pero los dueños de las plantaciones rechazaron la oferta y amenazaron con ir a Florida y llevarse de vuelta a sus esclavos. Al verse obligado a tomar una decisión antes de recibir instrucciones oficiales, vendió un total de diez prófugos en una subasta pública en San Agustín y usó las ganancias para pagar a los descontentos plantadores de Carolina[84].

La tregua fue breve; incluso antes de que se le plantease el dilema al gobernador, los británicos habían construido el fuerte del rey Jorge en 1721, cerca de donde el río Altamaha desemboca en el Atlántico, junto a la actual Darien, en Georgia. El fuerte se enclavaba en una ruta fundamental para el comercio y la defensa, cerca de la abandonada misión de Santo Domingo de Talaje. Los españoles ya estaban acostumbrados a vivir con la constante amenaza de Gran Bretaña, y en 1728 Benavides solicitó más hombres[85]. En esta situación ya de por sí volátil entró en escena una nueva colonia inglesa, aunque no seguiría el mismo camino que Virginia o Carolina del Sur. En su lugar, Georgia se convertiría en un lugar para los «dignos pobres» de Gran Bretaña, en palabras del reformista social inglés James Edward Oglethorpe, que fundó la colonia, bautizada en honor al rey Jorge II, con la intención de proporcionar una nueva vida a los encarcelados por deudas.

Oglethorpe había servido como militar y parlamentario, volviendo su atención hacia la miseria en las cárceles británicas. Su objetivo era establecer una colonia en Norteamérica adonde llevar a aquellos cuyo único crimen a menudo no había sido más que la simple pobreza, y hacia 1730 escogió una ubicación junto al río Savannah, con Carolina del Sur al norte y la Florida española al sur. Oglethorpe presentó la colonia como una posible zona tampón entre ambos rivales, pues a quienes enviasen podrían proteger la tierra, además de trabajarla. Este razonamiento fue la clave para obtener el apoyo del gobierno. En 1732 se le otorgó una carta real que le permitía establecer la colonia entre los ríos Savannah y Altamaha, y fue a bordo del primer barco que partió hacia Georgia en octubre de aquel año, llegando a comienzos de 1733. Como parte de su campaña, ese mismo año escribió un panfleto titulado *Nueva y precisa relación de las provincias de Carolina del Sur y Georgia* (*A New and Accurate Account of the Provinces of South Carolina and Georgia*), donde exponía su caso y argumentaba que los pobres y los condenados a prisión podrían «aliviarse a sí mismos y fortalecer Georgia al encomendarse a la misma, y a Gran Bretaña con su salida». Asimismo, la colonia no permitiría el trabajo de esclavos africanos, al menos al principio[86].

Mientras los británicos se aliaban y comerciaban con los nativos americanos de la zona, los españoles reforzaron sus defensas y reafirmaron sus pretensiones sobre la costa de Georgia[87]. Francisco del Moral Sánchez llegó en 1734 para asumir el puesto de gobernador de la Florida, y quedó horrorizado al ver el «deplorable estado» de San Agustín, lamentándose de que «el castillo se halla indefenso por su deterioridad», y «de lo imposible que es guarnecer en defensa ni ofensa aquella Plaza con el corto número de tropa que tiene»[88].

En 1736 un ingeniero llamado Antonio de Arredondo viajó desde Cuba para brindar apoyo en las obras de construcción, y también se le envió a resolver las disputas por las tierras entre Florida y Georgia. Se reunió con Oglethorpe y acordaron que los británicos desmantelarían un puesto avanzado que habían establecido en las proximidades del río San Juan, donde seguían reivindicando que se encontraba la frontera. No obstante, ese mismo año Oglethorpe construyó el fuerte Federica en la isla de San Simón, una plaza pequeña pero bien posicionada. Arredondo siguió investigando las reclamaciones de ambos bandos y en 1742 redactó un exhaustivo informe sobre el derecho de España a las costas de Georgia, escribiendo que «el que los españoles después del año de 1702, en que abandonaron aquellas tierras, no las hubiesen poseído y cultivado jamás […] no quita el derecho de dominio que tenía la Corona de España a ellas, como todo racional sabe»[89].

Al tiempo que Oglethorpe litigaba con los españoles sobre los límites de su colonia, también se vio enzarzado en la discusión acerca de si debía permitirse la esclavitud en Georgia. Una de las preocupaciones de los colonos era que los esclavos podrían huir rápidamente a la Florida española. Aun así, la prosperidad de Carolina del Sur resultaba tentadora, y la prohibición de esta práctica en la colonia de Georgia siguió siendo un motivo de tensión durante la década de 1730. En Nueva Inverness, una parte del territorio poblada por escoceses, una facción se pronunció en 1739 a favor de la oposición de Oglethorpe a la tenencia de esclavos. La posibilidad de que hubiera fugas fue una parte esencial de su razonamiento puesto que, tal como explicaron, «la cercanía de los Españoles, que han proclamado la libertad para todos los esclavos que huyan de sus amos, nos hace imposible mantenerlos sin más mano de obra para guardarlos que la que estaría haciendo el trabajo». Los demandantes también expusieron otros motivos para prescindir de la esclavitud, tales como su propia laboriosidad y la posibilidad de incurrir en la ruina financiera al convertirse en «deudores de esclavos»[90].

En Florida tampoco se había hallado una solución a la cuestión de los esclavos huidos. España seguía permitiendo la esclavitud, aunque su política no era uniforme. Por ejemplo, si bien hubo milicianos negros participando en la defensa de San Agustín en 1728, algunos de ellos permanecieron en la esclavitud. De hecho, su líder Francisco Menéndez abogó por su libertad y la de treinta de sus compañeros en los años sucesivos, alegando que habían sido esclavizados injustamente. El siguiente gobernador, Manuel de Montiano, investigó sus pretensiones y en 1738 les concedió la libertad. La Corona sancionó esta decisión, y también ordenó que se hiciera lo mismo con cualquiera que en el futuro se fugase de las colonias inglesas[91]. En junio de 1738, Menéndez envió una carta de agradecimiento al rey, explicando que «todos los negros fugitivos de los plantajes de los ingleses obedientes y fieles esclavos de VM decimos que VM nos hizo la Real Caridad de mandar que nos diesen libertad por haber venido nosotros a este presidio», y a cambio prometió «que siempre que se ofrezca seremos los más crueles enemigos de los ingleses»[92]. Ese mismo año se erigió un asentamiento para libertos al norte de San Agustín, al que se llamó Gracia Real de Santa Teresa de Mosé, que albergó a un centenar de habitantes, incluyendo a nativos americanos. Esta comunidad estaba estratégicamente situada a orillas del arroyo Robinson, remontando el río justo al norte de San Agustín, y también se ubicaba cerca de las sendas indias que conectaban con un puesto avanzado en el río San Juan y, hacia el oeste, con los asentamientos de los indios apalaches. Allí se construyó una pequeña fortificación, sirviéndose de los conocimientos de carpintería y cantería de sus habitantes, y Francisco Menéndez quedó al mando del poblado y de la tropa[93]. La cuestión de los esclavos fugados siguió irritando a Oglethorpe, que durante 1738 estuvo alentando a los creeks en la Florida española a que realizasen incursiones. El año anterior se había aprobado en Londres su solicitud de permiso para reclutar un regimiento con el que defender la frontera sur de Georgia, alegando que la colonia estaba en peligro constante de ser invadida por España[94]. En 1739 se le presentó una causa legítima para atacar a los españoles, al estallar entre los dos países la conocida como guerra de la Oreja de Jenkins[95]. El colorido nombre procede de la oreja cortada del capitán Robert Jenkins, que la perdió durante una serie de escaramuzas navales con los españoles y supuestamente la mostró en la Cámara de los Comunes en 1738. El conflicto se derivaba de las antiguas animosidades entre España y Gran Bretaña en relación con la guerra de corso, el contrabando y los embargos y registros realizados sobre los navíos del contrario en el Atlántico y el Caribe. Los británicos no tardaron en anotarse una victoria en 1739 en la batalla de Portobelo, aunque el conflicto no vería un final claro al fundirse en otro más amplio, la guerra de sucesión austriaca, que se prolongaría hasta 1748. Ya en territorio doméstico, los británicos de Carolina del Sur se habían visto alarmados por una rebelión de entre sesenta y cien esclavos en el río Stono, que estalló el 9 de septiembre de 1739 y que solo se pudo sofocar tras la muerte de unos cuarenta esclavos y veinte colonos.

Con ayuda de sus tropas y de aliados indios, entre los que se contaban los creeks y los chickasaws, Oglethorpe capturó en la primavera de 1740 tres fortines españoles: San Diego, cerca de la costa, y Pupo y Picolata a orillas del río San Juan. El gobernador Montiano se vio impelido a reforzar apresuradamente San Agustín en previsión de un ataque, y también urgió a los habitantes de Mosé a que se guarecieran junto a los otros dos mil residentes de la capital en el castillo de San Marcos[96]. Para junio, Oglethorpe había puesto San Agustín bajo bloqueo y ocupado el fuerte Mosé, ayudado por los navíos de la Marina Real. El 26 de junio se produjo el contraataque de los españoles, que sorprendieron a los británicos en el fuerte Mosé; sus fuerzas, entre las que se contaba Francisco Menéndez, acabaron con unos setenta y cinco combatientes británicos, lo que provocó que después se refiriera al episodio como *Bloody Mose*[97]. Hacia el 15 de julio el asedio había terminado; la derrota en Mosé y la oportuna llegada de refuerzos procedentes de Cuba provocaron la retirada de los británicos, lo que granjeó a Menéndez el reconocimiento por su bravura durante el combate[98]. El fuerte, sin embargo, tuvo muchos daños; los soldados británicos habían arrancado las puertas y abierto brechas en la muralla, y la aldea quedó inhabitable[99].

Después del asedio, el gobernador Montiano decidió que hacía falta otra fortificación, por lo que en 1740 se iniciaron las obras del fuerte de Matanzas, cerca de la ubicación de la violenta masacre de los franceses en 1565. Situado en un islote conocido hoy día como Rattlesnake Island, su cometido era vigilar los barcos que se acercasen a San Agustín por el sur, a través del río Matanzas. Era uno de los fortines más reducidos de España, con cinco cañones y espacio para unos siete soldados. Su única garita se asomaba a un horizonte de marismas, teniendo como vecinos más cercanos las tortugas y águilas pescadoras que habitaban la zona. Lo más cerca que estuvo de entrar en acción fue en 1743, pero el mal tiempo malogró el ataque. Designado monumento nacional de los EE. UU., en la actualidad se alza rodeado del mismo silencio que lo ha envuelto la mayor parte de su historia.

Sin embargo, este no fue exactamente el final de la lucha, pues en el verano de 1741 España envió a los milicianos de Mosé a las tierras de frontera con armas, para entregárselas a esclavos dispuestos a atacar a sus amos británicos[100]. En julio del año siguiente, unos mil quinientos soldados liderados por Montiano invadieron la isla de San Simón, aunque esta vez fueron los británicos quienes ganaron la batalla del Pantano Sangriento, obligando a los españoles a retirarse antes de fin de mes. Las batallas e incursiones continuaron a lo largo de la frontera hasta que en Europa se firmó el Tratado de

Aquisgrán en 1748, que puso fin a la guerra de sucesión austriaca y confirmó el control de Georgia por parte de Gran Bretaña[101]. Oglethorpe, por su parte, había regresado a Inglaterra en 1743. Ocho años después se eliminó la prohibición de la esclavitud en Georgia, que en 1752 dejó de estar administrada por una corporación para pasar al control de la Corona.

En la Florida, el gobernador Fulgencio García de Solís, nombrado en 1752, adoptó un enfoque diferente al de su predecesor con respecto a los libertos. Tras la destrucción del fuerte Mosé, sus habitantes se habían trasladado a la capital o a sus proximidades. El nuevo administrador pensó que los antiguos esclavos, además de sus aliados indios, tenían el potencial de sembrar discordias sociales en la ciudad, por lo que ordenó que se rehabilitara el asentamiento. Se reconstruyó el fuerte y regresaron muchos de los habitantes originarios, aunque otros se habían habituado ya a la relativa seguridad de la vida urbana y no querían volver a las incertidumbres de la frontera. Para animarlos a cambiar de parecer, castigó a dos líderes que se oponían al traslado y amenazó con hacer lo mismo con cualquiera que se negase a ir. El nuevo fuerte, provisto de un montículo y seis pequeñas piezas de artillería, también se ubicaba en el arroyo Mosé[102]. Esta vez se asignó a seis franciscanos para que atendieran a los sesenta y siete aldeanos que había repartidos en veinte hogares, según el censo de 1759. Los registros parroquiales ilustran la gran diversidad de los antiguos esclavos, que se identificaban a sí mismos por su lugar de procedencia en África. En esta época, en Mosé había quienes se identificaban como mandingas—tal como hizo Menéndez—, faras, ararás, congoleños, carabalís y minas, entre otros[103].

García de Solís y sus sucesores seguían preocupados por la falta de colonos españoles, y se produjeron varios intentos de atraer a gente procedente de las islas Canarias, desde donde llegaron unas setenta y cinco personas a finales de la década de 1750[104]. San Agustín siguió sobreviviendo a duras penas y, aunque Florida se consideraba una posesión estratégica por su proximidad al Caribe, la ciudad nunca se convirtió en un puerto de la escala de San Juan o La Habana. La costa siguió siendo un terreno difícil para el cultivo, lo que ahuyentó a los colonos. Sin embargo, las tierras bajas de Georgia y Carolina del Sur resultaron ser mucho más fértiles y, con la introducción de mano de obra esclava, la zona no tardó en convertirse en un centro de producción agraria y de comercio a través del puerto de Charles Town. Hacia 1760, Georgia contaba con una población de unos seis mil británicos y tres mil seiscientos esclavos, muchos más que los tres mil habitantes de Florida[105]. Al cabo de pocos años, otra batalla global volvería a hacer que se tambaleara la Florida española, dejando el fuerte Mosé una vez más abandonado.

Capítulo 5
Nueva Madrid, Misuri
ca. 1760-1790

La primera mitad del siglo XVIII fue testigo de una avalancha de colonos que se precipitó sobre las posesiones británicas de Norteamérica, donde hacia 1760 más de un millón de europeos habían comenzado una nueva vida[1]. El grueso de estos inmigrantes se componía de ingleses, escoceses e irlandeses protestantes (llamados *Scots-Irish*), pero también llegaron otros europeos, con grupos como los suecos asentándose en Delaware, o comunidades procedentes de los reinos germánicos que se extendieron por Nueva York, Nueva Jersey y Pensilvania[2]. Fue la pobreza la que impulsó a muchos a abandonar su lugar de nacimiento, atraídos por la posibilidad de obtener tierras en Norteamérica. No todos estaban en posición de convertirse en propietarios, y al principio muchos llegaron a América como siervos no abonados (*indentured servants*), aunque este sistema de trabajo fue cayendo en desuso a medida que se traían decenas de miles de africanos. Hacia la década de 1770, el número de esclavos originarios de África y nacidos en las colonias ascendía a casi medio millón[3].

España no experimentó un fenómeno equivalente en sus territorios norteamericanos. Las estimaciones varían, pero desde 1506 hasta 1650 hubo entre doscientas cincuenta y cuatrocientas mil personas que emprendieron el viaje a las Américas desde diversos lugares de la metrópolis, de las cuales más de la mitad se estableció en el Perú o Nueva España, incorporándose a una floreciente población de criollos y mestizos y a los pueblos indígenas supervivientes. También emigraron otros europeos, mayoritariamente católicos, llegados de países como Francia, Portugal e Italia, pero sus números eran reducidos; en Nueva España se calcula que tan solo se establecieron mil quinientos no españoles entre 1700 y 1760[4]. Muy pocos acabaron en la frontera, ya fuese en Florida o Nuevo México. El número de esclavos traídos a las colonias españolas siguió en aumento y, para finales del siglo XVIII, la población esclava se situaba en torno a las ochenta mil personas en las islas del Caribe y doscientas setenta y una mil en el resto de las colonias, incluida Nueva España[5].

A medida que británicos, franceses y españoles seguían tomando posesión de importantes porciones de territorio en Norteamérica, las tres naciones se vieron enzarzadas en una lucha por la supremacía a mediados de lo que ya había sido un cruento siglo XVIII. Al principio los combates se produjeron en la zona de los Grandes Lagos y a lo largo del río San Lorenzo, librados entre Gran Bretaña, Francia y sus aliados indios. Los británicos estaban ansiosos por expandirse hacia el valle del río Ohio, para lo cual habían fundado la Compañía del Ohio de Virginia y otras más pequeñas. Acto seguido, se otorgaron concesiones para parte de la región comprendida entre los montes Apalaches y el río Misisipi. Los nativos americanos se mantuvieron firmes en sus reivindicaciones sobre la tierra, al tiempo que los franceses construyeron una serie de fuertes estratégicos en la zona, incluido Fort Duquesne, en la confluencia de los ríos Allegheny y Monongahela. En 1754, los británicos se adentraron en los límites occidentales del territorio francés, liderados por un joven teniente coronel llamado George Washington, en una misión que resultó en una escaramuza con los franceses en un arroyo en los montes de Allegheny, en el oeste de Pensilvania. La refriega acabó convirtiéndose en la salva inicial de un conflicto conocido como guerra francoindia, tras la cual Washington sufrió una derrota en el improvisado Fort Necessity en el verano de aquel año. Más al este, los británicos comenzaron a expulsar de la península de Nueva Escocia a los acadianos, que eran francoparlantes que poblaban aquellas valiosas tierras agrícolas en el Atlántico norte, cedidas a Gran Bretaña por el Tratado de Utrecht de 1713; tal acción exacerbó aún más los ánimos de los franceses.

En 1756, Francia e Inglaterra declararon formalmente las hostilidades, lo que inició la guerra de los Siete Años en Europa, que acabaría absorbiendo el conflicto en Norteamérica y extendiéndose por todo el mundo en una auténtica confrontación global. Los teatros de operaciones abarcaron desde los Grandes Lagos al Caribe, desde India hasta Senegal. En Norteamérica, gran parte de los combates se libraron entre británicos y franceses, pero en esencia estos bebían de la preocupación por el equilibrio de poderes en Europa.

Los frentes de batalla situaron a un lado a Gran Bretaña y Prusia, y al otro a Francia, Rusia, Suecia y España, que se sumó a la contienda en 1762. Durante gran parte de la guerra de los Siete Años los españoles trataron de eludir el conflicto, pero al final se vieron arrastrados por sus relaciones con los franceses. Aunque las coronas borbónicas de Francia y España se habían separado en el tratado que puso fin a la guerra de sucesión española, ambas potencias tenían un pacto de familia que reforzaba sus vínculos. En 1761 firmaron un tercer pacto (los otros dos habían tenido lugar en 1733 y 1743) que hizo que Gran Bretaña diera por hecho que España estaba a punto de entrar en acción del lado de Francia. En junio de 1762, los británicos sorprendieron a los españoles con un ataque preventivo en el que tomaron La Habana, y lo mismo sucedió con el puerto de Manila, en el Pacífico. Pocos meses después, en noviembre, franceses y españoles firmaron en secreto el Tratado de Fontainebleau, por el cual Francia cedía Nueva Orleans y el enorme territorio de la Luisiana a sus aliados, a fin de impedir que Gran Bretaña tomara posesión de ellos en caso de que ganara la guerra. Para los españoles, la Luisiana serviría de barrera adicional para frenar cualquier intento por parte de los británicos de expandirse al oeste hacia Nueva España[6].

Con el fin de la guerra y la negociación de los términos del Tratado de París de 1763, Gran Bretaña emergió como la gran triunfadora. En las Américas, los británicos recibieron todo el Canadá francés, la región de los Grandes Lagos al este del Misisipi, y las islas caribeñas de Granada, San Vicente, Dominica y Tobago. Francia conservó las diminutas islas de San Pedro y Miquelón, en el golfo de San Lorenzo, y las colonias caribeñas de Guadalupe y Martinica. España conservó la Luisiana, pero el verdadero problema era la devolución de La Habana; los españoles consideraban Cuba fundamental en el comercio y la defensa del Atlántico, por lo que cedieron la Florida a Gran Bretaña como contraprestación.

Sin embargo, la incorporación de la Luisiana proporcionó a España otros dos millones de kilómetros cuadrados de posesiones, donde había grandes extensiones que eran sencillamente desconocidas para el rey o sus funcionarios. El territorio de la Luisiana, que comenzaba con un punto en Nueva Orleans y se extendía como tinta derramada sobre un papel, era un lugar donde tres pueblos colisionaban: los españoles, los británicos y demás colonos europeos al oeste de los Apalaches, y los nativos americanos. Cada uno de estos grupos era consciente de las amenazas y oportunidades que acarreaban los otros.

En Madrid, una de las preocupaciones más acuciantes era la de asegurar las fronteras del norte de Nueva España, por lo que se envió para inspeccionarlas a Cayetano María Pignatelli de Rubí y Corbera-Santcliment, marqués de Rubí. Comenzó en marzo de 1766 y pasaría dos años recorriendo miles de kilómetros por Nuevo México, Texas y algunas partes de Nueva Vizcaya,

Sonora y Coahuila[7]. Aunque la guerra de los Siete Años no había logrado extenderse tan al oeste, se habían producido otros conflictos. El marqués de Rubí contempló la destrucción causada por las correrías de los indios, principalmente comanches y apaches, que seguían dominando la zona y oponiéndose a la influencia española[8]. Entre las muchas sugerencias que incluyó en su informe, planteó la necesidad de establecer una hilera de presidios que se extendiera desde Sonora hasta Texas, a una distancia de unas cuarenta leguas entre sí (unos doscientos kilómetros). Cada uno contaría con al menos cincuenta hombres, y los puestos existentes podrían ser clausurados o reubicados. La administración estudió estos informes y, pese a la constatación de que con otras medidas adicionales se podrían ahorrar ochenta mil pesos, el proyecto no salió adelante[9].

Este enfoque en la defensa fue solo un aspecto del extenso programa de mejoras aplicado por todo el imperio y que se conoció como las «Reformas borbónicas», el grueso de las cuales tuvo lugar bajo el reinado de Carlos III. Coronado en 1759, tenía el propósito de modernizar su imperio, además de reforzar su autoridad sobre el mismo[10]. Uno de los principales reformistas fue José de Gálvez, que llegó a Nueva España en 1765, en la misma época en que el marqués de Rubí emprendió su gira. En calidad de «visitador general», Gálvez inició una inspección que duraría seis años, con el cometido de hacer que el imperio fuese más eficiente y moderno —fue el primer funcionario español en denominar «colonias» a los territorios americanos—, además de más rentable[11]. Con tal fin, se implicó en la creación de intendencias, o distritos administrativos, colocando a españoles venidos de la península en puestos oficiales para supervisar cuestiones como la recaudación de impuestos. Sin embargo, actuar así menoscababa a las élites criollas locales, lo que generó bastante indignación y malestar. Gálvez también tenía la vista puesta en la colonización de lo que los españoles ahora llamaban la Alta California, que se corresponde con el actual estado, al norte de la Baja California en territorio de Nueva España. Como parte de estas medidas, en 1768 estableció como base naval el puerto de San Blas, en el estado mexicano de Nayarit, en el Pacífico[12].

Hacia 1775, José de Gálvez ascendió al puesto de Secretario de Indias, cargo que mantuvo hasta su muerte, en 1787. Como tal, pudo proseguir con la reorganización de Nueva España, durante la cual circunscribió la región explorada por el marqués de Rubí en una nueva unidad administrativa, la Comandancia General de las Provincias Internas, proceso que concluyó en 1776 —justo al comienzo de la Revolución estadounidense a cinco mil kilómetros de distancia—. Esta nueva configuración puso California, Nuevo

México y Texas, además de los territorios novohispanos de Nueva Vizcaya, Coahuila y Sinaloa, bajo el mando de un capitán general que dependía del virrey. Con esto se esperaba mejorar la organización y efectividad de la defensa del territorio[13].

Asimismo, se instó a incrementar el comercio con los nativos americanos, pues los reformistas habían observado el relativo éxito de los comerciantes ingleses y franceses con mercancías como las pieles. Los motivos no eran solamente económicos; los lazos comerciales también permitirían un mayor grado de cooperación con grupos que llevaban tiempo enfrentados con los españoles en la frontera, como los apaches. Tal como escribió un dignatario, debían tratar de acabar con el «ruido espantoso del cañón y de la guerra, sustituyendo los dulces lazos de un cambio lucroso»[14]. Sin embargo, no es que el comercio hubiese suplantado a la religión, pues Carlos III dijo que la «conversión de las numerosas naciones de indios gentiles» seguiría siendo una prioridad. En 1776 envió instrucciones al nuevo comandante de las Provincias Internas, Teodoro de Croix, donde indicaba que esto habría de lograrse mediante el «halago, buen trato, persuasión de los misioneros, dádivas y seguras ofertas de mi soberana protección»[15].

Los ingresos eran una preocupación constante en las colonias menos rentables, y la Corona estaba inclinada a experimentar con el libre comercio. En este sentido, Cuba proporcionó un modelo diferente al del norte de Nueva España: para recaudar los fondos necesarios para mejorar la defensa se tuvieron que subir los impuestos, pero a cambio, en 1765 se concedió permiso a Cuba para comerciar con nueve puertos españoles, algo que hasta entonces no estaba permitido[16]. En el pasado, todo el comercio tenía que pasar por unos pocos puertos selectos, como Veracruz en las Américas, o Sevilla en España. El permitir que otros puertos más pequeños comerciaran con Cuba resultó ser un éxito. Aumentaron las exportaciones de azúcar, lo que contribuyó a generar entre 1765 y 1775 una renta media anual de 535 404 pesos en el erario real; por el contrario, las arcas de Cuba tan solo contaban con unos ingresos de 178 000 pesos en 1762, antes de introducir las reformas, y recibían subsidios de Nueva España. Alentada por estos logros e influida por los nuevos planteamientos económicos de la época, en 1778 la Corona puso en práctica su versión del libre comercio, lo que implicaba, entre otras medidas, la concesión de permisos a puertos de todo el imperio para comerciar directamente con un mayor número de ciudades portuarias en España[17].

Así pues, los españoles participaban de algunas de las nuevas ideas sobre comercio y gobernanza que circulaban por la Europa de la Ilustración, aunque el proceso no siempre estuvo libre de obstáculos. En ocasiones, ciertos libros extranjeros caían bajo el escrutinio de la Inquisición, que tenía el poder de censurarlos, sobre todo si eran críticos con la Corona o la Iglesia. Por ejemplo, *La riqueza de las naciones*, de Adam Smith, fue publicado por primera vez en 1776, pero no llegó a los lectores españoles hasta que fue traducido en 1794. Muchas de las facetas de la vida cultural e intelectual en España llevaban tiempo bajo ataque, incluida la propia Inquisición, y las políticas de la Corona eran objeto de críticas por parte de eruditos de toda Europa, especialmente en el ámbito económico. En Francia, Montesquieu dio voz a las extendidas críticas con relación a la excesiva dependencia de España del oro y la plata, y su incapacidad para fomentar el desarrollo agrario y el comercio, las cuales se habían convertido, si acaso, en una Leyenda Negra económica. Al escribir *El espíritu de las leyes* en 1748, Montesquieu señaló que «los españoles consideraron al punto las tierras descubiertas como objeto de conquista; pueblos más refinados que ellos las consideraron objeto de comercio [...] Muchos pueblos procedieron con tanta sagacidad que dieron el imperio a compañías de comerciantes»[18]. Por su parte, los ideales agrarios británicos seguían manteniendo su fuerza, con Adam Smith apuntando en *La riqueza de las naciones* que «no hay colonias que se hayan desarrollado más rápido que las inglesas de América del Norte. Las dos grandes causas de la prosperidad de toda nueva colonia son la abundancia de buena tierra y la libertad para administrar sus asuntos a su manera»[19].

Para el abate Raynal, filósofo francés, los españoles necesitaban fortalecer su imperio y para ello debían «no solo admitir extranjeros de su propia confesión, sino alentar a todas las sectas sin distinción a venir y asentarse entre ellos»[20]. El catolicismo siguió siendo una fuerza poderosa en la América española, aunque tampoco había escapado al vigor reformista de Carlos III, que en 1767 expulsó a la orden jesuita de la totalidad de sus reinos. A pesar de haber sido impulsores de la colonización desde hacía tiempo, el rey sentía que habían alcanzado un poder difícil de controlar, por lo que en Norteamérica los franciscanos asumieron el control de lo que los jesuitas se vieron obligados a abandonar.

Los no católicos seguían encontrando obstáculos para vivir en las posesiones españolas, pero se iba haciendo obvio que cualquier éxito futuro en Norteamérica dependía de que se incluyese a los protestantes. Ahora bien, la Luisiana recibió un influjo de católicos de la mano de los acadianos, a quienes los británicos habían sacado a la fuerza de Nueva Escocia. Estos antiguos colonos franceses fueron acogidos en la Luisiana, y se asentaron en una región conocida posteriormente como Acadiana, comprendida en la mitad inferior del actual estado y que hoy día se conoce como país de los cajunes. Aunque eran católicos, la Luisiana española muy pronto abriría sus puertas también a los protestantes, tal como había previsto el abate Raynal.

• • •

Mientras España se congraciaba con la Luisiana, Gran Bretaña estaba dilucidando qué hacer con la Florida. Tras un siglo de incursiones y batallas con los españoles, la colonia era al fin suya. En primer lugar, decidieron dividir su adquisición entre la Florida Oriental y la Occidental, separadas por el río Apalachicola, que divide la franja al oeste de la península y desemboca en el golfo de México. El límite septentrional de la Florida Occidental era el paralelo 32, que se corresponde con ciudades actuales como Jackson, en Misisipi, o Montgomery, en Alabama. Al oeste, la frontera era el propio río Misisipi, aunque también incluía zonas que habían estado bajo control francés y que fueron cedidas a los británicos, tales como Mobile, Biloxi y Baton Rouge, además del extremo más occidental de lo que había sido la Florida española, cuyo principal asentamiento era Pensacola. La Florida Occidental contaba hacia 1766 con más de dos mil europeos y cerca de un millar de esclavos. Atraídos por generosas concesiones de terrenos, la mayoría de los colonos se instalaron en los alrededores de Pensacola, reemplazando a los españoles que habían emigrado[21]. En la zona de Mobile permanecieron algunos franceses, que juraron lealtad a la corona británica[22]. Hacia 1774, había unos dos mil quinientos colonos y seiscientos esclavos diseminados por una zona que se extendía desde Baton Rouge hasta Pointe Coupee y Natchez[23]. Los antiguos fuertes fueron rebautizados o anglicanizados: por ejemplo, Fort Condé, en Mobile, pasó a llamarse Fort Charlotte. Los británicos también dejaron su impronta en las leyes y los códigos de esclavos de la colonia, al ponerlos más en línea con los de Georgia y Carolina del Sur[24].

Cuando George Johnstone llegó en otoño de 1764 para asumir su puesto como gobernador de la Florida Occidental, se sintió alarmado por el poder que detentaban los nativos americanos de la zona. Al mismo tiempo, estaba entusiasmado por la posibilidad de sacar partido al trato con los indígenas, pues veía que Gran Bretaña ahora tenía la oportunidad de dominar el comercio indio en este territorio. Asimismo, Pensacola estaba cerca de

Nueva Orleans y la región más amplia del Caribe español, que incluía ciudades como La Habana y Veracruz, una proximidad que a ojos de Johnstone podría conllevar más comercio[25]. Envió una petición para que se atenuaran las Actas de Navegación, que eran medidas proteccionistas que databan de hacía más de un siglo y que prohibían recalar en puertos británicos a las embarcaciones extranjeras, aunque su iniciativa no prosperó. Durante este periodo la Marina Real siguió ejecutando esta legislación, con el apresamiento de buques y la supresión de cualquier posible actividad de contrabando, aunque algunos escapaban a su control y la plata española lograba abrirse paso a una Florida Occidental británica falta de dinero en metálico[26].

Del mismo modo, Johnstone pecó de optimismo en sus esperanzas acerca de las relaciones con los nativos americanos. Dijo a los chickasaws y a los choctaws que, si querían comerciar, debían estar dispuestos a entregar tierras a cambio de mercancías. Por su parte, los indios estaban acostumbrados a la entrega de regalos y esperaban que los británicos hicieran lo mismo. Un jefe choctaw dijo a los británicos: «Esperamos que seáis tan generosos como lo fueron los franceses»[27]. Los comerciantes británicos en la Florida Occidental siguieron señalando que su competencia española en la Luisiana tenía pocos productos manufacturados que les interesasen, lo que les convertiría en malos socios comerciales, aunque al mismo tiempo no hicieron esfuerzos por ganarse la simpatía de las autoridades o de los indios; la práctica de venderles alcohol —lo que Johnstone había calificado como «el principal motivo de todos los males»—, además del acoso a las mujeres indias y la manipulación de precios, provocaron una serie de ataques por parte de los indígenas[28].

Los cambios también llegaron a la Florida Oriental; en vísperas de la guerra de los Siete Años, San Agustín contaba con unos tres mil habitantes, de los cuales quinientos cincuenta y uno pertenecían al ejército. Había unas cuatrocientas personas de color, libres y esclavas, así como doscientos cuarenta y tres isleños canarios, ochenta y tres indios, mestizos, y algunos otros europeos[29]. Muchos de estos habitantes fueron evacuados a Cuba cuando la capital fue entregada a los británicos. El autor anónimo de un panfleto de 1763 se mostraba optimista con las perspectivas de los británicos en Florida, al escribir que «podemos con gran certeza decir que, aunque los Españoles no han hecho sino un magro uso de Florida, al estar dotados de un menor genio para el cultivo que nosotros mismos y no querer las tierras del sur, empero nosotros bien podemos esperar valernos holgadamente de su suelo y situación ambos»[30]. Aun así, los británicos se encontraron con el mismo problema que los españoles: cómo atraer colonos. Las autoridades trataron de incentivar a los plantadores de Georgia y Carolina del Sur, y hubo algunos que respondieron al llamamiento. Trajeron consigo a cientos de esclavos, a quienes no tardaron en poner a trabajar en el drenaje de pantanos y la tala de enormes extensiones de bosque en las proximidades de los ríos San Juan y Santa María, con el fin de crear grandes campos de cultivo destinados a la producción de arroz, algodón, añil y azúcar. Hacia 1775 el número de esclavos se había incrementado hasta casi los dos millares, con una población negra que doblaba con creces a la blanca. En menos de una década, la población de esclavos ascendió a casi diez mil personas[31].

Florida también se convirtió en una tierra de especulación y empresas dudosas. En 1768 llegaron más de mil entusiasmados colonos, aunque no eran ingleses o escoceses, sino que venían de Grecia y otras partes del Mediterráneo[32]. El escocés Andrew Turnbull, un médico convertido en especulador, se llevó a Florida como trabajadores no abonados a un grupo procedente de la antigua isla española de Menorca, controlada en aquel entonces por Gran Bretaña, afirmando que la gente del Mediterráneo era más apta para el caluroso clima floridano[33]. Estos casi mil cuatrocientos pobladores habrían de vivir en un asentamiento bautizado como Nueva Esmirna, situado en la costa a unos ciento veinte kilómetros al sur de San Agustín. En sus primeros despachos con las autoridades británicas, Turnbull explicó que su esposa era griega y que quería fundar «una colonia griega en aquella provincia [Florida]»[34]. Sostenía que era posible producir una amplia variedad de mercancías, desde arroz y añil hasta aceitunas, algodón y sedas. Por añadidura, también dijo que «algunas cañas de azúcar traídas desde La Habana esta primavera y plantadas por el gobernador el pasado abril están creciendo con rapidez [...] las plantas de algodón son más fuertes que cualquiera de las que vi en Turquía»[35].

Fueran cuales fuesen sus intenciones, el asentamiento fue un desastre desde el principio. Un grupo de trescientos rebeldes trataron de secuestrar un navío y huir a Cuba en 1768, tras permanecer allí tan solo dos meses. Los demás braceros fueron puestos bajo vigilancia armada[36]. Para 1769 habían perecido más de seiscientas personas por enfermedades o el hambre, que fue utilizado como instrumento de castigo[37]. Turnbull, sin embargo, sí tuvo algún éxito con el añil, que por entonces era una materia prima valiosa. El clima floridano resultaba ideal para este cultivo, por lo que Turnbull, decidido e implacable, obligó a sus trabajadores a afanarse en la cosecha y procesado del preciado tinte, del que hizo una primera exportación en 1772[38].

En 1774 llegó un nuevo gobernador, el coronel Patrick Tonyn, e inmediatamente surgió una animadversión mutua entre él y Turnbull, empezando porque los aliados de este habían propuesto su nombre para el cargo[39]. La llegada de Tonyn también supuso el principio del fin del asentamiento, aunque no todas las causas fueron políticas: una grave sequía y el agotamiento del suelo hicieron que se desplomase la producción de añil. En 1776, Turnbull viajó a Inglaterra en un intento de provocar la destitución de Tonyn. Al año siguiente, mientras aún se encontraba ausente, los colonos restantes solicitaron asilo en San Agustín. Consiguieron que se revocase su servidumbre y abandonaron la colonia, antes de que Turnbull regresara[40].

En otra parte de la Florida Oriental se estaba formando un nuevo pueblo: los seminolas. A estas alturas, muchos de los pueblos indígenas de Florida y el Sudeste habían hecho frente a importantes desafíos: enfermedades extrañas, conversión cristiana, guerras contra europeos y otros nativos americanos, y la pérdida de sus tierras. En ocasiones, grupos diversos se veían obligados a unirse con otros cacicazgos para garantizar su propia supervivencia; los seminolas fueron una de estas alianzas. La palabra es una posible corrupción lingüística de la voz «cimarrón», usada en español para designar a los esclavos huidos, pues había muchos entre los seminolas. Los bajos creeks que se habían asentado en Florida componían el grueso de este grupo, apropiándose de las antiguas tierras de los timucuas y apalaches, que ya habían muerto o emigrado. Los fugitivos africanos que se les unieron no volvieron a ser esclavizados, sino que vivían en sus propias aldeas y pagaban un tributo anual a los creeks, además de proporcionarles apoyo militar[41]. A veces, durante este periodo de administración británica, algunos miembros de la nación creek viajaron a Cuba para dar voz a sus agravios y seguir comerciando. En una carta enviada en 1769 a James Grant, gobernador de la Florida Oriental, se le informó de que dos indios creeks habían «regresado en abril desde La Habana, lugar hacia el que se embarcaron en noviembre en un navío español en la bahía de Tampa. Los acompañaban varios otros cowetas y todos ellos recibieron presentes de dinero, ron, munición y telas de encaje del gobernador español»[42]. Estos viajes se convirtieron en algo habitual, y para 1776 los creeks habían visitado La Habana en al menos diecinueve ocasiones[43].

• • •

La guerra de los Siete Años supuso un elevado coste social para los países implicados, además del deterioro de sus finanzas. En un intento por incrementar sus ingresos, Gran Bretaña aprobó una serie de impuestos que generaron protestas y malestar en las colonias norteamericanas, como la Ley del Azúcar de 1764, la Ley del Timbre de 1765, y a continuación una serie de propuestas conocidas como las leyes Townshend de 1767, que fijaron aranceles sobre el plomo, el vidrio, el papel, la pintura y el té. El público respondió con quejas y una avalancha de panfletos que reflejaban el sentimiento de que tales medidas eran injustas. El rechazo a su cumplimiento y el ambiente general de antagonismo condujeron a una mayor presencia de soldados británicos en centros urbanos como Boston, así como a una serie de evidentes actos de desafío que cada vez eran más frecuentes, entre otros, el vertido de un cargamento de té en el puerto de Boston en 1773. A estas alturas, se había formado una marcada identidad «americana» en las colonias británicas, basada en ideas referentes a la tierra, el comercio y ciertos derechos dentro del sistema imperial. En este momento, la creciente indignación de los colonos siguió dando forma a esta identidad[44].

Mientras esto sucedía principalmente en el centro de las colonias británicas, en la periferia se estaba desarrollando una historia diferente. Al tiempo que Thomas Jefferson compilaba su lista de agravios para incluirlos en la Declaración de Independencia de 1776, los habitantes de la Florida Oriental y la Occidental esperaban noticias de los acontecimientos, aunque nadie de estos territorios acabaría firmando el documento[45]. Si bien fue en Massachusetts donde se produjeron los primeros disparos de la Revolución estadounidense, la Florida Occidental sería un teatro fundamental —y a menudo ignorado— en esta guerra. El territorio limitaba con la Luisiana, lo que situaba a los británicos en estrecha cercanía con los españoles. Además, muchos franceses seguían viviendo en la zona, junto con grandes poblaciones de indios como los creeks, los chickasaws y los choctaws[46]. Con el comienzo de la rebelión en 1776, España al principio observó desde la distancia, aunque no pasó mucho tiempo hasta que los líderes revolucionarios se pusieron en contacto con las autoridades en Luisiana y España, esperando recibir préstamos o suministros que les ayudasen a combatir a las tropas británicas.

Benjamin Franklin, enviado a París para reunir apoyos diplomáticos para la causa estadounidense, se reunió el 29 de diciembre de 1776 con el embajador español en Francia, Pedro Pablo Abarca de Bolea, conde de Aranda. El encuentro fue secreto, pues en aquel momento España no había reconocido oficialmente a los colonos rebeldes o su lucha por la independencia[47]. El conde salió de la reunión con el convencimiento de que España debía estar del lado americano. Podía ver que, con toda la inmigración europea, una nación independiente de Gran Bretaña sería aún más fuerte, y posteriormente envió un memorial a Madrid donde indicaba que «España va a quedar mano a mano con otra potencia sola en todo lo que es tierra firme de la América Septentrional. ¿Y qué potencia? Una estable y territorial que ya ha invocado el nombre patricio de América, con dos millones y medio de habitantes»[48].

Franklin encontró al conde «bien dispuesto hacia nosotros»[49]. Aunque en un principio España procedió con cautela, pronto comenzó en secreto a enviar fondos y suministros que resultarían cruciales para el Ejército Continental, aprovechando sus contactos mercantiles. Con frecuencia, las embarcaciones que zarpaban de Nueva Inglaterra rumbo a Gran Bretaña hacían escala en puertos españoles como Bilbao o Cádiz, con el fin de adquirir productos como harina o bacalao, por lo que ya había establecida una red comercial. Una empresa, José de Gardoqui e Hijos, tendría un papel destacado en el uso de estas rutas para el aprovisionamiento de las ansiadas mercancías[50]. Aunque España no deseaba que la vieran apoyando abiertamente la lucha rebelde, su apoyo financiero —que llegaría fácilmente a varios millones de reales, aunque las estimaciones varían— sirvió para adquirir artículos tales como cañones, balas, pólvora, bombas, rifles, tiendas de campaña y hasta plomo para fabricar más munición, con remesas procedentes de la metrópolis, Nueva España y el Caribe. En un único porte, Gardoqui e Hijos envió en 1777 a bordo del buque Rockingham un millar de mantas, cinco mil yardas de telas y cien mil pedernales de fusil[51]. Otra carta de octubre de 1777 mencionaba que los «Sres. Gardoqui en Bilbao han enviado varios cargamentos de efectos navales, cordajes, lonas, anclas, etc.»[52].

Más o menos al mismo tiempo, en 1777, Bernardo de Gálvez llegó a la Luisiana para asumir el puesto de gobernador. Procedía de una familia ilustre —su tío era José de Gálvez, el inspector reformista de Nueva España— y tenía una dilatada carrera en el ejército, habiendo servido en España y Nueva España. Con la guerra ya en curso, Gálvez no tardó en verse implicado en intrigas para ayudar a las fuerzas estadounidenses en su lucha contra los británicos, para lo que contó con la ayuda en Nueva Orleans de uno de los principales intermediarios entre los españoles y el Ejército Continental, el destacado comerciante Oliver Pollock, nacido en Irlanda[53].

Francia se sumó al conflicto y declaró la guerra a Gran Bretaña en 1778, y al año siguiente, el 21 de junio de 1779, España presentó su declaración oficial de guerra en apoyo de Francia. A los españoles no les preocupaba tanto la rebelión colonial de Gran Bretaña, sino que esperaban usarla como una oportunidad para recuperar Gibraltar, territorio que habían cedido bajo el

Tratado de Utrecht de 1713[54]. Aunque a menudo se ha representado la Revolución estadounidense como una guerra entre Gran Bretaña y sus colonias, su alcance fue mucho más amplio. Muchas de las cuestiones pendientes desde la guerra de los Siete Años se estaban desarrollando en las Trece Colonias, y Francia y España podrían aprovechar el conflicto en Norteamérica para contrarrestar el poder británico en Europa[55]. Sin embargo, nadie sabía con certeza si el Ejército Continental ganaría esta guerra, o qué sucedería si este fuera el caso, pero Francia y España estaban dispuestas a unirse a la contienda en pro de sus intereses particulares.

Para agosto de 1779, Bernardo de Gálvez tenía organizada una campaña sobre la Florida Occidental con el beneplácito de la Corona y el apoyo de la guarnición en La Habana. Contaba con mil trescientos hombres sobre el terreno, que incluían tropas regulares, milicianos locales, negros libertos, acadianos y hasta refugiados británicos de la Florida Occidental, además de indios houmas, choctaws y alabamas[56]. En septiembre sus hombres empezaron a capturar pequeños puestos de avanzada británicos, como los de Manchac y Baton Rouge, pero los auténticos objetivos eran los fuertes costeros de Mobile y Pensacola. Mientras tanto, los líderes estadounidenses estaban complacidos con la asistencia de Gálvez. Thomas Jefferson le escribió en noviembre de 1779, diciendo: «El peso de vuestro poderoso y próspero Imperio nos ha dado todas las certezas de un dichoso término de la presente lid, como admitirán los hechos del hombre»[57].

A comienzos de 1780, Gálvez estaba listo para avanzar sobre Mobile, cuya bahía estaba dominada por los bastiones en forma de estrella de Fort Charlotte. En enero zarparon de Nueva Orleans unos setecientos cincuenta hombres, entre los que había regulares, milicianos, voluntarios y esclavos, con el plan de unirse a un contingente enviado desde La Habana. Sus esfuerzos por penetrar en la bahía de Mobile se vieron frustrados por una serie de temporales, por lo que se vieron obligados a alejarse unos kilómetros y esperar en una base cerca del río del Perro (*Dog River*). Mientras permanecían allí, a mediados de febrero llegaron los refuerzos de Cuba, aumentando el número de efectivos hasta superar ampliamente el millar. Entretanto, los regimientos británicos avanzaron por tierra desde Pensacola hasta Mobile para eludir los barcos españoles, pero llegaron demasiado tarde. Para el 13 de marzo el fuerte se había rendido: superada en número, la guarnición había agotado las municiones, y un bombardeo el día anterior había abierto brecha en las murallas. Gálvez ocupó el fuerte, que pronto sería rebautizado como fuerte Carlota, y los trescientos soldados británicos retrocedieron hasta Pensacola. Los mandos militares estaban exultantes por el triunfo, y el informe en que Gálvez detalló la operación fue leído en el Congreso Continental el 6 de junio[58].

El próximo objetivo de Bernardo de Gálvez era Pensacola, un premio aún mayor. Capturar la plaza acarrearía una serie de ventajas, empezando por su emplazamiento con relación a Nueva Orleans, La Habana y Veracruz. Los británicos habían construido Fort George en 1772, con sus murallas de tierra dominando la ciudad y sus veinte cañones listos para abrir fuego sobre cualquier embarcación que se acercase al puerto. Bajo el mando del general John Campbell, los británicos estaban preparados tras lo que había sucedido en Mobile. Mientras tanto, los creeks y choctaws de la Florida Occidental obtuvieron de ambas partes regalos tales como ron, pólvora, carne y pan, negociando cuánta asistencia estarían dispuestos a proporcionar.

Gálvez hizo preparativos para un ataque en octubre de 1780, pero la naturaleza volvió a intervenir y un huracán dispersó su flota, obligándole a reagruparse. Lo volvió a intentar pocos meses después, partiendo de La Habana el 13 de febrero de 1781 con rumbo a Pensacola al frente de una flota de veinte naves, incluido el buque insignia San Ramón, de sesenta y un cañones, y unos mil trescientos soldados. El general Campbell aguardó con mil setecientas tropas regulares, un millar de aliados nativos y tres embarcaciones. El 9 de marzo avistaron la flota española, que estaba teniendo problemas para entrar en el canal debido a su poca profundidad. Sintiéndose cada vez más frustrado, el 18 de marzo Gálvez subió a bordo de una de las naves menores, el Galveztown, y se adentró en la bahía logrando esquivar el fuego enemigo. Le siguieron a continuación algunas fragatas de la flota y, al poco, la ciudad quedó sitiada. Ambos bandos estaban a la espera de recibir refuerzos, pero los barcos de La Habana llegaron en abril, antes que las naves británicas procedentes de Jamaica, lo que incrementó el número de efectivos a más de siete mil. El 8 de marzo, una granada destruyó un polvorín de los británicos, causando una enorme explosión que decidió la batalla, que dejó a los españoles un saldo de setenta muertos, y cerca de un centenar entre los soldados británicos[59]. La rendición oficial se produjo el 10 de mayo de 1781, y Fort George pasó a llamarse fuerte de San Miguel. La Florida Occidental volvía a estar en manos españolas.

Los británicos se rindieron a los estadounidenses en octubre de 1781, dando paso a las negociaciones de paz. Bajo el Tratado de París de 1783, Gran Bretaña renunció a la Florida Oriental en favor de España, y la frontera con los recién creados Estados Unidos se fijó en el río Santa María. Sin embargo, la cuestión de la Florida Occidental, a pesar de estar ya bajo control español, no era tan sencilla de resolver. Ya antes de que Bernardo de Gálvez atacara el territorio, se había tratado con España acerca del acceso de los EE. UU. al río Misisipi. En la primavera de 1777, Benjamin Franklin había mencionado el asunto en una carta al conde de Aranda donde decía que, en caso de que España favoreciese la causa estadounidense, ellos «asistirían en reducir la ciudad y el puerto de Pensacola a la propiedad de España», pero a condición de que «los habitantes de los Estados Unidos tendrán la libre navegación del Misisipi y el uso del puerto de Pensacola»[60]. El comercio pondría a la joven nación en el camino hacia la prosperidad, y garantizar el acceso al gran río fue una de las prioridades iniciales. Incluso en plena guerra John Jay, que por entonces era el representante en España, viajó en 1780 a Cádiz en una misión diplomática para abordar los intereses por el Misisipi, entre otras cuestiones. En mayo de aquel año se reunió en Aranjuez, donde residía la corte, con el primer ministro José Moñino y Redondo, conde de Floridablanca. Estaba ansioso por firmar un tratado de alianza, y había recibido instrucciones del Congreso Continental de «insistir en la navegación del Misisipi para los ciudadanos de los Estados Unidos», pero no logró llegar a un acuerdo[61]. En vez de eso, Floridablanca insinuó que si los EE. UU. deseaban tener una buena relación con España, debían velar por que España no renunciase a sus pretensiones sobre el río[62]. En octubre de 1780, Benjamin Franklin escribió a un frustrado John Jay: «Si en España no sois tan afortunado, mantened no obstante el talante bueno y ecuánime que hasta la fecha habéis manifestado». Se mostraba optimista al decirle: «Pobres como somos, pero ricos como sé que seremos, antes accedería a pagar un alto precio por la totalidad de sus derechos sobre el Misisipi, que vender una gota de sus aguas. Un vecino bien podría pedirme que le vendiera la puerta de mi casa»[63]. Sin embargo, al no ver señales de un cambio de opinión sobre la materia, en febrero de 1781 el Congreso ordenó a Jay que interrumpiese las negociaciones y «[se apartase] de las instrucciones arriba referidas, en cuanto a la insistencia en la libre navegación de esa parte del río Misisipi que se halla por debajo del trigésimo primer grado de latitud norte»[64].

La cuestión acabaría resuelta en el Tratado de París, que en su artículo octavo estipula que «la navegación del río Misisipi, desde sus fuentes hasta el océano, permanecerá por siempre libre y abierta a los súbditos de Gran Bretaña y a los ciudadanos de los Estados Unidos»[65]. El acuerdo de paz también instaba a que la frontera estadounidense se marcara con «una línea a trazar en el medio del dicho río Misisipi hasta que se entrecruce con la parte más septentrional del trigésimo primer grado de latitud norte». Sin embargo, también había habido tratos secretos respecto a esta cláusula en particular. Sin el conocimiento de España, los negociadores británicos habían hecho la oferta de que, si se devolvía la Florida Occidental a Gran Bretaña, el límite se establecería en el paralelo 32 —una disposición que apoyaban algunos, como John Jay, al creer que les proporcionaría acceso al Misisipi—. Ahora bien, si la Florida Occidental se devolvía a España, Gran Bretaña apoyaría que la frontera se fijase en el paralelo 31, lo que daría a los Estados Unidos una franja adicional de territorio. A finales de 1782, un grupo de delegados estadounidenses escribieron en secreto al Congreso con respecto a la cuestión del límite de la Florida Occidental, pero ante la presión británica por que firmasen se siguió adelante con el tratado. España no tuvo un gran peso en las negociaciones, pues nunca se alcanzó un acuerdo de alianza con Estados Unidos. Al final, los españoles accedieron a lo dispuesto en París, que les restituyó Florida y Menorca, pero no Gibraltar, como esperaban[66]. Los ministros españoles albergaban ciertos temores sobre lo que sucedería a continuación, sentimientos que expresó el conde de Aranda en una carta de 1783 a Carlos III, donde advertía de que Estados Unidos «se olvidará de los beneficios que ha recibido de ambas potencias [Francia y España] y no pensará más que en su engrandecimiento»[67].

Otro problema inmediato para España fue el de los que permanecieron leales a Gran Bretaña —tanto blancos como negros libertos—, que en ese momento estaban buscando refugio en Florida con la esperanza de evitar represalias. Muchos no deseaban jurar lealtad al rey de España, ni tampoco convertirse al catolicismo, pero esas eran las condiciones para quedarse; de lo contrario tenían dieciocho meses para marcharse[68]. Vicente Manuel de Céspedes llegó a San Agustín en 1784 para asumir el puesto de gobernador de las dos Floridas, en un momento en que unos tres mil cuatrocientos blancos y seis mil quinientos cuarenta negros partieron de la Florida Oriental hacia otras partes del Imperio británico[69]. En sustitución regresaron, aunque no en los mismos números, algunas de las familias que en 1763 habían huido de Florida hacia Cuba[70]. En los años sucesivos España aclaró los términos de las concesiones de terrenos a los no españoles, con el fin de animarlos a quedarse, y hacia 1790 ya no se exigía que los colonos de la Florida Oriental se convirtieran al catolicismo, por lo que solo era necesario un juramento de lealtad. Fue una decisión pragmática, dadas las circunstancias de Florida, y tuvo un efecto inmediato, pues unos trescientos plantadores blancos se instalaron en la Florida Oriental, trayendo consigo a un millar de esclavos.

Hacia 1804, el número de nuevas familias de colonos anglos ascendía a setecientas cincuenta, con cuatro mil esclavos[71].

A pesar de permitir el acceso de esclavos, España siguió ofreciendo asilo a fugitivos. En la transición del dominio británico al español, Céspedes recibió peticiones de unas doscientas cincuenta personas negras que querían ser libres. Sin embargo, Estados Unidos no estaba dispuesto a ser tan tolerante como lo habían sido los británicos y, presionados por Thomas Jefferson, los españoles dejaron de ofrecer refugio en 1790. También se exigió el retorno de todos los esclavos que hubiesen entrado en Florida desde 1783, aunque España solo devolvería a quienes llegaron después de 1790[72].

• • •

Con los británicos, la Línea de la Proclamación de 1763 había prohibido que los colonos fuesen más allá de los montes Apalaches, aunque muchos ignoraron el decreto y comenzaron a cultivar o especular con las tierras del valle del Ohio[73]. Ahora, sin control británico y con el Tratado de París concediendo a los Estados Unidos las tierras al norte del paralelo 31 y al oeste hasta llegar al Misisipi, la región se abrió. Se aprobaron leyes que legitimaban esta expansión, tales como la Ordenanza del Noroeste de 1787, que sentó los cimientos para que estas tierras pasasen a ser territorios y más adelante estados. Sobre el papel, la ordenanza estipulaba que no se podría arrebatar las tierras a los nativos americanos excepto en guerras «justas», lo que dejaba un amplio margen para interpretaciones —y para violentas discrepancias en el futuro[74]—.

En aquellos lugares que quedaban lejos de la supervisión del incipiente gobierno, en la costa este, la frontera estableció sus propias normas. En 1784, un grupo en los confines occidentales de Carolina del Norte decidió escindirse y establecer su propio estado soberano. Representaban los intereses de los granjeros y comerciantes de lo que se consideraban zonas interiores remotas, cuyas perspectivas económicas estaban en juego. Una de sus principales preocupaciones era el uso y aprovechamiento de las tierras, cuestiones que a su juicio no recibían suficiente atención por parte de los políticos en la parte oriental del estado[75]. Las deudas ya habían obligado a Carolina del Norte a vender a especuladores una porción de su territorio al este, y también preocupaba la ausencia de una protección organizada ante los ataques indios[76]. Algunos de los primeros colonos crearon la Asociación Watauga con la aprobación del estado, con el fin de supervisar la administración de la zona[77]. Sin embargo, la Ley de Cesión de Carolina del Norte de abril de 1784 —por la cual el estado accedía a entregar parte de sus tierras al Congreso, en pago de su deuda por la guerra revolucionaria— acentuó el resentimiento de sus opositores, que opinaban que la medida era equivocada. El 23 de agosto, un grupo de hombres celebró su primera convención en Jonesborough, en la que eligieron a John Sevier como gobernador. Algunos meses más tarde, el 14 de diciembre, votaron entre sí para abandonar Carolina del Norte y crear un nuevo estado, al que dieron el nombre de Franklin en honor al padre fundador[78]. Aunque por entonces pertenecía a Carolina del Norte, este territorio se corresponde con los doce condados más orientales del actual estado de Tennessee. Su improvisado capitolio se estableció en una cabaña en Greeneville, también en Tennessee, en 1785.

Los franklinistas no obtuvieron grandes apoyos de los políticos más destacados del momento. Thomas Jefferson expresó su «creciente nerviosismo» por la situación, temiendo que otros estados, como Virginia, siguieran su ejemplo. El congreso rechazó la petición «de Franklin» para convertirse en estado[79]. Coincidiendo con las intrigas de los partidarios franklinistas, Carlos III emitió órdenes en junio de 1784 para cerrar al tráfico fluvial extranjero los tramos del Misisipi controlados por España, causando un estallido de indignación en los Estados Unidos, que sostenían que sus derechos estaban amparados por el tratado de 1783. La coincidencia de esta medida con la fundación del estado de Franklin fue breve, pero potencialmente desestabilizadora.

Al igual que los creeks y los cheroquis, inmersos en constantes ataques a lo largo de la frontera de Tennessee, los españoles también trataron de levantar un dique para contener el aluvión de colonos que venían del este hambrientos de tierras, pero en vez de eso se vieron enredados en politiqueos de frontera[80]. Aunque el estado de Franklin se enclavaba en los valles de las suaves y verdes estribaciones de los Apalaches, en esta fértil tierra había ríos que desembocaban en el Misisipi, lo cual le brindaba acceso a posibles rutas comerciales.

En 1786 James White, antiguo miembro del congreso de Carolina del Norte, visitó en Nueva York a Diego de Gardoqui, encargado de negocios de España y cuya empresa familiar había proporcionado armas y suministros a los Estados Unidos durante la guerra revolucionaria. La orden promulgada en 1784 de cerrar el Misisipi era un motivo de gran preocupación para los pobladores de estos valles, por lo que White propuso a Gardoqui que España abriese el río al comercio con los territorios del sur, que se escindirían para proteger sus intereses comerciales al tiempo que esto permitiría «acercarse más a Su Majestad»[81]. Gardoqui no se comprometió con el plan de White, aunque veía los méritos de su idea: los franklinistas querían comerciar, y España necesitaba más súbditos leales en la zona[82].

Hacia 1788, James White estaba listo para abogar entre los franklinistas más influyentes por una suerte de unión con España. John Sevier también escribió a Gardoqui para explicarle su visión del acuerdo, que consistía en ampliar los asentamientos hasta el río Tennessee, contando con la ayuda de España para mantener la paz con los nativos americanos y permitir así dicha expansión. En una segunda carta, Sevier declaró que estaban «unánimemente determinados» a sellar la alianza, al tiempo que recordaba a Gardoqui que no habría «un momento más favorable que el presente» para poner el plan en marcha[83]. En este punto, el propio estado de Franklin estaba comenzando a disgregarse bajo el peso de las constantes discrepancias entre sus beligerantes facciones, además de los continuos ataques indios. Para empeorar las cosas, John Sevier fue arrestado por orden del estado de Carolina del Norte acusado de traición, aunque más adelante se retiraron los cargos. Sin estar al corriente de las conversaciones con España, hacia finales de 1788 los asustados habitantes de Franklin solicitaron a Carolina del Norte que interviniera y les protegiese de las cada vez más frecuentes incursiones cheroquis. A pesar de los esfuerzos por parte de White y otros, las conversaciones con las autoridades españolas fracasaron. España no tenía suficiente confianza en los franklinistas, aunque White siguió abogando por la causa durante la primavera de 1789, en vano[84].

Franklin no fue el único territorio en abrirse a los españoles. El territorio de Kentucky, que en aquella época formaba parte de Virginia, también expresó sus deseos de escindirse, si bien aún no había redactado una constitución. En 1787, el general de brigada James Wilkinson viajó a Nueva Orleans para reunirse con Esteban Miró, el entonces gobernador de la Luisiana. Al acabar la guerra revolucionaria, Wilkinson había abandonado la costa este y adquirido más de cinco mil hectáreas de tierras en Kentucky, pagadas en parte con dinero de sus amistades en Filadelfia, que esperaban obtener beneficios mediante la especulación inmobiliaria. Se estableció como comerciante en Lexington y pronto empezó a buscar el modo de saltarse la prohibición impuesta por España de navegar por el Misisipi, ansioso por vender tabaco a México a través de la Nueva Orleans española[85]. En esta coyuntura, el futuro de los Estados Unidos seguía siendo frágil; el mismo año en que se reunieron Miró y Wilkinson, en Filadelfia se estaba celebrando la Convención Constitucional, y el documento resultante no se promulgaría hasta 1789. Cuestiones como quién formaba parte de la unión y cómo funcionaría dicha unión todavía eran materia de intensos debates[86].

Esteban Miró tenía una serie de reparos hacia el plan de James Wilkinson, principalmente por la cantidad de protestantes que implicaría[87]. Sin embargo, estaba dispuesto a permitir el acceso a los colonos de Kentucky, ya que esperaba que el aumento de ingresos derivados de las exportaciones agrarias de estos granjeros bastaría para financiar la llegada de sacerdotes católicos de habla inglesa procedentes de Irlanda, con el fin de ganar conversos en este territorio[88]. Sin embargo, lo que estaba verdaderamente en juego tenía que ver con los aranceles y la diplomacia. Al igual que sucedió con Franklin, si Kentucky se unía a España contaría con acceso al Misisipi y al gran mercado de la América española. Con tal acción podrían incurrir en la ira de los Estados Unidos, debido sobre todo a las constantes deliberaciones que por entonces se estaban dando al respecto, por lo que las autoridades españolas debían considerar cuáles serían las repercusiones diplomáticas[89].

James Wilkinson también aprovechó el momento para beneficiarse de otras oportunidades. Aunque seguía perteneciendo al ejército, años después se convirtió en un informante a sueldo de los españoles —conocido posteriormente como «agente 13»— y participó en una serie de intrigas que a menudo cobraría en dólares de plata[90]. En 1787, Wilkinson declaró su lealtad a la corona española y prometió traer más colonos a la zona[91].

En esta época, España también tuvo que lidiar con colonos ambiciosos que, procedentes de Georgia, se estaban desplazando hacia el curso bajo del Misisipi, asentándose en territorio de los natchez y llegando al extremo de establecer en 1785, con la aprobación de la cámara estatal, el «condado de Borbón». El nombre era una respuesta a las reivindicaciones españolas, pues las tierras anexionadas se encontraban justo sobre el paralelo 31, tal como estipulaba el tratado de 1783, extendiéndose desde el río Yazú hasta el Chattahoochee[92]. Los colonos anglos ya llevaban tiempo merodeando por la zona, y en 1781, durante la guerra revolucionaria, la ciudad de Natchez fue el escenario de una breve sublevación, sofocada por los españoles, tras la cual algunos de los que permanecieron allí juraron lealtad a España. En un principio esto jugó en favor de sus intereses, al poder aprovecharse del auge del mercado del tabaco; sin embargo, dicho arreglo se tornó más incierto tras el Tratado de París[93].

Al final, en diciembre de 1788 España aprobó una medida que permitiría recorrer el río a las mercancías procedentes de Ohio y Kentucky, siempre y cuando los comerciantes pagasen un arancel del 15 %. Con esto se rebajaron las tensiones, si bien no fue la solución más satisfactoria para Estados Unidos[94]. Al mismo tiempo, se estaban produciendo importantes cambios en Madrid. Carlos III murió a finales de 1788 y fue sucedido por su hijo Carlos IV, que no estaba tan interesado en la gobernanza activa. En paralelo, sus ministros se enzarzaron en las luchas de poder que surgieron a raíz de los acontecimientos de palacio. En Norteamérica, los grupos separatistas de la frontera negociaron su retorno al redil estadounidense. En 1792 Kentucky se convirtió en el decimoquinto estado en incorporarse a la Unión, seguido de Tennessee en 1796, con el líder franklinista John Sevier como primer gobernador.

• • •

Para los españoles, el territorio de la Alta Luisiana, que se corresponde con las actuales Arkansas y Misuri y se extiende al norte hasta llegar a los Grandes Lagos, era en su mayor parte una *terra incognita* que en teoría debían administrar. Los primeros en tomar posesión de estas tierras habían sido los franceses, que habían dejado un reguero de pequeños asentamientos. Uno de esos lugares era Cap Girardeau, en el moderno estado de Misuri. Perteneciente a un grupo de comunidades ribereñas, se fundó en torno a 1735 a orillas del Misisipi con el propósito de enviar pieles, alimentos y otras mercancías. Sin embargo, los numerosos meandros que describe el gran río suponían un riesgo constante de inundación, lo que obligó a algunos de estos pequeños puestos avanzados a cambiar de posición a lo largo del Misisipi. Los franceses siguieron levantando asentamientos junto al río, con el establecimiento de Santa Genoveva hacia 1750 y San Luis, río arriba, en 1764[95]. En tiempos de la Revolución estadounidense, España había enviado funcionarios a la región, pero muchos de los pobladores no eran españoles. También tuvieron que establecer alianzas con muchos de los nativos americanos de la zona; un memorial de 1769 incluía una lista de veintitrés cacicazgos a los que los españoles ofrecían regalos, entre otros, los iowas, los pequeños y grandes osages y los peorias[96]. Durante el periodo revolucionario y en los años posteriores, muchos indios shawnis y delawares se trasladaron a la Alta Luisiana para escapar de la presión de los colonos estadounidenses. Los españoles les permitieron establecerse al sur y al oeste de Santa Genoveva, y hacia la década de 1790 había seis aldeas con una población de mil doscientos shawnis y seiscientos delawares, mientras que más al sur algunos grupos cheroquis se asentaron en la Baja Luisiana[97]. Un informe de 1772 muestra que había 399 blancos y 198 esclavos viviendo en San Luis, mientras que Santa Genoveva contaba con 404 blancos y 287 esclavos[98].

En 1770, el entonces gobernador de la Luisiana, Alejandro O'Reilly, emitió instrucciones que estipulaban que «el teniente gobernador hará que los indios conozcan la grandeza, clemencia y generosidad del Rey. Les dirá que recibirán los mismos presentes anualmente, que Su Majestad desea su felicidad»[99]. En realidad, España no contaba con mucho dinero que gastar en esta vasta frontera. De hecho, el predecesor de O'Reilly, Antonio de Ulloa, había tratado de limitar la entrega de regalos, con especial hincapié en la prohibición de entregarles armas, con lo que no se granjeó el favor de los líderes nativos[100]. A veces, la irritación de los indios los impulsaba a la acción; por ejemplo, en 1772 un grupo compuesto por indios misuris y pequeños osages atacaron algunos de los rudimentarios fuertes que los españoles habían erigido a lo largo del río Misuri[101]. En este rincón del imperio, los administradores no emprendieron la creación de misiones o la recaudación de tributos que habían sido las señas de identidad del dominio español en otros lugares[102]. Cualquier tipo de riqueza potencial había de hallarse en el comercio y la agricultura —el trigo, el cáñamo y el lino eran cultivos importantes—. En 1769, O'Reilly recibió una carta de uno de sus capitanes que indicaba: «El país es muy fértil. Produce con gran abundancia cualquier cosa que se plante. Durante mi tiempo allí hubo una enorme cosecha de trigo y maíz»[103].

Río abajo, el afán de lucro sería motivo de gran consternación para el gobernador Esteban Miró una década más tarde. El ministro español Gardoqui había entablado contacto en Filadelfia con otro soldado convertido en especulador llamado George Morgan. Cerraron un acuerdo que consistía en la concesión de más de seis millones de hectáreas de tierras próximas a donde el río Ohio desemboca en el Misisipi. Morgan no tardó en encontrar entusiasmados colonos y granjeros, sin esperar siquiera a recibir el consentimiento real, repartiendo pasquines que anunciaban esta «Nueva Madrid»[104]. Morgan también consiguió obtener el derecho a nombrar a los funcionarios locales, establecer una asamblea legislativa y permitir la construcción de iglesias protestantes. Llegó al lugar en 1789 con algunos pobladores, muchos de los cuales eran inmigrantes alemanes, y comenzaron las obras en la sinuosa orilla derecha, unos setenta kilómetros al sur de la confluencia con el Ohio[105].

Aunque los osages y los quapaws no querían hacer uso de esta porción de terreno y permitieron la llegada de estos extranjeros, Miró planteó numerosas objeciones, principalmente por los poderes que detentaba George Morgan y por sus especulaciones inmobiliarias, que incluían la venta de lotes de ciento treinta hectáreas a cuarenta y ocho dólares[106]. El gobernador escribió una carta en protesta por las grandes extensiones de tierras concedidas a Morgan «por ser contrario al bienestar del Estado en general, y al bienestar de esa provincia en particular»[107]. Miró estaba enfurecido por los planes de Morgan, a quien dijo que ese no era el modo de tratar unas tierras que «Su Majestad ha concedido gratis»[108]. Para él, el asunto más espinoso era que el acuerdo no tenía «cláusula alguna en que se exprese la menor subordinación a España»[109]. Susurrando al oído del gobernador estaba James Wilkinson, que durante este periodo intentó poner a Miró en contra de este grupo de colonos, deseoso de infundir dudas y sospechas acerca de Morgan. Dado que Nueva Madrid estaba situada en territorio español, Wilkinson comprendió que los comerciantes de esa zona tendrían ventaja respecto a los de Kentucky, puesto que no tendrían que pagar aranceles por el envío de sus mercancías[110].

Miró, sin embargo, ya había aceptado que el asentamiento era necesario, por lo que permitió que los colonos permanecieran allí, si bien degradó a Morgan a subcomandante del municipio de Nueva Madrid[111]. Allí se construyó una pequeña fortificación en 1789, a la que llamaron Fuerte Celeste por la esposa del gobernador, cuya dotación tenía el cometido de inspeccionar cualquier embarcación que descendiera el río procedente de territorio estadounidense, así como los papeles de quienes viajasen en ellas[112].

Hacia 1790, tan solo unas trescientas personas se habían trasladado de los Estados Unidos a esta zona de la Alta Luisiana española. Con números tan escasos, al pueblo no le había ido bien; las inundaciones habían perjudicado el sustento de muchos colonos y algunos, incluyendo el propio Morgan, regresaron al este[113]. Un inventario de 1797 muestra más vacas (777) que humanos (569 blancos, 46 esclavos)[114].

Un viajero británico llamado Francis Baily describió Nueva Madrid a finales de la década de 1790 como un lugar «situado en una llanura casi plana», con unas trescientas casas «desperdigadas a distancias desiguales a una milla del fuerte». Señaló que los colonos habían recibido «grandes alicientes» con las concesiones de terrenos, y que la mayor parte de la población se componía de gente oriunda de los Estados Unidos. Observó que «de no ser por unos pocos franceses y españoles mezclados con ellos, se lo podría confundir fácilmente con un asentamiento estadounidense»[115]. Sin embargo,

Baily concluyó: «No me gusta Nueva Madrid en absoluto, quiero decir, si me dieran elección de vivir allí»[116].

Pese a ser un diminuto asentamiento en los confines del imperio español, Nueva Madrid (hoy día New Madrid, en Misuri) representó las grandes oportunidades que ofrecía el territorio de la Luisiana: la especulación inmobiliaria, la falta de interés en el dominio español y la presión constante hacia el oeste. El pueblo resultó estar situado sobre una falla tectónica, como se descubrió durante unos terroríficos terremotos en 1811 y 1812. De algún modo resultó apropiado, con el antiguo orden colonial en Norteamérica sumido en el caos de las últimas décadas del siglo XVIII y el Imperio español absorbiendo las réplicas del seísmo. No solo había ahora dos naciones compartiendo fronteras, sino que tenían sistemas políticos opuestos: por un lado, un imperio aún entregado a las ideas tradicionales del dominio monárquico; por otro, una república experimental. Sin embargo, seguía habiendo vastas extensiones de territorio desconocido para todos estos intrusos, y los españoles aún estaban tratando de ampliar los límites más remotos de su imperio.

Capítulo 6
Bahía de Nutka, Canadá
ca. 1760-1789

Todavía no hay carreteras a Nutka. Aquí, en lo que fue el límite exterior del territorio reivindicado por España, desconocido y sin cartografiar, los serenos ríos de aguas oscuras que desembocan en la bahía siguen siendo las principales arterias de transporte, y así ha sido desde la llegada de los indios mowachahts hace al menos cuatro mil años. Hoy día, son los pequeños barcos de carga los que recalan en las numerosas ensenadas de esta parte del litoral occidental de la isla de Vancouver, en Canadá, transportando mercancías entre los campamentos madereros y los criaderos de salmón. Por lo demás, las onduladas colinas de roca caliza, cubiertas de pinos y abetos, presentan un aspecto bastante similar al que tenían cuando James Cook arribó a una caleta de esta costa en 1778 durante su tercer viaje, a bordo del Resolution. Era un lugar que describió como «tan alejado al septentrión y el oriente que supera con creces los límites de la geografía europea». Cook intuyó que había alcanzado «ese espacio vacío en nuestros mapas, que se marca como país desconocido»[1].

Tras echar el ancla en la bahía a finales de marzo de 1778, Cook y su tripulación invitaron a algunos de los nativos a bordo, pero estos se negaron. Se dio cuenta de que sus armas estaban hechas de cobre y hierro, las cuales, como comprendió, «sólo podían haber obtenido de los rusos, o del comercio con la Compañía de la Bahía de Hudson». Consiguieron entablar buenas relaciones y Cook permaneció allí unas semanas para hacer reparaciones. Pensó que los mowachahts se comportaron «al parecer muy amistosamente», en parte porque les trajeron valiosas pieles de nutria y de foca para intercambiar por utensilios de metal[2]. Este lugar de refugio se conocía como Yuquot entre los mowachahts, pero los marinos británicos lo bautizaron como *Friendly Cove* (Cala Amigable).

Cook había llegado algo tarde a este rincón del planeta; los españoles llevaban un tiempo navegando por las aguas cercanas. En la década de 1740, las autoridades ya habían recibido informes acerca de las actividades de los rusos, que se acercaban lentamente procedentes de sus puestos para el comercio de pieles en torno a las islas Aleutianas. En 1761, España dio orden de que se enviara a un diplomático a efectuar pesquisas acerca de «los descubrimientos de los rusos en las tentativas de su navegación a la California»[3]. En este periodo se estaba acrecentando el poder de Rusia, que albergaba sus propias ambiciones imperiales. A medida que los cazadores de pieles se familiarizaban con el litoral cercano a las posesiones españolas, quedó claro que podían adentrarse con facilidad en este territorio y que no habría guarniciones militares que los detuvieran[4].

Para cuando José de Gálvez emprendió en 1765 su recorrido de inspección por Nueva España, se habían recibido suficientes informes de actividad en la zona como para justificar el envío de expediciones hacia la costa al norte de la Alta California, un viaje de unos cinco mil kilómetros desde el puerto de San Blas. Algunos años más tarde, el entonces virrey de Nueva España, Antonio María de Bucareli, coincidió en que estos confines hiperbóreos precisaban de más exploración. En 1774 envió a Juan Pérez en una misión con la que llegó hasta el paralelo 55, en torno a Haida Gwaii o islas de la Reina Carlota, las cuales se encuentran al norte de la bahía de Nutka, aunque una tormenta le impidió recalar en dicho lugar[5]. En 1775 se envió al oficial de marina Juan Francisco Bodega y Quadra, nacido en el Perú, a explorar los límites septentrionales de la Alta California, y a proseguir la ya larga búsqueda de una ruta desde el Pacífico al Atlántico; retornó sin haber encontrado el paso y sin noticias de los rusos. A estas alturas, Bucareli estaba informado de que Cook ya había partido en su tercer viaje, aunque el capitán británico logró hacer escala en Nutka sin ser detectado por los españoles, que habrían estado encantados de capturarlo[6]. Bodega y Quadra realizó otro viaje por la región de Alaska en 1779 antes de ser trasladado al Caribe.

Para 1786 no se habían producido muchas acciones para desembarazar el Pacífico español de la presencia rusa. En 1788 se enviaron otros dos navíos al mando de Esteban José Martínez y Gonzalo López de Haro, que encontraron indicios de actividad rusa en las proximidades de Nutka y oyeron rumores de planes para establecer allí una guarnición[7]. Comunicaron sus hallazgos a Manuel Antonio Flores, virrey de Nueva España desde 1787, y le instaron a levantar un fuerte o asentamiento en Yuquot para dejar clara la autoridad de España y disponer de una base desde la cual proteger la costa hasta San Francisco. Además de la amenaza rusa, a Flores también le preocupaba que hubiera comerciantes estadounidenses en búsqueda de un puerto en el Pacífico[8]. Escribió a las autoridades de Madrid, diciendo: «No ha de sorprendernos que las colonias inglesas de América, republicanas e independientes, pretendan avanzar por todo el inmenso territorio continental, a través de las posesiones españolas de Texas, Nuevo México y las Californias, para instalarse en el Mar del Sur»[9].

Otros dos factores se estaban desencadenando fuera del alcance del virrey: En 1787, Catalina II de Rusia canceló los planes para construir un fuerte en Nutka, y en 1788, un comerciante británico llamado John Meares estableció allí un puesto para el comercio de pieles[10]. Aunque la administración española tuviera la voluntad de impedir nuevas incursiones extranjeras, la realidad era que Nutka se encontraba a más de tres mil kilómetros de cualquier puerto de relevancia en Nueva España. En California no había una población española lo suficientemente grande como para atraer al norte a una cantidad significativa de colonos y soldados, pero desde Madrid se ordenó a las autoridades que pusieran algo allí de todos modos.

En febrero de 1789, el virrey Flores volvió a enviar a Nutka a Esteban José Martínez, que llegó a su destino en mayo y tomó posesión formalmente de la bahía, a la que puso el nombre de San Lorenzo de Nuca. Con él viajaron algunos franciscanos para convertir a la población de Yuquot, si bien con escaso éxito. En el lugar también le esperaban dos embarcaciones comandadas por Robert Gray, un tratante estadounidense[11]. Martínez lo interrogó y Gray afirmó estar en una misión respaldada por el Congreso para expandir el negocio peletero de Nueva Inglaterra hacia el Pacífico. Poco después, otro comerciante de Estados Unidos, John Kendrick, llegó a la bahía de Nutka tras realizar un viaje por las islas de la Reina Carlota; les dijo a los españoles que estaban reparando sus naves y que pronto se marcharían[12]. En la bahía también se encontraba un navío británico, el Iphigenia, al mando del capitán William Douglas, quien estaba trabajando para el comerciante John Meares. Al enterarse, Martínez procedió a interrogar a Douglas, y más tarde incautó su barco y puso a la tripulación bajo arresto.

A continuación, otra goleta británica, la North West America, entró en la bahía de Nutka el 24 de junio. Los españoles también se apoderaron de ella, aunque dejaron marchar al Iphigenia. En julio llegó una última embarcación, el Argonaut, cuyo capitán James Colnett, también detenido, dijo ser representante de Meares en una misión para comerciar con pieles. Colnett alegó que Nutka pertenecía a Gran Bretaña en virtud del viaje de Cook, a lo cual se opuso Esteban José Martínez por el principal motivo de que había participado en la expedición de Juan Pérez de 1774[13]. En un informe posterior se describió a un consternado capitán Colnett que, bajo custodia de los españoles, «estaba tan enloquecido que intentó frecuentemente causar su propia destrucción»[14]. Los españoles se llevaron el Argonaut y a Colnett al sur, a San Blas, y lo mismo sucedió con otro barco británico que arribó más tarde, el Princess Royal[15].

Hacia otoño de 1789, Martínez recibió desde Nueva España la orden de desmantelar la colonia y marcharse, en parte porque no había suficientes embarcaciones para abastecer California y Nutka. El virrey Flores estaba satisfecho con lo que se había logrado, creyendo que era suficiente para mantener a raya a extranjeros intrusos, y tampoco tenía deseos de sufragar una guarnición en condiciones en un puesto tan avanzado[16]. Esteban José Martínez cumplió con lo que le mandaron, pero reiteró en los términos más rotundos que los británicos suponían una amenaza en Nutka[17].

Cuando llegaron a Gran Bretaña las noticias de la captura de los barcos, se avivó el sentimiento antiespañol entre el público, y las disputas entre un puñado de tratantes de pieles británicos y los soldados españoles no tardaron en captar la atención de la nación[18]. A comienzos de 1790, el primer ministro William Pitt el Joven comprendió que podía aprovechar la situación para favorecer el libre comercio en el Pacífico, además de obstaculizar cualquier intento por parte de los españoles de llevar a cabo sus pretensiones territoriales[19]. Por aquella misma época, Francisco de Eliza fue enviado a la colonia para reconstruir el fortín que Martínez había desbaratado y reafirmar de nuevo los derechos de España ante la hostilidad británica[20].

En Londres, John Meares presentó un memorial a la Cámara de los Comunes el 13 de mayo de 1790, en el cual reiteró el derecho de los británicos a permanecer en Nutka, además de ofrecer una relación de sus propias actividades en el lugar. Meares dijo que él, «inmediatamente» después de su llegada, «compró a [el jefe] Maquilla [Macuina] una parcela de terreno, sobre la cual construyó una casa para su residencia ocasional [...] enarbolando los colores británicos sobre la misma»[21]. A continuación procedió a explicar la presencia de embarcaciones estadounidenses en 1789, así como la llegada de Martínez en mayo y sus acciones posteriores, que Meares calificó de «procederes inexcusables e injustificables [...] en franca violación del tratado de paz existente entre nuestro país y la corte de España»[22]. Gran Bretaña exigió que España renunciara a sus reivindicaciones sobre Nutka o afrontase las consecuencias: la guerra[23]. Los británicos también habían comenzado a solicitar a la diplomacia de Estados Unidos permiso para cruzar sus territorios norteamericanos en caso de que quisieran emprender una incursión de castigo en la Luisiana española[24].

Mientras sucedía todo esto, la Revolución francesa había estallado en 1789 y, ante los trastornos que se produjeron en Europa, la tarea de zanjar la disputa recayó sobre los diplomáticos en vez de los soldados. Para octubre de 1790 se consiguió sacar adelante la primera convención de Nutka entre Londres y Madrid. Para España fue un desprestigio, ya que se vio obligada a devolver los barcos que había capturado, pagar compensaciones y aceptar la restauración de los derechos británicos sobre el territorio de Nutka y la reanudación del comercio[25]. Asimismo, fue una renuncia pública a las históricas reivindicaciones de España sobre la costa del Pacífico[26].

Este fue el primero de tres documentos, con el segundo reafirmando los pagos establecidos en el anterior, y el tercero disponiendo el abandono conjunto de Nutka. Sin embargo, antes de concluir el tercer tratado se emprendería otra misión, en parte militar y en parte científica, y que supuso el regreso de Bodega y Quadra[27]. Conocida como la Expedición de los Límites de 1792, su propósito era resolver la cuestión de los derechos territoriales, pero esta vez se acometería en conjunto con los británicos, representados por el capitán George Vancouver. Tras partir de Inglaterra en 1791 y surcar las aguas del noroeste, Vancouver arribó en 1792, pocos meses después que Bodega y Quadra. Ninguno hablaba la lengua del otro, pero un guardiamarina inglés sabía suficiente español como para ejercer de traductor[28]. Intercambiaron correspondencia y compartieron cenas, pero no pudieron llegar a un acuerdo sobre qué hacer, salvo remitir el asunto una vez más a sus respectivas patrias y dar al lugar el nombre de isla de Quadra y Vancouver, el cual figuró en los mapas hasta la década de 1820[29].

Tras este viaje, la tercera y última convención, firmada en 1794, estipulaba que ninguna de las partes podría tomar posesión de Nutka o establecer ningún tipo de asentamiento permanente. Al año siguiente acudieron a la isla representantes de ambos países para poner fin a la disputa. La bandera británica fue izada y arriada, y se destruyó el fuerte español. Ambas partes se marcharon en sus naves, dejando la fortuna de la isla en manos de los indios mowachahts y los tratantes de pieles[30].

La población local no tardó en desmantelar lo que quedaba del asentamiento de los españoles, del cual no quedó ni rastro. Para España fue un nuevo recordatorio —tal como había sucedido en Santa Elena en el siglo XVI, así como en la mayor parte del litoral atlántico— de que sin una población significativa de colonos resultaría prácticamente imposible mantener el control de los territorios en Norteamérica[31]. Poco queda de este episodio, más allá de una diminuta placa sobre un saliente rocoso cerca del puerto de Yuquot, erigida en 1903 para conmemorar el encuentro entre Vancouver y Bodega y Quadra en los confines del mundo por ellos conocido. Hoy día está tan devorada por el viento y la lluvia, que las palabras grabadas en ella prácticamente han desaparecido.

• • •

Los intereses y preocupaciones de los españoles en torno a Nutka también se extendían mucho más al sur, aunque al establecer la base de San Blas en 1768, sus embarcaciones pudieron emprender una campaña más específica con el fin de erigir fortificaciones en puntos clave de la costa, y también llevaron a miembros de órdenes religiosas para fundar misiones al mismo tiempo. California representaba la última frontera del continente. Para la mayor parte de europeos, incluidos los españoles, seguía siendo un lugar desconocido, aunque aún persistía la leyenda de la reina guerrera Calafia, al igual que la creencia de que California era una isla. Esta fantasía fue, durante un tiempo, una verdad cartográfica. Los mapas elaborados a mediados del siglo XVII, como la tentativa del holandés Joan Vinckeboons en 1650, la representaban como una cuña verde, estrecha y alargada, flotando a pocas millas de tierra firme y separada de los desiertos y montañas del otro lado de la bahía[32]. Un motivo de estos errores era que muy pocos europeos habían atravesado la región, aunque los largos viajes del padre Eusebio Kino en las décadas de 1680 y 1690 por la Baja California y la Pimería Alta contribuirían a corregir muchas de estas ideas falsas. El razonamiento de Kino era que debía de haber una ruta terrestre hasta California, en base a su observación de que los yumas y otros nativos americanos poseían conchas azules iguales a las que había visto cuando llegó al Pacífico en 1685, señal de que comerciaban y se desplazaban a pie[33]. De hecho, sus abundantes notas proporcionaron una cantidad ingente de nueva información, aunque pasaría otro siglo hasta que los cartógrafos la plasmasen en su trabajo[34]. De hecho, incluso en épocas tan tardías como mediados del siglo XIX, los mapas japoneses seguían representando el territorio como una isla[35].

California también preocupaba a la administración española porque carecía de conexiones fiables con las otras partes del imperio. El viaje por tierra desde Nueva España resultaba largo y dificultoso, y no había una carretera principal que condujese a la Alta California. La labor de crear esta ruta comenzó una década antes de que el capitán Cook desembarcara en la bahía de Nutka, y supondría la etapa final del empeño conjunto de los españoles por expandirse en Norteamérica, tras más de dos siglos de búsqueda por tierra y por mar de todo lo imaginable, desde las ciudades de Cíbola hasta un lugar apropiado para cultivar. A estas alturas, el esfuerzo de exploración y colonización por parte de España había sido mucho más exhaustivo que cualquier empresa acometida por los franceses, y los colonos británicos se habían quedado atrás, al aventurarse raramente a algo más que un viaje de tres semanas desde los puertos de la costa este[36]. En las décadas venideras, los estadounidenses estarían dispuestos a adentrarse en el Oeste y España, sin darse cuenta, les estaba allanando el camino.

José de Gálvez, junto con Gaspar de Portolá, gobernador de California, y un franciscano llamado Junípero Serra, empezaron a planear lo que acabaron llamando la «expedición sagrada» para conectar los confines más remotos de California con el resto del imperio[37]. En ese momento había suficientes misiones en la Baja California como para cubrir la extensión de la península, una tras otra, al igual que las cuentas de un rosario. Serían los franciscanos, que habían sustituido a los jesuitas tras su expulsión en 1767, quienes llevasen la labor misionera a la Alta California. Junípero Serra era un fraile diminuto que apenas alcanzaba el metro sesenta. Oriundo de la isla de Mallorca, contaba ya con una larga carrera en las Américas, incluyendo una etapa en Texas junto con el también misionero y antiguo discípulo Francisco Palou. Sin embargo, su estancia se vio acortada en 1758 por un ataque de los apaches lipanes en la misión de San Sabá, pues las autoridades consideraron que el lugar era demasiado peligroso y les ordenaron marcharse[38]. Por su parte, Portolá tenía experiencia militar y había participado en la expulsión de los jesuitas al sofocar protestas violentas por parte de los partidarios locales de la orden.

Gálvez juzgó que la mejor manera de proceder sería la de acantonar soldados en un presidio en Monterrey, al norte de la Baja California, para mantener a raya cualquier posible incursión rusa. Se concedió el mando a Portolá y, en una reunión en San Blas, decidieron que un grupo iría por mar y otro por tierra, «a fin de que ambas expediciones puedan unirse en el mismo puerto de Monterrey, y mediante las observaciones realizadas por unos y otros podamos ganar pleno conocimiento de las rutas a la California de una vez por todas»[39].

El primer navío, el San Carlos, zarpó en enero de 1769 del puerto de La Paz, en la Baja California, pero un temporal lo desvió de su ruta. A duras penas pudo abrirse paso hasta San Diego a finales de abril, con gran parte de la tripulación superviviente aquejada de escorbuto. Mientras tanto, el San Antonio partió a mediados de febrero y arribó el 11 de abril. Un tercer barco, el San José, se perdió en el mar[40]. Entretanto, Junípero Serra se había unido a una de las caravanas por tierra, que estaban sufriendo sus propias penurias. El primer grupo, con cerca de setenta soldados e indios, llegó a San Diego hacia mayo. La segunda partida, en la que se encontraban Serra y Portolá, e inicialmente unos cuarenta indios, les alcanzó en julio. Para cuando todos los miembros de la expedición pudieron reunirse, casi la mitad había muerto[41].

El 16 de julio de 1769, Junípero Serra plantó una cruz en el suelo y consagró la misión de San Diego de Alcalá, la primera fundada en la Alta California. Mientras tanto, Gaspar de Portolá hizo los preparativos para continuar hasta Monterrey, a ochocientos kilómetros al norte, llevándose consigo al padre Juan Crespí y un grupo de soldados. Tan solo disponían del informe de Sebastián Vizcaíno, de más de un siglo de antigüedad, como ayuda para encontrar la bahía. Así, cuando llegaron por tierra a lo que les pareció que era la latitud correcta, no pudieron ver nada que se pareciese a la descripción de Vizcaíno, en parte porque el mapa original se había trazado desde el mar[42]. Prosiguieron hacia el norte y hacia noviembre alcanzaron la bahía de San Francisco, antes de dar media vuelta y regresar a San Diego. Sin embargo, allí les aguardaba la noticia de que, en su ausencia, un grupo de indios kumiáis había atacado el lugar en agosto y asesinado al ayudante de Serra[43]. Mientras tanto, el San Antonio había regresado a la Baja California a aprovisionarse, pero el viaje de vuelta llevó tanto tiempo que la colonia estaba ahora al borde del colapso. Portolá estaba a punto de abortar toda la empresa cuando por fin regresó el navío en mayo de 1770, trayendo los ansiados refuerzos[44].

Gaspar de Portolá no tardó en volver a hacerse a la mar en un nuevo intento de localizar Monterrey. Esta vez lo consiguió y, con los nuevos suministros, fue capaz de establecer un asentamiento en junio de 1770. Junípero Serra había viajado con él y posteriormente describió el viaje, de mes y medio de duración, como «algo penoso». También había llegado una expedición por tierra, que había partido al mismo tiempo[45]. Ese mismo mes de junio, Serra escribió en una carta que «juntos todos los oficiales de mar y tierra y toda la gente [...] celebraron los Padres de dicha expedición, dispuesto el altar, colgadas y repicadas las campanas, cantado el himno *Veni Creator*, bendecida el agua, enarbolada y bendita una grande Cruz y los Reales Estandartes, canté la misa primera que se sepa haberse celebrado acá desde entonces»[46]. Al poco, Serra pudo establecer su segunda misión, San Carlos Borromeo de

Carmelo, junto al presidio civil. A continuación, los españoles exploraron la zona al norte, aunque San Francisco no contaría con un asentamiento hasta después de 1775, cuando el San Carlos se adentró en la bahía. Al año siguiente comenzaron las obras para erigir un presidio y la misión de San Francisco de Asís. Al mismo tiempo, a cinco mil kilómetros al este, las fuerzas rebeldes de las colonias británicas habían declarado su independencia. California, a esas alturas, era todavía un mundo en sí mismo.

Los nativos americanos que encontraron los españoles en California eran tan diversos como el entorno donde habían vivido y prosperado. Había pequeñas comunidades diseminadas a lo largo de la costa, en aldeas que podían albergar desde decenas hasta centenares de personas, lugares que los españoles llamaron rancherías. El mar era una fuente obvia de alimentos para las comunidades costeras, pero tierra adentro, el clima templado y el terreno fértil proporcionaban plantas comestibles y abundantes animales para cazar. Muchos de estos grupos se desplazaban según las estaciones para hacer un mejor uso de los recursos naturales[47].

Existía una gran diversidad, incluso entre las diecisiete mil personas que poblaban tan solo la zona de la bahía de San Francisco, donde únicamente en el grupo lingüístico de los miwok se encontraban los pueblos de la costa, la bahía, la llanura y septentrionales, todos los cuales se subdividían a su vez en grupos hablantes de una serie de lenguas, tales como el unisumne, huiluc, chilamne, o julpun[48]. Las estimaciones más elevadas acerca de los grupos lingüísticos existentes en toda la Alta California indican que se hablaban aproximadamente noventa idiomas agrupados en siete familias[49]. Se sabe que los pueblos de California usaban los puntos cardinales para describir quiénes eran —norteños o sureños—, pero probablemente los españoles no entendieron este concepto[50]. Muy posiblemente, algunos de los nombres usados hoy día para designar los grupos de nativos americanos eran interpretaciones de los españoles, y los malentendidos estaban a la orden del día. Las palabras en su idioma no tardaron en predominar a la hora de describir pueblos como por ejemplo los costanos (llamados a veces ohlones), cuyo nombre procede de la voz castellana «costeños»[51]. Tampoco es fácil ofrecer un número exacto de habitantes, pero se cree que en la Alta California vivían unos trescientos mil nativos americanos en tiempos de la llegada de los españoles[52].

Más al sur de San Francisco vivían los chumash, con quienes se encontraron los españoles durante su primera marcha a Monterrey en 1767 a través de lo hoy es el valle de Santa Clara. En su diario, el padre Crespí describió su entrada en una gran aldea en la que «contamos unas treinta casas grandes, cómodas y bien construidas», donde estimó que vivían unas cuatro mil personas, señalando que eran «un pueblo grande y próspero, prestos, industriosos y vivos». Con ellos los españoles intercambiaron cuentas de abalorios por artículos como platos de madera, los cuales «no habrían sido más elegantes si hubieran sido hechos en un torno de alfarero»[53].

Las misiones, al igual que sucedió en otras partes de las Américas, acarrearían una transformación de efectos traumáticos sobre la población de California, al convertir en cristianos a los chutchuis y ohlones, a los oroysoms y salineros, entre tantos otros. En este proceso, sus modos de vida no se perdieron por completo, sino que se adaptaron a estas nuevas circunstancias. Las misiones de California trataron de atar a los nativos a la tierra, lo que puso fin a sus desplazamientos estacionales y alteró su relación con la naturaleza. Los frailes bautizaban a los nativos californianos y les ponían nombres españoles, que quedaban reflejados en el registro misional[54]. Los clérigos y las autoridades los trataban como a niños y no les consideraban «gente de razón», una categoría social que equivalía a alguien que hablaba castellano y que era católico y leal a la corona española[55]. Era un término que pretendía excluir a los indios pero que se aplicaba a los mestizos, en parte porque en esta época la mayor parte de colonos que llegaron procedentes de Nueva España y la Baja California tenían diversos grados de mestizaje y, en algunos casos, también origen africano. De los primeros cuarenta y seis colonos en el pueblo civil de Los Ángeles, fundado en 1781, veintiséis eran negros o mulatos[56]. Hacia 1790 cambiarían esas descripciones, incluso para una misma persona. Por ejemplo, Manuel Camero fue descrito como mulato en 1781 y como mestizo en 1790. En 1781, José Navarro era mestizo, pero para 1790 ya era un «español»[57]. Todos los que cambiaron lo hicieron para adoptar tonalidades más claras, y hacia 1790 Los Ángeles contaba con una población de setenta y tres «españoles», treinta y nueve mestizos, veintidós mulatos, y siete indios. Este patrón de «blanqueamiento» se repitió por toda la Alta California, en parte porque las exigencias de la vida en la frontera habían eliminado muchas de las castas que predominaban en Nueva España, las cuales fueron reemplazadas por una identidad local que dividía a la población en gente «de razón» o «sin razón»[58]. Esto posibilitó un cierto grado de movilidad social y brindó a personas negras e incluso indígenas acceso a privilegios que en otras partes de Nueva España o del imperio habrían estado reservados únicamente a aquellos de piel más clara o a inmigrantes españoles[59].

Los indígenas se involucraron en la vida misional por una serie de motivos, algunos sociales y otros económicos. Podían acceder a herramientas y artículos europeos, y les introdujo a la agricultura y la ganadería, aunque los frailes les hacían encargarse de casi todo el trabajo. La cría de animales cambió el modo en que se usaba la tierra, pues los pastizales requerían grandes extensiones de terreno, y el ganado consumía lo que previamente había sido alimento para los indios, que se vieron obligados a depender cada vez más de las misiones[60]. Algunos nativos vivían en poblados junto a las misiones y aprendieron técnicas de artesanía u oficios como el de vaquero.

Al igual que en el resto del imperio, las misiones en la frontera de California convirtieron las órdenes religiosas en terratenientes, y a los indígenas en su mano de obra. Se suponía que las misiones ofrecerían alimento, protección y estabilidad, aunque la llegada de los españoles fue en parte lo que trajo inestabilidad en primer lugar. A pesar de los cambios y las conversiones, muchos indios de California conservaron sus propias creencias dentro del catolicismo; por ejemplo, en años posteriores se hallaron símbolos nativos incorporados a la decoración de las misiones[61].

Los muros de las misiones tampoco pudieron impedir la violencia infligida sobre los nativos americanos por parte de los españoles, y los clérigos presentaron quejas por los soldados acantonados en los presidios. Un fraile destinado en San Diego escribió en 1772 a Junípero Serra, diciendo que gran parte de las tropas «merecerían una horca, por los continuos desatinos que cometen cogiendo, y violentando mujeres»[62]. Estos abusos, sumados a otros cambios que los españoles estaban tratando de imponer, provocaron numerosas rebeliones. En 1775, un grupo de indios kumiáis volvieron a atacar la misión de San Diego[63]. En su testimonio de primera mano, el padre Vicente Fuster describió cómo, según sus cálculos, unas seiscientas personas «despojaron la iglesia de sus valiosos objetos, y después le prendieron fuego», y recordó cómo «por todos lados a mi alrededor vi tantas flechas que no había manera de contarlas»[64]. Fuster sobrevivió al ataque pero Luis Jayme, el otro fraile en la misión, no tuvo tanta suerte. Fue su compañero quien describió el terrible instante en que hallaron su cuerpo:

> Quedó desfigurado de la cabeza a los pies, y pude ver que su muerte había sido cruel por encima de toda descripción [...] Estaba despojado de todas sus vestiduras, incluso los paños menores de en medio. Tenía el pecho y cuerpo acribillado de las incontables puñaladas que le habían dado, y su rostro era un solo gran moretón de haber sufrido tantos garrotazos y pedradas[65].

La misión, sin embargo, fue reconstruida en 1780. Por su parte, Junípero Serra aceptó los numerosos desafíos y también se hizo conocido por un profundo ascetismo personal reflejado, entre otras cosas, en su costumbre de autoflagelarse y de dormir sobre una tabla[66]. Siguió mostrando su resiliencia no solo ante la oposición de los indios, sino también ante las dificultades con las autoridades españolas. Los desacuerdos entre los franciscanos y los funcionarios coloniales eran constantes, así como las discusiones entre Serra y el gobernador Felipe de Neve sobre el tratamiento que recibían los indios. Neve opinaba que se habían vuelto muy dependientes de las misiones y, en su lugar, quería que tuvieran más asentamientos al margen de las órdenes y una mayor integración civil, por lo que forzó a Serra a permitirles desempeñar ciertos roles oficiales, como el de alcalde. Irritado, el fraile no tuvo más remedio que obedecer[67].

Un visitante no español en estos primeros años de colonización fue Jean-François de Galaup, conde de Lapérouse, que llegó a California en 1786. Anteriormente, este francés había alertado al virrey sobre las actividades de los rusos en la bahía de Nutka y había formado parte de una misión de exploración para hallar el Pasaje del Noroeste, además de investigar el comercio en el Pacífico norte[68]. Recaló en Monterrey y pasó un tiempo en California observando las misiones y cómo trabajaban con los indígenas. Todo le causó una impresión desfavorable, y señaló que la «condición [de los indios] apenas difiere de la de los negros en los hogares de nuestras colonias»[69]. Esta sensación se vio reafirmada en el tiempo que pasó en la misión de San Carlos: «Nos duele decirlo, pero la semejanza [a la colonia de esclavos en Saint-Domingue] es tan grande que hemos visto a hombres y mujeres cargados de hierros, a otros en el cepo y, finalmente, los azotes del látigo»[70]. Las flagelaciones eran habituales y la violencia formaba parte de la vida en las misiones[71].

Las rebeliones se siguieron produciendo a medida que las misiones crecían. En 1776, los indios ohlones ofrecieron resistencia ante el empuje de las misiones hasta que muchos de ellos fueron azotados. Ese mismo año, otros indígenas prendieron fuego al tejado de San Luis Obispo[72]. En 1785, se acusó a una mujer no cristiana llamada Toypurina, al converso Nicolás José y a otros dos de planear un ataque sobre la misión de San Gabriel. Bajo interrogatorio, Toypurina dijo a las autoridades españolas que «estaba enfurecida con los sacerdotes y los demás que estaban en la misión, porque estábamos habitando en sus tierras». En un principio fue encarcelada, pero posteriormente se convirtió al cristianismo y fue a parar a la misión de San

Juan Bautista[73]. Además, los indígenas hacían también frente al inevitable enemigo invisible: las enfermedades, cuya propagación se vio favorecida por la reubicación de los indios en espacios más reducidos y asentados[74].

Junípero Serra murió en 1784 antes de que se desatara alguna epidemia seria, y conservó el optimismo durante todo el tiempo que pasó en California. Hasta el momento de su muerte, se habían levantado nueve misiones y cuatro presidios[75]. Para 1823 habría veintiuna misiones, casi todas ellas dedicadas a la conversión y posterior empleo de los indios, además de haberse establecido dos pueblos —Los Ángeles y San José de Guadalupe, fundado en 1777 en el extremo sur de la bahía de San Francisco—, con el fin de albergar a la población civil[76].

También continuaron los intentos por conectar California con otras partes de Nueva España, como Nuevo México. En 1774, el virrey Bucareli encomendó la tarea de establecer y cartografiar dicha ruta a Juan Bautista de Anza, un soldado con un historial distinguido, que partió el 8 de enero del pequeño presidio de Tubac, situado justo al norte de la misión de Tumacácori, en la actual Arizona. Se llevó consigo a treinta y cinco hombres y se dirigió al oeste, utilizando las sendas existentes de los nativos americanos para labrar un camino a través del desierto y las montañas. Para el 22 de marzo habían llegado a la altura de Los Ángeles, antes de descender por la costa hasta Monterrey. A continuación, el grupo volvió sobre sus pasos hasta regresar al punto de partida, con el fin de asegurarse de que la ruta era una certeza y no un accidente[77]. Tras regresar a Arizona, Anza fue ascendido a teniente coronel y condujo un grupo de doscientos cuarenta soldados y colonos de vuelta a California, aunque esta vez se encaminó al norte desde Monterrey hasta alcanzar la bahía de San Francisco, en junio de 1776[78].

Por otra parte, hubo dos franciscanos llamados Francisco Atanasio Domínguez y Francisco Silvestre Vélez de Escalante que, con un puñado de hombres, comenzaron un viaje con visos épicos desde Santa Fe hacia el noroeste. Partieron en julio de 1776 y atravesaron parte de la meseta del Colorado y la Gran Cuenca de Utah antes de que, temiendo no sobrevivir, decidieran dar media vuelta, pues tras dos meses de viaje descubrieron que estaban apenas a unos cientos de kilómetros al oeste de donde habían comenzado. Habían descrito un bucle en torno a la actual región de «las cuatro esquinas» de los estados de Colorado, Utah, Arizona y Nuevo México. En la expedición se encontraba Bernardo Miera y Pacheco, un cartógrafo español residente en Nuevo México a quien encargaron la tarea de plasmar en un plano aquel difícil terreno. Parte del problema residía en que no había mapas de las vastas tierras entre Nuevo México y California que tuvieran la suficiente precisión geográfica; en su lugar, les tocó depender de cualquier guía nativo que quisiera ayudarles. Aunque la expedición terminó siendo un fracaso, Miera logró confeccionar lo que se llamó «Plano geográfico de la tierra descubierta nuevamente por los rumbos norte, noroeste y oeste del Nuevo México». De sesenta centímetros de alto y un metro de ancho, el mapa es una obra de arte en sí misma que, al reflejar casi medio millón de kilómetros cuadrados de territorio, se convirtió en un valioso recurso para futuras exploraciones al oeste[79].

En su afán por encontrar nuevas rutas hacia California, los españoles tuvieron constantes encuentros con los nativos americanos. Algos de ellos fueron violentos, como el ataque que se produjo el 17 de julio de 1781 sobre un grupo de colonos que se dirigía a California siguiendo el camino descubierto por De Anza. Se produjo cerca del río Colorado y se saldó con treinta soldados y cuatro franciscanos muertos, además de varias mujeres y niños secuestrados. Aunque a esas alturas la ruta llevaba algo más de siete años usándose, esta masacre frenó cualquier desplazamiento por tierra de grandes grupos de colonos[80]. Hacia 1790 sólo había mil colonos en California, partiendo de ciento setenta en 1774[81]. Por comparación, en 1800 había unos quince mil españoles en Nuevo México[82], si bien estos confines del imperio resultaban irrisorios si se ponían al lado de Ciudad de México, Lima o incluso Filadelfia, que hacia 1776 contaba con una población de unos treinta mil habitantes.

Los españoles siguieron buscando rutas que conectaran sus territorios norteamericanos. Hacia la década de 1790 se empezaron a enviar partidas desde San Luis, en la Alta Luisiana española, para colorear las desconocidas tierras interiores de los mapas. Se dirigieron al oeste a lo largo del valle del Misuri, con la esperanza de hallar alguna vía navegable que los condujese hasta la Alta California y que sirviera como una especie de Pasaje del Noroeste. Tramperos británicos de Canadá, colonos franceses de Misuri, jóvenes aventureros de los Estados Unidos... todos ellos partieron, a veces con el apoyo de las autoridades españolas de la Luisiana, en busca de una ruta acuática viable entre el este y el oeste, pero esta se les volvió a escapar[83]. Todavía por un tiempo, California seguiría siendo una isla.

Capítulo 7
Nueva Orleans, Luisiana
ca. 1790-1804

Nueva Orleans, considerada la ciudad más «francesa» de los Estados Unidos, está jalonada de edificios ornamentados con una placa de azulejos. Conmemoran antiguos nombres de calles, solo que estos no son franceses, sino españoles. Una de ellas lleva un regio escudo de armas a la izquierda del rótulo, sobre una superficie irregular y desportillada; dice: «Cuando Nueva Orleans fue la capital de la provincia española de Luisiana / 1762-1803 / Este lugar llevó el nombre de Plaza de Armas». Hoy se llama Jackson Square y es el corazón del *Vieux Carré*, o Barrio Francés. De los millones de turistas que visitan Nueva Orleans, la mayoría pasa de largo sin permitirse un segundo de curiosidad. No obstante, la impronta arquitectónica de los españoles es mucho más evidente de lo que podría parecer a primera vista, empezando porque se vieron obligados a reconstruir la ciudad dos veces.

Aunque los centros urbanos del Imperio español en las Américas se valían de líneas rectas y plazas para organizar el espacio, los arquitectos españoles no pueden llevarse todo el mérito por la ajedrezada armonía de la parte más antigua de Nueva Orleans. Ideado por Pierre le Blond de la Tour, jefe de los ingenieros reales, y su asistente Adrien de Pauger, el plan original de 1721 concebía una ciudad rodeada por tres murallas y con las calles dispuestas en forma de damero junto a la orilla del Misisipi, con una plaza central que situaba la iglesia en el corazón de la villa. Las obras comenzaron cuando aún estaban vivos —Le Blond de la Tour murió en 1724 y Pauger en 1726—, pero hubo considerables retrasos debido a un huracán en 1722[1]. Nueva Orleans creció, pero en 1788, cuando se encontraba bajo dominio español, se desató un incendio el día de Viernes Santo que devoró la ciudad y consumió las múltiples estructuras construidas con madera de ciprés. Más de ochocientos edificios quedaron arrasados, incluida la iglesia principal. Las autoridades se apresuraron a reconstruirlo todo, pero se produjo otro incendio, de menor gravedad, en 1794. Los españoles reemplazaron los edificios de madera con construcciones más imponentes, apropiadas para una población que por entonces ascendía a cerca de cinco mil personas, y que dejaron a Nueva Orleans con un entorno urbano que combinaba los estilos coloniales de Francia y España. En el centro se encontraban los dirigentes municipales, mientras que los esclavos y libertos de color quedaron relegados a los márgenes, una organización del espacio que conectaba Nueva Orleans con otras partes del mundo hispánico, como La Habana[2]. Sustituyendo las edificaciones de madera que se habían quemado, los edificios de piedra incorporaron rasgos españoles, tales como patios interiores o balcones con enrejados de hierro ornamentales.

El periodo en que España estuvo a cargo de lo que había sido la Luisiana francesa fue, en muchos aspectos, una historia de dos colonias: la frontera de la Alta Luisiana, que era una gran extensión de territorio al norte y oeste del tramo superior del Misisipi, y el mundo de Nueva Orleans y la Baja Luisiana, que formaba parte de la región del Golfo y el Caribe. A pesar de sus diferencias, las dos Luisianas experimentarían alteraciones similares antes de que acabase el siglo XVIII.

• • •

Arrancando en 1763, la etapa temprana del dominio español en Nueva Orleans tuvo un comienzo accidentado. Cuando el primer gobernador de la Luisiana, Antonio de Ulloa, llegó por fin en 1766, se enfrentó al mismo problema que sus compatriotas en Florida, la falta de dinero y de hombres, al cual se añadió el quebradero de cabeza de las jerarquías políticas presentes desde la etapa francesa. En 1767, el capitán general de Cuba, Antonio María de Bucareli —que más tarde se convertiría en virrey de Nueva España—, informó a los ministros de España de que Ulloa había enviado «dos cartas para mí en las que me manifiesta la triste situación en que se halla por falta de caudales, y me pide le envíe prontamente de cuarenta a cincuenta mil pesos», lo cual le resultaba imposible[3]. Sin embargo, a Ulloa se le asignó, al menos sobre el papel, un presupuesto anual de doscientos cincuenta mil pesos a partir de 1768, si bien este dinero dependía en gran parte de la plata que se enviase desde Nueva España[4]. Al igual que sucedía con la financiación de la Florida y las colonias menos rentables, este subsidio de plata conocido como «el Situado» llevaba tiempo formando parte de las finanzas imperiales españolas. El siglo XVIII había sido escabroso a nivel financiero, puesto que los constantes periodos de guerra suponían bruscos aumentos en la cantidad de plata que se enviaba a estas colonias de la periferia con el fin de reforzar sus defensas: entre 1770 y 1779 se exportaron casi cinco millones de pesos, pero entre 1790 y 1799 esta cantidad alcanzaría los nueve millones, que equivalía a casi el 40 % de la producción de plata novohispana en este periodo[5]. A pesar de las sumas y la urgencia, los pagos podían retrasarse o perderse, obligando a gobernadores como Ulloa a arreglárselas como pudieran mientras tanto.

Antonio de Ulloa era un reputado científico e intelectual, pero como administrador no era tan capaz, y desde el comienzo afrontó numerosos desafíos en la Luisiana. Inicialmente trató de compartir el poder con el gobernador francés en el momento de la entrega, Charles-Philippe Aubry[6]. Tuvo muchos problemas para reafirmar su autoridad, y para octubre de 1768 perdió el control de la situación cuando los colonos franceses, incluidos los comerciantes de Nueva Orleans, hicieron que lo arrestaran acusado de malversación, al tiempo que declararon su lealtad ininterrumpida hacia Luis XV. Los franceses tenían una serie de quejas, empezando por el fallido intento por parte de Ulloa de poner en práctica los estrictos (e impopulares) reglamentos comerciales de España, que incluían medidas enérgicas contra el contrabando. Los mercaderes locales estaban igualmente frustrados por la escasez de productos manufacturados que producían los españoles. A Ulloa le dieron tres días para marcharse y regresó a Cuba, acompañado de su familia y un puñado de funcionarios y soldados[7].

Durante muchos meses la Luisiana española estuvo sin gobernador, hasta que desde Madrid se envió a Alejandro O'Reilly, uno de sus mejores oficiales del ejército, junto con un contingente de dos mil soldados y veintiuna embarcaciones[8]. Nacido en Irlanda, O'Reilly contaba con una distinguida carrera al servicio de España, y el 18 de agosto de 1769 llegó a bordo del Volante, procedente de La Habana, entre gritos de «Viva el Rey» y salvas de artillería[9]. A continuación procedió a izar la bandera española sobre la Flor de Lis, un acto simbólico del que Ulloa había prescindido[10]. Se granjeó el mote de «O'Reilly el Sanguinario» cuando hizo ejecutar a cinco franceses sospechosos de estar detrás del levantamiento inicial, pero bajo su mandato no se producirían más revueltas. El control español era absoluto, por el momento[11].

Al igual que muchas ciudades portuarias de la época, Nueva Orleans se estaba labrando una reputación de ser un lugar alborotado, y O'Reilly trató de regular el número de posadas, salones de billar y cabarés «que muchos individuos han establecido con impunidad y sin permiso», juzgándolos «muy peligrosos para el orden público»[12]. A comienzos de 1770 había impuesto un cierto grado de lo que los administradores españoles solían llamar «tranquilidad», mediante una serie de leyes y reformas de índole similar, algo que imitarían los gobernadores sucesivos. Puso la administración del territorio bajo el control del capitán general de La Habana y reforzó las instalaciones militares. En 1771, O'Reilly entregó el mando a Luis de Unzaga, que sirvió hasta 1777, cuando fue reemplazado por Bernardo de Gálvez.

El desarrollo de Nueva Orleans y la Baja Luisiana bajo administración española se produjo en el contexto de los años posteriores a la guerra de los Siete Años y de la Revolución estadounidense. Su futuro estaría marcado por nuevos conflictos: la Revolución francesa, las posteriores guerras revolucionarias y napoleónicas, y la rebelión masiva de esclavos que se produjo en la colonia azucarera que Francia poseía en las Indias Occidentales: Saint-Domingue (la actual Haití). Estos tres conflictos estaban interconectados, y España y la Luisiana se vieron obligadas a responder a diversos aspectos de los mismos. Para las autoridades de Madrid, la preocupación más acuciante eran los combates que estallaron por toda Europa tras la Revolución francesa. Sin embargo, más cerca de Nueva Orleans, la Baja Luisiana se veía amenazada por los desórdenes que estaban teniendo lugar en el Caribe.

Los clamores en Francia pidiendo libertad, igualdad y fraternidad surcaron el Atlántico y resonaron con estruendo en Saint-Domingue. Esta colonia albergaba unos quinientos mil esclavos —muchos recién llegados de África—, treinta mil libertos de color y otros treinta mil blancos. Al principio, muchos de los cuales eran prósperos plantadores de café o índigo, y que a estas alturas incluso poseían sus propios esclavos, exigieron la igualdad de la que se hablaba en Francia. Veían una oportunidad para acabar con las leyes discriminatorias, las cuales se habían ido intensificando a lo largo de los años y que imponían restricciones, por ejemplo, en el tipo de vestimenta que se les permitía llevar o los lugares públicos que podían frecuentar.

Vincent Ogé, que pertenecía a las *gens de couleur* de Saint-Domingue, abogó por la igualdad ante la Asamblea Nacional francesa en 1790, pero sus llamamientos fueron en vano. Ese mismo año regresó a la colonia y encabezó un alzamiento antes de ser capturado y ejecutado. Al mismo tiempo, la comunidad blanca se estaba fragmentando: los pobres se inclinaban hacia el republicanismo, mientras que el clero y los acaudalados dueños de las plantaciones de azúcar seguían apoyando al rey. A esta combinación, ya de por sí explosiva, se añadió otro elemento inflamable: los cientos de miles de esclavos que habían seguido con gran atención estos acontecimientos. En agosto de 1791 comenzaron su propia lucha por la libertad, que duraría trece años y se conocería posteriormente como la Revolución haitiana.

Por todo el Caribe cundió la alarma entre funcionarios y esclavistas, y lo mismo sucedió en Estados Unidos, así como en la Florida y la Luisiana españolas. Para España la amenaza tenía dos rostros: el republicanismo europeo y la posibilidad de que se produjese una liberación de esclavos en las Américas. Los españoles no tardaron en descubrir una conspiración orquestada por Edmond-Charles Genêt, embajador francés en EE. UU. durante la revolución, con el fin de atacar las colonias españolas en las Américas, incluida Florida, si bien el plan no prosperó[13]. Para empeorar la situación, en 1792 la Asamblea Nacional francesa decidió conceder igualdad de derechos a las personas libres de color, medida a la que siguió la abolición de la esclavitud, proclamada en agosto de 1793 por Léger-Félicité Sonthonax, comisario de la revolución en Saint-Domingue. Su esperanza era que tal movimiento pusiera fin al alzamiento, pero a pesar de que la Asamblea Nacional ratificó la abolición un año después, no se logró apagar las llamas de la revuelta en la isla. A estas alturas se habían formado numerosas facciones, con los antiguos esclavos negros luchando contra los mulatos libres, y los realistas combatiendo a los revolucionarios. Gran Bretaña añadió otro grado de complejidad cuando envió tropas en 1793, ya que esperaba aprovechar los desórdenes para arrebatar la isla a Francia, pero para 1798 los invasores habían sido expulsados.

La combinación de estos sucesos supuso una constante fuente de preocupación para los propietarios de esclavos y los administradores coloniales por toda la región. Los españoles permanecieron en máxima alerta, y a lo largo y ancho del imperio trataron de prohibir la circulación de cualquier material incendiario procedente de la Francia republicana, tales como panfletos o periódicos. A pesar de estos esfuerzos, resultaba difícil controlar el flujo de información, especialmente en una ciudad portuaria como Nueva Orleans, llena de marineros y contrabandistas que podían hacer circular lecturas ilícitas y propalar los rumores más recientes. El entonces gobernador de la Luisiana, Francisco Luis Héctor, barón de Carondelet, difundió propaganda crítica con la revolución en un intento de contrarrestar cualquier noticia positiva que llegara de Francia[14]. El barón, francés de nacimiento pero unido por matrimonio a una destacada familia española, ejerció el cargo al servicio de la Corona entre 1791 y 1797, durante gran parte de este tiempo de incertidumbre. En este periodo puso en práctica una serie de medidas en su afán por mantener la paz. No todas gozaron de popularidad, y algunos franceses le llamaban Carondelet *cochon de lait* (el Cochinillo)[15]. Los franceses blancos de la Luisiana también estaban divididos; algunos estaban del lado de la revolución, mientras que otros permanecieron leales a la monarquía o a España[16]. Del mismo modo, la gente de color no tenía una postura uniforme; al igual que en Saint-Domingue, había divisiones sociales que incluían, entre otras, las categorías de esclavo, libre, negros de piel más oscura (morenos) y de piel más clara (pardos). Asimismo, muchas personas de color formaban parte de las milicias «morenas» o «pardas», que fueron un elemento esencial en la defensa de la Luisiana española. Incluso antes de la rebelión en Saint-Domingue, los administradores del territorio se habían cuidado de mantener un férreo control sobre la gente de color por medios legales y mediante manipulaciones como, por ejemplo, tratar de impedir que los libertos confraternizasen con los esclavos[17].

Durante la época de la Revolución haitiana, se implantó una serie de restricciones a la importación de esclavos, que incluía la prohibición de aquellos procedentes del Caribe francés. La entrada de personas de color fugadas procedentes de Saint-Domingue estaba igualmente proscrita. La esclavitud en la Luisiana no tenía la misma magnitud que en la colonia francesa, si bien Nueva Orleans había sido una parada habitual de los barcos negreros en torno a la década de 1770, y allí iban a parar algunos esclavos tras ser reexportados a través de colonias británicas como Jamaica[18]. Entre 1783 y 1789 se llevó al menos a seis mil doscientos a la Luisiana, y otros mil setecientos de 1790 a 1796. Añadiendo a los nacidos en esclavitud, el número total rondaría los veinte mil en 1788, sobre una población global de cerca de cuarenta y dos mil[19].

Al igual que en el resto del Imperio español, los esclavos de la Luisiana podían ejercer el derecho a comprar su libertad, conocido como «coartación». Era una antigua disposición legal que les permitía negociar y pagar un precio a sus amos a cambio de su manumisión. En Nueva Orleans, el número de libertos de color en 1771 estaba justo por debajo del centenar, pero hacia 1785 esta cifra había alcanzado los novecientos, contra una población urbana de unos cuatro mil cuatrocientos blancos y nueve mil quinientos esclavos[20].

Para los que seguían esclavizados, los españoles implantaron en la Luisiana códigos de esclavos para regular su comportamiento, al igual que habían hecho los franceses. En general, estos reglamentos establecían disposiciones relativas, por ejemplo, a su instrucción religiosa, a los tipos de castigo permitidos o a cómo tratar con los fugitivos que eran capturados, pero a menudo resultaban ignoradas. El primer *code noir* de Francia fue publicado en 1685, y su equivalente para la Luisiana se promulgó en 1724. En España, las leyes para el tratamiento hacia las personas esclavizadas se remontaban a las *Siete partidas*, promulgadas en el siglo XIII y que tienen sus raíces en el derecho romano. En 1784, la Corona emitió su *Código negro carolino*, en un intento de imitar al francés e impulsar el crecimiento de la esclavitud y la agricultura en su territorio de Santo Domingo, el vecino pobre de Saint-Domingue. Le sucedió el *Código negro español* de 1789, y durante la década siguiente se incrementó el control social sobre esclavos y libertos de color, al hacerse evidente que otras partes del Imperio español en el Caribe podrían beneficiarse de los acontecimientos en la colonia francesa. Los años de lucha habían sido testigos de la destrucción de muchos campos de caña y de la huida de sus dueños, lo que situó Cuba y Puerto Rico, y en menor medida la Luisiana, en posición para virar su economía hacia el azúcar, retomando lo que había dejado Saint-Domingue. Cuba, en particular, emergería como la potencia azucarera del Caribe.

El tratamiento que recibían los esclavos y personas libres de color también estaba sujeto a normas y ordenanzas locales. Por ejemplo, en los inicios del dominio español en la Luisiana, Antonio de Ulloa había implantado medidas como el toque de queda, el permitir los castigos con el látigo, o prohibir las reuniones de esclavos de distintos dueños[21]. Sin embargo, al mismo tiempo concedió permiso a su propio capellán para casar a un hombre blanco con una mujer esclavizada, lo que causó un escándalo en los círculos de plantadores franceses, pues las leyes de Francia habían prohibido este tipo de enlaces[22]. A los franceses blancos les preocupaba la excesiva permisividad de los españoles y el hecho de que su enfoque socavara todo el régimen esclavista[23]. A pesar de estos recelos, en Nueva Orleans se siguió practicando el concubinato, al tiempo que aumentaba la población de libertos de color. Hacia la década de 1780, el entonces gobernador Esteban Miró (1785-1791) implantó ordenanzas para limitar el poder social de este colectivo en auge. También preparó otra serie de edictos para la gente de color, dirigidos especialmente hacia las mujeres que describió como concubinas, a las que exigió que vistieran atuendos menos elegantes y les prohibió llevar sombreros caros o peinados excesivamente elaborados. Los sustituiría el *tignon*, un pañuelo anudado en torno a la cabeza que llevaban las esclavas, en un intento de mantener a estas mujeres en los límites de su categoría social[24]. Miró criticó «la vagancia de las negras y las mestizas libres», afirmando que «viven del producto de su vida licenciosa sin abstenerse de los placeres carnales» e instándolas a «volver al trabajo»[25].

A pesar de las múltiples restricciones impuestas a la gente de color en la Luisiana, hubo una tradición que no se tocó: los domingos a mediodía, los esclavos de Nueva Orleans se reunían después del mercado matinal para bailar y tocar percusión en un lugar en los márgenes de la ciudad que se conocería posteriormente como Congo Square. A las personas esclavizadas se les tenía que dar libre el día del Señor, y muchas acudían a estas «danzas o entretenimientos». La práctica se mantuvo durante toda la época española, aunque las autoridades estipulaban que «cesarán siempre antes del anochecer», no fuera a ser que a los esclavos les entrasen ideas más subversivas[26].

Aunque la Revolución haitiana sigue siendo el mayor y más conocido alzamiento de esclavos, no fue el único que se produjo en la década de 1790. De hecho, solo en 1795 los holandeses hicieron frente a una insurrección en Curasao y los británicos tuvieron una revuelta en Dominica, que se sumó a un conflicto ya en curso conocido como las guerras cimarronas, libradas contra los descendientes de esclavos fugados que vivían en las montañas de Jamaica. La rebelión, la revolución y sus correspondientes esperanzas y temores también se abrieron paso hasta la Luisiana. Al norte de Baton Rouge se encuentra una zona llamada Pointe Coupée, donde hacia 1788 las personas esclavizadas casi triplicaban en número a las libres: 1492 frente a 512, cifra que en 1795 ascendería a dos mil blancos frente a siete mil esclavos. Se descubrieron sendas conspiraciones en 1791 y 1795, la segunda de las cuales también incluía partícipes blancos, para consternación de las autoridades españolas. Los supuestos cabecillas fueron arrestados y posteriormente juzgados, resultando en unos veinticinco negros sentenciados a la horca, otros treinta o cuarenta enviados a trabajos forzados en un presidio español, y otros expulsados de la Luisiana. Cuatro de los ahorcados fueron después decapitados, y sus cabezas se clavaron en postes a lo largo de la carretera principal a Pointe Coupée a modo de advertencia. Otras dos cabezas cortadas fueron a parar a Nueva Orleans, y se repartieron seis más entre distintos puestos de avanzada[27]. Al año siguiente, en 1796, el gobernador Carondelet intentó prohibir la entrada de cualquier esclavo en la Luisiana, al tiempo que intentó convencer a los propietarios de que tenían que darles un mejor trato para prevenir intrigas futuras. A pesar de la prohibición, se mantuvo el contrabando de esclavos, y el siguiente gobernador, Manuel Gayoso de Lemos, rescindió la orden en 1799[28].

• • •

La cuestión irresuelta de la Florida Occidental volvió a aflorar durante los tumultos de la década de 1790. Aunque volvía a estar bajo control español tras el Tratado de París de 1783, la colonia seguía teniendo una población reducida[29]. Estados Unidos insistía en sus exigencias sobre la frontera en disputa, y en 1795 el primer ministro Manuel de Godoy, que había reemplazado a Floridablanca, se plegó a ellas. Distraído por la participación española en las guerras revolucionarias de Francia en Europa, y deseoso por mantener buenas relaciones con los estadounidenses, al tiempo que mostraba escaso interés en la Luisiana, en octubre de 1795 firmó el Tratado de San Lorenzo, conocido en EE. UU. como Tratado de Pinckney por su representante Thomas Pinckney[30]. El acuerdo concedió a los americanos todo lo que querían, incluida la confirmación de la frontera de la Florida Occidental en el paralelo 31, derechos de comercio y navegación para las embarcaciones estadounidenses en el Misisipi, la colaboración entre ambas naciones para prevenir ataques indios transfronterizos, y compartir el comercio con los nativos americanos en vez de competir por él[31]. Al enterarse de los términos, James Madison tuvo la impresión inicial de que, tal como expresó a Thomas Jefferson, «acomoda tanto la frontera como el comercio de manera muy satisfactoria»[32]. Para 1798 Estados Unidos había creado su Territorio del Misisipi, que se extendía a lo largo del paralelo 31 desde este río hasta el Chattahoochee, que hoy día forma parte de la frontera entre Alabama y Georgia[33].

No obstante, no había mucha seguridad en este intento por expandirse, ya que los líderes estadounidenses en estos primeros años de independencia consideraban cada movimiento al oeste como un posible enganchón que podía deshacer el delicado tejido de la república[34]. Una vez el Congreso ratificó el tratado, Madison atenuó su entusiasmo inicial, calificando el acuerdo de «un trago amargo para algunos», en parte porque «invitaba a nuevas emigraciones al país occidental»[35]. Tenían razones para estar intranquilos, pues los esquemas rupturistas como el de Franklin en 1784 habían mostrado cuán frágil era la situación en los confines de la nación. También causaban desasosiego las continuas hostilidades con los nativos americanos, que el secretario de Estado

Henry Knox achacó a los «deseos de demasiadas gentes blancas de frontera de apoderarse, por fuerza o por fraude, de las tierras indias vecinas». El trato a los indígenas resultaba preocupante para Knox, que dijo: «Nuestros modos de población han resultado más destructivos para los indios nativos que la conducta de los conquistadores de México y el Perú»[36]. Sin embargo, España y Estados Unidos estaban al borde de un acuerdo territorial que eclipsaría el de 1795 y transformaría el destino de ambas naciones.

Para el año 1800, Napoleón Bonaparte había consolidado su poder en Francia y puesto su atención en la colonia de Saint-Domingue, aún en rebelión, dispuesto a restituirla en su condición de «perla de las Antillas»: próspera, azucarera y esclavista. En ese momento, Napoleón redobló sus esfuerzos con medidas que incluyeron la reinstauración de la esclavitud en 1802 y el envío de su cuñado, Charles Leclerc, a recuperar la colonia al mando de diez mil soldados. Casi todos los miembros de la expedición perecieron, bien por los bríos renovados que cobró la lucha, liderada por el exesclavo Jean-Jacques Dessalines, bien por la fiebre amarilla. Leclerc sucumbió a la enfermedad y fue reemplazado por Donatien-Marie-Joseph de Vimeur, vizconde de Rochambeau, general cuyo padre había comandado tropas francesas durante la Revolución estadounidense. Rochambeau no fue rival para los antiguos esclavos; capituló en 1803, con un elevado costo para Francia, pues se calcula que a lo largo del conflicto murieron cincuenta mil soldados.

Bonaparte también había incurrido en una gran deuda librando esta guerra, así como las de Europa. Mientras la lucha en Saint-Domingue daba sus últimos coletazos, Bonaparte y España abrieron negociaciones con relación a la Luisiana. Los ministros españoles opinaban que devolver el territorio a Francia podría ayudar a proteger las mucho más valiosas posesiones de Nueva España[37]. Cada vez estaban más preocupados por que Estados Unidos se abriera paso a través de la Luisiana hasta Texas, y de ahí a sus minas de plata. Por otra parte, resultaba mucho más improbable que los franceses tomaran esta vía, y podrían contribuir a mantener a los colonos estadounidenses alejados del oeste. Bonaparte, sin embargo, tenía otras ideas en mente cuando en 1800 firmó en secreto el tercer Tratado de San Ildefonso. El acuerdo restituyó a los franceses el control sobre la Luisiana, con el requisito de que el territorio no podría venderse a terceros, una estipulación que Bonaparte no tardó en ignorar. En 1803 vendió la Luisiana a los Estados Unidos por quince millones de dólares (entre doscientos cincuenta y trescientos millones de dólares en la actualidad), una ganga que doblaría el tamaño de la joven nación.

Al comenzar las negociaciones, el presidente Jefferson y sus ministros albergaban la más modesta esperanza de hacerse con Nueva Orleans y la Florida Occidental, pero pronto sus perspectivas se acrecentaron al incluirse las tierras que se extendían hasta el río Bravo[38]. Para 1803, tanto republicanos como federalistas cuestionaban la sensatez del acuerdo mucho mayor que tenían ahora sobre la mesa, y ambos partidos opinaban que una compra tan grande venía acompañada de muchos riesgos[39]. Jefferson también tuvo que hacer acrobacias políticas en torno al hecho de que esta compra no estaba en línea con la Constitución. Los negociadores no estaban autorizados para comprar tanto terreno, y la interpretación del propio Jefferson de los poderes del gobierno dentro del ámbito constitucional también prohibía dicha adquisición, lo que significaba que el gobierno necesitaría una enmienda para tener la capacidad de efectuar una transacción tan enorme[40]. Se tardaría meses en aprobar esta enmienda en el Congreso y, sencillamente, no había tiempo que esperar, por lo que Jefferson siguió adelante, al comprender que la oportunidad era demasiado buena como para dejar que se le escurriera entre los dedos[41]. Tal como escribiría posteriormente a Madison: «Cuanto menos digamos acerca de las dificultades constitucionales respecto de la Luisiana, mejor»[42]. Aunque Jefferson firmó el acuerdo, no recibió todo lo que esperaba, pues Florida siguió siendo española. El ministro español Pedro Cevallos escribió al marqués de Casa Calvo, gobernador de la Luisiana y a quien habían encomendado supervisar la transición, diciendo que Estados Unidos tenía la mirada puesta en Florida al creer erróneamente que debía formar parte de la compra. La Luisiana había sido cedida a España, alegaba Cevallos, pero la Florida estaba «fundamentada en el derecho de conquista»[43].

El doble juego de Bonaparte provocó la indignación de los españoles, que trataron de anular la adquisición al tiempo que intentaron recuperar partes de Arkansas y Misuri utilizando algunos de sus mapas como prueba, pero también fue en vano. Siguieron temiendo por Nueva España, sabedores de que Jefferson había mostrado curiosidad por ella. Solicitó información al naturalista Alexander von Humboldt, que se encontraba de visita en el virreinato y que estaba bien posicionado para responder a las preguntas del presidente en materia de «producción de mineral [...] especialmente en aquellos territorios que han de ser cedidos en el supuesto de que la desembocadura del río Bravo del Norte se convierta en el límite de la Luisiana»[44]. Durante las negociaciones para establecer la frontera con España, Jefferson siguió argumentando que el territorio cedido por Francia se extendía hasta llegar al río Bravo en el oeste y hasta gran parte de la Florida Occidental en el este, pretensión desestimada por España[45]. En 1804, el presidente envió a inspeccionar el territorio de la Luisiana a Meriwether Lewis y a William Clark, quienes emprendieron su épica marcha hacia el oeste en la primera gran expedición estadounidense. En esta coyuntura, reapareció el espía James Wilkinson para dar el chivatazo a los españoles e intentar convencerles de que interceptaran a Lewis. No obstante, bloquear su misión tan solo habría retrasado lo que ya a todas luces estaba resultando inevitable[46].

Capítulo 8
Río Sabina, Texas
ca. 1804-1823

El río Sabina discurre por una angosta cuenca desde su cabecera en el noreste de Texas hasta llegar a la confluencia de tres cursos de agua al este de Dallas, extendiéndose en dirección sureste antes de tomar rumbo sur y cubrir una distancia de casi quinientos kilómetros. Se cree que su nombre procede de los árboles que bordean sus riberas, similares a los cipreses. Hoy día el curso bajo del río serpentea entre las grúas, depósitos y maquinaria pesada de la industria petrolera texana a medida que se abre paso hasta el lago Sabina, cerca de Port Arthur, antes de desembocar en el golfo de México. No es la más majestuosa de las vías navegables, pero tiene importancia cartográfica, pues a partir del paralelo 32 forma parte de la frontera entre los actuales estados de Texas y Luisiana, y a comienzos del siglo XIX habría de separar los Estados Unidos de Nueva España.

Tras la compra de la Luisiana, se pretendía que la zona en torno al río sirviera de «franja neutral» que amortiguase las disputas entre España y Estados Unidos con relación a las pretensiones de este último sobre las tierras que se extendían hacia el oeste hasta llegar al río Grande. El río Sabina constituía el límite occidental de esta zona, mientras que el borde oriental estaba delimitado por dos cursos de agua: al norte el arroyo (o río) Hondo, cerca de Natchitoches, y al sur el río Calcasieu, que discurre durante casi trescientos kilómetros entre los *bayous* de Luisiana hasta desembocar en el lago Charles y de ahí al Golfo. Los indios caddos llevaban largo tiempo habitando esta región, pero este acuerdo la convirtió legalmente en una zona tampón, atrayendo a ladrones, contrabandistas de esclavos y otros forajidos a sus pantanosos escondrijos[1].

Estas tierras interiores del oeste fueron el escenario ideal de la que quizás fue la trama inmobiliaria más infame de su tiempo. Una vez más, tuvo como partícipe al engañoso James Wilkinson quien, hacia 1804, había tenido conversaciones con el exvicepresidente Aaron Burr en torno a la ocupación del territorio entre Estados Unidos y Nueva España. Burr, que había ejercido el cargo durante la primera legislatura de Thomas Jefferson (1801-1805), no tardó en verse enredado en esta intriga angloespañola. Los implicados querían que hubiese una operación militar, pero Wilkinson seguía en el ejército y por tanto no podía dejar sus huellas en semejante plan. Al mismo tiempo, Wilkinson estaba negociando con España en nombre del gobierno estadounidense para llegar a un acuerdo diplomático con relación a la frontera del Sabina.

Los rumores no tardaron en convertirse en una tormenta de desinformación. Los planes contemplaban —según quién los contase— el reclutamiento de un ejército de voluntarios para tomar posesión de una parte del territorio español y separarlo de Estados Unidos, con Nueva Orleans como capital, con el fin de utilizar la nueva colonia como trampolín desde donde lanzar ataques sobre Nueva España. Como colofón, algunos afirmaron que toda la trama pretendía socavar la unidad de la joven nación. La conspiración llegó hasta el punto de tener tropas en pie de guerra, incluidos voluntarios de la milicia de Tennessee; sin embargo, los españoles se percataron de ello y dispusieron a sus propios hombres[2]. Antes de que empezaran a silbar las balas, Wilkinson traicionó a Burr e informó a Jefferson de su implicación en la trama, lo que causó el arresto de Burr y su posterior juicio. Wilkinson trató al mismo tiempo de presentarse como un héroe para ambos bandos; de hecho, intentó —en vano— obtener un pago especial por parte del virrey de Nueva España por detener el caos que él mismo había creado[3].

El gobierno de los EE. UU. a duras penas podía controlar a conspiradores e intrigantes como James Wilkinson, y estos aventureros se estaban convirtiendo en un problema cada vez mayor[4]. Otras actividades similares estaban teniendo lugar en la Florida Occidental, donde los hermanos Reuben, Samuel y Nathan Kemper trataron de utilizar la cuestión fronteriza en su propio beneficio. En 1804, los tres hombres declararon una «República de Florida Occidental» con el fin de asegurarse la intervención y anexión por parte de EE. UU. Su estrategia consistía en realizar incursiones entre los territorios español y estadounidense, lo que tuvo el contraproducente efecto de enfurecer a otros anglos y acabar con los pocos apoyos que tenían. Las tropas españolas en la Florida Occidental pudieron capturarlos y restablecer el orden[5]. En Washington, algunos opinaban que estos desmanes sencillamente acabarían si los Estados Unidos controlasen estos territorios, por lo que en marzo de 1806 el Congreso dio permiso al secretario de Estado

James Madison para gastarse hasta cinco millones de dólares en una oferta a España por los territorios de Texas y Florida, aunque nada se obtuvo de ello[6]. En su lugar, la Florida española recibió un varapalo en 1807 con la Ley de Embargo promulgada por Jefferson, un polémico instrumento legislativo dirigido contra Gran Bretaña y Francia, que volvían a estar en guerra y trataban de obtener derechos comerciales exclusivos con los Estados Unidos. La ley prohibía la entrada en los puertos estadounidenses de cualquier embarcación extranjera, incluidas las de España. Las autoridades del país no tardaron en exigir una exención, petición denegada por Madison. Al mismo tiempo, algunos navíos estadounidenses se adentraron en el lago Pontchartrain, al norte de Nueva Orleans, lo que en efecto puso el territorio de la Florida Occidental bajo bloqueo. Sin embargo, esta política se volvió en contra de Estados Unidos, pues los comerciantes empezaron a contrabandear con mercancías a lo largo del valle del Misisipi y la costa de la Florida Oriental española. Para finales de 1808, la ley había sido derogada[7].

• • •

Sin embargo, las disputas comerciales no tardarían en pasar a un segundo plano, pues España iba a afrontar su mayor desafío hasta la fecha, que esta vez vendría de la mano de Napoleón Bonaparte. Para mayo de 1808, Carlos IV había abdicado y su heredero, Fernando VII, se encontraba exiliado en Francia a instancias de Bonaparte, que ya tenía sus tropas dispuestas en España. A continuación este puso en el trono español a su propio hermano José, lo que inmediatamente desató la ira de los españoles y provocó una insurrección, que comenzaría en Madrid y se extendería por todo el país hasta cruzar el Atlántico.

Inicialmente el público en la América española expresó su lealtad hacia Fernando VII, en parte porque las colonias eran consideradas —y ellas se consideraban a sí mismas— como reinos constituyentes de España, por lo que la situación se veía como un problema compartido[8]. Sin Fernando VII a la cabeza, la soberanía tendría que residir temporalmente en el pueblo, una idea arraigada en la tradición política de la España medieval[9]. Para ponerlo en práctica, el primer paso en España y las Américas consistía en establecer una serie de juntas provinciales, en torno a las cuales se articularía la soberanía nacional y la resistencia a Francia[10]. En España, las juntas regionales respondían a una junta suprema central, cuya sede se fijó inicialmente en Aranjuez, una villa a unos cincuenta kilómetros al sur de Madrid que albergaba uno de los palacios reales. Los combates no tardaron en obligar a la junta a desplazarse al sur, primero a Sevilla y finalmente a Cádiz, donde los navíos británicos ayudaban a España patrullando la costa.

Comenzaron a aparecer las juntas en las Américas y, al igual que en España, estas expresaron una aguerrida lealtad hacia Fernando VII, aunque también resultaba claro que se presentaba la ocasión para airear antiguos agravios. En el corazón de estas quejas se hallaba el hecho de que muchas de las reformas promulgadas por Carlos III habían causado fricción entre los criollos locales y los españoles peninsulares (también llamados «gachupines» en Nueva España) enviados a dirigir las colonias. La mayoría de los gobernadores, virreyes, jueces, obispos y otros funcionarios procedían de España; sin embargo, a esas alturas toda la América española contaba con una gran y a menudo próspera población de criollos, bien establecidos pero cada vez más indignados por su posición en la sociedad colonial. Aquí también estaba cobrando forma una identidad «americana», inspirada en sus orígenes tanto indígenas como europeos, un «patriotismo criollo» con una creciente hostilidad hacia los administradores españoles[11].

Los criollos de todo el imperio exigían mayor poder político, oportunidades económicas y autonomía a nivel local, aunque no la independencia —al menos, no por el momento—. En una geografía tan vasta y diversa, la naturaleza local y regional de las demandas hacía prácticamente imposible que los reinos de la América española llegasen a mayores acuerdos, dejando al margen su lealtad común hacia Fernando VII. Era una situación bastante diferente a la de las Trece Colonias británicas, cuya ira estaba dirigida al rey y que tenían una idea más clara de sus objetivos comunes. En la América española no existían tensiones entre el rey y sus súbditos, sino entre los administradores del monarca y la gente que habían de supervisar en su nombre.

En tales circunstancias, no podía sostenerse el antiguo orden de cosas. En Nueva España, el virrey del momento, José de Iturrigaray, favoreció una junta criolla de autonomía temporal que funcionase con él mismo a la cabeza y, al mismo tiempo, sirviera los intereses de la próspera comunidad local de terratenientes y propietarios de minas. Sin embargo, un grupo de españoles organizó un golpe de Estado en 1808 y puso en su lugar a Pedro de Garibay, que representaba la soberanía de la junta central en España[12]. La jugada no fue popular entre el gran público, que ahora veía lo poco fundada que estaba la autoridad de estos «gachupines».

Mientras tanto, en España, la junta central promulgó en 1809 un decreto por el cual los territorios americanos debían elegir delegados para incorporarse a ella. Pese a su creencia de que eran partes iguales de la Corona, los reinos de las Américas verían entonces el verdadero desequilibrio de poderes. Ellos consideraban sus juntas como iguales a las de España, pero cuando les invitaron a enviar delegados, solamente se asignó una persona para cada uno de los virreinatos y otras cinco para las capitanías generales independientes: un total de nueve escaños frente a los treinta y seis de España[13]*.

Antes de que pudieran darse grandes avances en el proceso, se produjo la unión de la junta central con el consejo de regencia, que ejercía sus funciones en nombre de Fernando VII, tras la cual se hizo otro llamamiento para que se enviaran representantes a una asamblea nacional, las Cortes, que tendría lugar en Cádiz. La primera sesión se celebraría en septiembre de 1810, y la organización de los delegados haría reaparecer la cuestión de la proporcionalidad. Las colonias eran mayores en términos de población —entre trece y quince millones en las Américas frente a los diez millones y medio de España— y riqueza, pero los españoles obtuvieron más escaños en las Cortes[14]. Los españoles temían verse superados en votos por los delegados de ultramar, aunque al mismo tiempo ampliaron la invitación para que se enviaran representantes más allá de los de los virreinatos y las capitanías generales independientes. Debido a las dificultades para llegar a España, muchos diputados de las Américas acabaron siendo elegidos entre los criollos que resultaron encontrarse en Cádiz en aquel momento, un procedimiento que la población de las colonias consideró ilegítimo y no representativo. Se reunió un grupo de ciento setenta y siete electores de las Américas para escoger a estos delegados suplentes —y en teoría temporales—. Tan solo un delegado de ultramar pudo llegar antes de la apertura, el puertorriqueño Ramón Power[15]. Cuando por fin se reunieron las Cortes, el 24 de septiembre de 1810, había ciento cuatro diputados, con veintisiete en representación de las Américas y otros dos de las Filipinas, todos los cuales, salvo Power, eran suplentes. Los demás aún tenían que llegar y, al final, de los trescientos diputados unos sesenta y cinco representaron a la América española[16].

---

* En 1808 había cuatro virreinatos —Nueva España, Perú, Nueva Granada y Río de la Plata—, mientras que las capitanías generales independientes eran Guatemala, Cuba, Puerto Rico, Chile, Venezuela, y las Filipinas.

La autoridad española siguió resquebrajándose a lo largo de este proceso y, a medida que las grietas se convertían en abismos, surgían nuevos líderes e ideas. En Nueva España, en la mañana del domingo 16 de septiembre de 1810, el padre Miguel Hidalgo y Costilla, un sacerdote criollo de clase media, hizo repicar las campanas de la iglesia del pueblo de Dolores, a unos trescientos kilómetros al norte de la capital, en la región del Bajío. Sin embargo, no estaba tocando a misa, sino para que los feligreses se alzaran en rebelión, en un episodio conocido como Grito de Dolores. Hidalgo había estado conspirando con otros miembros de la clase media —medianos terratenientes, oficiales del ejército y el clero— que se sentían frustrados por la inestabilidad en España y la incapacidad de los «gachupines» para acometer reformas, además del hecho de que gran parte del comercio siguiera en manos de españoles y otros europeos[17]. Hidalgo y algunos otros criollos organizaron una junta revolucionaria, partidaria de Fernando VII, pero cuando fueron descubiertos decidieron emprender acciones más drásticas.

Hidalgo vio la oportunidad para realizar cambios más profundos, y no solo fueron las clases medias quienes se unieron a esta lucha, sino que también atrajo a personas de distintos orígenes: mestizos, mulatos, indios, braceros y artesanos, entre otros[18]. La realidad demográfica era que los españoles estaban ampliamente superados en número: hacia el año 1800 había unos seis millones de personas en Nueva España, de las que el 18 % eran criollos blancos (1,1 millones), mientras que solamente había unos quince mil españoles peninsulares. Los indígenas componían el 60 % de la población, mientras que las castas, que incluían a mestizos, mulatos y negros, constituían el 22 % restante[19].

Haciéndose a las armas en nombre del rey, y marchando bajo el estandarte de la Virgen de Guadalupe a gritos de «Muerte a los gachupines», Hidalgo y decenas de miles de seguidores se abrieron paso hacia el sur hasta llegar a Ciudad de México[20]. Ahora bien, no habían captado a muchos partidarios criollos; por el contrario, en esta coyuntura gran parte de ellos se consideraban diferentes a los indígenas y a la gente de las castas y, de hecho, temían que la violencia racial acabara por dirigirse contra los de su clase. Esta preocupación no era exclusiva de Nueva España y, a medida que se iban formando facciones por toda Hispanoamérica, las ideas acerca de la raza constituyeron un factor más en un periodo cada vez más complejo.

El ejército detuvo la marcha del padre Hidalgo, que por un breve tiempo logró eludir la captura, antes de ser apresado y fusilado en julio de 1811. A comienzos de ese mismo mes, Simón Bolívar promulgó la declaración de independencia en Venezuela[21]. La ocupación francesa había puesto de manifiesto las numerosas debilidades de España, a pesar del empeño de las juntas por preservar algún tipo de soberanía nacional. Durante este periodo reinó la incertidumbre a ambos lados del Atlántico, con los españoles tratando de mantener unida la nación, al tiempo que intentaban poner de relieve la posición de España en las Américas apelando a sus «hermanos» del otro lado del océano, con la religión e idioma que compartían como justificante para mantener la conexión, a la vez que echaban tierra sobre las quejas por injusticias pasadas[22].

Los dirigentes estadounidenses estaban siguiendo de cerca los inopinados acontecimientos al otro lado del continente. En noviembre de 1811, durante su mensaje anual al Congreso, el presidente James Madison dijo que los sucesos de las «grandes comunidades que ocupan el segmento sur de nuestro hemisferio y que se extienden hasta nuestra vecindad» suscitaban en los Estados Unidos la «obligación de adoptar un profundo interés en sus destinos»[23]. Sin embargo, Thomas Jefferson expresó un sentimiento menos optimista acerca de la gente de la América española, creyendo que «la ignorancia degradante en la que les han sumido sus sacerdotes y reyes» les había hecho «inaptos [...] para el mantenimiento o incluso el conocimiento de sus derechos»[24]. No obstante, esta inestabilidad podría zanjar definitivamente la cuestión de Florida, tal como explicó Jefferson a Madison en una carta de 1809, al tiempo que señalaba la tentadora posibilidad de hacerse con Cuba: «Napoleón ciertamente otorgará sin dificultad su consentimiento a que recibamos las Floridas y, con cierta dificultad, Cuba»[25]. La cada vez mayor rentabilidad de la isla azucarera de Cuba, con su proximidad a los Estados Unidos, hacía que Jefferson y otros la vieran como una atractiva y natural incorporación a los territorios esclavistas del Sur. De hecho, incluso algunos inversores de Nueva Inglaterra ya poseían acciones en las plantaciones cubanas[26].

Sin embargo, Cuba no estaba siguiendo el mismo camino que el resto de la América española, al igual que la isla de Puerto Rico. Aunque hubo intentos de constituir una junta, la isla mantenía una fuerte guarnición militar[27]. Asimismo, los plantadores y comerciantes de la isla, sabedores de lo que había pasado en Haití, temían que estallase una rebelión similar de esclavos en caso de que se menoscabara la autoridad colonial en una lucha por la independencia. De hecho, Cuba se vio obligada a afrontar una consecuencia de la Revolución haitiana: los refugiados. Cuando Saint-Domingue estaba en llamas, millares de personas huyeron a Cuba. Muchos establecieron plantaciones de café al este, en torno a Santiago, creyendo que algún día podrían regresar a sus hogares, pero la fundación en 1804 de la república negra de Haití hizo cambiar sus planes y permanecieron en la isla. Sin embargo, cuando los realistas cubanos oyeron la noticia de que había un Bonaparte sentado en el trono de España, se apresuraron a formar una junta para expulsar a estos supuestos franceses. Unas diez mil personas fueron deportadas, muchas de las cuales, no queriendo ir a Haití, optaron en su lugar por ir a Nueva Orleans entre 1809 y 1810, esperando contactar con la comunidad francófona allí residente[28].

Las Floridas también siguieron un camino diferente al de los demás territorios españoles en América. En 1809 se nombró a Carlos de Hault de Lassus gobernador del distrito de Baton Rouge, en la Florida Occidental, aunque su impopularidad no tardó en causar indignación y desórdenes. En 1810, un grupo de habitantes se propuso formar una junta al estilo español, iniciativa permitida por De Lassus, en parte para mantener una relación pacífica. Acudieron delegados de todas partes de la Florida Occidental, algunos de los cuales expresaron claramente su deseo de unirse a los Estados Unidos, mientras que otros querían aliarse con los británicos o simplemente permanecer bajo dominio español[29]. El grupo se reunió varias veces entre julio y agosto de 1810, hasta que finalmente levantaron las sospechas de los españoles. Vicente Folch, el gobernador de la Florida Occidental, con sede en Pensacola, amenazó con clausurar las reuniones, al tiempo que se propagó el rumor de que había tropas en camino[30]. En respuesta, un grupo de delegados atacó a finales de septiembre el pequeño y ruinoso fortín que había en Baton Rouge, tras lo cual promulgó una declaración de independencia e izó una bandera con una única estrella blanca sobre fondo azul, representando la República de Florida Occidental[31].

Las noticias de esta «república» llegaron a Washington, y el 19 de octubre el presidente James Madison escribió a Jefferson diciendo: «La crisis en Florida Oc., como veréis, ha llegado a nuestros sentires e intereses domésticos», antes de advertirle de que «presenta al mismo tiempo serias cuestiones, respecto de la autoridad del Ejecutivo, así como de la idoneidad de las leyes existentes en los E. U. sobre la administración territorial». Sus inquietudes, sin embargo, no impidieron que a finales de octubre Estados Unidos se anexionara la parte de la Florida Occidental comprendida entre los ríos Perdido y Misisipi. De todos modos, Madison creía que esta zona pertenecía al territorio adquirido en la compra de la Luisiana, y en ese momento consideraba que «al país del [río] Perdido, siendo nuestro, puede justamente tomársele posesión, si esto puede hacerse sin violencia»[32]. El 10 de diciembre, las tropas estadounidenses asumieron formalmente el control de la zona de Baton Rouge, en la Florida Occidental[33].

La Florida Oriental tampoco pudo eludir la confrontación. El presidente Madison envió al general George Mathews, exgobernador de Georgia, y a John McKee, que había sido agente de EE. UU. ante los choctaws, con el fin de recabar apoyos entre los anglos de la colonia para escindirla de España. A estas alturas, la Ley de Embargo de 1807 había convertido la parte norte del territorio español en un hervidero de comercio ilícito, incluida la trata de esclavos, mientras que ese mismo año el Congreso había aprobado una legislación que prohibía la importación de personas esclavizadas a los Estados Unidos.

Mathews ya había intentado en septiembre de 1810 reanudar las negociaciones con el gobernador Folch de la Florida Occidental para transferir esa parte del territorio. Cuando estas fracasaron, Mathews marchó a la Florida Oriental para tener una conversación similar con su gobernador, Enrique White, pero la negativa fue tan clara, que ni siquiera se vieron en persona. Derrotado, por el momento, Mathews regresó a Washington D. C.[35] La cuestión floridana no se atenuó, y de hecho hubo algo de alarma por los rumores de que quizás Gran Bretaña adquiriese el territorio. Para evitarlo, el Congreso aprobó una Resolución de No Transferencia en enero de 1811, ideada con el propósito de impedir cualquier posible cesión de los territorios de España en América a una potencia europea, pero elaborada con Gran Bretaña en mente[36].

Tras la rebelión de Baton Rouge durante los últimos meses de 1810, Vicente Folch cambió de parecer y supuestamente estuvo considerando algún tipo de alianza con los Estados Unidos, en parte debido a su temor a futuras sublevaciones. Estaba dispuesto a ceder el control sobre Mobile y Pensacola a cambio de que le ayudaran a asegurar el resto de la Florida Occidental[37]. Sin embargo, para cuando Mathews y McKee regresaron al Golfo en marzo de 1811 para proseguir las negociaciones, Folch había renegado de su idea, tras haber recibido órdenes de La Habana de que siguiera defendiendo el territorio sin ayuda estadounidense[38].

Mathews permaneció un tiempo en la Florida Occidental, pero al enterarse de la muerte del gobernador White en el territorio oriental, acudió a principios de junio de 1811 al río Santa María, en la frontera con Georgia[39]. Para agosto ya había empezado a formar alianzas con personas dispuestas a derrocar a los españoles, una intriga que tardaría algunos meses en preparar.

Mientras Mathews trataba de organizar soldados y armamento, las noticias de la trama causaron preocupación entre los españoles y consternación entre los cónsules británicos en la cercana Georgia, que no vieron con buenos ojos esta intromisión[40].

Mathews fue capaz de reunir a suficientes «patriotas» —el conflicto se conocería posteriormente como la Guerra Patriota— como para lanzar un ataque sobre Fernandina, una villa en el lado oriental de la isla de Amelia que contaba con puertos que daban al río Santa María. Mathews y sus hombres hicieron entrada en Fernandina el 12 de marzo de 1812, declarando la independencia de la Florida Oriental. Pocos días después, con el apoyo de cañoneras estadounidenses, les fue cedida la totalidad de la isla de Amelia, y la guarnición española presentó su rendición el 25 de marzo[41].

Desde allí, Mathews y sus hombres se propusieron marchar sobre San Agustín. Cuando las noticias llegaron a oídos de Juan José de Estrada, el nuevo gobernador de la Florida Oriental, este dio la alerta a sus aliados indios y a las milicias negras[42]. Ambos grupos tenían buenas razones para ayudar a los españoles, pues sabían que el control por parte de Estados Unidos supondría la pérdida de tierras y libertades. Los patriotas llegaron en abril y pronto pusieron sitio a la capital, al tiempo que las airadas protestas de los diplomáticos españoles hicieron que el presidente Madison se desvinculara de todo el asunto. En una carta de abril de 1812 dijo a Thomas Jefferson que Mathews «ha protagonizado una tragicomedia», molesto de que «sus extravagancias nos han puesto en el más angustioso de los dilemas»[43]. George Mathews recibió orden de abandonar Florida y murió en agosto de 1812, camino de Washington D. C.

El siguiente gobernador de la Florida Oriental, Sebastián Kindelán, fue enviado desde Cuba en mayo, acompañado de refuerzos y con la idea de que el incidente había sido un acto de agresión[44]. Entonces, en medio de esta disputa, Gran Bretaña y Estados Unidos entraron oficialmente en guerra el 18 de junio de 1812. A pesar de las escaramuzas que tuvieron lugar en Florida, el foco del conflicto no fue este territorio. Por el contrario, la guerra de 1812 surgió a raíz de una serie de disputas sin resolver relacionadas con cuestiones navales y otros asuntos referentes al Canadá. La mayoría de las batallas terrestres contra los británicos se libraron cerca de la frontera canadiense.

En Florida, la Guerra Patriota dio paso a este conflicto de mayor magnitud, en un momento en que Gran Bretaña y España eran también aliados, y comenzó a entreverse la posibilidad de alcanzar una resolución permanente respecto a Florida que favoreciese a los Estados Unidos, idea que se vio obstaculizada cuando en 1813 el Congreso rechazó las medidas para que el ejército ocupase la Florida Oriental. Continuaron las escaramuzas y ataques de las guerrillas, esta vez con una mayor participación de los seminolas en el bando español, hasta que una última emboscada en 1814 remató a los patriotas. Los españoles, una vez más en guardia ante EE. UU., terminaron el fuerte de San Carlos en Fernandina en un postrer intento de proteger la Florida Oriental.

Más al oeste, en Nueva España, el ímpetu revolucionario iniciado por el padre Hidalgo continuó bajo el liderazgo de otro sacerdote, José María Morelos, y se propagó a numerosos rincones, incluida la frontera norte. Aunque la población combinada de Texas, Nuevo México y la Alta y Baja California ascendía a menos del 10 % de los habitantes de Nueva España, estas zonas se vieron enzarzadas en la lucha[45]. Para enero de 1811, San Antonio se había alineado con los revolucionarios, y se idearon nuevos planes para reclutar más tropas de Coahuila, Nuevo León y Nuevo Santander, además de voluntarios estadounidenses[46].

Las autoridades españolas descubrieron la trama y algunos de los cabecillas fueron ejecutados, aunque uno de los organizadores, José Bernardo Gutiérrez de Lara, que había sido nombrado plenipotenciario del grupo, consiguió escapar a los Estados Unidos en agosto de 1811. Fue una expedición peligrosa y mortal, y Gutiérrez de Lara perdió a la mayor parte de sus hombres cuando fueron atacados por las tropas realistas mientras cruzaban la franja neutral. A pesar de estos reveses, consiguió abrirse paso a través de EE. UU., llegando en diciembre a Washington D. C.[47] Una vez allí, se reunió con el secretario de Guerra, William Eustis, quien le dijo que «sería fácil enviar un ejército a las orillas del río Bravo so pretexto de que van a tomar posesión de las tierras vendidas por Francia», pero Gutiérrez de Lara no se sentía cómodo con un este plan y prefería que toda ayuda fuese «prestada de tal modo que beneficie a ambos»[48]. Encontrándose en Washington, tuvo también un breve encuentro con el presidente Madison antes de entablar diálogo con el secretario de Estado James Monroe, quien dijo que Gutiérrez de Lara debía regresar a Nueva España para obtener la documentación correcta para comprar armas y para «informar de la disposición amistosa de este país en favor de la República de México»[49].

De regreso a Texas, Gutiérrez de Lara se detuvo en Nueva Orleans, donde contactó con el agente William Shaler y el exoficial del ejército estadounidense Augustus Magee, que le ayudaron a reclutar a un centenar de entusiastas aventureros anglos para atacar a los realistas en aquella provincia[50]. El 12 de agosto de 1812 capturaron Nacogdoches, y de ahí se dirigieron al Golfo, capturando en noviembre el presidio de Bahía del Espíritu Santo, cerca de Goliad. Los meses siguientes fueron testigos de intensos ataques por parte de los realistas; Magee murió y fue reemplazado por Samuel Kemper, uno de los hermanos implicados en la intriga de la Florida Occidental de 1804 y que en aquel momento asumió el mando de los voluntarios estadounidenses[51]. A finales de marzo de 1813, Gutiérrez de Lara entró en San Antonio de Béjar acompañado de su «Ejército Republicano del Norte», e imploró a sus habitantes que acogieran a los soldados anglos que estaban luchando junto a ellos y que, según afirmaba, eran «descendientes libres de los hombres que combatieron por la independencia de los Estados Unidos»[52].

Pocos días después, en la madrugada del 3 de abril de 1813, los líderes revolucionarios degollaron a diecisiete prisioneros relistas[53]. Estos asesinatos intranquilizaron a muchos de los voluntarios estadounidenses, pero por el momento Gutiérrez de Lara seguía al mando. Tres días después, él y sus hombres promulgaron una declaración de independencia, instando a que Texas fuese un estado que pudiera «aprovechar la ocasión oportuna que se nos brinda de trabajar a la regeneración del pueblo mexicano, separándonos del peso de toda dominación extranjera»[54]. Sin embargo, en medio de este proceso, Gutiérrez de Lara fue depuesto en agosto y sustituido por el revolucionario cubano José Álvarez de Toledo, exiliado en el continente. Esto se debió en parte a la pérdida de confianza por parte de los anglos tras las ejecuciones. Gutiérrez de Lara partió hacia Luisiana en julio, y al hacerlo se libró del baño de sangre que se avecinaba[55].

Las fuerzas realistas españolas, comandadas por José Joaquín de Arredondo, contraatacaron a este grupo de rebeldes tejanos (mexicanos de Texas), anglos e indios. Se adentró en Texas con mil ochocientos efectivos y el 18 de agosto de 1813 comenzó la batalla de Medina, a unos diez kilómetros al sur de San Antonio, en la que Arredondo redujo a los mil cuatrocientos combatientes rebeldes a apenas un centenar. A continuación los soldados entraron en la ciudad, donde ejecutaron a los tejanos que no habían huido, registraron los edificios en busca de rebeldes, apalearon a algunos habitantes y pusieron a otros en cuadrillas de trabajo, al tiempo que confiscaron las propiedades de cualquier sospechoso de ser un insurgente[56]. La destrucción sofocó por el momento cualquier futura rebelión en Texas y, en su calidad de brigadier a cargo de la operación, Arredondo permaneció como comandante general de las Provincias Internas Orientales hasta 1821.

• • •

En España, las Cortes habían iniciado sesiones en 1810, y los reformistas liberales que había entre los delegados aprovecharon la ocasión para crear una constitución para España, un movimiento sin precedentes. Promulgada en marzo de 1812, la Constitución política de la Monarquía Española introdujo profundos cambios en la relación entre el rey y sus vasallos. Limitó los poderes reales y puso la soberanía en el pueblo, reforzando el papel de unas Cortes electas y prometiendo una representación más justa para las Américas*. También extendió el derecho de voto a todos los varones en las Américas —incluidos indios y mestizos—, sin requisitos de alfabetización o propiedades, con la muy notable excepción de los libertos negros[57]. Esta exclusión se debió en parte al prejuicio —por casi toda la América española las personas negras habían quedado relegadas a los escalafones más bajos del orden social—, pero también resultó de la opinión por parte de los diputados de que, si se excluía a los votantes negros, España y las Américas tendrían cuotas más o menos similares, si bien durante el debate se ofrecieron cifras enormemente dispares, con un delegado afirmando que por toda Hispanoamérica había diez millones de individuos que podían considerarse negros, y otros diciendo que tan sólo había cuarenta mil en el Perú y en otras partes de Sudamérica[58].

En la constitución había muchas otras disposiciones, incluidas la abolición de la Inquisición y la garantía de una mayor libertad de prensa. Ahora bien, destaca el hecho de que no puso fin a la trata de esclavos o a la práctica de la esclavitud, en parte debido a la presión de los representantes cubanos[59]. En conjunto, este documento abrió el camino a una participación política mayor y más directa para los habitantes de la América española, mas no fue suficiente para mantener unido el imperio.

La guerra de la Independencia en España (también llamada Guerra Peninsular), en la que también participaron Gran Bretaña y Portugal, ter-

---

* El último delegado de las Américas, Pedro Bautista Pino, en representación de Nuevo México, llegó en verano de ese año con la constitución ya aprobada.

minó en 1814 con la expulsión de los franceses y la restauración de Fernando VII en el trono. Pese a todas las esperanzas y expectativas de que actuase en sentido contrario, el rey rompió con la constitución y la rechazó completamente. En su lugar reafirmó su autoridad absoluta, lo que enfureció a muchos en las Américas. Esto avivaría los fuegos del continente, provocando que a partir de ese momento las antiguas colonias comenzaran a desgajarse: a México y Venezuela se les habían unido, o pronto lo harían, Nueva Granada, Ecuador, el Perú y Río de la Plata (Argentina). Desde España, Fernando VII envió a diez mil quinientos hombres para acabar con las rebeliones[60]. Mucho había en juego, empezando por las minas; en 1804 la producción de plata alcanzó un valor de veintisiete millones de pesos únicamente en México —frente a cinco millones de pesos en 1702—, lo que equivalía al 67 % de toda la plata producida en las Américas[61]. Fernando VII estaba decidido a volver al mundo anterior a 1808, pero las colonias americanas ya no compartían su deseo. Su actitud de oídos sordos quedó reflejada en una proclamación de 1814, donde arremetió diciendo: «No seáis ingratos a vuestros padres, que es la monstruosidad más escandalosa»[62]. A medida que arraigaban la ira y la hostilidad hacia los hispanoamericanos, quedó claro que estos se estaban preparando para la lucha. En un informe de 1814, un funcionario español apenas podía contener su desdén, describiendo a los líderes de la independencia como «monstruos» y lamentando que «no les bastaba talar, incendiar, y anegar en sangre el país desventurado en que nacieron, no se contentaban con inmolar sus mismos padres y hermanos, con llenar de luto y llanto sus propias familias»[63]. El Consejo de Indias se reunió ese año para debatir la cuestión, declarando que los culpables del problema eran un «club de villanos», mientras que otro informe afirmaba que la mayor parte de la población de las Américas no era partidaria de la emancipación[64]. Tales aseveraciones no podían probarse de manera inmediata, y pasaría otra década de luchas hasta que la situación tuviera una resolución clara.

• • •

Mientras las tropas españolas batallaban por recuperar el control de parte de su imperio, la guerra de 1812 adoptó un cariz más sangriento en las tierras fronterizas de Florida. El 30 de agosto de 1813, un grupo de unos setecientos creeks atacaron Fort Mims, un puesto de avanzada fortificado en una plantación a unos setenta kilómetros al norte de Mobile, en protesta por las cada vez más frecuentes intrusiones por parte de EE. UU. en sus tierras. Liderados por Águila Roja, cuyo padre era un comerciante escocés y su madre creek, los indios mataron a unas doscientas cincuenta personas en el fuerte antes de prenderle fuego[65]. A los atacantes se les conoció como los Bastones Rojos, por los garrotes pintados de ese color que usaban en la guerra[66].

El castigo estadounidense fue rápido y estuvo dirigido por el general Andrew Jackson, a quien se autorizó reclutar a cinco mil hombres. Sin embargo, la operación se vio complicada debido a una guerra civil que había estallado entre los creeks meses atrás[67]. En un lado estaban los Bastones Rojos y en el otro se situaban los miembros de la Confederación Creek que no querían entrar en guerra con los Estados Unidos, y que ofrecieron su lealtad a Jackson una vez este se comprometió a protegerlos[68]. Por su parte, los Bastones Rojos se aliaron con los británicos, que estaban causando agitación en las tierras fronterizas de Florida y Georgia[69].

La lucha se prolongó durante 1813 en Alabama y partes de Georgia. A comienzos de 1814 Jackson recibió refuerzos, y el 27 de marzo infligió un golpe decisivo a los Bastones Rojos. Al mando de entre dos y tres mil soldados, y con la ayuda de sus aliados cheroquis, marchó sobre Horseshoe Bend, a orillas del río Tallapoosa, en Alabama central, para atacar a los Bastones Rojos que allí se habían hecho fuertes. Los hombres de Jackson abrieron brecha en sus defensas, y tras un día de lucha habían muerto unos novecientos Bastones Rojos, que se sumaron a los otros mil que habían caído el año anterior[70]. Posteriormente, los creeks firmaron un tratado por el que cedieron millones de hectáreas a los Estados Unidos en Georgia y Alabama, en lo que se convirtió en un punto de inflexión no solamente en las relaciones entre los indios y EE. UU. sino también en la expansión hacia el oeste.

A lo largo de la guerra de los Bastones Rojos, Andrew Jackson mantuvo Florida en el punto de mira, en parte porque quería impedir que los británicos desembarcaran en los alrededores de Pensacola, y para expulsar a las tropas que ya se encontraban allí. Además, sospechaba que los españoles estaban ayudando a los británicos en su lucha contra Estados Unidos y ofreciendo refugio a los Bastones Rojos. Sin embargo, el entonces secretario de Guerra, John Armstrong, había dado instrucciones a Jackson de no abrir fuego sobre Pensacola y de proceder con cautela, con el fin de no deteriorar las relaciones con España. Armstrong coincidió en que «en caso de que admitan, alimenten, armen y cooperen con los británicos o con indios hostiles, hemos de atacar en base al principio general de autoconservación», aunque también le dijo que «bajo otras y diferentes circunstancias, debemos contenernos». La misiva estaba fechada en julio de 1814, pero Jackson no la recibió hasta enero de 1815, cuando ya había tomado cartas en el asunto[71].

Jackson había regresado a la zona de Alabama a negociar un tratado de paz con los creeks en verano de 1814, y una vez concluida la tarea procedió a escribir un mensaje amenazante al gobernador de la Florida Occidental, con la afirmación de que los enemigos de Estados Unidos «han solicitado y obtenido refugio de la justicia dentro del territorio de España»[72]. En su respuesta, el gobernador Mateo González Manrique señaló que las alegaciones del general eran infundadas, «siendo constante que por ningún hecho positivo ni dudoso podrán ocasionar desagradables consecuencias por parte de este Gobierno». González Manrique indicó que, mientras los Estados Unidos combatían a los creeks, había «otros muchos que abriga y mantiene el Gobierno americano, que han hostilizado, promovido la revolución, y atizado el fuego de la discordia en las Provincias Internas del Reino de México»[73].

Para agosto de 1814, la exasperación del general se había hecho evidente, y decidió desplazarse de Fort Jackson al fortín de la cercana Mobile, que las tropas de EE. UU. habían arrebatado a los españoles el año anterior. Jackson envió una carta a John Armstrong preguntando «por cuánto tiempo el gobierno de los Estados Unidos habrá de someterse dócilmente a la deshonra y la afrenta descarada de España»[74]. En los meses sucesivos, Andrew Jackson se dedicó a planear su tan deseado ataque a Pensacola, hasta que finalmente marchó sobre la ciudad el 6 de noviembre de 1814 a la cabeza de cuatro mil cien soldados y aliados indios, capturando los fuertes españoles[75]. De inmediato presentó sus exigencias a González Manrique, que incluían la posesión de «[el fuerte de] Barrancas y otras fortificaciones, junto con todas las municiones de guerra». A continuación vino la amenaza de que «si no se entregan pacíficamente, caiga sobre vuestra cabeza la sangre de vuestros súbditos. No me tendré responsable por la conducta de mis enfurecidos soldados y guerreros [...] Os doy una hora para deliberar»[76]. González Manrique respondió fríamente, diciéndole que sus exigencias «de ninguna manera son admisibles» antes de aconsejarle «evitar semejantes mensajes», pues la respuesta sería la misma. Por lo que respectaba al gobernador español, Jackson sería «responsable de la sangre que se derrame»[77]. Un día después, los estadounidenses asaltaron Pensacola, y los españoles capitularon. A la mañana del día siguiente, los británicos volaron el fuerte de Barrancas que estaban ocupando, tras lo cual se refugiaron en la escuadra que tenían fondeada en la bahía. Con los británicos y sus aliados indios fuera de la villa, la misión de Jackson tocó momentáneamente a su fin[78]. A los pocos días partió hacia Mobile y de allí a Nueva Orleans, donde se creía que iba a arribar la flota británica. Llegó a tiempo para defender la ciudad y derrotar a los británicos en la batalla de Nueva Orleans, el 8 de enero de 1815, dos semanas después de que la firma del Tratado de Gante hubiera puesto fin a la guerra de 1812.

Concluida la guerra y con los ingleses expulsados, se acrecentó la fijación de Jackson por Florida. Estaba decidido a echar a los españoles y derrotar a sus aliados seminolas. Entre 1812 y 1813, durante la rebelión de Mathews en la Florida Oriental, ya se habían producido ataques en represalia por parte de EE. UU. contra los seminolas, seguidos de constantes escaramuzas[79]. Una de las preocupaciones más inmediatas de Jackson era el fuerte Negro —también conocido como *Prospect Bluff*—, un asentamiento de libertos de color ubicado en lo profundo de un bosque en los límites de la Florida Oriental, a orillas del río Apalachicola. Ocupada principalmente por negros libres y algunos indígenas, contaba con la relativamente considerable población de dos mil ochocientas diez personas guarecidas en una fortificación construida pocos años atrás, durante la guerra[80]. El fuerte Negro se encontraba en territorio español, pero Jackson afirmaba que los ocupantes del asentamiento —y sus supuestas municiones— representaban una amenaza para el estado de Georgia, así como para cualquier embarcación que navegase por el río. En abril de 1816 escribió al gobernador de la Florida Occidental con quejas de que «las prácticas secretas de embaucar negros de los ciudadanos de la frontera de Georgia, así como de las naciones de los indios cheroquis y creeks aún continúan por obra de estos bandidos y de los creeks hostiles», una situación que podría «interrumpir ese buen entendimiento que tan felizmente existe entre nuestros gobiernos». Jackson también pidió explicaciones sobre quién construyó el fuerte y si las doscientas cincuenta personas que vivían en su interior eran vasallos del rey, si bien dejó bien claras sus propias intenciones: si esta gente no era «sometida por la autoridad española», escribió, «nos competerá a nosotros el destruirlos por autodefensa»[81].

El entonces gobernador, Mauricio de Zúñiga, pareció coincidir con el parecer de Jackson en su respuesta, diciendo: «mi modo de pensar coincide enteramente con el suyo sobre el particular de desalojar a los negros del fuerte». Afirmó que no había sido construido por el gobierno español y que las personas que allí vivían «los considero en la clase de insurgentes o levantados contra la autoridad, no solo de S. M. C. [Su Majestad Católica] sino también de los propietarios de cuyo servicio se han substraído». El problema, alegó Zúñiga, era que no podía actuar sin órdenes de su superior, quien confiaba en que sancionaría que se pasase a la acción, pero entre tanto pidió a Jackson que «no se dará por el gobierno de los E. U. ni por V. E. paso alguno que perjudique la soberanía del Rey»[82]. Sin embargo, el ritmo de la burocracia española agotó la paciencia de Jackson, por lo que dio orden a sus hombres de proceder a la destrucción del fuerte y de una pequeña base establecida en las proximidades, desde donde podían lanzarse ataques.

Para junio de 1816, Jackson había recibido informes de que «unos veinte choctaws, cierta cantidad de seminolas, y gran cantidad de negros fugitivos [...] han abandonado el fuerte a cuenta de la escasez de provisiones y se han ido al río Savannah (alias San José) en Florida Oriental, adonde sin duda se retirarán todos en caso de un ataque por tierra, pues cuentan con una goleta y varias gabarras grandes para llevar a cabo su repliegue [...] desde este punto pueden molestar fácilmente nuestros asentamientos en el río Flint y en toda la frontera de Georgia»[83]. El momento requería acción drástica y, en la mañana del 27 de julio de 1816, se envió una flotilla de embarcaciones por el curso superior del río Apalachicola, desde donde una cañonera hizo un impacto directo sobre uno de los polvorines que habían quedado de cuando la guerra. La explosión que provocó se llevó la vida de doscientas setenta personas y arrasó el fuerte Negro de un único y mortal disparo.

A partir de entonces, las tropas estadounidenses recibieron en 1817 autorización para emprender acciones de guerra contra los seminolas como castigo por sus anteriores ataques, y para volver a capturar a cualquier esclavo huido al que estuviesen dando refugio. Jackson, que también era propietario de esclavos, dirigió una serie de batallas conocidas como la primera guerra seminola (1817-1818), que obligó a este pueblo a desplazarse al sur, lejos de la costa de la Florida Occidental y de la región fronteriza con Georgia. En su opinión, los indios de Florida debían ser destruidos y los esclavos fugitivos devueltos a sus dueños, negándose a permitir que la cuestión de la soberanía española se interpusiera en su camino. Como el hombre de frontera que era, Andrew Jackson se sentía cómodo traspasando límites, tanto físicos como políticos.

Mientras se producían los ataques sobre los seminolas, volvió a aflorar la cuestión de la isla de Amelia. Incluso tras la restauración del dominio español, la isla siguió siendo una base para el contrabando y la piratería. En 1817 volvió a ser el blanco de una expedición separatista, esta vez liderada por Gregor MacGregor, un escocés que había sido soldado en el ejército británico antes de enrolarse en 1811 en la lucha por la independencia de Venezuela[84]. Tras sus éxitos iniciales, acabó enemistado con Simón Bolívar y volvió su atención a la

Florida Oriental, atraído por la promesa de lucrativas campañas de corso que ofrecía la isla de Amelia. Organizó sus fondos, tomó una goleta en préstamo y reunió a hombres dispuestos a ayudarle en el ataque, muchos de ellos agentes rebeldes procedentes de Sudamérica[85]. El 29 de junio de 1817, MacGregor se aproximó al fuerte de San Carlos y exigió su rendición. Creyéndose superados en número, los españoles accedieron, tas lo cual MacGregor declaró la independencia de la isla e izó su bandera, una cruz verde sobre fondo blanco[86].

Envió a las tropas españolas a San Agustín y pidió a quienes habían huido al enterarse del inminente ataque que regresasen, asegurando que sus propiedades estarían a salvo[87]. Se pasó al contrabando junto con el corsario francés Louis Aury, que se le unió en septiembre. Su actividad incluía la trata de personas esclavizadas, muchas de las cuales eran capturadas en embarcaciones españolas y llevadas a la isla[88]. No pasó mucho tiempo hasta que las disputas por el poder eclipsaron los beneficios a medida que, en su impaciencia, MacGregor, Aury y los demás corsarios comenzaron a luchar entre sí. La división se trazó en base al color, pues los partidarios de Aury incluían a exesclavos haitianos y a negros libertos de todo el Caribe, mientras que MacGregor y sus partidarios eran una facción mayoritariamente blanca y procedente de los Estados Unidos[89]. Desde este país se aprovechó el caos para enviar tropas en diciembre de 1817 para tomar el control de la isla, con la justificación de que los rebeldes estaban traficando ilegalmente con esclavos y España no estaba haciendo nada para impedirlo[90].

Enfurecido, el ministro plenipotenciario español Luis de Onís escribió al secretario de Estado John Quincy Adams para «protestar enérgicamente, en el nombre del Rey, mi amo, en contra de la ocupación de la isla de Amelia [...] una de las posesiones de la monarquía española en este continente»[91]. Aunque Onís lo consideraba «una invasión violenta de los dominios de España, en tiempo de una profunda paz», la ocupación suscitó apoyo en los Estados Unidos, incluyendo algunos de los periódicos publicados en el Sur, que expresaban preocupación por la presencia tan cerca de Georgia de los corsarios negros de Aury y de otros posibles insurgentes[92]. Las tropas estadounidenses mantuvieron la posición y Adams escribió a Onís defendiendo las medidas, diciendo: «Bien sabe usted, que si España hubiese podido conservar o recuperar la posesión [de la isla de Amelia] de la insignificante fuerza por la cual se hallaba ocupada, se habría ahorrado al gobierno americano la necesidad de la medida que se ha tomado [...] mas España no puede esperar que los Estados Unidos empleen sus fuerzas en la defensa de los territorios de esta»[93].

Mientras tanto, Andrew Jackson siguió afirmando que los nativos americanos de Florida suponían una amenaza para el territorio de EE. UU., y sobre este razonamiento atacó en abril de 1818 el fuerte de San Marcos de Apalache, situado entre los ríos San Marcos y Wakulla. Escribió al oficial español al mando, Francisco Caso y Luengo, acerca de «un salvaje enemigo que, en combinación con una cuadrilla sin ley de bandoleros negros, lleva algún tiempo librando una guerra cruel y sin provocación contra los ciudadanos de los Estados Unidos». Justificó la ocupación diciendo que quería «evitar la recurrencia de tamaña violación de la neutralidad, y excluir a nuestros salvajes enemigos de una plaza tan fuerte como la de San Marcos»[94]. Poco tiempo después, Jackson volvió a cabalgar hacia Pensacola, que había sido restituida al dominio español tras su incursión previa. Pese a las constantes instrucciones de que procediera con cautela, se apoderó de la ciudad y sus fuertes sin apenas resistencia[95]. Más adelante explicaría a sus superiores que el movimiento no estuvo motivado por «un deseo de ampliar los límites territoriales de los Estados Unidos», sino más bien porque los seminolas «por más de los pasados dos años, visitaron nuestro asentamiento de frontera con todos los horrores de una masacre salvaje: mujeres inocentes han sido exterminadas, y la cuna mancillada con sangre inocente», antes de alegar que los españoles les estaban proporcionando armas o, como mínimo, no les estaban impidiendo acceder a ellas. «Así pues, la ley inmutable de autodefensa impelió al gobierno americano a tomar posesión de tales partes de las Floridas en las que la autoridad española no podía mantenerse», concluyó[96]. Pocos días después, escribió a su esposa Rachel que, con la toma de los fuertes, había «destruido la Babilonia del Sur, el semillero de las guerras y depredaciones de los indios en nuestra frontera»[97].

Cuando las noticias de estos acontecimientos en la Florida Occidental llegaron a la costa este, Luis de Onís protestó sin tardanza, y el presidente James Monroe escribió a Jackson con relación a la toma de Pensacola, diciendo que podría acarrear «consecuencias desfavorables». Monroe, cuya administración estaba consternada por las acciones del general, dijo que Andrew Jackson había estado «trascendiendo los límites» de sus órdenes. Sin embargo, el presidente afirmó que Estados Unidos estaba «justificado al ordenar a sus tropas que penetrasen en Florida en persecución de su enemigo [seminola]», pero que ese no era un acto de hostilidad hacia España. No obstante, la toma de Pensacola «asumiría un carácter diferente»: el de la guerra, una iniciada sin la aprobación del Congreso[98].

Jackson defendió sus acciones, diciendo a Monroe: «me brindará un gran placer el ayudar al Gobierno a procurar cualquier testimonio que pueda sea necesario para probar la hostilidad de las autoridades de España hacia los Estados Unidos»[99]. El Congreso investigó sus acciones en enero de 1819, incluida la cuestión de si él había instigado una guerra no autorizada. Tras un debate de casi un mes de duración, una propuesta en la Cámara para condenar la expedición a Pensacola como inconstitucional obtuvo setenta votos a favor y cien en contra, lo que supuso un espaldarazo para Jackson y allanó el camino hacia su ascenso político[100].

Parte de la frustración de Monroe con Jackson se debía a su deseo de que la invasión de Pensacola no fuera a arruinar lo que estaba tan tentadoramente cerca, tal como explicó en una carta previa:

> Los sucesos que han acontecido en ambas Floridas mostraron la incompetencia de España en mantener la autoridad sobre cualesquiera, & el proceso de la revolución en Suramérica requerirá allí a todas sus fuerzas. Hay muchos motivos para suponer que este acto proporcionará a España un fuerte acicate para ceder el territorio, siempre y cuando no hiramos muy profundamente su orgullo al retenerlo[101].

Monroe tenía razón: la situación de Florida había llegado a un punto de inflexión. España tenía que cortar sus pérdidas, y Florida siempre había estado en los confines de un imperio que ahora era incapaz de mantener. En Estados Unidos también preocupaba el hecho de que una España debilitada dejase libre el camino a posibles enemigos para colarse en el país por la puerta de atrás, algo que había quedado claro durante la guerra de 1812 con los británicos[102]. Se abrieron negociaciones para transferir las dos Floridas a los Estados Unidos, y se dio fin a una disputa fronteriza que duró décadas.

A España no le agradaban las circunstancias, como quedó claro en una carta de diciembre de 1818 de Luis de Onís al secretario de Estado John Quincy Adams, en la que se quejó de que Jackson «se abalanzó sobre Florida como un arrogante invasor y conquistador, sin miramientos por las leyes de la humanidad y el sentir de la naturaleza»[103]. A pesar de las numerosas dificultades que habían conducido a este punto —incursiones, ataques independentistas, la invasión de Pensacola—, ambas partes lograron llegar a un acuerdo. El 22 de febrero de 1819 se firmó el Tratado de Adams-Onís, también llamado Tratado de Transcontinentalidad. Sus principales disposiciones fueron la cesión a Estados Unidos de la Florida Oriental y la Occidental, estableciéndose la nueva frontera en el río Sabina. Desde la desembocadura en el golfo de México, la línea discurría hacia el norte hasta el paralelo 32, donde el río Rojo confluye con el Sabina; a partir de allí, la línea iba formando escalones en dirección noroeste hasta el río Arkansas, y de ahí continuaba hasta el límite último del paralelo 42, extendiéndose después al oeste hasta llegar al Pacífico. A cambio, Estados Unidos renunció a cualquier pretensión o designio sobre el territorio al suroeste del Sabina, además de prometer cinco millones de dólares en compensación para los súbditos españoles en Florida, aunque eso vendría más tarde y, para muchas de las familias que se encontraban en Florida en el momento de la cesión, no sin antes librar una prolongada batalla legal[104].

El Congreso ratificó el tratado en 1819, siguiendo la estela de la Convención Angloestadounidense de 1818, que fijó la frontera entre Estados Unidos y Canadá a lo largo del paralelo 49 hasta llegar a las Montañas Rocosas en el oeste, lo cual permitiría la ocupación conjunta del territorio de Oregón, situado más allá. Se iba abriendo un camino hacia el Pacífico. España, mientras tanto, no ratificó el acuerdo hasta 1821, el mismo año en que Andrew Jackson se convirtió en gobernador militar del territorio de Florida. Al año siguiente, el ejército estadounidense envió al teniente coronel Zachary Taylor a marcar el límite occidental de la frontera establecida en el tratado, levantando Fort Jesup en el lado de Luisiana del río Sabina. Pasaron otros veintitrés años hasta que Florida obtuvo la condición de estado de la Unión, pero sus más de tres siglos como colonia española habían llegado a un decisivo punto final.

• • •

Los años que siguieron al retorno de Fernando VII estuvieron llenos de tensión, en su empeño de mantener su reino intacto, tanto en la península como en ultramar. Para 1820, España se encontraba en medio de un segundo acto constitucional desencadenado por un motín entre las tropas que se encontraban en Cádiz, a punto de ser enviadas a combatir a los rebeldes del Río de la Plata. Los soldados se volvieron en contra del rey, exigiendo que aceptara la Constitución de 1812, y en las ciudades de toda España estallaron rebeliones en apoyo de este movimiento[105]. El rey claudicó, lo que dio paso a un periodo conocido como el Trienio Liberal en el cual se restauró la Constitución. Los liberales en el poder trataron de entablar contacto con las facciones beligerantes de las Américas en busca de una reconciliación, pero para 1820 ya era demasiado tarde[106].

El Trienio Liberal tocó a su fin cuando Francia invadió España en 1823, con el apoyo de la Santa Alianza de Austria, Prusia y Rusia. Su objetivo fue restablecer la autoridad absoluta de Fernando VII, cosa que lograron. En las Américas, sin embargo, la derrota aplastante que sufrieron los realistas en la batalla de Ayacucho, librada el 9 de diciembre de 1824 en el Perú, puso más o menos fin a las guerras de independencia, en las que España resultó vencida. La América española se convirtió en un continente de repúblicas, con la creación de México, la Gran Colombia (Venezuela, Colombia, y Ecuador a partir de 1830), Perú, Chile, las Provincias Unidas del Centro de América (Guatemala, Honduras, El Salvador, Costa Rica y Nicaragua a partir de 1840), Bolivia, y las Provincias Unidas del Río de la Plata (Argentina). Ahora bien, una reticente España tardaría años en reconocer su independencia.

El público estadounidense se vio cautivado por la transformación de colonias en repúblicas de sus vecinos de hemisferio, al hacerse ellos eco de su propia experiencia y otorgar cierto grado de universalidad a sus ideales republicanos. Este interés se manifestó de distintas maneras, desde una incansable cobertura periodística hasta una tromba de bebés nombrados en honor al líder de la independencia, el venezolano Simón Bolívar[107]. Unas guerras tan cercanas a los Estados Unidos también habían sido buenas para los negocios, pues los comerciantes pudieron vender armamento a los rebeldes y, en ocasiones, también a los realistas. Las estimaciones sitúan en torno a ciento cincuenta mil el número de armas de fuego enviadas a los rebeldes durante la última década de lucha —en cierto modo, un irónico pago por la ayuda española durante la Revolución estadounidense[108]—. Estados Unidos comenzó a otorgar su reconocimiento a estas incipientes naciones; sin embargo, algunos de los lugares más próximos no suscitaron el mismo entusiasmo, puesto que habían tomado un camino algo diferente. Cuba y Puerto Rico seguían siendo leales a España y permanecieron como colonias, y Santo Domingo pasó a dominio haitiano en 1822. Aunque Estados Unidos inició relaciones diplomáticas con México en 1822, muchos se sintieron incómodos cuando el país optó por convertirse en un imperio, en vez de en una república[109].

• • •

Una década después de que el padre Miguel Hidalgo lanzara su Grito de Dolores, las élites criollas opuestas a dicho movimiento habían encontrado el momento ideal para poner su visión en práctica. La transición de virreinato a nación independiente supuso una profunda ruptura, tal como suponía el paso de una visión del mundo definida por la existencia de un rey por designación divina y de la Iglesia católica, a la de una república autónoma. Tras una década de agitación y guerras, harían falta algunas pruebas —y errores— para determinar cómo se ejercería el poder en México y cómo los antiguos súbditos se convertirían en ciudadanos.

Agustín de Iturbide, un acaudalado terrateniente y excomandante del ejército realista, contactó en 1820 con Vicente Guerrero, un destacado general rebelde del sur de México, y le convenció para dejar sus diferencias y buscar un camino hacia adelante. En febrero de 1821 se produjo el resultado: el Plan de Iguala, el cual se basaba en tres conceptos: independencia, religión y unión. Aunque Guerrero era partidario de la independencia total, el plan mantenía cierta conexión con la Península. Instaba a la creación de una monarquía autónoma en la forma de una «regencia» en nombre del rey, con Fernando VII u otro Borbón a la cabeza, pero también hacía un llamamiento para establecer una asamblea y redactar una constitución[110].

Un punto crucial es que protegía los privilegios de los militares y la Iglesia, lo que le granjeó el favor de estos segmentos de la sociedad. El plan también ponía todos los cargos públicos al alcance de personas de todas las extracciones, en un intento de poner fin a las distinciones raciales, al tiempo que seguía protegiendo, de manera aproximada, las jerarquías sociales del momento. El plan gozó de popularidad entre el público y fue ratificado seis meses más tarde en los Tratados de Córdoba, que reconocían a México como «nación soberana e independiente»[111]. El último virrey español, Juan O'Donojú, no vio más opción que firmar el documento aquel mes de agosto, a lo que siguió el Acta de Independencia del Imperio Mexicano el 28 de septiembre de 1821. En teoría, esta configuración política requería la aprobación de las Cortes y el nombramiento de un miembro de la realeza que encabezase esta nueva monarquía[112]. Sin embargo, la Corona y el gobierno guardaron silencio, y no se dieron explicaciones a las Cortes. Una vez el cuerpo legislativo tuvo conocimiento de los sucesos en México, decidió —tras dos semanas de debates— enviar allí a un grupo de delegados para rechazar los Tratados de Córdoba[113]. Sin ningún miembro de la realeza dispuesto a encabezar la monarquía constitucional propuesta, el Congreso mexicano aprobó el nombramiento de Iturbide como emperador, coronado como Agustín I en julio de 1822. Su imperio, sin embargo, no tardó en desmoronarse, a medida que cundió el descontento entre las distintas facciones, incluido el gran público, los administradores españoles ahora depuestos, y la Iglesia católica. A estos problemas se sumó una frágil economía asolada por la guerra, y también fueron provocados por el propio Agustín I al disolver el Congreso a finales de octubre de 1822. Abdicó en marzo de 1823 y fue ejecutado al año siguiente. Pocos meses antes, en diciembre de 1822, Antonio López de Santa Anna, comandante en Veracruz e inicialmente partidario de Agustín I, había promulgado su Plan de Veracruz en oposición al emperador, donde se esbozaba la visión de un México federal. Le siguió el Plan de Casa Mata, que instaba a la restauración del Congreso[114]. En 1824 se aprobó una constitución en la que quedaron reflejados estos cambios: en lugar de un rey o emperador de los Estados Unidos Mexicanos, habría un presidente a la cabeza del país, que habría de dar cuentas a una poderosa asamblea legislativa en un sistema federal en el cual las regiones se dividieran en estados y territorios[115].

Sin embargo, la cultura política siguió fragmentada, con federalistas frente a centralistas, liberales frente a conservadores, e incluso algunos pocos monárquicos enfrentados a los republicanos. Muchos hombres involucrados en la vida política estaban también asociados con ciertas logias masónicas, que ostentaron gran poder durante la década de 1820, y cuyos miembros se componían de terratenientes, oficiales del ejército, intelectuales y otras personas destacadas. Las distintas órdenes reflejaban aproximadamente las divisiones políticas en un sentido más amplio. Los miembros del Rito Escocés, o «escoceses» a secas, tendían a ser conservadores, en favor de un gobierno centralista, proeclesiástico y proespañol. Los del Rito de York, o «yorkinos», representaban a los liberales, que optaban por un gobierno federal y querían reducir el poder del clero y de los españoles que quedaban. En un tiempo de transiciones tan significativas, las creencias y afiliaciones se verían sujetas a cambios, pero por el momento, se mantuvieron las diferencias de opinión sobre el mejor modo de proceder como nación.

• • •

En los Estados Unidos, la incorporación de nuevas tierras siguió presentando desafíos a la Unión, aunque para 1820 se habían forjado una serie de estados: Ohio, Luisiana, Indiana, Misisipi, Illinois, y Alabama. En 1819 Misuri también presentó su solicitud para unirse, y en esta coyuntura la expansión se topó con un bache. Dos congresistas por Nueva York, James Tallmadge y John W. Taylor, expresaron su preocupación por la admisión de otro estado esclavista. El estado de Luisiana, que se había unido en 1812, albergaba esclavos, y aún quedaban sin organizar miles de hectáreas de las tierras de la compra del territorio homónimo. Al mismo tiempo, un bloque de legisladores sureños en el Congreso había seguido de cerca el ingreso de Maine, que también estaba teniendo lugar, temerosos de que la balanza de los estados libres y esclavistas se inclinase en la dirección opuesta[116].

Nadie esperaba que se bloquease ninguna de estas dos incorporaciones, y en febrero de 1819 Tallmadge propuso una enmienda a la ley de admisión de Misuri que prohibiera seguir introduciendo esclavos en el futuro estado, además de liberar a los nacidos allí una vez llegaran a los veinticinco años. El proyecto de ley no salió adelante, y cualquier resolución al respecto habría de esperar al próximo Congreso, lo que dio tiempo de sobra para que la cuestión se convirtiera en todo un drama político.

Una vez redactados los proyectos de ley en la Cámara y el Senado tras la reanudación del Congreso, y con mucha diplomacia por parte del presidente Monroe y del estadista John Clay, de Kentucky, se pudo alcanzar una solución intermedia: Misuri podría entrar como estado esclavista, tal como sucedió en agosto de 1821, pero cualquier nuevo estado que se formara por encima de la latitud 36°30′ N no podría tener esclavos. Maine se incorporó a la Unión como estado libre en 1820, por lo que se mantuvo un equilibrio paritario, aunque frágil, de doce estados esclavistas y doce libres. El problema de Misuri podía haberse resuelto, pero aún quedaban miles de hectáreas de territorio. Además, muy pronto los plantadores sureños empezarían a mirar hacia la frontera hispana, cada vez con mayor interés.

Para 1823, Estados Unidos era una nación transformada. A lo largo de las dos décadas anteriores había adquirido las vastas extensiones de la Luisiana y el territorio estratégico de Florida, había plantado cara a la incursión británica en la guerra de 1812, y capeado el acalorado debate de Misuri. En el camino, se había convertido en una nación más estable y segura de sí misma[117]. Asimismo, las potencias europeas habían dejado de ser la amenaza física o próxima de antaño. Aunque Gran Bretaña seguía contando con un imperio grande y poderoso, en Norteamérica había quedado relegada a los extremos, con Canadá al norte y las Indias Occidentales al sur, donde sus colonias se sumaban a las de Francia y España.

La creación de las repúblicas latinoamericanas también supuso un cambio radical en el panorama político de las Américas, a pesar de que las luchas iniciales por el poder en algunos países causaran desasosiego en los Estados Unidos. Había cierta preocupación por que su inestabilidad se tradujera en el retorno de las potencias coloniales europeas a una incómoda cercanía. Algunos se sintieron intranquilos al ver la intervención en España de la Santa Alianza en 1823, temiendo que albergasen ideas de enviar tropas a Latinoamérica o que trataran de apoderarse de la cercana Cuba, una inquietud compartida por Gran Bretaña, que afirmaba oponerse a tal intervención[118].

Este era el ambiente general en 1823, cuando el presidente James Monroe expuso lo que se conocería como su «doctrina» durante su séptimo mensaje anual al Congreso, en el que dijo a los parlamentarios que «los continentes americanos, por la condición de libres e independientes que han adquirido y mantienen, no deben en lo adelante ser considerados como objetos de una colonización futura por ninguna potencia europea»[119]. Fue un sentimiento que arraigó inmediatamente, y cuyo alcance seguiría aumentando en las décadas venideras[120].

• • •

En la plaza principal de San Agustín (o Saint Augustine en la actualidad) se alza un obelisco blanco, con su esbelto pilar estrechándose hasta alcanzar las copas de los árboles que le dan sombra. Es uno de los pocos vestigios de esta turbulenta época que quedan en Florida, gracias a un decreto de las Cortes de 1812 ordenando a todas las ciudades del imperio que cambiaran el nombre de la plaza principal por el de Plaza de la Constitución, en honor al documento al recién creado. Las autoridades de San Agustín se mostraron encantadas: rebautizaron la plaza y erigieron el monumento en 1813. Sin embargo, cuando en 1814 llegaron las noticias del regreso del rey, se ordenó destruir todos estos homenajes a la Constitución. Esta vez, los sanagustinianos fueron menos entusiastas, y se cree que este es el único de este tipo de memoriales de 1812 que se conserva actualmente en la América española.

Subiendo por la costa hasta la isla de Amelia, la plaza San Carlos en Fernandina conserva pocas huellas de los caóticos años finales del dominio español, excepto un pedazo de césped pardusco con un letrero plantado encima. Los restos del fuerte, frente al río Amelia, se erosionaron tras su abandono en la década de 1820, y solamente queda un solitario cañón antiguo apuntando hacia las aguas. Ambos lugares son recordatorios físicos de la larga cuestión de Florida. Si bien podría argumentarse que Andrew Jackson y otros de los aventureros más emprendedores se comportaron como agresores, también

España fue incapaz de anticipar o hacer frente a muchos de los desafíos que conllevaron la creación y el ascenso de Estados Unidos, una incapacidad que le obligó a pagar un alto precio. Aunque la presencia española estaba en retirada en el mapa de las Américas, todavía proyectaba su sombra. Muchos estadounidenses compartían las preocupaciones de Thomas Jefferson con relación a los profundos cambios en el antiguo Imperio español, poco convencidos de que sus habitantes pudieran gobernarse a sí mismos. En una carta al naturalista prusiano Alexander von Humboldt, que entre 1803 y 1804 recorrió parte de Hispanoamérica, incluyendo Cuba y Nueva España, Jefferson dijo: «de que dejarán de lado su dependencia de Europa no me cabe la menor duda». Lo que no tenía tan claro era el tipo de sistema de gobierno que la reemplazaría. La Leyenda Negra de la codicia y la crueldad de España en las Américas seguía viva a finales del siglo XVIII y comienzos del XIX. En la década de 1770, mucho antes de que comenzase a formular sus ideas acerca de la identidad «americana», que ampliaría en 1782 en sus *Cartas de un granjero americano*, el escritor francés John Hector St. John de Crèvecoeur destacó las diferencias entre los dos imperios colindantes en *Un esbozo del contraste entre las colonias españolas e inglesas* (*A Sketch of the Contrast Between the Spanish and the English Colonies*). Gran parte del escrito se centra en el catolicismo de los españoles, afirmando que «su inmenso sistema religioso no tiene un mayor efecto hacia la mejora de la sociedad que aquellos más sencillos en estos climas [...] Aquí [en Estados Unidos] la religión exige poco o nada del agricultor; allá, consume la mejor riqueza de la sociedad por la pompa que requiere su iglesia»[121]. Jefferson se hizo eco de este sentir en un comentario a Humboldt: «La historia, creo yo, no aporta ejemplos de un pueblo atestado de curas que mantenga un gobierno civil libre».

La pesimista predicción de Jefferson era que «las diferentes castas de sus habitantes, sus odios y celos mutuos, su profunda ignorancia y fanatismo serán aprovechados por líderes astutos», si bien admitió que gran parte de su conocimiento era de segunda mano. A diferencia de Humboldt, Jefferson nunca se aventuró tan al sur, y reconocía que los escritos de los científicos le resultaban útiles para tales propósitos: «En verdad tenemos poco conocimiento de ellos en el que apoyarnos, salvo a través de usted»[122]. Tal vez Jefferson tuviese poca experiencia de Nueva España, pero en los años transcurridos desde su carta a Humboldt, muchas más personas se familiarizaron con lo que hoy es México, especialmente sus territorios del norte, a medida que aventureros, contrabandistas y mercenarios cruzaron la frontera del río Sabina.

Capítulo 9

San Antonio de Béjar, Texas

ca. 1820-1848

En abril de 1828, el teniente mexicano José María Sánchez y Tapia llegó a una aldea cerca del río de los Brazos de Dios. Formaba parte de un pequeño grupo comandado por un héroe de la independencia, el general Manuel de Mier y Terán, enviado por las autoridades mexicanas en una misión para delimitar la frontera acordada una década atrás en el Tratado de Adams-Onís. En su recorrido habían de estudiar y tomar nota de los recursos naturales de esta remota región, además de inspeccionar algunos de los asentamientos poblados por inmigrantes procedentes de Estados Unidos.

Partieron de Ciudad de México en noviembre de 1827 y, tras hacer parada en Laredo y San Antonio de Béjar, llegaron el 27 de abril de 1828 a San Felipe de Austin, a unos ochenta kilómetros al oeste de la actual Houston. El teniente Sánchez no quedó impresionado con Texas. En San Felipe de Austin, anotó en su diario, las cerca de cuarenta casas no estaban «colocadas simétricamente, de suerte que formen calles, sino salteadas y sin ninguna regularidad», y añadió que tan solo unas diez de las doscientas personas eran mexicanas[1]. También apuntó que daban «un trato bastante duro» a sus esclavos negros[2]. Sánchez desconfiaba de los anglos e intuía que estos pueblos no eran tan tranquilos o sencillos como podían aparentar. «A mi entender», señaló, «de esta colonia [San Felipe de Austin] ha de salir la chispa que forme el incendio que nos ha de dejar sin Tejas»[3]. El general Mier y Terán compartía la inquietud de Sánchez, y en junio de 1828 escribió al presidente Guadalupe Victoria desde Nacogdoches diciendo que «si no se toman providencias con tiempo, Texas hundirá a toda la federación»[4].

Los mexicanos no eran los únicos que estaban tomando nota de estos asentamientos de frontera. El escritor francés Alexis de Tocqueville mencionó Texas en su ya clásico *La democracia en América*, al advertir de que «cada día los habitantes de los Estados Unidos se van introduciendo allí poco a poco [en Texas]», pero que si México no estaba atento al ritmo de la inmigración, «en breve no se encontrarán en aquella, por decirlo así, más mexicanos». Publicado en 1835, el libro de Tocqueville se basa en el tiempo que pasó en EE. UU. cinco años atrás, pero sus observaciones fueron proféticas. «Los límites que deben separar estas dos castas [española y anglo] se han fijado por medio de un tratado», escribió, «pero por muy favorable que este sea a los angloamericanos, no dudo de que dentro de poco lo infringirán»[5].

Una vez que México se hubo asegurado su independencia en 1821, algunos estadounidenses intuyeron las oportunidades que ofrecía Texas, que lindaba con Luisiana. Aunque en Estados Unidos vivían 9,6 millones de personas y en México 6,2 millones, Texas estaba muy alejada de los centros de población de ambos países. Se encontraba a más de dos mil doscientos kilómetros de Washington D. C., y a unos mil seiscientos de Ciudad de México, y por tanto el grado de supervisión oficial era bajo. Para 1823 había ya en Texas unos tres mil ocupantes ilegales anglos, aunque gran parte de la región seguía agotada y empobrecida debido a la lucha por la independencia[6]. Asimismo, la región contaba con una población amplia y diversa de nativos americanos, incluidos los caddos, wichitas y apaches lipanes, además de los poderosos comanches, todos los cuales en algún momento habían participado en incursiones y conflictos contra los mexicanos[7]. La violencia constante había resultado ser un elemento disuasorio efectivo para emprender una colonización extensiva de Texas, y algunos dirigentes mexicanos, distraídos en la lucha por su propia independencia, no se dieron cuenta de que estaba llegando gente procedente de los Estados Unidos[8].

De hecho, los anglos no habían estado mucho tiempo esperando. En 1819, más o menos a la vez que se estaba finalizando el Tratado de Adams-Onís, un grupo liderado por James Long y procedente de Natchez, en Misisipi, decidió invadir Texas con el objetivo de «liberarla», usando Nacogdoches como base. A los españoles —que aún proseguían su lucha contra la independencia mexicana— les preocupaba que esto fuera el preludio de una invasión a mayor escala y con apoyo oficial, por lo que enviaron sus tropas. Cuando los soldados llegaron a la zona de Nacogdoches, hallaron al menos treinta granjas donde se estaba cultivando algodón sin los permisos necesarios. Long y sus hombres huyeron, y las tropas españolas prendieron fuego a todas las casas que pudieron encontrar, aunque esto sólo sería una disuasión temporal[9]. A comienzos de la década de 1820 había unos ciento sesenta y siete mil colonos acercándose a la frontera. Se asentaban en Luisiana y Arkansas, pero tenían la mirada puesta en Texas, donde solamente vivían dos mil quinientos tejanos (mexicanos)[10]. Los plantadores del Misisipi y el golfo de México veían el potencial del algodón, y las fértiles tierras del litoral del este de Texas ofrecían las condiciones apropiadas para este cultivo.

Uno de los que decidieron apostar por Texas fue Moses Austin. Había nacido en Connecticut, pero hizo su fortuna extrayendo plomo en la Luisiana española. Tenía experiencia tratando con España, y en un momento dado había jurado lealtad a la Corona. Cuando la Luisiana pasó a control estadounidense, a lo que en 1819 se sumó una crisis financiera nacional que le costó su fortuna, Austin se vio obligado a volver a los brazos de los españoles. Había oído que en Texas la tierra era barata, por lo que en 1820 se trasladó a San Antonio[11]. Trató de reunirse con Antonio Martínez, el último gobernador español de Texas, pero este le dijo que se marchara. Estos filibusteros indeseados, como la banda que había tratado de invadirles en 1819, se habían convertido en una amenaza y una molestia para las autoridades españolas, que estaban tratando de mantener el control sobre Nueva España.

Moses Austin, sin embargo, se las arregló para apañar otra reunión con el gobernador, tras toparse con un conocido holandés con buenos contactos, quien organizó el encuentro. El americano presentó su plan de colonización, que consistía en traerse a trescientos colonos[12]. Esta vez el gobernador mostró más interés, dado que Austin ofrecía una alternativa interesante en la larga lucha para someter a los nativos americanos y fortificar la frontera. Para comienzos de 1821 había cambiado la política novohispana con respecto a los colonos estadounidenses, pero Austin murió en junio de aquel año.

Su hijo Stephen decidió continuar la obra de su padre, aunque corrían tiempos revueltos en Texas: en 1821 México había declarado su independencia, reconocida por Estados Unidos al año siguiente. Stephen Austin logró obtener los permisos necesarios para proseguir con el plan, y para 1824 se había levantado un asentamiento a orillas del río de los Brazos de Dios, o río Brazos a secas. Llamado San Felipe de Austin, se encontraba a unos doscientos cincuenta kilómetros al este de la villa de San Antonio de Béjar, de mayor antigüedad. Austin había heredado el acuerdo de empresario de su padre, que le otorgaba el derecho a parcelar grandes extensiones de terreno —que era barato y podía ascender a miles de hectáreas—, así como a exigir un pago por sus servicios a los colonos[13]. La zona en torno al río Brazos parecía ideal: la tierra era buena y por el río se podían transportar las cosechas hasta el Golfo. La mayor parte de «los viejos trescientos» —el primer grupo de colonos, llamados *the old three hundred*— llegaron hacia 1824, diseminándose por la zona entre el Colorado y el Brazos[*]. Pronto, otros aspirantes a colonos empezaron a viajar a Ciudad de México en busca de contratos similares. Entre ellos se encontraba el espía James Wilkinson, que seguía a caballo entre los mundos anglo e hispánico, urdiendo planes y maquinando intrigas[14][**]. En un mapa de EE. UU. de esta época aparecen en Texas bloques coloreados de rosa, amarillo, verde y azul, señalados como «Colonia de Austin», o «Concesión de John Cameron», o «Concesión de Austin & Williams»[15].

Aunque los anglos no tenían que convertirse en ciudadanos mexicanos, sí tenían que prestar un juramento de lealtad y declarar que se convertirían al catolicismo. Esta etapa inicial de asentamiento estuvo marcada por un cierto grado de mestizaje social y cultural, para lo cual incluso había incentivos, como por ejemplo otorgar tierras adicionales a un varón anglo si se casaba con una mujer mexicana[16]. Algunos tejanos acogieron a los recién llegados, y no pasó mucho tiempo hasta que comenzaron a darse matrimonios estratégicos, acuerdos empresariales o ambos entre familias destacadas de tejanos y anglos. Los angloparlantes comenzaron a aprender español, y los hispanohablantes hicieron lo propio con el inglés. Entre los primeros se encontraba Jim Bowie, el afamado hombre de fronteras, que en 1831 se casó con Úrsula Veramendi, hija del vicegobernador del estado de Coahuila y Tejas[17]. Al año siguiente, un informe firmado por un grupo de tejanos ilustres de San Antonio de Béjar encomiaba a los anglos por «haber realizado grandes mejoras»[18].

Los anglos permanecieron mayoritariamente en sus nuevos asentamientos, mientras que los tejanos siguieron viviendo en pueblos más antiguos como San Antonio de Béjar[19]. A medida que crecía el número de anglos, que hacia 1830 alcanzaron las siete mil personas, la asimilación comenzó a desaparecer[20]. Para 1835, una guía para posibles inmigrantes describió a la población tejana como «completamente españoles, estos hospitalarios habitantes se entregan libremente a sus costumbres de indolencia y comodidad, al fumar, a la música, la danza, las carreras de caballos y otros deportes». La comunidad anglo, sin embargo, eran los portadores de la «actividad, diligencia y frugalidad de la población americana»[21].

---

[*] Este río Colorado discurre únicamente por Texas y no debe confundirse con el otro Colorado, que fluye desde el estado homónimo hasta el golfo de California.

[**] Esta vez no tuvo éxito. México fue su última aventura, pues murió en la capital en 1825.

La mayoría de anglos estaban allí para cultivar algodón. El auge de las plantas textiles en Gran Bretaña había disparado la demanda por las resistentes fibras de esta lucrativa planta, y la región de Texas próxima al Golfo resultaba ideal debido a su clima cálido y por tener agua de sobra para irrigar los cultivos. Inicialmente no hubo discusión respecto a quién habría de hacer el trabajo —los esclavos africanos—, ya que la esclavitud era legal bajo dominio español. Sin embargo, no había garantías de que esta situación continuase en el México independiente[22].

Los Estados Unidos comenzaron a aumentar la presión para obtener más territorio cerca del Golfo, para lo cual enviaron a Joel R. Poinsett a negociar la frontera entre ambas naciones. Poinsett fue el primero en ser nombrado ministro de los EE. UU. en México, cargo que ejerció entre 1825 y 1829[***]. Con la llegada de la independencia de México en 1821, algunos esperaban que el Tratado de Adams-Onís quedase anulado, puesto que había sido acordado por españoles, no por mexicanos[23]. Estados Unidos aspiraba a que su frontera estuviese en el río Bravo, no en el Sabina, pero a pesar de la disposición por parte de EE. UU. a pagar por ello, México rechazó cualquier oferta. Asimismo, Poinsett no tardó en granjearse enemigos poderosos debido a su asociación con las logias masónicas yorkinas y con políticos liberales, por lo que fue llamado de vuelta a Estados Unidos. Las negociaciones para obtener un tratado se prolongaron otro par de años, y en 1831 México ratificó el Tratado de Límites, por el que se confirmó la frontera de 1819, lo que proporcionó un acuerdo entre ambas partes, pero sin contentar a ninguna.

• • •

En este tiempo California permaneció tan remota y desconectada que pasó un año hasta que llegaron las noticias del Acta de Independencia de México de 1821. Las autoridades de Monterrey juraron lealtad a México en 1822, aunque surgieron problemas con la ratificación de la constitución de 1824[24]. El documento otorgaba a California la categoría de territorio y no de estado, al igual que sucedió con Nuevo México. En paralelo, se acre-

---

[***] También llevó de vuelta a EE. UU. una planta de color rojo intenso que florece en invierno, usada tradicionalmente en Navidad y conocida como poinsetia.

centó la constante animosidad a medida que el clero se resistía a cumplir con los objetivos más seculares de la constitución[25]. Los misioneros franciscanos se mantuvieron leales a la corona española, a diferencia de los republicanos mexicanos, mientras que otros habitantes no se privaban de expresar su descontento por el nuevo régimen administrativo, pidiendo un menor grado de intervencionismo y supervisión[26].

Más de tres mil kilómetros de tierra separaban Monterrey de Ciudad de México. Para los californios, o españoles californianos, los demás mexicanos eran casi como extranjeros, si bien ellos mismos difícilmente constituían una mayoría en lo que consideraban su tierra[27]. En fechas tan tardías como 1830, California contaba con una población estimada de unos diez mil mexicanos, frente a noventa y ocho mil nativos americanos. La preocupación por las sublevaciones indias era constante, especialmente tras una serie de graves incidentes como la rebelión chumash de 1824, en la que se produjeron ataques a las misiones de La Purísima, Santa Inés, y Santa Bárbara[28]. Le siguió un alzamiento entre los indios miwoks del valle de San Joaquín que se mantuvo latente incluso después de efectuarse una expedición de castigo[29].

El gobierno de México infligió otro golpe en 1833 con la Ley de Secularización, que aceleró la distribución de tierras misionales entre colonos e indios asimilados, y que en California se llevó a cabo bajo la supervisión del gobernador, el general José María Figueroa[30]. Para zanjar la polémica cuestión del reparto de tierras, estipuló que la mitad de las propiedades de las misiones deberían pasar a los indios, pero tras su muerte en 1835 su plan fue ignorado y muy pocas tierras pasaron a manos indígenas. Estas, en cambio, fueron a parar a las élites de californios, que se convirtieron en grandes terratenientes al incorporarlas a sus ranchos[31].

La cada vez mayor indignación con el dominio mexicano propició que un descontento grupo de californios, encabezados por Antonio de Alvarado —y con el apoyo de algunos entusiastas voluntarios de Tennessee—, declarasen California como estado independiente el 7 de noviembre de 1836. Sus quejas se basaban en una constante insatisfacción con los gobernadores militares enviados a la Alta California, que habían exacerbado anteriores enfrentamientos que tuvieron lugar en 1831 entre los rancheros californios y las autoridades mexicanas. Aunque no se alcanzó la independencia, se redefinió el territorio como departamento y se nombró gobernador a Alvarado[32]. Es por esta época que comenzó a surgir una identidad california más definida, distinta de la mexicana.

Aunque la población europea de California seguía siendo reducida, el comercio la estaba convirtiendo en un lugar cosmopolita, a medida que los barcos procedentes de Nueva Inglaterra y Asia atracaban en sus puertos, ansiosos por hacerse con pieles de ganado de los ranchos. Los rusos también habían proseguido su avance por la costa, habiendo establecido una colonia tan solo a unos ciento cincuenta kilómetros al norte de San Francisco, financiada por la Compañía ruso-americana, y que se cree que fue construida con ayuda de los aleutas en 1812. Algunos entusiastas capitanes estadounidenses vieron la rentabilidad de unirse a los rusos en sus expediciones para obtener pieles, y también acudieron nativos americanos y gente de otras partes de México en busca de trabajo[33].

En 1835 llegó a California un joven marino llamado Richard Henry Dana. No era un marinero ordinario, pues había nacido en el seno de una distinguida familia de Massachusetts. Una enfermedad interrumpió sus estudios en Harvard, y como parte de su recuperación decidió enrolarse en 1834 en la tripulación del bergantín mercante Pilgrim. Tras doblar el cabo de Hornos, continuó navegando hasta la costa californiana. Aún entonces, era una de las pocas personas procedentes del este de los EE. UU. que habían viajado a California. Al aproximarse, le pareció una tierra «muy desagradable», aunque pronto cambiaría de opinión. No tardó en tomar un mayor interés por California y su gente, aunque sus observaciones no siempre resultaron halagüeñas. Su carácter de Nueva Inglaterra se hizo evidente en sus quejas sobre la economía local; «los californianos son gente perezosa, despilfarradora», y «todos los artículos se venden [...] alrededor de un trescientos por ciento por encima de su precio en Boston»[34].

Sentía una particular fascinación por el aspecto de la gente que se encontraba, describiendo cómo «la *gente de razón*, o aristocracia, viste capa de pana de color negro o azul oscuro, con todo el terciopelo y adornos que puede; de ahí para abajo, hasta la manta de los indios»[35]. También se fijó en su color de piel, observando cómo «las que son de pura sangre española y no se han mezclado con los aborígenes tienen la tez de un moreno claro [...] hay muy pocas familias así en California», y añadiendo que «de esta clase alta se va bajando en grados regulares de oscurecimiento de la piel, haciéndose cada vez más tostada y sucia»[36].

La California que contempló Dana estaba cambiando, y en Monterrey se fijó en la cantidad de comerciantes británicos o estadounidenses que se habían unido en matrimonio con familias californias y «adquirido grandes propiedades», los cuales a menudo regentaban comercios[37]. Los forasteros se veían atraídos por las «quinientas millas de costa con varios buenos puertos, preciosos bosques en el norte, aguas con pesca abundante y llanuras con miles de cabezas de ganado; gente favorecida por un clima como no hay otro en el mundo»[38]. Ahora bien, para Dana estas riquezas se perdían con los californios: «En manos de gente emprendedora, ¡qué país podría ser!»[39]. Regresó a Massachusetts en 1836 y publicó el diario, que gozó de un gran éxito e hizo que el público volviera la mirada hacia el oeste, hacia esta poco conocida frontera del Pacífico.

• • •

Al igual que el algodón que se cultivaba junto al Golfo, la práctica de la esclavitud también había arraigado en Texas. En fechas tan tempranas como 1810, el padre Miguel Hidalgo había proclamado la emancipación de los esclavos, política imitada en 1821 por Agustín de Iturbide, que liberó a cualquiera que luchase por la causa republicana. Como parte del Imperio español, se estima que México recibió doscientos mil esclavos africanos durante todo el periodo colonial. Sin embargo, por toda Nueva España el trabajo era realizado mayoritariamente por indios y estaba remunerado. Asimismo, la economía en general no estaba enfocada a la exportación de materias primas de monocultivo como azúcar, tabaco o algodón, tal como sucedía en el Caribe o el sur de Estados Unidos. Para la década de 1820, la mayor parte de africanos y sus descendientes se habían asimilado a la libre y más amplia sociedad de castas de México, por lo que el número de esclavos era reducido en el momento de la independencia[40].

En este momento los líderes mexicanos querían dar forma de ley a la prohibición de la esclavitud, pese a que los colonos anglos de Texas dejaron claro que se opondrían férreamente a ello[41]. Sin embargo, la Constitución de 1824 les pondría las cosas difíciles, pues en virtud de la misma Texas se había combinado con Coahuila en un único estado (Coahuila y Tejas), lo que limitaba el nivel de representación de los anglotexanos (o *Texians*, como se autodenominaban ellos). Sobre el mapa, este estado tenía forma de martillo, con Texas formando una cabeza cuadrangular y con el eje norte-sur de Coahuila a modo de mango. Ahora bien, era esta parte donde se concentraba el mayor segmento de población[42].

En junio de 1824, la República de México fue oficialmente reconocida por una Gran Bretaña en favor de la abolición, aunque en realidad en ese momento no se había puesto fin a la práctica de emplear personas esclavizadas en las colonias, sino que solo se había acabado con la trata de esclavos. Poco después, el 13 de julio, México proscribió el comercio con esclavos[43]. La mayoría de los colonos anglos de Texas ignoraron este decreto, pero los ánimos se inflamaron[44]. El empresario Haden Edwards, junto con su hermano Benjamin, llegó al extremo de declarar un estado separatista en diciembre de 1826. Aliados con los cheroquis que se habían trasladado a la zona en torno a Nacogdoches y con la ayuda de un grupo de ocupantes ilegales, los hermanos Edwards trataron de arrestar a las autoridades mexicanas y declarar su independencia. Haden incluso diseñó una bandera y redactó una declaración. Marchó hacia Nacogdoches proclamando la existencia de la República de Fredonia, con una parte para «el pueblo rojo» y otra para «el pueblo blanco»[45].

Los Edwards fueron tomados lo bastante en serio como para que se enviara una misión diplomática compuesta por anglos y mexicanos en enero de 1827, aunque no lograron apaciguar la situación. Un informe describió a los conjurados como «vagabundos y prófugos de la justicia» que habían «degradado ignominiosamente el carácter americano». Como inmigrantes de los Estados Unidos, a Stephen Austin y otros empresarios les preocupaba el ver mancillada su propia reputación[46]. Para evitarlo, se coaligaron con las tropas mexicanas en un plan para atacar la colonia de Fredonia, lo que echó por tierra los planes de los hermanos Edwards e hizo que huyeran a través del Sabina hasta Luisiana.

Por aquella misma época, Coahuila y Tejas había entrado en disputas con relación a la constitución de su propio estado, redactada en 1827. Los parlamentarios locales querían abolir la esclavitud, pero cedieron ante la presión de Austin y los demás. El resultado fue un acuerdo intermedio: a partir de la fecha de promulgación de la constitución, ninguna persona en Coahuila y Tejas podría nacer en esclavitud, y tras los primeros seis meses no se permitirían más importaciones de esclavos. En su lugar se establecerían acuerdos de servidumbre que prometían libertad, pero solo tras haberse saldado una deuda imposible, por lo que la esclavitud estaba más o menos garantizada. Los contratos bastaron para mantener el *statu quo* a nivel local, pero pronto intervino la política nacional[47].

La situación en Texas, aunque preocupante, solo había sido uno de los muchos problemas de México; una cuestión mucho más acuciante era España, que seguía enviando tropas y lanzando ataques en su desesperación por recuperar Nueva España. En 1829 se produjo un último intento con una invasión en el puerto de Tampico, en el Golfo. Allí el general Santa Anna, con la ayuda de Mier y Terán, condujo a sus hombres a una rotunda victoria, barriendo a los españoles y confirmando que la larga lucha por la independencia había tocado a su fin. España, sin embargo, no otorgaría reconocimiento oficial a México hasta 1836. Antonio López de Santa Anna, mientras tanto, se convirtió en un héroe nacional.

Mientras las tropas mexicanas expulsaban a los españoles de Tampico, más al norte en la costa del Golfo los colonos anglos estaban viviendo un *boom* algodonero, exportando entre ciento cincuenta y doscientas toneladas anuales, lo que suponía el doble de la producción de tan solo unos años atrás[48]. Por la misma época, en septiembre de 1829, el gobierno mexicano abolió la esclavitud y concedió la libertad a quienes siguiesen esclavizados. Al año siguiente, el gobierno federal promulgó leyes para impedir la llegada de más colonos procedentes de los Estados Unidos, aunque permitió —e incluso incentivó con adelantos de efectivo— la entrada de otros inmigrantes, tales como alemanes o irlandeses[49]. El gobierno también alentó un mayor grado de inmigración mexicana en estas zonas periféricas e instó a la «prohibición de nuevas introducciones de esclavos»[50]. Esto acrecentó la animosidad entre los propietarios de esclavos y las autoridades mexicanas, pero apenas sirvió para evitar que llegasen más anglos. En el norte, el ejército carecía de la fuerza necesaria para vigilarlos o detenerlos, de modo que la población de anglos se dobló entre 1830 y 1834, a pesar de las restricciones[51]. En 1832, el estado de Tejas y Coahuila fijó un límite de diez años en los contratos de trabajo, en otro intento por acabar con la esclavitud[52]. Sin embargo, a la bahía de Galveston seguían llegando barcos negreros procedentes de Cuba y de otras partes de las Indias Occidentales, mientras que se ideaban otras tramas para atraer a personas libres de color procedentes del Caribe a que acudieran como braceros, tras lo cual quedarían prácticamente esclavizadas[53].

El gobierno mexicano echó más combustible a una situación de por sí explosiva al intentar recaudar aranceles en la frontera, lo que en 1831 provocó un enfrentamiento en el fuerte de Anáhuac, donde se une el lago homónimo con la bahía de Trinity, al norte de Galveston. Sus habitantes estaban molestos con las tropas federales allí emplazadas por lo puntillosas que eran con los títulos de propiedad, y se enfurecieron cuando trataron de recaudar impuestos. El resultado fue un breve altercado que acabó sofocado por los soldados, aunque los principales problemas quedaron sin resolver, por lo que los enfrentamientos armados continuaron durante 1832. Los anglos lograron evitar una guerra abierta al promulgar las Resoluciones de Turtle Bayou el 13 de junio de aquel año, en las que afirmaban que no estaban atacando a México sino a las odiadas fuerzas centralistas del presidente Anastasio Bustamante, que había asumido el poder en 1830 y cuyo gobierno era responsable de «repetidos quebrantamientos de la Constitución». En su lugar, pusieron su lealtad en los federalistas y en la «firme y varonil resistencia, opuesta por el muy talentoso y distinguido caudillo, el general Santa Anna, ante las incontables invasiones e infracciones cometidas por la presente administración sobre la Constitución y las leyes de nuestro amado país adoptivo»[54]. Los anglos querían que se respetase plenamente la Constitución de 1824 y creían que Santa Anna deseaba lo mismo, motivo por el cual apoyaron a los federalistas.

Continuó el malestar en las colonias de anglos, por lo que en octubre de 1832 un grupo de habitantes organizaron una convención, celebrada en San Felipe de Austin, con el objetivo de dar forma a sus quejas. Volvieron a reunirse al año siguiente, en abril de 1833, y entre los delegados estaba el antiguo congresista y gobernador de Tennessee Sam Houston, que había empezado a especular con tierras en Texas tras dimitir de su cargo en 1829. Reapareció en Nacogdoches en 1832, donde se incorporó al acalorado debate sobre Texas.

Estas convenciones dejaron claro el sentir de los colonos anglos de que sus necesidades estaban enfrentadas a las del resto del estado y la nación, sobre todo con relación a la esclavitud. El debate viró hacia la idea de solicitar que Texas se separase de Coahuila, un movimiento que pocos dirigentes mexicanos de cualquier convicción política estaban dispuestos a consentir. Tampoco estaban tan entusiasmados por esta escisión los tejanos, cuyo número ascendía a tan solo unos cuatro mil, pero la perspectiva de tener su propio estado movió a los anglos a concebir su propia constitución de Texas[55].

Antonio López de Santa Anna finalmente asumió la presidencia en 1833 tras iniciar una revuelta contra Bustamante el año anterior, al mismo tiempo que se producían los altercados de Anáhuac[56]. Tras completar su misión de restaurar el orden federalista, se retiró a su hacienda en Veracruz y dejó los asuntos de gobierno en manos de su vicepresidente Valentín Gómez Farías. En ausencia de Santa Anna, Gómez Farías aprobó una serie de reformas liberales dirigidas sobre la iglesia, la burocracia y el ejército, con las que logró enfurecer a todos ellos.

Mientras tanto, Stephen Austin se había desplazado hasta la capital para reunirse con el presidente Santa Anna el 5 de noviembre de 1833 y abogar por la creación de un estado propio. El gobierno denegó la petición, pero volvió a permitir la entrada de inmigrantes estadounidenses[57]. Las autoridades locales de Coahuila y Texas estaban ahora en alerta máxima. Aunque en 1833 el estado tenía una población total de 86 887 habitantes, con la mayor parte en Coahuila, a muchos de sus dirigentes les preocupaba que los treinta mil anglos de Tejas trataran de separarse de todos modos[58]. Un informe de seguridad de enero de 1834 mencionó que se habían producido «encuentros prohibidos», y añadía que las «anormalidades [de Austin] no deben quedar impunes»[59]. De hecho, ese mismo mes de enero Austin fue arrestado en Saltillo, la capital del estado, en su viaje de regreso a Texas. Fue conducido de vuelta a Ciudad de México y encarcelado bajo cargos de incitación a la revuelta[60].

En otra parte de la capital mexicana, las reformas anteriores habían dejado al congreso inmerso en una serie de disputas, lo que condujo a la creación del Plan de Cuernavaca en un intento de poner fin a los desacuerdos. Se otorgaron poderes a Santa Anna para ejecutar las medidas del plan, pero él fue un paso más allá al disolver el Congreso y destituir al vicepresidente, declarando que estaba ejerciendo sus facultades de excepción. Una vez se hubo reunido el nuevo congreso mexicano a comienzos de 1835, Santa Anna regresó de nuevo a Veracruz[61]. En abril se encontraba en Zacatecas sofocando una revuelta en contra de este gobierno de carácter más centralista, antes de volver una vez más a su hacienda. Ese verano, los dirigentes políticos debatieron el futuro de la Constitución de 1824; su carácter federal estaba causando muchos problemas, por lo que fue abolida en octubre de 1835. Se convocó un congreso constituyente para redactar un nuevo documento, de corte más centralista y con un gobierno nacional con más poder que, esperaban, pudiera mantener unido el país[62].

Se palpaba la tensión entre los anglos de Texas. La Constitución de 1824 y el sistema federal que sostenía habían dejado de existir. Sin ninguna fe en que lo que fuera a sustituirlos sirviese a sus intereses, los anglotexanos exigieron su restitución[63]. Sin embargo, cada vez se encontraban más aislados: no solo estaban solos en su postura respecto a la esclavitud, sino que muy pocos de los nuevos colonos habían aprendido español o se habían aculturado de otras maneras, lo que hacía aún más difícil que los anglos comprendieran las maquinaciones políticas que se estaban produciendo, o que pudieran forjar alianzas con los tejanos.

El verano de 1835 estuvo marcado por disturbios y enfrentamientos. Un puñado de hombres atacó el fuerte de Anáhuac en junio y obligó a las tropas mexicanas a rendirse. Aunque los anglos accedieron a retirarse para mantener la paz, las autoridades mexicanas lo vieron como una señal preocupante. Escribiendo desde Matamoros, a unos ochocientos kilómetros al sur de Nacogdoches, el general Martín Perfecto de Cos dijo a las autoridades que «El abandono que ha habido hasta ahora en la policía de Texas ha producido necesariamente la introducción de muchos hombres sin patria, moralidad ni oficio de que subsistir, que no aventurando nada en una revolución se ocupan de continuo en encender la discordia»[64].

Al mismo tiempo, la comunidad anglotexana no contaba aún con una estrategia unificada. Algunos como el jefe militar de San Antonio de Béjar, Francis W. Johnson, creían que debían defender la Constitución de 1824 pero que esto no debía conducir a un movimiento separatista. Por este motivo, Johnson creía que se debía intentar incluir a los tejanos y a «todos los amigos de la libertad, de cualquier nombre o nación». Otros abogaban por la independencia total, sosteniendo que los mexicanos y anglos de Texas «nunca podrán ser un mismo pueblo unido»[65].

Los habitantes de San Jacinto, un asentamiento cerca de la desembocadura del Buffalo Bayou en la bahía de Galveston, celebraron en agosto de 1835 una reunión para debatir la noticia de que «el gobierno federal republicano de México ha sido violentamente ocupado» y que «el último presidente de la república, el general Santa Ana [*sic*], ha sido investido con poderes dictatoriales extraordinarios». Les preocupaba aún más el rumor de que la milicia había sido disuelta, que se habían invadido algunos estados mexicanos y que «una invasión similar está siendo contemplada, y en preparación, para llevarse a cabo en Texas»[66]. El grupo de San Jacinto decidió que estaba en su derecho de rechazar este gobierno y convocar una asamblea de delegados anglos en Texas para «deliberar sobre el estado de los asuntos públicos: idear y poner en ejecución tales medidas, según sea necesario, para preservar el buen orden y la debida administración de las leyes»[67]. Un grupo en Nacogdoches adoptó un tono más conciliador, resolviendo que «los emigrantes de los Estados Unidos del Norte que estamos ahora en Texas debemos a la República y al pueblo de México nuestro más profundo sentido de gratitud por su largueza para con nosotros al darnos tan excelentes moradas» y, a diferencia de otros grupos, expresaron su deseo de estar «en paz con todos los hombres»[68].

Finalmente se decidió que se celebraría una «consulta» sobre esta cuestión a mediados de octubre. En este punto, Stephen Austin había regresado a Texas y estaba dispuesto a emprender acciones más unificadas junto con los demás anglos[69]. El conflicto sobre los poderes del estado también había llegado a sus puertas con el estallido de una revuelta en Monclova, una ciudad de Coahuila que estaba pugnando con Saltillo por convertirse en la capital[70]. Las maquinaciones de los anglotexanos se intensificaron, aprovechando la distracción de las autoridades mexicanas. Austin, cuyas simpatías iniciales hacia México estaban del todo agotadas, envió en agosto una carta a su primo donde decía que «la situación de Texas se está volviendo más y más interesante cada día», prediciendo que «los mejores intereses de Estados Unidos exigen que Texas sea completa y efectivamente americanizada, esto es, colonizada por una población que esté en armonía con sus vecinos al este, en idioma, principios políticos, origen común, simpatía e incluso interés». Uno de estos intereses era la esclavitud, y aquí Austin dejó clara su postura: «Texas debe ser un país esclavista. Ya no es objeto de duda»[71].

La crispación aumentó durante el otoño. El 2 de octubre de 1835, una disputa con relación a un cañón indujo a que los colonos anglos del pueblo de González provocasen a las tropas mexicanas con gritos de «*Come and take it*» («Venid a por él»). Una semana después, el 9 de octubre, parte de este grupo se apoderó del presidio La Bahía, justo a las afueras de Goliad, que por entonces era una de las ciudades más pobladas de Texas. Poco después, Austin escribió a David G. Burnet, anglotexano como él, diciendo: «Espero ver Texas libre para siempre de dominación mexicana de cualquier tipo. Todavía es demasiado pronto para decirlo públicamente, mas ese es el punto adonde nos encaminaremos [...] Pero debemos llegar ahí por pasos»[72].

A medida que octubre se cargaba de enfrentamientos, la consulta fue aplazada a noviembre, cuando cincuenta y ocho de un total de noventa y ocho delegados pudieron asistir a las sesiones, que duraron dos semanas y se celebraron en San Felipe. Los participantes barajaron sus opciones: luchar por reinstaurar la Constitución de 1824 o tomar la vía de la independencia. El resultado, por el momento, fue una solución intermedia de acción limitada y dirección ambigua, aunque sí lograron establecer un gobierno provisional[73].

Cuando las noticias de estos sucesos en Texas llegaron a las ciudades de la costa este de Estados Unidos, el encargado de negocios mexicano, Joaquín María del Castillo y Lanzas, envió desde la delegación de Filadelfia una airada carta al secretario de Estado John Forsyth. En su misiva cargó contra los anglotexanos, diciendo que no era ninguna sorpresa «que simples aventureros sin nada que perder, que fugitivos de la justicia y otros que pueden ganar sin arriesgar nada, que quienes se deleitan en las revoluciones, bien por temperamento, o por carácter, o por el deseo de llamar la atención, promuevan la convulsión política»[74]. Una circular del Gobierno con fecha de 1835 lamentaba los «ingratos colonos de Texas que se mofan de las leyes de la nación mexicana pese a la generosa bienvenida que esta les ha brindado»[75].

Aunque la mayoría de quienes querían formar un estado eran anglos, también tenían algunos partidarios mexicanos, incluso desde lugares lejanos. José Antonio Mexía (o Mejía), un antiguo general de brigada de Santa

Anna que también había pasado un tiempo en la delegación mexicana en EE. UU., partió de Nueva Orleans con planes para atacar la ciudad portuaria de Tampico como muestra de apoyo hacia los anglotexanos, aunque creía que estos aún estaban luchando del lado de los federalistas y que no buscaban su propia independencia[76]. Zarpó el 6 de noviembre de 1835, pero el 14 su barco encalló cerca de Tampico, y al día siguiente las tropas de Santa Anna pudieron repeler sin dificultad el ataque. Dentro de Texas, algunos tejanos estaban empezando a ponerse del lado de los anglos, incluyendo al alcalde provisional de San Antonio de Béjar, Juan Nepomuceno Seguín, que se enroló en la milicia de Stephen Austin[77].

En diciembre, algunos de los que habían participado en la consulta partieron hacia Estados Unidos en una misión para recaudar fondos, deteniéndose en Nueva Orleans, Louisville, Nashville y Cincinnati. Recabaron apoyos para sus tropas, pero se toparon con un importante escollo a la hora de alistar voluntarios: Estados Unidos y México estaban en paz, y una ley de 1818 prohibía que los ciudadanos estadounidenses organizaran o apoyasen un ataque sobre una nación pacífica desde el territorio nacional[78]. Los dos países acordaron tácitamente que, en cualquier caso, los anglotexanos habían renunciado a su lealtad hacia Estados Unidos y eran ciudadanos mexicanos, lo que convertía el conflicto en una guerra civil. Por tanto, un voluntario en el lado de Texas en teoría también tendría que autoexpatriarse, y así lo hicieron muchos[79].

A comienzos de 1836 cada vez resultaba más difícil encontrar a anglos leales a México en Texas, donde corrían eslóganes como «Libertad o muerte», que evocaban la antigua revolución estadounidense. En paralelo los comités municipales de seguridad y correspondencia, similares a los de la guerra revolucionaria, se habían organizado en milicias[80]. Un panfleto de febrero de 1836 declaró que «los hijos de los bravos patriotas del 76 son invencibles en la causa de la libertad y de los derechos del hombre»[81]. Estos sentimientos venían acompañados de otros más raciales, con Sam Houston declarando en enero de 1836 que «el vigor de los descendientes del norte [nunca se mezclará] con la flema de los indolentes mexicanos»[82].

Santa Anna decidió que él mismo tendría que ocuparse de los insurgentes. En una proclama instó a los mexicanos a pasar al «combate con esa chusma de aventureros desgraciados»[83] y emprendió la marcha hacia el norte. Por el camino reclutó tropas en San Luis de Potosí, antes de llegar a San Antonio de Béjar en la tarde del 23 de febrero de 1836 con unos seis mil soldados[84]. Aunque los anglotexanos se habían visto reforzados con reclutas estadounidenses, eran muy pocos para defender las ganancias obtenidas en esa ciudad, que habían tomado a comienzos de diciembre de 1835 tras obligar a la guarnición a rendirse. San Antonio se encontraba ocupada por milicias de anglos, pero muchos bejareños no querían unirse a ellas ni tampoco a los centralistas[85]. Aunque los anglotexanos sabían que Santa Anna estaba de camino, la entrada del líder mexicano en San Antonio de Béjar cogió a la ciudad desprevenida. Los exploradores anglos pudieron avistarle antes de que pudiera lanzar un ataque, lo que dio tiempo a los milicianos a retirarse a El Álamo, un puesto militar en la antigua misión española de San Antonio de Valero.

El Álamo en sí no tenía nada que indicase la posición desmesurada que ocuparía posteriormente en la historia de Estados Unidos. En aquel momento era una pequeña fortificación, de un tamaño y apariencia que reflejaban su situación en la frontera. Su propósito había variado a lo largo de las décadas precedentes: fue abandonado por primera vez en 1793 y rehabilitado en 1802, cuando se trasladó allí una unidad de caballería española. Las tropas pertenecían a la Segunda Compañía Volante de San Carlos de Álamo de Parras, un pueblo de Coahuila en honor al cual pusieron el apodo de El Álamo a esta misión convertida en presidio[86]. El lugar volvió a quedar desocupado en 1810, y así permaneció hasta que los mexicanos lo convirtieron en un fuerte en 1821. Su estado reflejaba este uso intermitente, pues había partes que se habían desmoronado o que necesitaban ser reforzadas —la capilla ni siquiera tenía tejado—. No obstante, era todo lo que tenían los anglotexanos, que ya habían comenzado las obras de refortificación tras haber tomado el control de San Antonio, habiendo afianzado los muros, excavado trincheras y recolocado los cañones, que ahora apuntaban a las tropas mexicanas.

Tras la llegada de Santa Anna, el coronel anglotexano William Barret Travis pidió refuerzos, escribiendo a la guarnición de Goliad el 23 de febrero: «Contamos con ciento cuarenta y seis hombres, determinados a no retirarse jamás»[87]. Al final, solamente llegaron treinta y dos efectivos adicionales[88]. Por su parte, Santa Anna no tenía mucho interés en librar una batalla en San Antonio; su verdadero objetivo era alcanzar la zona del río Sabina y a las tropas de Sam Houston[89]. Sin embargo, al día siguiente los mexicanos montaron una batería improvisada, y durante la semana que siguió se produjeron intercambios de fuego entre quince de sus tropas y los ciento cuarenta y seis anglotexanos, que permanecieron atrincherados en El Álamo. Para el 4 de marzo, Santa Anna se iba sintiendo obligado a emprender acciones más drásticas, por lo que esa noche convocó un consejo para planear un asalto con el que barrer a los rebeldes.

Al explicar posteriormente sus decisiones, el general Santa Anna —que tenía cierta propensión a las exageraciones— escribiría: «Antes de emprenderlo [el asalto] [...], quise todavía probar un medio generoso, propio de la bondad mexicana, ofreciendo la vida a los que defendían, si depuestas las armas se retiraban con promesa de no volver a tomarlas contra México». Los anglotexanos rechazaron cualquier oferta[90]. Al mismo tiempo, los hombres dentro de El Álamo estaban pasando dificultades y algunos querían rendirse, al ver agotarse sus víveres y municiones[91].

En las frías y oscuras horas de la madrugada del 6 de marzo, las tropas mexicanas se deslizaron desde su campamento al otro lado del río Medina hacia El Álamo, que se vio rodeado por cuatro columnas de tropas[92]. La batalla comenzó en torno a las cinco de la mañana entre gritos de «¡Viva México!». En su avance, los mexicanos recibieron el fuego de los cañones anglotexanos, pero lograron llegar a los muros y encaramarse con escaleras. Dentro de El Álamo el combate pasó al cuerpo a cuerpo —y al encarnizamiento—. Algunos de los defensores se retiraron a la capilla, y quedaron acorralados cuando los atacantes echaron abajo la puerta. Otros trataron de rendirse o huir, pero al final no hubo escapatoria[93]. Casi todos los que se encontraban en el interior murieron en el espacio de unas pocas horas, incluidos William Travis, Jim Bowie y el célebre Davy Crockett[94]. Sin embargo, hubo algunos supervivientes, pues en el fuerte hallaron ocultos a un grupo de mujeres y niños, anglos y tejanos, además de algunos esclavos. Santa Anna los acabó liberando a todos[95].

Otro superviviente fue Juan Seguín, que salvó la vida porque días antes había partido como correo para entregar un mensaje. Regresó el 6 de marzo y descubrió que el fuerte ya había caído[96]. En los días que siguieron, Santa Anna ordenó quemar los cadáveres de los anglos y enterrar los de sus hombres, pero debido a la falta de espacio en el cementerio acabaron arrojando los cuerpos al río[97]. La mayoría de los tejanos que se encontraban en San Antonio huyeron o permanecieron apartados del conflicto, pero hubo un grupo —de entre cinco y diez hombres, aunque se desconoce el número exacto— que murieron luchando contra los mexicanos en El Álamo.

Santa Anna perdió al menos a setenta hombres —aunque algunas estimaciones son mucho más altas, llegando a superar el millar—, y otros trescientos resultaron heridos[98]. Lo sucedido en El Álamo suscitó reacciones diversas en la prensa mexicana, según la publicación fuese o no partidaria de Santa Anna. *La Lima de Vulcano*, de Ciudad de México, encomió al «invicto libertador» del país, declarando que México había sido vindicado[99]. Muchos periódicos creían que esto pondría fin a la insurrección de Texas, aunque los medios más críticos empezaron a poner en tela de juicio la necesidad de que hubiera una batalla en primer lugar. El diario *La Luna*, de Toluca, argumentaba que El Álamo «no ha sido una auténtica ganancia, una auténtica victoria para la nación»[100].

Mientras se desarrollaba el asedio de El Álamo, un grupo de anglos y mexicanos de Texas se reunieron el 1 de marzo en Washington-on-the-Brazos, un pueblecito cercano a San Felipe de Austin, río arriba. Al día siguiente adoptaron una declaración de independencia, a la que siguió la promulgación de la Constitución de la República de Texas el 17 de marzo. Este documento estructuraba un gobierno que no se alejaba mucho del de Estados Unidos, con separación de los poderes legislativo, ejecutivo y judicial. La esclavitud quedó amparada al disponerse que el «Congreso no dará leyes para prohibir a los que emigraren introducir esclavos en esta República [...] ni podrá el Congreso emancipar esclavos», y ninguna persona libre de color, «en todo o en parte, podrá establecerse en esta República sin el consentimiento del Congreso».

Respecto de los tejanos, la constitución estipulaba que todas las personas, con la excepción de «los africanos, los descendientes de africanos e indios», debían considerarse ciudadanos de la república y con derecho a todos los privilegios como tales[101]. La igualdad definida sobre el papel no se ajustaría a la realidad, pues el conflicto había puesto de manifiesto el gran debate sobre las diferencias entre anglos y tejanos, del que se puede hallar un ejemplo en un discurso pronunciado anteriormente por George Childress, partidario de los anglotexanos y uno de los autores de la constitución de la república. Hablando en un mitin en Nashville, que apareció en una edición del *Telegraph and Texas Register* de febrero de aquel año, Childress pidió al público «contemplar el carácter nacional de los mexicanos», a quienes describió como «un pueblo cobarde, traicionero y semicivilizado, sin iniciativa, habilidad o disciplina». Para Childress, los anglos eran lo contrario, pues eran «valientes, vigorosos y emprendedores»[102]. Un artículo en la portada de la edición de la semana siguiente retrataba a los mexicanos como «un pueblo de los que la mitad son las más depravadas razas de indios, distintos en color, empeños y carácter; todos los cuales están separados de nosotros por la barrera infranqueable arrojada por la naturaleza y el gusto refinado. Un pueblo cuyos hábitos de inercia y ociosidad, cuya ignorancia y superstición generales impiden la posibilidad de que jamás nos unamos en una misma familia en armonía»[103]. A pesar de este ambiente de retórica virulenta, los destacados tejanos José Francisco Ruiz y Lorenzo de Zavala, a quien más adelante nombrarían vicepresidente de la república, acabaron como signatarios de la declaración de independencia y la constitución[104].

La lucha se prolongó hasta finales de marzo, después de que el coronel James Walker Fannin y otros trescientos cincuenta hombres capturados en batallas anteriores hubiesen sido encerrados en el presidio de Goliad. Santa Anna entendía que «los extranjeros que se tomen con las armas en la mano haciendo la guerra a la nación [debían ser] tratados como piratas» y, queriendo darles su merecido, advirtió por carta a uno de sus generales: «Espero pues que en contestación me diga V. S. hallarse satisfecha la vindicta pública con el castigo de tan detestables delincuentes»[105]. El resultado fue la ejecución de los presos el 27 de marzo, conocida como la masacre de Goliad, que enfureció al público e intensificó el apoyo a la causa de la independencia en Texas y Estados Unidos.

El 15 de abril, Stephen Austin escribió una carta al presidente Andrew Jackson y el Congreso, donde explicaba que Santa Anna había «logrado unir a todos los mexicanos librando una guerra nacional contra los herejes». Preguntaba si los Estados Unidos eran realmente capaces de «hacer oídos sordos a los llamamientos de sus conciudadanos en favor de los compatriotas y amigos de ellos y de ustedes, que están siendo masacrados, sacrificados y ultrajados a sus mismas puertas en Texas». Austin quería recibir refuerzos e instó a que el conflicto se convirtiese en una «guerra nacional», utilizando la simpatía y el apoyo del público en «una guerra en la que todo americano libre que no sea un fanático abolicionista [...] tiene un profundo, cálido y ardiente interés»[106].

Algunos estadounidenses estaban preocupados por los acontecimientos en Texas y habían tomado parte en ellos mucho antes de que Austin mandara esta carta solicitando ayuda. Una carta de José María Ortiz Monasterio, encargado de negocios de México, protestó porque «desde entonces, los colonos de Texas han obtenido y siguen obteniendo a diario desde Nueva Orleans socorros de todo tipo, en forma de provisiones, armas, munición, dineros y hasta en soldados, que se están alistando abiertamente en esa ciudad»[107]. Empresas como la Galveston Bay and Texas Land Company y otros especuladores se mostraron a favor de la independencia de Texas, mientras que en otoño de 1835 llegaron inicialmente unos doscientos voluntarios para unirse a los anglotexanos[108]. A lo largo de la rebelión, unos tres mil seiscientos hombres lucharon por Texas, incluyendo a un millar de voluntarios procedentes de los Estados Unidos y a ciento treinta y ocho tejanos[109].

El presidente Jackson, sin embargo, tenía que expresar su apoyo a los tratados existentes con México. En el reverso de la carta de Austin anotó: «Los anglotexanos, antes de dar el paso de declararse independientes, con el que han despertado y unido a todo México en su contra, deberían haber ponderado bien que era un acto impulsivo y prematuro, que nuestra neutralidad debe ser fielmente mantenida»[110].

El 7 de abril de 1836, Santa Anna entró en San Felipe de Austin en pos de Sam Houston. Creía que los anglotexanos retrocederían si sus tropas cruzaban el río Brazos y, mientras buscaba un paso adecuado, las noticias llegaron al cercano pueblo de Harrisburg, cuyos habitantes huyeron antes de prenderle fuego. Santa Anna siguió la pista a Houston, alcanzándole el 20 de abril de 1836 donde el Buffalo Bayou confluye con el río San Jacinto. Después de El Álamo, Santa Anna había dividido a sus hombres en columnas, dejando una en San Antonio y enviando otra a Goliad. En aquel momento la columna de Santa Anna contaba con unos setecientos cincuenta efectivos más unos cuatrocientos de refuerzo que llegaron a la mañana siguiente, mientras que Houston disponía de unos ochocientos combatientes. Levantó aquel un campamento cerca del Buffalo Bayou y permaneció a la espera, mientras sus hombres trataban de reforzar su posición[111]. Entonces, en la tarde del 21 de abril, justo cuando las tropas se habían echado a descansar, surgieron los gritos inesperados de: «*Remember the Alamo!*» («¡Acordaos de El Álamo!»)[112]. El ataque por sorpresa de Sam Houston y sus hombres en la batalla de San Jacinto causó la desbandada de los mexicanos. Casi la mitad de los soldados de México murieron en la «Yorktown de Texas» —en alusión a la guerra revolucionaria— y los demás fueron hechos prisioneros, incluido Santa Anna, que logró escapar y hacer noche en un granero. Sin embargo, fue apresado por las tropas anglotexanas, que no lo reconocieron al conducirlo al campamento de Houston, donde los gritos de «¡El presidente!» lo delataron[113].

Santa Anna firmó dos tratados con los anglotexanos, uno público y el otro privado. El público prometía el fin de las hostilidades y la evacuación de sus tropas al sur del río Bravo, mientras que en el privado se comprometía a reconocer la independencia de Texas, lo cual no cumplió. A cambio, Santa Anna fue liberado algunos meses más tarde, aunque en primer lugar fue llevado a Washington, donde se reunió con el presidente Jackson en enero de 1837. No quedan registros oficiales de la conversación que tuvieron los dos hombres durante una cena, excepto el posterior testimonio de uno de los asistentes de que Santa Anna había señalado que la cuestión del reconocimiento oficial tendría que contar con la supervisión del congreso mexicano[114].

La victoria en San Jacinto fue acogida con entusiasmo a lo largo y ancho de Estados Unidos. Un periódico de Pensilvania expresó su asombro por el «pequeño y galante ejército», ensalzando las virtudes de sus tropas al tiempo que ignoraba la contribución de los tejanos, diciendo que la fuerza estaba «compuesta de hombres de los Estados Unidos, probablemente con una proporción de Gran Bretaña, la sangre anglosajona que siempre mantiene su superioridad, tanto en campaña como en los afanes de la vida en paz», concluyendo que «bien se merecen la inmortalidad que han alcanzado»[115].

Al término de 1836, Sam Houston había asumido la presidencia de Texas y Stephen Austin había muerto. En abril de 1837 se inhumaron las cenizas de los soldados muertos en El Álamo en una ceremonia presidida por Juan Seguín. En su discurso, encomió a los hombres y los «restos que tenemos el honor de portar sobre nuestros hombros», antes de decir a la multitud congregada: «Os invito a declarar al mundo entero: "Texas será libre e independiente o pereceremos en glorioso combate"»[116]. Seguín también fue honrado por sus acciones cuando el asentamiento de Walnut Springs, a unos sesenta kilómetros al este de San Antonio de Béjar, decidió rebautizarse como Seguin en 1838. Mientras tanto, en estos años Santa Anna languideció en la derrota y la humillación, y el general Anastasio Bustamante volvió a convertirse en presidente.

El siguiente obstáculo para Texas era la anexión a los Estados Unidos, que llevaría casi una década tras los problemas que supuso el Compromiso de Misuri. Texas se mantenía firme en la cuestión de la esclavitud. Tras independizarse de México, la población de esclavos en el país, libre ya de toda prohibición, ascendió de unos tres mil setecientos en 1837 a veinticuatro mil cuatrocientos hacia 1845[117].

Los años que siguieron a la independencia de Texas fueron difíciles para los tejanos, muchos de los cuales se habían mostrado reacios a unirse a la lucha de los anglos. Incluso para aquellos como Juan Seguín, que había ayudado a los anglotexanos, el futuro distaba de ser seguro. Algunos mexicanos pudieron ver lo que se avecinaba: en el verano de 1836, el diplomático Manuel Eduardo de Gorostiza escribió desde Washington D. C. que «el objeto primordial de la trama es apoderarse a toda costa de Texas, reunirla a los Estados Unidos [y] hacer de Texas cuatro o cinco Estados con esclavos»[118]. Los tejanos perderían parte de sus tierras a medida que se alcanzaba este objetivo. En la etapa inmediatamente posterior a la independencia, muchos tejanos decidieron irse a vivir a otros lugares en México, debido a las demandas interpuestas por anglos con respecto a sus propiedades y a violentas amenazas personales[119].

∙ ∙ ∙

Dentro de Estados Unidos, las décadas de 1820 y 1830 también habían sido un tiempo de grandes cambios políticos, encarnados en el ascenso de Andrew Jackson. Él simbolizaba la dirección hacia donde estaba virando el país: el oeste. Nacido en 1767 en el seno de una familia pobre de los confines occidentales del territorio de Carolina, Jackson fue creado por la frontera, y en muchos sentidos se vería definido por ella. Se convirtió en un acaudalado abogado, especulador de tierras y propietario de esclavos en Tennessee. La admiración por Jackson no se limitaba a los Estados Unidos. En 1830, Lorenzo de Zavala —que cinco años más tarde se vería enredado en la lucha de Texas— partió de México hacia Nueva Orleans para embarcarse en una gira por el país. Su vida política, al igual que sus viajes, lo llevarían a lo largo y ancho de la geografía. Había sido uno de los principales arquitectos de la constitución mexicana de 1824 y ejercido varios cargos del gobierno, aunque fue apartado por los centralistas y fue eso lo que condujo a su llegada a Nueva Orleans. Desde allí atravesó Luisiana y remontó el Misisipi hasta Louisville y Cincinnati, para después pasar temporadas en Nueva York, Nueva Inglaterra y Canadá[120].

Su libro de 1830 donde relata el tiempo que pasó en Estados Unidos sigue siendo uno de los testimonios más antiguos que se conocen acerca de las relaciones entre México y EE. UU., escrito porque «nada puede dar lecciones más útiles de política a mis conciudadanos, que el conocimiento de las costumbres, usos, hábitos y gobierno de los Estados-Unidos, cuyas instituciones han copiado servilmente»[121]. Durante su viaje Zavala quedó impresionado por el país, ofreciendo extensos comentarios sobre la política nacional y la situación económica[122]*. También era admirador del presidente Jackson. Llegó a Cincinnati a tiempo para ver cómo las masas aclamaban al presidente durante una visita, fijándose en la ausencia de pompa y cere-

---

* Su libro se publicó en París en 1834, pero la obra no aparecería en México hasta 1846.

monia, y describiendo «un concurso numeroso de todo el pueblo que corría a las márgenes del río a recibir y ver a su primer conciudadano [...] Había músicas, banderas, cortinas, víctores y gritos de alegría. Todo era natural, todo espontáneo». Al día siguiente los dos hombres tuvieron un encuentro en lo que a un sorprendido Zavala le pareció «una casa medianamente amueblada», con una treintena de hombres que «por su traje parecían labradores y artesanos», haciendo que escribiera admirado acerca de «la más sencilla corte del mundo»[123].

Con el regreso de los federalistas, Zavala pudo retomar su carrera política, y en 1833 fue enviado a París en calidad de ministro de México en Francia. Quedó alarmado ante las noticias de las reformas centralistas de Santa Anna, dimitió de su puesto y se trasladó a Texas, donde poseía tierras[124]. Allí se adentró en el complicado mundo de la política anglotexana, donde culminó su transformación de federalista mexicano a partidario de la independencia de Texas y ayudó a redactar la constitución en Washington-on-the-Brazos, asegurándose de que estuviese en inglés y español. Después fue nombrado primer vicepresidente de la república de Texas, pero dimitió al cabo de un mes, cansado de las sospechas de los anglos por sus supuestas intenciones de restituir el país al dominio mexicano. Poco después contrajo una neumonía y murió en noviembre de 1836 en Texas[125].

En la conclusión de su libro, Lorenzo de Zavala se deshizo en líricos elogios a la democracia estadounidense, al tiempo que se lamentaba de la cultura eclesiástica y militar que según él estaba lastrando a México, con la pronosticación final, en la última línea, de que «el sistema americano obtendrá una victoria completa aunque sangrienta» en su patria[126]. Vivió lo bastante para ver los primeros signos de ello en Texas, pero moriría antes de poder ver su predicción hecha realidad.

• • •

Texas votó en 1836 a favor de convertirse en estado, y al año siguiente se introdujo una resolución en el senado estadounidense. El presidente Jackson tenía una larga historia con Sam Houston y sin duda estaba a favor de que Texas se incorporase a la Unión, pero únicamente podía otorgarle reconocimiento diplomático. Jackson sabía que era demasiado peligroso ofrecer la anexión porque Texas entraría como estado esclavista, lo que trastocaría el equilibrio con los estados libres y enfurecería a los abolicionistas del país y en el extranjero, especialmente en Gran Bretaña[127]. Esto no hizo que perdiera interés en la cuestión, y siguió ejerciendo influencia sobre sus sucesores en pro de la incorporación de Texas.

Las opiniones estaban divididas al respecto. El congreso de Rhode Island, por ejemplo, sostenía que la inclusión de Texas «cargaría a la nación de deudas e impuestos» y, aún peor, propagaría «la esclavitud y promovería la cría de esclavos en su propio seno —el mismísimo seno de la libertad— para exportarlos y venderlos a esas impías tierras»[128]. En Tennessee, los sentimientos eran marcadamente distintos; sus parlamentarios decían creer que «la galante y caballerosa valentía de los texanos en su lucha por la libertad y el Gobierno libre es garante de su valía, y prueba suficiente de su calificación para concederles la hermandad y ciudadanía para con nosotros»[129].

La cuestión de Texas no era solamente doméstica. Los británicos, que habían firmado tratados con México en contra de la esclavitud, mostraban inquietud hacia esta nueva república, aunque al mismo tiempo estaban ansiosos por comprar su algodón. Houston inició en 1837 una campaña para que Gran Bretaña otorgase su reconocimiento oficial a Texas, pero como parte del acuerdo los británicos querían que la república firmase un tratado antiesclavitud que incluía el derecho a registrar las embarcaciones texanas en busca de esclavos ilícitos, propuesta acogida con escaso entusiasmo[130]. Mientras se desarrollaban estas negociaciones, algunos esclavos en Texas trataban en todo momento de aprovechar la cercanía con México para escapar a la menor ocasión en busca de libertad. En ocasiones los ayudaban los tejanos, para disgusto de los propietarios anglos, aunque también había otros tejanos que eran dueños de esclavos[131].

Durante este periodo, México nunca otorgó reconocimiento oficial a Texas. La república seguía recibiendo nuevos colonos, al tiempo que los tejanos quedaban relegados a los márgenes de este lugar dominado ahora por anglos. Cuando Santa Anna regresó al poder en 1841, comenzó a alimentar ambiciones de recuperar Texas[132]. Durante 1842 las tropas mexicanas realizaron incursiones esporádicas sobre Texas, y en septiembre San Antonio fue tomada brevemente dos veces, aunque en ambas ocasiones los ocupantes se retiraron. En respuesta, aquel otoño los texanos organizaran una expedición de castigo sobre México que incluyó una misión de trescientos veinte combatientes enviados a Santa Fe, la cual terminó con su inmediata rendición y encarcelamiento[133]. Otra operación culminó con un grupo de tres centenares de hombres que, contraviniendo sus órdenes, cruzaron el río Bravo y atacaron a las tropas mexicanas en la ciudad de Mier. Este episodio también acabó en derrota y con los texanos ejecutados o enviados a prisión, setenta y seis de los cuales fueron liberados al cabo de un par de años[134].

Al final Santa Anna renunció a la lucha, al comprender que el reanudar las hostilidades hacia Texas podría acabar provocando a los Estados Unidos[135]. En Washington estaba cambiando la actitud oficial con respecto a la anexión de Texas, y parecía entreverse el final de su limbo político. John Tyler, miembro del Partido Whig que en 1841 había asumido la presidencia tras la muerte de William Henry Harrison un mes después de acceder al cargo, contaba con pocos aliados y veía la anexión como una posible vía para ganar votos[136]. En marzo de 1844, Tyler pidió al exvicepresidente John C. Calhoun que fuese su secretario de Estado. Su predecesor, Abel Upshur, había tomado parte en negociaciones secretas con Texas antes de su muerte en un accidente a bordo del USS Princeton[137]. El resultado fue un Tratado de Anexión entre EE. UU. y la República de Texas, firmado el 12 de abril de 1844 y que, de ser ratificado, permitiría que Texas fuera «incorporada a la Unión de los Estados Unidos»[138]. En México, Santa Anna trató de obtener ese verano la aprobación parlamentaria para reclutar un ejército de treinta mil efectivos con el que lanzar un ataque decisivo para recuperar Texas, pero sus exigencias fueron rechazadas repetidamente por un Congreso a punto de sufrir una crisis política interna[139].

Siendo un propietario de esclavos de Carolina del Sur, Calhoun veía las ventajas de sumar Texas a la Unión, lo que inclinaría la balanza en favor de los estados esclavistas; además, él y otros sureños estaban ansiosos por contener la presión antiesclavitud que los británicos ejercían sobre Texas, una política que denunció en su infame «carta a Pakenham»[140]. Richard Pakenham era ministro de Gran Bretaña en México y defensor de la abolición, y Calhoun le envió la misiva en fechas próximas a la firma del tratado. En ella no solo exigía que Texas fuera anexionada a Estados Unidos para proteger el Sur, sino que también afirmaba que extender la esclavitud resultaba «esencial para la paz, seguridad y prosperidad de los estados de la Unión donde esta existe»[141]. El escrito acabó en manos de la prensa, lo que enfebreció el debate sobre Texas. El también sureño Henry Clay se alzó en oposición con otra carta que también fue publicada, en la que argumentaba que «si el Gobierno de los Estados Unidos fuese a adquirir Texas, con ello adquiriría todas las cargas bajo las que se encuentra Texas, y entre ellas la guerra presente o suspensa entre México y Texas. De esa consecuencia no puede caber duda. Anexión y guerra con México son idénticos»[142]. El debate sobre la anexión continuó durante el año electoral de 1844, después de que el Senado no consiguiera ratificar el tratado en junio, con dieciséis votos a favor y treinta y cinco en contra[143].

En las elecciones presidenciales de 1844 ganó James Knox Polk, un protegido de Jackson de escasa notoriedad, gracias a una combinación de la maquinaria del Partido Demócrata con un resonante mensaje. La cuestión de Texas se había agrandado hasta convertirse en una obsesión nacional, y en aquel momento la idea de la expansión al oeste se hallaba ligada a este territorio. Hacerse con Texas beneficiaría a la nación entera y mantendría contento al Sur. Para acceder al cargo, Polk había afrontado una dura oposición por parte de Henry Clay, que por entonces era uno de los más famosos estadistas del país. Clay, que ya había tratado de acceder a la presidencia en otras dos ocasiones, se mantenía firme en su postura en contra de la anexión, a pesar de ser propietario de esclavos. Con el respaldo sureño, Polk ganó con ciento setenta votos del Colegio Electoral frente a los ciento cinco de Clay, aunque solo obtuvo una exigua ventaja de treinta ocho mil sufragios en el voto popular[144].

Texas no había sido la única cuestión: la mirada de Polk llegaba hasta el Pacífico. Al mismo tiempo se estaba desarrollando una prolongada pugna diplomática con Gran Bretaña con relación a un cuadrante de territorio situado entre California y Canadá. Muchos querían que la frontera estadounidense estuviese más al norte, en la latitud 54° 40', una designación tan importante que uno de los eslóganes más efectivos de Polk fue: «*Fifty-four forty or fight!*» («¡Cincuenta y cuatro cuarenta o lucha!»)[*]. Antes de abordar la disputa del norte, se volvió a poner el foco en resolver la cuestión texana. El 27 de febrero de 1845, pocos días antes de que James Knox Polk asumiera el cargo, se consiguió aprobar en ambas cámaras del Congreso una resolución conjunta para admitir a Texas —la cual tan solo requería una mayoría y no dos tercios del voto—, territorio que diez meses más tarde fue reconocido formalmente como estado[145]. En su discurso inaugural en marzo de 1845, el presidente Polk se lanzó de cabeza sobre la incorporación de Texas, repitiendo las afirmaciones erróneas previas de que había formado parte del territorio de la Luisiana al decir: «Texas en un tiempo formó parte de nuestro país; fue imprudentemente cedida a una potencia extranjera; ahora es independiente»,

---

[*] No obstante, al final se llegó a un acuerdo intermedio y se fijó en el paralelo 49.

antes de explicar que ahora tenía «un indudable derecho [...] de fundir su soberanía de Estado propio e independiente con la nuestra»[146].

A continuación pasó a esbozar el futuro de la expansión de EE. UU.: «Las potencias extranjeras no parecen comprender el verdadero carácter de nuestro Gobierno. Nuestra Unión es una Confederación de Estados independientes, cuya política es la paz de uno con otro y con todo el mundo», dijo al público congregado. «Ensanchar sus límites equivale a extender el dominio de la paz sobre territorios adicionales y sobre cada vez más millones de habitantes. El mundo no tiene nada que temer de la ambición militar de nuestro Gobierno»[147]. Pocos meses después, el periodista John Louis O'Sullivan acuñó la expresión «destino manifiesto» en un artículo sin firmar en la edición de julio-agosto de 1845 del *United States Democratic Review*, donde explicó cómo los estadounidenses tenían permiso para «expandirnos por todo el continente que nos ha sido asignado por la Providencia» y extenderse hacia el oeste. Estaba escribiendo con relación a la anexión de Texas, de la cual era partidario, así como de la prolongada cuestión de Oregón, pero en este futuro Oeste también incluía California, donde «el pie anglosajón ya está en sus fronteras»[148].

En 1845 se dio un paso más hacia esta «expansión». A finales de primavera el general Zachary Taylor recibió la orden de desplegar a cuatro mil soldados en Corpus Christi, cerca del río Nueces, en Texas. En el frente diplomático Polk envió a John Slidell, político de Luisiana, a negociar con México la cuestión de las constantes demandas de compensación interpuestas por ciudadanos estadounidenses a raíz de las incursiones mexicanas, con la esperanza de obtener a cambio el reconocimiento de que la largamente disputada frontera se encontraba en el río Bravo y no en el río Nueces. También estaban las reivindicaciones de que el territorio de Texas incluía Santa Fe, pretensión refutada airadamente por México. Slidell recibió instrucciones adicionales para ofrecer hasta veinticinco millones de dólares por Nuevo México y California[149]. México se negó a considerarlo y, en un ambiente de creciente frustración, la advertencia que John Clay hizo en 1844 —de que la anexión de Texas conduciría a la guerra— pareció ser una profecía[150].

Estas visiones tan pesimistas también podían hallarse en México. En una edición de febrero de 1846 del periódico *El Tiempo*, de Ciudad de México, un editorial que ocupaba las cinco columnas de la portada decía que los Estados Unidos se habían aprovechado de las luchas internas de los políticos mexicanos, lamentando que este enfoque hacia el interior acarreaba un alto precio: «Texas se ha perdido: California va a perderse: los Departamentos fronterizos se perderán también»[151].

Taylor pasó el resto de 1845 acampado junto al río Nueces en Corpus Christi. En enero de 1846, después de que México rechazara el acuerdo propuesto por EE. UU., se dio orden de trasladar a las tropas a la orilla norte del río Bravo, donde levantaron una fortificación frente a la villa mexicana de Matamoros (cerca de la actual Brownsville, en Texas), lo que México consideró como una provocación[152]. Taylor y sus hombres aguardaron el ataque de los mexicanos, pues Polk esperaba que, con esto, toda la empresa resultara más aceptable a ojos del público.

El general Mariano Arista llegó a la orilla sur del río Bravo el 24 de abril de 1846 y ordenó que lo cruzaran algunas de sus tropas. Al día siguiente los soldados mexicanos atacaron a una partida de reconocimiento y mataron a once soldados estadounidenses; México había actuado primero[153]. Menos de dos semanas después se produjo la primera batalla significativa entre México y Estados Unidos, librada el 8 de mayo sobre un difícil terreno de espartales en Palo Alto, a unos ocho kilómetros del fuerte erigido por Taylor. Los dos mil soldados estadounidenses derrotaron a los seis mil mexicanos liderados por el general Arista. Tras perder a dos centenares de hombres, Arista se replegó ocho kilómetros hacia el sur, a Resaca de la Palma, usando la vegetación de un cauce seco como cobertura. Al día siguiente, Taylor lanzó otro ataque sobre los mexicanos, matando esta vez a mil doscientos hombres y obligando al resto a cruzar el río y retirarse a Matamoros. Taylor fue tras ellos y para el 18 de mayo la villa de Matamoros se hallaba ocupada por Estados Unidos[154].

Entre los disparos iniciales de Palo Alto y la ocupación de Matamoros, el presidente Polk se dirigió al Congreso, donde explicó en un discurso pronunciado el 11 de mayo que «México ha traspasado la frontera de Estados Unidos, ha invadido nuestro territorio y ha derramado sangre americana sobre suelo americano». La anexión de Texas, según afirmaba, estaba detrás de las hostilidades y ahora, «bajo tales circunstancias era claramente deber nuestro el extender nuestra protección para con sus ciudadanos y suelo»[155]. Para el 13 de mayo el Congreso había otorgado la declaración de guerra que Polk deseaba. El presidente había sido astuto al presentar el proyecto de ley escrito de forma que sonara como si ya estuviera en marcha una guerra iniciada por México, y así autorizar el pago de tropas por medio de esta legislación. Esto puso a la oposición en un aprieto: ¿votar en contra de apoyar a las tropas, lo que sería un movimiento impopular, o votar a favor de una guerra que no deseaban? Algunos políticos vieron a qué estaba jugando Polk. Garret Davis, representante whig por Kentucky, declaró en el hemiciclo que, si el proyecto de ley estuviese redactado con honestidad, admitiría que «esta guerra fue iniciada por el presidente»[156]. El Senado finalmente lo aprobó por cuarenta y dos votos frente a dos.

Los motivos de Polk fueron objeto de nuevas indagaciones cuando el 8 de agosto solicitó dos millones de dólares al Congreso para pagar a México por el territorio que esperaba obtener al finalizar la guerra. El demócrata David Wilmot, congresista por Pensilvania en su primer mandato, impulsó una enmienda al proyecto de ley para asignar los fondos, en la cual pedía la prohibición de la esclavitud en cualquier nuevo territorio que se ganase. Disponía que «como condición expresa y fundamental a la adquisición de cualquier territorio de la República de México por parte de los Estados Unidos [...] ni la esclavitud ni la servidumbre involuntaria existirán jamás en parte ninguna de dicho territorio». La maniobra de Wilmot era un guiño al incipiente movimiento del Suelo Libre, en cuyo núcleo se hallaba la idea de que la esclavitud socavaba y devaluaba el trabajo de los blancos, y por tanto cualquier nuevo estado debería ser libre. Según lo expresó Wilmot, deseaba preservar «un país justo para el libre trabajo de los blancos [...] donde los hijos del esfuerzo, de mi propia raza y mi propio color, puedan vivir sin la deshonra que la asociación con la esclavitud negra trae sobre el trabajo libre»[157].

La cláusula fue aprobada en la Cámara y aplazada en el Senado. La votación siguió líneas regionales —de estados esclavistas— y no de partido, donde la mayor parte de sureños, tanto whigs como demócratas, se pronunciaron en contra de la enmienda en la Cámara y los del Senado, en favor de su aplazamiento[158]. Esta enmienda volvió a abrir otra ronda de debates sobre los estados libres y esclavistas, en un momento en que el Congreso y la nación miraban de frente una cuestión que dominaría las dos décadas siguientes[159].

Independientemente de los motivos que se adujeran para justificar la guerra, el público mostró un gran entusiasmo inicial hacia el conflicto. Corrieron a alistarse decenas de miles de hombres procedentes del este y el oeste, y unos setenta mil de los setenta y ocho mil combatientes en la guerra mexicano-estadounidense fueron voluntarios[160]. Se les ordenó marchar a través del norte de México: algunos hacia Monterrey y Saltillo, otros hacia Nuevo México y California, y aún otros que fueron enviados en una expedición a Veracruz[161]. Las noticias del frente se siguieron con gran interés en ambos bandos, y los periódicos o artículos estadounidenses se leían también en México[162]. Más allá de los titulares, la guerra halló un auténtico filón en la imaginación del público. Se imprimió una avalancha de noveletas baratas con títulos atractivos tales como *El espía mexicano, o La novia de Buena Vista,* o *El prisionero de*

Perote: una historia del valor americano. La ambientación aparentemente exótica de México, sumada al fervor patriótico que envolvía la guerra, resultó ser una combinación popular[163]. Los soldados encontraron inspiración leyendo la *Historia de la conquista de México*, escrita por William Hickling Prescott, de Massachusetts. Publicada en 1843, este voluminoso tomo fue un éxito de ventas, un nutrido relato idealizado de la conquista española de Tenochtitlán que alimentó la imaginación de los entusiastas voluntarios, que creían estar siguiendo los pasos de Cortés[164]. Prescott quedó horrorizado por el efecto de su obra, y más tarde describió la guerra como una «furiosa ambición de conquista» por parte de los Estados Unidos[165].

En el norte de México, un contingente de tropas bajo el mando de Stephen Watts Kearny marchó sobre Santa Fe el 18 de agosto de 1846 y capturó la ciudad antes de dirigirse al oeste[166]. La ocupación duró hasta enero de 1847, cuando una feroz revuelta en Taos enfrentó a los habitantes de Nuevo México al régimen del gobernador territorial Charles Bent. Las tropas estadounidenses lograron recuperar el territorio y los organizadores del complot fueron más adelante juzgados y ahorcados[167].

En California ya se había producido un alzamiento en favor de EE. UU. antes siquiera de que llegaran las noticias de la guerra. El 14 de junio de 1846, un grupo de colonos descendió al pueblo de Sonoma enarbolando una bandera blasonada con una estrella y un oso pardo. Capturaron un pequeño cuartel y apresaron al general mexicano Mariano Vallejo. Se cree que la rebelión fue alentada por el aventurero John C. Frémont, aunque él afirmó que en aquel momento se encontraba en una expedición científica al norte de Sonoma y que no había tomado parte[168]. Conocido como el partido de la «bandera del oso», el grupo declaró California como una república, y poco tiempo después Frémont se convirtió en su líder. Al poco fueron asimilados en el batallón de California, al que también pertenecía el hombre de frontera Kit Carson. En julio llegó un barco de la marina estadounidense y envió a tierra a un grupo que el día 7 izó la bandera nacional en Monterrey. Para agosto, las fuerzas de Estados Unidos habían tomado San Diego, Santa Bárbara y Los Ángeles, aunque ese no fue el final de la lucha[169].

Cuando Kearny llegó el 6 de diciembre a las proximidades de San Diego con unos ciento veinte hombres, se encontró con una sorpresa: una columna de californios encabezada por Andrés Pico, hermano del gobernador mexicano, les hizo frente en la batalla de San Pascual, donde murieron más de veinte soldados de EE. UU. Los californios lograron recuperar San Diego, al igual que Los Ángeles y Santa Bárbara[170]. Sin embargo, en enero de 1847 las tropas estadounidenses, con la ayuda de Frémont y sus hombres, contraatacaron y les obligaron a rendirse. El 1 de marzo de 1847 Kearny emitió una proclama que decía: «Por la presente se absuelve a todos los habitantes de California de cualquier lealtad futura a la República de México y se les considerará como ciudadanos de los Estados Unidos»[171].

Mientras las tropas estadounidenses se imponían, Antonio López de Santa Anna se encontraba en México planeando su retorno al frente. Tenía entonces cincuenta y dos años y había vivido décadas de batallas políticas y militares. Había perdido la pierna izquierda en una guerra contra Francia en 1838, llegando al punto de enterrarla con todos los honores militares, para horror de sus enemigos[172]. Tras aquel conflicto regresó una vez más como presidente y, tras una serie de indecisiones en el cargo, se encontró expulsado del poder y obligado a exiliarse en Cuba. Sin embargo, para agosto de 1846 estaba de vuelta en Veracruz y organizando sus tropas, algo que el presidente Polk afirmaría haber permitido, pues el retorno de Santa Anna distraería y debilitaría a México, lo que alimentó los rumores de que ambos habían negociado un acuerdo secreto[173].

Entre los alistados en el bando mexicano, hubo una brigada llamada el batallón de San Patricio, o San Patricios a secas, compuesta de irlandeses y otros inmigrantes que habían desertado del ejército estadounidense, hartos del prejuicio anticatólico en EE. UU.[174] Juan Seguín, el tejano que ayudó a lograr la independencia de Texas, también regresó a la batalla, pero esta vez del lado de México. Viviendo entre dos mundos, no vio mucha más opción que cambiar de bando. Una vez Texas se estableció como república, se convirtió en su único senador tejano e hispanohablante. Al igual que muchos anglos, también se dedicó a la especulación inmobiliaria, pero acabó ganando deudas y enemigos. Se marchó en 1840 para ayudar al general federalista Antonio Canales, pero su retorno a México conllevó un elevado coste político: una vez volvió a Texas, corrió el murmullo de que había revelado planes de los texanos contra México, lo que le obligó a regresar allí, donde participó en las escaramuzas contra los anglos de 1842[175].

No todo el mundo en Estados Unidos estaba envuelto en un aura de patriotismo. En Washington y en otros lugares había opositores a la «guerra de Mr. Polk», principalmente entre los abolicionistas, que albergaban profundos temores al preguntarse adónde conduciría el conflicto. Otros estaban inquietos por las repercusiones políticas de este comportamiento agresivo.

Un artículo de julio de 1846 en la *American Review* argumentaba que la guerra «se ha producido en decidida consecución de un principal objeto, y solamente uno: tal objeto es la adquisición de más territorio», explicando que los dos mil quinientos kilómetros de tierras anheladas por EE. UU. contenían «varias de las minas más ricas de todo México [...] y si al mismo tiempo se consiguiera aprehender la Alta California, con Monterrey y el buen puerto de San Francisco, sin duda el presidente ha pensado que su administración quedaría señalada como una de las más gloriosas en los anales de la engrandecida república»[176].

En Estados Unidos la opinión pública comenzó a cambiar en 1847, a medida que llegaban noticias de las atrocidades cometidas por los soldados sobre los civiles mexicanos; la moral se estaba hundiendo. El coronel John Hardin escribió en una carta: «Aunque yo estaba a favor de anexionar toda esta parte de México a los Estados Unidos antes de venir aquí, ahora sin embargo dudo si vale la pena»[177]. Murió en Buena Vista el 23 de febrero de 1847. Esa batalla, librada justo al sur de Saltillo, en Coahuila, fue particularmente brutal, con ambos bandos sufriendo importantes pérdidas bajo una lluvia heladora. Setecientos soldados estadounidenses murieron o resultaron heridos, frente a tres mil quinientos en el lado mexicano, incluyendo a los desaparecidos[178]. Entre los estadounidenses muertos en Buena Vista se hallaba el hijo de Henry Clay y, a medida que ascendía el número de muertos, se desplomaba el apoyo del público. Santa Anna estaba plantando cara, aunque él también estaba soportando enormes pérdidas, con unos quince mil de sus hombres muertos hacia marzo de 1847[179]. Más tarde afirmaría que Polk y sus aliados estaban equivocados si pensaban que él traicionaría a México, diciendo: «antes que tal cosa sucediera, preferiría ser quemado en una hoguera y que mis cenizas se esparcieran para que de ellas no quedara ni un solo átomo»[180].

La guerra llegó a su clímax cuando el general Winfield Scott planeó invadir México por mar. Al igual que Hernán Cortés, desembarcó en marzo en Veracruz y sus hombres comenzaron a penetrar las murallas de la ciudad y a bombardear a sus habitantes, que se negaron a rendirse, usando más de doscientas toneladas de proyectiles en el proceso[181]. Con la esperanza de justificar sus acciones, Scott difundió una proclama dirigida a la «sabia nación de México» donde explicaba que, a pesar de la invasión, «los americanos no son vuestros enemigos», sino «amigos de los habitantes pacíficos de esta tierra que ocupamos». Llegó hasta el extremo de alegar que «un americano que ha violado a una mujer mexicana ha sido ahorcado. ¿No es esto un signo de buena fe y vigorosa disciplina?»[182]. Concluyó la incómoda declaración diciendo que la guerra acabaría pronto y que los americanos se hallarían «muy contentos de abandonar México y regresar a su patria»[183].

La violencia del asedio provocó reacciones de condena en Estados Unidos, aunque los mexicanos en la capital se encontraban inmersos en su propia crisis civil y no estaban preparados para lo que se les venía encima. Al tiempo que el desembarco en Veracruz cogía por sorpresa a Santa Anna, en Ciudad de México se desató una tempestad entre dos facciones políticas, con los moderados tratando de derrocar al gobierno radical, o «puro», de Valentín Gómez Farías, en parte porque iba a incautar las propiedades de la Iglesia para sufragar la guerra. Esta decisión enfureció a los moderados, en cuyas filas se hallaban miembros del alto clero. Durante casi dos semanas entre finales de febrero y principios de marzo de 1847, ambos grupos se enfrentaron en las calles de la capital, y Gómez Farías llegó incluso a enviar a tropas regulares para combatir a las milicias moderadas, en un conflicto que se acabó conociendo como la revuelta de los Polkos. Los orígenes del nombre son inciertos: podría haber sido una referencia burlona a la riqueza de los moderados, en alusión al popular baile de la polka, o bien podría haberse debido a quienes favorecían las acciones del presidente Polk[184]. Al final, en abril Santa Anna se vio obligado a reemplazar a Gómez Farías por un moderado, Pedro María de Anaya. Manuel Balbontín, un oficial mexicano, reflexionó décadas después sobre la ventaja que estos disturbios habían dado a los Estados Unidos, escribiendo que «la guerra civil fue poderoso auxiliar para los invasores. A ella se debió que la resistencia nacional no presentara mayor energía»[185].

En agosto se negoció un breve armisticio entre ambos bandos, pero pronto se rompió al rechazar México un plan bajo el cual Estados Unidos obtendría Texas, Nuevo México, toda California y parte de Sonora a cambio de dinero y la renuncia a cualquier pago de indemnizaciones[186]. En septiembre se reanudó la campaña estadounidense, que culminó en la batalla de Chapultepec, un castillo en lo alto de una colina en la capital usado como academia militar. El edificio fue asaltado por las tropas estadounidenses el 13 de septiembre de 1847, y un par de días después ondeaba su bandera en lo alto. Estados Unidos no solamente había humillado a México en la frontera, sino que había atravesado su ancestral corazón mexica. Incluso el historiador William H. Prescott, que no era partidario de la guerra, se dejó llevar por este desenlace, escribiendo a un coronel que la victoria había sido «tan brillante como la del gran conquistador»[187]. El general Winfield Scott llegó a invitarle en julio 1848 a escribir la historia de la «Segunda Guerra de México», pero el autor declinó el ofrecimiento[188].

Otros siguieron sin estar tan impresionados por estos acontecimientos. En enero de 1848, Henry David Thoreau dio una conferencia en el Liceo de Concord —que acabaría publicada como parte de su ensayo *Desobediencia civil*— en la que señaló la «presente guerra con México» como un ejemplo del peor tipo de gobierno, «la obra de comparativamente pocos individuos que utilizan el gobierno establecido como su herramienta»[189].

En Washington cundía el fervor por la guerra mientras algunos miembros del gabinete trataban de convencer a Polk de tomar todo México, o al menos todo lo que se encontraba al norte del paralelo 26[190]. Casi todos los partidarios de este movimiento «Todo México» eran demócratas, aunque algunos destacados propietarios de esclavos como John C. Calhoun se oponían a tal anexión, en parte porque no pensaban que fuera posible ampliar la esclavitud, pero también porque no creían que se pudiera absorber a millones de mexicanos en los Estados Unidos[191].

Durante esta época cristalizaron las ideas sobre la superioridad anglosajona, respaldadas por una corriente de investigación científica de tintes raciales que acabaría colocando a los anglos en lo alto de la pirámide evolutiva, pero también fundamentadas en los prejuicios que habían iniciado los anglos en Texas. En Estados Unidos la condición de blanco quedó ligada a la idea del destino manifiesto y la providencia de que, de algún modo, los angloprotestantes habían sido elegidos para propagarse por todo el continente. La victoria contra México tan solo había sido un paso más en ese camino[192]. En consecuencia, se intensificó la vieja retórica antimexicana. La *American Review*, publicada por el Partido Whig, parodió este punto de vista en un artículo que decía que el contingente en favor de la guerra se había inspirado en la idea de que «México era pobre y se encontraba distraído, en la anarquía y casi en ruinas. ¿Qué podría hacer [...] para impedir el avance de nuestra grandeza? Somos americanos anglosajones; era nuestro "destino" poseer y dominar este continente [...] Éramos un pueblo elegido, y esta era la herencia que se nos había asignado, y debíamos barrer a todas las naciones que se nos interpusieran»[193].

El humor se acercó a la verdad cuando en diciembre de 1847 el Congreso comenzó a debatir la idea de «todo México». James Knox Polk, sin embargo, miraba hacia el oeste, no al sur; tenía el ojo puesto en California, que quería obtener cuanto antes por medio de un tratado[194]. Otros políticos, incluido Henry Clay, opinaban que Estados Unidos debía poner fin a este lamentable episodio y retirarse sin ningún territorio en absoluto. John C. Calhoun siguió advirtiendo que tomar la nación entera significaba que los estadounidenses «podríamos encontrarnos [...] con ocho o nueve millones de mexicanos sin gobierno en nuestras manos, sin saber qué hacer con ellos»[195]. En el Senado ahondó en sus inquietudes, diciendo:

> Incorporar México sería la primera virada de esta clase, pues más de la mitad de su población son indios puros, y la mayor parte del remanente es, con mucho, de sangre mixta. Protesto contra la incorporación de tales gentes. El nuestro es el Gobierno del hombre blanco. La gran desventura de lo que antiguamente fue la América española procede del error fatal de situar a la raza de color en igualdad con la blanca.[196]

La prensa también metió baza —Calhoun había comentado que «apenas se puede leer un periódico sin encontrarlo lleno de especulación al respecto»—, con algunos medios afirmando que sería muy beneficioso para México si pasara a formar parte de Estados Unidos[197]. Muchos whigs se oponían a la idea de «todo México» no sobre la base de que era una nación soberana, sino más bien porque la cultura mexicana hacía que la gente fuese demasiado «inferior» para pertenecer a los Estados Unidos, junto a la idea implícita de que los mexicanos podrían hacer causa común con los irlandeses y otros católicos[198].

Sin embargo, no todo el mundo compartía estos puntos de vista. Un panfleto de 1847 titulado *Paz con México*, escrito por el expolítico Albert Gallatin, nacido en Suiza, criticaba duramente estas ideas:

> Se dice que el pueblo de los Estados Unidos tiene una superioridad hereditaria de raza sobre los mexicanos, lo que les da el derecho a subyugar y tener cautiva a la nación inferior. Esto, también se alega, será el medio para ilustrar a los degradados mexicanos, para mejorar sus estamentos sociales, y para en último término incrementar la felicidad de las masas. ¿Es compatible con el principio de la Democracia, que rechaza cualquier pretensión hereditaria del individuo, el admitir una superioridad hereditaria de las razas? [...] ¿Pueden suponer por un momento que un muy dudoso linaje de hombres, que vivieron hace mil años, les haya transmitido a ustedes una superioridad sobre sus semejantes?[199]

Gallatin tenía una dilatada memoria, habiendo llegado a Estados Unidos cuando aún estaba luchando por su independencia, y más adelante desempeñando sus funciones como el cuarto secretario del Tesoro, en el Congreso, y como diplomático. Publicó su escrito poco antes de su muerte, en 1849; en él condenó la anexión de Texas, fustigó a los Estados Unidos por no ser un modelo para otras naciones, y lamentó que «nada puede ser más perjudicial, más deplorable, más escandaloso, que la guerra entre las dos repúblicas limítrofes de Norteamérica»[200].

Mientras los senadores seguían debatiendo la toma de México, el emisario estadounidense Nicholas Trist estaba en negociaciones con el presidente interino de México, Manuel de la Peña y Peña. Lo estaba haciendo a pesar de haber sido llamado de vuelta a su país, en parte porque el presidente Polk no confiaba en que Trist fuera a ejecutar sus órdenes, e incluso sospechaba que pudiera haber estado conspirando en su contra[201]. Sin embargo, consiguió llegar a un pacto con México, con un acuerdo inicial concluido en una villa en Guadalupe Hidalgo, cerca de la morada espiritual del símbolo nacional de México, la Virgen de Guadalupe. El tratado, firmado el 2 de febrero de 1848, suponía el reconocimiento por parte de México de la frontera con Texas en el río Bravo, y la entrega a los Estados Unidos de la Alta California y Nuevo México a cambio de quince millones de dólares. Un reacio De la Peña y Peña accedió a ello, temeroso de que cualquier futura negociación, retraso o negativa condujera a la pérdida de aún más tierras[202]. Una vez alcanzado el acuerdo, ambas partes acudieron a la basílica a oír misa[203]. Al principio Polk había rechazado el tratado, pero después lo reconsideró al comprender que podría aplacar a los whigs antiexpansionistas si hacía ver que había pagado por el territorio[204].

La guerra y sus secuelas también causaron problemas políticos en México. Los liberales querían seguir luchando y no firmar el tratado. De la Peña y Peña se vio obligado a señalar que «el que quiera calificar de deshonroso el Tratado de Guadalupe [Hidalgo] por la extensión del territorio cedido, no resolverá nunca cómo podía terminarse una guerra desgraciada»[205]. Después de un acalorado debate, la Cámara de Diputados aceptó el tratado por cincuenta y un votos frente a treinta y cinco, mientras que el Senado lo aprobó por treinta y dos frente a cuatro votos[206].

En Washington, un joven congresista llamado Abraham Lincoln, representante por Illinois en su primer mandato, criticó en diciembre de 1847 al gobierno por toda esta debacle. En las que se acabaron conociendo como «*Spot Resolutions*» («Resoluciones del punto»), Lincoln exigió saber si «el punto en particular donde la sangre de nuestros ciudadanos fue así derramada era o no en ese momento nuestro propio suelo», una pregunta a la que no le dieron respuesta. Dos meses después se firmó el Tratado de Guadalupe Hidalgo, que cedía el 51 % del territorio de México a los Estados Unidos y fijaba la frontera en el río Bravo. Además de California, Texas y

Nuevo México, los 1,35 millones de kilómetros cuadrados acabarían formando la totalidad o parte de los estados de Arizona, Colorado, Nevada, Utah y Wyoming.

Para México fue un episodio amargo. Tal como expresó el oficial Manuel Balbontín en reflexiones posteriores, los problemas que afrontaba la nación eran muchos, pero no les ayudó «un orgullo nacional mal entendido, y un desprecio inconsiderado de nuestros vecinos»[207]. Coincidió en esto una historia mexicana del conflicto publicada poco después, pero echó gran parte de la culpa al «espíritu de engrandecimiento de los Estados-Unidos del Norte, que se han valido de su poder para dominarnos»[208].

Un año después, en su mensaje anual de diciembre de 1848, el presidente Polk dijo al Congreso: «Podemos congratularnos de ser el pueblo más favorecido sobre la faz de la Tierra», añadiendo que «se estima ahora que los Estados Unidos son casi tan grandes como la Europa entera»[209]. Pasó a desvelar noticias aún mejores con relación a California: había minas de oro en este nuevo territorio, una de las cuales «se cree que está entre las más productivas del mundo»[210]. Para cuando los españoles colonizaron y después perdieron California, hacía mucho que se habían desvanecido los sueños de los primeros conquistadores sobre las Siete Ciudades de Cíbola, pero sus riquezas habían permanecido allí todo aquel tiempo, bajo tierra.

• • •

En los terrenos del capitolio del estado de Tennessee, en Nashville, se encuentra una modesta tumba guarecida por un sotechado sobre cuatro pilares dóricos y rodeada de flores, a la cual puede acceder cualquier viandante curioso. A un lado, la tumba de James K. Polk y su esposa Sarah lleva una inscripción que dice que «con su política pública definió, estableció y amplió los límites de su País». Fue trasladada a este lugar en 1901 desde el cementerio de la ciudad y, aunque parezca un idílico lugar de reposo, se encuentra eclipsada por otro monumento cercano, dedicado a Andrew Jackson, que se alza sobre un caballo de hierro erguido sobre sus cuartos traseros. Todo el lugar se encuentra en lo alto de una colina, por lo que Jackson —saludando con su sombrero en gesto triunfal— puede ver a sus pies la ciudad de Nashville y, por extensión, el Sur y la nación entera. La tumba de Polk se encuentra apartada a un lado, a la sombra de dos árboles.

A pesar de añadir millones de hectáreas a los Estados Unidos y, en el proceso, de desgastarse hasta sobrevenirle una muerte prematura en 1849, Polk sigue siendo un presidente impopular o, aún peor, olvidado. Su guerra se vio eclipsada por el futuro conflicto civil, y su mentor Andrew Jackson había muerto en 1845. Este periodo a menudo se presenta como el precalentamiento o, a veces, la causa de la guerra civil que comenzó en 1861. Ciertamente, en ella participarían muchos de los líderes militares de la guerra mexicano-estadounidense, incluyendo a Winfield Scott, Ulysses S. Grant, Robert E. Lee y Jefferson Davis[211]. Reflexionando sobre esta guerra en sus memorias, Grant la calificó como «una de las más injustas jamás libradas por una nación más fuerte contra una nación más débil»[212]. Los dos conflictos entre México y Estados Unidos dieron forma a la primera mitad del siglo XIX y fijaron por fin una frontera física entre las dos repúblicas, aunque también establecieron divisiones culturales y emocionales.

Tras la estela de la violencia que inundó las tierras de frontera ha quedado un reguero de héroes y monumentos. De todos ellos, El Álamo sigue proyectando una sombra mucho más grande en el mito que la de la diminuta construcción en sí. Su leyenda comenzó en aquel mismo momento, con cartas como la que William Barret Travis escribió cuando se encontraba en el fuerte, dirigida «al pueblo de Texas y a todos los americanos del mundo». En la breve misiva ligó la lucha de Texas al futuro de los Estados Unidos, instando a quien la leyera «en el nombre de la Libertad, del patriotismo y todo lo más preciado para el carácter americano, a venir en nuestra ayuda». También estableció el carácter heroico de quienes tomaron parte en la batalla, al acabar la carta diciendo: «estoy determinado a [...] morir como un soldado que nunca olvida lo que debe a su propio honor y al de su país. Victoria o muerte»[213]. En El Álamo, que sigue siendo el «santuario de la libertad de Texas» y donde el heroísmo de los derrotados está muy discutido, la esclavitud que provocaron estos eventos apenas recibe mención.

A pesar de que San Jacinto fue el lugar donde se produjo una victoria texana, recibe muchos menos visitantes. La carretera para llegar desde Houston está sembrada de refinerías de petróleo y bordeada por ferrocarriles, aunque el gran obelisco que señala el campo de batalla está enclavado en un oasis de espacios verdes frente a un estanque rectangular, semejante al monumento a Washington. La construcción del memorial comenzó en 1936, en el centenario de la independencia de Texas, y se inauguró tres años más tarde. Una inscripción en un lado del plinto describe San Jacinto como «una de las batallas decisivas del mundo». En un lugar aún más remoto sobre el río Brazos, Stephen Austin, sentado sobre una base de mármol, contempla a sus pies el asentamiento que fundó, donde comenzó el episodio. San Felipe sigue siendo un lugar pequeño, con una población de unos setecientos sesenta habitantes.

Aún mucho más pequeño es un memorial a Juan Seguín. Tras la guerra, regresó a Texas y a su turbulenta política. En 1858 publicó unas memorias en las que defendió sus acciones y trató de limpiar su nombre, recordando a los lectores: «Abracé la causa de Texas desde el primer cañonazo [...] Ahora me hallo expuesto a los ataques de escritorzuelos y enemigos personales»[214]. Pasó muchos años en Texas antes de mudarse a Nuevo Laredo, en México, donde vivía uno de sus hijos. Una entrevista suya publicada en 1887 en el *Clarksville Standard* describía al entonces octogenario con un aspecto lo bastante joven como para «pasar ahora fácilmente por un hombre de sesenta», excepto por su pelo blanco, con un «semblante que expresa firmeza y gentileza de corazón»[215]. Murió pocos años después, en 1890. Sus restos fueron devueltos a Texas y reinhumados con honores el 4 de julio de 1976 en Seguín, donde su lápida lo califica de «patriota de Texas». Un cuadro de Seguín, que data en torno a 1838, está colgado en Washington D. C., en la Galería Nacional de Retratos, con un letrero que lo describe como el único superviviente de El Álamo y un «héroe de la guerra de la independencia de Texas», antes de explicar sus cambios de fortuna y su retorno a México, «donde el gobierno lo obligó a luchar de su lado» en la guerra mexicano-estadounidense.

Los héroes no están limitados a los Estados Unidos. En el interior laberíntico del castillo de Chapultepec hay una sala dedicada a los sucesos de 1846 a 1848, completada con representaciones y explicaciones de la batalla que allí tuvo lugar. Entre los conmemorados se halla el coronel Felipe Santiago Xicoténcatl, que murió defendiendo la entrada del castillo mientras en el interior se encontraban seis jóvenes, todos ellos cadetes en la escuela militar. Sus edades van desde el final de la infancia —Francisco Márquez (13 años) y Vicente Suárez (15)— a la primera edad adulta: Fernando Montes de Oca (18), Juan de la Barrera (19), Agustín Melgar (18) y Juan Escutia (20). Estos jóvenes, llamados «los niños héroes», murieron con valor cuando las tropas estadounidenses asaltaron el castillo. Según una leyenda, Escutia no quiso que la bandera cayera en manos enemigas, por lo que se envolvió en ella y saltó desde la ladera del cerro a una muerte segura. La sala muestra retratos conmemorativos de los seis jóvenes en sus uniformes, con rostros solemnes y miradas lúcidas, dispuestos en línea a dos lados, con la bandera del batallón de San Blas en el centro, tras ellos. En el exterior del edificio, a los pies del cerro, se yergue un obelisco erigido en 1884, con la fecha de la batalla y sus nombres grabados en el mármol, con el castillo elevándose en lo alto. En otro lugar del bosque de Chapultepec se halla un memorial mucho más grande del siglo XX, comisionado tras el centenario de su muerte y completado en 1952. Seis esbeltas columnas blancas se alzan al cielo, dispuestas en semicírculo, mientras que una estatua en el centro representa a una mujer de pie junto a un joven y sujetando a otro, exánime, en sus brazos. Las palabras «A los defensores de la patria, 1846-1847» están inscritas debajo[216].

Capítulo 10
Mesilla, Nuevo México
ca. 1850-1877

El pueblo de Mesilla que el artista alemán Carl Schuchard representó en 1854 parece un lugar desolado. Su litografía, publicada en 1856, muestra un poblado diminuto situado en una llanura en el sur de Nuevo México frente a la sierra de los Órganos, coronada de blanco en la lejanía bajo un cielo azul grisáceo. La escena es de frío invernal, con los árboles desnudos y el suelo amarillento. En la imagen de Schuchard, la aldea tiene unas treinta pequeñas moradas de adobe, la mayoría con techado de paja, sin una plaza o iglesia a la vista. Dos mujeres abrigadas para el invierno se acurrucan en la esquina izquierda de la obra, mientras que en el centro, en una calle principal desprovista de tienda o salón, se encuentra un mexicano solitario, identificable por su sombrero. Las demás litografías de Schuchard cuentan una historia similar: una de misiones abandonadas, como la de San José de Tumacácori, o de aldeas silenciosas, como el antiguo presidio español de Tubac, donde solamente queda un rastro de edificios y ningún signo de habitación humana.

Schuchard formaba parte de un grupo enviado en 1854 con el encargo de realizar una medición cartográfica para la Texas Western Railroad Company desde San Antonio a San Diego, siguiendo el paralelo 32 y adentrándose a intervalos en el norte de México. El objetivo del estudio era evaluar la viabilidad de tender vías férreas en la zona, y las imágenes que produjo dieron la impresión de que no había gran cosa en este yermo que impidiera que los trenes lo atravesaran a toda velocidad. El Mesilla que Schuchard dibujó parecía una pobre aldea sobreviviendo a duras penas, pero los números cuentan una historia diferente, pues se estima que su población alcanzó las dos mil personas el año anterior a la llegada de los agrimensores[1].

El pasado y futuro de Mesilla quedaron ligados al Tratado de Guadalupe Hidalgo de 1848 cuando, por un breve espacio de tiempo, fue el centro de los grandes ajustes territoriales que estaban teniendo lugar. El acuerdo había causado gran indignación y perplejidad, y muchos mexicanos se negaban a vivir en los Estados Unidos. «Los mexicanos quedaron reducidos a la condición humillante de ser extranjeros en su propia tierra»; ese fue el sentimiento expresado en la época por el general José Mariano Salas, con el que coincidieron miles de personas. En algunas partes del Oeste hay un dicho: «Nosotros no cruzamos la frontera, la frontera nos cruzó a nosotros». Así pues, algunas personas optaron a su vez por volver a cruzar la frontera.

Bajo los términos del tratado, los mexicanos tenían un año para decidir si querían conservar su ciudadanía mexicana o convertirse automáticamente en ciudadanos estadounidenses. En total, unas ciento cincuenta mil personas eligieron quedarse, pero otras miles se marcharon en una migración que, de hecho, había empezado incluso antes de la guerra[2]. En fechas tan tempranas como el final de la rebelión de Texas de 1836, una serie de campañas a nivel local habían expulsado a las familias mexicanas de lugares como Goliad[3]. Al consulado mexicano llegaron noticias de que un general estadounidense estaba enviando advertencias a gente que vivía cerca de la ciudad, en las que decía a los tejanos que se marcharan a menos que quisieran ser «pasados a cuchillo». Huyeron unas cien familias, que llegaron a Nueva Orleans en julio de 1836[4]. Después de 1848, este tipo de comportamiento comenzó a extenderse a los demás territorios cedidos tras la guerra, aunque fue menos pronunciado en Nuevo México, debido en parte a la menor población de anglos. De las sesenta mil personas que poblaban Nuevo México en el momento de la transferencia, cerca del 90 % eran mexicanos, el 5 % eran nativos americanos y el otro 5 % eran anglos y otros inmigrantes europeos[5].

Algunos neomexicanos que vivían cerca del río Bravo querían permanecer en México, por lo que, basándose en las fronteras estipuladas en el tratado, erigieron un pequeño asentamiento en lo que entonces era la orilla mexicana, al que pusieron el nombre de Mesilla. Los pocos centenares se convirtieron en millares a medida que el pueblo crecía, con sus habitantes creyendo que estaban en México. Sin embargo, estaban a punto de ver cómo de un tirón les arrebatarían el mapa, como si fuera una alfombra bajo sus pies.

La frontera entre México y EE. UU. no es una línea recta, sino más bien una historia de dos mitades. La primera parte es el límite oriental de México con Estados Unidos, demarcado por el río Bravo. A continuación, el río vira hacia el norte en El Paso hasta alcanzar el actual estado de Colorado. El artículo v del Tratado de Guadalupe Hidalgo estipulaba que, al oeste, la línea divisoria discurriría «por el lindero occidental de Nuevo México, hasta donde este lindero esté cortado por el primer brazo del río Gila», y desde allí seguiría dicho río hasta su confluencia con el Colorado, para entonces correr por el límite entre la Alta y la Baja California. Todo esto estaba basado en el *Mapa de los Estados Unidos de Méjico, según lo organizado y definido por las varias actas del Congreso de dicha República, y construido por las mejores autoridades*, elaborado en 1847 por J. Disturnell. Aunque era de publicación reciente, gran parte de sus datos procedían de un mapa de 1822 confeccionado por Henry S. Tanner en Filadelfia, o de fuentes aún más antiguas. Asimismo, Disturnell era más editor que cartógrafo, por lo que el mapa se produjo en respuesta al interés del público en la guerra mexicano-estadounidense, y acabaron sacando siete ediciones en el año de su publicación[6]. Sobre el terreno, nadie estaba seguro de dónde acababan los Estados Unidos y comenzaba México.

Los inspectores de la Comisión Mixta de Límites de Estados Unidos y México no tardaron en descubrir errores sobre el mapa al emprender la marcha para trazar una línea divisoria en 1849. Estos hombres estaban a cargo de medir y demarcar la frontera en línea con el tratado, pero el calor, la hostilidad por parte de algunos nativos americanos, los obstáculos logísticos y la escasez de fondos hicieron imposible completar el trabajo en un solo viaje. El avance también se vio ralentizado al encontrarse discrepancias cartográficas. El río Bravo estaba más al este de lo que representaba el mapa de Disturnell y, lo que era aún peor, El Paso tenía una desviación, según calcularon los agrimensores, de cincuenta y cinco kilómetros al sur y doscientos nueve kilómetros al oeste[7]. Arreglar este problema suponía o bien ceder tierra a Estados Unidos, lo que enfurecería a los mexicanos, o bien seguir el tratado y lo que mostraba el mapa de que disponían, lo que dejaría el valle de Mesilla en México. En 1850 los geógrafos llegaron a un punto intermedio en un acuerdo conocido como el Compromiso Bartlett-García Conde, realizando unos cálculos basados en un punto del río Bravo que permitiría a México conservar una porción de terreno al norte y a Estados Unidos ganar algo de tierra al oeste[8]. La comisión terminó su trabajo en 1855 —casi siete años después—, tras medir 3.141 kilómetros. No tardarían en aparecer mapas fidedignos[9].

Mesilla, por el momento, permaneció en México. Sin embargo, la situación no podía durar mucho tiempo, ya que el valle donde se ubica, con sus llanuras creadas por las inundaciones del río Bravo, constituía un lugar ideal para tender vías férreas. Estaba aumentando la presión por ampliar el ferrocarril, alimentada por el descubrimiento de oro en California y la acuciante necesidad de contar con un transporte rápido a través del continente.

Asimismo, había un gran interés en las minas de cobre y plata próximas a la sierra de Santa Rita, que también se encontraba en México. Poco tiempo después el presidente Franklin Pierce envió a James Gadsden a negociar con México con relación al valle.

Gadsden fue uno de los primeros barones ferroviarios y había entablado contactos por todo el sur de Estados Unidos, desde Florida hasta California. Había servido en el ejército combatiendo a los seminolas de Florida a las órdenes de Andrew Jackson, y estuvo a cargo de la construcción de lo que se llamó Fort Gadsden en el emplazamiento del destruido Fuerte Negro. Tras dejar su carrera militar se trasladó a Carolina del Sur y se involucró en la industria ferroviaria. Gadsden soñaba con que sus vías se extendieran hasta California, en una ruta meridional con término en San Diego que uniese el Sur esclavista con los nuevos territorios. Junto con sus aliados, que incluían al futuro presidente confederado Jefferson Davis, expuso su caso ante el presidente Pierce, quien quedó convencido de las virtudes del plan, principalmente porque tenía el potencial de apaciguar a los estados sureños[10].

Gadsden llegó a México en 1853 con autorización de gastar hasta cincuenta millones de dólares y presentó una oferta para comprar parte de los estados septentrionales de Chihuahua y Sonora, y prácticamente la totalidad de Tamaulipas, Coahuila, Nuevo León y la Baja California. Ya dolidas y frustradas, las autoridades mexicanas rechazaron el plan[11]. En cualquier caso, una incorporación tan grande habría exacerbado aún más las inquietudes de los abolicionistas estadounidenses. En su lugar, Estados Unidos y México acordaron el pago de diez millones de dólares por una franja de terreno al sur del río Gila y al oeste del río Bravo —la parte sur de los actuales estados de Arizona y Nuevo México— de unos setenta y ocho mil kilómetros cuadrados de extensión. Por parte de México, quien firmó el acuerdo el 30 de diciembre de 1853 fue Antonio López de Santa Anna, que había regresado del exilio y estaba gozando de otra de sus siete vidas políticas como presidente. Necesitaba dinero —la guerra había sido costosa y México se hallaba endeudado— y estaba dispuesto a negociar una oferta más realista. También quería eludir otro conflicto con Estados Unidos[12].

Aunque Santa Anna hizo pocas concesiones en la Compra de Gadsden, muchos mexicanos se mostraron indignados. No solamente había perdido México aún más tierras, sino que, como parte del acuerdo, Estados Unidos ya no tenía obligación de ayudar a evitar las incursiones indias en el territorio, una cuestión importante en un lugar donde los ataques apaches seguían siendo habituales. De hecho, muchos de los nativos americanos en las antiguas tierras de México no habían reconocido la autoridad de ese país y era improbable que hicieran lo propio con Estados Unidos[13]. La nueva frontera atravesaba el territorio de muchas naciones, como la tohono o'odham. Algunos habían acudido al encuentro del primer grupo de geógrafos y les habían brindado su hospitalidad en su camino hacia el oeste, mientras que otros no les habían hecho mucho caso, pero todos los indígenas en las tierras fronterizas tendrían que hacer frente en algún momento a la línea trazada por estos intrusos[14].

La compra incluyó Mesilla, que vio desplazarse la frontera a sus pies, arrojando el pueblo bajo el control estadounidense. El 16 de noviembre de 1854, las tropas izaron la bandera nacional en la plaza principal[15]. Hoy es un suburbio al suroeste de Las Cruces, pero aún conserva su aire de pueblo. Un pequeño quiosco en el centro de la plaza tiene pintadas las banderas de ambas naciones, con una M encima y un 54 debajo. Al otro lado de la estructura está el emblema de la ciudad, compuesto de una cruz y un martillo, junto a su lema: «A Dios rogando y con el mazo dando», que transmite el mensaje de que Dios ayuda a quien se ayuda a sí mismo.

• • •

Si fijar la frontera física fue la primera fuente de preocupación después de Guadalupe Hidalgo, la segunda fue determinar quién poseía las tierras en las regiones cedidas a Estados Unidos. Los mexicanos se habían basado en el precedente de las concesiones de terrenos realizadas por España, pero la mayor parte de estas se encontraban junto a las zonas pobladas de California, Texas y Nuevo México, aunque algunas llegaban a lugares que acabarían formando parte de Colorado, Utah y Nevada. Si bien el tratado estipulaba que se respetarían estas concesiones, los posibles colonos anglos albergaban sospechas —y esperanzas— de que no sería así. Había miles de hectáreas sin demarcar y ahora el gobierno de EE. UU. tenía que determinar cuáles de estas tierras eran públicas. En ningún lugar fue esta cuestión más apremiante que en la California de la Fiebre del Oro.

La atracción de las riquezas arrastró no solo a personas del este de Estados Unidos, sino de todo el mundo. Incluso antes que los famosos *«forty-niners»* («los del 49»), ya habían llegado a California muchos mexicanos, peruanos y chilenos con experiencia en las minas latinoamericanas. A ellos se unieron cazadores de fortunas procedentes de Europa y el Extremo Oriente.

A medida que se precipitaban oleadas de gente sobre California, su ímpetu fue transformando el entorno. Puestos remotos pertenecientes al ejército o las misiones, como San Francisco, se convirtieron en centros urbanos con la proliferación de salones, tiendas, burdeles y posadas.

Había una feroz competencia por encontrar la veta madre, y los mineros estadounidenses no tardaron en quejarse de los buscadores de oro extranjeros. En 1850 California introdujo un impuesto que exigía a cualquier prospector que no fuera ciudadano de EE. UU. el pago de una licencia de veinte dólares al mes. Las protestas que provocó fueron inmediatas y la norma se modificó al año siguiente, eximiendo esta vez a los europeos blancos, pero no a los mexicanos u otros latinoamericanos. Estos, en su lugar, fueron objeto de ataques y hasta linchamientos justo después de que se celebrase la llamada «reunión para el gran exterminio de grasientos»*, en el verano de 1850 en Sonora. Como consecuencia, el número de mineros hispanos cayó de quince mil en 1849 a unos cinco mil a finales del año siguiente[16]. La población nativa americana también salió muy mal parada, con sus números desplomándose hasta los treinta mil hacia la década de 1870[17]. Muchos indios de California acabaron expulsados de sus tierras por especuladores o buscadores de oro, o explotados como mano de obra en las minas. La legislación estaba enfocada a su desplazamiento; un indio que estuviese «holgazaneando» podía ser condenado a meses de trabajos forzados[18]. Al mismo tiempo, unos quinientos mil inmigrantes inundaron California entre 1849 y 1870, la mayor parte colonos blancos procedentes de otros lugares de Estados Unidos, especialmente del Noreste y el Medio Oeste[19].

En medio de este espectacular crecimiento y radical transformación de California, muy pronto se planteó la cuestión de convertirse en estado. Para 1849 ya se disponía de todos los elementos necesarios, incluidos un gobernador y un órgano legislativo. Se había redactado una constitución, con la disposición fundamental de que el estado sería libre y prohibiría la esclavitud. Cuando todo esto se puso en conocimiento de Washington, se desató una crisis política. Se consiguió negociar otro arreglo, de nuevo con la intermediación de Henry Clay, conocido como el Compromiso de 1850. Se componía

---

* *Greaser* es un término despectivo aplicado a los mexicanos, que se originó en el siglo XIX en el oeste de EE. UU. Hace referencia a la tarea de engrasar los ejes de los carros, considerada como una de las ocupaciones más bajas y realizada típicamente por mexicanos. (*N. del T.*).

de una serie de medidas que permitían a California incorporarse a la Unión como estado libre, aunque creaban los gobiernos territoriales de Utah y Nuevo México —que en ese momento incluía Arizona— sin mención alguna a la esclavitud. En los otros puntos del acuerdo se abolía la trata de esclavos en el Distrito de Columbia (Washington D. C.) aunque, en sí, la esclavitud todavía estaba permitida en la capital. Para apaciguar a los sureños se aprobó la controvertida Ley de Esclavos Fugitivos, que exigía que los ciudadanos libres de cualquier parte del país colaborasen en la recuperación de esclavos fugados. Una vez se concluyeron estos acuerdos, California se incorporó a la Unión el 9 de septiembre de 1850.

El oro no era el único interés en California: también se estaban haciendo fortunas con la especulación inmobiliaria. Henry Cerruti llegó a Monterrey el 27 de enero de 1847 como cirujano militar, cuando el territorio aún estaba a las puertas de experimentar muchos de estos cambios. Aún entonces, Cerruti pudo constatar que «poco después de que se firmara el Tratado de Guadalupe Hidalgo, sus rebaños y tierras [de los californios] centuplicaron su valor [...] Poco avezados a la astucia comercial de los recién llegados, no tardaron en verse aligerados de sus tierras al venderlas muy baratas»[20]. No le sorprendió ver que ahora los californios eran «un pueblo hostil, otrora satisfechos y contentos, antes del advenimiento del dominio anglosajón del territorio»[21].

En la época del tratado de 1848, California contaba con más de cuatro millones de hectáreas bajo concesiones españolas o mexicanas[22]. Surgían ahora dos cuestiones: la validez de dichas concesiones y la llegada de ocupantes ilegales. El gobernador militar Stephen Watts Kearny se comprometió a que se protegerían los derechos y propiedades de los californios bajo administración estadounidense. A pesar de que ya no eran «sino un único pueblo», muchos californios y extranjeros que habían recibido concesiones previas mantuvieron sus recelos[23]. No tardaron en llegar cartas llenas de preocupación a la mesa de Kearny y de su sucesor Richard Barnes Mason[24]. Pierre Sainsevain, un francés que poseía tierras en los alrededores de Santa Cruz, vio la rapidez con que llegaban los ocupantes a sus propiedades. Mason escuchó las quejas de Sainsevain y coincidió en que «a estas personas sin derechos sobre las tierras confinantes con este francés no se les debe permitir traspasar los límites objeto de reclamación»[25]. La actitud podía ser tranquilizadora, pero poco podía hacer Mason por ponerla en práctica. Miles de estos inmigrantes «okupas» llegaron a California con la creencia de tener derecho a poseer tierras ahora que formaba parte de los Estados Unidos. Además, muchos eran partidarios del pensamiento del Suelo Libre y consideraban el anterior sistema mexicano como algo semifeudal y, por consiguiente, a los indios y mexicanos como mano de obra que no era ni libre ni blanca[26]. Los ocupantes recurrieron al sistema legal para defender su punto de vista, argumentando que el sistema mexicano de reparto de tierras era una reliquia de un antiguo régimen que otorgaba el poder a los ricos mediante la concentración de la propiedad. Un buscador de oro escribió en 1850 que el reconocimiento de las concesiones mexicanas pondría «a las multitudes a merced de los pocos, implantando de hecho el sistema de peones de México o la práctica del feudalismo de Europa sobre nuestras instituciones republicanas en California [...] un estado de cosas al que es ajena nuestra raza anglosajona»[27]. Era un argumento con el que habían coincidido los tribunales, en parte debido a la Ley de Preferencias de 1841 que, en teoría, permitía a los ocupantes comprar las tierras que hubieran estado trabajando, pagando el precio mínimo al gobierno federal. Sin embargo, las concesiones existentes en California suponían que las tierras aún no eran públicas y no podían venderse.

Al principio, algunos ocupantes parcelaron tierras para la búsqueda de oro, mientras que otros optaron por cultivarla, apoyándose en el antiguo precedente de «mejorar» la tierra y por tanto tener derecho a ella[28]. El aumento de la demanda significaba que la especulación en sí podía ser lucrativa, a lo que contribuyó la ausencia generalizada de catastros fiables. Los ocupantes levantaron vallados, construyeron moradas improvisadas y trataron de establecer su derecho de propiedad presentando reclamaciones de preferencia[29]. Al actuar así, avivaron la cada vez mayor ira de los californios, cuyas tierras estaban ocupando. Su comportamiento también irritó a otros colonos anglos y en ocasiones al gobierno, dos grupos que a menudo expresaron su desaprobación por los métodos de los ocupantes[30]. En distintas ocasiones durante las décadas de 1850 y 1860 se produjeron enfrentamientos violentos entre los ocupantes y las autoridades, como sucedió en Sacramento en 1850 y en San José en 1861[31].

En 1851 el Congreso aprobó la Ley de Tierras de California, derivando la cuestión —y, en teoría, todas las tierras sin reclamar— al gobierno federal. Se estableció una Junta de Comisionados de Tierras, ante la cual había de presentarse la documentación apropiada para probar la validez de una concesión, fuese española o mexicana. Se habían empleado procedimientos similares para resolver las cuestiones referentes a concesiones en otros antiguos territorios españoles, tales como Florida o Luisiana[32]. En California se dio un plazo de dos años para presentar una reclamación, o la propiedad pasaría a ser pública[33]. El comité tenía unas ochocientas reclamaciones con las que lidiar, y también había un proceso de apelaciones que llegaba hasta el mismísimo Tribunal Supremo[34]. Era un procedimiento confuso y laborioso, empezando por las barreras jurídicas y lingüísticas. Podía tardarse años en defender una reclamación, y tomar esa vía implicaba que muy pocas personas conservarían la totalidad de sus propiedades iniciales[35]. Los abogados eran caros, y a muchos beneficiarios de concesiones —especialmente en las comunidades indígenas— no les quedó más opción que vender todas sus tierras simplemente para poder pagar las costas judiciales. Ni siquiera los propietarios más acomodados pudieron evitar perder parte de su patrimonio.

Para 1854, los tribunales habían dictaminado que las concesiones de tierras en California eran diferentes a las de los territorios españoles al este del Misisipi, precedente que tomó una forma concreta con el dictamen del Tribunal Supremo en diciembre de aquel año con respecto a la gran concesión de John C. Frémont. Había comprado el predio de Las Mariposas a Juan Alvarado en 1847, cuando se estaba esperando la ratificación del Tratado de Guadalupe Hidalgo. Era una zona de concesión mexicana, pero sus límites nunca habían sido demarcados adecuadamente. Los términos de la concesión a Alvarado estipulaban que debía residir y trabajar en esas tierras, aunque él ignoró estas disposiciones. Cuando Frémont se presentó ante la comisión de tierras en 1852, su caso suscitó una serie de cuestiones legales acerca de las leyes, costumbres y uso real de la tierra en México. Al final, el Tribunal Supremo se puso del lado de Frémont, sentenciando que la concesión de 18 125 hectáreas era válida. Tal actuación protegió los intereses de otros grandes terratenientes, al evitar que sus tierras fueran cedidas al dominio público y quedasen en manos de ocupantes[36].

La comisión de tierras siguió procesando las más de ochocientas reclamaciones que recibió hasta bien entrada la década de 1870. Al final fueron confirmadas unas seiscientas concesiones, abarcando unos 3,25 millones de hectáreas[37]. Aproximadamente el 47 % de los demandantes fueron anglos y, aun así, tan solo el 17,7 % eran originariamente beneficiarios anglos, lo que significaba que con frecuencia las concesiones ya habían pasado de californios a anglos antes de ser confirmadas por el comité[38]. La cuestión hacía tiempo que estaba clara para el juez y político Pablo de la Guerra, y afectaba a algo más que la tierra: los californios se habían convertido en «extranjeros en su propio país»[39].

• • •

Los californios, al igual que otros mexicanos que habían pasado a ser estadounidenses, pasaron gran parte del siglo XIX tratando de entender qué les depararía el futuro en su nuevo país. Uno de estos californios fue Francisco P. Ramírez, editor de *El Clamor Público*, una publicación con sede en Los Ángeles que fue el primer periódico en lengua española que apareció en California tras la ocupación por parte de EE. UU. Sus editoriales ponían de relieve las injusticias que se estaban convirtiendo en el pan de cada día de los mexicanos que allí vivían. «Desde el año de 1849», escribía en 1855, «ha existido cierta animosidad entre los Mexicanos y Americanos, tan ajena de un pueblo magnánimo y libre, de manera que estos han deseado con todo su corazón que los Mexicanos todos no tuvieran más que un solo pescuezo para cortárselo» (y así acabar con todos de una vez)[40].

Ramírez solo tenía dieciocho años cuando empezó a publicar este semanario en el verano de 1855, pero ya tenía algo de experiencia en prensa. Era un auténtico californio: sus padres se habían establecido en las proximidades de la misión de Santa Bárbara a finales del siglo XVIII, para trasladarse posteriormente a Los Ángeles, donde él nació en 1837, el cuarto de trece hermanos. Aunque su madre pertenecía a la familia Ávila, de gran renombre en la ciudad, no había recibido lo que se dice una educación formal, aunque había aprendido inglés y francés. Hacia 1851 Ramírez estaba trabajando como cajista en *Los Angeles Star*, antes de mudarse a San Francisco en 1853 para trabajar en el *Catholic Standard*, uno de los dieciséis periódicos que por entonces circulaban en la ciudad. Al año siguiente regresó a Los Ángeles y fue nombrado editor de una página en lengua española en *Los Angeles Star*, que convirtió en una sección muy popular[41].

Francisco P. Ramírez sería testigo de la metamorfosis de la aldea de Los Ángeles en una bulliciosa ciudad. En 1850 tenía una población de tan solo mil seiscientos habitantes, pero en las primeras décadas del siguiente siglo se dispararía hasta superar el millón[42]. Experimentó no solamente la llegada de anglos, sino de personas procedentes de todo el mundo, y vio de primera mano las dificultades de los californios al tratar de reajustar su condición política y social durante el proceso de incorporación a la Unión.

Inspirado por *El Clamor Público* que se editaba en Madrid, Ramírez eligió este nombre para su publicación de cuatro páginas[43]. Desde el comienzo, una de las complicaciones concretas era que los californios —su público objetivo— no conformaban un grupo uniforme. Ni los acaudalados terratenientes ni los obreros más pobres habían de comulgar necesariamente con su visión política, y también había una pequeña clase media de comerciantes y ganaderos, a la que él pertenecía. Todos estos grupos padecieron discriminación en algún momento, pero los californios más pudientes y poderosos tenían más posibilidades de aislarse de los peores abusos.

Del mismo modo, los anglos recién llegados no estaban de acuerdo en las cuestiones nacionales del día, incluida la esclavitud. Aunque California era un estado libre, había atraído a mucha gente procedente de las zonas esclavistas del sur, algunos de los cuales habían llegado antes de que fuese un estado. Establecieron alianzas con californios destacados, aunados por intereses comunes relacionados con la propiedad de la tierra y el mantenimiento de un cierto orden social[44]. Estos hombres estaban alineados con los demócratas y su facción era conocida como «la Caballería». Era un partido que había ganado poder en California y, además de la Caballería, había cosechado algunos éxitos iniciales al granjearse el apoyo de los ocupantes ilegales a comienzos de la década de 1850[45].

Debido a las continuas presiones por parte de los sureños para implantar la esclavitud en el Oeste, además de en política sus aliados californios también tomaron parte en linchamientos y otras actividades parapoliciales[46]. Era una alianza que Ramírez detestaba; él era muy claro en su oposición a la esclavitud y la hipocresía que la sustentaba, escribiendo en un editorial de 1855 que «muy poco se sabe aquí en California de la extraña amalgama que se presenta en los Estados Unidos por la libertad de los individuos y asociaciones, y la esclavitud de la raza negra [...] Aquí en América, entre un pueblo tan orgulloso de su gobierno, no les importa mucho la delicadeza moral»[47]. Quizás él mismo hubiera visto esclavos, dado que los propietarios blancos de los estados sureños se llevaron a California en torno a un millar durante la época de la fiebre del oro[48]. A algunos los pusieron a trabajar en las minas, y ciertos dueños los ofrecían en alquiler, alegando que eran «sirvientes»[49]. El estado llegó incluso a aprobar su propia Ley de Esclavos Fugitivos en 1852, por la cual todos los que se fugaban debían ser devueltos a sus amos, pulverizando cualquier esperanza de que estos confines occidentales pudieran ser un lugar de libertad. También se permitía a los propietarios de California mantener la posesión de sus esclavos, o sacarlos legalmente del estado[50].

Aunque Ramírez procedía de un entorno privilegiado, tuvo dificultades con la élite de californios, especialmente con aquellos alineados con los demócratas, a favor de la esclavitud. Sus opiniones liberales con relación a problemas como el de los esclavos a menudo enfurecían u ofendían a los lectores más conservadores[51]. Además de cuestiones nacionales, su publicación trataba asuntos que él consideraba que debían ser importantes para la comunidad de californios, incluida la muerte de mexicanos a manos de bandas parapoliciales, las constantes disputas por las tierras, y la conciencia cada vez mayor de su persecución social. Dirigió su cólera contra medidas como la Ley de Vagos de 1855, más conocida como la «ley de grasientos», porque estaba enfocada contra los mexicanos, así como los nativos americanos. Bajo este estatuto, cualquiera a quien se sorprendiese «holgazaneando» se arriesgaba a ser detenido y posiblemente enviado a trabajos forzados. Al escribir acerca de la ley dijo que estas leyes «no tienen igual en los fastos de ninguna nación civilizada», lamentando que esta legislación «ha servido a poner más ancha la barrera que ha tiempo existe entre los extranjeros y los nativos»[52].

Los asuntos de ley y orden afectaban a los mexicanos más pobres, pero Francisco P. Ramírez no consiguió atraerlos como lectores, en parte porque muchos eran analfabetos, y su periódico cerró en diciembre de 1859. En su último editorial escribió, con palpable decepción, que su propósito había sido «la defensa de los intereses morales y materiales del Sur de California; y hablando sin reserva y con sinceridad, mi objeto fue casi solamente dedicarme al servicio de mis compatriotas nativos de California, y generalmente de todos los hispanoamericanos»[53*].

• • •

En Texas, la cuestión de la tierra tenía un grado de complicación adicional. El borrador original del Tratado de Guadalupe Hidalgo incluía el artículo X, que protegía las concesiones de tierras existentes, incluyendo las de este estado. James Polk, que aún era presidente, exigió que se borrara ese artículo antes de ratificar el tratado. Sam Houston, entonces senador por Texas, impulsó el que la cámara debatiera el asunto en secreto, y no hay registros de lo que se habló[54]. El entonces secretario de Estado, James Buchanan, insistió que «si los beneficiarios de tierras bajo el gobierno mexicano poseen títulos válidos, podrán mantener sus reivindicaciones ante nuestros tribunales de justicia»[55]. Las autoridades mexicanas pidieron aclaraciones al respecto, lo

---

[*] Ramírez siguió involucrado en la política y el periodismo durante gran parte de su vida, hasta que muchos años después fue acusado de estafa bancaria, momento en que se trasladó a Ensenada, un pueblo de la Baja California a unos trescientos cincuenta kilómetros al sur de Los Ángeles, donde residió hasta su muerte en 1908.

que condujo a la creación del Protocolo de Querétaro, que estipulaba que los Estados Unidos no tenían intención de anular ninguna concesión de tierras realizada por México en los territorios cedidos. El segundo artículo del protocolo decía que eran «títulos legítimos en favor de toda propiedad mueble o raíz, existente en los territorios cedidos, los mismos que hayan sido títulos legítimos bajo la ley mexicana hasta el día 13 de mayo de 1846 en Californias y en Nuevo México, y hasta el día 2 de marzo de 1836 en Texas»[56]. Polk no acabó satisfecho con este resultado, y decidió no presentar el protocolo junto con el tratado cuando este pasó al Senado para su ratificación.

Para muchos tejanos, la cuestión no quedó aclarada hasta 1856, cuando el Tribunal Supremo sentenció en el caso McKinney contra Saviego que el Tratado de Guadalupe Hidalgo de 1848 no era aplicable a Texas, lo que invalidaba el acuerdo de Querétaro. Esto supuso que Texas se considerara como un territorio aparte de la cesión mexicana, en parte porque había declarado su independencia en 1836 —nunca reconocida por México— y fue admitido como estado en 1845. La constitución del estado no había permitido la tenencia de propiedades a los «extranjeros», incluidos los mexicanos que hubiesen huido de Texas durante la rebelión[57]. Los gobiernos y juristas de México acabaron disputando esta interpretación de la ley hasta bien entrado el siglo XX. Algunas de las acaudaladas familias rancheras del sur de Texas lograron aferrarse a sus tierras mediante una combinación de dinero, influencia política y matrimonios mixtos, aunque los tejanos menos afortunados se quedaron sin nada[58].

Esta cuestión de las tierras surgió en un momento de creciente animosidad. Los anglos seguían considerando a los mexicanos como personas decadentes, conservadoras y oprimidas por la tradición, tildándolos de mestizos «degenerados», vagos y sucios, con la molestia añadida de que no hablaban inglés. Un relato de un viaje por Texas publicado en 1879 en el *Harper's New Monthly* narra el encuentro con el «elemento mexicano o "grasiento"» de San Antonio, descrito por el autor como «no inclinados a asimilar sus usos y costumbres a las de los blancos, sino que persisten en sus sombreros, calzones acuchillados y botones ornamentados *ad infinitum*»[59]. Tales estereotipos se utilizaron también para cuestionar la legitimidad de la ciudadanía de los mexicano-estadounidenses. Aunque el Tratado de Guadalupe Hidalgo estipulaba que se transfiriera la ciudadanía a todas las personas de los nuevos territorios, su aplicación no sería tan sencilla. Bajo la ley mexicana, los indios y mestizos eran ciudadanos, lo cual no implicaba que escapasen a los prejuicios sociales y económicos, pero tenían derecho a serlo[60]. En Estados Unidos, sin embargo, la ciudadanía plena estaba reservada a las personas libres y blancas. Un problema con el que se encontraban ahora las autoridades era la ausencia de vocabulario jurídico racial para los mexicanos, pues no eran ni «blancos» ni «negros». En esta época a los nativos americanos se les consideraba como parte de otra «nación» y estaban excluidos, aunque esto también se apoyaba en ideas raciales.

La Constitución de California de 1849, por ejemplo, estipulaba que «todo ciudadano blanco de los Estados Unidos, y todo ciudadano blanco de Méjico, que haya elegido convertirse en ciudadano de los Estados Unidos [...] tendrá derecho de votar en todas las elecciones autorizadas o que en adelante puedan autorizarse por la ley». Los cuarenta y ocho delegados a cargo de redactar la constitución en la convención de 1849 habían residido en California una media de dos años, y solamente ocho eran californios. Su definición de «blanco» resultaba ambigua, aunque en el documento estaba clara la exclusión de personas negras o indias[61]. El problema surgía a la hora de juzgar a la población mestiza, que constituía la mayoría de los californianos de origen mexicano. Nadie sabía qué era un «mexicano blanco», y no había ley que especificara cómo había de determinarse[62]. Esto provocó que en algunas zonas los mestizos acabaran afirmando su herencia «española» para que les otorgasen la condición de blancos, mientras que a menudo los indios afirmaban ser mestizos para poder reivindicar la ciudadanía[63].

Las ideas sobre la blanquitud también estaban apoyadas en la pseudociencia racial, alimentada por el auge del darwinismo social del siglo XIX. Las invectivas nativistas dirigidas contra los inmigrantes se intensificaron durante las décadas de 1840 y 1850, alimentadas en parte por la llegada de unos tres millones de europeos a Estados Unidos entre 1845 y 1854[64]. Grupos como los *know-nothing* abrazaban sentimientos hostiles hacia los inmigrantes y a menudo hacia los católicos, lo que también alimentaba ideas acerca de los hispanos[*]. El catolicismo que profesaban se consideraba sospechoso y contrario a la cultura protestante anglosajona que dominaba la vida política al este del Misisipi[65]. Mientras que la blanquitud estaba asociada a la «civilización» y la productividad, a los mexicanos siempre se les consideraba, en su morenez, como vagos y subdesarrollados. Además, los anglos se veían amenazados por el hecho de que los indios y mexicano-estadounidenses vivían a menudo en

---

[*] El nombre de esta organización deriva de su carácter inicialmente clandestino, ya que sus miembros decían no saber nada al ser interrogados: «*I know nothing*». (*N. del T.*).

sus propias comunidades, y por la preocupación de que las personas negras pudieran «mezclarse» con estos grupos en el Oeste[66].

El territorio de Nuevo México inicialmente otorgó plenos derechos a los indios pueblo, de acuerdo con los términos del tratado de 1848. Esta política fue revirtiéndose paulatinamente en los años posteriores, a medida que llegaban más colonos anglos a la zona y surgían disputas legales respecto a la situación de los pueblo, proceso que culminó en una sentencia del Tribunal Supremo de 1876 que anuló su derecho a la ciudadanía[67]. Una vez Arizona pasó a ser un territorio separado de Nuevo México en 1863, también comenzó a aprobar leyes similares a las de California, que limitaban la participación política de mexicanos y nativos americanos[68]. Del mismo modo, Texas otorgó la ciudadanía a los mexicanos «blancos», obligando a cualquier mexicano que llegase después de 1845 a presentar documentos que probasen su «condición de blanco»[69].

La otra cara de la división racial era la cuestión de la asimilación. Californios, tejanos y neomexicanos se vieron forzados a adaptarse a estos cambios de muchas maneras, empezando por hablar inglés y acostumbrarse a la vida en Estados Unidos. A ojos extraños, lo que a menudo era una transformación dolorosa podía parecer una progresión natural antes que una supresión necesaria. Uno de estos observadores fue J. H. Watts, un anglo que partió hacia Nuevo México en 1857, cuando tenía dieciocho años. Su padre, John Sebrie Watts, había ejercido allí como juez entre 1851 y 1854. Al joven Watts le parecía que Nuevo México había experimentado cambios profundos en un periodo muy breve, en parte debido a los inmigrantes anglos y alemanes que se habían trasladado a aquel territorio. En poco más de veinte años, dijo, el ambiente había cambiado radicalmente:

> El sentimiento contra la población americana era muy fuerte cuando estuve allí. No es el caso ahora. Los mexicanos se han convertido en americanos a conciencia. Dicen que somos una raza superior, y que tienen que conformarse a nuestros usos y costumbres, y están satisfechos de que el gobierno americano sea mejor para ellos que lo que cualquier gobierno mexicano podría ser [...] la generación que ha surgido está americanizada, y habla inglés con bastante fluidez, especialmente los mestizos[70].

Sin embargo, a menudo esta asimilación no era suficiente. Hubo que esperar hasta la sentencia en 1897 del caso In re Rodriguez para reafirmar el derecho a la plena ciudadanía que tenían todos los mexicanos en Texas. El caso fue presentado en 1896 —el mismo año en que el Tribunal Supremo defendió la segregación en Plessy contra Ferguson— por Ricardo Rodríguez, nacido en México[71]. Quería la ciudadanía estadounidense para poder votar, pero le había sido denegada en base a que era «indio» y por tanto no estaba calificado. El argumento en su contra invocaba sentencias previas que apoyaban la afirmación de que la Decimocuarta Enmienda, que otorgaba la ciudadanía a cualquier persona nacida o naturalizada en los Estados Unidos, solo era aplicable a personas blancas o negras, y que en base a su apariencia física, por la cual «podría ser clasificado como hombre de piel roja o cobriza», Rodríguez no era ni lo uno ni lo otro. Pero tampoco parecía ser un indio verdadero, según el juez, porque «no sabe nada de los aztecas o toltecas»[72]. El fallo, en vez de cuestionar esta interpretación de raza o grupo étnico, recurrió en su lugar al Tratado de Guadalupe Hidalgo. Si los mexicanos en el territorio cedido habían sido «emblanquecidos» para ser hechos ciudadanos en los años posteriores a 1848, entonces se podía extender el mismo derecho a los inmigrantes mexicanos. Si bien la sentencia supuso un avance para asegurar el derecho de naturalización, tan solo enturbió aún más la cuestión de la blanquitud[73].

Estas ambigüedades legales y culturales suponían que los exmexicanos recibían la ciudadanía estadounidense —es decir, a nivel federal—, pero esto no implicaba necesariamente que se les fuera a otorgar plenos derechos, o el mismo acceso a los servicios públicos, en estados como Texas o California[74]. Por ejemplo, en 1855 la asamblea legislativa de California asignó los fondos para educación en proporción al número de niños blancos. Tres años después, una serie de leyes segregaron los colegios y pusieron a los niños anglos en centros separados de los negros, hispanos, indios y chinos. El proceso culminó en 1870 con la Ley de Escuelas de California, enfocada hacia la creciente comunidad china pero que afectaba a todos los niños no blancos[75]. Tendrían que pasar décadas y librarse muchas más batallas en los tribunales hasta eliminar la segregación en las escuelas californianas.

Estos estados tampoco fueron capaces de proteger a sus habitantes de la violencia. Los mexicanos de Texas o California a menudo se veían obligados a lidiar con la justicia parapolicial, que actuaba sin apenas interferencia por parte de quienes, se suponía, debían defenderlos. En Texas, los mexicanos soportaban una hostilidad cada vez mayor por parte de los anglos, incluida la confiscación de propiedades. Los no dispuestos a plegarse a sus exigencias podían acabar descubriendo que los esperaba una violenta resolución[76]. Entre 1848 y 1928 se sabe que se produjeron al menos quinientos noventa y siete linchamientos de mexicanos —aunque algunas estimaciones ascienden a millares—, y la gente vivía con miedo a la violencia callejera[77]. Estas muertes ocurrían en lugares poco vigilados por las fuerzas de la ley o, de hecho, con complicidad activa por su parte[78]. Aunque la situación no era exclusiva de Texas, en este periodo fue el lugar con el mayor número de este tipo de asesinatos, con doscientos treinta y dos casos frente a ciento cuarenta y tres en California y ochenta y siete en Nuevo México. El resto se repartieron entre los estados y territorios vecinos[79].

Uno de los más infames asesinatos a manos de una multitud se produjo en California. La víctima fue una mujer conocida como Juana Loaiza, o también Juanita, aunque posteriormente fue identificada como Josefa Segovia. Vivía con su pareja —aunque no está claro si estaban casados— en Downieville, un asentamiento en tierras de la fiebre del oro, al norte. Era un lugar duro para cualquiera, fuese hombre o mujer. En 1850, la proporción era de doce hombres por cada mujer, en unos campamentos mineros que podían ser lugares de ruda y salvaje vida de frontera[80]. Algunas mujeres estaban casadas con los mineros, otras eran cocineras o cuidaban del hogar, y otras se dedicaban a la prostitución, pero sobre todas ellas pendía la amenaza de la violencia sexual[81]. Juanita había provocado un escándalo al acuchillar mortalmente a un minero anglo cuando este intentó agredirla en su casa. Un comité de patrullas ciudadanas ignoró las alegaciones de que estaba encinta e intentando defender su honor, y la sentenció a muerte por ahorcamiento en julio de 1851. Según un relato, «se encaminó sola y con la cabeza bien alta» hasta el patíbulo, donde procedió a ponerse el nudo ella misma, diciendo «Adiós, señores» a la multitud congregada[82].

La venganza por estos abusos podía ser rápida e igual de violenta. Un mexicano que contraatacó en Texas fue el «Bandido Rojo del río Bravo»: Juan Nepomuceno Cortina Goseacochea, también conocido como Cheno Cortina o Juan Cortina. Nació en 1824 en el pueblo de Camargo, en Tamaulipas, pero más adelante su familia se mudó a Matamoros. Luchó contra Estados Unidos en las batallas de Palo Alto y Resaca de la Palma durante la guerra mexicano-estadounidense. Antes de 1848, su familia poseía una considerable extensión de tierras y un rancho, San José. Las secuelas del conflicto transformaron el mundo de Cortina, que en su indignación declaró: «Yo nunca firmé el Tratado de Guadalupe Hidalgo»[83].

La tierra se hallaba en el centro de sus agravios, tanto por el tratado como por la llegada de anglos al valle del río Bravo, pero también le enfurecía el tratamiento que recibían los tejanos. Su familia acabó, como tantas otras, inmersa en complejos y costosos trámites inmobiliarios. En Brownsville, fundada justo al acabar la guerra, un grupo de especuladores trató de embaucar a personas de origen mexicano en un plan para crear un Territorio del Río

Grande separado de Texas. La trama no tardó en verse envuelta en disputas y venirse abajo, no sin que antes muchos tejanos hubieran renunciado por escrito a sus tierras[84].

Al mismo tiempo estaba habiendo mucha agitación debida al comercio. Los elevados aranceles de México habían provocado un aumento del contrabando y un llamamiento a establecer una pequeña zona de libre comercio, petición atendida en 1858. Se extendía hacia el oeste desde la desembocadura del río Bravo hasta englobar varias ciudades de Tamaulipas, incluidas Matamoros y Reynosa, adentrándose unos veinte kilómetros[85]. En el lado estadounidense, Brownsville se convirtió en el centro de esta actividad comercial y prosperó rápidamente, con su población alcanzando los tres millares tan solo unos pocos años después de su fundación en 1848. En paralelo se desarrolló una maquinaria política que se aprovechaba del voto de los tejanos, pero que en general los mantenía apartados de los puestos oficiales. Tal como lo expresó una edición de 1856 del periódico *American Flag*: «Una hora antes de las elecciones son amigos del alma: "¡Mexicanos, mis queridísimos amigos!", y una hora después eran un "hatajo de grasientos"»[86].

Juan Cortina observó estos cambios cada vez más encolerizado, a medida que Brownsville seguía atrayendo a forasteros dispuestos a acaparar las tierras y discriminar a los tejanos. Perdió los estribos un caluroso día de julio de 1859, cuando vio al alguacil de la ciudad pegando a un mexicano que había trabajado para su madre. Cortina dio muerte al agente cuando este se negó a soltarlo. Después, en la madrugada del 28 de septiembre, Cortina y un grupo de unos setenta tejanos irrumpieron en Brownsville con sus caballos, lanzando gritos de «¡Viva México!» y «¡Mueran los gringos!». Fue su ira por estas enconadas disputas agrarias y por otros abusos lo que provocó el ataque a sus antiguos enemigos anglos. A este le siguió una serie de batallas, que durarían una década y se llamarían posteriormente las Guerras de Cortina. Junto a sus seguidores «cortinistas», el Bandido Rojo se enfrentó al ejército estadounidense, a los Rangers de Texas, a las milicias e incluso a los soldados confederados[88]. También siguió robando ganado a lo largo de la frontera; fue arrestado en México en 1875 y de nuevo en 1877, momento en que fue conducido a la capital, declarado culpable y sentenciado a muerte. Sin embargo, a última hora lo salvó un indulto presidencial, por lo que al final falleció por causas naturales en 1894, a los setenta años[89].

• • •

El Oeste continuó siendo una preocupación política durante la década de 1850, a medida que la gente comenzaba a emigrar a estos territorios, que aún tenían que organizarse en estados. Se introdujeron una serie de leyes en materia de asentamientos rurales y, en 1853, el senador demócrata Stephen Douglas propuso una legislación que se convertiría en la Ley de Kansas-Nebraska de 1854. Bajo la idea dominante de la «soberanía popular», a los colonos de estos dos territorios se les permitiría decidir por sí mismos el permitir o no la esclavitud. Estas tierras se encontraban al norte de la línea establecida en el Compromiso de Misuri, que quedaría invalidado si se votara a favor de la esclavitud. La ley dividió a los whigs, al votar a favor los militantes sureños y en contra los del norte, lo que hizo desmoronarse al partido. Los miembros del sur acabaron uniéndose al Partido Demócrata, y los del norte se apuntaron al nuevo Partido Republicano[90].

Al mismo tiempo, algunos hombres intrépidos —cuando no insensatos— habían vuelto la mirada mucho más hacia el sur, en busca de nuevos lugares donde expandir la esclavitud. Se los conocía como filibusteros*, una adaptación de la voz holandesa *vrijbuiter*, y eran piratas terrestres que emprendían expediciones en busca de territorios. Actuaban sin ningún consentimiento oficial —al igual que muchos «aventureros» anglos en Texas en la década de 1830— y, dependiendo de la misión y del resultado que tuviera, las autoridades a menudo hacían la vista gorda ante sus hazañas. En 1851, el general Narciso López, nacido en Venezuela, partió de Estados Unidos a la cabeza de una expedición para liberar Cuba del dominio español. Aunque a estas alturas la mayor parte de Latinoamérica era independiente, no era así en esta isla azucarera, que había seguido aferrada a España, en parte, por miedo a una revuelta de esclavos. Sin embargo, a medida que transcurrían las décadas del siglo XIX aumentó el resentimiento hacia el régimen colonial. Muchos cubanos emigraron de la isla y, desde el extranjero, comenzaron a planear la independencia de la isla. Algunos querían que Cuba fuese una república independiente; otros, que fuera anexionada a los Estados Unidos. Este último grupo contaba con el apoyo de los esclavistas sureños.

El gobierno estadounidense también estaba interesado en la isla. Desde la presidencia se habían presentado sucesivas ofertas para comprarla, pero España las había rechazado al considerar las exportaciones de azúcar dema-

---

* No ha de confundirse con el término *filibuster*, usado actualmente en EE. UU. en referencia a las tácticas para obstruir los procedimientos parlamentarios.

siado valiosas como para renunciar a ellas. De hecho, España llevaba bastante tiempo negándose. En fechas tan tempranas como 1810 se encomendó al enviado William Shaler que «tomara el pulso de Cuba» con relación a la «incorporación de esa isla a los Estados Unidos», aunque nada se obtuvo de aquella visita[91]. Más adelante el presidente Polk trató de comprar la isla por cien millones de dólares en 1848. España rehusó la propuesta, pero persistió la idea de que Cuba encajaba de manera natural en los Estados Unidos. El senador por Misisipi Albert Gallatin Brown reflejó el sentimiento del Sur esclavista: «Quiero Cuba, y sé que tarde o temprano habremos de tenerla. Quiero Tamaulipas, Potosí y uno o dos estados más de México; y los quiero todos por el mismo motivo: para la implantación y propagación de la esclavitud»[92].

Los hombres como Narciso López estaban dispuestos a tomar cartas en el asunto, pero el filibusterismo era una empresa arriesgada, en parte porque eran personas a quienes el gobierno no podía —o no quería— controlar, aunque a veces tuviera que intervenir. En el caso de López, cuando el presidente Zachary Taylor se enteró del plan inicial, en 1849, mandó apresar sus barcos[93]. Al año siguiente López logró emprender su primera expedición y desembarcar en mayo en la ciudad de Cárdenas, donde izó la bandera de Cuba libre y declaró que la población había sido liberada. Al mando de unos seiscientos hombres avanzó hacia el este, a La Habana, con el punto de mira puesto sobre Matanzas por ser uno de los centros de la industria azucarera. Allí lo recibieron con mucho menos entusiasmo, en parte porque los dueños de esclavos se oponían a una rebelión política que pudiera desencadenar otra potencialmente más peligrosa, encabezada por los esclavos. Percibiendo la reticencia, López decidió retirarse a Key West, en Florida.

Pese al fracaso inicial, Narciso López fue recibido como un héroe por los esclavistas sureños, y contaba con el apoyo de políticos como John A. Quitman, exgobernador de Misisipi y veterano de la guerra mexicano-estadounidense[94]. Desde Nueva Orleans, las noticias de las proezas de López se propagaron al resto del país. En dicha ciudad, el *Daily Crescent* sacó en portada el titular: «Importante desde Cuba: ¡La invasión! Desembarco del Gral. López»[95]. Al año siguiente lo volvió a intentar, arribando justo a las afueras de La Habana. Esperaba reunir partidarios nada más llegar, pero en vez de eso la expedición acabó bastante mal, pues fue capturado y ejecutado.

Un par de años después, en 1853, el presidente Franklin Pierce ofreció ciento treinta millones de dólares en otro intento fallido de adquirir la isla. Al año siguiente se filtró un comunicado entre diplomáticos estadounidenses desde una conferencia celebrada en Ostende, en Bélgica. En él se decía que Estados Unidos «debe, en caso de ser practicable, proceder a la compra de Cuba con la menor demora posible»[96]. La isla se había convertido en «un peligro incesante, y una causa de permanente ansiedad y alarma» dado que España no había sido capaz, a los ojos de Estados Unidos, de ejercer suficiente control sobre la misma. Tanto Cuba como Estados Unidos eran sociedades esclavistas, lo que alimentaba la inquietud de los diplomáticos. El memorando también se hacía eco del temor a que cualquier movimiento independentista pudiera conducir «a un segundo Santo Domingo [Haití], con todas sus horribles consecuencias para la raza blanca, y sufrir la propagación de las llamas a las costas de nuestros propios vecinos». La última línea del comunicado señalaba que «ya hemos presenciado el feliz resultado de los dos países que siguieron un arreglo similar con respecto a Florida»[97]. La filtración causó indignación en Cuba y en España, y supuso un conflicto diplomático para los Estados Unidos.

Uno de los que habían seguido muy de cerca los sucesos de Cuba desde Nueva Orleans fue un joven editor periodístico llamado William Walker. En la época de las expediciones de Narciso López dejó su trabajo y se dirigió al oeste para probar suerte como filibustero; más tarde se ganaría el apodo del «predestinado de los ojos grises». Sus primeros objetivos fueron los territorios mexicanos de Sonora y Baja California. El 3 de noviembre de 1853 desembarcó en La Paz al mando de unos cuarenta y cinco hombres, y allí se autoproclamó presidente de la Baja California, aboliendo los aranceles y poniendo el territorio bajo el código legal de Luisiana, lo que permitiría la esclavitud[98]. Justificó sus acciones alegando que «los vínculos morales y sociales que la atan a México se han debilitado y disuelto aún más que los físicos», y que para «el desarrollo de los recursos de la Baja California [...] era necesario hacerla independiente»[99].

El encargado de negocios de México en Estados Unidos, Juan Nepomuceno Almonte, envió una carta al secretario de Estado William Marcy expresando su indignación por este «proceder escandaloso». Almonte le recordó que el presidente Pierce se había comprometido en su último mensaje anual al Congreso a que «utilizaría todos los medios en su poder para reprimir vigorosamente cualquier intento que pudiera hacerse dentro del territorio de Estados Unidos con el propósito de armar expediciones ilegales contra el territorio de naciones amigas». Solicitó a Marcy que «tenga la amabilidad de informarme, si se ha adoptado alguna medida, por parte del gobierno estadounidense, para evitar la repetición y continuación de las depredaciones piráticas que ya han comenzado a tener lugar sobre el territorio mexicano»[100].

La respuesta pareció ser negativa, pues el plan de William Walker sobrevivió algunos meses más, a pesar de sus problemas para controlar a su variopinta cuadrilla de soldados. Las tropas mexicanas le obligaron a regresar a Estados Unidos en la primavera de 1854, y más adelante Walker fue juzgado por violar las leyes de neutralidad del país, aunque sus simpatizantes esclavistas en seguida obtuvieron su absolución. Este pequeño tirón de orejas apenas disminuyó su entusiasmo por el filibusterismo y decidió ir más al sur. Para 1855, estaba invitando a otros filibusteros y posibles colonos a trasladarse a Nicaragua, embaucando a «gentes frugales e industriosas» con promesas de concesiones de tierras y ningún arancel sobre productos importados. Tras llegar al país centroamericano y meterse en la política local, Walker se autoproclamó presidente, aunque su plan no tardó en venirse abajo y en 1860 fue fusilado en Honduras.

A pesar de ello prosiguió la empresa por hacerse con el norte de México. En 1857, el presidente James Buchanan ofreció quince millones de dólares por ciertas partes de Chihuahua y Sonora, alegando que pertenecían naturalmente a los territorios que ya se habían cedido; también albergaban minas y el valle del río Colorado, que desemboca en el golfo de California. La oferta fue rechazada, y México a duras penas pudo fortificar su frontera con suficientes soldados para patrullarla de manera efectiva, al tiempo que intentó alentar a más colonos a trasladarse allí para así contar con una mayor amortiguación contra Estados Unidos[101].

Los intentos por hacerse con Cuba y parte de México habían sido fracasos humillantes. La animosidad entre los estados esclavistas y libres finalmente estalló al son de los primeros cañonazos en Fort Sumter, en Carolina del Sur, el 12 de abril de 1861. La Guerra Civil no se limitó al este de los Estados Unidos: los mexicano-estadounidenses del oeste se verían arrastrados a este conflicto, al igual que los californios. Algunos soldados hispanos se alinearon con la Unión y se organizaron en la Compañía C del 1.er Batallón de Caballería Nativa, que patrulló los territorios de Arizona y Nuevo México. Por otra parte, el Batallón de California de la 2.ª Caballería de Massachusetts acabó en el fragor de la batalla, combatiendo en Virginia[102].

El estado esclavista de Texas, sin embargo, se escindió de la Unión el 1 de febrero de 1861. Estaba bien posicionado para comerciar con los mexicanos a través de la frontera y obtener armas y bienes de contrabando, y las tierras del norte de México, en teoría, se podrían tomar más adelante para hacer realidad la vieja fantasía de forjar un imperio sureño esclavista[103]. En verano de 1861, el teniente coronel John R. Baylor hizo marchar a sus tropas confederadas desde El Paso y, siguiendo el río Bravo, adentrarse en Nuevo México. El 1 de agosto el pueblo de Mesilla se encontró con que se había convertido en la capital del territorio confederado de Arizona, formado a partir de la mitad de Nuevo México que quedaba al sur del paralelo 34[104].

Pocos años antes, en 1859, el órgano legislativo territorial de Nuevo México había promulgado un código de esclavos que incluía la disposición de que los esclavos eran una propiedad y permitía que se capturara a los que escapasen. Se tomó esta medida aun a pesar de que la población negra de Nuevo México era muy reducida, oscilando en torno al centenar, y mayoritariamente libre. En su lugar, a quienes quizás tuvieran en mente fueran los varios cientos de indios que, aunque oficialmente eran libres, trabajaban bajo un sistema de servidumbre por deudas, lo que les dejaba vinculados a sus dueños en condiciones similares a la esclavitud. Parte de estos nativos habían sido capturados y vendidos por otros grupos nómadas del Oeste.

No obstante, en la creación del código sin duda influyeron consideraciones políticas de mayor calado: los anhelos de Nuevo México por convertirse en un estado. Para los políticos del territorio era una manera de intentar apelar al orden racial existente, presentándose a sí mismos como «blancos» a través de las medidas del código, tales como prohibir a las personas negras casarse o siquiera testificar contra una persona «blanca» en Nuevo México[105]. Antes del estallido de la guerra, la aprobación del código se granjeó el apoyo de algunos congresistas sureños, quienes a su vez se comprometieron a ayudar a que Nuevo México se incorporase como estado[106]. Dos años más tarde y con el territorio invadido por los confederados, el órgano legislativo dio un giro en redondo, revocando el código de esclavos en diciembre de 1861 y dejando claro su apoyo a la Unión[107].

La Confederación contemplaba proseguir su expansión hacia el suroeste, en parte para asegurar las rutas de suministros, en parte también para capturar valiosas cuencas auríferas. En respuesta, el gobernador organizó para la Unión el 1.er Regimiento de Infantería de Voluntarios de Nuevo México, al cual no tardaron en unirse los neomexicanos bajo el mando de Kit Carson[108].

El 21 de febrero de 1862, azules y grises se enfrentaron en la batalla de Valverde, con muchas pérdidas para ambos bandos. Para marzo, los confederados habían tomado Albuquerque y Santa Fe[109]. Norte y Sur volvieron a encontrarse en Glorieta Pass en lo que fue una de las batallas más relevantes del teatro occidental, librada entre el 26 y el 28 de marzo. Unos mil doscientos soldados confederados se vieron obligados a retroceder ante mil trescientos efectivos de la Unión. El éxito se debió en parte a una incursión, encabezada por el teniente coronel Manuel Chávez, para prender fuego a un tren de suministros. La Confederación puso fin a su ocupación de Nuevo México y a sus ambiciones de expandirse hacia el oeste[110].

En Texas, las personas de origen mexicano se sentían recelosas del conflicto, aunque al final hubo algunos hispanos que acabaron en la Confederación. Se estima que unos dos mil quinientos cincuenta tejanos combatieron en este bando, frente a novecientos cincuenta y ocho en las filas de la Unión[111]. Hubo alistamientos por todo el Oeste, incluyendo California y los territorios de Arizona y Nuevo México, y los nombres hispanos se podían encontrar en regimientos tan cercanos como los de Luisiana y tan lejanos como los de Vermont[112]. Al margen del bando que escogiesen, la población de soldados hispanos, estimada entre diez y veinte mil efectivos, fue objeto de constantes sospechas por parte de los anglos ante posibles traiciones o deslealtades, especialmente en el Suroeste.

• • •

Con los Estados Unidos distraídos con su Guerra Civil, las potencias europeas regresaron a las Américas. España volvió a anexionarse la República Dominicana en 1861, tras haberse producido una serie de conflictos internos en la isla, y mantuvo su ocupación hasta 1865[113]. En aquella misma época tuvo lugar otra intervención europea en México, aunque esta no involucró a la antigua metrópoli española, sino a Francia. La República de México adeudaba cantidades millonarias en préstamos impagados. Sus apuros económicos habían comenzado con la independencia, al desplomarse la producción agraria y minera durante los años de guerra. A México le costó décadas recuperar una base financiera —y mucho dinero proporcionado por Francia y Reino Unido[114]—. La guerra mexicano-estadounidense de poco sirvió para remediar la situación, y en las décadas sucesivas se produjeron más cambios políticos, incluyendo otro conflicto civil conocido como la guerra de Reforma (1858-1860). El desencadenante fueron una serie de nuevas leyes que acabaron con los poderes del clero y confiscaron las propiedades de la Iglesia, lo que causó un resentimiento que se vio exacerbado por una nueva constitución promulgada en 1857 que no hacía del catolicismo la religión nacional. Los conservadores, entre cuyos miembros se contaban el clero, el ejército y la población más acomodada, no tardaron en expresar su oposición. El presidente liberal Ignacio Comonfort, elegido en el verano de 1857 tras haber ejercido como presidente interino desde 1855, acabó disolviendo el Congreso en diciembre. Poco después, el general conservador Félix María Zuloaga envió a Comonfort al exilio y asumió la presidencia. Sin embargo, de acuerdo con la constitución el sucesor legítimo era el presidente de la Suprema Corte de Justicia, que en ese momento era Benito Juárez. Así pues, para Juárez y sus partidarios liberales era el momento de luchar por la presidencia, por lo que la guerra de Reforma comenzó en 1858[115].

En Estados Unidos, un artículo en el *Democratic Review* comentó esta crisis, achacando los problemas de México no a la religión o la gobernanza, sino a la raza: «[México] empezó con todas las circunstancias a su favor excepto una: *no era pueblo de hombres blancos, no eran caucásicos* [...] Eran una pobre mixtura de españoles, indios y negros [...] *Tales hombres no sabían cómo ser libres*; a día de hoy no han aprendido la lección». Más adelante el escrito sostenía que «México no puede gobernarse a sí mismo [...] ha llegado el momento en que es nuestro imperativo deber —así dispuesto por la Providencia— tomar el control de México»[116]. Estas palabras eran bravatas retóricas y apenas había apoyo popular para semejante intervención, salvo entre unos pocos propietarios de esclavos del Sur. Aun así, artículos como este eran señal de un desprecio latente hacia México.

La guerra de Reforma acabó en 1860 con Juárez como presidente, pero tuvo que afrontar numerosos desafíos. Desde fuera aumentaba la presión por parte de los acreedores en el extranjero. Juárez, sin embargo, no contaba con fondos para efectuar reembolsos de deuda. Gran Bretaña, Francia y España se propusieron tomar el puerto de Veracruz para recaudar ellos mismos los ingresos aduaneros. Corrió por Europa el rumor de una inminente invasión de México, hasta el punto de llevar a un airado Karl Marx a afirmar en un artículo, publicado en noviembre de 1861 en el *New York Daily Tribune*, que una intervención así sería «una de las más monstruosas empresas jamás registradas en los anales de la historia internacional»[117].

Al final, Francia actuó por su cuenta. Luis Napoleón Bonaparte, coronado emperador como Napoleón III, vio una oportunidad mucho mayor que un simple cobro de deudas, y una vía para que Francia ampliara su influencia en las Américas[118]. Su plan consistía en poner a un monarca títere a cargo de México, y encontró a un candidato ingenuo y maleable en el archiduque austriaco Fernando Maximiliano José de Habsburgo. No fue un acto tan disparatado como podría parecer ahora, pues desde la década de 1840 algunos conservadores en México habían estado debatiendo —cuando no defendiendo abiertamente— el regreso al sistema monárquico[119]. Veían la monarquía constitucional como un modo de restaurar el orden tras lo que ellos consideraban como el fracaso del régimen liberal republicano, así como un medio para proteger sus privilegios y restaurar la posición de la Iglesia. Era una visión para retornar a un México católico y basado en jerarquías.

Por aquella misma época, la Francia de Napoleón III se había estado presentando como componente y protector de *l'Amérique latine*, una visión amplia de una América compuesta por una «raza latina». La expresión ya había sido utilizada, pero los franceses la adoptaron con entusiasmo[120]. Para Francia, la conexión «latina» estaba en el origen común de los idiomas hablados en Francia, España y Portugal, además de en el catolicismo, que se consideraba una fuerza unificadora a nivel cultural mucho mayor que el protestantismo en el mundo anglosajón[121]. Las ambiciones mundiales de Francia se habían reavivado en esta época, y llegaban mucho más allá de esta esfera «latina», hasta lugares como el sudeste asiático (la Indochina francesa). En las Américas, la situación de México proporcionó una oportunidad para acrecentar las posesiones de Francia, limitadas a un puñado de islas en el Caribe.

En 1862, Napoleón III envió a unos treinta mil soldados a México para poner al austríaco en su trono[122]. Benito Juárez no iba a dejar que esto sucediera sin lucha, y México obtuvo una victoria clave en Puebla el 5 de mayo de 1862, que posteriormente se conmemoró en la festividad del Cinco de Mayo. Los franceses prosiguieron su avance, y para junio de 1864 el archiduque se había convertido en Maximiliano I, emperador de México, sentado sobre el «trono de cactos». Airado por este giro en los acontecimientos, el presidente estadounidense Abraham Lincoln mandó llamar al ministro de la Unión en México y se negó a reconocer el régimen apoyado por Francia, al tiempo que envió más tropas a Texas[123].

Los confederados, sin embargo, dieron la bienvenida a los recién llegados franceses. Se celebraron una serie de reuniones en las que Francia les otorgaría su reconocimiento a cambio de apoyo para mantener a Maximiliano en el poder. Un panfleto escrito por Michel Chevalier, un destacado defensor de la ideología «latina» francesa, afirmaba que el propósito de la guerra había sido «ayudar a los mexicanos a establecer, según su libre voluntad y albedrío, un gobierno que tenga una mínima posibilidad de estabilidad»[124]. Al mismo tiempo, Francia se proponía «oponerse a la absorción de Sudamérica por parte de Norteamérica» además de «contrarrestar la degradación de la raza latina». Así pues, para Chevalier eran «los intereses que impulsan a Francia a simpatizar con los Estados Confederados los que han llevado nuestras banderas hasta las murallas de México»[125].

Con la victoria de la Unión en 1865, cientos de soldados confederados abandonaron el Sur y se dirigieron a México. Una carta de Sterling Price —un general que había luchado en la guerra mexicano-estadounidense— habló de la «grandísima amabilidad» del emperador al recibirlo. En septiembre de aquel año, Maximiliano promulgó un decreto que permitía a los antiguos soldados establecerse en torno a Veracruz, donde se haría entrega de unas doscientas mil hectáreas para el desarrollo de colonias confederadas[126]. Price se asentó en un lugar al que pusieron el nombre de Córdova con la intención de plantar café. Presentó un retrato esplendoroso de su nueva vida «en el mejor clima del mundo», explicando que la tierra tan solo costaba un dólar el acre (0,4 ha) y que él y los demás confederados «estamos de buen ánimo y esperamos hacer fortunas cultivando café»[127]. Era una estampa optimista de una vida dura; los asentamientos eran rudimentarios, y pasarían años hasta que se pudieron cosechar granos de café[128].

La hostilidad del público mexicano hacia el intruso austriaco no disminuyó, mientras que este mostró un escaso entendimiento del país que se suponía que debía gobernar. Para consternación de los conservadores que lo auparon al poder, en ocasiones apoyó políticas liberales como negarse a devolver las tierras confiscadas a la Iglesia católica[129]. La actividad de las guerrillas era constante, apoyadas por la venta encubierta de armas a Juárez y los liberales por parte de Estados Unidos[130]. Frustrado, Napoleón III decidió sacar a sus tropas de México, retirando a nueve mil efectivos en otoño de 1866 y al resto al año siguiente. Ante la desaparición de las fuerzas que habían implantado su régimen, Maximiliano consideró abdicar, aunque decidió combatir a Juárez apoyado por los realistas mexicanos, que se hallaban superados en número. Maximiliano fue capturado y encarcelado en mayo de 1867. Fue juzgado por traición y ejecutado por un pelotón de fusilamiento el 19 de junio[131].

Benito Juárez regresó al poder y los confederados comprendieron que habían vuelto a escoger el bando equivocado. Los que permanecieron en México se arriesgaban a incurrir en la ira de Juárez y a sufrir los ataques de sus partidarios, que querían librar al país de cualquier intrusión extranjera. La mayoría decidió marcharse, aunque unos pocos decidieron jugársela y quedarse allí[132].

Para Estados Unidos, el episodio de Maximiliano englobaba muchas ideas negativas acerca de la política mexicana. México representaba la antítesis de una nación funcional a ojos de muchos políticos estadounidenses. Sin embargo, hacia 1876 algunos empezaron a albergar temores de que los Estados Unidos pudieran sufrir décadas de turbulencias similares, lo que se manifestó en un breve periodo de pánico a la «mexicanización». Era un modo abreviado y peyorativo de expresar el miedo a que la Guerra Civil hubiese debilitado a la nación hasta el punto de que, al igual que México, pudiera acabar dando tumbos de un conflicto interno al siguiente[133]. El término también hacía referencia a una constante corrupción a nivel local en las urnas[134]. En noviembre de aquel año se disputó el resultado de las elecciones presidenciales, celebradas entre el republicano Rutherford B. Hayes y el demócrata Samuel Tilden, y Hayes no fue declarado vencedor hasta el siguiente mes de marzo. Los comicios acabaron empantanados en las políticas de reconstrucción que siguieron a la Guerra Civil, con denuncias de que los votantes republicanos negros del sur habían sufrido intimidación en los centros de votación.

Una edición del *Nation* de diciembre de 1876 definía la mexicanización como «una enfermedad de la que las luchas frecuentes por la presidencia de la nación y del Tribunal Supremo no son sino los síntomas de su estado último y de mayor gravedad»[135]. Estos problemas no se limitaban a México, sostenía el artículo: «Entre los modos en que estos hábitos se destruyen o se impide el crecimiento de los mismos está la práctica de tratar al partido político opuesto al suyo propio como una banda de criminales o de conspiradores contra el gobierno. Esta práctica se ha cultivado en Francia desde 1790; está firmemente arraigada en la política mexicana»[136].

En el término «mexicanización» se hallaba el mensaje implícito de que las formas de democracia que se practicaban en México eran de algún modo el resultado de un pueblo «inferior» tratando de utilizar un modelo anglosajón y fracasando en su intento; la preocupación en aquel momento era que la democracia en Estados Unidos estuviera tomando el mismo camino[137]. El escrito del *Nation* pasó a argumentar que el Sur de la Reconstrucción «está mexicanizado [...] en la actual disputa sobre la presidencia hay signos reales no solo de que no hemos curado el Sur, sino de que, al alimentarlo y manipularlo, nos hemos contagiado nosotros mismos»[138].

• • •

Hubo dos leyes aprobadas a comienzos de la Guerra Civil que tendrían una importante influencia al finalizar el conflicto. En mayo de 1862, Abraham Lincoln firmó la Ley de Asentamientos Rurales, que concedía ciento sesenta acres (65 ha) a los colonos que estuviesen dispuestos a trabajar la tierra por un periodo de cinco años. Tras la guerra, los veteranos de la Unión podían deducir su tiempo de servicio de este plazo de cinco años, una cláusula que les proporcionó un incentivo adicional para trasladarse y que provocó una explosión demográfica en el Oeste[139].

La segunda fue la Ley del Ferrocarril del Pacífico, aprobada ese mismo año y con la que se creó la Union Pacific Railroad Company para tender vías al oeste de Omaha, en Nebraska, con el fin de conectar con una línea que la Central Pacific Railroad Company había construido entre Utah y Sacramento, en California. Un transporte transcontinental de esta magnitud era un símbolo importante en un tiempo de desunión. Quince años después, la Southern Pacific finalizó un puente sobre el río Colorado en Yuma, en Arizona, un hito fundamental en el desarrollo de esta red que conectaba California con Texas y Nueva Orleans[140].

Los trenes fueron un importante catalizador del desarrollo del Oeste al impulsar el comercio y facilitar los viajes. Antes de la era del ferrocarril transcontinental, cruzar el continente podía ser una prueba de resistencia. Willa Cather plasmó la naturaleza épica de estos viajes en su novela de 1927 *La muerte llama al arzobispo*, ambientada a mediados del siglo xix, justo después de la guerra mexicano-estadounidense. Al emprender el viaje desde Cincinnati, en Ohio, para incorporarse a su puesto en Nuevo México, el obispo Jean Marie Latour no tenía ni idea de cómo hacerlo: «Nadie en Cincinnati pudo informarle respecto a la manera de llegar a Nuevo México; ninguno había estado jamás allí. Desde la llegada a América del joven padre Latour, se había construido un ferrocarril de Nueva York a Cincinnati; pero allí terminaba el recorrido. Nuevo México se hallaba en el corazón de un continente misterioso». Al final tardó casi un año, yendo de pasajero en barcos de vapor con parada en Nueva Orleans y Galveston[141]. Ya no sería necesario realizar viajes tan arduos. Con la facilidad del transporte ferroviario, muchas personas del este comenzaron a explorar el Oeste, que en ese momento representaba el futuro, mientras que el Sur, asolado por la guerra, simbolizaba el pasado. La esencia de este entusiasmo por el Oeste llegó a abrirse paso hasta los objetos cotidianos. La empresa cristalera Gillinder & Sons produjo una gama de vajilla decorada con motivos del Oeste, como por ejemplo un frasco de mermelada cuya asa tenía la forma de un indio arrodillado, y otros platos adornados con imágenes de búfalos y praderas.

La gente también decidió aventurarse más allá del Misisipi atraída por las perspectivas económicas, como el trabajo en las minas o el ferrocarril. La extracción de metales siguió siendo un negocio en auge, al incorporarse las minas de plata a las de oro y cobre[142]. Nevada, con sus yacimientos argentíferos, se había convertido en estado en 1864[143]. Aparejada a estos desarrollos económicos estaba la invención del alambre de espino, cuyo uso estaría ampliamente extendido a finales de siglo, permitiendo a rancheros y terratenientes demarcar y reivindicar los límites con mayor certeza. Se podía marcar la tierra, contener mejor el ganado y dividir la propiedad.

Los trenes también empezaron a ir de norte a sur. A finales de 1882, el ferrocarril de Arizona y Nuevo México conectó con el ferrocarril de Sonora, convirtiéndose en la primera línea en cruzar la frontera mexicana[144]. Se facilitó el transporte de mercancías y el desplazamiento de personas, lo que favoreció la expansión económica a ambos lados de la frontera. Los trenes transformaron el entorno a fuerza de tunelar, desbrozar y dinamitar. El efecto fue similar en la gente, a medida que brotaban nuevas ciudades y el trabajo se alejaba de los ranchos.

En paralelo, durante las últimas décadas del siglo XIX se produjeron una serie de batallas contra los nativos americanos, que intentaban proteger sus tierras de nuevas incursiones. Fue la época de las guerras apaches y de Gerónimo, famoso por sus ataques a las fuerzas estadounidenses y mexicanas. En las Grandes Llanuras, la victoria de los indios en la batalla de Little Big Horn, en 1876, sirvió de revulsivo para que Estados Unidos prosiguiera su esfuerzo de arrojar a los nativos a las reservas, arrebatándoles sus tierras a medida que se construían vías, edificios y minas por todo el Oeste.

Algunas de las nuevas ciudades que surgieron en la estela del ferrocarril se encontraban a caballo entre México y EE. UU., y en 1882 comenzó una nueva demarcación de la frontera. Esta vez los antiguos hitos, que a menudo no eran más que mojones de piedra ignorados o cambiados de lugar, fueron reemplazados por otros nuevos y estandarizados, consistentes en pilares de piedra o hierro de al menos dos metros de altura, fijados a intervalos de aproximadamente cinco millas. Sin embargo, estos pueblos de frontera a menudo podían resultar difíciles de marcar. En Nogales, dividido entre los territorios de Arizona y Sonora, el hito se tuvo que instalar justo afuera de un salón en el lado estadounidense[145].

Alrededor de 1910, Nogales contaba con una población de tres mil quinientas catorce personas. Surgirían otras poblaciones similares, divididas a lo largo de las vías, aunque no siempre compartirían el nombre; fue el caso de

Douglas (Arizona) y Agua Prieta (Sonora). Estos lugares debían contar con oficinas para las empresas ferroviarias y recintos aduaneros para las mercancías. Las necesidades económicas y los intereses comerciales comunes, sumados al tránsito de personas, hicieron que estas discretas parejas de pueblos se convirtieran en ciudades «binacionales» sobre el terreno[146].

Otra norma importante fue la Ley de Tierras Desérticas de 1877 que, basada en la distribución de la tierra establecida en la Ley de Asentamientos Rurales, parcelaba las tierras públicas en propiedades privadas a condición de que fuesen irrigadas y cultivadas. También permitía a los solicitantes tener hasta trescientos veinte acres (130 ha) en lugar de los ciento sesenta anteriormente fijados. Al mismo tiempo, las cuestiones con relación a la propiedad de la tierra en los antiguos territorios mexicanos seguían dando problemas y, a finales de siglo y ante el aumento de la población de anglos, en Nuevo México surgió la necesidad de un arbitraje. En 1891, el gobierno de EE. UU. se vio obligado a establecer un Tribunal de Reclamaciones Inmobiliarias Privadas para dirimir estas disputas. Al igual que en Texas y California, los pleitos a menudo constaban de varios estratos jurídicos: demostrar en primer lugar la concesión española y, a continuación, la legitimidad de la posterior autorización mexicana. Incluso con los papeles intactos, las familias solían perder miles de hectáreas[147]. Uno de los aspectos más inquietantes de Nuevo México es cómo se habían utilizado las concesiones de tierras comunales y más tarde se habían dividido, lo que causó una serie de problemas legales y políticos que se prolongaron hasta bien entrado el siglo XX. Al final, apenas se confirmó el 6 % de un total de catorce millones de hectáreas reclamadas por los solicitantes[148].

Los abogados y especuladores inmobiliarios —tanto anglos como hispanos— estaban en una buena posición para aprovecharse del fracaso de tantas concesiones. En Nuevo México, estas élites se aglutinaron en lo que se llamaría el Anillo de Santa Fe, el cual quedaría asociado a la corrupción política y financiera, una acusación que también obstaculizaría los futuros intentos por parte de Nuevo México de convertirse en un estado[149]. El dinero de los miembros de esta asociación informal —el nombre fue acuñado por sus adversarios— a menudo procedía de la especulación inmobiliaria, lo que propició su participación en lucrativas inversiones mineras o ferroviarias durante la última mitad del siglo XIX, aunque muchos de ellos negaron que hubiese ningún «anillo»[150].

Un ejemplo infame es el de la concesión de Maxwell: el enorme territorio adquirido por Lucien Maxwell mediante la compra escalonada de la concesión de Beaubien-Miranda, que abarcaba parte de lo que hoy es el norte de Nuevo México y se adentraba en el sur de Colorado. Fue otorgada originalmente a Carlos Beaubien y a Guadalupe Miranda, cuya hija Luz estaba casada con Maxwell. Tras la guerra mexicano-estadounidense, este compró la parte de la concesión correspondiente a su suegro y más tarde adquirió la de Miranda[151]. En 1866 se descubrió oro en el cercano monte Baldy y el terreno no tardó en verse invadido por ocupantes y buscadores del precioso metal. Para 1869, Maxwell estaba dispuesto a vender, y así lo hizo al año siguiente a un grupo de inversores, que decidieron conservar el nombre de la concesión, creando la empresa Maxwell Land Grant and Railway Company con benefactores británicos, pero también con conexiones con el Anillo de Santa Fe, incluyendo al destacado político Stephen Elkins[152].

El Congreso había confirmado la concesión en 1869, pero no el tamaño de la propiedad, y ese año se interrumpió un intento de demarcarla. El secretario del Interior dictaminó que la concesión original no podía exceder los noventa y siete mil acres (unas 39 000 ha), cifra basada en un decreto de México de 1824 que limitaba una concesión a once leguas, siendo una legua el equivalente a 4428 acres. Dado que originalmente había dos beneficiarios —Beaubien y Miranda—, la concesión admisible era de veintidós leguas, lo que en total ascendía a justo por encima de los noventa y siete mil acres. Sin embargo, la Maxwell Land Grant and Railway Company había efectuado la compra basándose en la suposición de que el tamaño real era de dos millones de acres (más de 800 000 ha), lo que les había permitido emitir millones de dólares en acciones para sufragar los costes de inversión en minería y ranchos[153]. La empresa estaba ahora sumida en el caos, y muchas de las personas que llevaban tiempo viviendo allí siguieron presionando en favor de sus intereses. La violencia fue aumentando hasta el punto de que se tuvo que enviar a tropas estadounidenses para que intervinieran en lo que posteriormente se llamó la guerra del condado de Colfax.

La Maxwell Company salió adelante a duras penas, pero en 1876 fue embargada y después vendida a un grupo de inversores holandeses que también conservaron el nombre, saldaron las deudas pendientes con el fisco y esperaron obtener beneficios de un renovado interés en el ferrocarril[154]. Mientras tanto, la cuestión legal del tamaño de la concesión se fue remontando hasta llegar al Tribunal Supremo en 1887. Esta vez, gracias a sentencias previas, el Congreso ya no tenía que basarse en la regla de las once leguas y en su lugar podía emitir una nueva concesión. Al final, esta reencarnación de la Maxwell Company recibió 1 714 764 acres (693.940 ha), una decisión que hizo montar en cólera a muchos de los pequeños solicitantes que estaban residiendo en el territorio[155]. Esta prolongada debacle también suscitó la atención de la prensa nacional, y el episodio reforzó la opinión existente entre los parlamentarios y jueces en Washington de que la honestidad de los políticos y líderes empresariales de Nuevo México era dudosa en el mejor de los casos, socavando cualquier plan para convertirse en estado[156].

Siguiendo el espíritu de resistencia enarbolado por Juan Cortina treinta años atrás en Texas, en la década de 1880 se produjeron intentos similares en Nuevo México por perjudicar, enfurecer y castigar a los anglos acusados de estafar a la gente para apropiarse de sus tierras. El grupo más conocido fueron los «gorras blancas», dedicados a sabotear ranchos y líneas ferroviarias allá donde hubiese habido incautaciones de tierras disputadas. Cortaban alambradas, espantaban el ganado y destruían puentes. De estas acciones pasaron a la política organizada y fundaron el Partido del Pueblo Unido[157]. En 1890 publicaron un manifiesto donde expresaban su propósito de proteger los derechos de los pobres y advertían que no querían «más ladrones de tierras ni demás obstruccionistas que quieran interferir. Os estamos vigilando»[158].

• • •

En medio del debate previo sobre mexicanización, blanquitud y posesión de las tierras, una nueva visión del Oeste había empezado a cobrar forma a finales de la década de 1880. La historia de California, en particular, asumió una dimensión sumamente romántica tras haber pasado solo una generación desde que se convirtió en estado, con historias de hallazgos de oro en una mano y, en la otra, relatos de misiones en ruinas que había que «salvar».

El deterioro de las iglesias no era ficción. En 1854, un agrimensor indicó en su informe que, en la misión de San Luis Rey, a unos sesenta y cinco kilómetros al norte de San Diego, «los jardines y huertos del lugar, otrora extensos [...] están arruinándose rápidamente. Hay allí una media docena de soldados apostados para proteger el terreno y edificios de nuevos saqueos hasta que la titularidad de la propiedad quede definitivamente resuelta»[159]. Muchas misiones estaban cada vez en peor estado. Inmediatamente después de la Guerra Civil, el gobierno estadounidense las devolvió a la Iglesia católica —el gobierno mexicano había secularizado las misiones y confiscado sus tierras en la década de 1830—, pero algunas parroquias no contaban con fondos suficientes para su mantenimiento.

El declive de las misiones era un reflejo del cambio de fortuna de indios y californios, para quienes la admisión como estado supuso la destrucción permanente de su modo de vida. Sin embargo, la incorporación de California estimuló la imaginación de millones de personas. De hecho, muchos de sus más ardientes defensores no eran californios, sino anglos procedentes del este de EE. UU. Participaron activamente en lo que ellos calificaron como el «descubrimiento» —aunque se acercaba más a la creación— de un pasado «español», repleto de misioneros benévolos y nombres caballerescos que empezaban con «don», un relato que no se correspondía con la realidad del auténtico pasado español, el dominio mexicano y la posterior conquista estadounidense.

Para las décadas de 1870 y 1880, California había pasado de ser una tierra imaginada a convertirse en un destino turístico. Los trenes hicieron posible viajar con facilidad, y se decía que el lugar poseía un clima salutífero. Las publicaciones aprovechaban esta imagen, incluso en sus títulos; una de ellas fue *The Land of Sunshine* (*La tierra soleada*), editada por Charles Lummis. Nacido en Massachusetts, Lummis fue uno de los anglos del este que emprendió el camino al oeste, en su caso granjeándose la atención del país al decidir ir andando de Cincinnati a Los Ángeles para incorporarse a un nuevo trabajo, una experiencia de la que escribiría más adelante en su libro *A Tramp Across the Continent* (*Una caminata por el continente*). Ejerció como periodista y fue un entusiasta impulsor de California. Publicó una serie de obras acerca del Oeste y sus gentes, incluyendo *The Spanish Pioneers and the California Missions* (*Los pioneros españoles y las misiones de California**), donde escribió:

> Es bastante difícil leer el romanticismo de los puritanos [...] mientras que toda la era de las misiones, tanto en su actividad como en su perenne influencia, está saturada de romanticismo —los miles de topónimos, los cientos de fiestas españolas, las innumerables canciones españolas, los restos de los antiguos ranchos españoles, hogares de una hospitalidad y gracia incomparables—, pues la época pastoral española en California fue notablemente la vida más feliz y encantadora jamás vivida en este país[160].

Otro forastero llamado Hubert Howe Bancroft coincidía con esta visión del pasado californiano y, al igual que Lummis, consiguió sacar provecho de ello. Bancroft nació en Ohio y trabajó en Nueva York como librero antes de mar-

---

* Lummis publicó una primera edición en 1893, traducida al español por Arturo Cuyás y publicada en 1916. Desde entonces esta traducción se ha reeditado con regularidad, la más reciente en 2017, titulada *Exploradores españoles del siglo XVI* y publicada por EDAF. La cita a continuación procede de una versión ampliada publicada en 1936, tras la muerte del autor; no hay versión en español, por lo que la traducción es mía. (*N. del T.*).

charse a California en 1852 y afincarse en San Francisco[161]. En 1856 fundó una librería y empezó a coleccionar historias poco conocidas de California antes de comenzar a producirlas[162]. El resultado fue una historia del Oeste y México en treinta y nueve volúmenes, con siete de ellos dedicados a California. Él se adjudicó el mérito, pero en realidad los libros eran obra de un equipo de unas seiscientas personas[163]. Bancroft vendió las historias por suscripción y estas gozaron de popularidad, aunque en un momento dado consiguió irritar a sus principales lectores, rompiendo con la Sociedad de Pioneros de California. Esta organización le eliminó de su lista de miembros honorarios por «ciertas tergiversaciones en sus libros», principalmente por el hecho de que en un tomo había calificado a John Frémont de «filibustero», y por otros comentarios donde con cierto eufemismo apuntaba que quizás se hubiese dado algún trato injusto hacia los mexicanos. La institución llegó al extremo de publicar un panfleto para contrarrestar lo que tildaban de «una serie de libelos monstruosos»[164].

La profesionalización de los escritores de historia se encontraba entonces en su etapa inicial; no fue hasta 1881 cuando se nombró la primera cátedra profesional en historia de EE. UU. Para Bancroft, la historia era una pasión, pero también un negocio. Más adelante vendió su ingente colección privada de artículos y libros a la biblioteca de la Universidad de California, que utilizó estos fondos como base para establecer su Biblioteca Bancroft.

Sin embargo, mostró un interés genuino hacia su estado adoptivo, incluida la comunidad california que aún subsistía. Envió a sus empleados a recopilar narraciones orales de los californios, que rememoraron historias de sus familias bajo el dominio mexicano e incluso español. Una destacada mujer california mencionada en una anécdota en *California pastoral* es María Amparo Ruiz, la «encantadora californiana» que se casó con el capitán Henry S. Burton del ejército de EE. UU. Cuando otro pretendiente averiguó que estaban prometidos, avisó al cura de que no podían casarse porque ella era católica y él protestante. A pesar de ello, «la muchacha loretana casó con el capitán yanqui»[165]. Esta joven de Loreto —su lugar de nacimiento, en la Baja California— también acabaría publicando libros, pero para contar una historia no tan feliz.

María Amparo Ruiz de Burton estaba indignada por el trato que soportaban los californios, escribiendo a un amigo en 1859 que «[los Estados Unidos] quebrantaron su fe tan solemnemente prometida en Guadalupe Hidalgo [...] ¡Qué vergüenza es esto, en la conquista, la nación próspera y poderosa! Mejor aplastarnos de una vez y no engañarnos con nuestras tierras»[166]. Ese mismo año se trasladó con su familia a la costa este, y gran parte del tiempo lo pasaron cerca de Washington D. C. Tras la muerte de su marido en 1869, Ruiz de Burton regresó a California, para descubrir que las tierras que habían comprado años atrás estaban en disputa. Mientras batallaba por salvarlas, escribió su primera novela: *Who Would Have Thought It?* (*¿Quién lo hubiera pensado?*). La obra, publicada en 1872, la convirtió en una de las primeras autoras mexicano-estadounidenses en escribir en inglés. Ambientada en Nueva Inglaterra, la historia se centra en muchas de las hipocresías que presenció cuando se encontraba en el Este. Su segunda obra, *The Squatter and the Don* (*El invasor y el don*), publicada en 1885, toca un terreno mucho más personal. La novela, ambientada en las décadas de 1870 y 1880, cuenta la historia de la relación entre un clan californio, los Alamar, y una familia de ocupantes ilegales, los Darrell.

Ruiz de Burton utilizó la novela para contrarrestar los estereotipos de los californios y poner de relieve las humillaciones que su gente sufría a manos de la administración estatal y local, centrándose mayormente en la élite de californios que afrontaba la pérdida de sus tierras. En el primer capítulo, el ocupante William Darrell puntualiza a su esposa: «No somos invasores. Somos "colonos". Tomamos una tierra que nos pertenece a nosotros, ciudadanos americanos, al pagar el precio marcado por el gobierno»[167]. Para Mariano Alamar, un ranchero californio con decenas de miles de hectáreas, la situación no estaba tan clara:

> Por esas leyes cualquier hombre puede venir a mi tierra y, por ejemplo, plantar diez acres de trigo, sin ningún bancal, y después atrapar mi ganado que, al ver los pastos verdes sin vallar, irá a comérselos. A continuación, lo pondrá en un corral y me hará pagar a mí los daños[168].

María Amparo Ruiz de Burton utilizó las experiencias de ambas familias para mostrar al gran público la transformación que estaba teniendo lugar en California. Su novela no logró convertirse en un éxito de ventas, quizás eclipsada por otro libro sobre California publicado el año anterior, en 1884. *Ramona*, por Helen Hunt Jackson, no solamente fue un éxito sino un fenómeno cultural. Tal fue su popularidad, que hasta el futuro líder de la independencia cubana José Martí la tradujo al español en 1887, escribiendo en la introducción que «Jackson, con más fuego y conocimiento, ha escrito quizás en *Ramona* nuestra novela», vinculándola con la extensa historia de los españoles y los pueblos indígenas en las Américas[169].

A diferencia de Ruiz de Burton, Helen Hunt Jackson no era originaria de California, y tan solo visitó ese estado en dos ocasiones. Por el contrario, había nacido en Massachusetts, al igual que Charles Lummis, y posteriormente se convirtió en una destacada defensora de los derechos de los nativos americanos en el Oeste[170]. Encontrándose en California en 1882, visitó las misiones que inspirarían su novela, y que en aquel momento se hallaban en terribles condiciones. Algunas se encontraban en un estado deplorable tras haber sido utilizadas como salones, mientras que otras habían perdido sus adoquines y baldosas, y los animales pastaban por donde antes había habido un pavimento[171].

Las misiones proporcionaron la ambientación física y moral para la novela de Jackson, que cuenta una historia que, aunque diferente, se solapa con la de Ruiz de Burton. El personaje del título, Ramona, es hija de un escocés y de una mujer india, y a la muerte del padre es acogida por una destacada familia californiana, posicionándola tanto en el interior como en el exterior de la sociedad de élite. Se enamora de Alejandro, uno de los trabajadores indios del rancho, lo que enfurece a la desalmada viuda, la señora Moreno, que se había ocupado de criarla. Aun así, Ramona escapa con Alejandro y adopta la vida de los indios de California. Su lucha por sobrevivir en los años posteriores se enmarca en el colapso del sistema de misiones, que Jackson presenta como un mundo de sacerdotes amables y pacíficas aldeas desgarradas por la llegada de los anglos. Cuando los temeculas, la gente de Alejandro, son expulsados de las tierras de la misión, su modo de vida se viene abajo. Ramona y él parten en busca de seguridad pero, tras pasar una serie de desventuras, se ven incapaces de hallarla entre otros indios desplazados. Felipe, el hijo de la señora Moreno, emprende años más tarde la búsqueda de Ramona. En su viaje visita muchas de las misiones:

> Pueblo a pueblo había él de ir. A todos, al más escondido e infeliz, iría a preguntar. Indio a indio iría preguntando por toda la comarca. Dos meses tardó en llegar, de aldea en aldea, a Santa Bárbara. El corazón le dolía, y las mejillas le quemaban, de ver tanta miseria. Las ruinas de las misiones eran tristes de ver; pero más tristes eran las ruinas humanas[172].

Felipe encuentra a Ramona, aunque no antes de que un anglo haya matado a Alejandro de un disparo. Ramona y Felipe deciden casarse al final de la novela y acuerdan trasladarse a México, donde Felipe tiene la esperanza de poder «vivir entre hombres de su raza y condición, y de creencias y trabajos como los suyos»[173].

Aunque la intención de Helen Hunt Jackson era atraer la atención sobre las dificultades de los indios, lo que cautivó a los lectores fue la representación de las misiones. Los turistas comenzaron a husmear por sus ruinas y no tardaron en emprenderse campañas para salvarlas. Charles Lummis se sumó a la iniciativa y en 1895 fundó el Landmarks Club (Club de los Monumentos). Para Lummis, las misiones eran una prueba física de que los españoles habían sido los «primeros colonizadores» y representaban «una avanzadilla de la civilización en el desierto»[174]. Para muchas personas a finales del siglo XIX, las iglesias eran los restos de un pasado aceptable, civilizado y civilizador, con un noble linaje compuesto de españoles, no de mestizos mexicanos ni de nativos americanos. De algún modo, este mito supuso una «desmexicanización» de las élites de californios y les confirió una hispanidad que también coincidía con la necesidad jurídica de ser un mexicano «blanco» para convertirse en ciudadano de pleno derecho. También dejó aparte a los nativos americanos, prescindiendo de la realidad mestiza de California y de la dureza del sistema misional. La obra de Jackson dio origen al «mito de las misiones», retratando el pasado de California como un vergel de cultura española[175]. La obra de Ruiz de Burton, sin embargo, contenía demasiadas realidades contemporáneas como para convertirse en una historia tan romántica.

Por aquella misma época, al otro lado del país, en Washington D. C., el artista de origen italiano Constantino Brumidi comenzó en 1859 a preparar bocetos para un friso pintado con la historia americana, que habría de adornar la cúpula de la rotonda en el edificio del Capitolio. Cuando se iniciaron los trabajos tras la Guerra Civil, no había suficientes fondos para costear el friso en sí, por lo que en su lugar Brumidi pintó la superficie en grisalla para hacer como si estuviera esculpida[176]. Alzándose 17,7 m sobre el piso y con unos 90 m de circunferencia y 2,5 de altura, la obra que Brumidi comenzó finalmente en 1878 ofrece una panorámica de la historia estadounidense. Montgomery C. Meigs, por entonces el ingeniero a cargo de la construcción del Capitolio, quería que el tema decorativo mostrase un avance continuo de la historia americana, y explicó que el friso ilustraría «el progreso gradual del continente desde las simas del barbarismo hasta las cumbres de la sociedad avanzada; la civilización ruda y bárbara de algunas de las tribus antecolombinas; las conquistas de los aztecas para con sus predecesores menos civilizados; su propia conquista por la raza española [...] el avance gradual de los blancos, el retroceso de las razas rojas, nuestra propia lucha revolucionaria y demás porfías»[177].

El friso fue diseñado para ubicarse bajo las ventanas de la cúpula y sobre las puertas, por debajo del fresco de George Washington que se cierne desde el centro de la bóveda[178]. La obra comienza con las figuras alegóricas de la Libertad, América y la Historia, seguidas de Colón efectuando su llegada, por encima de la entrada oeste de la rotonda. El siguiente panel es *Cortés y Moctezuma en un templo mexicano*, donde un receloso Cortés, flanqueado solo por un par de guardias, se encuentra con el líder mexica Moctezuma, que lleva un séquito de siete hombres y mujeres y se encuentra de pie, con la mano derecha sobre el corazón y la izquierda extendida, con la palma abierta, dándoles la bienvenida. El trasfondo es el de un palacio, y todos los mexicas lucen elaborados ropajes y tocados.

De allí, la obra se desplaza hacia el este e incluye una imagen de la guerra mexicano-estadounidense sobre la entrada sur, representando al general Winfield Scott haciendo entrada en Ciudad de México, aunque esta parte —y de hecho, la mayoría del friso— fue realizada por otro artista italiano, Filippo Costaggini, tras la muerte de Brumidi en 1880[179]. Este tramo no sugiere nada de la indecisión mostrada antes por Cortés y sus hombres; las tropas estadounidenses superan en número a los mexicanos por doce a cuatro. A los hombres de Scott se les ve uniformados, ordenados y dignos, mientras que los cuatro mexicanos visten ropas tradicionales como sombreros y ponchos, en vez del uniforme militar que habrían llevado en aquel momento. Su líder —cuya barba y pelo ondulado guardan muy poca semejanza con Santa Anna— aparece inclinado, con la mano tendida. Tras los mexicanos se ven palmeras y plantas de aloe, mientras que los hombres de Scott aparecen enmarcados por un robusto roble. La subyugación quedó completa*.

• • •

En julio de 1893, en la reunión que la Asociación Histórica Americana celebró en Chicago, el historiador Frederick Jackson Turner presentó un artículo que resonaría mucho más allá de la sala de conferencias. En lo que se convertiría en un ensayo titulado *El significado de la frontera en la historia americana*, Turner expuso que la conquista del Oeste proporcionó a los Estados Unidos su particular identidad «americana», diciendo: «La peculiaridad de las instituciones americanas radica en el hecho de que se

---

* Pese a la aportación de Costaggini, todavía quedó por completar un hueco de casi diez metros, un trabajo realizado finalmente por el artista Allyn Cox en 1953. Cox incorporó escenas del final de la Guerra Civil, la dotación de un cañón en la guerra hispano-estadounidense-cubana, y el nacimiento de la aviación.

han visto obligadas a adaptarse a los cambios de un pueblo en expansión». Dichos cambios consistían en «conquistar tierras salvajes y pasar en cada zona de ese proceso de unas condiciones económicas y políticas primitivas a las complejidades de la vida ciudadana»[180]. Esta «tesis de Turner» halló un lugar favorable en la conciencia del público y, aunque en un principio los historiadores también la aceptaron, posteriormente han tenido dificultades con la valoración que hizo.

Para Turner, la frontera era el «punto de contacto entre la barbarie y la civilización», y lo que la determinaba no era una barrera física sino la «tierra libre», que permitió su colonización por sucesivas oleadas de personas. Presentó un relato extraño, uno imposible de identificar desde la perspectiva de los tejanos o californios, por no hablar de los nativos americanos. En ningún lugar de su artículo mencionó uno de los factores más importantes que han permitido esta «colonización del Gran Oeste»: la obtención de millones de hectáreas tras la guerra mexicano-estadounidense. En su relato de la batalla civilizadora no aparece una sola mención del pasado español, ni siquiera del mexicano. No hay misiones, presidios o ranchos. Igual de suprimida resulta la relación entre los hispanos y los nativos americanos antes de que los anglos o europeos cruzaran el Misisipi, y no se dice nada de los núcleos de civilización activos y preexistentes, que abarcaban desde las aldeas de indios pueblo a las misiones de California. En su lugar, abogó por el sometimiento de unas tierras «salvajes» y de unos indios invariablemente hostiles, momento hasta el cual no podrían arraigar la economía americana y sus instituciones vitales.

Quienes lograron esto eran unos americanos de «nacionalidad compuesta»: ingleses, escoceses, irlandeses y alemanes que, en «el crisol de la frontera», se «fundían en una raza mixta, que no era inglesa ni por nacionalidad ni por sus características». En ningún lugar figuran quienes ya vivían en la frontera. A propósito, o por descuido, Turner omitió el pasado hispano en uno de los ensayos más influyentes de su época.

Fuera cual fuese el medio, y al margen de quiénes fueran los artífices, no había discusión acerca del resultado. Para cuando Turner se puso a escribir, los Estados Unidos abarcaban desde las bulliciosas ciudades de la costa este, cruzando el Misisipi, dejando atrás las granjas que cubrían las Grandes Llanuras y atravesando ríos y montañas, hasta llegar a la promesa dorada de California. A pesar de haber costado dos guerras e incontables actos locales de violencia perpetrados contra mexicanos y nativos americanos, los Estados Unidos se extendían ahora de costa a costa.

Capítulo 11
Ybor City, Florida
ca. 1870-1898

Cerca del extremo sur de la isla de Manhattan, en James Street, se alza una iglesia de piedra. Aunque ahora parece una miniatura entre los rascacielos de cristal, sus elegantes pilares de estilo neogriego hablan de una época diferente en la ciudad. En 2014 había un papel arrugado y sujeto con chinchetas a las puertas del templo, siempre cerradas, en el que se veía el retrato del papa Juan Pablo II a la izquierda y el de un hombre con gafas y cabello oscuro a la derecha. En el medio se leía el siguiente texto en inglés y español: «Ora por nosotros y salva nuestra iglesia Padre Félix Varela y Santo Juan Pablo II». Casi doscientos años después de su llegada a Nueva York, el recuerdo del padre Varela sigue vivo.

El sacerdote cubano Félix Varela fue un líder espiritual e intelectual que contribuyó a la fundación de esta parroquia e iglesia en 1827. Una placa en el frontispicio del templo recuerda el bicentenario de su nacimiento, encomiando el tiempo que pasó como eclesiástico y educador, además de su obra como «defensor de los derechos humanos y civiles en Cuba y en los Estados Unidos». En 1997, el Servicio Postal estadounidense emitió un sello conmemorativo donde muestra un semblante serio tras sus espejuelos. El cura prestó un servicio, tanto a su feligresía como a la comunidad en general, al fundar en 1824 *El Habanero*, un periódico dirigido a los exiliados cubanos que también se introducía de contrabando en la isla. También publicó numerosos artículos sobre cuestiones religiosas y políticas y tradujo obras del inglés al español, como el *Manual de práctica parlamentaria* de Thomas Jefferson[1].

El padre Varela perteneció a uno de los primeros grupos de cubanos que buscaron refugio u oportunidades en Estados Unidos, unos pocos miles de personas diseminadas por ciudades como Nueva York o Filadelfia. Aunque era sacerdote, sus intereses empezaron a inclinarse hacia la política a comienzos de la década de 1820, estando aún en Cuba. Durante el Trienio Liberal, fue uno de los representantes de la isla ante las Cortes entre 1822 y 1823, periodo en el que habló de independencia política y de la necesidad de abolir la esclavitud. Cuando Fernando VII recuperó sus plenos poderes en 1823, Varela fue condenado a muerte, por lo que emprendió la huida a Estados Unidos. Había pasado parte de su infancia en San Agustín cuando todavía formaba parte de la Florida española, aunque esta vez se dirigió más al norte, a Filadelfia, donde estableció su periódico y trató de obtener un puesto eclesiástico. Para 1825 se encontraba en Nueva York, ejerciendo su ministerio entre los inmigrantes irlandeses del Lower East Side de Manhattan.

En la época de Varela aún quedaban lejos los cambios políticos que se producirían en Cuba, aunque el ejemplo de las otras colonias españolas que se habían convertido en repúblicas servía de inspiración. Se habían dado intentonas independentistas en Cuba, pero las autoridades las habían suprimido con gran brutalidad; el miedo constante a que se desencadenase «otro Haití» era un poderoso acicate. Frustrados, algunos cubanos comenzaron a buscar posibilidades fuera de la isla, y Valera se convirtió en un modelo para otros exiliados.

El padre Varela nunca volvió a ver Cuba, pues permaneció en Nueva York hasta que en 1853 se retiró a San Agustín, donde una estatua suya embellece el patio de la catedral. Tampoco vivió lo suficiente como para presenciar el primer intento a gran escala por obtener la independencia cubana: la guerra de los Diez Años, que comenzó en 1868, más de una década después de su muerte. La chispa fue el Grito de Yara, cuando Carlos Manuel de Céspedes se puso en cabeza de un pequeño ejército, que incluía a esclavos de su propia plantación, para hacer frente a los españoles.

En este momento en Estados Unidos se había enfriado el interés hacia Cuba —que todavía permitía la esclavitud— tras haber librado su propia guerra civil. Los intentos de comprar la isla se interrumpieron por el momento, y el entusiasmo por la anexión que mostraron los cubanos de Nueva York y la costa este en la década de 1850 se vio reemplazado por un deseo cada vez mayor por independizarse[2]. Sin embargo, cuando comenzó la guerra de los Diez Años muchas personalidades en Washington creían que los cubanos, al igual que los mexicanos, eran incapaces de gobernarse a sí mismos. En 1875, el presidente Ulysses S. Grant dijo al Congreso en su mensaje anual que no se vislumbraba el fin del «ruinoso conflicto» en Cuba. Para Grant no resultaba evidente que hubiera «una organización civil existente que pueda ser reconocida como un gobierno independiente capaz de desempeñar sus obligaciones internacionales». Siendo este el caso, el reconocimiento de la independencia cubana era, en su opinión, «impracticable e indefendible»[3].

Más adelante, el presidente Grant se ofreció a mediar en un acuerdo de paz entre España y la colonia. Otras figuras en Washington seguían albergando esperanzas de que España cediese y pusiera en venta la isla[4].

Los deseos de independencia no se limitaban a Cuba. La vecina colonia española de Puerto Rico alimentaba sueños similares. En Lares, un pueblecito a unos cien kilómetros de San Juan rodeado por el verdor exuberante de la Cordillera Central, a trescientos metros de altitud, estalló una rebelión justo el mismo año que la de Cuba. De hecho, fue Puerto Rico quien alzó la voz en primer lugar. Conocida como el Grito de Lares y organizada por Ramón Emeterio Betances, la revuelta se produjo el 23 de septiembre de 1868. En gran medida canalizó las frustraciones hacia las injusticias económicas que persistían bajo el dominio colonial, y estuvo dirigida hacia los comerciantes españoles de la región cafetalera y los funcionarios[5]. Las autoridades no tardaron en sofocarla, y no se produjeron más enfrentamientos.

Ramón Betances ya estaba fichado por los españoles, y partió hacia el exilio. También se dirigió a Nueva York, donde pasó tiempo con otros emigrados. Allí podían hacer causa común los cubanos y puertorriqueños, aunque en general estos preferían acometer reformas en vez de entrar en lo que veían que se estaba convirtiendo en un largo conflicto en Cuba[6]. Mientras Betances urdía sus planes, un grupo de representantes puertorriqueños de corte moderado decidieron —para su disgusto— exponer sus agravios ante las Cortes españolas, partiendo en 1871. Sin embargo, en 1873 consiguieron obtener la abolición de la esclavitud, que era uno de los objetivos de Betances[7]. Él se encontraba aún en el exilio y no vivió para presenciar la independencia de la isla, aunque para cuando murió, en septiembre de 1898 en Francia, habría tenido el tiempo justo para ver cómo Puerto Rico pasaba de una potencia colonial a otra.

• • •

Diez años de conflicto civil dejaron Cuba maltrecha, y el éxodo de cubanos hacia Estados Unidos se intensificó durante la década de 1870. Algunos se marcharon por razones políticas, pero muchos otros se fueron por motivos financieros, pues la economía estaba hecha jirones. Para 1878 ambos bandos estaban exhaustos y se iniciaron las negociaciones para poner fin al conflicto, cuyo resultado fue el Pacto de Zanjón. Terminó la guerra, pero no antes de que hubiesen muerto unos cincuenta mil cubanos y entre ciento cincuenta y doscientos mil españoles[8]. En un intento por evitar otro alzamiento, las autoridades hicieron ciertas concesiones, siendo una de las más importantes la abolición de la esclavitud. Esta, no obstante, se llevaría a cabo por etapas, y la práctica acabaría definitivamente en 1886. Sin embargo, para algunos cubanos no era suficiente. Ahora solo les bastaría la independencia, y muchos se reagruparon en la relativa seguridad de Estados Unidos para determinar cómo alcanzarla. Durante este periodo los escritos del padre Varela siguieron siendo influyentes; José Martí, futuro líder de la independencia, diría que el sacerdote «nos enseñó a pensar». Mientras los cubanos empezaban a planear cuál sería la siguiente etapa, la comunidad de exiliados iba creciendo, aunque en lugar de Nueva York, esta vez su centro estaría en un pequeño suburbio industrial en los alrededores de Tampa, en Florida.

Una pequeña barriada de fábricas de cigarros y cabañas de obreros quizás parezca un lugar incongruente desde donde lanzar una lucha por la emancipación, pero para la incipiente comunidad cubana, Ybor City sería uno de los principales centros neurálgicos de la junta de liberación. El hecho de que este barrio fuera a transformarse en la «cuna de la libertad cubana» no era lo que Vicente Martínez Ybor tenía en mente cuando en 1885 decidió trasladar su fábrica de puros a una parcela de terreno arenoso al oeste de la pequeña ciudad de Tampa. Ybor era un valenciano que, al igual que muchos de sus coetáneos, trabajaba en Cuba. Sin embargo, se propuso abandonar la isla e irse a Estados Unidos, donde la situación económica era mejor y podía evitar elevados aranceles[9].

En 1869, Ybor trasladó su fábrica a Key West, que se estaba convirtiendo rápidamente en el hogar de una creciente población de exiliados, la cual le proporcionó mano de obra bien dispuesta para la producción de sus puros El Príncipe de Gales. Quería seguir empleando a cigarreros procedentes de Cuba, famosos por su habilidad, y muchos se mostraron encantados de tener una excusa para marcharse de una Cuba devorada por la guerra. De allí pasó a Tampa, que contaba con un buen puerto. Fue una decisión clave en su éxito, pues necesitaba contar con acceso al tabaco cubano y capacidad para embarcar sus productos. En 1885 compró un solar a las afueras de la ciudad, y aquel suburbio bautizado con su nombre creció hasta convertirse en Ybor City. No tardaría en pasar a formar parte de Tampa, en 1887.

Durante estas últimas décadas del siglo XIX, al menos cien mil cubanos abandonaron la isla para dirigirse a Estados Unidos, Europa o a países latinoamericanos[10]. Los emigrantes más pudientes se fueron a Europa; los profesionales de clase media, a las grandes urbes de la costa este de EE. UU.; y los obreros, a Florida[11]. Tan solo entre 1886 y 1890 llegaron a Estados Unidos alrededor de dieciséis mil cubanos[12]. Durante siglos España había tratado de fomentar la colonización de la Florida y, en líneas generales, había fracasado en el intento. Ahora, mucho después de haberse desvanecido el dominio de los españoles, Florida se estaba transformando en uno de los principales imanes para quienes vivían en los restos de su imperio.

A pesar de la estabilidad, la vida no era fácil para los obreros de Ybor City. Las pulcras fachadas de sus casitas de madera a menudo ocultaban la cantidad de personas que allí vivían, que podían ser hasta cuatro o cinco familias abarrotadas entre cuatro paredes. Los cubanos no eran el único grupo de inmigrantes; a la ciudad también estaban acudiendo italianos y otros europeos, y también había una considerable población judía*.

Fue este el mundo al que entró el poeta y exiliado político José Martí en 1891. Algunos de los líderes cubanos de Tampa le habían invitado a visitar la ciudad, por lo que partió de Nueva York y llegó a Florida el 25 de noviembre. Había unas cincuenta personas esperando bajo un aguacero para recibirlo en la estación. Martí era una persona conocida; había dedicado la mayor parte de su vida a la lucha por la independencia, tras haberse visto obligado a exiliarse a la edad de diecisiete años, y sus obras de poesía y ensayos políticos le habían granjeado un amplio reconocimiento.

Los años anteriores a su visita a Tampa habían sido intensos. En 1877 había regresado a Cuba, bajo un nombre falso, y poco después partió hacia México. Una vez terminada la guerra de Cuba, volvió a la isla y estuvo allí durante una revuelta conocida como la Guerra Chiquita, que estalló en el verano de 1879. Este conflicto duró poco más de un año, pero durante aquel tiempo se tuvo que exiliar de nuevo. Viajó a Nueva York en 1880 y entabló contacto con la comunidad de exiliados de la ciudad, donde escribió para diversas publicaciones. Sin embargo, su viaje a Tampa de 1891 fue el primero que hizo a Florida.

En la tarde de su llegada pronunció un discurso en el Liceo Cubano, ubicado en una antigua fábrica de puros. Allí se labró un hueco en la historia de Cuba con un alegato apasionado en el que declaró: «Para Cuba que sufre, la primera palabra. De altar se ha de tomar a Cuba, para ofrendarle nuestra vida, y no de pedestal, para levantarnos sobre ella»[13]. El público se deleitó con sus palabras; era evidente que había avivado las pasiones de esta comunidad flori-

---

* Hoy día Tampa sigue siendo el único lugar de Estados Unidos con un periódico trilingüe, *La Gaceta*, publicado en inglés, español e italiano.

dana. A continuación redactó lo que se llamarían las Resoluciones de Tampa, cuyo objetivo era unificar las diversas sociedades patrióticas. Con ellas sentó los cimientos de lo que posteriormente sería el Partido Revolucionario Cubano, fundado en 1892. Al término de este ajetreado viaje, que duró tan solo cuatro días, casi toda la ciudad salió para acompañarlo a la estación; casi cuatro mil personas lo vieron partir hacia Key West entre gritos de «¡Viva Martí!»[14].

El deseo de José Martí de aunar a los cubanos era importante, pues los grupos de exiliados tenían visiones diferentes de lo que Cuba debería ser y cómo hacerlo, fracturas que se habían ido agrandando durante la guerra de los Diez Años. Al principio, Martí no gozó de popularidad ante todo el mundo, pero parte de su genialidad radicaba en su capacidad de aglutinar a sus compatriotas. A partir de ahí, este grupo unificado pasaría a fundar sociedades y recaudar fondos para contribuir a la causa de una Cuba libre, para la cual hasta los cigarreros harían contribuciones periódicas de un día de paga[15].

En un momento dado hubo en Florida más de mil seiscientas fábricas de cigarros, y la población en Tampa ascendía a unos dieciséis mil habitantes al comenzar el siglo XX[16]. A medida que Ybor City fue creciendo, miles de hogares en Estados Unidos se familiarizaron con las cajas de puros producidas en esta ciudad, decoradas con lujosos motivos florales, símbolos regios o románticas escenas históricas o literarias. Por ejemplo, las de la marca Treaty Bond estaban adornadas con sendas imágenes de Thomas Jefferson y Napoleón Bonaparte, con un pergamino representando la compra de Luisiana.

Aunque desde hace tiempo existían en Cuba jerarquías y discriminación en función del color, con las personas de piel más oscura en los peldaños inferiores de la escala socioeconómica y los de piel más clara en la élite, los cubanos de Estados Unidos no estaban preparados para el nivel de segregación que encontraron en el Sur de las leyes Jim Crow*. Algunos cubanos descubrieron que habían sido clasificados como «negros», viéndose así obligados a soportar el tratamiento que ello conllevaba. A finales de siglo, en 1896, la sentencia del Tribunal Supremo en el caso de Homer Plessy, un criollo de Luisiana que se sentó en un vagón exclusivo para blancos y fue arrestado

---

* El término Jim Crow se aplica a una serie de leyes estatales y locales que propugnaron la segregación racial en todas las esferas públicas. Se aplicaron desde finales del siglo XIX hasta los años 60, principalmente en los estados sureños. «Jim Crow» era una expresión peyorativa para referirse a los afroestadounidenses. (*N. del T.*).

por ser negro en una octava parte, sentó el precedente jurídico de «separados pero iguales», afianzando así la constitucionalidad de la segregación racial. Los cubanos negros no fueron una excepción. En Florida, muchos de ellos acabaron viviendo en lugares aparte de los cubanos de piel más clara, y también fueron obligados a socializar en mundos diferentes. Hacia 1890, unas mil seiscientas personas en Tampa estaban categorizadas como «negras», una cifra que incluía a los afroestadounidenses. A los cubanos más blancos se los consideraba «nacidos en el extranjero» y se les agrupaba con los italianos y otros inmigrantes mediterráneos en la ciudad[17].

La cuestión del color en Florida se vio complicada por el hecho de que, durante la guerra de los Diez Años, los rebeldes habían dejado claro que no habría lugar para la esclavitud en una Cuba libre. Aquel conflicto y la posterior reorganización de los exiliados en Florida habían unificado a los cubanos por encima de las diferencias de clase y color. Las promesas de independencia e igualdad se extendían a los afrocubanos, tal como quedó simbolizado en Antonio Maceo, un general negro y héroe de la guerra de los Diez Años que regresaría durante la guerra de independencia de Cuba en 1895. Para José Martí y otros, la inclusión de los afrocubanos era un elemento fundamental de una Cuba libre, esencial para el futuro de la nación. En su artículo «Nuestra América», publicado en 1891, Martí dejó patente su visión sobre este punto: «No hay odio de razas, porque no hay razas [...] Peca contra la humanidad el que fomente y propague la oposición y el odio de las razas»[18].

Mientras los cubanos buscaban mejores oportunidades económicas en Florida o Nueva York, el capital estadounidense había ido fluyendo hacia la industria azucarera de la isla —a estas alturas, desde hacía décadas, con una actividad notable que comenzó al acabar la Guerra Civil, alimentada en parte por los desarrollos tecnológicos del refinado del azúcar[19]—. Aunque la guerra de los Diez Años causó algunas perturbaciones, quedó claro que una Cuba libre resultaría muy rentable. Los partidarios estadounidenses comenzaron a mostrar su apoyo a la causa uniéndose a la Cuban American League, sociedad fundada en 1892 por el empresario neoyorquino William O. McDowell[20]. Las finanzas españolas llevaban tiempo arruinadas por el conflicto, y la metrópoli tenía poco que gastar en reconstruir Cuba tras la guerra. Así pues, los dueños de plantaciones en la isla tomaron préstamos de la banca estadounidense, o bien los inversores compraron campos de caña a quienes no pudieron recuperarse de la caída del precio del azúcar a comienzos de la década de 1880[21]. A este proceso contribuyó el arancel de McKinley de

1890, que eliminó las tasas sobre el azúcar en bruto importado a Estados Unidos, lo que proporcionó a los productores cubanos un impulso adicional para reconstruir sus cultivos, a menudo con ayuda exterior[22]. Muy pronto, los bancos estadounidenses empezaron a apropiarse de fincas familiares, aunque al mismo tiempo muchos productores estaban tratando de obtener la ciudadanía[23]. Los lazos comerciales entre ambos países comenzaban a estrecharse[24].

Los dos países también crearon vínculos por algo un poco más apasionante que los aranceles: el béisbol. El mérito de llevar este deporte por primera vez a la isla se atribuye a los hermanos Nemesio y Ernesto Guilló, que estudiaron en Alabama y fundaron en 1868 el Club de Béisbol de La Habana. En 1874 se celebró el primer encuentro entre dos equipos provinciales, y para 1878 la Liga Profesional de Béisbol de Cuba estaba en pleno funcionamiento[25]. El entusiasmo se debía a algo más que a la afición por jugarlo o ver los partidos. Para los cubanos, un aspecto importante del juego era el equipo en sí mismo, un símbolo de la construcción de una nueva nación que contrastaba con el desempeño individual del toreo español. El béisbol también representaba el progreso y la «modernidad» de la cultura estadounidense para un país devorado por la guerra y que todavía se encontraba bajo dominación colonial a finales del siglo XIX[26]. De hecho, en 1876 las autoridades llegaron a prohibir que un equipo se pusiera el nombre de Yara porque el nombre evocaba el Grito de Yara, que dio comienzo a la guerra[27].

El béisbol creció en popularidad a medida que proliferaban los clubes por toda la isla. Los equipos locales también jugaban contra los estadounidenses que vivieran o trabajaran en la isla[28]. En La Habana había periódicos dedicados a este deporte, incluyendo el semanario *Base-Ball*, fundado en 1881 y que difundía resultados, chismes y hasta poemas. Los jugadores cubanos no tardaron en labrarse una reputación y viajar a Estados Unidos para competir. Esteban (o Steve) Bellán se considera el primer jugador hispano en Estados Unidos. Estuvo en el equipo de la Universidad de Fordham (llamada entonces St. John's College) y entró en 1871 en los Troy Haymakers, para después pasar a los New York Mutuals, uno de los equipos fundadores de la Liga Nacional. Los cubanos también contribuyeron a propagar el deporte por Latinoamérica, exportándolo a República Dominicana y Puerto Rico[29]. En 1903, el *Puerto Rico Herald* dio la siguiente noticia: «Hace cuatro años los puertorriqueños jamás habían oído hablar del béisbol: ahora se está convirtiendo en el deporte isleño. Se ha establecido una liga en San Juan, y los juegos habituales de los miércoles y sábados entre los cuatro equipos que la

Nogales (Arizona) hacia 1934, con la frontera señalada en los tejados que dicen «México» y «U.S.A.».

Monumento erigido en 1925 en la isla de Parris (Carolina del Sur) para conmemorar la llegada de los hugonotes franceses en 1562.

Grabado de Theodor de Bry (hacia 1591) que representa a un grupo de indios timucuas trabajando los cultivos en La Florida. La imagen está basada en ilustraciones realizadas anteriormente por Jacques le Moyne, quien participó en la expedición francesa de 1564.

Jóvenes timucuas jugando a la pelota, practicando el tiro con arco y echando carreras, en un grabado de Theodor de Bry (hacia 1591) basado en trabajos previos de Jacques le Moyne, quien estuvo en La Florida en 1564.

Grabado de Hernán Cortés (se desconoce la fecha).

Iglesia de San Esteban del Rey, en el poblado de los acomas, hacia 1902.

Inscripción en un afloramiento rocoso cerca de la frontera entre Arizona y Nuevo México, realizada por Juan de Oñate durante sus viajes por Norteamérica. Dice: «Pasó por aquí el adelantado don Juan de Oñate del descubrimiento de la mar del Sur al 16 de abril de 1605».

Vista aérea del castillo de San Marcos, construido en 1672 en San Agustín (Florida).

Grabado que representa las hostilidades entre ingleses y españoles y titulado «El insulto de los españoles a la bandera británica en la bahía de Nutka», realizado por Robert Dodd en 1791.

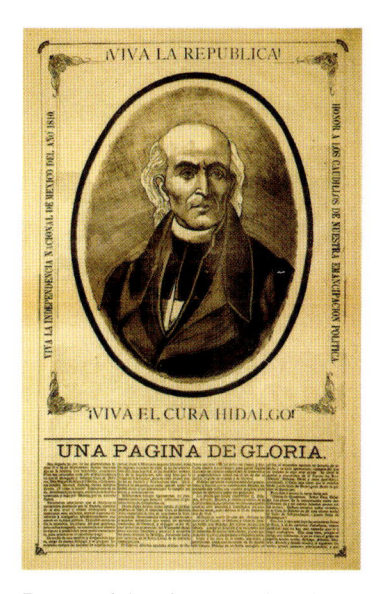

Retrato del padre Miguel Hidalgo, en un pasquín publicado en Ciudad de México entre 1890 y 1913.

La misión de San Xavier del Bac (s. XVIII), fotografía de 2015.

Un grabado de San Xavier del Bac, cerca de Tucson (Arizona), en el informe de la expedición cartográfica de la U.S. Pacific Railroad, hacia 1855.

La misión de San José de Tumacácori, levantada hacia 1753 en las proximidades de Tubac (Arizona), y que en actualidad es parque histórico nacional. Fotografía de 2015.

El Álamo (San Antonio de Valero) en 2015.

Grabado publicado en Nueva York en 1831 por Henry R. Robinson, que representa la rendición del presidente mexicano Antonio López de Santa Anna y el general Martín Perfecto de Cos ante el líder anglo-texano Samuel Houston, tras la batalla de San Jacinto a finales de abril de 1836. A la izquierda, sujetando un mosquete, Houston dice: «¡Sois dos malditos villanos, y para trataros como os merecéis tendría que haceros fusilar como ejemplo! ¡Acordaos de El Álamo y de Fannin!». En el centro, Santa Anna se inclina y ofrece su sable a Houston, diciendo: «¡Yo consiento en ser su prisionero, excelentísimo señor! ¡Yo no Álamo!». De Cos hace lo propio, diciendo: «¡Yo también, valentísimo americano! ¡Yo no Álamo!».

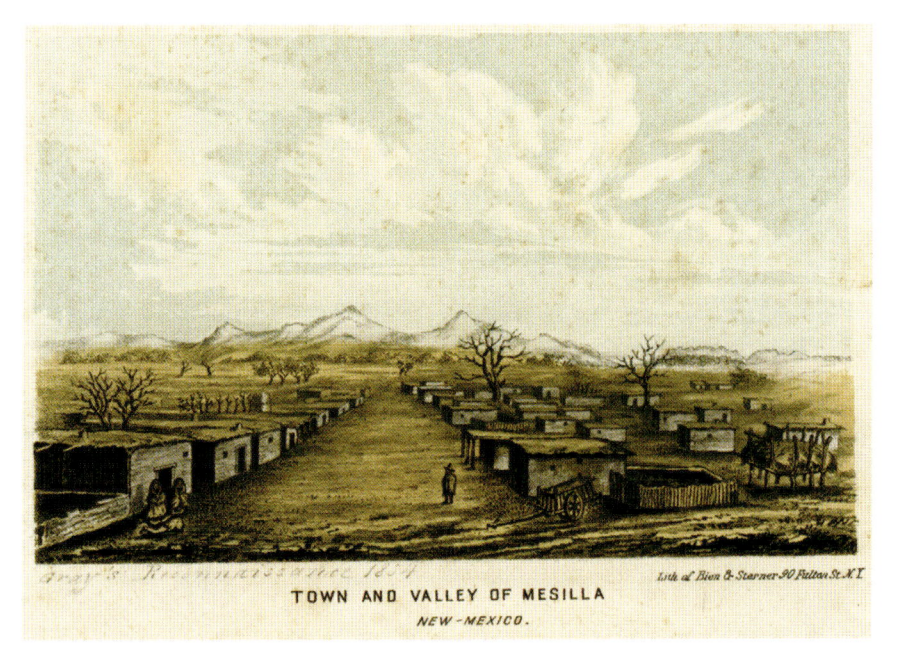

«Pueblo y valle de Mesilla», realizado en 1954 por Carl Schuchard como parte de un estudio cartográfico para el ferrocarril entre San Antonio y San Diego.

La 12.ª edición del mapa de J. Disturnell, publicada en 1847 y que sería la raíz de numerosas disputas fronterizas tras la guerra mexicano-estadounidense.

Grabado de 1848 representando la entrada en Ciudad de México del general Winfield Scott en 1847, durante la guerra mexicano-estadounidense.

El ejército de EE. UU. haciendo su entrada en México durante la guerra mexicano-estadounidense, según quedó representada en la década de 1880 en la rotonda del Capitolio en Washington, D.C.

Litografía de 1847 titulada *Batalla de Buena Vista*, librada el 22 y 23 de febrero de 1847, realizada por los afamados impresores Currier & Ives.

Un plato de la gama *Westward Ho!* (¡Hacia el Oeste!), producida por Gillinder & Sons hacia 1880.

Un hito fronterizo que se remonta a la demarcación realizada por la Comisión Fronteriza Internacional en la década de 1890, en las proximidades de Douglas (Arizona).

Este parque en Ybor City, en las afueras de Tampa (Florida), sigue honrando al líder cubano José Martí.

Partitura de una canción patriótica de la guerra hispano-estadounidense-cubana de 1898.

Enfermeras de la Cruz Roja en un mercadillo celebrado en una escuela de caridad para niñas, en San Juan de Puerto Rico hacia 1920.

Ilustración realizada por J. S. Pughe y publicada en una edición de 1899 de la revista *Puck*, en la que Cuba, representada como una mujer, ruega al Tío Sam que no deje de ayudarla. El pie de foto dice: «Cuba: Si me quedo sola volverán los antiguos problemas. Con tu ayuda podré tener paz y prosperidad. ¡No me abandones!».

La misión de San Juan Capistrano (California) hacia 1918, antes de su restauración.

San Juan Capistrano en 2015.

Una postal que muestra el «lugar de matrimonio de Ramona»
—en alusión a la protagonista de la popular novela homónima—
en San Diego, entre 1900 y 1902.

Esta fotografía anónima, titulada «Americanos e inssurectos [sic.] en el río Grande [río Bravo]», se cree que fue tomada hacia 1911, a comienzos de la Revolución Mexicana.

El general revolucionario Francisco (o Pancho) Villa a caballo, en una fotografía tomada en algún momento entre 1908 y 1919.

El líder revolucionario Emiliano Zapata, retratado en 1911.

Columbus (Nuevo México), tras el ataque de Pancho Villa en 1916.

Roberto Berdecio, ayudante del muralista mexicano David Alfaro Siqueiros, posa en Los Ángeles frente a *América tropical,* la polémica obra del artista, expuesta al público en 1932 y que al poco sería recubierta de pintura blanca.

América tropical en 2015, tras una larga iniciativa para restaurar la obra.

Siete jóvenes, arrestados durante los «disturbios del traje zoot» de junio de 1942, esperan en un juzgado en Los Ángeles.

Mural en el Memorial Nacional de El Chamizal, en El Paso (Texas), fotografía de 2015.

La valla fronteriza en el sur de Arizona, en diciembre de 2016.

Participantes en la procesión de Todas las Almas de Tucson (Arizona), en noviembre de 2014.

componen atraen a grandes multitudes [...] El entusiasmo de los espectadores está por las nubes»[30]. Fuera de su isla, los cubanos se granjearon una reputación como jugadores de talento, y en las décadas venideras ejercerían una gran influencia en el béisbol estadounidense. En un extraño caso —pero quizás no aislado—, se pidió a un grupo de afroestadounidenses que los imitasen. En 1885, la dirección del hotel Argyle de Long Island quería que sus camareros negros se pusieran a jugar al béisbol para entretenimiento de sus clientes blancos, aunque preocupaba el hecho de que los clientes pudieran sentirse incómodos al ver a hombres negros fuera de sus roles habituales en el hotel. En vez de eso, se les puso el nombre de los Cuban Giants (Gigantes Cubanos) y se les dio instrucciones para que «hablasen un galimatías con fuerte acento que sonara como español». La treta funcionó; los huéspedes se mostraron encantados y el equipo fue tan popular que acabó realizando giras de carácter semiprofesional[31].

• • •

En 1894, Estados Unidos introdujo la Ley Arancelaria de Wilson-Gorman, que imponía un gravamen del 40 % sobre el azúcar importado para favorecer la producción doméstica y acabar con cualquier ventaja comercial en favor de Cuba. Se desplomaron las exportaciones de azúcar, aumentaron los costes de importación y la frustración hacia las políticas comerciales españolas alcanzó un punto álgido[32]. Al mismo tiempo, los cubanos tanto en el exilio como en la isla estaban ahora listos para realizar otro intento por independizarse. En 1895 comenzó la guerra de independencia al producirse alzamientos por toda la isla organizados por José Martí, quien convenció a Máximo Gómez y Antonio Maceo, dos héroes del anterior conflicto, de que volvieran a asumir el mando. Martí regresó a Cuba y murió en combate en mayo de aquel año, mientras que Maceo murió en diciembre. Pese a la pérdida de dos líderes, la rebelión prosiguió y en esta ocasión, a diferencia de la guerra de los Diez Años, los Estados Unidos observaron con gran interés. Gran parte de la opinión pública apoyó a los cubanos en su lucha. Los poderosos empresarios periodísticos William Randolph Hearst y Joseph Pulitzer lanzaron sendas campañas desde sus respectivas publicaciones, el *New York Journal* y el *New York World*, en las que compitieron en mostrar su apoyo por la liberación de Cuba. Las historias de violencia a manos de

Valeriano Weyler, el impopular y represivo gobernador español en Cuba, contribuyeron a acrecentar la simpatía hacia los cubanos. Los periódicos afroestadounidenses también cubrieron los sucesos de la isla, al seguir una guerra en la que no solamente participaban los negros sino que, en el caso de Maceo, también la dirigían[33]. La postura de los habitantes negros de la isla también era de gran interés, llevando a un reportero del *Colored American* a responder afirmativamente a la pregunta: «¿Será Cuba una república negra?», en base a que «la mayor parte de los insurgentes son negros y tienen ambiciones políticas»[34]. Quizás algunos políticos y funcionarios en Estados Unidos pensaran lo mismo, al ver el desarrollo de los acontecimientos con recelo hacia el papel desempeñado por las personas de color en el conflicto[35].

Una preocupación más directa para los Estados Unidos era la destrucción de los intereses empresariales de algunos de sus ciudadanos, pues una de las tácticas empleadas por los insurgentes fue la de quemar los campos de caña[36]. Para 1898, tras tres años de guerra en la isla, sumados al cambio en los aranceles sobre el azúcar, los comerciantes neoyorquinos se quejaban de estar perdiendo cien millones de dólares al año en sus negocios por el cese o disrupción de la actividad en Cuba[37]. Los empresarios de ciudades como Boston, Filadelfia o Baltimore empezaron a ejercer presión ante William McKinley, que asumió la presidencia en 1897, para que encontrara el modo de acabar con tan costoso conflicto. En una carta de aquel año, hicieron referencia a sus «grandes intereses en Cuba, bien como titulares de propiedades o como titulares hipotecarios», antes de solicitarle que buscara la manera de mediar en un acuerdo de paz «para evitar pérdidas adicionales»[38].

Ciertas facciones en Washington empezaron a expresar su deseo de obtener algo mucho mayor que un acuerdo. En 1895, el senador republicano por Massachusetts Henry Cabot Lodge —que acabaría siendo uno de los principales defensores de la guerra con España— había escrito que «no deseamos expandirnos al sur», si bien procedió a enumerar las acciones que beneficiarían a Estados Unidos en aquella región, incluyendo la construcción de un canal a través de Nicaragua. Su visión contemplaba el contar con «al menos una fuerte estación naval en aquellas islas y, cuando se construya el canal de Nicaragua, la isla de Cuba, todavía escasamente poblada y de una fertilidad casi ilimitada, se convertirá en una necesidad para nosotros»[39].

Otros grupos se oponían a involucrarse en los asuntos de Cuba, articulada su postura por una prensa antibelicista que esgrimía cuestiones prácticas como el aparente poderío de la armada española, el peligro que suponían las enfermedades tropicales para las tropas y el potencial coste económico[40].

Algunos periódicos contrarios a la guerra también mostraban preocupación, dada la gran población negra de la isla. El *New York Herald* explicó en un artículo que «Cuba libre equivale a otra república negra [...] No queremos que haya una tan cercana. Hayti [*sic*] ya está lo bastante cerca»[41].

En un intento por evitar la guerra, pero solucionando la crisis, el presidente McKinley hizo una última oferta en enero de 1898 para comprar la isla por trescientos millones de dólares, que España rechazó[42]. Al mismo tiempo, llegó a Washington el rumor de que cuatro navíos de guerra alemanes que se encontraban en el Caribe podrían estar allí con el fin de tomar Cuba como parte de un acuerdo secreto con España[43]. Los políticos y la opinión pública seguían divididos sobre cómo proceder, cuando el presidente McKinley envió el acorazado USS Maine de Key West a La Habana el 24 de enero de 1898, en lo que se presentó como una visita en son de paz, si bien el *New York Journal* de William Randolph Hearst exclamó en la edición del día siguiente: «Nuestra bandera en La Habana, por fin»[44].

El 25 de febrero, una explosión a bordo se llevó la vida de doscientos sesenta y seis oficiales y marineros del buque. Nunca se identificó el origen de la deflagración, pero el *Journal* de Hearst se apresuró a culpar a España pese a la falta de pruebas, con un titular atronando: «La destrucción del navío Maine fue obra de un enemigo»[45]. Algo más contenido fue el relato del *New York Times*: «Sólo teorías sobre la causa del desastre»[46]. Algunos expertos navales de la época explicaron que muy probablemente se había tratado de un accidente, debido en parte a que la carbonera estaba cerca de donde se almacenaba la pólvora. Sin embargo, una investigación oficial estadounidense concluyó a finales de marzo que, aunque no se había podido hallar una causa exacta, lo más probable es que fuese culpa de una mina española en el exterior del buque[47]. Fuera cual fuese el motivo, la destrucción del Maine se había convertido en un *casus belli* muy conveniente. Estados Unidos dio a España un ultimátum final para abandonar la isla, el cual fue rechazado.

Poco tiempo después, el presidente McKinley expuso al Congreso que estaba ahora dispuesto a emprender acciones debido a la «estrecha conexión entre la cuestión cubana y el estado de nuestra propia Unión»[48]. Parte de esta preocupación se debía a los posibles daños a las propiedades de los ciudadanos estadounidenses, dado que «la perspectiva de tal postergación y conclusión de la presente lucha es una contingencia difícil de contemplar con ecuanimidad para el mundo civilizado, y menos que nadie para los Estados Unidos»[49]. En su llamamiento a la guerra no hacía mención alguna a una «Cuba libre», lo que dio a sus habitantes motivos para temer por la mano acechante del imperialismo estadounidense[50]. Por el contrario, el presidente McKinley dijo que no creía «que fuese juicioso o prudente para este gobierno el reconocer en el momento presente la independencia de la llamada República de Cuba. Tal reconocimiento no es necesario para capacitar a los Estados Unidos para intervenir»[51].

El 19 de abril, el Congreso aprobó una resolución conjunta para emprender una guerra contra España. Sin embargo, antes de su aprobación se incorporó una enmienda crucial. Fue a propuesta del senador republicano Henry Moore Teller, de Colorado, quien quería garantías de que Estados Unidos únicamente ayudaría a Cuba a liberarse de España y no intentaría hacerse con la isla o, según la enmienda, que Estados Unidos «dejaría el control y el gobierno de la isla a su pueblo»[52]. Dado que su estado era productor de azúcar de remolacha, posiblemente Teller también tuviera los intereses económicos de Colorado en mente[53]. Los cubanos, por su parte, llevaban tiempo inquietos por la intervención estadounidense. La visión de José Martí rechazaba cualquier anexión o alianza con Estados Unidos. Tal como se preguntó en una carta de 1889: «una vez los Estados Unidos en Cuba, ¿quién los va a sacar?»[54]. La enmienda de Teller sirvió para atenuar esta preocupación, pero los temores cubanos no se disiparon por completo.

Estados Unidos declaró la guerra a España el 25 de abril de 1898, y el ataque inicial se produjo menos de una semana después, aunque no fue en Cuba, sino en Filipinas, que también permanecía bajo dominio español. Estados Unidos atacó el 1 de mayo en la batalla de Cavite (o batalla de la bahía de Manila), utilizando los navíos que ya tenía en el Pacífico para hundir la escuadra española. A comienzos de julio, el Congreso aprobó una resolución conjunta para anexionarse las islas de Hawái por su importancia estratégica y para utilizarlas como base naval.

En Cuba, Theodore Roosevelt llegó con sus *Rough Riders* («Jinetes Duros»), el 1.er Regimiento de Caballería Voluntaria de Estados Unidos, haciéndose con una victoria clave en la batalla de las lomas de San Juan el 1 de julio. España se rindió a los Estados Unidos antes de que acabara el mes, en una ceremonia celebrada en Santiago de Cuba[55]. A los cubanos no se les permitió asistir o celebrar su propia victoria, y tampoco firmó ningún cubano el Tratado de París que puso fin a la guerra. Todo esto reavivó el nerviosismo por las intenciones de Estados Unidos[56]. Para el líder de la independencia Calixto García, tales acciones habían dejado a Cuba «en una nebulosa tremenda, con un porvenir oscurísimo»[57]. Los dos bandos pasaron a vigilarse mutuamente: los cubanos para ver si Estados Unidos mantenía su promesa de dejar libre la isla, y Estados Unidos para ver si Cuba se «comportaba» lo bastante bien como para merecerlo[58].

Puerto Rico también se vería arrojado a la guerra; San Juan fue bombardeado por buques estadounidenses en mayo, pero el ejército no desembarcó hasta un par de meses después. Philip Hanna, que fue el último cónsul de EE. UU. en el Puerto Rico español, escribió en junio al subsecretario de Estado John Bassett Moore para advertirle de que, «en caso de que Estados Unidos tome posesión de Puerto Rico», sería crucial que el país probase que «los americanos son mejores que los españoles, que el gobierno americano está muy por encima del español, y que Estados Unidos es en verdad su amigo, que ha venido a dejarles probar los beneficios de la libertad»[59].

En julio se enviaron a Puerto Rico unos tres mil efectivos que habían estado combatiendo en Cuba, desembarcando el día 25 en las proximidades del pueblo de Guánica, en el sur de la isla. Se desplazaron al interior, deteniéndose en la ciudad de Ponce. Allí lanzaron una proclamación declarando que el propósito de la invasión era traer un «estandarte de la libertad»; Puerto Rico no tardó en verse bajo el control estadounidense. Para el 12 de agosto había finalizado toda esa «espléndida guerrita», como se dijo que la calificó el secretario de Estado John Hay. La humillación para España fue absoluta, con su otrora vasto imperio menguando a base de movimientos independentistas y ahora por la guerra con Estados Unidos, posesiones de las que tan solo quedaba un puñado de pequeños protectorados en el norte y el oeste de África. Comenzaba una nueva era para todos los involucrados, empezando por Estados Unidos. El *New York Journal* de Hearst anunció, exultante: «Acaba oficialmente la guerra. Comienza el *boom* empresarial»[60].

Pese a que la nación se mostraba cada vez más intranquila hacia este tipo de comportamientos imperialistas, el senador archiexpansionista Albert Beveridge, de Indiana, no vio gran inconveniente en asumir el control de estos territorios, y afirmó en su discurso «La marcha de la bandera», pronunciado en septiembre de 1898, que «la ley de la libertad, que dice que todo gobierno justo deriva su autoridad del consentimiento de los gobernados, se aplica solamente a quienes son capaces de gobernarse a sí mismos. Gobernamos a los indígenas sin su consentimiento, gobernamos nuestros territorios sin su consentimiento, gobernamos a nuestros hijos sin su consentimiento. ¿Cómo saben que nuestro gobierno no tendría su consentimiento? [...] ¿No son prueba de la bienvenida a nuestra bandera las llamas resplandecientes del gozo y el repicar de las campanas de la alegría en Porto Rico [*sic*]?»[61].

A finales de año se firmó el Tratado de París, por el que Estados Unidos accedió a pagar veinte millones de dólares por las Filipinas, y también se hizo con Puerto Rico y la isla de Guam, en la Micronesia. Mucho antes de firmarlo, el entusiasmo de Beveridge ya era evidente:

> Hawái es nuestro. Porto Rico ha de ser nuestro; por las oraciones del pueblo, Cuba será finalmente nuestra; en las islas de Oriente, a las mismas puertas de Asia, hay estaciones de carboneo que han de ser nuestras; como mínimo, la bandera de un gobierno liberal ha de ondear sobre las Filipinas, y serán las barras y estrellas de la gloria[62].

Un par de años después, en 1900, W. E. B. Du Bois ofrecería una visión algo diferente del imperialismo estadounidense, preguntando en un ensayo: «¿Cuál ha de ser nuestra actitud hacia estas nuevas tierras y hacia las masas de hombres y mujeres de tez oscura que las habitan?», refiriéndose a Puerto Rico, Cuba, Hawái y las Filipinas. Instó a los estadounidenses negros a «guardarles y guiarles con nuestro voto», recordando a sus lectores que «debemos recordar que el siglo xx se verá con casi veinte millones de personas negras y marrones bajo la protección de la bandera americana, un tercio de la nación»[63].

Durante las deliberaciones sobre el tratado y su posterior ratificación, el movimiento antiimperialista ofreció un discurso más directo, argumentando que Estados Unidos no debía apoderarse de ningún territorio tras la guerra[64]. La naturaleza gradual de la expansión territorial estadounidense —a pesar de que también había supuesto una guerra en 1846— se percibía como algo diferente a la toma de posesión de colonias de ultramar, separadas del continente americano[65]. Aunque muchos se alegraron de ver a España expulsada de su hemisferio, en su lugar Estados Unidos se hizo responsable de otros once millones de personas repartidas por todo el planeta[66]. Para muchos era intranquilizador, dada la preocupación de algunos por el hecho de que estos nuevos súbditos no eran «blancos». No se tardaron en organizar reuniones por grupos como la Liga Antiimperialista, que criticaba el rumbo que había tomado Estados Unidos. También vendrían acalorados debates en el Congreso.

Uno de los más destacados antiimperialistas que surgieron fue William Jennings Bryan, tres veces candidato demócrata a la presidencia, cuya firmeza sobre esta cuestión fue un componente esencial de su candidatura en 1900. Su plataforma denunció la injusticia de que los puertorriqueños hubieran recibido «un gobierno sin su consentimiento», al tiempo que exigía que se cumpliera con la promesa de la libertad para Cuba[67]. Por muy popular que pudieran ser estos sentimientos, la campaña de Bryan se vio eclipsada por su postura hacia otra de las cuestiones del día —la de la «plata libre», una política económica que habría permitido la acuñación ilimitada de plata— que, en último término, bien pudo haberle costado la presidencia[68].

Mientras Estados Unidos se sumía en un debate interno sobre su lugar en el mundo, los cubanos se vieron obligados a aceptar la realidad inmediata de la ocupación militar estadounidense. «No debe ser nuestro ulterior destino», declaró el general Máximo Gómez en 1899, «después de largos años de luchar»[69]. En Washington, la discusión viró hacia la «estabilidad», así como hacia la «pacificación» incluida en una de las cláusulas de la anterior resolución conjunta, que estipulaba que Estados Unidos no habría de «ejercer soberanía, jurisdicción, o control sobre dicha isla excepto para la pacificación de la misma». Era una frase ambigua —y amenazante para los cubanos—, que indicaba que el resultado sería la intervención si Cuba no actuaba en favor de los intereses estadounidenses[70].

Por debajo de este lenguaje había un subtexto racial: el hecho de que en más de una ocasión se hablase de la gran población afrocubana de la isla en los mismos términos que Haití era indicación de algunas de las ideas aceptadas sobre la capacidad de los cubanos de autogobernarse. Un oficial estadounidense bromeó con que el sufragio universal en la isla sería contraproducente, y que «bien podríamos retirarnos y dejar que derive hacia un Hayti n.º 2 [*sic*]»[71]. El gobierno de ocupación trató de implantar lo que más o menos eran políticas Jim Crow, con requisitos de propiedad y alfabetización que excluyeron del voto a dos tercios de los varones cubanos, muchos de ellos negros, una jugada recibida con protestas y reacciones airadas[72].

Al final Cuba tendría su independencia en 1902, pero no sin que Estados Unidos levantara otras barreras durante el proceso, la mayor de las cuales cobró forma en la Enmienda Platt de 1901. Esta disposición reflejaba la prolongada desconfianza en EE. UU. hacia los cubanos y establecía una serie de exigencias nuevas como parte de una ley de mayor envergadura que pusiera fin a la ocupación militar de la isla. Fue elaborada con el fin de proteger los intereses estadounidenses y de que la influencia del país no se viera menoscabada. En una estipulación crucial se obligaba a Cuba a arrendar tierras a Estados Unidos para establecer una estación naval; hoy día la Bahía de Guantánamo sigue siendo una base de la armada estadounidense. La enmienda también permitía a Estados Unidos ejercer su «derecho a intervenir para preservar la independencia cubana», que tenía la ambigüedad suficiente como para darle un amplio margen de interpretación[73]. La reacción en Cuba fue inmediata, y por toda la isla se produjeron manifestaciones antiestadounidenses. Al final los líderes cubanos se vieron obligados a aceptar la enmienda, creyendo que de otro modo Estados Unidos nunca se marcharía. Quizá hubiese llegado a su fin el gran sueño de poseer o anexionarse directamente la isla, pero Estados Unidos no tenía intención de dejar a Cuba en paz[74]. Al cabo de pocos años ya estaba de vuelta, al hacer uso de su derecho a intervenir en 1906, tras el colapso de la presidencia de Tomás Estrada Palma. Estados Unidos envió al entonces secretario de Guerra y futuro presidente William Howard Taft, que permaneció unas semanas antes de ser reemplazado por Charles Mangoon como gobernador provisional, cargo que ejerció hasta 1909.

Aparte de las incertidumbres políticas, la economía cubana soportó unos vaivenes tremendos en sus cambios de fortuna. En 1903, Estados Unidos y Cuba alcanzaron también un acuerdo de reciprocidad comercial que otorgó una reducción del 20 % de los aranceles sobre las mercancías cubanas y una concesión similar a ciertos géneros estadounidenses enviados a la isla. Aunque sirvió para traer una mayor variedad de importaciones a Cuba —desde productos siderúrgicos a artículos de algodón o bienes de lujo como perfumes—, el tratado también acrecentó la dependencia de Cuba hacia un socio comercial mucho mayor, y fomentó la producción de azúcar a expensas de su diversificación agraria y económica[75].

Para compensar parte de las dificultades financieras que soportaban algunos terratenientes, las autoridades estadounidenses implantaron una serie de medidas iniciales, como el aplazamiento en el cobro de deudas, la supresión de ciertas tasas e impuestos y una moratoria sobre las ejecuciones hipotecarias de las plantaciones[76]. Estas disposiciones proporcionaron algún alivio, pero al mismo tiempo dejaron claro que podían encontrarse auténticas gangas[77]. Para 1905 se habían efectuado compras de tierras por valor de unos cincuenta millones de dólares, con unos trece mil inversores estadounidenses con títulos de propiedad[78]. Entre 1903 y 1919, unas cuarenta y cuatro mil personas procedentes de Estados Unidos emigraron a Cuba, que por entonces era una isla de un millón y medio de habitantes[79]. Para 1920, los intereses azucareros norteamericanos estaban detrás del 63 % de la producción total[80].

En Puerto Rico, la perspectiva era más desalentadora que en Cuba, a pesar de que excónsul Hanna afirmase alegremente que los puertorriqueños deberían congratularse «de su buena fortuna al pasar a formar parte del territorio del gran Estados Unidos»[81]. Puerto Rico afrontaba un destino muy diferente al de su isla vecina. Para empezar, todo sucedió en un momento desafortunado: fue cedido a Estados Unidos poco después de haber logrado finalmente alcanzar un acuerdo con España en 1897 que le otorgaba más poderes de autogobierno, entre otros, fijar sus propios aranceles, crear una moneda y establecer un órgano legislativo. El destacado periodista y político Luis Muñoz Rivera había sido elegido presidente de esta nueva institución en primavera, tan solo meses antes de que desembarcaran las tropas estadounidenses. Asimismo, un año después de acabar la guerra, la isla fue azotada por uno de los peores huracanes de su historia, el San Ciriaco, que tocó tierra el 8 de agosto de 1899 en la costa sur[82].

Cuando Estados Unidos asumió el mando, eliminó todas las reformas instauradas antes de la invasión y las sustituyó por la ley Foraker de 1900, también conocida como Ley Orgánica. Estableció una administración para la isla con un gobernador y un consejo nombrado por el presidente de EE. UU., si bien los puertorriqueños podían votar para elegir a los miembros de la cámara legislativa y a un comisionado residente en calidad de representante sin derecho a voto en Washington[83]. Poco después se añadió la Ley de Idiomas Oficiales de 1902, que hacía del inglés una lengua oficial igual que el español y que habría de utilizarse en el gobierno y las escuelas, a pesar del hecho de que la mayoría de la gente no lo hablaba, funcionarios y profesores incluidos. Los problemas lingüísticos y la falta de entendimiento cultural causaron indignación y frustración entre los puertorriqueños, tanto en la isla como en el exterior. Desde su sede en Nueva York, el *Puerto Rico Herald* —editado en aquel momento por Luis Muñoz Rivera— tronó en un artículo: «Es absolutamente necesario que el gobernador de Puerto Rico esté íntimamente familiarizado con la lengua hablada en la isla»[84]. De hecho, la documentación estadounidense deletreó incorrectamente el nombre de la isla, usando «Porto Rico» desde la ley Foraker en adelante, un error que tardaría treinta y dos años de campaña en ser corregido[85].

Estados Unidos envió a Puerto Rico a una retahíla de gobernadores impopulares, empezando con Charles Herbert Allen. Durante el año que estuvo en el cargo consiguió granjearse las sospechas y hostilidad de los habitantes de la isla, al comprar tierras que posteriormente se convertirían en la base de un poderoso sindicato azucarero. Allen acabaría siendo nombrado en 1913 presidente de la American Sugar Refining Company, empresa más conocida como Domino Sugar.

En 1902, Allen escribió un capítulo en un libro titulado *Oportunidades en Cuba y las colonias* (*Opportunities in the Colonies and Cuba*) sobre lo que esperaba a los posibles inversores en Puerto Rico. En él cantó alabanzas del suelo por seguir siendo fértil aun cuando «partes de él estaban siendo cultivadas mucho antes de que los Peregrinos llegasen a tierra en Plymouth». Sin embargo, en gran medida estaba destinado a pastos, y Allen consideraba que «en las condiciones apropiadas podría destinarse al cultivo de azúcar de caña», materia sobre la que se había informado a conciencia[86].

En el libro, dividió a los novecientos cincuenta mil puertorriqueños de la isla en «blancos», «negros» y «mestizos», y afirmó que Puerto Rico tenía «un mayor porcentaje de habitantes blancos que cualquier otra isla de las Indias Occidentales»[87]. Le pareció que la gente tenía «una marcada individualidad», aunque predijo que con «el carácter frugal e industrioso que sigue al anglosajón, con el tiempo esta misma individualidad desaparecerá»[88]. Allen también contemplaba una isla que pudiera fomentar la industria o que fuera ideal para un segundo hogar, ya que había «poco de lo que un habitante continental deseoso de tener una residencia de invierno pudiera buscar en vano»[89].

Pese a la abundancia de recursos naturales, la economía de la isla renqueaba, tal como dejó claro un titular del *New York Times* en 1903: «Porto Rico no prospera bajo las normas de Estados Unidos». El artículo sin firma señaló con el dedo a EE. UU. por no hacer más por comprar el café puertorriqueño y otros productos, aunque hizo la dudosa afirmación de que «hasta ahora Porto Rico ha sido bendecido con administradores americanos honestos»[90]. Culpando a la «indolente mano de obra nativa», el artículo se vanagloriaba de que «un americano puede hacer diez veces más trabajo que un portorriqueño, y hacer mejor ese trabajo». El mito del gandul hispano seguía acechando en el antiguo territorio español.

Los puertorriqueños estaban trabajando duro, dentro y fuera de la isla. Muchos labradores o campesinos sin tierras —conocidos en la isla como jíbaros— habían partido a trabajar en los campos de otro territorio: Hawái. Tras la devastación del huracán de 1899, muchos pequeños agricultores se vieron sin muchas más opciones, empezando porque un cultivo de café tarda unos cinco años en generar una cosecha. Para 1901 habían llegado a Hawái más de cinco mil doscientos puertorriqueños, lo bastante desesperados como para probar suerte trabajando en cultivos a miles de kilómetros de distancia[91]. Mientras tanto, los intereses estadounidenses seguían metiendo dinero en operaciones azucareras en Puerto Rico, asumiendo el control o comprando a otros cultivadores, hasta que cinco grandes corporaciones dominaron el azúcar de la isla[92].

A los mexicanos en Texas y Nuevo México se les había otorgado la ciudadanía o, al menos, el derecho a obtenerla. Por el contrario, la situación en Puerto Rico no estaba tan clara. En 1901, el Tribunal Supremo sentenció en el caso Downes contra Bidwell que la Constitución no tenía la misma aplicación en la isla que en el continente. Como consecuencia, el juez Edward White introdujo la doctrina de la no incorporación territorial: a nivel doméstico, los puertorriqueños eran extranjeros; a nivel internacional, pertenecían a los Estados Unidos[93].

Este principio era difícil de llevar a la práctica, y al año siguiente un caso notorio puso a prueba los límites de la no incorporación de los puertorriqueños. La batalla legal comenzó cuando una joven de Puerto Rico llamada Isabel González trató de entrar en territorio continental estadounidense en 1902. Era una madre soltera viajando sin su hijo, pero que también estaba embarazada. Su intención era encontrarse con su prometido en Staten Island, donde trabajaba, y casarse con él. El hermano de ella vivía en esa isla neoyorquina, junto a otros parientes. Al tener la misma categoría que los demás extranjeros, los puertorriqueños en 1902 tenían que pasar por Ellis Island para entrar. En aquel momento el lugar estaba a cargo del comisario William Williams, que propugnaba una aplicación estricta de las normas y en cuyo primer año se había doblado el número de entradas denegadas[94]. Para él eran de especial interés las personas a quienes consideraba susceptibles de tener que recurrir a fondos públicos o, tal como se expresó en este caso, «susceptible de convertirse en una carga pública»[95]. Bajo este régimen, se ordenaba que las madres solteras o las mujeres embarazadas fuesen interrogadas más en detalle, mientras que a las mujeres solteras las tenía que recoger un pariente. La joven fue apartada cuando se reveló su estado, aunque había familiares presentes para recibirla. Los funcionarios le preguntaron si sus parientes tenían «capacidad, voluntad y obligación legal» de darle apoyo[96].

Su familia explicó a las autoridades que era una viuda a punto de volver a casarse[97]. Sin embargo, su futuro marido no se encontraba en persona porque estaba trabajando, lo que levantó más sospechas. El golpe final vino cuando su hermano Luis garantizó a los funcionarios que su familia se aseguraría de que Isabel y su prometido se casasen, dando la impresión de que este estaba siendo obligado a desposarla[98]. Con esto le fue denegada la entrada. Isabel recurrió al conocido abogado puertorriqueño Domingo Collazo para que llevara el caso. No tardó en convertirse en un combate de mayor envergadura que tenía que ver con algo más que con su derecho de entrada: tenía que ver con la situación de todos los puertorriqueños. De hecho, Isabel se casó con su prometido mientras se encontraba bajo fianza y a la espera de juicio, lo que habría cambiado su elegibilidad. Sin embargo, decidió ocultar este hecho, pues sabía lo que estaba en juego[99].

El caso llegó al Tribunal Supremo en 1903 y, tras dos meses de vistas y deliberaciones, emitió un dictamen anónimo de que la palabra «extranjero» (*alien*) no podía emplearse con relación a los puertorriqueños. No les convirtió en ciudadanos de pleno derecho, pero significaba que tendrían más libertad para viajar y residir en el continente[100]. Por su parte, Isabel González no quedó satisfecha, y criticó la decisión por no abordar el problema real, el de la auténtica ciudadanía. Sin embargo, sí que allanó el camino para que mucha gente se trasladase. Tras la sentencia en 1904 en el caso Gonzales contra Williams —el tribunal escribió mal su nombre— hubo más puertorriqueños que empezaron a hacer las maletas para irse a El Norte[101].

En Puerto Rico persistieron las diferencias sobre el rumbo que tendría que tomar el futuro de la isla. Algunos querían la independencia, pero otros como Luis Muñoz Rivera, que fue comisionado residente entre 1911 y 1916, abogaban por una condición intermedia en la que tuviesen un cierto autogobierno. En parte se debía a que, si bien él y su partido Unión de Puerto Rico preferirían convertirse en un estado, creían que el Congreso no lo apoyaría. Asimismo, a esas alturas Muñoz Rivera consideraba la independencia total como un «ideal puramente abstracto»[102]. En vez de eso, en marzo de 1917 Puerto Rico dio un paso más hacia su anhelada autonomía con la ley Jones-Shafroth, aunque Muñoz Rivera murió a finales de 1916, antes de su aprobación. Esta legislación creó un órgano legislativo bicameral y electo, lo que proporcionó a los puertorriqueños un mayor grado de democracia a nivel local. También les convirtió en ciudadanos estadounidenses, incorporándolos parcialmente a la nación en su conjunto al tiempo que les recordaba los límites del autogobierno insular[103].

Un elemento fundamental de la ley Jones-Shafroth fue la apertura del ejército estadounidense a los puertorriqueños. Con el comienzo de la Primera Guerra Mundial en Europa, Estados Unidos comprendió que necesitaba reforzar su influencia en su propio jardín trasero. Washington estaba cada vez más molesto por los rumores del creciente interés de Alemania en el Caribe y, no por coincidencia, en 1917 procedió a la compra de las islas danesas de Saint Croix, Saint John y Saint Thomas, que hoy día forman las Islas Vírgenes Estadounidenses.

El 18 de mayo de 1917, el Congreso aprobó la Ley de Servicio Selectivo, que disponía que todos los varones de entre dieciocho y treinta y dos años debían registrarse para realizar el servicio militar. A petición del órgano legislativo de Puerto Rico, el Congreso amplió el borrador para que se incluyera la isla[104]. El primer día se inscribieron 104 550 puertorriqueños, una cifra que acabaría alcanzando los 236 853, con 17 885 reclutas llamados a filas[105]. Un regimiento puertorriqueño fue enviado a Panamá, mientras que otros soldados se incorporaron a regimientos negros[106].

A los pocos años de acabar la Primera Guerra Mundial, en 1921, E. Montgomery Reily llegó como gobernador a Puerto Rico. Carecía de experiencia previa en gobernación o diplomacia, y su historial era de subdirector de correos y empresario en Kansas City. Se había involucrado en la política republicana primero a nivel local y después nacional, contribuyendo a recabar apoyos para la candidatura de Warren Harding, que alcanzó la presidencia y a su vez nombró a Reily para el cargo.

De todos los gobernadores impopulares enviados a Puerto Rico, bien pudo haber sido el más vilipendiado. Estaba tan mal preparado para su puesto, que el presidente Harding tuvo que corregir su discurso inaugural. Fue pronunciado el 10 de julio de 1921 y, a pesar de las anotaciones a lápiz azul del presidente, Reily se las arregló para ofender al público, diciendo que «en Estados Unidos no hay simpatía alguna, o esperanza posible para la independencia» de la isla[107]. Su plan general era el de «americanizarla». Más adelante escribió una misiva a Harding donde se quejaba de que, «después de dar mi discurso inaugural, recibí una serie de cartas con amenazas de muerte»[108]. Durante los dos años en que ejerció el cargo se desplomó el precio del azúcar; los puertorriqueños de Nueva York también se sumaron al coro en su contra[109]. Con el deterioro de la situación, Reily escribió en 1922 una carta al presidente diciendo que todo estaba «tranquilo y pacífico», excepto por el hecho de que sus enemigos en la isla habían «nombrado a un gran jurado hará unas tres semanas para investigar todo lo que mi administración ha logrado. No es más que un gran jurado político»[110]. Reily presentó su dimisión en febrero de 1923.

La combinación de las constantes dificultades económicas y la sarta de gobernadores incompetentes siguieron causando problemas en Puerto Rico durante los años 20 y 30. Aunque esto provocó que algunos se volvieran partidarios acérrimos de la independencia, miles más decidieron abandonar la isla y probar suerte en el continente[111].

Tras el fin de la guerra hispano-estadounidense-cubana, EE. UU. miró aún más al sur, hacia el istmo de Panamá, que por entonces formaba parte de

Colombia. El sueño de enlazar el Atlántico con el Pacífico había persistido durante siglos, al igual que el de hallar el fabuloso Pasaje del Noroeste, pero ahora la ingeniería podía hacer de esta conexión una realidad cartográfica. El exdiplomático francés Ferdinand de Lesseps, que había sido el promotor de la construcción del Canal de Suez, inaugurado en 1869, estableció una empresa privada para hacer lo mismo en las Américas, pagando a Colombia por una concesión de terreno. Las obras comenzaron en 1880 por la densa jungla que cubre el istmo. Millares de obreros murieron de malaria y otras enfermedades tropicales, y Lesseps se quedó sin dinero antes de renunciar al proyecto en 1889.

Otros planes para construir un canal a través de Nicaragua quedaron en nada, y para 1902 Estados Unidos estuvo dispuesto a retomar lo que el francés había dejado. Sin embargo, el congreso de Colombia no estaba satisfecho con los términos del Tratado Herrán-Hay, elaborado por los ministros de ambos países: diez millones de dólares por un arrendamiento de noventa y nueve años y un pago anual de doscientos cincuenta mil dólares. Los políticos colombianos sabían que el canal valdría más, de modo que el congreso colombiano se negó a ratificar el acuerdo. Estados Unidos se vio obligado a buscar otra vía. Alentó a los separatistas a fomentar una «revolución» para separarse de Colombia, establecer una nueva nación y permitir la construcción del canal. En 1903 se proclamó la República de Panamá, con el apoyo de los buques de guerra estadounidenses, y en 1914 el canal ya estuvo abierto[112].

En el año siguiente a la creación de Panamá, el presidente Theodore Roosevelt expuso en su discurso anual al Congreso lo que se conocería como el Corolario de Roosevelt. No conforme con las restricciones de la Doctrina Monroe, Roosevelt describió esta nueva visión como el deseo por parte de Estados Unidos de «ver estabilidad, orden y prosperidad en sus países vecinos. Cualquier país cuyo pueblo se conduzca apropiadamente puede contar con nuestra calurosa amistad»[113]. Ahora bien, los que se pasaran de la raya podrían «requerir en última instancia la intervención de alguna nación civilizada, y en el hemisferio occidental la adhesión de los Estados Unidos a la Doctrina Monroe puede obligarlos, aun con renuencia, a ejercer la autoridad de policía internacional en casos flagrantes de tal desacierto o impotencia»[114]. Roosevelt citó como ejemplos los recientes sucesos de Cuba y Panamá, en los que «hemos actuado en nuestro propio interés así como en el interés de la humanidad en general»[115].

• • •

Mientras tenían lugar los acontecimientos de Cuba, Puerto Rico y Panamá, en el Oeste los territorios de Arizona y Nuevo México prosiguieron su enconada lucha por convertirse en estados, pasados ahora más de cincuenta años desde la guerra mexicano-estadounidense. Aunque los que vivían allí eran ciudadanos de EE. UU., el hecho de que siguieran siendo residentes de territorios les impedía votar para elegir a su propio gobernador, y tampoco contaban con la misma representación nacional, por lo que no compartían los mismos derechos y privilegios que los ciudadanos en estados constituidos[116]. En los años que siguieron al final del conflicto de 1848 se habían incorporado quince nuevos estados a la Unión. Los únicos territorios que quedaban en los Estados Unidos continentales a comienzos de siglo eran Nuevo México, Arizona, Oklahoma y lo que se conocía como Territorio Indio. Estos dos últimos se combinarían en 1907 para formar el estado de Oklahoma[117].

Si Nuevo México no había logrado convertirse en estado no fue por no intentarlo. A lo largo de los años se produjeron numerosas tentativas, encabezadas en su mayor parte por élites locales tanto de anglos como de hispanos, las cuales podían beneficiarse del cambio de situación[118]. En 1874, el delegado por Nuevo México en el Congreso Stephen Elkins, empresario y miembro del Anillo de Santa Fe, recibió una nota felicitándole por sus intentos por hacer admitir como estado su territorio, que decía: «A la organización de un gobierno estatal le seguirán un desarrollo y crecimiento más rápidos [...] se incrementarán las emigraciones, se trabajarán las antiguas minas, se abrirán otras nuevas, se completará el ferrocarril, y se abrirá un oasis de salud y placer para la gente de otros estados»[119]. Tal optimismo quedó fuera de lugar cuando el Congreso rechazó la petición para convertirse en estado. Elkins y el Anillo de Santa Fe eran parte de los motivos por los que el proceso había llevado tanto tiempo, al haber mancillado la reputación del territorio por incurrir en cargos de corrupción y mala gestión. Más adelante, Elkins abandonó Nuevo México y se trasladó a Virginia Occidental, donde terminó su carrera política como senador por dicho estado.

Otros neomexicanos siguieron presionando, esperanzados. Un panfleto publicado en 1881 por el Buró Territorial de Inmigración transmitía optimismo: «Lo que hoy puede obtenerse en Nuevo México en concepto de propiedades mineras por una pequeñez, en pocos años valdrá millares»[120]. De hecho, el territorio había crecido durante este periodo: tenía cerca de ciento cincuenta mil habitantes, con siete mil de ellos viviendo en Santa Fe, la mayor ciudad. De esta población, unos veinte mil eran nativos americanos y la mayor parte del resto eran, tal como explicaba el panfleto, «blancos nativos, también llamados "mexicanos" por conveniencia»[121]. En inglés también se les daba el nombre español de «nativos», aplicado a ciudadanos estadounidenses pero con ascendencia mexicana. La prensa y la clase política a menudo calificaban a los «nativos» neomexicanos de no estar «preparados» para las responsabilidades que conlleva convertirse en estado, provocando que los partidarios se alzaran en defensa del territorio. Casimiro Barela, miembro del senado estatal de Colorado, pronunció un discurso en 1899 en el que expuso las razones por las cuales debía concederse la condición de estado a Nuevo México, su lugar de nacimiento:

> Soy consciente de que los enemigos de la admisión de Nuevo México afirman que su población nativa aún no está cualificada para asumir la carga, los deberes y las obligaciones de la ciudadanía; sostienen que la población mexicana es ignorante y puede ser fácilmente controlada por talentosos pero desesperados aventureros americanos, que han infestado el territorio y que tratan de usar a la población mexicana como instrumento de sus tramas corruptas. Yo rechazo la acusación con el más ferviente desdén.[122]

Esto iba acompañado de la insinuación de que los neomexicanos estaban incapacitados para convertirse en estado porque, en los términos raciales de la época, eran «mixtos». De estas acusaciones surgió una línea de defensa apoyada por líderes anglos e hispanos en favor de la incorporación: el hecho de que los neomexicanos eran de sangre española —es decir, europea—. Esto condujo a que se expresaran afirmaciones históricas sobre un difuso pasado fantástico —no muy alejado del de los californios— apoyadas por partidarios anglos como LeBaron Bradford Prince, un juez que también ejerció como gobernador territorial. Prince afirmó que, aunque había muchas aldeas de indios pueblo en Nuevo México, «no se producen matrimonios o conexiones similares entre las razas». Prince, que nació en Nueva York y se trasladó a Nuevo México en 1878, fue un campeón incansable de la causa por convertirse en estado y más adelante escribiría libros sobre la historia de Nuevo México, pero durante el debate sobre la incorporación contribuyó a cimentar una identidad «hispano-americana». Estos neomexicanos eran, en sus propias palabras, «dignos representantes de la tierra del Cid, y sucesores de los descubridores y conquistadores históricos de este suelo». Dada la creencia en Washington de que una población racialmente «mixta» estaba incapacitada para gobernar, había una cierta lógica en negar que hubiese habido mezcla alguna entre los españoles y los indios o negros, aun cuando esto no se correspondía con la realidad. En cambio, Prince alegó que los hispanos de Nuevo México eran «racialmente diferentes de los mestizos y las clases "bajas"»[123].

De algún modo, esta idea tuvo un efecto indeseado cuando la guerra hispano-estadounidense-cubana de 1898 trajo a las puertas de Nuevo México la acusación de que, al ser un pueblo hispanohablante del suroeste, sus habitantes apoyaban a España en secreto —un rumor que no tardó en contrarrestar el gobernador territorial Miguel Otero, que ejerció el cargo de 1897 a 1906—[124]. Cuando empezó el conflicto, escribiría en sus memorias, «nuestro pueblo estuvo dispuesto a cumplir con su parte en la lucha y más, aun cuando muchos de ellos se enorgullecían de su sangre española»[125]. Tras la explosión del Maine, el *New York World* contactó con Otero para pedirle sus comentarios, y este aprovechó la oportunidad para recordar a los lectores que «una gran mayoría de sus soldados [de Nuevo México] son hispanohablantes y son tan leales a este país como cualquier soldado de Nueva Inglaterra»[126]. Más de cuatrocientos hombres se alistaron y fueron a la batalla con Theodore Roosevelt, enorgulleciendo a Otero por el hecho de que «en proporción a su población, Nuevo México ha aportado más voluntarios para la guerra, per cápita, que cualquier otro estado o territorio»[127].

Vista la contribución de los neomexicanos en esa guerra, algunos políticos del territorio presentaron su caso una vez más ante el presidente Roosevelt, que había sucedido a William McKinley tras su asesinato en septiembre de 1901[128]. Otero inicialmente no había estado a favor de la incorporación como estado, sobre la base de que Nuevo México no disponía del dinero para costear los gastos de ser un estado, pero la economía se había expandido durante la última década del xix y cambió de parecer, haciendo en 1902 la predicción esperanzada de que no podría terminar su segundo mandato en el cargo, ya que Nuevo México se convertiría en estado en esos cuatro años[129].

Miguel Otero y otros partidarios asumieron que la tentativa de 1902 triunfaría, pues contaba con grandes apoyos en el Congreso. Se aprobó en la cámara baja un proyecto de ley, propuesto por el representante por Massachusetts William Knox, para permitir a Nuevo México, Arizona y Oklahoma iniciar el proceso para incorporarse a la Unión. Sin embargo, el borrador también tenía un enemigo acérrimo: el senador Albert Beveridge, el republicano que había hablado con tanta determinación sobre la marcha de la bandera estadounidense y que también presidía el comité senatorial en materia de territorios, cuya visión particular era que Nuevo México tenía una población «salvaje y extranjera»[130].

A finales del otoño de 1902 llegó un comité del Senado para inspeccionar estos territorios. Según Otero, no tuvieron oportunidad ninguna, en parte porque los senadores venían acompañados de L. G. Rothschild, conocido como «el Barón» y oriundo de Indianápolis —siendo Beveridge senador por Indiana—. Rothschild actuó como «compinche» al efectuar un reconocimiento de las peores partes de la ciudad. Otero albergaba pocas esperanzas de que se reconociese algún aspecto positivo de Nuevo México. Dijo que Rothschild «visitó los salones y el distrito de los cabarés [...] Tomaba fotos de una prostituta sucia y lasciva o de un borracho desgraciado tirado en cualquier callejón [...] Estas exposiciones se utilizarían para convencer a los del Este que estas eran las condiciones generales de la sociedad de Nuevo México»[131]. La campaña de difamación funcionó; el proyecto de ley fue rechazado. Más adelante, el presidente Roosevelt diría a Miguel Otero: «Si yo estuviera en tu lugar, seguiría siendo un territorio mientras el gobierno de los Estados Unidos pague tus gastos corrientes»[132].

De este segundo intento por convertirse en estado surgieron tres ámbitos de preocupación. El primero era que no había suficientes personas en el territorio que hablasen inglés. Otero alegó que los miembros del comité habían distorsionado este aspecto en su informe al escoger testigos con escaso nivel de inglés, con el fin de alimentar la idea de que aún se usaba demasiado el español[133]. Arizona recibió una crítica similar, ya que cerca de un cuarto de sus ciento veintitrés mil habitantes no hablaban inglés[134]. Aun así, en los años transcurridos entre las dos peticiones de admisión habían proliferado las iniciativas para fomentar el inglés. En 1890, por ejemplo, los estudiantes de ciento cuarenta y tres de las trescientas cuarenta y dos escuelas públicas de Nuevo México recibían clases únicamente en este idioma. También hubo un incremento de los periódicos en lengua inglesa, y los hispanohablantes del territorio iban camino de convertirse en bilingües, aunque no podía decirse lo mismo de la población anglo[135].

El segundo problema era la vieja idea de que los casi doscientos mil neomexicanos del territorio carecían de la formación y la capacidad para gobernarse a sí mismos, un debate entrecruzado con ideas raciales y que se vio avivado por la campaña en contra del proyecto de ley de William Knox. La última preocupación, que también venía de lejos, tenía que ver con el equilibrio político del Oeste, cuestión que se había estado incubando desde el final de la Guerra Civil, con demócratas y republicanos compitiendo por hacerse con los votantes de los nuevos estados. En 1889, un antiguo presidente del Comité de Territorios del Congreso, Orville Platt —el mismo político que elaboró en 1901 la enmienda con relación a Cuba y Estados Unidos—, había escrito a Stephen Elkins para decirle que «el único modo de hacer de él [Nuevo México] un estado republicano es posponer la cuestión de la admisión hasta que jueces, gobernador y otros funcionarios republicanos hayan permanecido en el territorio lo bastante como para que la población mexicana comprenda que es una administración republicana bajo la cual se ha de vivir»[136].

Los republicanos siguieron buscando el control político de Nuevo México y Arizona. Tras el rechazo del proyecto de ley de admisión como estado, Albert Beveridge cambió su enfoque y propuso como alternativa admitir a Nuevo México y Arizona como un solo estado. Uno de sus intereses era el hecho de que los votantes de Arizona tendían hacia los republicanos, por lo que unir ambos territorios podría inclinar la balanza en favor de su partido. Asimismo, combinar a la minoría de anglos en Nuevo México con la mayoría de Arizona consolidaría el predominio de los anglos en su conjunto[137]. El presidente Roosevelt incluso llegó a mencionar el plan en su mensaje anual al Congreso de 1905, recomendando que «Nuevo México y Arizona sean admitidos como un solo estado [...] Nada ha acaparado más tiempo en el Congreso durante los últimos años que la cuestión del otorgamiento de la condición de estado a los cuatro territorios arriba mencionados [Nuevo México, Arizona, Oklahoma y Territorio Indio]»[138].

En 1906, una votación por separado en Arizona y Nuevo México pulverizó esta idea, con el primer territorio rechazándola con 16 265 votos en contra y 3141 a favor, en parte porque los anglos albergaban temores hacia el influjo de una gran población hispanohablante. Hacia 1900 Arizona tenía una población de ciento veintidós mil habitantes, pero apenas el 20 % era de ascendencia mexicana, frente a un 45 % en 1870. La minería y el ferrocarril habían atraído a colonos blancos de todo el país, así como a inmigrantes nacidos en México que, censados en 14 172 personas, equivalían a más de la mitad de la población hispana de Arizona. Sin embargo, estos migrantes no podían votar, lo que dejaba a los ciudadanos estadounidenses hispanos en cerca de diez mil, de los cuales solo unos pocos miles tenían derecho a voto. Asimismo, a algunos electores mestizos se les denegaba la oportunidad de acudir a las urnas, a pesar de ser ciudadanos, si su aspecto era demasiado «indio». Esto hizo que los ciudadanos hispanos de Arizona apenas tuvieran peso político[139].

Los neomexicanos, por otra parte, apoyaron la medida con 26 195 votos a favor y 14 735 en contra. En este territorio se estimaba que la población de «nativos» era de unas noventa mil personas de un total de ciento noventa y cinco mil, la mayor parte de las cuales había nacido en Estados Unidos.

Al haber sido clasificados como «blancos» —como era el caso de 180 207 habitantes de Nuevo México—, la mayor parte de hispanos tenía derecho a voto. Los «nativos» promovían una visión más pluralista de su territorio; utilizaban el término para seguir poniendo de relieve su rancio abolengo en la zona y transmitir la idea de que compartían con los anglos una herencia europea debido a la «pureza» de sus raíces españolas[140]. Muchos «nativos» pertenecían a la clase media y trabajaban como médicos, periodistas y abogados. Sin embargo, al mismo tiempo los periódicos en español seguían fomentando el continuo uso de la lengua ante las constantes críticas desde Washington y el resto de los Estados Unidos. Tal como lo expresó un periódico en 1911: «Necesitamos aprender el idioma de nuestra patria [...] pero no necesitamos, con tal motivo, negar nuestro origen, ni nuestra raza, ni nuestra lengua»[141]. Muchas de estas contradicciones se condensaron en la aparición de la etiqueta de «hispano-americano», que en el contexto de la lucha de Nuevo México por convertirse en estado se utilizó para resaltar los orígenes españoles de una persona y, al mismo tiempo, negar un más reciente pasado mexicano —y posiblemente indígena[142]—.

Cuando William Howard Taft accedió a la Casa Blanca, en 1909, se renovó el empuje político por resolver la cuestión de la admisión como estado. El presidente visitó Albuquerque en octubre de aquel año como parte de un viaje de mayor alcance a El Paso, donde se reunió con el presidente mexicano Porfirio Díaz. Estando en Nuevo México, Taft dijo a un grupo de políticos y líderes locales, tras una acalorada discusión: «No cuestiono el hecho de que ustedes entren. Tan solo cuestiono el que entren cuerdos»[143].

El camino a seguir estaba cada vez más claro, ya que el fracaso del plan de un estado único había puesto de manifiesto la necesidad de permitir que se crearan dos estados separados, lo cual condujo a la Ley Habilitante de 1910, que capacitó a Arizona y Nuevo México para redactar sus respectivas constituciones. Nuevo México reflejó su visión más pluralista, salvaguardando los derechos políticos de la población hispana, garantizando un acceso igualitario a la educación e incluso estipulando que los documentos públicos debían estar en inglés y español. Arizona tomó un rumbo más exclusivista, por ejemplo, al limitar algunos empleos a los ciudadanos estadounidenses o a los angloparlantes, y al no contemplar la traducción al castellano de los documentos oficiales[144]. Una vez elaboradas ambas constituciones, llegó el turno de su aprobación en el Congreso[145]. El 6 de enero de 1912 Nuevo México se incorporó a la Unión, más de medio siglo después de la guerra mexicano-estadounidense, y Arizona le siguió el 14 de febrero de ese mismo año[146].

Capítulo 12

Del Río, Texas

ca. 1910-1940

A primera vista, la fotografía en sepia parece mostrar un paseo normal de domingo a comienzos del siglo XX: los hombres con traje y bombín, las mujeres con largos vestidos y provistas de parasoles para protegerse la piel de los abrasadores rayos del sol. La gente está desperdigada por la orilla del río, la mayoría mirando hacia el otro lado, al sur. Sin embargo, no se trata de una escena ordinaria. Es una imagen de «americanos e insurrectos en el río Bravo», tal como indica el pie de foto escrito a mano. Frente a estos texanos bien vestidos, bordeando la orilla opuesta, se ve a mexicanos luciendo sombreros y bandoleras de munición. La luz arroja sus reflejos sobre el agua y por detrás, tras una estrecha franja de terreno llano, se alzan imponentes colinas[1]. La fotografía, que se cree que fue tomada hacia 1911 cerca de la frontera de El Paso con Ciudad Juárez, no capturó una batalla. A ambos lados la gente está pululando, observando y esperando. Los anglos no iban armados; se encontraban allí por diversión. En la frontera estadounidense todo el mundo sabía de la constante agitación en el país vecino, y cuando hacían aparición estos mexicanos, a menudo retratados como temibles «bandidos», la gente quería salir a verlos. Como modo de entretenimiento podía ser peligroso: durante un enfrentamiento cerca de Ciudad Juárez, en 1911, murieron cuatro espectadores a causa de balas perdidas[2]. Por muy arriesgado que fuera, el público estaba contemplando la historia en vivo, viendo cómo la Revolución Mexicana se desarrollaba ante sus ojos.

El drama en la frontera y más allá duraría más de una década, y daría forma al futuro de México y su relación con Estados Unidos. La Revolución Mexicana fue la culminación de muchas formas de descontento en el país, que ofrecían visiones contrapuestas de lo que México debía ser[3]. Para sus habitantes fue una época liberadora, confusa, violenta y a menudo aterradora, en la que el miedo llegó hasta las tierras de frontera. La aparición de la fotografía y el noticiario como medios de comunicación de masas permitió que los acontecimientos durante la revolución fuesen registrados y distribuidos, llevando el conflicto mucho más allá de los confines de México[4].

La revolución hunde sus raíces en el régimen de Porfirio Díaz, conocido como el Porfiriato. Díaz había detentado el poder desde 1876, exceptuando un interregno durante el cual su aliado, el general Manuel González, ejerció la presidencia entre 1880 y 1884. El periodo del Porfiriato estuvo marcado por la paz, la estabilidad política y el crecimiento económico, pero vino con la dictadura como precio. Fue un tiempo de hombres con chisteras de seda y mujeres con vestidos elegantes en un extremo del espectro social, y de empobrecidos campesinos sin tierras en el otro. Fue la versión mexicana de la Edad Dorada estadounidense[*], guiada por una administración entregada a las ideas positivistas francesas acerca de la importancia del progreso cuantificable —no importa cuán pseudocientíficos fueran los instrumentos de medida—, lo que dio origen al apodo de «científicos» que recibieron los ministros del gobierno. La inversión extranjera fue bienvenida, los ferrocarriles surcaron la tierra, y se multiplicaron las minas y fábricas, al tiempo que los más pobres —que a menudo eran indígenas— quedaron apartados y languideciendo en su miseria. En la capital y las ciudades de provincias, las clases medias querían que se implantasen reformas políticas, en parte para acabar con sus propias limitaciones para acceder a los puestos oficiales[5].

Hacia los primeros años del siglo XX, las múltiples reelecciones de Porfirio Díaz y la mano dura de su régimen se habían convertido en fuente de descontento para muchos mexicanos, una situación agravada por cuestiones sin resolver en relación con la tierra. La política agraria del Porfiriato tenía sus raíces en la ley Lerdo de 1856 (llamada así por el ministro de Hacienda de la época), que consistió en la venta forzosa de los terrenos de la Iglesia y las parcelas comunales del campesinado. Fue una jugada que benefició a los profesionales urbanos, las élites regionales y los pequeños propietarios de tierras privadas en posición de adquirir estos activos, pero que enfureció

---

[*] Se conoce como *Gilded Age* el periodo iniciado a finales de la época de la Reconstrucción y que abarca las tres últimas décadas del siglo XIX, caracterizado por un desarrollo industrial y demográfico sin precedentes en EE. UU., especialmente en los estados del norte y oeste, pero que también conllevó enormes desigualdades socioeconómicas. (*N. del T.*).

a la Iglesia y las comunidades agrícolas[6]. A partir de entonces estallaron rebeliones intermitentes que se prolongaron hasta el final de la década de 1870. A comienzos de su presidencia, Porfirio Díaz había dado la impresión de favorecer a los colectivos de aldeanos frente a la élite de terratenientes, pero este no resultó ser el caso. Su impulso modernizador implicaba traer el ferrocarril a México, lo que supuso la compra de tierras, incluidas las de los pueblos, acción que en la década de 1880 desató nuevas insurrecciones regionales, que acabaron aplastadas[7].

Con trenes para traer productos desde largas distancias, el mercado se abrió a la agricultura y los grandes latifundistas. Cada vez más inversores extranjeros, de países como Estados Unidos, Canadá, Gran Bretaña, Francia y Alemania, se interesaron por seguir desarrollando la tierra y las infraestructuras ferroviarias. Tan solo en las tierras fronterizas del norte, entre 1877 y 1910 se multiplicó por cinco el número de pequeños ranchos, y se dobló el de las haciendas de mayor tamaño[8]. La escasez de mano de obra en esta zona implicaba la necesidad de atraer a trabajadores procedentes de otros lugares. En ocasiones se ofrecieron anticipos salariales como incentivo, lo que resultó en un sistema en el que algunos empleados acabaron permanentemente endeudados con el patrón[9].

A lo largo del Porfiriato, las fincas comunales pasaron de representar el 25 % al 2 % de las tierras del país. Los extranjeros poseían el 90 % del valor agregado de la industria mexicana y más de sesenta millones de hectáreas. De todo esto, el 70 % de la riqueza industrial y más de cincuenta y dos millones de hectáreas eran propiedad de inversores estadounidenses[10]. «Pobre México», se dice que comentó Díaz, «tan lejos de Dios y tan cerca de Estados Unidos»[11].

En ocasiones, al aumentar la disidencia, los mexicanos perseguidos por el régimen cruzaron la frontera estadounidense, como por ejemplo los conocidos hermanos Ricardo y Enrique Flores Magón, que habían estado presos en México por lo que publicaban en su periódico *Regeneración*. En 1904 huyeron a San Antonio, de ahí pasaron a San Luis y a continuación a Los Ángeles, donde siguieron alzando la voz en contra de Porfirio Díaz. También fundaron el Partido Liberal Mexicano, que propugnaba la libertad de expresión, mejorar las condiciones laborales y emprender reformas agrarias[12]. Sus ideas radicales lograron atraer la atención de las autoridades estadounidenses, que les metieron en la cárcel —donde podían ser mejor vigilados— bajo cargos dudosos, tales como violar las leyes de neutralidad[13].

Otra voz que se incorporó a la creciente oposición fue la de Francisco Madero, que en 1908 capturó la atención del público mexicano al publicar una crítica de las políticas del Porfiriato titulada *La sucesión presidencial en 1910*. Madero era un acaudalado heredero de una familia de terratenientes de Coahuila, y su libro reflejó en gran medida el enfado por la corrupción política, por ejemplo, al hacer un llamamiento para aplicar una norma que permitiera a un presidente ejercer el cargo durante una sola legislatura. El texto gozó de buena acogida entre los sectores del público que estaban hartos de Díaz y sus secuaces, y Madero fue ganando un impulso, especialmente por el norte del país, que lo animó a presentarse a la presidencia. Todas estas murmuraciones de descontento tenían lugar en la época del centenario del famoso Grito de Dolores del padre Hidalgo. El presidente Díaz había planeado unas fastuosas celebraciones para conmemorar la efeméride el 16 de septiembre de 1910, y estaba determinado a no permitir que las voces de la disidencia interrumpieran los festejos, o impidieran su reelección ese mismo año.

Porfirio Díaz hizo arrestar a Madero antes de las elecciones bajo falsos cargos de sedición, invalidando su candidatura. Fue liberado bajo fianza en octubre de aquel año, cuando aquel ya se había vuelto a asegurar la presidencia. Francisco Madero escapó a Texas, donde redactó y promulgó su Plan de San Luis Potosí, en el que declaró que, tras el resultado de las últimas elecciones, sería «traición al pueblo» el no «obligar al General Díaz, por medio de las armas, a que respete la voluntad nacional» y dimitiera[14]. El 20 de noviembre de 1910 comenzaron los levantamientos armados. Al principio, Díaz calificó la violencia de bandidaje, pero pronto quedó claro que se estaba preparando algo mucho mayor, a medida que las cárceles se llenaban de presos políticos[15]. En esta etapa inicial, Estados Unidos mostró poca inclinación a nivel oficial por involucrarse en lo que consideraba una cuestión interna, siempre y cuando sus intereses no sufrieran menoscabo[16].

A comienzos de 1911 estallaron más revueltas, entre ellas una en el estado de Morelos, al sur de la capital. Al frente de los combatientes estaba Emiliano Zapata, criado en el seno de una familia hacendada en Anenecuilco, en ese mismo estado. Al igual que muchos de los habitantes de estas regiones rurales, Zapata estaba comprometido con la causa de preservar las tierras locales, especialmente ante los intereses azucareros que iban dominando Morelos, y más tarde decidió pasar a la acción[17]. Su voluntad de defender a los agricultores más pobres —sumada a sus fotografías luciendo mirada penetrante y un enorme mostacho— lo transformó posteriormente en una figura nacional conocida mucho más allá de México. En 1911 entró también en liza Francisco (o Pancho) Villa, que gozaría de un gran renombre al permitir que las cámaras de los noticiarios lo siguieran en sus hazañas. Su rostro regordete y a menudo sonriente, su gran sombrero y sus bandoleras cruzadas al pecho lo harían reconocible al instante. Natural de Durango y de origen humilde, se había unido a la revolución bajo el liderazgo de Pascual Orozco, que estaba organizando a sus fuerzas en Chihuahua[18]. Los rebeldes pronto se movieron hacia Ciudad Juárez, lindante con El Paso, lo que hizo ver a un enfermo Porfirio Díaz la magnitud de la revuelta. Casi todos los estados estaban sumidos en algún tipo de desorden, una situación que en marzo impulsó al presidente Taft a enviar tropas estadounidenses a reforzar la frontera[19].

En este momento, Francisco Madero contaba con suficientes apoyos como para insistir en un acuerdo. Las conversaciones inicialmente se centraron en exigir la dimisión de Porfirio Díaz. Ante la negativa se reanudaron los combates, con al menos veinticinco mil revolucionarios haciéndose a las armas[20]. El 10 de mayo de 1911, las fuerzas de Orozco derrotaron a las tropas federales y tomaron Ciudad Juárez, una jugada estratégica debido a su acceso al ferrocarril, y a la proximidad con contrabandistas de armas al otro lado de la frontera deseosos de hacer negocio[21].

Se intensificó el clamor contra el presidente, a medida que el público se agolpó en la plaza del Zócalo en Ciudad de México—a pesar de recibir fuego por parte de los soldados—, para volver a exigir su renuncia. Díaz cedió y presentó su dimisión el 25 de mayo, partiendo hacia el exilio en Francia al cabo de pocas horas[22]. Se convocaron elecciones para octubre y Madero obtuvo la victoria. Sin embargo, una vez en el poder se enfrentó a un nuevo desafío. Existían importantes diferencias entre él y las facciones apresuradamente organizadas que habían acudido en su ayuda. En tales condiciones, no tardó en dar pasos en falso, exasperando a sus aliados al permitir que ciertos militares y funcionarios del antiguo régimen conservaran el cargo[23]. También enfureció a Zapata al negarse a ordenar la inmediata devolución de las tierras a las aldeas, e incluso pareció que estaba privatizando terrenos en otras zonas. En respuesta, el 25 de noviembre Emiliano Zapata promulgó su Plan de Ayala, que entre otras cosas pedía el derrocamiento de Madero. Irritó también a Pascual Orozco al no darle un puesto político de relevancia[24]. No pasó mucho tiempo hasta que este también se pronunció en contra del gobierno de Madero, en la primavera de 1912, a medida que otros comandantes regionales se iban sumando a la rebelión.

Estados Unidos observaba con preocupación, tanto hacia la frontera como más al sur, sobre todo porque Zapata y sus zapatistas estaban saqueando los latifundios de los inversores estadounidenses. Muchos de los que residían en México estaban regresando al norte a toda prisa y, en un momento dado, el presidente Taft envió el USS Buford para evacuar a los ciudadanos de EE. UU. de la costa del Pacífico. También impuso un embargo a la venta de armas a México[25].

Durante ese año se produjeron una serie de revueltas por todo el país, además de perniciosas huelgas convocadas por sindicatos que exigían mejores condiciones laborales. Del lado de Francisco Madero surgieron otros dos actores clave: Álvaro Obregón, que había expulsado de Sonora a los rebeldes de Pascual Orozco, y el general Victoriano Huerta, un remanente del Porfiriato[26]. Huerta resultaría ser un aliado peligroso, que orquestó entre bambalinas —con participación del embajador estadounidense Henry Lane Wilson— el asesinato de Madero el 22 de febrero de 1913 junto a su vicepresidente José María Pino Suárez. Este hecho puso fin a un episodio particularmente violento conocido como la Decena Trágica[27].

Lo que se desencadenó en 1910 había cobrado ahora una dimensión muy diferente. En representación del viejo orden, el ahora presidente Huerta se enfrentaba a una gran rebelión en los estados del norte. Allí Pancho Villa volvió a pasar a la acción tras el asesinato del gobernador de Chihuahua, Abraham González, por orden de Huerta. Entonces, los rebeldes exigían regresar a un gobierno constitucional basado en el Plan de Guadalupe, escrito por Venustiano Carranza, un antiguo partidario de Madero y gobernador de Coahuila. Estos «constitucionalistas» decidieron que Carranza sería su «primer jefe», hasta que se pudiera derrocar a Huerta y restaurar la constitución[28].

El norte de México era una región clave, pues Villa y Obregón comandaban divisiones en la zona, y las tropas constitucionalistas se hallaban posicionadas en los estados que limitaban con Estados Unidos, así como en la sede del gobierno provisional en Hermosillo, en Sonora[29]. En particular, la División del Norte de Pancho Villa seguía atrayendo a combatientes entusiastas de toda condición, incluidos mineros, labradores y vaqueros. Durante un breve tiempo, incluso los intereses estadounidenses llegaron a favorecerlo como futuro presidente de México[30]. Su magnetismo era tal que hasta el escritor Ambrose Pierce, que por entonces tenía setenta y un años, viajó a México para unirse a sus tropas. La última carta conocida de Pierce fue enviada desde Chihuahua en 1913, y nunca se volvió a saber nada de él. No todo el mundo se vio seducido por su leyenda, y menos que nadie el barón de la prensa William Randolph Hearst, que poseía tierras en Chihuahua. A finales de 1915 Villa y sus hombres atacaron el rancho Babícora, propiedad de Hearst, llevándose sesenta mil cabezas de ganado y persiguiendo al mayoral hasta la mismísima Texas[31]. Como cabía esperar, los periódicos de Hearst presentaron un retrato de Pancho Villa que distaba de ser halagüeño.

Durante este periodo, a menudo llamado «*the Brown Scare*» (el Temor Marrón), aumentó la preocupación por la cantidad de mexicanos que buscaban asilo en Estados Unidos. Algunos de estos refugiados quedaron bajo la vigilancia de los agentes, fueron arrestados o sufrieron violencia física[32]. La revolución estaba traspasando la frontera: no solo había personas cruzándola, sino que también había armas, munición, drogas, ganado y mercancías robadas. Los guardias estadounidenses estaban al acecho de todo tipo de sospechosos, desde contrabandistas hasta radicales políticos, aunque también apresaban a gente inocente[33]. Muchos mexicanos y mexicano-estadounidenses albergaban sus propias dudas sobre la participación de Estados Unidos en este conflicto. En 1913, el senador por Nuevo México Albert B. Fall recibió la copia de una carta abierta dirigida a su atención y escrita por Pedro Portillo, un lugareño indignado con él porque estaba «engendrando un proyecto de ley en el Congreso que, de ser aprobado, permitirá la exportación de armas y munición tanto al gobierno como a los rebeldes de México». Para Portillo, la hipocresía quedaba clara porque «al mismo tiempo usted y otros senadores se están rasgando las vestiduras porque el gobierno mexicano ha sido incapaz de proteger la vida y propiedades de los americanos en algunos lugares aislados»[34]. El senador Fall —que más adelante se vería involucrado en el arrendamiento secreto de tierras con reservas petrolíferas en el escándalo de Teapot Dome— había recibido esta carta de un amigo que quería advertirle de que estaba siendo distribuida «por correo a los americanos españoles». En su respuesta, un despreocupado Fall comentó que la carta «sencillamente hacía gracia» y explicó:

> Portillo, al igual que muchos otros, parece imaginar que México nos ha hecho un gran favor al permitirnos invertir mil quinientos millones de dólares en la conquista comercial y civilización efectiva de ese país, hasta el punto de que poseemos prácticamente el doble de México que los propios mexicanos, y al mismo tiempo cree que debemos mostrar nuestra gratitud hacia ellos permitiéndoles destruir impunemente toda esta propiedad.[35]

Con la intensificación del conflicto cerca de la frontera, Pancho Villa siguió asegurando a los representantes estadounidenses en México que sus intereses no estaban en peligro, aunque sus confiscaciones de tierras de haciendas pertenecientes a los partidarios de Victoriano Huerta en el norte les dieron algún motivo para preocuparse[36]. En abril de 1914, el senador por Nuevo México Thomas Catron recibió un telegrama de un contacto en El Paso que había oído que Villa estaba de camino a la ciudad y que disponía de siete mil hombres a menos de cincuenta kilómetros de Ciudad Juárez[37]. Catron se apresuró a enviar una carta a William Jennings Bryan, ahora en el cargo de secretario de Estado, pidiéndole que «se den los pasos necesarios para garantizar la seguridad de las personas y propiedades en El Paso»[38]. Poco después partieron unidades del ejército desde San Francisco y Kansas para fortificar la frontera.

A estas alturas Woodrow Wilson se había convertido en presidente de Estados Unidos, y se mostraba reacio a reconocer el gobierno de Huerta hasta que no hubiese nuevas elecciones. Para cuando finalmente se celebraron, en octubre de 1913, inmediatamente llovieron críticas de que habían sido fraudulentas. Al presidente se le agotó la paciencia y exigió la dimisión de Huerta, pero este se mantuvo en el poder[39]. En febrero de 1914 Wilson levantó el embargo de armas, permitiendo que estas llegaran a Villa y Carranza[40]. A continuación, tras recibir en abril informes sobre el arresto de un grupo de marineros estadounidenses en el puerto de Tampico, y la noticia de que un buque alemán se dirigía a Veracruz con un cargamento de armas para las tropas de Huerta, Wilson decidió actuar. El 21 de abril el presidente envió la marina, y quince navíos bombardearon Veracruz causando centenares de muertos, la mayoría civiles inocentes. Acto seguido, desembarcaron tres mil quinientos efectivos para ocupar la ciudad[41]. La respuesta al regreso de los Estados Unidos a suelo mexicano —sobre todo, al ser la misma ciudad que asaltaron en la guerra de 1848— fue un clamor unánime de indignación[42]. Incluso Carranza declaró que la intervención era una violación de la soberanía nacional[43]. Se produjeron protestas y ataques contra civiles estadounidenses, lo que empeoró las relaciones entre Wilson y los constitucionalistas. En noviembre, Estados Unidos se retiró[44].

En la primera mitad de 1914, Villa había logrado asestar una serie de golpes a las tropas de Huerta, incluyendo una victoria clave en Zacatecas en junio. Mientras los constitucionalistas proseguían con éxito su avance hacia el sur, Victoriano Huerta iba perdiendo terreno. A mediados de julio de 1914, claudicó y presentó su dimisión, partiendo hacia el exilio. El 20 de agosto, Venustiano Carranza hizo su entrada en la capital, adonde Álvaro Obregón había enviado a unos seis mil soldados cinco días antes. A partir de ese momento Carranza estableció su gobierno, aunque esto no pondría fin a la lucha[45].

Estaban emergiendo nuevas facciones, lo que conduciría a más violencia. En términos muy generales, Carranza y Obregón representaban los intereses de algunas élites regionales, las clases medias, los comerciantes y otros profesionales, mientras que Villa y Zapata afirmaban tener el apoyo de la clase obrera, incluyendo a los vaqueros y mineros, además de los trabajadores agrarios más pobres, los pequeños propietarios y los campesinos. Ambos bandos también contaban con el apoyo de las mujeres, que acompañaron a sus maridos a la batalla, donde asumieron roles de apoyo como el de enfermeras, o bien tomaron las armas como soldaderas.

Carranza, Obregón, Villa y Zapata estaban en desacuerdo en una serie de aspectos, sobre todo en materia agraria[46]. Aunque Villa redistribuyó algunas de las tierras que había confiscado en el norte, para él la reforma agraria no era el quid de la cuestión, como lo era para Zapata. Las fracturas entre los cuatro hombres siguieron ensanchándose, por lo que para calmar los ánimos se convocó una convención, a la que acudirían delegados de los constitucionalistas, de la División del Norte de Pancho Villa y de los zapatistas. Se reunieron en Aguascalientes, a unos quinientos kilómetros al noroeste de la capital, el 10 de octubre de 1914. En ese momento, solo unos pocos del centenar de delegados seguían apoyando a Carranza, pero seguían siendo constitucionalistas convencidos y por tanto eran reacios a fomentar una alianza de Villa y Zapata. No obstante, los delegados sí se comprometieron a adoptar una parte del Plan de Ayala, elaborado por Emiliano Zapata, prometiendo incluir la reforma agraria en cualquier constitución futura[47]. Al final de la convención los delegados votaron en contra de Carranza y pusieron en su lugar al general Eulalio Gutiérrez. Carranza se negó a renunciar, por lo que Gutiérrez encomendó a Pancho Villa que dirigiera el ataque para deponerlo, y Zapata también actuó igual. Carranza se retiró a Veracruz, al tiempo que se formaba una tenue alianza «convencionalista» entre Villa y Zapata, con Gutiérrez como presidente interino[48]. A comienzos de diciembre, poco después de la convención, los dos caudillos se reunieron en Xochimilco, justo al sur de la capital, donde hablaron de su común animadversión hacia Carranza y la pequeña burguesía que representaba. Al cabo de un par de días, desfilaron con sus ejércitos hacia Ciudad de México[49]. A pesar de haber comenzado aparentemente unidos, los dos hombres no tardaron en descubrir lo que les dividía. Durante su campaña para expulsar a las tropas carrancistas de Puebla, Zapata se molestó por el retraso en la llegada de la artillería que le había prometido Villa, y esto fue apenas una semana después de su encuentro[50]. Al poco tiempo, en diciembre de 1914, Carranza decidió declarar que, entre otras reformas, devolvería tierras a la gente desposeída y a las aldeas. Mientras este trataba de ampliar sus apoyos, Eulalio Gutiérrez decidió abandonar la capital y la presidencia interina en 1915, dejando a los convencionalistas de Villa y Zapata ante un futuro incierto[51].

Mientras tanto, en México siguieron aumentando las hostilidades hacia los no mexicanos. En 1915, los extranjeros que poseían tierras en Sonora recibieron orden de presentar sus títulos de propiedad. El empresario L. W. Mix, dueño del hotel Arcadia en Hermosillo, envió una carta al cónsul estadounidense en Nogales (México) para averiguar si tenía que obedecer. Temía perderlo todo, sobre todo si no tenía los papeles necesarios. «Las condiciones en México, en mi opinión, están empeorando», escribió. «Además, en varias ocasiones durante la reciente anarquía y revolución que han arruinado Sonora, se han destruido maliciosa y deliberadamente registros públicos de toda clase»[52].

El poeta Langston Hughes recordó cómo vivió su padre en México durante esta época, trabajando en la zona de Toluca, al oeste de Ciudad de México, para una compañía eléctrica con sede en Nueva York. A diferencia de otros estadounidenses, él tenía una ventaja inesperada. «Por ser moreno, los mexicanos no podían saber a primera vista que era un yanqui», recordó Hughes en sus memorias de *El inmenso mar*, «y aun cuando lo sabían, no creían que fuese como los yanquis blancos». El padre de Hughes consiguió quedarse allí donde otros extranjeros habían huido, pues «los seguidores de Zapata y Villa no le hicieron marcharse como a los blancos»[53].

Mientras tanto, los mexicanos que vivían cerca de la frontera sufrieron sin importar el bando al que apoyasen. Las estimaciones sitúan la cifra global de muertos entre trescientos cincuenta mil y un millón[54]. La escasez de alimentos era habitual, tal como recordó Amparo F. de Valencia: «A veces se comía y otras no. ¿De qué servía el dinero? Todos sufrían porque no podía comprarse nada»[55]. Aurora Mendoza se vio obligada a irse a El Paso porque la constante violencia había acabado con el medio de vida de su familia. «Los federalistas y revolucionarios venían y se llevaban lo que querían de nuestro rancho», recordaba. «Muchas veces venían y no sabíamos de qué lado estaban»[56].

Para comienzos de 1915, la revolución se había colado en Texas bajo la guisa del Plan de San Diego. El proyecto fue urdido en una cárcel de Monterrey, en México, pero se le dio el nombre de este pueblo texano de dos mil quinientos habitantes, donde el 6 de enero de 1915 se promulgó un manifiesto firmado por nueve hombres[57]. La policía de la cercana McAllen encontró una copia del documento en el bolsillo de Basilio Ramos, uno de los organizadores, cuando lo arrestó tras recibir un chivatazo[58].

El objetivo del plan era que los tejanos y mexicanos montasen una rebelión contra el dominio anglo el 20 de febrero con un «Ejército Liberador de las Razas y del Pueblo», que incluía a hispanos, afroestadounidenses y hasta japoneses. Proclamaba la independencia de «la tiranía yanqui en la que nos han tenido en inicua esclavitud desde tiempos remotos»[59]. Aspiraba a recuperar los territorios «que le fueron robados a la República de México con la mayor de las perfidias por el imperialismo norteamericano» en Texas, Nuevo México, Arizona, California e incluso Colorado[60]. Otras partes del plan contemplaban matar a todos los varones anglos mayores de dieciséis años, dar a las personas negras su propia república y devolver a los nativos americanos algunos de sus territorios ancestrales.

Agustín Garza se puso al mando del ejército liberador, y durante el verano de 1915 se produjeron ataques a propiedades, explotaciones ganaderas e infraestructuras tales como líneas de ferrocarril, perpetrados por grupos de entre veinticinco y más de un centenar de hombres[61]. Las represalias en el valle del río Bravo a manos de los Rangers de Texas fueron atroces. Aunque el plan pudo llegar a atraer a tres mil seguidores, la búsqueda de responsables resultó en la muerte de muchos tejanos y mexicanos inocentes, acusados indebidamente de estar implicados. Los Rangers justificaron la violencia en términos de autodefensa ante una guerra racial. Los linchamientos y ejecuciones se convirtieron en algo habitual y, asimismo, se propagó el rumor de que alemanes y japoneses estaban armando a los insurgentes[62]. Según algunas estimaciones, unas trescientas personas fueron asesinadas, aunque otras cifran el número de fallecidos en millares[63].

Algunos historiadores han sostenido que el Plan de San Diego fue obra de Carranza quien, según cuál fuera la interpretación, estaba financiando a estos «sediciosos» para vengarse de la guerra mexicano-estadounidense, fomentar un conflicto de clases y razas, o forzar al presidente Wilson a reconocer sus pretensiones a la presidencia mexicana, siendo esta última hipótesis la más probable[64]. Aun en el caso de que detrás hubiese fuerzas nacionales o geopolíticas de mayor envergadura, gran parte de la retórica del plan bebía de agravios locales, y los combates enfrentaron en su mayoría a tejanos y mexicanos contra los Rangers de Texas.

En octubre de 1915, Venustiano Carranza obtuvo de Estados Unidos el reconocimiento que buscaba. Mientras lidiaba con una serie de perniciosas huelgas en las principales ciudades, incluida la capital, las tropas constitucionalistas al mando de Álvaro Obregón obtuvieron varias victorias contra Pancho Villa durante ese año[65]. En noviembre, Villa trató de organizar otra ronda de ataques en Agua Prieta, justo al sur de la frontera a la altura de Douglas, en Arizona. Los constitucionalistas pudieron derrotarle, en parte gracias a que esta vez Estados Unidos permitió que entrasen refuerzos mexicanos a través de Texas y Arizona[66].

Nunca llegó a materializarse una alianza en firme entre Villa y Zapata, debido a una serie de motivos. Parte de las dificultades eran estructurales, por el hecho de que Zapata permaneció en el sur y la zona en torno a Morelos, mientras que Villa tenía su base en el norte. Parte de la estrategia de este consistía en reclutar un gran ejército, mientras que Zapata confiaba en las tácticas de guerrilla. También diferían en sus visiones del reparto de la tierra, pero ambos se fundaban en la lucha del campesinado y el poder de las regiones en oposición a la capital[67]. Para 1916 tomaron sus rumbos respectivos, lo que en el caso de Villa significó dirigirse aún más al norte.

El reconocimiento de Carranza por parte del presidente Wilson había supuesto un golpe para Villa, que comenzó a efectuar más incursiones en el valle del río Bravo[68]. También renunció a sus promesas de dejar en paz los intereses de Estados Unidos. En enero de 1916, los hombres de Villa detuvieron un tren cerca de Santa Isabel, en Chihuahua, en el que viajaban algunos ingenieros de minas estadounidenses; al menos dieciséis hombres fueron sacados del tren y asesinados[69].

Poco después, una mañana de febrero de 1916, Lucy Read oyó cómo alguien aporreaba la puerta de su casa, también en Chihuahua. Su familia «se despertó con el sonido de los cristales de las ventanas al romperse […] y las voces airadas de Villa y sus hombres». Su padre era británico y se encontraba en viaje de negocios en Sonora. «Villa se acercó a mí y me agarró del pelo», dijo. «Recuerdo sus palabras exactas: "Güerita, ya nunca volverás a ver a tu papá gringo"». Los hombres de Villa registraron la casa y la saquearon antes de marcharse. Read y su familia huyeron a El Paso en busca de seguridad[70].

Villa prosiguió camino al norte, hacia la frontera, y el 9 de marzo entró en Columbus, en Nuevo México, con quinientos hombres. Se han ofrecido diferentes explicaciones para esta jugada tan osada: o bien los villistas iban en busca de víveres y suministros; o bien querían vengarse de unos tratantes de armas que los habían estafado; o bien trataban de enviar un mensaje claro sobre el apoyo por parte de Wilson a los constitucionalistas; o bien, de manera más ambiciosa, lo que Villa deseaba era provocar a Estados Unidos para que emprendiese otra invasión de México, en parte para reforzar su propia imagen[71].

Mary Means Scott era una niña cuando se produjo la incursión de Pancho Villa. Recordaba que la gente de Columbus se había acostumbrado a oír los disparos de sus hombres en la distancia, pero no esperaban que fueran a atacar su pueblo. «Al amanecer, el fuego se hizo más esporádico y al final cesó», escribiría más adelante. «Permanecimos de pie ante la ventana que daba al centro del pueblo, espantados por aquella imagen espectacular y horripilante». Los edificios estaban en llamas, y algunos hombres de Villa yacían muertos en la calle[72].

Fuera cual fuese el propósito de Villa, logró provocar al ejército estadounidense; ya casi la mitad de las fuerzas armadas móviles de EE. UU. se encontraban estacionadas cerca de la frontera[73]. Wilson envió al general John Pershing con unos diez mil efectivos en una «expedición punitiva» para acabar con Villa, o al menos desbandar a sus tropas[74]. Scott recordó el alivio que ella y su familia sintieron al oír la noticia, y cómo estaban «orgullosos de él y de nuestro ejército»[75].

Un informe de un miembro del 13.º de Caballería en aquella expedición relató su marcha por México, en la que «el ánimo de los hombres era excelente, todos ellos ansiosos por enfrentarse a los mexicanos a cuenta de la incursión en Columbus». Por el camino avistaron el cadáver de un ciudadano estadounidense, según el informe «presuntamente muerto sin motivo alguno a manos de la banda de Villa», provocando en sus hombres un deseo aún mayor de «vengar la matanza indiscriminada de americanos perpetrada por Villa»[76]. Las fuerzas de Carranza también se involucraron en la lucha contra Pancho Villa, y al final unos trescientos cincuenta villistas murieron o resultaron heridos de resultas del ataque a Columbus[77]. El ejército de EE. UU. estuvo a punto de capturar a Villa en Chihuahua, pero este escapó mientras sus hombres contraatacaban.

Sin haber logrado atrapar a Pancho Villa y con la guerra asolando Europa, Estados Unidos se retiró a principios de 1917. Emiliano Zapata, mientras tanto, había seguido combatiendo en el sur, en una lucha que se había convertido básicamente en una guerra de guerrillas[78]. Por aquella misma época, en enero de 1917, los británicos interceptaron un telegrama. En él, el ministro de Asuntos Exteriores de Alemania, Arthur Zimmermann, daba instrucciones a su ministro en México para proponer una alianza en la que se ofrecían ayudar al país a recuperar parte del territorio perdido ante Estados Unidos, a cambio de que apoyase a Alemania. El telegrama especificaba un «entendimiento por nuestra parte de que México ha de reconquistar el territorio perdido en Texas, Nuevo México y Arizona»[79]. Esta información sirvió de acicate para que Estados Unidos —que había tratado de permanecer al margen del conflicto en Europa— entrara en la Primera Guerra Mundial en abril de 1917. El episodio también levantó sospechas hacia México, que había declarado su neutralidad, y por extensión hacia los mexicanos en EE. UU. Todo esto sirvió para socavar la ya frágil confianza en el presidente Carranza[80].

Venustiano Carranza trataba también de hilvanar una nueva constitución, y en diciembre de 1916 reunió a un grupo de delegados en la ciudad de Querétaro, en el centro de México, para que compusieran una, tarea que completaron a finales de enero de 1917. Con el propósito de limitar los poderes de las regiones, esta constitución —que hoy día sigue en vigor— tuvo como esencia la unidad de la nación federal, junto con el reforzamiento de la presidencia. Asimismo, el documento llevó aún más allá el anticlericalismo de la constitución de 1857 al prohibir la educación religiosa, entre otras medidas. El artículo 123 dispuso una serie de leyes laborales que en aquel momento fueron consideradas como de las más progresistas del mundo, entre otras, el derecho de los trabajadores a organizarse y convocar huelgas, además de mejoras en las condiciones laborales, tales como el límite de horas y días trabajados por semana. Según otro artículo clave, el 27, se devolvían al estado las tierras, aguas y todas las riquezas minerales. Las aldeas verían cómo se les restituían los terrenos arrebatados durante los años del Porfiriato, en lo que se conocía como sistema de ejidos o fincas comunales. Además, en el futuro únicamente los ciudadanos o empresas mexicanas podrían poseer tierras u obtener concesiones mineras, aunque la constitución garantizaba «el mismo derecho a los extranjeros», siempre y cuando no fueran a «invocar la protección de sus gobiernos» en caso de surgir cualquier disputa. Estados Unidos no tardó en criticar esta disposición en particular, al exigir al cabo de unos años que el artículo 27 fuese revocado[81].

Aunque el futuro del país iba cobrando una forma más clara, Carranza aún tenía que ocuparse de sus detractores. Primero le tocó a Emiliano Zapata, que encontró la muerte el 10 de abril a raíz de un complot para asesinarlo que organizó un general carrancista. Para muchos estaba claro que en realidad había sido obra de Carranza, lo cual debilitó su apoyo[82]. Enfurecidos, los zapatistas llegaron entonces a un acuerdo con Álvaro Obregón, que para esta coyuntura ya había expresado su deseo de postularse a la presidencia. Carranza respondió apoyando a Ignacio Bonillas, que en aquel momento era el embajador en Estados Unidos. En 1920, Obregón y sus aliados en Sonora promulgaron el Plan de Agua Prieta, en el que acusaron al presidente de ser un dictador. La revuelta atrajo a bastantes partidarios y se convirtió en una amenaza suficiente para convencer a Carranza de retirarse de nuevo a Veracruz. Sin embargo, mientras atravesaba el estado de Puebla en tren, los rebeldes emprendieron la persecución de su comitiva, que se vio obligada a huir a pie cuando las vías fueron saboteadas. Encontraron refugio en un villorrio, y al día siguiente Carranza murió a manos de unos sicarios[83]. Se nombró a un presidente interino hasta que pudieron celebrarse elecciones, en las que ganó Obregón, que asumió el cargo en diciembre de 1920.

Entre tanto, Pancho Villa se mostró dispuesto a negociar un acuerdo de paz con el nuevo régimen, y desbandó a sus villistas a cambio de recuperar sus tierras en Durango, que técnicamente seguían en posesión del gobierno. Aunque ahora Villa estaba fuera de la escena política, no se le perdió el rastro. Él también acabó tiroteado el 20 de julio de 1923, sumándose a Zapata, Carranza y Madero en la lista de líderes mexicanos asesinados, al tiempo que el público señaló con el dedo al presidente[84].

El norte de la frontera no quedó indemne durante estos años. Además de los enfrentamientos a raíz del Plan de San Diego, hubo otras ocasiones en las que ambos bandos se apresuraron a apretar el gatillo. Se produjeron una serie de escaramuzas en la ciudad fronteriza de Nogales, en Arizona, la última de las cuales estalló en 1918 cuando un mexicano se negó a detenerse ante los agentes de aduanas estadounidenses. Estos le dispararon y las tropas mexicanas abrieron fuego contra los soldados de EE. UU., causando una docena de muertos. Estados Unidos alegó más tarde que el hombre era contrabandista o espía. Los habitantes de ambos lados estaban cada vez más exasperados. Desde hacía un tiempo existía el plan de erigir una alambrada de dos metros a instancias del líder municipal de la parte sur, quien resultó muerto en el combate. Serían las autoridades estadounidenses las que lo llevasen a cabo, al estar también a favor de limitar los cruces a dos puntos designados. En aquel momento, la valla se consideraba una medida de cooperación más que de antagonismo, apoyada por los administradores locales de ambos países[85].

La violencia en la frontera de Texas tampoco disminuyó, ante la persistencia de los Rangers en su enfrentamiento contra tejanos y mexicanos. En esta época se produjo un incremento dramático de su número de efectivos, de veintiséis en 1915 a mil trescientos cincuenta en 1918, en parte debido a los combates durante el Plan de San Diego. Hubo escasa supervisión en la selección de candidatos, por lo que algunos rangers tenían bastante manga ancha a la hora de elegir qué leyes aplicar, en una práctica que a menudo se fue de las manos[86].

A finales de enero de 1918, un grupo de rangers a caballo entró en la aldea de Porvenir, al oeste de Texas, no lejos del río Bravo. Su misión era descubrir quién estaba detrás de los ataques a un rancho cercano que habían resultado en la muerte de varios anglos y mexicanos. Creían que la respuesta estaría en aquella aldea donde, según afirmaban, los habitantes estaban actuando en nombre de unos rancheros mexicanos que vivían al otro lado de la frontera. Arrestaron a quince hombres a primera hora de la mañana, los hicieron marchar hasta un peñasco cercano y los ejecutaron en el acto. El resto de la aldea, unas ciento cuarenta personas, huyó a México. Posteriormente se despidió a cinco rangers, pero ninguno se enfrentó a un enjuiciamiento criminal[87]. El episodio puso fin a un periodo conocido como «la Hora de Sangre», el nombre que mexicanos y tejanos dieron a los años de violencia que transcurrieron entre el Plan de San Diego y las ejecuciones en Porvenir[88]. La mayoría de estos linchamientos no fueron debidamente investigados, ni se impusieron penas contundentes a los responsables, si es que las hubo. En 1919 José T. Canales, miembro de la Cámara de Representantes de Texas, instó a que se investigara a los Rangers. Aunque fracasaron sus intentos por aprobar leyes que pusieran coto a sus excesos, su labor atrajo la atención del público hacia algunos abusos cometidos por los Rangers[89]. Además, los mexicanos de Texas también tenían que lidiar con el Ku Klux Klan, cuyos miembros solían atacar los campos de trabajo, arrastrando a la gente fuera de sus tiendas para someterlos a vejaciones. Las actividades del KKK no se limitaron a Texas, y las noticias de sus desmanes llegaron procedentes de lugares tan al oeste como San Diego[90].

Sin justicia, y a menudo sin cobertura periodística, los asesinatos, ejecuciones y linchamientos se esfumaron de la memoria colectiva de los anglos, violencia difuminada tras dichos asociados con el «Salvaje» Oeste, tales como el de «Disparar primero, preguntar después». Sin embargo, para los tejanos y mexicano-estadounidenses estas historias nunca murieron, preservadas en relatos familiares o en desgarradores corridos y baladas, difundidos al margen de la cultura predominante[91].

• • •

Durante todo este periodo, en Estados Unidos se estuvo desarrollando otra clase de revolución, aunque se trataba de una más silenciosa y subrepticia. Sin embargo, redefiniría el modo en que se usaba la tierra y las vidas de quienes la trabajaban. Antes de la Revolución Mexicana, pocas personas de ese país acudían a Estados Unidos con la intención de quedarse. Los hombres, y en ocasiones familias enteras, se trasladaban en busca de empleo pero con la idea de trabajar unos pocos años en proyectos como la construcción de vías férreas. A otros los contrataban los grandes terratenientes, que a menudo tenían miles de cabezas de ganado y necesitaban jinetes capaces para mover los rebaños, por lo que solían emplear vaqueros mexicanos*. Sin embargo, estos grandes ranchos pertenecían a un paisaje en proceso de transformación. Ya se habían tendido vías sobre la tierra y excavado minas debajo de ella, pero en el siglo XX sería el agua lo que dominaría. Los desarrollos en tecnología hidrológica permitieron traer al desierto la lluvia e incluso la nieve, en forma del hielo derretido que fluía a los ríos. Un aluvión de leyes a nivel estatal y federal asignó fondos para proyectos de infraestructura que posibilitaron lo que equivalía a una remodelación medioambiental del Oeste.

California se hallaba en el corazón de este colosal programa de irrigación, al derivarse las aguas de los ríos Sacramento, San Joaquín y Colorado con el fin de transformar el terreno árido. Al suroeste del estado, las tierras bajas de la depresión del Salton fueron rebautizadas hacia 1901 con el evocador y grandilocuente nombre de Valle Imperial[92]. La maraña de tuberías, canales y acueductos proporcionó también capacidad de crecimiento a ciudades como Los Ángeles[93]. Sin embargo, este proceso no quedó limitado a California: el acceso al agua también era crucial en Nuevo México y Texas, estados que pusieron en marcha sus propios planes de irrigación utilizando, por ejemplo, el agua del río Pecos, que fluye al este del río Bravo en dirección sur, hacia Texas[94].

Al igual que sucedió en la batalla por las concesiones de terrenos y los derechos de minería, el agua también se convertiría en un objeto de disputa, en la cual los pequeños agricultores llevarían las de perder ante grupos de interés de mayor envergadura[95]. La magnitud de estos planes de irrigación —o proyectos de «reclamación», como se llamaban entonces— era lo bastante

---

* Muchos términos relacionados con la ganadería en EE. UU. tienen raíz española: «vaquero» y «ranchero» (usados en inglés igual que *cowboy* y *rancher*), y «lasso» (de lazo), por nombrar unas pocas aportaciones, y por supuesto, «rodeo».

grande como para justificar en 1902 la creación a nivel federal del Buró de Reclamaciones y la aprobación ese mismo año de la Ley de Reclamaciones, que obligaba a los propietarios de tierras a costear parte de los proyectos de irrigación de los que se habrían de beneficiar. La agencia también se involucró en la construcción de presas por todo el Oeste, y su primer gran proyecto fue la presa Roosevelt en el río Salado, en Arizona[96]. Cuando se completó, en 1911, el resultado fue el mayor lago artificial del mundo en aquel momento, con una extensión de seis mil quinientas hectáreas[97].

Estos proyectos transformaron el desierto con el fin de satisfacer unas necesidades humanas cada vez mayores, como parte de una marcha aparentemente imparable hacia una vida moderna en la que se podría controlar la naturaleza a voluntad. Los infinitos matorrales parduscos se tornaron en verdes prados, permitiendo que esta parte del Oeste se sumara al sueño jeffersoniano de una democracia de pequeños propietarios. El Valle Imperial de California quedó asociado al valle del Nilo, con todas las metáforas bíblicas de rigor, al hacerse fértil la tierra[98]. Sin embargo, sobre esta visión no tardaría en cernerse una sombra, con el auge y el poder de los grandes terratenientes. Con la solución de los antiguos problemas surgieron otros nuevos; por ejemplo, en Arizona y Nuevo México los habitantes de los territorios indios sufrieron hambrunas y malas cosechas por haberse desviado el agua de los ríos para el riego, y lo que quedaba no bastaba para satisfacer las necesidades de subsistencia de las comunidades[99]. En Texas, los ranchos y el sistema socioeconómico que sustentaban fueron perdiendo terreno a medida que la agricultura se extendía por el valle del río Bravo[100].

Crecían y bajaban los ríos, se abrían y cerraban los diques de contención, y lo mismo ocurría también con los flujos de personas. El auge de la agricultura intensiva requería de temporeros a quienes se pagaba lo menos posible, un rol desempeñado por una serie de grupos con distintos niveles de éxito, desde nativos americanos hasta inmigrantes chinos, pasando por europeos del sur y del este, filipinos y japoneses. Sin embargo, el cada vez mayor nerviosismo hacia los extranjeros y las exigencias de limitar la inmigración por parte de organizaciones nativistas provocaron que se aplicaran restricciones sobre determinados colectivos. Por ejemplo, los braceros japoneses se habían organizado en la última década del siglo XIX para exigir mejores salarios y, como consecuencia, se les tildó de problemáticos y se redujo su cuota legalmente permitida[101].

Los chinos también soportaron prejuicios. La sinofobia existía desde hace mucho tiempo en el Oeste y se generalizó cuando comenzó a llegar a

California un mayor número de inmigrantes chinos siguiendo la estela de la Fiebre del Oro. Muchos prosperaron, y con el tiempo se les fue culpando de acaparar los puestos de trabajo o de hundir los salarios, además de otros males sociales como la organización de operaciones ilícitas de apuestas u opio. El creciente racismo hacia este grupo culminó en la Ley de Exclusión de Chinos de 1882, la primera legislación de envergadura dirigida a inmigrantes en Estados Unidos. Impidió la entrada de trabajadores procedentes de China durante una década, una prohibición que se ampliaría más adelante. Sin embargo, durante este periodo las personas chinas podían seguir yendo a México, como así sucedía, por lo que muchos de ellos simplemente cruzaban la frontera con Estados Unidos. No había gran cosa que los detuviera, en un principio. En los últimos años del siglo XIX había pocos guardias de frontera patrullando en Texas, Arizona, Nuevo México o California. Sin embargo, hacia 1904, el número de chinos cruzando el río Bravo se consideró lo bastante grande como para enviar a inspectores de inmigración a los pueblos fronterizos; se los conoció como la Guardia a Caballo o los Inspectores de Chinos[102].

Además del movimiento ilegal de personas, las autoridades expresaron su preocupación por las mercancías introducidas sin el gravamen adecuado. El comercio era uno de los motores que impulsaban el ritmo ajetreado de los pasos fronterizos, y la recaudación de aranceles ganó importancia a ambos de la línea, a medida que ambos gobiernos comprendían que podían beneficiarse del entusiasmo de la gente por cruzar a uno u otro lado. México había establecido en 1858 una «zona libre» en la frontera del estado de Tamaulipas, que en 1884 se amplió hasta abarcar la totalidad de la frontera. Se podían importar mercancías sin aranceles pero la exportación no estaba exenta, lo que generó una serie de problemas que hicieron que México clausurara la zona en 1905 y la sustituyera por exenciones aduaneras específicas sobre determinados artículos[103]. En aquella misma época, los gobiernos de México y EE. UU. decidieron también establecer puertos de entrada. El resultado fue el aumento del contrabando[104]. Los bienes gravables, como cigarros o bebidas espirituosas, a menudo cruzaban la frontera a espaldas de los agentes de aduanas, o pagando su complicidad.

Con frecuencia, los productos de contrabando también incluían sustancias más fuertes. Hasta 1914, cuando la Ley de Narcóticos de Harrison fijó impuestos sobre la importación, producción y manufactura del opio y la coca, estas drogas no eran ilegales[105]. Este impuesto empujó a la clandestinidad la compraventa de estas sustancias, aunque su uso real seguía siendo legal.

Era un negocio lucrativo: hacia 1924, una onza de morfina (28,35 g) podía comprarse por treinta y cinco dólares en México y venderse por cien en Los Ángeles[106]. Las florecientes ciudades de frontera no tardaron en convertirse en blanco de los reformistas morales de Estados Unidos. Los activistas en contra del alcohol, los narcóticos, las apuestas o la prostitución habían realizado grandes avances en el país, los cuales culminaron con la prohibición del alcohol en 1920, pero esto acababa en la frontera. Para quienes vivían en la frontera sur, la bebida siempre estaba cerca, un hecho que exasperaba a los abanderados de la moralidad y resultaba una bendición para las autoridades de México. El país decidió gravar estos vicios y así incrementar los ingresos procedentes de los estadounidenses, que ahora estaban obligados a bajar al Sur para empinar el codo. Tijuana fue quizás el paraíso del vicio más famoso en esta época, pasando de ser un puesto fronterizo de unos cuatrocientos habitantes a convertirse en una floreciente meca de las apuestas, donde los casinos, el boxeo y las carreras de caballos, sumados a un flujo constante de alcohol, resultaron ser populares y lucrativos entretenimientos para los visitantes del Norte. En 1928 abrió el gran casino y hotel Agua Caliente, con un costo de diez millones de dólares sufragado por inversores estadounidenses. Los huéspedes podían tomar cócteles en el Gold Bar, recubierto de oro, o bañarse en la piscina, jugar al golf o pasárselo bien apostando en las carreras de galgos o de caballos. La ciudad atrajo a estrellas de cine de Los Ángeles como Clark Gable, y a mafiosos de más lejos, como Al Capone. Aunque Tijuana fue quizás la ciudad fronteriza más grandiosa de la época, otras poblaciones al sur de la divisoria siguieron el ejemplo y obtuvieron sus beneficios[107].

Sin embargo, muchos mexicanos que vivían cerca de la frontera estaban descontentos por la reputación que estos lugares daban al país en su conjunto, empezando porque, en su mayor parte, eran individuos procedentes de EE. UU. quienes cometían todas estas calaveradas, pero se afirmaba que este comportamiento era «mexicano» y que las ciudades de frontera «no tenían ley». Los casinos eran propiedad de estadounidenses y casi todo el dinero gastado en estos antros de perdición pertenecía a personas que no eran mexicanas, lo que aumentó el resentimiento hacia esta «americanización»[108].

En respuesta al aumento del contrabando que ello provocó, Estados Unidos y México incrementaron las patrullas por la región. Algunos pasos fronterizos en el lado estadounidense comenzaron a cerrar por la noche para poner coto a las actividades disolutas, legales o no. En 1924, el gobierno presionó para imponer el cierre a las nueve de la noche en los pasos de Tijuana y Mexicali, que más tarde se adelantó a las seis de la tarde[109]. Sin embargo, con el final de la Ley Seca en los años 30, casi todos los pasos fronterizos volvieron a abrir veinticuatro horas al día[110].

• • •

Aunque Estados Unidos había estimado necesario intervenir en determinados momentos de la Revolución Mexicana, como durante la Expedición Punitiva en respuesta al ataque a Columbus perpetrado por Pancho Villa, la frontera no era la mayor preocupación del momento. La inmigración desde otros lugares ocupaba el debate público en mucha mayor medida dado que, desde 1880 hasta los años 20, se habían trasladado a Estados Unidos unos veinticuatro millones de personas, muchas de ellas procedentes del sur y el este de Europa, lo que aumentó la presión por parte de grupos nativistas para que se limitara el número de inmigrantes[111]. La Comisión de Inmigración estadounidense, también llamada Comisión Dillingham, estuvo en funcionamiento entre 1907 y 1911, y sus recomendaciones cristalizaron en la legislación que se fue aprobando en los años posteriores. Los mexicanos, sin embargo, no fueron un objetivo o una prioridad. En cambio, la Ley de Inmigración de 1917 se centró en quienes venían de China y Japón, bloqueando la entrada de personas procedentes de gran parte de Asia, así como en los inmigrantes del sur de Europa y en muchos otros, incluyendo a «todos los idiotas [...] las personas con alcoholismo crónico; los indigentes; los mendigos profesionales [...] los polígamos [...] los anarquistas, o las personas que crean en o defiendan el derrocamiento mediante la fuerza o la violencia del gobierno de los Estados Unidos»[112]. También ilegalizó el contratar como mano de obra o transportar al trabajo a inmigrantes sin el permiso necesario, y las barreras a la inmigración incluyeron entonces exámenes de alfabetización, una onerosa tasa de ocho dólares por cabeza, e inspecciones sanitarias.

Aunque en aquel momento no se documentó adecuadamente el número de trabajadores mexicanos entre 1900 y 1910, las estimaciones iniciales lo sitúan en torno a los cincuenta mil[113]. Una vez se pusieron en práctica las tasas y exámenes, la inmigración documentada cayó un 40 %, en parte porque la gente empezó a cruzar la frontera a escondidas para eludir estos requisitos[114]. Sin embargo, los productores del Valle Imperial necesitaban obreros, por lo que tras aprobarse la ley de 1917 empezaron a presionar al gobierno estadounidense, junto con la industria minera y ferroviaria, con el fin de eximir a los mexicanos de estas restricciones, tal como sucedió. Para muchos, los mexicanos eran diferentes a los demás inmigrantes, en el sentido de que eran vecinos cruzando por tierra, yendo a trabajar a un lugar que no tanto tiempo atrás había formado parte de México[115].

La exención de la ley de 1917 permitió a los mexicanos seguir atravesando la frontera y trabajando en la agricultura, minería, construcción, industria y el ferrocarril. La participación estadounidense en la Primera Guerra Mundial implicó también vacantes adicionales que hubo que cubrir[116]. Los indocumentados siguieron colándose a través del río Bravo en vez de por los puestos de control de las ciudades fronterizas, lo cual beneficiaba a algunos empleadores debido a las numerosas normas que fijaba la exención, incluyendo la retención de veinticinco centavos diarios del sueldo del trabajador para garantizar que hubiera suficiente dinero para costear el viaje de vuelta una vez hubiese expirado su contrato. A menudo resultaba más fácil para todos los implicados el buscar un modo de sortear estas normas[117]. Se empezó a usar el término «espalda mojada» (*wetback*) para denominar a quienes cruzaban el río, un insulto que, al igual que el de «grasiento» de antaño (*greaser*), se convertiría en un calificativo racista para los mexicanos que vivían en Estados Unidos.

A la vez estaba cobrando forma otra imagen, la del intemporal carácter agrario y rural de los mexicanos, lo que les convertía en candidatos ideales para trabajos estacionales en el campo con salarios bajos, una idea que ha persistido hasta la actualidad. Un artículo publicado en 1930 en *Nation's Business*, la revista de la Cámara de Comercio de los Estados Unidos, afirmaba: «Por lo que parece, los mexicanos están especialmente bien adaptados a las tareas corrientes requeridas en el Suroeste; gustan de la vida al aire libre y de las ocupaciones rurales [...] se amoldan con facilidad a un estilo de vida nómada que les permite satisfacer las necesidades migratorias estacionales de la agricultura del Suroeste, y se mantienen en las ocupaciones agrícolas con más lealtad que otros grupos, dicen los productores»[118].

La inmigración mexicana aumentó durante los años 20, en parte debido a los desplazamientos provocados por la revolución, sumados al hecho de que los combates habían dañado o trastocado muchas industrias de México, como la minería. Las perspectivas en Estados Unidos, por el momento, seguían resultando más halagüeñas. Sin embargo, en paralelo aumentó la discriminación contra los mexicanos, alimentada por el discurso pseudocientífico que los tildaba de «inferiores» a los anglos, de «sucios» y de incapaces de asimilarse a la vida estadounidense. Parte de ello se reflejó en las tensiones económicas en la región fronteriza durante los años 20: en Texas, los grandes terratenientes —sin importar sus ideas raciales— querían mano de obra barata procedente de México, mientras que los pequeños propietarios y empresarios, temiendo por su modo de vida, querían que se deportase a los mexicanos y que se mantuviera una estricta vigilancia sobre la frontera[119].

El siguiente cambio importante en materia de inmigración fue la ley Johnson-Reed de 1924, que fijó cuotas sobre grupos «indeseables» al tiempo que hacía excepciones para los mexicanos y la gente que venía de «países contiguos», entre otros, Canadá, Cuba, Haití y la República Dominicana. Para todos los demás —si bien no aplicaba a los pertenecientes a la llamada «zona asiática excluida»— la cuota anual quedó fijada en el 2 % del número de personas de cada nacionalidad que ya estuvieran residiendo en el país según lo indicado en el censo de 1890, con una cuota mínima de cien personas.

En 1924, el gobierno provisionó también un millón de dólares para establecer la Patrulla Fronteriza. No tardaron en aparecer pequeños puestos por la frontera con México en cuanto comenzó el trabajo de los cuatrocientos veintisiete inspectores iniciales, de los cuales solo se envió a un puñado a la frontera con Canadá[120]. Uno de los primeros puestos en la frontera sur estaba situado en Del Río, en Texas, adonde se emplazó a dos hombres en 1924. Iban a caballo y recibían un dinero extra si aportaban sus propias monturas, aunque en 1926 se introdujeron los coches patrulla. Los hombres apostados en Del Río eran responsables de cubrir más de trescientos kilómetros de la zona del río Bravo, la mayoría de la cual consistía en ranchos y campos de cultivo.

Uno de los primeros guardias de la Patrulla Fronteriza recordó sus comienzos: «Nadie sabía lo que se suponía que teníamos que hacer o cómo hacerlo [...] Así que nos dedicábamos a pasearnos y hacernos los inteligentes»[121]. No tardaron en encontrar la solución: el sector de Del Río reportó que, en 1925, sus agentes —que por entonces eran ocho— habían interrogado o investigado a 32 516 personas en una zona que en 1930 tenía una población de tan solo 25 528 habitantes, de los que 14 559 eran mexicanos. Para alcanzar estas cifras, maquillaron los números con técnicas como contar el número total de pasajeros en un tren o vagón como «interrogados» al tener que vigilar una zona tan amplia[122].

Para 1929 había al menos seis hombres con apellidos españoles en la plantilla de la Patrulla Fronteriza. Aunque los agentes anglos a menudo procedían de las clases obreras, los miembros mexicano-estadounidenses tendían a ser de las clases medias o incluso altas de su comunidad. Dada su condición, tenían lo que un historiador denominó como «acceso incierto» a una suerte de blanquitud oficial, que les permitía ocupar un puesto en cuerpos como la Patrulla Fronteriza y vigilar a su propia gente[123].

• • •

Algunos mexicanos hallaron alivio a las presiones de la frontera en otros lugares de Estados Unidos. En Nueva Orleans, los mexicanos pudieron reivindicar un cierto grado de «blanquitud» de un modo que no les era posible en el Suroeste[124]. Con su acceso a los puertos mexicanos del Golfo y su largo historial de intercambios comerciales, la ciudad había proporcionado una alternativa a quienes trataban de abandonar el México revolucionario. En los años 20, los mexicanos eran el mayor grupo de latinoamericanos en Nueva Orleans, aunque más adelante se verían eclipsados por los cubanos[125]. A la región del Golfo acudieron mexicanos de toda condición; mientras que las clases medias se asentaron en Nueva Orleans, los obreros se vieron atraídos hacia los campos de algodón del delta del Misisipi, donde les pagaban más que lo que habrían cobrado en Texas o California[126]. A diferencia de los afroestadounidenses, los mexicanos en la región del Golfo y el delta podían enviar a sus hijos a escuelas para blancos y casarse con ellos sin que las autoridades interfirieran apenas[127].

Florida, sin embargo, siguió presentando problemas para otros hispanohablantes. A comienzos de siglo, los afrocubanos de Tampa se encontraban bajo una presión cada vez mayor por las leyes Jim Crow, y la comunidad cubana en su conjunto quedó aún más apartada debido a estas leyes. Al poco de su llegada, a finales del XIX, los cubanos de Tampa habían establecido sociedades de beneficencia tales como el Círculo Cubano o el Centro Español. Con las cuotas de los socios, estas organizaciones proporcionaban una serie de servicios sociales como la cobertura de gastos médicos, funerarios y de otras necesidades, además de ofrecer actividades como por ejemplo danzas o actuaciones teatrales. En los primeros años del siglo, las autoridades locales de Florida decidieron que los cubanos de piel más oscura —o sea, todo aquel que pareciera «negro»— tenían que formar sus propias asociaciones por separado. Fueron obligados a abandonar grupos como el Club Nacional

Cubano, que había estado involucrado en la independencia y que, hasta ese momento, había admitido a miembros de todos los colores. Bajo las leyes Jim Crow, a los afrocubanos de piel oscura ya no les estaba permitido el acceso a sociedades benéficas para «blancos», por lo que tuvieron que montar las suyas propias, como así hicieron en 1904 en Tampa con la sociedad La Unión Martí-Maceo, que fusionó otros dos colectivos afrocubanos. Las fotografías de sus miembros en los primeros años del siglo XX muestran a hombres con distintos tonos de piel; en ellas se sigue difuminando una línea de color que la Florida blanca quería imaginar como algo exacto y determinado.

La indignación de la comunidad cubana perduró hasta mucho después de que esta segregación se comenzara a aplicar. Un escritor que trabajaba en una guía de la agencia nacional de empleo, la Works Progress Administration (WPA), señaló que «dado que a los negros en Cuba se les dota de igualdad social y económica con los blancos, es natural que en Florida los negros cubanos estén insatisfechos con la posición inferior que deben aceptar al venir a vivir aquí»[128]. El tener la piel clara, sin embargo, no era garantía de una asimilación fácil. Otro informe de la WPA describía Ybor City como «una comunidad latina donde un gran número de sus habitantes no se han convertido en ciudadanos americanos». Este escritor anónimo observó que «el gobierno [...] ha hecho muy poco por hacer que la gente cubana [...] se sienta americana. Incluso muchos de la segunda y tercera generación de cubanos, aunque nacidos en Estados Unidos y, en virtud de la constitución, americanos, no son considerados como tales por muchos americanos angloparlantes»[129]. Debido a esta segregación forzada, los cubanos experimentaban otra clase de «americanización».

Evelio Grillo, un afrocubano que se crio en Ybor City durante estos años, dijo que en Florida «los cubanos negros iban a un barrio [...] habitado por estadounidenses negros y unos pocos blancos pobres», mientras que los cubanos de piel más clara «tenían opciones mucho más variadas»[130]. Sus padres trabajaban en una fábrica de tabacos donde «cubanos negros y cubanos blancos trabajaban codo con codo», pero esta entremezcla no se aplicaba fuera del lugar de trabajo[131]. «No recuerdo haber jugado con ningún niño cubano blanco», mencionó[132].

La cuestión de la blanquitud se siguió arrastrando durante la década de 1920, mientras Estados Unidos trataba de lidiar con la inmigración. La cuestión de quién era «blanco» —y, por tanto, ciudadano estadounidense— seguía sin resolverse. A los que venían de la India y Japón no se les terminaba de considerar «caucásicos», según el término usado por el Tribunal Supremo, pero tampoco eran negros; eran «no blancos»[133]. Como telón de fondo, se produjo un esfuerzo renovado por parte de políticos, jueces y grupos nativistas para hacer frente a la naturalización de los mexicanos sobre la base de que ellos también estaban en esta categoría de no blancos, con el mensaje implícito de que se les debía negar la ciudadanía[134].

• • •

Observando los muchos cambios que se produjeron en el sur de Texas en los años 20 y 30 se encontraba una joven mexicano-estadounidense llamada Jovita González. Había nacido en 1904 en la localidad de Roma, en la frontera texana, aunque más adelante su familia se trasladó a San Antonio. La ascendencia de su padre era mexicana, y en la de su madre había terratenientes tejanos desde al menos cinco generaciones[135]. En un momento en que la mayoría de las mujeres no tenían estudios superiores, en 1927 Jovita González obtuvo un grado en Hispánicas por la Universidad de Nuestra Señora del Lago para, tres años después, completar una maestría en Historia en la Universidad de Texas, en Austin.

Para ella era de especial interés el folclore local y, alentada por sus mentores académicos, se dedicó a recopilar historias y narraciones texanas. En los años 30 se convirtió en presidenta de la Sociedad Folclórica de Texas, en un momento en que se encontraba dominada por anglos entregados plenamente a una versión romantizada de la historia del estado, como quedó plasmado en las obras de uno de sus mentores, el escritor J. Frank Dobie. González, sin embargo, publicó un trabajo extraído de los yacimientos del presente y no alumbrado por las neblinas del pasado, y recibió una beca Rockefeller por sus esfuerzos[136].

En la tesis para su maestría, titulada *Vida social en los condados de Cameron, Starr y Zapata* (*Social Life in Cameron, Starr, and Zapata Counties*), describió un lugar donde «los angloamericanos [...] miran por encima del hombro a los mexicanos de los condados de la frontera y los ven como intrusos, extranjeros indeseables, y una amenaza para la comunidad»[137]. En su obra trató de documentar estas comunidades y restablecer su lugar en Texas, señalando que «la mayoría de estos llamados extranjeros indeseables han vivido en este estado desde mucho antes de que Texas fuese Texas»[138]. González fue pionera en su obra, y se mostró implacable con lo que observaba, como la creciente segregación, bajo la cual los tejanos se sentían «resentidos por el hecho de no ser admitidos en las cafeterías, salas de cine, hoteles y playas de baño de algunas ciudades del valle [del río Bravo]». Realizó trabajos de campo en los que habló con los habitantes de los condados de la frontera. Una mujer entrevistada en Edinburg, en el condado de Hidalgo, resumió la complejidad de las relaciones anglomexicanas:

> Estábamos enteramente desprevenidos, en el sentido político, educativo y social, cuando nos sobrevino la avalancha de americanos [...] Y es nuestro lugar y nuestro deber el aprender los modos de los americanos, el enviar a nuestros hijos a escuelas americanas, el aprender la lengua inglesa, no porque nos avergüence nuestra ascendencia mexicana, sino porque estas cosas nos permitirán reclamar nuestros derechos y mejorarnos a nosotros mismos [...] Los americanos son egoístas y provincianos, sobrestiman su poder y al hacerlo renuncian a ver otra manera que no sea la suya. Por tanto, es una ventaja para nosotros el educarnos en instituciones americanas, aprender la lengua inglesa y ejercer nuestros derechos como ciudadanos[139].

En la época en que Jovita González pergeñaba su trabajo, se intensificó el extraño romance del gran público con la cultura «española». No hacía mucho, un frustrado periodista español llamado Julián Juderías había popularizado la expresión «Leyenda Negra» en un libro publicado en 1914, en el que finalmente se dio forma al nebuloso prejuicio que durante más de cuatrocientos años había envuelto a los españoles en Europa y, por extensión, a los hispanos en las Américas. Para él, esta leyenda «no es cosa de lo pasado, sino algo que influye en lo presente»[140]. Escribió que la leyenda seguía presentando una España «inquisitorial, fanática e ignorante [...] enemiga del progreso»[141].

Los prejuicios mueren lentamente, y en su trance pueden dar vida a otras ideas complejas que están igual de desconectadas de la realidad histórica. En Estados Unidos, la imaginada cultura «española» que surgió en California hacia 1880 empezó a desplazarse hacia el este. Lo que resultó fue la visión de un pueblo «desmexicanizado» y pseudoespañol que los anglos querían ahora «descubrir», acompañada de una gran dosis de sentimentalismo nostálgico. Esta remodelación del pasado creó la imagen de un pueblo absorbido por la conquista, pero cuya «cultura» lo presentaba como «el otro». Al crear y promover una visión del Suroeste sobre la base de este pasado mítico, el mundo anglo se vio con poder para controlar la imagen de los hispanos en la región, reduciendo su experiencia a una suerte de espectáculo turístico. Sin embargo, los mexicanos auténticos seguían formando parte de este panorama, relegados a los campos y otras labores[142]. Sus experiencias cotidianas, al igual que las de los mexicano-estadounidenses, se omitían de la historia, con los prejuicios y discriminaciones reemplazados por una herencia imaginaria. Estos extremos, románticos y exclusivistas, se desarrollaron en un contexto de creciente inmigración, agitación por parte de grupos nativistas, linchamientos y exclusión constante.

Una tejana llamada Adina de Zavala se encontró ante esta encrucijada al decidir involucrarse en la conservación de El Álamo. Aunque el estado de Texas se había envuelto en su leyenda a finales del siglo XIX, El Álamo había sufrido el mismo destino que otras misiones al caer en el abandono, dado que durante muchos años el gobierno estadounidense esperó que fuesen las asociaciones locales quienes recaudasen sus propios fondos para los emplazamientos históricos y culturales[143]. Ese fue el caso de El Álamo; hoy día es uno de los lugares más visitados de Texas, pero durante mucho tiempo fue utilizado para almacenar grano como parte del depósito de intendencia de EE. UU., entre otros propósitos, hasta que el estado se hizo con el arrendamiento del lugar en 1883 y con la propiedad entera en 1904 a instancias de las Hijas de la República de Texas[144]. A continuación se concedió a esta organización la custodia del lugar, y su restauración se llevó a cabo gracias a los esfuerzos de dos mujeres: Adina de Zavala —cuyo abuelo Lorenzo fue el primer vicepresidente de Texas y participó en la redacción de su constitución— y la acaudalada anglotexana Clara Driscoll, que contaba con los medios para contribuir a la compra del lugar[145]. Ambas tenían visiones contrapuestas sobre cómo se había de restaurar el lugar, un desacuerdo tan intenso que posteriormente se le dio el nombre de «segunda batalla de El Álamo»[146].

Para Zavala, en El Álamo se podía honrar a los hombres que combatieron allí en 1836 y al mismo tiempo recobrar lo mejor posible su aspecto de misión española, incluyendo la restauración del convento que se había alzado junto a la iglesia. Para Driscoll, las ruinas del convento debían demolerse, ya que solo eran una distracción de la capilla que, en su opinión, tenía que ser el foco principal, ya que fue allí donde murieron los héroes de El Álamo[147]. Esto condujo a años de apasionados desencuentros; en un momento dado, Zavala llegó a encerrarse en el lugar en 1908. Una orden judicial de 1910 dictaminó la legitimidad de Driscoll para seguir gestionando El Álamo, pero dicho auto no arredró a Zavala en su lucha. Su desavenencia representaba la disparidad de opiniones entre los texanos. La visión de Driscoll era la de un Álamo que representaba la victoria de los angloamericanos y el orgullo por sus logros. Zavala, por otra parte, se inspiraba en ideas que se remontaban a la época española, como muestra su interés por el convento, así como por una historia más larga, estratificada e intricada. Recordar El Álamo resultaría ser una tarea mucho más difícil de lo que parecía.

En último término fue la visión de Driscoll la que prevaleció, y este lugar de conmemoración heroica quedó restaurado y ampliado en 1936, a tiempo para el centenario de Texas y la celebración de su independencia de México. Ese fue el año, según Stanley Marcus, de la cadena de tiendas Neiman-Marcus, en que «el resto de América descubrió Texas»[148]. De hecho, estos afamados centros comerciales participaron en las efemérides, y muchas empresas texanas albergaron esperanzas de que atraerían la atención de la nación hacia su estado. Ahora bien, en Texas, a diferencia de California, fueron las raíces anglo, y no las españolas, las que inspiraron sus glorias del pasado.

En California se siguió propagando la moda por lo español, a lo que contribuyó la creación de toda una nueva corriente arquitectónica, surgida hacia los años 20: el estilo neocolonial español[149]. Los pueblos de reciente construcción, como San Clemente, que se anunció como un «pueblo español junto al mar», resultaban perfectos para una postal, con sus casas blancas y tejados rojos. Para algunos especialistas, el hecho de que una tendencia así surgiera en el periodo de entreguerras representaba una especie de reposo cultural ante los desafíos de la vida moderna, empezando por la guerra, los cambios tecnológicos y los constantes movimientos demográficos, incluido el incremento de la inmigración y el auge de la vida en las ciudades[150]. Evocar un «pasado español» mítico podría haber sido una reconfortante distracción de las preocupaciones contemporáneas, pero no todo el mundo se lo creía. El destacado periodista californiano Carey McWilliams escribió en un ensayo publicado en 1946 que lo que verdaderamente impulsaba lo que él llamaba «herencia fantástica» era la llegada de tantos forasteros procedentes de otros lugares de Estados Unidos, los cuales necesitaban de una «mitología» para darse a sí mismos «un sentido de continuidad en una región largo tiempo caracterizada por veloces dislocaciones sociales»[151].

Las familias de californios eran vistas como museos vivientes de ese pasado difuso, aunque en realidad estaban divididas por una herencia que por una parte romantizaba la historia de sus predecesores «españoles» y por otra les obligaba a enfrentarse a un mundo donde cada vez con más frecuencia les llamaban mexicanos[152]. Sin embargo, fueron capaces de labrarse el suficiente espacio social para reivindicar para sí mismos este pasado español y la blanquitud que implicaba, mientras que los inmigrantes más recientes eran motejados de «gente de clase baja» y «mexicanos»[153]. Los californios siguieron participando activamente en esta remodelación de su pasado hasta bien entrado el siglo XX, y muchos de ellos ayudaron a promover espectáculos y desfiles a nivel local que hacían hincapié en el carácter «español» del estado. Estas fiestas sirvieron para inventar tradiciones; quizás el festival más conocido que ha sobrevivido hasta la actualidad sea el Old Spanish Days de Santa Bárbara, que comenzó en 1924. Los festejos iniciales consistían en desfiles, rodeos, conciertos y danza «tradicional» española. Los participantes llevaban trajes que los representaban como españoles, indios chumash o mexicanos. Los carteles de los primeros años del festival, e incluso de tiempos más recientes, llevaban ilustraciones de mujeres luciendo vestidos de flamenca, y a veces de hombres con trajes bordados de charro mexicano, tocando la guitarra o montando a caballo. A menudo se utilizó la iglesia de la misión de Santa Bárbara como sereno telón de fondo. Aunque era un evento de reciente creación, su propósito fue evocar un sentido de tradición.

Por todo el estado se percibía el entusiasmo hacia cualquier cosa que fuese española. En San Diego se materializó en la restauración de la Casa de Estudillo, en el casco antiguo de la ciudad, con la que se intentó capitalizar el mito de *Ramona*, ya que se suponía que este edificio inspiró el lugar donde se casó la popular heroína de la novela. En 1929 se restauró la *Old Town* y se reconstruyó el presidio que había en lo alto de una colina.

Incluso antes, en 1915, San Diego quiso albergar una exposición en honor a la apertura del canal de Panamá, pero ese mismo año iba a tener lugar la Exposición Universal de San Francisco. Esto no disuadió a San Diego de ponerse manos a la obra con su ambiciosa celebración, y su parque urbano fue rebautizado con el nombre de Vasco Núñez de Balboa, el primer europeo en cruzar el istmo de Panamá. El proyecto se vio obstaculizado por disputas internas y un cambio de arquitectos. Se nombró al neoyorquino Bertram Grosvenor Goodhue, que quería usar el estilo barroco español, en vez de la arquitectura típica de los nativos americanos, las aldeas pueblo y las misiones, que era la que el comité local estaba más dispuesto a utilizar. Goodhue ya era conocido por su obra «churrigueresca española» de ornamentada decoración, y al final se llevó el gato al agua[154]. Hoy día el parque es una mezcla de estilos casi agobiante, mostrando influencias que abarcan desde la época mora hasta el barroco mexicano, con amplias avenidas, fuentes y jardines que evocan la sensación de un mundo perdido tiempo atrás. La exposición de San Francisco, por otra parte, empleó estructuras contemporáneas[155].

El creciente interés por el pasado español no quedó limitado al Oeste. En los años 20 surgió un movimiento para armar una red de carreteras que formaran el Antiguo Camino Español, lo que mayormente se convertiría en las rutas 80 y 90, que discurren desde Jacksonville, en Florida, hasta San Diego. En aquel momento no había una carretera principal que conectase el Este y el Oeste por el sur. Hoy día esta ruta se entrecruza con lo que se considera que fue el antiguo camino español «de verdad»: una serie de caminos de herradura que discurrían por Arizona y Nuevo México, utilizados por vaqueros, contrabandistas y buscadores de oro.

La idea de la carretera del Antiguo Camino Español se planteó por primera vez en 1915, y el director general del proyecto, Harral Ayres, afirmaría que había sido fruto del entusiasmo de unas cuatrocientas personas. Escribió que «en cierto modo, era como si el espíritu de los misioneros y los conquistadores volviera a prender en el alma de estos pioneros anglosajones [...] Nosotros, que hemos visto a estos hombres modernos alzarse de Florida a California ante las exigencias de la construcción de esta carretera del sur, nos enorgullecemos de que no haya muerto el alma de los cruzados»[156]. El 7 de octubre de 1929, estos fanáticos del motor se reunieron en un banquete en San Antonio para celebrar la finalización de la ruta, un proyecto que consistió en la recaudación de fondos por parte de distintos grupos de todo el país para costear unas cuantas carreteras y puentes. Ayres tuvo la astucia de solicitar financiación federal al departamento de Guerra para mejorar el tramo entre Pensacola y Nueva Orleans, presentando la ausencia de una carretera que conectara las tierras de frontera como una cuestión de defensa nacional[157]. Hoy día se puede encontrar una gran esfera de hormigón en San Agustín, a la sombra de un frondoso árbol en el recinto del centro de visitantes, con una placa en el frontal que conmemora su inauguración en 1928. El monumento sirve para señalizar la milla 0 del Antiguo Camino Español, con el correspondiente final aguardando a más de cuatro mil kilómetros en San Diego.

La ruta tuvo un poderoso atractivo no solamente para los automovilistas, sino también para las ciudades por las que pasaba, como por ejemplo Albuquerque. Al igual que otros lugares del Oeste, Nuevo México había experimentado la llegada de trenes cargados de turistas y otras personas en busca de un clima más salubre. Este hecho ya había fomentado el turismo y el afán de vender artesanía española, mexicana e indígena[158]. El auge del automóvil traería todavía a más de estos viajeros, impulsados por la aventura, la curiosidad o la vida sana. Mientras que el Antiguo Camino Español quedaba al sur de Albuquerque, la Ruta 66, que enlaza Chicago con California, pasó justo por el medio. Hacia los años 30, algunos forasteros empezaron a comprar las casas de la parte antigua, construidas con adobe o madera y de una sola planta, para convertirlas en tiendas de artesanía[159].

Alburquerque tenía una plaza, al igual que las demás poblaciones fundadas por los españoles. Conocida como la Plaza Vieja, se encuentra frente a la iglesia de San Felipe de Neri, del siglo XIX. En la década de 1880, la ciudad se había dividido entre el Pueblo Viejo y el Nuevo, este último a unos tres kilómetros de distancia. Allí se alojó la mayor parte de colonos anglos y europeos, quienes se las apañaron para dejarse por el camino una de las erres del nombre de la ciudad, que acabó como «Albuquerque»[160].

Al comenzar a llegar los turistas, los anglos de la ciudad empezaron a exigir «mejoras» en Albuquerque, preocupados de que la placidez y «suciedad» del Pueblo Viejo, habitado principalmente por hispanos, no resultase atractiva para los visitantes. Para sus vecinos era un hogar unido y alegre, pero los pastizales alrededor de la Plaza Vieja no tardaron en ser devorados al destinarse los terrenos a la construcción de viviendas. El Pueblo Viejo quedó absorbido por la gran ciudad; su pasado auténtico, reemplazado por un presente comercial que vivía de los viejos tiempos[161]. Ahora tocaba coger el legado hispánico de Nuevo México y ponerle una envoltura que lo hiciese apetecible a los turistas.

El sureste de los Estados Unidos también se sumó al redescubrimiento de sus raíces españolas. Hernando de Soto recibió una conmemoración de héroe durante las celebraciones por el cuarto centenario de su llegada y exploración de Norteamérica, en 1935. El Congreso nombró una comisión para la expedición de De Soto con el fin de planificar los eventos y marcar su recorrido real, aunque al final se decidió participar únicamente en la Exposición Panamericana de 1939, celebrada en Tampa[162]. El 30 de mayo de 1939, en la tranquila ciudad de Brandenton, en Florida, la Sociedad Nacional de Damas Coloniales de América levantó una losa de roca esculpida, de aspecto no muy diferente al de una lápida toscamente labrada. Era el Monumento a la Ruta de De Soto, donado al Servicio Nacional de Parques en 1948. Puesto que no hay pruebas de que De Soto realmente desembarcase allí, el marcador dice vagamente que «conmemora el 400.º aniversario de su llegada a las costas de Florida».

De Soto proyectó una larga sombra aquellos días. El primer sedán De Soto salió de las líneas de montaje de Chrysler en 1929, y hubo modelos en producción —a menudo con un conquistador como adorno en el capó o formando parte del logo— hasta 1960. El mensaje implícito era que los automovilistas eran conquistadores modernos que podían descubrir sus propias tierras. Al mismo tiempo, los poderosos conquistadores habían quedado reducidos a *kitsch* de consumo.

Durante la época de la WPA, en los años 30, la decoración de los edificios públicos —influida por el movimiento muralista surgido en México durante la década anterior— incluía representaciones de Hernando de Soto, o solía basarse en el tema más amplio del «descubrimiento»[163]. La admiración por los conquistadores en este periodo reflejó no solamente su utilización como símbolos de la conquista, sino también de la cómoda preponderancia del mundo anglo sobre el hispánico. La asociación de los españoles con el catolicismo y hasta con las atrocidades que cometieron se fue diluyendo, dejando en su lugar a hombres que parecían ser poco más que personajes en una historia de aventuras.

Con este gran telón de fondo cultural, el historiador Herbert Eugene Bolton escribió una serie de obras pioneras acerca de las tierras de frontera, volúmenes en los que cubrió el periodo inicial de la exploración española del Suroeste, así como de Florida. El propio Bolton era un hombre de frontera, habiendo nacido en 1870 en el Wisconsin rural, donde pasó la mayor parte de su infancia. Realizó parte de sus estudios de doctorado con Frederick Jackson Turner, cuyos escritos sin duda ejercieron cierta influencia sobre él[164]. Su trabajo lo llevó a Austin, en Texas, lo que le inspiró a centrarse en el Suroeste. Después entró en 1911 en la Universidad de California, en Berkeley, y allí se quedaría, instruyendo a un caudal ininterrumpido de estudiantes enfocados en la historia de la frontera, en un momento en que la lengua española también estaba comenzando a impartirse en las escuelas públicas de Estados Unidos (el número de alumnos de español en la escuela pública aumentó de cinco mil en 1910 a doscientos sesenta y tres mil hacia 1922)[165].

Una de las más importantes contribuciones de Bolton a la materia fue su transcripción y traducción de documentos relacionados con la frontera, procedentes de los archivos de México y España. Sin embargo, fue su obra más conocida, titulada *Las fronteras españolas: una crónica de la antigua Florida y el Suroeste* (*The Spanish Borderlands: A Chronicle of Old Florida and the Southwest*), la que le dio más quebraderos de cabeza. Sus dificultades con el libro ilustran los desafíos que suponía el llevar la historia hispánica al gran público, incluso en un momento en el que había interés. Este volumen iba a formar parte de la serie *Las crónicas de América*, publicada por la Universidad de Yale, pero cuando Bolton presentó el manuscrito este fue rechazado por el editor, y lo mismo sucedió con otros tres borradores. El problema era la interpretación de Bolton: su editor quería que adoptase una postura más anglocéntrica y explicara cómo el protestantismo y la difusión de la cultura anglo habían triunfado y desplazado la cultura católica española, pero Bolton se negó[166]. Su editor se empeñó en contratar a un escritor anónimo que ayudase a inyectar en la obra el discurso sobre el predominio anglo en la obra. Al final se impuso Bolton, e incluso consiguió ilustrar cómo había perdurado la cultura española, especialmente en el Suroeste:

> Incluso en las antiguas tierras de frontera al norte del río Bravo, la huella del influjo español sigue siendo profunda y evidente. Docenas de ríos y montañas, y cientos de pueblos y ciudades en Estados Unidos llevan los nombres de santos queridos por los pioneros españoles. Los indios del Suroeste siguen hablando español con preferencia al inglés. Docenas de pueblos cuentan con barrios españoles, donde la vida continúa como en los viejos tiempos y se sigue escuchando la suave lengua castellana.[167]

El interés de Bolton en la frontera se amplió más adelante en una visión aún mayor, de la que habló en su discurso a la Asociación Histórica Americana. Le puso el nombre de la «Épica de la Gran América», y en ella proporcionó un enfoque más holístico sobre el desarrollo del hemisferio occidental, en vez de centrarse únicamente en el relato estadounidense. Bolton creía que la historia de Estados Unidos se podía entender mejor en un contexto transnacional y que «el estudio aislado de trece colonias inglesas y de los Estados Unidos ha ocultado muchos de los factores de mayor envergadura que han influido en su desarrollo, y ha contribuido a crear una nación de chovinistas»[168].

Sus comentarios resultaron controvertidos a ojos de muchos historiadores del momento, aunque al año siguiente el presidente Franklin D. Roosevelt adoptaría un enfoque hemisférico similar en su voluntad de cultivar, en teoría, mejores relaciones con Latinoamérica a través de su política de Buena Vecindad. Fue un intento de centrarse más en el comercio y menos en intervenciones militares, un mensaje que detalló en su discurso inaugural, el 4 de marzo de 1933, en el que dijo que quería consagrar los Estados Unidos a «la política del buen vecino; del vecino que se respeta a sí mismo con resolución y, al hacerlo, respeta los derechos del otro»[169].

· · ·

Tanto para tanto México como para Estados Unidos, las primeras dos décadas del siglo XX fueron un tiempo de reajustes importantes e íntimamente interconectados, en el contexto de un mundo profundamente trastocado por el conflicto en Europa. Entre tantos acontecimientos memorables, la vida cotidiana de millones de personas se vio transformada en el impulso provocado por guerras, revoluciones y desastres económicos. Anita Brenner se vio atrapada en esta vorágine, que la llevó de un lado a otro de la frontera y a gran distancia de esta.

Nació en 1905 en Aguascalientes, en la parte central de México, en el seno de una familia judía procedente de Europa del Este. Su padre Isidore se había marchado de Riga, en Letonia, para probar suerte en Chicago en la década de 1880, antes de mudarse a México y acabar en Aguascalientes, donde había trabajo en las minas y el ferrocarril. Los habitantes de la ciudad eran ya una mezcla internacional, con gente procedente de Estados Unidos, Francia y Alemania atraída por las posibilidades de empleo. Isidore empezó como camarero en un restaurante local y con el tiempo fue escalando posiciones hasta alcanzar una situación próspera gracias a la compra de tierras. Al igual que millones de personas en México, vio cómo la llegada de la Revolución Mexicana acabó con su tranquilidad.

La revolución fue un periodo determinante en la vida de Anita Brenner, por motivos logísticos, emocionales y artísticos. Su familia se marchó de Aguascalientes en distintas ocasiones durante el conflicto, huyendo por primera vez en 1912, regresando y volviendo a irse en 1914, y partiendo por última vez en 1916 para afincarse en San Antonio, en Texas[170]. Tal era la hostilidad hacia Estados Unidos, que una de las veces que cruzaron la frontera su familia se vio obligada a lucir una bandera alemana, en un intento por parecer cualquier cosa menos estadounidenses[171].

Con el fin de la lucha, Anita siguió regresando a México, alternando estos viajes con sus estudios en Texas y, más adelante, en la Universidad de Columbia, en Nueva York. En México se vio rodeada de personas que se convertirían en grandes personalidades de los florecientes círculos artísticos que surgieron durante la revolución y los años posteriores. Las fotografías de Brenner en esta época muestran a una joven de pelo corto y mirada penetrante, musa de fotógrafos y amiga de gente como el muralista Diego Rivera y su esposa, la artista Frida Kahlo. También disfrutó de la compañía de otros creadores extranjeros seducidos por México, como la fotógrafa italoestadounidense Tina Modotti. Muchos de los artistas mexicanos con los que socializó estaban relacionados con movimientos y causas de izquierdas, que abarcaban desde a miembros del Partido Comunista hasta a quienes ofrecieron refugio a León Trotski, enemigo de Stalin y que acabó siendo asesinado en México. Su vida y su obra comenzaron a solaparse, y en 1929 publicó *Ídolos tras los altares*, con el que presentó el arte mexicano al mundo angloparlante. Al año siguiente, recibió una beca Guggenheim para seguir escribiendo.

Más de dos décadas después, regresó a esos años de formación y revolución, al publicar *El viento que barrió a México* en 1943. Es una historia inusual, una obra en dos mitades, una escrita y la otra visual. Unas cien páginas están dedicadas a sus palabras y las otras doscientas son una historia gráfica. Comienza con un retrato de Porfirio Díaz vistiendo una guerrera enjoyada de condecoraciones militares, su bigote tapándole los labios, sus ojos mirando serenamente a la cámara. Las fotos que siguen tratan de documentar esos años: los petulantes «científicos», los niños descalzos, los obreros en huelga, los cadáveres en las calles, el rostro resplandeciente de Emiliano Zapata, la sonrisa mofletuda de Pancho Villa, el general Pershing a lomos de su caballo... con la imagen final reservada para un joven con camisa blanca y sombrero de paja, visiblemente preocupado por el futuro. En el pie de foto se lee: «Y los muchachos que crecieron con la idea de que la revolución de algún modo les resolvería el futuro ¿lo perderán todo...?». Para Anita Brenner, la revolución en México fue «una historia que no había terminado»[172]. Lo mismo sucedía con la relación entre México y su poderoso vecino, algo que Brenner vivió y que resumió al escribir: «Ser una estadounidense criada en México te da una obsesión por reconciliar dos modos de vida, dos puntos de vista casi opuestos, dos juegos de intereses y emociones»[173].

Capítulo 13

Nueva York

ca. 1920-1970

La popularidad de la cultura «española» también arraigó en Nueva York. Aunque la ciudad tenía una población cada vez mayor de cubanos y puertorriqueños, allí también vivían inmigrantes españoles. Si alguno de ellos hubiese viajado al norte de Manhattan en 1927, habría podido ver al Cid, el afamado matador de moros del siglo XI, a lomos de su corcel, empuñando su lanza en alto y cabalgando al trote sobre un plinto frente a un imponente edificio de estilo Beaux Arts en el barrio de Washington Heights. Las hazañas del Cid estaban inmortalizadas en un poema del siglo XII y durante siglos habían sido símbolo de España, por lo que se vio como una figura apropiada para dar la bienvenida a los visitantes de la Hispanic Society of America, que había abierto sus puertas casi dos décadas antes, nacida gracias a la pasión y la abultada faltriquera de Archer Milton Huntington, hijo de un magnate ferroviario.

Huntington fundó la sociedad en 1904, después de acompañar a su padre en un viaje a México, en el que cenaron con el presidente Porfirio Díaz en el castillo de Chapultepec. Huntington recordaría más tarde que la experiencia fue «una especie de extraño despertar [...] México fue una revelación»[1]. Aunque esta fue su introducción al gran mundo hispánico, fue España y no México la que lo cautivó el resto de su vida. En 1909, justo después de la apertura de la sociedad, Huntington organizó una retrospectiva del pintor contemporáneo valenciano Joaquín Sorolla y Bastida. Fue un éxito entre el público y dio comienzo a una moda por el arte español entre los más acaudalados, que se vieron pugnando entre sí por adquirir obras no solo de Sorolla, sino también de artistas como El Greco o Goya[2].

Archer Huntington siguió haciéndose con libros, manuscritos, arte y fotografías relacionadas con España, mientras la sociedad publicaba monografías sobre la cultura de este país. El museo sigue siendo un repositorio de tesoros, desde iconos medievales, pasando por cuadros de la Edad de Oro española, hasta una sala decorada por entero con paneles pintados por Sorolla. En esa galería, cada lienzo representa a un grupo de personas vistiendo los atuendos tradicionales de las distintas regiones de España. Los vascos, catalanes y gallegos pintados por Sorolla tienen un aire de intemporalidad: podría ser una escena de hace trescientos años, o una del siglo XXI con la gente luciendo sus trajes regionales para una fiesta. Sorolla trabajó en estos cuadros hasta su muerte, en 1923, y la sala se abrió al público en 1926.

En aquella época Nueva York tenía una pequeña pero floreciente comunidad de inmigrantes españoles que, al igual que los italianos y griegos, habían partido a Estados Unidos escapando de la pobreza y la falta de oportunidades en Europa. En España, el siglo XIX había estado marcado por una serie de guerras civiles, y la afluencia de inmigrantes españoles a Nueva York formaba parte de un proceso de mayor envergadura y duración, protagonizado por gente de toda la península ibérica que decidió trasladarse a las Américas. Desde 1880 hasta 1930 hubo más españoles que cruzaron el Atlántico que los que lo habían hecho entre 1492 y 1880[3]. En Nueva York, esta inmigración englobó a todas las clases sociales, desde obreros en busca de empleos bien remunerados en las fábricas hasta élites instruidas que querían dedicarse al derecho o la medicina. Residieron en la ciudad en el culmen de la «moda española» que había surgido en el este de Estados Unidos. Al igual que el entusiasmo durante el siglo XIX hacia las iglesias misioneras de California, este también fue un tiempo de gran interés por cualquier cosa que fuera española, de lo que da cuenta el éxito de la exposición de Sorolla organizada por Huntington[4].

Un artículo del *New York Times* de 1924 ofreció un perfil de la comunidad hispanohablante de la ciudad, describiéndola «como la España misma, con las rivalidades de las viejas provincias aún a flor de piel [...] aquí no hay Chelseas ni granjas del viejo Peter Stuyvesant, sino Extremadura y León». El escrito pasó a centrarse en los demás hablantes de español de la ciudad, los procedentes de fuera de la Península, al decir que «Argentina está al lado de Castilla y Uruguay anda cerca, con Cuba a dos pasos»[5]. El artículo afirmaba que había unos treinta mil de estos hispanohablantes, la mitad originarios de España, un quinto de México, y el resto del Caribe y América del Sur y Central, todos ellos «repartidos por Manhattan y Brooklyn»[6].

El número de españoles se vería limitado por la Ley de Inmigración de 1924. Dado que ahora los cupos para los visados estaban basados en la población durante el censo de 1890, a los españoles les tocó una cuota minúscula de ciento treinta y una personas[7]. Sin embargo, ya habían llegado suficientes personas de España como para que hubiera un pequeño barrio llamado Little Spain en el bajo Manhattan, en el extremo noroeste de Greenwich Village, cerca de los muelles, con la calle 14 ejerciendo de vía principal y las calles adyacentes llenas de tiendas vendiendo artículos españoles[8].

Muchos se unieron a clubes sociales que representaban sus regiones de origen, entre otras, el País Vasco, Cataluña y Galicia, mientras que otros pertenecían a grupos de base más amplia que promovían una suerte de unidad hispánica. Los intentos por forjar una «hispanidad» —la idea de que había una cultura, herencia e idioma comunes entre España y Latinoamérica— se remontaban a antes de que España perdiera su imperio, pero se produjo un esfuerzo renovado a comienzos del siglo XX. Los defensores de una identidad «panhispánica» creían que podría contrarrestar la influencia global cada vez mayor de la cultura en inglés de los Estados Unidos[9]. Por ejemplo, la Unión Íbero-Americana, una organización que promovía las buenas relaciones entre España y Latinoamérica, pudo aprovecharse del éxito del Día de Colón —de quien ya se habían apropiado los ítaloestadounidenses— para sentar los cimientos del Día de la Raza, instaurado el 12 de octubre de 1918 para celebrar la hispanidad[10]. La idea tuvo el suficiente éxito como para haber sobrevivido en el mundo hispanohablante hasta el día de hoy, aunque al igual que el Día de Colón en Estados Unidos, el Día de la Raza está suscitando cada vez más críticas en muchos países latinoamericanos.

En junio de 1929 llegó a Nueva York el poeta Federico García Lorca para estudiar en la Universidad de Columbia. Ya era bien conocido en España, pero en Estados Unidos no tenía reputación, excepto entre los españoles de la ciudad, a los que empezó a conocer desde el instante en que bajó del barco. A su llegada, descubrió que «había un grupo de españoles esperándonos»[11]. No era un grupo cualquiera; entre la concurrencia había artistas y escritores, editores y políticos, incluido Federico de Onís, descendiente del ministro que firmó el tratado por el que se cedió la Florida a Estados Unidos[12].

Aunque su diario revela numerosas fiestas y eventos sociales, sus poesías hablan de una ciudad solitaria. En el poema «La aurora» escribió:
La aurora de Nueva York tiene
cuatro columnas de cieno
y un huracán de negras palomas
que chapotean en las aguas podridas[13].

Más adelante dijo en una conferencia que Wall Street, con su «oro en ríos», le pareció un lugar aterrador y con una «ausencia total del espíritu».

Sintió desaliento por quienes trabajaban allí porque creían que era su deber el «mover aquella gran máquina día y noche y siempre». Lorca lo achacó a «una moral protestante, que yo, como español típico, a Dios gracias, me crispaba los nervios»[14]. Las cartas a su familia, sin embargo, hablan de una Nueva York diferente, una mucho más alegre, con una gran comunidad de españoles e hispanófilos de renombre. Lorca indicó con sorpresa en una carta que «hay más de seiscientos estudiantes de lengua y literatura española [en Columbia]»[15]. En 1930 regresó a España y seis años después fue asesinado por las fuerzas nacionales, una de las primeras víctimas de la guerra civil española, que duró de 1936 a 1939. A estas alturas, el entusiasmo que había alimentado esta «moda española» había tocado a su fin, enturbiado por el auge del fascismo en España y el conflicto resultante. Sin embargo, algunos estadounidenses mostraron un gran interés hacia esa guerra, llegando hasta el extremo de presentarse voluntarios para combatir en el bando de la España republicana. Ernest Hemingway lo inmortalizó en su novela *Por quién doblan las campanas*, de 1940. Muchos españoles abandonaron la península en esta época de violencia, partiendo hacia el exilio. Sin embargo, la población española de Nueva York no pudo absorberlos, limitada por la minúscula cuota de inmigración estadounidense, por lo que miles optaron en su lugar por irse a Latinoamérica.

• • •

Aunque estaba disminuyendo el número de recién llegados procedentes de España, otros hispanohablantes se estaban abriendo camino hacia la ciudad, en particular desde Puerto Rico. En 1920 había en Nueva York 7364 puertorriqueños, 2572 mexicanos y 8722 cubanos y otros caribeños[16]. Muchas personas del Caribe hispano encontraron trabajo en los muelles o en la construcción, en hoteles y restaurantes, así como en las fábricas de puros que operaban en aquel momento en el alto Manhattan. Otros establecieron sus propios negocios, como tiendas, bares y cafeterías, sobre la base establecida por los exiliados de Cuba y Puerto Rico que habían llegado con anterioridad[17]. Los cubanos fundaron en Nueva York sociedades de beneficencia similares a las de Tampa, con instituciones como el Club Cubano Inter-Americano funcionando como centros sociales y culturales donde se acogía a quienes venían de otros países hispanófonos. La carta fundacional de este club declaró su intención de «mantener la fraternidad que ha de existir entre la colonia cubana y el resto de países latinoamericanos»[18].

Para 1930, la población puertorriqueña en Nueva York se había incrementado hasta las 44 908 personas y constituía entonces el 40 % de la comunidad hispanohablante. Mientras que cubanos, dominicanos y otros caribeños tenían en 1940 una población combinada de 23 000 personas, la de Puerto Rico era más del doble, con 61 500. Para 1954, uno de cada veinte neoyorquinos era puertorriqueño, un número que se siguió disparando hasta alcanzar las 612 574 personas en 1960[19]. La División de Educación a la Comunidad, establecida por el gobierno en la isla, imprimió panfletos donde advertían de los riesgos de irse al Norte, además de describir las oportunidades. En el folleto *Emigración*, publicado en 1954, se informaba a los lectores de que los puertorriqueños eran considerados «un problema» en Nueva York y que debían mirar hacia otros lugares de Estados Unidos para buscar trabajo. El documento también urgía la asimilación cultural, que asimismo era la política oficial de las oficinas de la División de Migración de Puerto Rico en Nueva York y Chicago[20]. Una ilustración mostraba a un grupo de hombres desembarcando de un avión con el mensaje: «¿Conocen los puertorriqueños el país al que están emigrando? Nueva York no es la única ciudad»[21]. Sin embargo, el gobernador Luis Muñoz Marín y las autoridades en Washington estaban promoviendo entre bastidores la inmigración al continente, al verla como un medio para evitar huelgas y otros desórdenes sociales en la isla[22].

La afluencia de puertorriqueños tuvo un impacto enorme en la ciudad, a medida que la comunidad se propagaba más allá del distrito de Harlem este —a menudo llamado El Barrio— hacia Brooklyn y el Bronx[23]. Para muchos, los primeros años estuvieron llenos de dificultades, y la cuestión de la vivienda fue particularmente problemática, pues muchos caribeños se vieron obligados a alojarse en edificios de inquilinos, que solían ser alojamientos insalubres y de mala calidad[24]. Estas partes de la ciudad a menudo se veían como zonas donde era mejor que los forasteros ni entrasen. Un informe en el *Civil Rights Digest* a finales de los 60 describía la zona que arrancaba en la calle 96 Este, por entonces también conocida como el Harlem «español», como algo «semejante a un Muro de Berlín invisible que separa a los manhattanitas acomodados de los puertorriqueños de Harlem este y los negros de Harlem»[25]. En estas zonas de Nueva York, los apartamentos estaban «mal ventilados [...] el olor al sudor y los desechos de generaciones es sofocante. La mayor parte de viviendas son de propiedad privada (muy pocas de los propios puertorriqueños), y se encuentran en las últimas etapas de deterioro.

La mayor parte de edificios, que albergan a varias veces el número de personas previsto inicialmente, son de construcción anterior a la Primera Guerra Mundial»[26].

No todo el mundo se asentó en la ciudad; algunos se dirigieron al extrarradio o a ciudades más pequeñas, un mundo que Judith Ortiz Cofer evocó en su novela *La línea del sol*. Un personaje describe la vida en un bloque de apartamentos llamado «El building» en Paterson (Nueva Jersey) como en un lugar donde «los adultos llevaban una vida entre dos mundos, en alegre aceptación de una esquizofrenia cultural». Al describir a los habitantes de «El building», Ortiz Cofer escribió: «Parapetadas en su ilusión de que en la familia todo podía seguir igual que como había sido en la Isla, las mujeres decoraban sus apartamentos con cualquier artefacto que alimentase la fantasía [...] siempre se podía encontrar a María sonriendo serenamente desde las paredes»[27].

A menudo se culpó a los inmigrantes de llevar la enfermedad o el crimen a un lugar, y los hispanocaribeños no fueron una excepción. En un caso, un artículo del *World-Telegram* de octubre de 1947 citó al subcomisario de Sanidad de Nueva York, quien sostenía que los puertorriqueños traían consigo la tuberculosis, entre otras enfermedades. Rafael Ángel Marín, médico y activista, no tardó en responder que «las medias verdades, los errores y distorsiones [...] no son solamente una injuria gratuita a los puertorriqueños [...] sino [...] un insulto a la precisión científica». Le enfurecía la afirmación de que los puertorriqueños eran tísicos, y señaló que no existían estadísticas fiables[28].

Nueva York ofrecía un cierto alivio de las estrictas leyes Jim Crow del Sur profundo, aunque la gente procedente de las islas donde se hablaba español se acabaría acostumbrando al prejuicio estadounidense, a menudo descubriendo cómo les redefinían su «raza» nada más llegar[29]. En un artículo de 1934 del periódico *Alma boricua*, Bernardo Vega argumentaba que «la característica principal que nos distinguía de los americanos [anglo]sajones era nuestra tolerancia racial», advirtiendo a los puertorriqueños que, si no tenían cuidado, se verían «al borde de emponzoñarnos con la porquería del odio racial de los Estados Unidos»[30].

Durante esta época, a los cubanos y puertorriqueños de Nueva York se les unió la gente de una tercera isla del Caribe hispano: la República Dominicana. Este país también había caído en la esfera de influencia e interferencia de Estados Unidos. Al mismo tiempo que las tropas estadounidenses se encontraban en México a la caza de Pancho Villa en 1916, otra rama del ejército estaba ocupando la República Dominicana. Antes de eso, Estados Unidos ya había ocupado las aduanas de la isla en 1905, alegando que ello serviría para poner la deuda del país bajo control. Una década después, con la entrada en la Primera Guerra Mundial en el horizonte, el presidente Woodrow Wilson estaba intranquilo por la posible influencia alemana en la República Dominicana, además de la constante inestabilidad política. El presidente Juan Isidro Jimenes (a veces escrito Jiménez) recibió presiones para dar puestos en el gobierno a funcionarios estadounidenses, así como acceso a las finanzas de la isla, pero él se negó. Al mismo tiempo, las disputas internas estaban debilitando el control de Jimenes sobre la situación, y el primer contingente de marines llegó en mayo de 1916. Se declaró la ley marcial y se instituyó un gobierno militar. Las tropas empezaron también a trabajar en proyectos de infraestructura y a dar forma a la Guardia Nacional dominicana. Estados Unidos consideró que dar apoyo a este cuerpo contribuiría a resolver parte de los problemas de la isla. Los marines ocuparon la República Dominicana hasta 1924, aunque no se restituyó el control de las aduanas a la isla hasta 1940.

En los años posteriores a la retirada de los marines, un joven miembro de la Guardia Nacional llamado Rafael Leónidas Trujillo Molina ascendió en el escalafón con tal celeridad que para 1930 fue capaz de tomar control de la presidencia, así como del ejército. Permanecería en el poder los siguientes treinta y un años, hasta que fue asesinado. Esas tres décadas fueron una era de terror para muchos dominicanos, y algunos se vieron obligados a exiliarse. La novelista Julia Álvarez, nacida en Estados Unidos de padres dominicanos huidos del régimen, reflejó este miedo en su novela *De cómo las muchachas García perdieron el acento*. El padre de las protagonistas es incapaz de hacer desaparecer su ansiedad: «Ahora, en Estados Unidos, él estaba seguro, e incluso había conocido el éxito [...] Pero en sueños sí retornaba a aquellos horrendos días con sus largas noches, y los gritos de su mujer confirmaron sus temores secretos: al final no habían conseguido salvarse, al final el SIM [Servicio de Inteligencia Militar] venía a prenderlos»[31].

• • •

De la diversidad de comunidades que convivían en Nueva York brotaría uno de los aportes más importantes de la ciudad a la cultura de Estados Unidos: la música. Las islas poseían tradiciones musicales que desde tiempo atrás habían fusionado ritmos populares africanos y españoles, entre ellas el son cubano y la bomba puertorriqueña. Cuando estos sonidos se movieron hacia el norte, recibieron la influencia de otras formas musicales, incluyendo las afroestadounidenses. Este solapamiento se produjo en primer lugar a comienzos del siglo XX en Nueva Orleans, donde la riqueza de sus tradiciones españolas, francesas y africanas dio origen al *Latin Tinge* («Color Latino») y acabaría influyendo en el desarrollo del jazz en la ciudad y más allá[32].

Algunos historiadores musicales sitúan el origen del sonido latino moderno en la ciudad de Nueva York, tras el regreso de la Primera Guerra Mundial del 369.º regimiento de infantería, apodados los *Harlem Hellfighters* («Los luchadores del infierno harlemitas») y formado por afroestadounidenses, aunque también incluía a soldados puertorriqueños que habían tocado en bandas militares[33]. En las décadas siguientes comenzaron a aparecer intérpretes como Rafael Hernández —que había servido en aquel regimiento— y su Trío Borinquen. Publicado en 1929, su «Lamento borincano» se convirtió en un himno extraoficial para los puertorriqueños que vivían fuera de la isla, con su letra que decía: «Borinquén, la tierra del Edén / la que al cantar el gran Gautier / llamó la Perla de los Mares / ahora que tú te mueres con tus pesares / déjame que te cante yo también»[34].

La música cubana también formaría parte de la escena de la ciudad y, eventualmente, de la nación. En aquel momento, los turistas estaban acudiendo a la isla a millares, y en las décadas siguientes la cultura popular acabaría enamorada de Cuba. Gracias a películas como *A La Habana me voy* o *Holiday in Havana*, la isla —o al menos una aproximación imaginada— se hizo más accesible al gran público, así como sus ritmos[35]. La primera canción cubana en convertirse en un éxito en Estados Unidos fue «El manisero», en 1930[36]. Las salas de baile neoyorquinas no tardaron en ofrecer sus propias versiones de la canción, y muy pronto la fiebre por la rumba (escrita a veces *rhumba*) se extendió por el país, tanto la música como los pasos de baile.

La rumba tiene como núcleo estructural la «clave», un patrón de cinco golpes, a menudo marcados con las claves, un instrumento consistente en dos palitos de madera. En su esencia histórica, la rumba formaba parte de la cultura afrocubana, procedente de los esclavos que trabajaban en las plantaciones azucareras y las personas libres de color en las ciudades, como parte de una tradición en la que la gente se reunía para cantar y bailar, y que también estaba conectada con la vibrante cultura cubana de las procesiones católicas[37]. Los músicos anglos aprendieron este estilo e incluso algunos intentaron hacerse pasar por cubanos, tales como Don Carlos and

His Rumba Band, que anteriormente había usado el nombre de Lou Gold and His Orchestra[38].

En paralelo aumentó la demanda por los músicos cubanos de verdad. En 1946, el cubano Desi Arnaz se anotó un *hit* con su interpretación de «Babalú», antes de ser conocido en todos los hogares por la serie de televisión *I love Lucy*. A pesar de los éxitos musicales, en general la raza siguió acechando a los músicos que venían del Caribe español. Los cubanos y puertorriqueños de piel más clara tocaban para audiencias exclusivamente blancas en el bajo Manhattan, muchas veces como bandas «de relevo» para orquestas más grandes en hoteles o clubs de postín, mientras que los músicos afrocaribeños a menudo quedaban limitados a tocar en Harlem y otros lugares del alto Manhattan[39].

Siguiendo los pasos de la rumba llegó el aún más popular mambo, de nuevo un estilo de raíces afrocubanas, siendo el término posiblemente de origen congoleño. El uso de instrumentos de percusión cubanos como la conga es un reflejo de su historia, pero su evolución también se vio influida por la proximidad de los músicos y compositores cubanos al jazz de las populares orquestas *big band* estadounidenses[40]. Pérez Prado ejemplificó esta mezcla de influencias al trasladarse de Cuba a México, donde en 1949 grabó «Qué rico el mambo». La energía de sus secciones de viento metal y percusión catapultó la canción al éxito, primero en Latinoamérica y poco después en Estados Unidos, donde contribuyó al surgimiento de la moda del mambo por todo el país[41]. En sitios como el Palladium Ballroom de Nueva York, en Broadway con la 53, hubo frecuentes actuaciones de mambo a comienzos de los años 50, con las *big bands* de estrellas en ascenso como el percusionista y director de orquesta Ernesto (o Tito) Puente[42]. La industria musical trataba de capitalizar esta tendencia dondequiera que pudiese, creando lo que se ha acabado conociendo como *latunes*: básicamente, canciones (*tunes*) con ritmos latinos, pero con letras en inglés. En la era de la rumba, entre las canciones que encajan en esta categoría se encontraba «Night and Day», de Cole Porter[43]. Cuando surgió el mambo, sin embargo, hubo compositores produciendo «mamboides» en masa: temas que más o menos mencionaban el mambo a secas, en vez de copiar el estilo musical, tales como «Mambo italiano», «Papa loves Mambo», y hasta «Mardi Gras Mambo»[44]. A pesar de esta fiebre por el mambo, a mediados de los 50 dio paso al más tranquilo chachachá (o cha-cha en EE. UU.), otro estilo cubano que se abrió camino hacia el Norte. Era más lento que el mambo, y sus pasos de baile consistían en «un-dos-cha-cha-chá»[45].

Aunque los distintos tipos de música cubana gozaron de cierto éxito, los estilos puertorriqueños como la danza, la bomba y la música jíbara campestre no obtuvieron un público tan grande como los de Cuba, aunque fueron componentes influyentes en la música de la escena latina de Nueva York. A finales de los años 60 hubo otra forma musical en auge: el bugalú latino, que combinaba elementos afroestadounidenses y tradiciones puertorriqueñas. La canción «Bang bang», publicada en 1967 por Joe Cuba y su sexteto, fue un éxito a nivel nacional e introdujo al público a este nuevo género musical[46]. Fue en ese momento cuando comenzó a ganar terreno la salsa, otro sonido que combinaba estas influencias. La salsa acabaría dominando la música latinoamericana, popularizándose por todo el mundo y aunando muchas de las corrientes de la música latina en Nueva York[47]. Del compositor Tito Puente, que tocó una amplia variedad de estilos, se dice que, al preguntarle de qué se componía la salsa, replicó: «Yo soy músico, no cocinero»[48].

• • •

En San Juan de Puerto Rico, en la esquina de la calle de la Cruz con la calle Sol, se encuentra un edificio de color rosado y molduras blancas con una plaquita dorada junto a una de sus ventanas. Esta elegante casa, con sus balcones de madera labrada en el primer piso, fue en su día la sede del Partido Nacionalista de Puerto Rico y residencia de Pedro Albizu Campos, dirigente del partido. El letrero, en el que aparece una fotografía en blanco y negro de Albizu con el puño en alto, dice: «Durante los actos revolucionarios de 1950, en defensa de nuestro derecho a la independencia, esta edificación fue tiroteada durante dos días por la policía insular y la guardia nacional».

Como líder y político, Albizu Campos ocupa un lugar complicado en la historia de Puerto Rico. Su partido ha recibido todo tipo de definiciones, desde «patriótico a criminal, de sacrificado a demente, de protosocialista a fascista»[49]. Salió de la pobreza para estudiar en la Universidad de Vermont antes de obtener una licenciatura en Harvard en 1916, donde ingresó en la facultad de Derecho. Interrumpió sus estudios al presentarse voluntario al ejército estadounidense durante la Primera Guerra Mundial, y fue asignado a un regimiento compuesto exclusivamente por negros, debido al color de piel que había heredado de su madre. Fue una experiencia que lo marcaría, pues descubrió de primera mano los prejuicios y discriminaciones del continente.

Tras la guerra, finalizó su grado en Derecho, regresó a Puerto Rico y no tardó en participar activamente en la política de la isla, al incorporarse en 1924 al incipiente Partido Nacionalista; para 1930 se había convertido en su líder. Su defensa de la idea de la nación puertorriqueña vino en parte motivada por su estancia en Estados Unidos, donde se dio cuenta de que los puertorriqueños de piel oscura no podrían aspirar a la igualdad bajo el dominio estadounidense[50]. El partido buscaba la independencia, la propiedad por parte del estado de los servicios públicos, y reformas agrarias que limitasen las propiedades del sector privado a trescientos acres (121 ha)[51]. Las metas de Albizu Campos no se limitaban a la economía y la política; también tenía la visión de una «raza» puertorriqueña, una suerte de hispanismo que consistía en el rechazo cultural a la americanización[52]. Para Albizu Campos, la república de Puerto Rico había nacido en 1868, durante la revuelta de Lares, en la que los rebeldes trataron de liberarse del dominio español. En un discurso en 1936, llamó a Puerto Rico una «propiedad insular» de Estados Unidos, declarando que «la intervención militar de Estados Unidos en nuestra patria es sencillamente uno de los actos más brutales y abusivos que se hayan perpetrado en la historia contemporánea». Le enfurecía «el esfuerzo ridículo por destruir nuestra civilización hispánica con un sistema de instrucción pública usado en Estados Unidos para esclavizar a las masas» y concluyó argumentando que «el pueblo de Estados Unidos, si no se ha vuelto totalmente insensible a los principios que le permitieron ser una nación libre, debe tener sentido común, debe guiarse exclusivamente por su interés nacional. Ese interés nacional queda garantizado al respetar la independencia de Puerto Rico»[53]. Su visión abrazaba la lengua española y también el catolicismo, que consideraba como parte de la expresión de la nación de Puerto Rico.

La isla había sufrido durante la Gran Depresión[54]. La industria azucarera había quedado seriamente afectada, y los cortadores de caña habían visto desplomarse sus salarios o perdido el empleo; los puertorriqueños se estaban marchando al Norte en tropel. Aunque Estados Unidos trató de improvisar algunas medidas de alivio para la isla, los obreros del azúcar empezaron a alzarse en huelga exigiendo mejores pagas. Se produjeron al menos ochenta y cinco huelgas en la segunda mitad de 1933, no solamente entre los cortadores de caña sino también entre los cigarreros, los estibadores o las costureras[55]. En 1934, los azucareros pasaron de nuevo a la acción, con una huelga aún mayor que interrumpió la cosecha.

En 1935, el presidente Roosevelt aplicó una versión del *New Deal* en la isla, estableciendo la Administración para la Reconstrucción de Puerto Rico (en inglés, PRRA). Se construyeron fábricas de cemento y vidrio, y se trató de acometer una serie de medidas de sanidad pública, como la demolición de barrios marginales. Para 1938 se habían gastado unos cincuenta y ocho millones de dólares en total[56]. La PRRA también intentó devolver a manos puertorriqueñas una mayor parte de la producción de azúcar mediante la creación de plantas cooperativas, además de aplicar la disposición de la ley Jones-Shafroth que limitaba la propiedad de tierras por parte de empresas a quinientos acres (202 ha). Esta jugada irritó a los grandes intereses azucareros estadounidenses, aunque agradó a los cultivadores de la isla. Frustrado, un puertorriqueño envió en 1936 sus quejas a Charles West, secretario del Interior en funciones: «Aún no he conocido a uno [de los estadounidenses viviendo en la isla] que no defienda el monopolio de nuestras lucrativas tierras agrarias por las centrales azucareras. Ni uno solo de ellos se ha puesto del lado de los puertorriqueños»[57].

Mientras la PRRA ponía en marcha sus políticas, las relaciones entre las autoridades y los nacionalistas adoptaron un cariz violento. En octubre de 1935, cuatro militantes fueron abatidos después de un altercado entre manifestantes y policía en la Universidad de Puerto Rico, en Río Piedras. Pocos meses después, el 23 de febrero de 1936, dos miembros del Partido Nacionalista asesinaron al comisario Elisha Francis Riggs. Más tarde murieron por disparos en el cuartel general de la policía y muchos puertorriqueños creyeron que los habían ejecutado de manera sumarísima, lo que desató la ira del público. Ese año las autoridades arrestaron a Pedro Albizu Campos y otros dirigentes, a quienes encerraron en la imponente cárcel de la Princesa, construida por los españoles un siglo atrás en la bahía de San Juan. Los hombres fueron imputados por sedición y conspiración para derrocar el gobierno estadounidense en la isla, pero el primer juicio acabó con empate en el jurado —el cual constaba de siete miembros puertorriqueños y cinco estadounidenses—. Se repitió el juicio, esta vez con un jurado compuesto por diez estadounidenses y dos puertorriqueños, y se les declaró culpables por diez votos a dos[58]. Albizu Campos y otros seis acusados fueron trasladados a una prisión federal en Atlanta.

Aquel verano, el gobernador de la isla, Blanton Winship, escribió al secretario del Interior Harold L. Ickes acerca de estos desórdenes. A Winship le irritaban sobre todo las constantes exigencias de que hubiese una elección directa del gobernador de Puerto Rico, lo que describió sarcásticamente como algo «lógico», pues no esperaba que la clase política de Puerto Rico fuese a «admitir que no podría proporcionar el cerebro, el carácter y otras herramientas necesarias para proceder a gobernar el territorio que habita». Asimismo, el aumento de la agitación nacionalista era «particularmente evidente», decía Winship, desde el ascenso de Albizu Campos. En su opinión, el propósito del dirigente nacionalista era «desmoronar el gobierno americano aquí establecido»[59].

Más adelante, aquel año, el presidente del Comité del Senado sobre Asuntos del Interior e Insulares, Millar Tydings, presentó un proyecto de ley en apoyo de la independencia de Puerto Rico, aunque no fue ninguna victoria para los nacionalistas. El borrador ofreció a la isla el votar por la independencia, pero si esta salía elegida, Estados Unidos no ofrecería asistencia en la transición, e impondría elevados aranceles que habrían de aumentar en los primeros cuatro años[60]. También daría únicamente seis meses a los puertorriqueños para decidir si querían conservar la ciudadanía estadounidense, lo que podía ser un serio dilema para los cientos de miles que vivían en el continente. Asimismo, la cuota de inmigración quedaría fijada en quinientas personas al año[61]. El mensaje punitivo estaba claro; la implicación era que Puerto Rico no podría sobrevivir sin Estados Unidos. Tras dejar claro su punto de vista político, Tydings retiró el proyecto de ley.

Más adelante, el 21 de marzo de 1937 —domingo de Ramos— la violencia empeoró. El Partido Nacionalista había anunciado que celebraría un desfile de su cuerpo de cadetes en la ciudad de Ponce, al sur de la isla, y solicitó un permiso que le fue concedido la víspera, pero con la condición de que no sería ninguna clase de desfile militar. Presentada la solicitud, se envió a Ponce un contingente de la policía[62]. Antes de la hora de arranque del desfile, el alcalde anuló el permiso alegando que era una festividad religiosa, mientras que los nacionalistas alegaron que los cadetes no causarían molestias[63].

Mientras se discutía cómo proceder, el público comenzó a afluir al centro de la ciudad, con los familiares de los cadetes congregándose para ver la procesión. En torno a las tres de la tarde, los casi ochenta cadetes comenzaron a formar, y una banda tocó el himno isleño de «La borinqueña». Se escuchó un disparo y se desató el caos. Un fotógrafo capturó en una imagen el momento en que un policía abrió fuego contra un grupo de civiles en la acera, aunque no se pudo identificar su rostro. Otros testimonios afirman que fue un civil quien disparó primero, aunque este hombre habría muerto en la lluvia de balas que se produjo a continuación. Después no le encontraron ningún arma encima[64]. Al final, murieron diecinueve personas y unas ciento cincuenta resultaron heridas aquella tarde, en lo que se llamó la Masacre de Ponce.

Al margen de que esa foto capturase el primer disparo o uno posterior, volaron los rumores y acusaciones. En un intento de averiguar la verdad para la alarmada población de Ponce y de la isla, se formó una comisión para investigar el tiroteo. Estuvo dirigida por Arthur Garfield Hays, de la Unión Americana por las Libertades Civiles, a quien acompañaron siete puertorriqueños, aunque no tomó parte nadie del Partido Nacionalista y tampoco hubo representantes de las autoridades coloniales, que se mostraron poco colaboradoras durante toda la instrucción.

En su informe al departamento del Interior del 23 de marzo, el gobernador Winship dijo que no era un desfile de cadetes, sino del «ejército de liberación» del partido, y que el jefe de la policía había decidido que no se debía permitir. Informó de que a las tres y media de la tarde comenzaron a marchar tras haberse interpretado el himno, y que el jefe de la policía les dijo que la procesión había sido prohibida. En aquel momento, «los nacionalistas efectuaron dos disparos» y las balas alcanzaron a los agentes a la izquierda y derecha del jefe. En el relato de Winship, a esto le siguió un intercambio de fuego con los «nacionalistas disparando desde la calle, y desde tejados y balcones»[65].

El director de la División de Territorios y Posesiones Insulares de EE. UU. escribió al gobernador Winship para transmitirle la indignación expresada en las cartas que le estaban enviando los puertorriqueños, incluyendo afirmaciones de que los nacionalistas que resultaron muertos no portaban armas, que la policía había abierto fuego sobre la multitud matando a mujeres y niños inocentes y que, si el desfile se hubiese permitido en primer lugar, no habría habido derramamiento de sangre[66]. En un informe clasificado del comandante del 65.º Regimiento de Infantería de Puerto Rico, apodado «los Borinqueños», se incluyó la «versión nacionalista» de los hechos, en la que «afirman que el tiroteo se inició "por parte de la policía exclusivamente" y que "la policía acribilló a los nacionalistas como a ratas"»[67].

Los hallazgos de la comisión pusieron en tela de juicio muchas de las afirmaciones de Winship. El informe decía, por ejemplo, que «las fotografías tomadas en aquel momento no muestran a un solo nacionalista con ningún arma de ningún tipo», y que los cadetes estaban «cercados por todos lados por policías fuertemente armados»[68]. Concluyó sus hallazgos con la observación de que «el pueblo de Ponce ha dado a esta tragedia el único título descriptivo posible: esto fue la Masacre de Ponce, y aún con más motivo al ocurrir en un tiempo de paz»[69].

Blanton Winship siguió como gobernador, aunque la ira dirigida hacia él impregnó toda la vida pública. A pesar de lo caldeado que estaba el ambiente, decidió celebrar un desfile militar el 25 de julio de 1938 para celebrar el 40.º aniversario del desembarco estadounidense en Puerto Rico. Para transmitir con claridad meridiana el mensaje sobre el dominio de Estados Unidos, optó por celebrarlo en Ponce. Los soldados apenas habían dado un paso, cuando el nacionalista Ángel Esteban Antongiorgi intentó asesinar a Winship, pero en su lugar mató a un coronel de la guardia nacional que saltó en frente del gobernador. Antongiorgi fue abatido por la policía en ese mismo instante.

El presidente Roosevelt decidió reemplazar a Winship por el almirante William D. Leahy, a quien nombró gobernador el 12 de mayo de 1939[70]. Vito Marcantonio, un congresista por Nueva York cuyo distrito incluía el Harlem este, había instado a que se apartase a Winship de su cargo el día anterior al comunicado acerca de Leahy. Marcantonio tenía muchos votantes puertorriqueños, y a lo largo de su carrera política introduciría cinco proyectos de ley para la independencia de la isla.

En su discurso del 11 de mayo se refirió a los constantes intentos por parte de Winship y otros de eludir la aplicación del salario mínimo de veinticinco centavos por hora, estipulado en la Ley de Normas Justas de Trabajo de 1938. Marcantonio denunció los «salarios de esclavo» que se pagaban a los puertorriqueños, especialmente los de la industria azucarera, e insistió: «Todo el mundo sabe que pueden pagar veinticinco centavos por hora a sus trabajadores y que deben hacerlo». Echó la culpa a Winship de que los salarios se hubiesen mantenido en doce centavos y medio por hora porque «el Gobernador en muchas, muchas ocasiones [...] aconsejó [a los de la industria azucarera] que no se preocuparan por esta ley»[71].

Pocos meses después, tras la salida de Winship, Vito Marcantonio pronunció ante la Cámara de Representantes su discurso llamado «Cinco años de tiranía en Puerto Rico», en el que describió el mandato de Winship como un tiempo en que «los ciudadanos fueron aterrorizados. [...] Los trabajadores estadounidenses fueron perseguidos y abatidos cada vez que intentaron ejercer su derecho de huelga u organizarse [...] La policía insular fue militarizada [...] Winship bebía cócteles y bailaba en el palacio del Gobernador, mientras la policía mataba y perseguía sin piedad a los ciudadanos de Puerto Rico»[72].

Leahy podría haber sido un cambio, pero seguía representando el dominio estadounidense. Muchos de los problemas de antes seguían igual, y las políticas coloniales no estaban funcionando[73]. Al mismo tiempo, estaba emergiendo otro líder político: Luis Muñoz Marín. Era hijo de Luis Muñoz Rivera, el excomisionado residente en el Congreso de EE. UU. Muñoz Marín había pasado gran parte de sus años de formación en los Estados Unidos y había sido alumno de la Universidad de Georgetown, antes de abandonar los estudios en 1915. Para 1920 había comenzado a interesarse en política, y pasó los años siguientes entre Estados Unidos y Puerto Rico, antes de asentarse finalmente en la isla en 1931[74]. Un año después, obtuvo un escaño en el senado puertorriqueño como miembro del Partido Liberal.

Al cabo de un tiempo, Muñoz Marín rompió con el Partido Liberal, y en 1938 fundó junto a sus partidarios el Partido Popular Democrático, que inicialmente estaba a favor de la independencia[75]. En las elecciones de noviembre de 1940, el partido obtuvo suficientes escaños para nombrarle presidente del senado. Más tarde, ese mismo mes, Muñoz Marín escribió al presidente Roosevelt para felicitarlo por su reciente reelección y para abordar, con tono emoliente, «una oportunidad real para establecer una relación de auténtico entendimiento». En la misiva, explicó al presidente que su preocupación principal no era la condición de independencia, sino más bien el ver que «económica y administrativamente nuestros propósitos son paralelos a los del *New Deal*». Muñoz Marín concluyó la carta asegurando su «plena cooperación a fin de que, con su ayuda, el esfuerzo y los resultados estén en harmonía con esa realidad»[76]. Esto ilustra el viraje de Muñoz Marín hacia una mayor autonomía en lugar de la independencia, una jugada motivada en parte por la cada vez mayor dependencia económica de la isla hacia Estados Unidos[77]. Otras teorías atribuyen su cambio de opinión al hecho de que la inteligencia estadounidense tenía informes detallados acerca de su consumo de opio, lo que le dejaba con pocas opciones que no fueran acatar el sistema[78]. Su partido siguió logrando avances en las elecciones, comprometiéndose a emprender reformas en el uso de la tierra y la economía, y ganando apoyos por toda la isla entre las comunidades rurales de jíbaros, a menudo empobrecidas.

Las autoridades estadounidenses permanecieron en alerta por los nacionalistas hasta bien entrada la siguiente década. Leahy escribió en 1940 que en la isla había «un número considerable de individuos desafectos que indudablemente, en caso de guerra, emprenderían actividades subversivas reales y formarían una quinta columna muy problemática». Según Leahy, estas personas incluso estaban recibiendo fondos «a través de la República de Santo Domingo y probablemente de fuentes natzis [*sic*]», motivo por el cual la inteligencia militar y el FBI seguían vigilándolos[79]. El FBI también estuvo controlando a los puertorriqueños en Estados Unidos, con un informe señalando que existía una «estrecha relación entre el partido [nacionalista] y la organización comunista americana, particularmente en Nueva York»[80].

William D. Leahy no permaneció mucho tiempo en el cargo, y en 1941 fue nombrado gobernador Rexford Tugwell, uno de los miembros del «grupo de cerebros» (*brain trust*) que asesoraba a Roosevelt. De talante más empático hacia las dificultades de Puerto Rico, expresó su profunda consternación por el estado de la isla, a pesar de los esfuerzos del *New Deal*, y más adelante escribiría en su libro *La tierra azotada*: «Esto es lo que el colonialismo era e hizo: distorsionó todos los procesos normales de la mente, hizo mendigos de hombres honestos, sicofantes de cínicos, odiadores de americanos de aquellos que deberían haber estado trabajando a nuestro lado para mejorar el mundo». Sin embargo, lo que más le enfureció fueron las iniciativas de alivio. Señaló con el dedo al Congreso, culpándolo por hacer que la isla «mendigara [en busca de ayuda], duramente y en las más repugnantes formas». Para Tugwell, este era «el verdadero crimen de América en el Caribe, convertir a los puertorriqueños en algo menos que los hombres que nacieron para ser»[81]. En el Congreso se siguió debatiendo la cuestión de Puerto Rico. En 1945, el senador Millar Tydings presentó otro proyecto de ley en el que se instaba a celebrar un plebiscito con relación al estatuto de la isla, esta vez con unas garantías económicas diferentes. La iniciativa, sin embargo, quedó vetada[82].

Entretanto, Pedro Albizu Campos había enfermado mientras estaba preso en Atlanta. Se habían producido muchos llamamientos por su liberación por parte de activistas en los Estados Unidos y el extranjero; incluso Tugwell era partidario. En 1943 escribió al secretario del Interior Harold Ickes diciendo que «esperaba que [Albizu Campos] fuese indultado y regresara a Puerto Rico». Tugwell creía que era importante demostrar que los estadounidenses eran «un pueblo que no suelen privar a nadie de la libertad de hablar, y especialmente que no temamos el apoyo a la independencia de Puerto Rico». También esperaba que Albizu Campos ahora «descubriese que muchos de sus amigos independentistas están dispuestos a reconocer la sensatez de nuestro enfoque paulatino y racional»[83]. Al final, el líder nacionalista fue transferido a un hospital en Nueva York para recibir tratamiento y permaneció allí hasta 1947. Sin embargo, su expediente en el FBI expresaba dudas acerca de su enfermedad. Una carta de 1943 del director del FBI J. Edgar Hoover al asesor de la Casa Blanca Harry L. Hopkins señalaba que «hasta ahora, los médicos de esa institución no han podido hallar incapacidades físicas significativas»[84]. Pocos meses después, otra carta de Hoover a Hopkins señalaba que «hay informes de que [Albizu Campos] está utilizando su habitación privada en el Columbus Hospital como sede del Partido Nacionalista de Puerto Rico en Nueva York, y se ha dicho que recibe a muchos visitantes destacados y celebra reuniones en su habitación, que según fuentes de confianza está pagada por el Partido Comunista de EE. UU.»[85]. Albizu Campus nunca se libraría del escrutinio del servicio secreto, pero en 1947 fue dado de alta y se puso fin a su encarcelamiento, por el momento.

Tras el final de la Segunda Guerra Mundial, el enfoque en Puerto Rico había virado hacia la promoción de estímulos a la inversión privada desde EE. UU., sobre todo de cara a la industrialización. Se aprobaron leyes que otorgaban exenciones fiscales sobre ciertos productos manufacturados, lo que dio paso a una etapa conocida como Operación Manos a la Obra u *Operation Bootstrap*, con el énfasis puesto en el rendimiento económico[86]. Los fabricantes comenzaron a aprovecharse de los subsidios disponibles; otros sectores, como el turismo, también fueron atrayendo inversión estadounidense, y empezaron a brotar hoteles a lo largo del espléndido litoral de la isla. Al principio, los salarios en la industria manufacturera eran buenos, y entre 1953 y 1963 se incrementaron en más del doble, de dieciocho a cuarenta y cuatro dólares por semana para los hombres, y de doce a treinta y siete dólares para las mujeres[87]. Fue un comienzo prometedor, pero la estrategia no tardó en flaquear. Aunque la Operación Manos a la Obra posibilitó que los trabajadores locales se alejasen del azúcar, las ganancias obtenidas en conjunto por la industrialización no compensaron las pérdidas por el abandono de la agricultura, debido en primer lugar a que ahora la isla tenía una dependencia aún mayor de los mercados estadounidenses[88]. La bonanza económica en los Estados Unidos de la posguerra supuso que a menudo siguiese resultando más provechoso trabajar en el continente, y muchos puertorriqueños continuaron emigrando al Norte.

Sumada a la expansión económica de los años 40, Estados Unidos también incrementó su presencia militar en la isla. A comienzos de la Segunda Guerra Mundial, el gobierno estadounidense expropió dos tercios del territorio de Vieques, un islote en la costa oriental, para la construcción de una base naval. Con anterioridad, Vieques se había destinado al cultivo de la caña de azúcar, y gran parte de la tierra se encontraba ya en manos de grandes corporaciones o de individuos adinerados. Los trabajadores sin tierras se pasaron a la construcción y, en el fragor de la guerra, la isla pasó a formar parte de una iniciativa de mayor envergadura a nivel regional, destinada a proteger el Caribe de cualquier influencia o invasión por parte de Alemania[89]. Al final, se fueron revisando los planes para la base a medida que Estados Unidos se volvía hacia el Pacífico, y para 1943 Vieques se encontraba en estado de suspensión, interrumpiéndose el empuje económico que había proporcionado[90]. En 1947, los planes para la base habían cambiado; se utilizaría con fines de adiestramiento y como depósito de combustible. A pesar de ello, la marina quería obtener más tierra, y el problema de qué hacer con las familias que vivían en Vieques se convirtió en una cuestión política candente. Estados Unidos renunció a sus planes de desahucio, y en su lugar el gobierno de Puerto Rico procedió a construir viviendas en la pequeña porción de la isla que seguía siendo habitable, mientras que la base acabó destinada a ensayos con explosivos y almacenamiento de municiones[91].

Pedro Albizu Campos regresó a Puerto Rico en diciembre de 1947. Para celebrarlo, algunos estudiantes universitarios izaron la bandera puertorriqueña el día de su llegada; acabaron expulsados[92]. Mucho había sucedido en su ausencia. En 1946, Estados Unidos había nombrado al primer gobernador puertorriqueño, Jesús Piñero. En paralelo, se habían aprobado leyes que allanaran el camino para que los habitantes de la isla votasen para elegir a su propio gobernador. La iniciativa estuvo encabezada por Luis Muñoz Marín, quien convenció tanto a su partido de la necesidad de cambiar de rumbo, como a Estados Unidos de la legitimidad de sus planes —algo que el gobierno aprobó, en parte, porque tras la Segunda Guerra Mundial quería que EE. UU. fuese visto como un país promotor de los valores democráticos—[93].

En junio de 1948, tras el retorno de Albizu Campos, el órgano legislativo de Puerto Rico —bajo el control de Muñoz Marín y su partido— aprobó la conocida como «ley de la mordaza», que ilegalizó las muestras de apoyo a la independencia, una legislación enfocada contra los nacionalistas[94]. A los pocos meses, en noviembre, la isla votó por Muñoz Marín como su primer gobernador electo, con su partido obteniendo el 61,2 % de las papeletas. Sus pobladas cejas y su pulcro bigote se convertirían en el rostro de la política puertorriqueña en las décadas venideras.

El estatuto de los puertorriqueños seguía siendo una cuestión sin resolver, y ahora Muñoz Marín se mostraba a favor de un plan que otorgase a la isla su propia constitución[95]. La Ley Pública 600, que permitiría a Puerto Rico elaborar tal documento, tal como habían hecho los estados de la Unión, fue firmada en 1950 por el presidente Harry S. Truman, pero aún había de aprobarse en referéndum. Para los nacionalistas, la constitución no era un sustituto de la independencia[96]. Con el comienzo del debate sobre esta ley, los arrestos de algunos nacionalistas notorios provocaron nuevos derramamientos de sangre, y el 30 de octubre de 1950 un grupo de activistas del partido inició una insurrección armada[97]. Comenzó en el pueblo de Peñuelas, en el sur de la isla, y se propagó al menos a otras siete ciudades[98]. El objetivo era provocar una crisis política, poner en evidencia a Estados Unidos, y hacer descarrilar el referéndum[99]. Se asaltaron comisarías y se produjo también un ataque a la mansión del gobernador en San Juan, con Muñoz Marín como objetivo. Albizu Campos permaneció en su casa, que era también la sede de su partido, mientras la policía puso cerco al edificio y comenzó a abrir fuego, al cual respondieron otros que estaban dentro con su líder. En otros lugares de la isla, los nacionalistas se vieron superados en número y las revueltas no tardaron en ser sofocadas[100].

Sin embargo, los ataques no habían tocado a su fin. El 1 de noviembre de 1950, los nacionalistas Griselio Torresola y Óscar Collazo pusieron en el punto de mira un blanco aún mayor: el presidente Truman. Los dos hombres habían viajado a Washington desde Nueva York y trataron de abrirse paso a tiros en la Casa Blair, donde se alojaba Truman durante unas reformas de la Casa Blanca. El plan, según lo describió el *New York Times*, «se sustentaba en tal ignorancia que parecía un disparate»[101]. La policía abatió a Torresola y Collazo fue sentenciado a muerte, aunque Truman conmutó la pena a cadena perpetua. El 2 de noviembre los periódicos de la isla, que los días anteriores habían estado repletos de fotografías espeluznantes de los cadáveres de los caídos, mostraban ahora imágenes de Albizu Campos siendo escoltado por las autoridades insulares, tras haberse rendido ante los ataques incesantes de la policía y la guardia nacional. En los días posteriores al levantamiento se arrestó a un millar de personas[102].

Al final, el referéndum se celebró en junio de 1951, y la Ley Pública 600 fue aprobada con un 76,5 % a favor, aunque un 35 % de los votantes registrados no se presentaron[103]. Se redactó una constitución, la cual fue aprobada en otro plebiscito en marzo de 1952, con 374 649 votos a favor y 82 923 en contra. De ahí pasó al Senado de EE. UU. para su confirmación. El Estado Libre Asociado fue proclamado el 25 de julio de 1952, cincuenta y cuatro años después del día en que las tropas estadounidenses desembarcaron en la isla[104].

Pedro Albizu Campos había sido encarcelado tras el intento de asesinato de Truman en 1950, pero el gobernador Muñoz Marín le concedió un perdón condicional en 1953. No pasaría mucho tiempo en libertad. En la tarde del 1 de marzo de 1954, cuatro nacionalistas puertorriqueños introdujeron pistolas en la Cámara de Representantes de EE. UU. y abrieron fuego a gritos de «¡Viva Puerto Rico libre!». No murió nadie, pero cinco congresistas resultaron heridos. Según un testimonio, los tiradores «clamaron por la libertad de su patria mientras disparaban de manera homicida, aunque aleatoria, desde una galería de espectadores»[105]. Tres de los asaltantes —Lolita Lebrón, Rafael Cancel Miranda y Andrés Figueroa Cordero— fueron capturados por la policía, con Lebrón «aferrando todavía la bandera puertorriqueña»[106]. Posteriormente la policía encontró una carta en su bolso, que decía: «Mi vida doy por la libertad de mi país. Este es un grito de victoria en nuestra lucha por la independencia»[107]. Irving Flores Rodríguez, el cuarto miembro del grupo, huyó del lugar, pero lo encontraron más tarde junto con el arma que había utilizado.

Las imágenes de los tres asaltantes flanqueados por la policía muestran a una Lolita Lebrón desafiante, con el pelo apartado del rostro, la mirada determinada y un aspecto tan cuidado como el de una estrella de cine. Dirige una mirada penetrante hacia la cámara mientras dos agentes la sujetan de los brazos para contenerla. Según observaría años después su nieta Irene Vilar, «se pueden ver hasta los detalles de su conjunto: camisa y chaqueta almidonadas, pendientes plateados, zapatos de charol con tacones altos. Todo esto con la majestuosidad deslumbrante que da el lenguaje de la prensa»[108].

Dolores (o Lolita) Lebrón había nacido en Lares, el pueblo donde comenzó la primera lucha por la independencia. Como muchos puertorriqueños, se marchó de la isla —en su caso, en 1941— para trabajar en Nueva York, y eso hizo un tiempo, como costurera[109]. Regresó en 1948 pero, tal como escribió Vilar, «volvió hecha una militante. Nueva York la había transformado»[110]. Lebrón se mantuvo firme en el juicio, diciendo a la acusación: «No vine aquí a matar, sino a morir»[111]. Fue sentenciada a cincuenta y seis años en prisión, condena que cumplió en una cárcel para mujeres en Alderson, en Virginia Occidental.

Tras el tiroteo en el Congreso, se revocó el indulto a Albizu Campos, que regresó a prisión en la primavera de 1954. Pasó encarcelado casi todo lo que le quedaba de vida; sufrió un infarto, y estaría años afirmando que era víctima de experimentos con radiación que le habían abrasado la piel[112]. Lo volvieron a indultar en 1964 debido a su delicada salud y murió al año siguiente, sin ver cumplido su sueño de ver un Puerto Rico independiente.

Con Luis Muñoz Marín en el poder hasta 1964, la isla se consolidó en su condición de estado libre asociado, aunque en 1967 se celebró otro plebiscito al respecto. Cerca del 60 % optó por el modelo ya en vigor; el 39 % por convertirse en estado de la Unión, y el 1 % por la independencia, aunque los nacionalistas boicotearon el referéndum[113]. La isla comenzó a recibir a más visitantes del continente y creció la industria del turismo. El periodista Hunter S. Thompson se trasladó a Puerto Rico a comienzos de su carrera, en 1960, y permaneció allí unos meses trabajando para publicaciones en lengua inglesa. Su novela *El diario del ron* muestra escasa admiración por lo que Estados Unidos había creado en la isla:

> Se respiraba un aire extraño e irreal en aquel mundo al que acababa de llegar. Resultaba a un tiempo divertido y vagamente deprimente. Heme allí, viviendo en un lujoso hotel, recorriendo una ciudad medio latina en un coche de juguete que parecía una cucaracha y sonaba como un avión de combate, enfilando callejones y brincando sobre la playa y buscando comida en aguas infestadas de tiburones..., mientras esquivaba a unas hordas que aullaban en una lengua desconocida para mí. Y todo tenía lugar en el pintoresco Puerto Rico español, donde todo el mundo gastaba dólares norteamericanos y conducía coches norteamericanos y se sentaba alrededor de la ruleta con ínfulas de estar en Casablanca. Una parte de la ciudad parecía Tampa y la otra un asilo medieval[114].

En 1979, el presidente Jimmy Carter indultó a Lebrón, Cancel Miranda y Flores Rodríguez además de a Collazo, que había participado en el asalto a la Casa Blair en 1950. A Figueroa Cordero, el cuarto miembro del grupo que atacó el Congreso, le habían conmutado la sentencia por su delicado estado de salud. Más tarde se reveló que Lebrón había declinado ofertas previas de libertad condicional, por habérsele exigido prometer que no participaría en «actividades subversivas». La liberación de Lebrón y los demás no gozó de plena popularidad, y el gobernador de Puerto Rico en aquel momento, Carlos Romero Barceló, expresó sus objeciones. Frederick Kidder, un vecino que llevaba treinta y cinco años viviendo en la isla, escribió una airada carta en contra de su excarcelación, alegando que no habían saldado su deuda para con la sociedad porque «no reconocen ni la sociedad ni la deuda»[115]. El gobierno, sin embargo, sostenía que «el mundo a su alrededor ha cambiado sustancialmente», que era una cuestión de «juicio humanitario» porque estaban cumpliendo sentencias mucho más largas que las indicadas por las directrices de aquel momento, y que «no supondrían un riesgo significativo de [...] convertirse en un punto de reunión para grupos terroristas»[116].

Cuando Lolita Lebrón salió de la cárcel, hizo un llamamiento a algunos de los presos, diciendo: «Nunca os olvidaré, luchad contra la opresión y huid de las cárceles», antes de volverse hacia los reporteros que esperaban a las puertas[117]. Desde allí se reunió con los demás en Nueva York. Los cuatro recibieron una cálida bienvenida por parte de unas cuatrocientas personas

—muchas de ellas gritando «¡Viva Puerto Rico libre!»— que les esperaban en el aeropuerto para saludarles[118]. De ahí fueron a las Naciones Unidas y hablaron en una rueda de prensa. Sujetando una docena de rosas rojas que, según dijo, eran «del pueblo de Puerto Rico», Lebrón respondió a las preguntas de los periodistas, incluida una acerca de los recientes atentados con bomba por parte de un grupo clandestino, las Fuerzas Armadas de Liberación Nacional (FALN), que había exigido su liberación. Dijo a la prensa: «Soy una revolucionaria [...] No puedo renegar de la gente que defiende la libertad, y si usan bombas, qué le vamos a hacer, nosotros vamos hacia adelante. Odio las bombas, pero quizá tengamos que usarlas»[119]. Los cuatro se dirigieron a San Juan, donde se congregaron unas cinco mil personas para recibirles a su llegada, con la multitud cantando «¡Lolita Lebrón, ejemplo de valor!»[120].

Los miembros de las FALN acabarían atribuyéndose la responsabilidad de unos setenta atentados con bomba en ciudades estadounidenses entre 1974 y 1983, que causaron cinco muertos, docenas de heridos y millones de dólares en daños materiales. Uno de sus atentados más notorios fue la explosión que se produjo en 1975 en el Fraunces Tavern, en Nueva York, que costó la vida a cuatro personas. Óscar López Rivera fue arrestado en conexión con estos sucesos, pero el cargo fue de «conspiración sediciosa», o intento de derrocar el gobierno estadounidense. López Rivera había nacido en Puerto Rico y se mudó a Chicago a los catorce años. Más adelante fue reclutado y sirvió en la guerra de Vietnam, donde obtuvo la Estrella de Bronce. A su regreso se involucró en el activismo puertorriqueño en Chicago, y acabó uniéndose a las FALN.

En 1981 comenzó su condena de setenta años, pero no estaba solo en su encarcelamiento. Otros miembros de las FALN también habían sido arrestados; once fueron liberados posteriormente a cambio de renunciar a la violencia, en una oferta de clemencia gestionada en 1999 durante la presidencia de Bill Clinton. Sin embargo, López Rivera rechazó la oferta en aquel momento, en parte porque las negociaciones solo incluían a algunos de los miembros del grupo encarcelados. Tendría que esperar hasta 2017, cuando el presidente Barack Obama conmutó su sentencia —una decisión controvertida ya que, si bien algunos consideran a López Rivera un luchador por la libertad, otros lo tachan de terrorista—.

López Rivera dijo en una entrevista con *The Guardian* antes de su liberación que, en su apogeo, las FALN estaban centradas en objetivos estructurales, no en personas. «Lo llamábamos "propaganda armada"; usar objetivos para atraer atención hacia nuestra lucha». Defendió al grupo por «adherirse a la ley internacional que dice que el colonialismo es un crimen contra la humanidad y que los pueblos coloniales tienen derecho a obtener la autodeterminación por cualquier medio, incluida la fuerza», pero añadió que los días de los atentados eran cosas del pasado desde hace tiempo. «No creo que yo pueda ser una amenaza», dijo, «hemos trascendido la violencia»[121].

Sin embargo, las FALN no fueron el único grupo clandestino en la isla. Durante los años 80, el Ejército Popular Boricua (o los Macheteros, en referencia a los cortadores de caña) también estuvo entregado a la lucha por la independencia de la isla. Fundada en 1976, la organización se atribuyó una serie de atentados con bomba en la isla, incluidos algunos en las instalaciones del ejército. Los Macheteros suscitaron una gran atención entre el público con su atraco de 1983, en el que se llevaron siete millones doscientos mil dólares de una sucursal de Wells Fargo en West Hartford, en Connecticut. Se arrestó a Filiberto Ojeda Ríos, uno de los líderes del grupo —y también implicado en las FALN—, con relación a este atentado, pero en 1990 se fugó estando en libertad bajo fianza antes de que se celebrara el juicio. Vivió como fugitivo hasta 2005, cuando los agentes del FBI lo localizaron y acorralaron en su casa, en Hormigueros, en el oeste de Puerto Rico, donde murió tras un intercambio de disparos. Su muerte tuvo lugar el 23 de septiembre, el mismo día en que se produjo el alzamiento independentista del Grito de Lares en 1868, lo que provocó manifestaciones por parte de enfurecidos partidarios, que lo consideraban un héroe, y de aquellos disgustados por el momento escogido por el FBI y las tácticas empleadas[122]. Se cree que los Macheteros siguen en activo y que tienen células operativas en Estados Unidos.

Capítulo 14
Los Ángeles, California
ca. 1920-1980

Cuando la entusiasta del conservacionismo Christine Sterling decidió explorar la parte más antigua de Los Ángeles, a mediados de los años 20, se quedó decepcionada al encontrar el barrio mexicano de El Pueblo «abandonado y olvidado»[1]. Esperaba ver restos evidentes del pasado español, pero no había nada que estuviese a la altura de sus expectativas. No es que se hubiese quedado vacía esta parte de la boyante ciudad; la propia plaza principal había sido desde hace tiempo un lugar de reunión y debate para los exiliados políticos de México y los mexicano-estadounidenses, que con el tiempo fue utilizada por socialistas y comunistas, entre otros[2]. La comunidad mexicana allí radicada se había extendido hacia los barrios al este de la ciudad, dejando El Pueblo con una reputación de delincuencia cada vez mayor, aunque seguía siendo hogar de mexicanos y de otras comunidades inmigrantes como italianos o chinos. Hacia 1926, sin embargo, se hicieron planes para demoler el barrio y aprovechar el sitio para construir una estación de ferrocarril[3].

Sterling, a diferencia de otros de los primeros promotores de California, era de hecho originaria de ese estado, habiendo nacido en Oakland. Junto con su marido, un abogado que trabajaba para la industria del cine, ella también sucumbió al encanto del mito del sur de California. Según explicó, los dos se vieron seducidos por «los atractivos materiales» que se enviaban para atraer visitantes. «Los folletos y guías que leí [...] estaban pintados con los colores del romance hispano-mexicano [...] con misiones antiguas, caserones de adobe... el rasgueo de las guitarras y el toque de las castañuelas...»[4]. Quedó enamorada de Los Ángeles y se interesó por el futuro de El Pueblo. La casa Ávila era de especial importancia para ella; construida en 1818, era el edificio más antiguo que se conocía en la ciudad y la descubrió «en un sucio callejón», con una señal de «clausurado» en la puerta, aunque a ella le pareció que la morada «resultaba digna aun en su decadencia»[5]. Otrora residencia del alcalde de Los Ángeles, la vivienda había sido utilizada como cuartel general del ejército en 1847, cuando las tropas estadounidenses ocuparon el estado, y allí se alojaron John C. Frémont y Kit Carson. En años posteriores se usó como restaurante y hotel[6]. Sterling anotó en su diario que esta construcción merecía incorporarse a otros lugares de referencia, señalando que «los hogares de Lincoln, Jefferson y Washington se han convertido en auténticos santuarios americanos. Esta vieja casa de adobe forma parte de la historia de Los Ángeles»[7].

Su objetivo, sin embargo, no era solamente preservar la zona en torno a la calle Olvera, que era una de las principales arterias de El pueblo, sino también recrear una aldea «mexicana». En este sentido, ella al menos reconoció la herencia mexicana de la ciudad; había habido cierto debate en la junta municipal sobre si el lugar hubiera de ser «español» o incluso «latinoamericano», pero al final ganó «mexicano» por ser quizá el más auténtico[8]. Unió fuerzas con Harry Chandler, editor de *Los Angeles Times*, que era partidario de escoger un lugar diferente para la estación proyectada. Con el apoyo de este periódico, Sterling captó la atención del público y tuvo éxito en su campaña, aunque tuvo que afrontar una gran hostilidad por parte de ciertos sectores de la comunidad anglo, con un detractor llevando la lucha al Tribunal Supremo de California. Sterling logró salir airosa y convenció al ayuntamiento de que El Pueblo sería un lucrativo reclamo turístico. En 1930 inauguró el emplazamiento de El Pueblo, centrado en la placita Olvera: «Una calle mexicana de ayer en una ciudad de hoy»[9]. En aquel momento Sterling escribió que el lugar abrió con un «resplandor de gloria», y que estaba encantada de que mostrase «todo el encanto y la belleza que había soñado que tendría». En su opinión, esto se debía al pueblo mexicano, en cuyos corazones, según creía, «se hila el oro del romance y el contento»[10]. El éxito fue inmediato.

Para que Christine Sterling pudiera confeccionar esta aldea mexicana se tuvo que expulsar a uno de sus grupos más auténticos: los vendedores de tamales, que llevaban preparando este tradicional bocado de maíz desde finales del XIX. Hacia los años 20 se habían organizado en puestos de comida ambulantes, que ofrecían gran variedad de opciones a la floreciente comunidad mexicano-estadounidense. En su lugar, Sterling ejerció presión para que la placita Olvera contase con un restaurante convencional, y los vendedores de tamales no tardaron en desaparecer. Tal como señaló un editorial en *Los Angeles Times*: «Nacieron del pueblo; perecen en la metrópolis»[11].

El elemento central para celebrar la finalización de El Pueblo iba a ser un enorme mural. En 1932 —el año en que Los Ángeles albergó los Juegos Olímpicos—, se invitó a David Alfaro Siqueiros, un destacado muralista mexicano, para que realizase una gran obra sobre una pared en la calle Olvera. En aquel momento se encontraba exiliado en Estados Unidos, y el encargo generó mucha expectación entre la comunidad artística y cultural de la ciudad. La creación resultante, titulada *América tropical*, fue expuesta al público el 8 de octubre de 1932. Los artistas e intelectuales angelinos acudieron aquella lluviosa tarde a ver el trabajo en el momento de su presentación. Cuando Sterling vio el mural en su pleno esplendor, se quedó horrorizada. En el centro de la composición había un hombre de piel oscura tendido sobre una cruz, con la cabeza reposando exánime sobre el brazo izquierdo. Por debajo tenía las piernas atadas a un travesaño, en una forzada posición en forma de uve. Por encima se posaba un águila calva, pero aguardando con el aspecto de un buitre. El resto de la escena mostraba estatuas precolombinas, junglas y un grupo de revolucionarios empuñando sus armas en el extremo derecho del encuadre, agazapados y listos para la batalla. Cuando se desveló el mural, los espectadores ahogaron un grito de sorpresa, tal como informó en *Los Angeles Times* el crítico de arte Arthur Millier, que había acudido a la presentación. En su análisis, señaló que «en medio de nuestra concepción popular de México como una tierra de danza, alegría y despreocupación eternas, esta potente obra se despliega sombría y trágica en su superficie de cemento pintado»[12]. A Sterling, por su parte, le pareció «antiamericana»[13].

En 1938 el mural fue recubierto de pintura, quedando así «blanqueado» y suprimido de la historia de la ciudad. Siqueiros escribiría más adelante que pretendía que la imagen central fuese «un símbolo violento del peón indio de la América feudal, doblemente crucificado por las clases explotadoras de la nación y, a su vez, por el imperialismo. Es símbolo viviente de la destrucción de culturas americanas pretéritas por los invasores de ayer y de hoy»[14].

En los años 70, sin embargo, el encalado había comenzado a desprenderse, y el mural despertó un interés renovado entre los artistas y conservacionistas locales, que trataron de proteger lo que quedaba de *América tropical*[15]. Hoy día El Pueblo conserva el legado de Christine Sterling, y en él se encuentra un museo donde se explica la trayectoria de la obra. Los turistas siguen pululando por un gran mercado al estilo mexicano, abarrotado de piñatas y piezas de alfarería, pasean hasta la Placita o visitan la iglesia de Nuestra Señora de Los Ángeles, construida por los franciscanos, tratando de recuperar un atisbo del «eterno» mundo mexicano en el corazón de una de las ciudades más modernas de la nación[16].

El tratamiento que recibió Siqueiros formaba parte de una dinámica de mayor envergadura en Los Ángeles, la única ciudad en Estados Unidos donde la fantasía podía vivir junto a la realidad. Para los años 30 Hollywood se encontraba en auge y había quedado enamorado por todo lo que fuera mexicano, una moda que alcanzó su punto álgido durante la Gran Depresión[17]. Hasta el *New York Times* habló en 1933 de la «enorme boga de lo mexicano»[18]. Los intrépidos héroes románticos de la Revolución Mexicana como Pancho Villa habían cautivado la imaginación del público, y la cercanía de México también jugó un papel en la popularización de su cultura. Los angelinos habían estado «bajando» a Tijuana y otras ciudades fronterizas durante la Ley Seca, pudiendo experimentar de primera mano una suerte de cultura mexicana.

México también estaba viviendo su propia «edad de oro» del cine, que comenzó en los años 30 y puso en el radar de Hollywood a actores y actrices mexicanos tales como Dolores del Río, una estrella que trabajó en ambos países y que, de hecho, protagonizó una adaptación cinematográfica de la novela *Ramona* —una de las tres realizadas en otras tantas décadas—. La primera había sido una versión muda rodada en 1910, protagonizada por Mary Pickford y con el subtítulo de «Una historia de la injusticia del hombre blanco para con los indios». La dirigió D. W. Griffith, quien cinco años más tarde realizaría el polémico filme *El nacimiento de una nación*. La versión de 1928 protagonizada por Del Río también era muda, pero la última *Ramona*, de 1936, era sonora y en color, y en ella aparecía Loretta Young en el papel principal. A medida que el cine comenzó a incorporar sonido, hubo compositores mexicanos como Juan García Esquivel y Johnny Richards (Juan Manuel Cascales) que influyeron en la creación del estilo sonoro hollywoodense.

Por aquella misma época hubo otro apuesto californio que se granjeó el afecto del público: el Zorro. El cruzado enmascarado hizo su primera aparición literaria en 1919, en la historia *La marca del Zorro: la maldición de Capistrano*. Al igual que Ramona, el Zorro no era el producto de un californio. Por el contrario, su creador fue un historietista del género *pulp* nacido en Illinois, Johnston McCulley. El relato —al igual que las muchas entregas del Zorro que le siguieron— se centra en las hazañas del rico terrateniente don Diego Vega, quien de noche es el vigilante enmascarado a quien llaman el Zorro. Actúa en nombre de la justicia, afirmando que no ha «asaltado más que a funcionarios que habían robado a las misiones y a los pobres, y sólo ha castigado a brutos que maltratan a los nativos»[19]. La serie está ambientada aproximadamente entre la década de 1820, época de la independencia de México, y la llegada de Estados Unidos en 1848, entre las misiones del sur de California y el pueblo de Los Ángeles. Reflejaba la influencia del mito de las misiones y describía las tensiones entre las autoridades y los clérigos en un tiempo en que «había poca armonía entre los encapuchados franciscanos que seguían los pasos del beatífico Junípero Serra [...] y los políticos y militares de alta graduación»[20]. El Zorro fue un éxito y Hollywood no tardó en sumarse, con Douglas Fairbanks protagonizando *La marca del Zorro* en 1920, y Tyrone Power en una nueva versión en 1940*.

La moda mexicana no solo se reflejó en fenómenos de la cultura popular como el cine, sino en todo el espectro de las artes. México sirvió de inspiración, por ejemplo, al compositor Aaron Copland cuando escribió *El Salón México*, tras visitar varias veces a su amigo el también compositor Carlos Chávez. Al igual que muchos mexicanos en aquel periodo, Chávez había vivido en Estados Unidos, pasando una temporada en Nueva York a finales de los años 20. Se granjeó la atención del público tras su debut en 1921 con *El fuego nuevo*, un *ballet* basado en temática precolombina[21].

En Estados Unidos, Chávez también conoció al fotógrafo Paul Strand, que haría el viaje inverso al México de los años 30. En sus recorridos por el país Strand capturó la realidad de la vida campesina, mostrando la belleza y dureza de las zonas más remotas. Sus imágenes de esta época muestran un México grave y resiliente: labradores con sombreros de paja, exhaustos tras un día en los campos, mujeres cuidando de sus bebés, solemnes estatuas de María en las numerosas iglesias que visitó, y las calles polvorientas de aldeas silenciosas. Strand permanecería unos años en México durante la década de los 30 y recibiría ayuda de Carlos Chávez, que se había convertido en director del departamento de Bellas Artes. Más adelante, en 1936, Strand realizó una película para el ministerio de Cultura sobre una comunidad pesquera, titulada *Redes* y considerada hoy día como un clásico del cine mexicano[22]. Strand, al igual que otros fotógrafos extranjeros antes que él, capturó México

---

* En 1958, ejecutivos de televisión convirtieron las hazañas del Zorro en una teleserie, y el personaje conservó su atractivo hollywoodense hasta el final del siglo y más allá, con el malagueño Antonio Banderas protagonizando *La máscara del Zorro* en 1998 y reapareciendo en 2005 con *La leyenda del Zorro*.

en un tiempo de grandes cambios. En 1940, tras su regreso a Estados Unidos, publicó y expuso una muestra de aquel trabajo[23].

Donde quizás se puede apreciar más claramente el intento de los mexicanos de aunar presente y pasado, para así resolver la cuestión de la identidad nacional, es en la obra de los muralistas de los años 20 y 30, tales como David Alfaro Siqueiros, José Clemente Orozco y su afamado contemporáneo Diego Rivera. Las formas y temática surgieron de las preocupaciones de la época, y los murales se consideraban un medio más democrático de comunicación con el público. Asimismo, tras la revolución se había popularizado la idea del «mestizaje», con el mexicano mestizo convertido en símbolo de la modernización de la política del país. La idea era que el mestizo representaba al ciudadano «ideal» de raza mixta, aunque algunas reevaluaciones posteriores han puesto de relieve la discriminación inherente al concepto de mestizaje. Si bien parece inclusivo a cierto nivel, en otro sentido excluye a las personas que no se consideraban «mixtas», especialmente los negros, asiáticos y mexicanos indígenas[24].

En aquella época, sin embargo, el mestizaje se manifestó en murales que trataban de mirar hacia adelante y celebrar el nuevo México posrevolucionario. La obra de Rivera fusionó pasado, presente y futuro, combinando símbolos del pueblo mexica con los más recientes héroes nacionales, obreros, campesinos y revolucionarios[25]. En Estados Unidos obtuvo encargos, pero también generó polémica. Su mural *El hombre en la encrucijada*, de 1933, iba a estar destinado al Rockefeller Center de Nueva York, pero cuando Rivera, partidario del comunismo, incluyó un retrato de Lenin y se negó a eliminarlo, lo obligaron a interrumpir el trabajo, que fue posteriormente destruido. Sin embargo, Rivera había salvado el diseño, y al año siguiente retomó el proyecto, que quedó pintado en las paredes del museo del Palacio de Bellas Artes en Ciudad de México, donde hoy puede verse esta obra con un nuevo título: *El hombre controlador del universo*. Lenin figura, inconfundible, a la derecha de la imagen central de un obrero, mientras que más allá se ve a León Trotski sujetando un estandarte que insta a los proletarios del mundo a unirse, observado por Karl Marx y Friedrich Engels.

Aunque, en la pantalla, Hollywood pudiera haber estado viviendo un romance con todo lo que fuera mexicano, el humor en la calle era algo diferente. Entre 1920 y 1930, la población mexicana y mexicano-estadounidense en EE. UU. se dobló hasta alcanzar un millón cuatrocientos mil, según quedó registrado en el censo de 1930, con la amplia mayoría viviendo en Texas, Nuevo México, Arizona, California y Colorado[26]. Esta inmigración no tardaría en frenarse en gran medida con el inicio de la Gran Depresión, en parte debido a que se culpabilizaba a los mexicanos por el aumento del desempleo, pero también porque los obreros habían comenzado a organizarse y las relaciones se estaban agriando. A comienzos del siglo xx, muchos jefes sindicales consideraban a los mexicanos como forasteros esquiroles, pero ahora que estaban soportando cada vez más prejuicios y en una desventaja económica que iba a peor, algunos obreros mexicanos trataron de establecer sindicatos durante los años 20 y hasta bien entrados los 30. En 1927 se fundó la Confederación de Uniones Obreras Mexicanas y en 1928, la Sociedad Mutualista Mexicana del Valle Imperial. Esta última comenzó a exigir mejores salarios y condiciones, y ese mismo año se declararon en huelga los afiliados que trabajaban en la cosecha del melón[27]. La policía local se apresuró a presentar cargos por comunismo y efectuar arrestos[28]. En 1930, la Sociedad Mutualista Mexicana sacó a la calle a ocho mil obreros en una huelga que, además de mexicanos, incluía a obreros japoneses, chinos, filipinos y sijs, tras la cual se volvieron a producir redadas y detenciones[29]. En 1933 tuvieron lugar una serie de movilizaciones en California, incluyendo en octubre la huelga de los trabajadores del algodón que se saldó con tres muertos y nueve heridos. A medida que se prolongaba el bloqueo, las familias de algunos obreros fueron desahuciadas de sus hogares; para finales de mes se encontraban de vuelta en los campos[30]. Estas acciones fueron perdiendo empuje tras otra represión violenta, que esta vez tuvo lugar en San Francisco en 1934, cuando se mandó intervenir a la Guardia Nacional[31]. Sin embargo, siguió habiendo convocatorias y estas no se limitaron a California. En Texas, por ejemplo, Emma Tenayuca sacó a la calle a más de diez mil nueceros en San Antonio, que en 1938 entraron en huelga por sus bajos salarios y malas condiciones[32]. A nivel nacional, la cada vez mayor hostilidad hacia el comunismo dificultó que muchos obreros tomaran parte en la actividad sindical, incluidos los mexicanos; cada huelga tenía el potencial de convertirse en una caza de brujas.

A esto no ayudaron las políticas progresistas que se pusieron en marcha en México con el presidente Lázaro Cárdenas, que asumió el cargo en 1934. Tras el fin de la revolución se mantuvo la inversión estadounidense en el país, a pesar de las inquietudes iniciales a raíz de la constitución de 1917, que regulaba en el artículo 27 la propiedad de la tierra por parte del estado. Para 1929, la inversión directa de Estados Unidos superaba los niveles anteriores al comienzo del conflicto en 1910[33]. No obstante, esta relación experimentaría notables cambios con la llegada de Cárdenas. En 1935 cerró los burdeles e ilegalizó el juego, clausurando los casinos de Tijuana que habían atraído a la frontera a tanta gente del sur de California —el expresidente Abelardo Rodríguez tenía participaciones en dos de estos casinos—[34]. El principal enfoque de Cárdenas, sin embargo, radicaba en la tierra, cuya redistribución se había ralentizado desde la revolución. Se propuso expandir la agricultura comunal y para 1940 había redistribuido cerca de dieciocho millones de hectáreas, provocando que los ejidos ascendieran del 15 al 47 % de la tierra cultivada[35]. En otros sectores de la economía, Cárdenas tuvo que hacer frente a constantes huelgas, incluyendo una protagonizada por los obreros del petróleo en 1937. Estos exigían mejores salarios, y un comité de arbitraje reconoció que se les debía pagar más. Las compañías británicas y estadounidenses, propietarias de la mayor parte de las filiales, decidieron elevar la cuestión a la Suprema Corte de Justicia. Cuando esta también se pronunció en favor de los trabajadores, las empresas extranjeras trataron de resistirse al auto. Cárdenas decidió expropiar la industria del petróleo en 1938, una jugada que agradó a diversos sectores del público, pero que causó una disputa diplomática con Gran Bretaña. Con la Segunda Guerra Mundial en el horizonte, el presidente Roosevelt no hizo amenazas directas hacia México, pero apoyó las constantes exigencias de compensación por parte de las petroleras estadounidenses al gobierno mexicano. Cundió la inquietud entre los inversores privados de EE. UU. y algunos comenzaron a liquidar sus intereses en el país[36].

Los años 30 serían una década brutal para los mexicanos y mexicano-estadounidenses en EE. UU. El empeoramiento de las perspectivas laborales y la cada vez mayor hostilidad se tradujo en una disminución del número de mexicanos que cruzaban la frontera legalmente; las cifras registradas cayeron de 61 622 en 1928 a 2058 en 1932[37]. A lo largo de esta década se invirtió la corriente migratoria, que en parte se vio repelida por la discriminación, en un proceso que en ciertos lugares cobró un impulso adicional por los rumores de deportaciones inminentes. En Los Ángeles, las autoridades efectuaron redadas en los barrios mexicanos —incluido El Pueblo el 26 de febrero de 1931—, lo que acrecentó aún más los temores y envió un mensaje contundente a la comunidad mexicana[38]. La medida funcionó: en 1931, unos cuarenta mil mexicanos se marcharon de California, y ese año se expulsó del país a más personas de las que habían entrado[39]. Por todo el país, el Servicio de Inmigración siguió realizando batidas y redadas dirigidas a la población mexicana, incluidas ciudades como Nueva York, Chicago o Detroit[40].

El gobierno mexicano también tomó parte, al ofrecer transporte gratuito hacia el país desde la frontera y dispensando de aranceles a las mercancías que los deportados se llevaran de vuelta a México. El resultado fue la repatriación, voluntaria o por la fuerza, de al menos cuatrocientos mil mexicanos en los años 30, aunque algunos cálculos sugieren que hubo más de un millón de retornados. Este número oculta un dato más sorprendente: hasta el 60 % de estas personas había nacido en Estados Unidos y eran por tanto ciudadanos de pleno derecho. Fue una época traumática para muchos de estos deportados, especialmente quienes nunca habían vivido antes en México y se consideraban —y a menudo eran— estadounidenses[41].

Para los que permanecieron en Estados Unidos, la discriminación continuó. La situación era tan grave que, a comienzos de los años 40, el embajador mexicano Francisco Castillo Nájera se vio obligado a escribir periódicamente al secretario de Estado Cordell Hull en relación con los incidentes que se producían. Una carta citaba las quejas de un grupo procedente del pueblo de Azusa (entonces Azuza), en California, donde «se ha mostrado discriminación hacia los mexicanos por parte de los propietarios del cine y la piscina de la población en cuestión». Ambos estaban vedados para los mexicanos, y los intentos del consulado mexicano por poner fin a la situación habían resultado infructuosos. Nájera describió las razones aducidas por el alcalde como no «suficientes para justificar el trato humillante hacia los mexicanos». La discriminación a nivel local era ahora una cuestión internacional[42]. En su negación de las acusaciones de racismo esgrimidas contra el estado de California, el gobernador Culbert L. Olson escribió en 1941 al subsecretario de Estado Sumner Welles, declarando: «Digo con seguridad que no existe ningún sentimiento de prejuicio racial contra la población mexicana de California como tal». De ahí pasó a afirmar que la «muy considerable población mexicana» en el sur de California «ha recibido igual consideración» con respecto a la política estatal y la ley[43].

Con el inicio de la Segunda Guerra Mundial, las buenas relaciones entre Estados Unidos y su vecino del sur cobraron otro nivel de importancia en las esferas geopolítica y económica, al producirse una repentina necesidad de trabajadores. Las relaciones y la seguridad en la frontera también pasaron a considerarse fundamentales. Algunos temían que, sin la ayuda de los mexicanos, las tropas del Eje podrían desembarcar en México y atacar Estados Unidos por el sur[44]. Algunas comunidades de frontera se desvivieron por demostrar su patriotismo o apoyo por los Estados Unidos en este periodo. Por ejemplo, en algunos pueblos fronterizos en Sonora se organizaron festejos para el Cuatro de Julio[45].

A pesar de que había cientos de miles de mexicano-estadounidenses presentándose voluntarios para la guerra, el rencor antimexicano se siguió propagando. Los Ángeles fue el punto de partida de una serie de agresiones que se extenderían a otras grandes ciudades en 1943. El blanco eran los mexicanos o mexicano-estadounidenses que formaban parte de una subcultura juvenil: los «pachucos». Estos adolescentes californianos tenían su propio idioma, el caló, que bebía del español y el inglés, e irritaban a los adultos y a las autoridades que usaban ambas lenguas, quienes se quedaban boquiabiertos con este vocabulario[46]. Del mismo modo en que el caló se consideraba una jerga, a los pachucos se les consideraba unos matones. A menudo, los anglos y hasta los mexicano-estadounidenses de clase media calificaban a estos jóvenes de pandilleros y, si este era de hecho el caso, entonces se les tildaba de criminales, hubiesen sido arrestados o no. Algunos de estos jóvenes eran mexicanos, pero muchos de ellos eran ciudadanos de EE. UU.[47]

Los pachucos saltaron a la atención pública en 1942, cuando unos miembros de la banda de la Calle 38 fueron enjuiciados por el asesinato de José Díaz, cuyo cuerpo había aparecido en una cantera abandonada. Durante la caza de sospechosos se había arrestado e interrogado a unos seiscientos mexicano-estadounidenses[48]. Durante el juicio de lo que se conocería como el caso de Sleepy Lagoon, una prensa enardecida se refirió a estos jóvenes como «bebés gánster». Al final fueron imputados veintidós hombres —todos de origen mexicano salvo uno—. Cinco fueron condenados por agresión, y doce fueron sentenciados y encarcelados por asesinato en primer o segundo grado. Para su apelación se formó el Comité de Defensa de Sleepy Lagoon, y para 1944 se revocaron los veredictos y los casos quedaron desestimados por falta de pruebas.

Ahora que estaban en el punto de mira, los pachucos de ambos sexos recibieron críticas por su seña de identidad al vestir: el traje *zoot*, que consistía en pantalones de tiro alto abolsados en las rodillas y ceñidos en los tobillos, que combinaban con chaquetas de hombreras anchas y remataban con amplios borsalinos. Las mujeres de estética *zoot* también vestían chaquetas holgadas similares, pero con falda corta y abundante maquillaje[49]. En muchos sentidos se trataba simplemente de vanidad juvenil y rebelión adolescente, pero este dandismo desagradaba a una parte importante de la comunidad anglo, que reprochaba a los pachucos el uso excesivo de tela en un tiempo de escasez y racionamiento[50].

En la noche del 3 de junio de 1943 se produjo una pelea entre un grupo de marineros y unos jóvenes mexicano-estadounidenses. El origen del desencuentro es materia de debate, pero no hay confusión sobre lo que comenzó la noche siguiente, en la que unos doscientos marineros y soldados contrataron una flotilla de taxis y se fueron en busca de pachucos[51]. Conocidos como los Disturbios del Traje Zoot (*Zoot Suit Riots*), los enfrentamientos entre militares y mexicanos se prolongaron durante más de una semana. El blanco eran los hombres con trajes *zoot*, aunque también recibieron palizas otros que tuviesen aspecto de «mexicano» e incluso negros con ropa normal, aprehendidos en la calle por rabiosos marineros que salían de repente de un taxi, o que incluso los sacaban a rastras de los autobuses. A los que llevaban el traje a menudo se los arrancaban en público, dejándoles tirados en la calle medio desnudos. La policía apenas hizo nada por poner coto a estos desmanes, que provocaron miedo y pánico por toda la ciudad, especialmente en los barrios mexicanos, y en los que cientos de personas fueron maltratadas y humilladas[52]. Vicente Morales había estado disfrutando de un concierto de la Lionel Hampton Band en el teatro Orpheum el 7 de junio cuando un grupo de marineros blancos comenzaron a empujarlo e insultarle. Morales recordó que «unos ocho marineros me sacaron del teatro y empezaron a pegarme. Sucedió muy rápido, me desmayé. Desperté con una costilla fracturada, la nariz rota y moretones por todas partes»[53].

El cónsul mexicano en Los Ángeles alertó al embajador en Washington y a un ministro en Ciudad de México acerca de los disturbios. Del mismo modo, el cónsul estadounidense en Monterrey, Henry S. Waterman, se apresuró a efectuar un control de daños después de que el editor de *El Porvenir* publicase un artículo con el titular «Ataque contra mexicanos en Los Ángeles por marineros y soldados». Posteriormente Waterman dijo al secretario de Estado que había tratado de explicar al editor que los jóvenes objeto de agresión eran «normalmente pillastres en salas de fiesta, garitos de billar y sitios peores, y considerados normalmente como gente sin oficio ni beneficio», insistiendo en que los trajes «los llevaban muchos de estos muchachos haraganes, sin importar los orígenes raciales». En Los Ángeles, afirmó, simplemente resultó que algunos de los que llevaban el traje *zoot* eran mexicanos[54]. Waterman echó la culpa a Associated Press por «haber difundido un relato tan distorsionado de los disturbios, haciendo que pareciesen un disturbio racial»[55].

La prensa mexicana y en lengua española también cubrió estos altercados. Algunos de los testimonios mostraron poca simpatía hacia las víctimas, esgrimiendo los viejos prejuicios de clase y color[56]. *La Prensa* más o menos culpabilizó a los jóvenes, alegando que los pachucos eran «una afrenta real para nuestro país»[57]. Otro periódico, *El Nacional*, de Ciudad de México, dijo que los «sembradores de odio no podrán destruir la buena vecindad, ni desviar a ninguno de los dos países del esfuerzo común contra el Eje»[58]. No todo el mundo en México estaba convencido con la interpretación oficial de los disturbios por parte de Estados Unidos, y un grupo de estudiantes en la Universidad Nacional Autónoma de México organizaron una manifestación en protesta por la mala respuesta del gobierno mexicano. Se distribuyó un panfleto que achacaba los desórdenes a «los intereses de [William Randolph] Hearst, el Ku Klux Klan, los imperialistas estadounidenses, quintacolumnistas de toda clase, y aquellos interesados en ocasionar la victoria de Hitler»[59]. Otras autoridades en Estados Unidos, con mentalidad de estado de guerra, aseguraron que los disturbios tenían que haber sido provocados por un agente «extranjero» y utilizados como pretexto para atacar a comunistas, quienes a su vez culparon a los fascistas[60]. Se produjeron reyertas similares por todo el país, con ataques a personas que llevasen el traje *zoot* en lugares tan lejanos como Filadelfia o Nueva York. No hubo imputaciones para ningún militar por las agresiones en Los Ángeles, pero cerca de quinientos de los hispanos que habían sido atacados fueron detenidos por cargos tales como vagancia. El periodista californiano Carey McWilliams señaló con posterioridad que los disturbios «sembraron un germen de resentimiento y odio en los corazones y mentes de miles de jóvenes mexicano-estadounidenses»[61].

• • •

Al igual que los cubanos y puertorriqueños en Nueva York y Florida, los mexicanos que vivían en Estados Unidos a comienzos de siglo también formaron organizaciones mutualistas de carácter social[62]. Por todo el Suroeste se propagaron grupos como la Alianza Hispano-Americana en Arizona (llamada La Alianza a secas). Hacia los años 30, además de ofrecer a sus socios servicios prácticos tales como atención sanitaria, estas organizaciones también empezaron a involucrarse en luchas relacionadas con los derechos civiles, al tiempo que profesaban su lealtad hacia la misma nación que los estaba discriminando. Por ejemplo, la Liga de Ciudadanos Latinoamericanos Unidos o LULAC*, fundada en 1929 y dirigida por Bernardo (o Ben) Garza, se comprometió a ser leal a Estados Unidos y alentaba a sus miembros a aprender inglés[63]. Inicialmente, la pertenencia a la LULAC

---

* Siglas de League of United Latin American Citizens. (*N. del T.*).

estaba restringida a ciudadanos estadounidenses, ya que sus líderes opinaban que incluir a demasiados inmigrantes podría socavar las ganancias para la comunidad en su conjunto[64]. Esta «generación mexicano-estadounidense», como se les llamaría más adelante, daba un gran valor a su ciudadanía y en general evitaba ostentar su «mexicanidad», al pretender tomar parte activa en política con la esperanza de ampliar sus derechos y de acceder a oportunidades económicas mejores que las que habían tenido sus padres[65].

El servicio militar se había visto como otra manera de expresar este compromiso cívico cada vez mayor. Unas quinientas mil personas de origen hispano sirvieron en el ejército estadounidense durante la Segunda Guerra Mundial, aunque a menudo los registros no los categorizaban como tal[66]. La mayoría de estos soldados estaban destinados a unidades de blancos, pero dado que ciertas formaciones estaban basadas en una zona geográfica, también había unidades hispanas, tales como el 65.º Regimiento de Infantería de Puerto Rico[67]. Los mexicano-estadounidenses constituían el mayor grupo de reclutas, seguidos de los puertorriqueños[68]. Los naturales de México que residían en Estados Unidos también fueron llamados a filas por el ejército estadounidense, con unos quince mil en servicio activo durante la guerra. Algunos cruzaban la frontera aun sabiendo que podían ser reclutados, aunque unos pocos se apresuraron a emprender el camino inverso al enterarse de que no estaban exentos del servicio militar[69]. La Ley de Servicio Selectivo de 1940 exigía que se registrasen todos los varones extranjeros, aunque aquellos procedentes de países neutrales podían, en teoría, quedar exentos[70]. Surgió cierta confusión en torno a la cuestión de la nacionalidad, pero el gobierno de México aclaró que, dado que el país era un aliado, sus ciudadanos eran libres de alistarse en el ejército estadounidense, y en 1943 ambas naciones firmaron un acuerdo militar[71]. Una vez terminada la guerra, se permitió naturalizarse como ciudadanos estadounidenses a los nacionales de México que hubieran servido en las fuerzas armadas, pero tenían que probar que habían entrado en EE. UU. de manera legal. Sin documentación se les negaría la ciudadanía y las prestaciones concedidas a los veteranos, aunque los comités de reclutamiento a menudo omitieron informar de este punto[72].

El haber combatido en la guerra provocó entre los hispanos un sentimiento cada vez mayor de que constituían un grupo de interés en la sociedad estadounidense. Al regresar del frente, los soldados querían obtener una parte de la prosperidad del país, lo que inició una reivindicación más vigorosa de igualdad y derechos civiles. Uno de estos soldados era Héctor García, nacido en México en 1913 pero cuya familia había huido durante la revolución. En muchos sentidos, Héctor García era el rostro de los mexicano-estadounidenses de clase media. Su familia había cruzado la frontera en Matamoros y acabaría estableciéndose en Mercedes, en Texas. Como oficial del cuerpo médico del ejército, participó en giras por el Norte de África y Europa, y en Italia conocería a su futura esposa, Wanda Fusillo. También había estudiado Medicina y se había formado para ejercer como doctor, por lo que al regresar a EE. UU. estableció una clínica en Corpus Christi en 1946[73]. Al igual que muchos otros veteranos hispanos, García se sintió defraudado por los prejuicios que había experimentado en el ejército. También notó que otros exsoldados hispanos no se estaban beneficiando de todas las prestaciones militares, incluyendo las estipuladas en la llamada ley G. I.*, y que algunos no estaban recibiendo ayuda alguna[74]. Esto le impulsó a organizarse con otros veteranos, lo que resultó en la fundación del American G. I. Forum, con Héctor García como primer presidente. Esta organización también adoptó un lenguaje de patriotismo, como su propio nombre atestigua[75].

La organización captó la atención de la nación con el caso del soldado Félix Z. Longoria, muerto en Filipinas. Su cuerpo había sido repatriado a Three Rivers, en Texas, donde la Rice Funeral Home —que era propiedad de anglos y la única en la pequeña localidad— se negó a enterrarlo porque era «mexicano». El AGIF movilizó al público y organizó en Corpus Christi una manifestación de un millar de personas. García presionó al entonces senador Lyndon B. Johnson, quien en 1949 organizó un funeral con todos los honores militares en el cementerio nacional de Arlington[76].

La cuestión de la condición legal de blanco siguió causando desazón entre los mexicano-estadounidenses, a pesar de la labor de organizaciones como la LULAC para garantizar que a los mexicanos se les considerase oficialmente como «blancos»[77]. Los grupos nativistas instaron al gobierno a establecer «mexicano» como una categoría, tal como hizo en el censo de 1930, aunque dicha clasificación fue suprimida una década después. Al final, la Ley de Nacionalidad de 1940 amplió la ciudadanía a los «descendientes de razas indígenas del hemisferio occidental», pero esta norma apenas sirvió para cambiar la opinión del gran público hacia la «blanquitud» o, a la inversa, hacia los mexicanos u otros hispanos[78].

---

* Entendido actualmente como acrónimo de «Government Issue», las siglas G. I. se utilizan para designar cualquier cosa relacionada con el ejército estadounidense, sea equipamiento o, como en este contexto, soldados. (*N. del T.*).

En el Suroeste, muchos mexicanos y mexicano-estadounidenses también se vieron obligados a hacer frente a Jaime (o Juan) Crow. Texas era un lugar, según lo describió un comentarista, en el que «Jim Crow lleva sombrero mexicano»[79]. El sistema de discriminación de los estados sureños se filtró en los del Suroeste mediante una serie de medidas informales. Quizá los libros de derecho no dijesen nada al respecto, pero determinadas convenciones ocasionaban una discriminación generalizada. Alonso Perales, autor y activista mexicano-estadounidense, mantuvo un listado durante los años 40 de aquellos lugares en Texas que negaran servicios a los mexicanos. Una entrada sobre la ciudad de Midland da una cierta idea de a qué se enfrentaban:

> Los mexicanos son segregados y se les obliga a que usen un balcón en la sección reservada para negros en los teatros Yucca, Ritz y Rex. A los mexicanos se les niega el servicio en los restaurants [sic]. En el Ritz Café hay un rótulo que dice: «AQUÍ NO SE ADMITEN MEXICANOS». A cinco soldados americanos de origen mexicano se les negó servicio en dicho café por su origen mexicano. La policía local es muy injusta con las personas de extracción mexicana […] A los mexicanos se les segrega en todas las escuelas elementales. A las personas de origen mexicano no se les permite entrar a la iglesia católica durante la hora de servicios religiosos para angloamericanos.[80]

Del gobierno mexicano también manó un reguero constante de quejas sobre este tipo de trato. Las acusaciones presentadas contra ciertos pueblos del suroeste fueron lo bastante graves como para que las autoridades estadounidenses encargasen un informe confidencial sobre Texas y Nuevo México, realizado en 1942 por el cónsul general William P. Blockner. Visitó varias ciudades y pueblos, y concluyó que «hay un cierto grado de verdad en las protestas realizadas por los cónsules mexicanos respecto de la prohibición a ciertas clases o grupos de personas para adquirir tierras o viviendas en determinadas localidades». Según Blockner, había una mayor discriminación en los pueblos más pequeños, pero creyó que «estos problemas se han ajustado bastante bien en las grandes ciudades»[81].

También reconoció el papel de los grupos por los derechos civiles, pero a su juicio estaban librando sus batallas desde una posición de debilidad. Escribió que el latinoamericano «no se siente como igual a un norteamericano; se siente o bien superior, o bien inferior, predominando este último caso», lo que ponía de relieve las «actividades de las llamadas sociedades de bienestar, tales como los lulacs y la Liga de Americanos Leales». Recurriendo a muchos de los clichés de la época, Blocker opinaba que los hispanos mostraban «una pugna de temperamentos entre la sangre india mezclada con la moruna y la castellana, una combinación en la que, tal como reconocen psicólogos eminentes, se confunde la amabilidad con la debilidad y, en algunos casos, la cortesía con la poquedad. Estas gentes son sumamente individualistas y emocionales, a lo que se suma una cuantiosa sensibilidad»[82]. Entre sus recomendaciones al final del informe se incluía el tratar de cambiar las actitudes de los anglos en las localidades pequeñas a través de un programa de charlas y conferencias; exigir que las fuerzas de seguridad tratasen a los mexicanos con más respeto; y usar a organizaciones cívicas como los clubes rotarios para contribuir a mejorar los vínculos entre comunidades[83].

En un momento dado, la frustración del gobierno de México fue tal que en junio de 1943 puso en marcha una prohibición temporal de que sus ciudadanos fuesen a trabajar a Texas[84]. Junto con la LULAC y otras organizaciones similares, estos obreros estaban tratando de presionar al estado para que promulgara una ley que mejorarse el trato hacia los mexicanos. Al cabo de un mes, el órgano legislativo texano aprobó una resolución, titulada «Raza caucásica – Iguales privilegios», que otorgaba a «todas las personas de raza caucásica» el mismo acceso a los lugares públicos. El texto mencionaba expresamente que «nuestros vecinos del sur» eran caucásicos y como tal no debían ser víctimas de discriminación, especialmente en un momento en que estaban trabajando codo con codo con Estados Unidos para combatir el nazismo[85]. Para México, esta ley carecía de toda efectividad, por lo que en su lugar decidió seguir adelante con su veto a este estado. La reacción de los productores texanos fue rápida, al necesitar gente para trabajar en los campos. En 1945 se presentó un proyecto de ley para resolver la cuestión, que disponía que los mexicanos tuvieran un igual acceso a bienes y servicios, además de una multa de hasta quinientos dólares para cualquier infracción a esta norma. Sin embargo, para cuando se aprobó, la ley se había diluido tanto en el senado de Texas que la protección que ofrecía ante casos de discriminación era más bien escasa, cuando no nula[86].

La situación apenas mejoró tras la guerra; en Corpus Christi, los conciudadanos de Héctor García le enviaban notas acerca de sus experiencias de prejuicios cotidianos. Una de Rosie Escobar, fechada en 1951, narraba cómo en la localidad texana de Big Spring fue a comer a un restaurante donde ya había estado, pero esta vez el camarero le presentó una tarjeta que decía: «Nos reservamos el derecho a denegar el servicio a cualquiera». Probó en otro lugar y le dieron otra tarjeta, esta vez escrita torpemente en español: «Nosotros no podemos sirvir a gente de color o mexicanos en al barra». Rosie

Escobar le dijo que, tras las negativas, «de verdad que se me había puesto la cara colorada [...] aquí en la ciudad de Big Spring hay mucha discriminación hacia nuestra gente latinoamericana». Héctor García le pidió que le enviase las tarjetas para añadirlas a su abultado expediente[87].

Tras las deportaciones de los años 30, a comienzos de la Segunda Guerra Mundial el *lobby* agrícola de California y otras organizaciones de productores tuvieron que clamar por volver a disponer de mano de obra mexicana. La demanda de alimentos era enorme, y el conflicto había reducido el número de hombres disponibles para trabajar. La respuesta fue la puesta en marcha en 1942 del programa Bracero, con el propósito de conceder visados temporales y agilizar el procesamiento de trabajadores migratorios[88]. En 1943 había setenta y seis mil braceros labrando los campos por todo Estados Unidos, y para 1945 esta cifra había ascendido a trescientos mil[89].

Para algunos mexicanos las condiciones del visado resultaban problemáticas, por lo que sencillamente cruzaban la frontera sin papeles, tal como se había hecho en los años 20. Tras la guerra, sin embargo, el gobierno endureció sus leyes de inmigración. En 1952, la ley McCarran-Walter convirtió en delito el traer o albergar a trabajadores indocumentados. En parte se pretendía impedir la entrada a los sospechosos de comunismo —era el punto álgido del «temor rojo»— o a cualquiera que estuviese implicado en actividades subversivas[90]. En esta época también se intensificó la retórica en contra de la inmigración, pero aun así siguieron llegando obreros procedentes de México. Tras el fin de la presidencia de Lázaro Cárdenas en 1940, la economía se había alejado de la distribución de tierras y del sistema de ejidos, de modo que mientras las ciudades y clases urbanas prosperaban, las comunidades rurales se estaban quedando atrás. Entre 1940 y 1960, el número de personas que no poseían tierras y que habían trabajado en la agricultura se incrementó en un 60 %, lo que obligó a muchos a buscar contratos como braceros, o simplemente a cruzar la frontera y probar suerte[91].

El programa Bracero y la cuestión de la inmigración ilegal también era una gran preocupación para organizaciones como la LULAC o el AGIF. Para ellos, la documentación era un aspecto crucial; los trabajadores indocumentados amenazaban con echar por tierra todos los avances tan duramente conseguidos para quienes tenían los papeles en orden y los mexicano-estadounidenses[92]. Los líderes comunitarios de clase media, como Héctor García, creían que su postura atendía los intereses de la comunidad en su sentido más amplio, incluyendo a los trabajadores indocumentados, a quienes a su juicio se les explotaba demasiado a menudo[93]. García mantenía correspondencia habitual con el senador Lyndon Johnson acerca de esta cuestión. En una carta donde le explicaba las medidas adoptadas en Washington, Johnson dijo: «Si nuestras relaciones con México han de continuar con el talante amistoso del pasado, se deberá hallar una solución apropiada al problema de los espalda mojada que vienen aquí a trabajar», antes de pedirle a García sus sugerencias al respecto[94].

En 1953, el AGIF que dirigía Héctor García publicó un informe titulado «¿Cuál es el precio de los espalda mojada?», que sostenía que los inmigrantes mexicanos suponían «una amenaza para nuestra salud, nuestra economía y nuestro modo de vida americano»[95]. Asimismo, en el informe se argumentaba que las pésimas condiciones de vida que padecían los mexicanos bajo el sistema migratorio perjudicaban a todos los demás, afirmando: «Estos son los espalda mojada: con la mirada triste y enfermos, seres desesperados que ignoran que su entrada ilegal y su existencia trae consigo en las zonas que infestan unas estadísticas exorbitantes de sífilis, tuberculosis, diarrea infantil y otras enfermedades, junto con una avalancha de crímenes y otros problemas socioeconómicos»[96]. Este informe causó indignación entre algunos miembros de la comunidad mexicano-estadounidense, en parte porque parecía reafirmar todos los estereotipos acerca de los mexicanos al tiempo que mostraba las diferencias internas a nivel de clase. Sin embargo, García y el AGIF prosiguieron su campaña para abolir el programa Bracero[97].

Al año siguiente a la publicación del informe de Héctor García surgió la respuesta a esta cuestión: la Operación Espalda Mojada (*Operation Wetback*)[98]. La encabezó Joseph Swing, comisario de inmigración tras una dilatada carrera en el ejército que incluía el haber participado en la expedición punitiva contra Pancho Villa en 1916. Se atribuyó un gran éxito a este plan de deportación, a pesar de las consiguientes críticas del público por la dureza de sus procedimientos. Se arrestó diariamente a más de mil personas, y se afirmó que, para 1955, más de un millón de personas había sido enviadas a México. Ahora bien, el programa Bracero seguía en pie. En este mismo periodo siguió aumentando el número de contratos de braceros legales, que se incrementó en más del doble entre 1953 y 1959, pasando de 201 280 a 447 535, de los cuales había entre ciento cincuenta mil y doscientos mil trabajando únicamente en el Valle Central de California[99]. Con frecuencia, los trabajadores sin papeles acabarían legalizados mediante lo que se llamaba «secado de espaldas mojadas», que consistía en llevarse a los empleados ilegales a la frontera, darles los papeles y traerlos de vuelta al trabajo. En ocasiones, un obrero simplemente tenía que poner un pie al otro lado de la frontera para hacer que su «reentrada» fuese legal[100]. Al final, el poder del *lobby* agrícola contribuyó a perpetuar el programa Bracero, cuyo final estaba previsto para 1947 pero que duró hasta 1964.

Al año siguiente, la ley Hart-Celler de 1965 introdujo otra remodelación del sistema de inmigración, suprimiendo las cuotas por origen nacional y concediendo doscientos noventa mil visados anuales, con hasta veinte mil por país en el hemisferio oriental (Europa, Asia y África) hasta llegar a un máximo de ciento setenta mil, mientras que para todo el hemisferio occidental se asignaron ciento veinte mil visas en total. Al principio no hubo cuotas específicas por país, y en este momento los mexicanos y canadienses representaban dos tercios de la inmigración a Estados Unidos. En conjunto, se habían de priorizar los visados para los familiares de ciudadanos y residentes, o para inmigrantes con aptitudes profesionales atractivas[101]. Algo más de una década después, en 1976, se introdujo una enmienda para establecer cuotas de veinte mil para las naciones del hemisferio occidental; los más afectados fueron los mexicanos, ya que constituían el mayor grupo de inmigrantes[102]. Ese mismo año setecientos ochenta y un mil mexicanos fueron arrestados en calidad de «ilegales» tras los cambios en las cuotas, que se sumaron al cierre de un vacío legal que previamente había permitido regularizar sus papeles a los mexicanos indocumentados que tuviesen un hijo en Estados Unidos. Estas excepciones de las que tanto tiempo habían gozado los mexicanos habían llegado a un drástico final[103].

• • •

En lo que se refiere a pabellones deportivos, el Dodger Stadium juega en su propia liga. Parece flotar sobre el suelo, rodeado de montañas, y su diseño moderno y refinado lo convirtió en un clásico de la arquitectura contemporánea desde la apertura de sus puertas en 1962. Antes de la construcción de este icono del béisbol al noreste del centro de Los Ángeles, la zona donde se sitúa se conocía como Chavez Ravine. Era hogar de más de un millar de familias de clase obrera, mayoritariamente hispanas. Una placa en el interior del estadio indica la fecha en que comenzaron las obras —17 de septiembre de 1959—, tras la cual se desplazaron más de seis millones de metros cúbicos de tierra.

El lugar fue bautizado en honor al concejal Julián Chávez, que ejerció su cargo en la ciudad entre 1850 y 1875. Hacia 1912 o 1913, se había vendido toda la tierra y construido viviendas en las tres zonas que por entonces conformaban Chavez Ravine —Palo Verde, La Loma y Bishop—. Era una comunidad amigable y estrechamente unida, aunque humilde. Sus vecinos tuvieron que solicitar mejoras al ayuntamiento tales como farolas o calles pavimentadas[104]. Apoyándose en esta pobreza, en 1949 el consistorio votó por unanimidad reubicar a todos los que vivían allí y trasladarlos a un complejo de viviendas sociales, como parte de un gran plan de renovación urbana. Esta jugada convertiría a muchos propietarios en inquilinos, una perspectiva poco atractiva para los vecinos, quienes no querían perder sus hogares[105]. A estas alturas, Chavez Ravine tenía una población de unas treinta y siete mil personas, de las que cerca de dos tercios eran mexicanos o mexicano-estadounidenses[106].

Se ultimaron los planes para Elysian Park Heights, un complejo residencial para diecisiete mil personas compuesto de 3364 unidades habitacionales en bloques de pisos, sobre una superficie de ciento doce hectáreas, con escuelas, tiendas y un salón comunitario[107]. Estas altas torres apenas sirvieron de aliciente para los vecinos de Chavez Ravine, que se negaban a entregar sus pequeñas parcelas de terreno para vivir en apartamentos. Durante este periodo, los residentes se vieron obligados a defender su posición, con las mujeres de muchas de estas familias desviviéndose por hacer ver que sus maridos, hermanos e hijos habían servido en la Segunda Guerra Mundial y el conflicto de Corea; se trataba de familias de veteranos[108]. Agnes Cerdá, con dos hijos en el ejército, dijo en una de las vistas judiciales acerca del futuro de Chavez Ravine: «Quítennos nuestros hogares y nos quitarán nuestro incentivo para ser buenos ciudadanos americanos [...] ¿Echaría usted a su madre de su casa para dársela a la Autoridad de Vivienda? Usted no lo haría»[109]. Tras un intenso debate, el proyecto se canceló en 1953.

Pese al fracaso del plan, en 1956 la ciudad adquirió Chavez Ravine bajo la ordenanza 105.801, aprobada por el alcalde Norris Poulson, que autorizó la compra al gobierno federal de las setenta y cinco hectáreas que conformaban la barriada por un millón trescientos mil dólares, a condición de que se destinasen «únicamente a fines públicos»[110]. Para entonces, muchos de los vecinos se habían marchado, y en un momento dado el plan era convertir la zona en un parque urbano, que incluía un campo de golf de dieciocho hoyos. En vez de eso, fue el béisbol el que resolvió el rompecabezas. Los Ángeles ofreció las setenta y cinco hectáreas a Walter O'Malley, propietario de los Brooklyn Dodgers, más dos millones de dólares para despejarla y otras cuarenta y seis hectáreas de terreno en la zona. O'Malley accedió, y los Dodgers se convirtieron en el primer equipo de la costa oeste en competir en las grandes ligas, seguidos inmediatamente de los New York Giants, que se trasladaron a San Francisco[111]. Una vez se hizo público el trato con O'Malley, los vecinos y otros angelinos comprometidos iniciaron un movimiento para «Salvar Chavez Ravine para el pueblo», si bien en junio de 1958 se convocó un referéndum para toda la ciudad que aprobó el contrato con 351 638 votos a favor y 325 898 en contra[112].

Los desahucios forzosos comenzaron el siguiente mes de mayo, incluyendo el de Manuel y Avrana Aréchiga, que habían estado batallando en los tribunales por conservar lo que había sido su hogar durante treinta y seis años[113]. Al llegar los albañiles y la policía, los cuatro adultos y tres niños que formaban la familia Aréchiga se encerraron en su casa. En respuesta, los agentes echaron las puertas abajo y, menos de diez minutos después de haberlos sacado a rastras, dos bulldozers arrasaron su hogar[114]. Otra residente, Aurora Vargas, juró: «me tendrán que sacar ellos», y así hicieron el 8 de mayo. Los Aréchiga llevaron su lucha a los tribunales, esta vez para obtener lo que ellos consideraban una compensación justa: diecisiete mil quinientos dólares frente a los diez mil quinientos que les habían ofrecido, además de ciento cincuenta dólares al mes hasta que se efectuara el pago. Tras años de pleitos, la familia aceptó la oferta inferior[115].

Los Dodgers acabarían llenando el estadio una y otra vez con sus seguidores, muchos de los cuales habían visto cómo el juego del béisbol había experimentado profundos cambios hacia los años 60, empezando por la decisión de los entonces Brooklyn Dodgers de romper la barrera de color que existía en este deporte al fichar a Jackie Robinson en 1947. Esto puso fin a las ligas negras y abrió la puerta para que los jugadores de piel oscura procedentes de Cuba, República Dominicana y Puerto Rico pudieran acompañar a Robinson en las grandes ligas.

Aunque en Estados Unidos el béisbol había estado segregado desde sus orígenes, no había sido así en Cuba. Sí que había segregación en las ligas de *amateurs*, normalmente asociadas a clubes privados que a menudo excluían a los afrocubanos. Sin embargo, en las ligas profesionales no había línea de color, y los jugadores negros y blancos procedentes de Cuba y, más adelante, de Estados Unidos, podían entrenar y jugar en la isla durante los meses de invierno. El primer equipo profesional, los Cincinnati Reds, jugó en 1908 contra las grandes estrellas del béisbol en Cuba[116]. El talento de los cubanos saltaba a la vista: en un partido en 1920, el bateador Cristóbal Torriente logró superar con tres *home runs* a Babe Ruth, de los Yankees, que no consiguió ninguno[117]. Ruth no era de buen perder, y dijo: «Estos grasientos son unos macarras jugando. Sólo hay unos pocos que valgan para algo»[118]. Más adelante, en el invierno de 1921-1922, el lanzador José Méndez —conocido como el Diamante Negro— logró en tres ocasiones eliminar a Ruth a base de strikes con su impresionante bola rápida[119].

Ahora bien, antes de 1947 cualquiera que tuviese la piel oscura únicamente podía jugar en las ligas negras en Estados Unidos. Rodolfo Fernández, que jugó en esta categoría en los años 30, recordaba la vida en la carretera: «A veces no podíamos encontrar un lugar donde pasar la noche, así que dormíamos en el autobús». Para Fernández estas dificultades merecían la pena, diciendo: «Aun así estaba orgulloso, porque cuando jugábamos en Estados Unidos, la gente nos señalaba como cubanos. Eso era porque los cubanos teníamos algo que para otros era especial»[120]. Muchos jugadores hispanos de talento fueron a las ligas negras, tales como el puertorriqueño Francisco (o Pancho) Coimbre, que jugó en los años 40 con los New York Cubans, y el cubano Bernard Fernández, lanzador de los New York Black Yankees. Los beisbolistas afrocaribeños padecieron una profunda segregación y más adelante tuvieron que adaptarse a los cambios cuando el juego se fue integrando[121].

Los cubanos de piel más clara tenían mejores oportunidades, aunque los dueños de los equipos a menudo tenían que probar la «blanquitud» de sus deportistas mediante declaraciones juradas y otras pruebas que mostraban a funcionarios y periodistas[122]. Unos pocos, como Adolfo (o Dolf) Luque, pudieron entrar en las grandes ligas. Luque pasó la mayor parte de su carrera en los Cincinnati Reds, con un periódico describiéndole como «de piel muy clara» y con un aspecto «más de italiano que de cubano de pura cepa»[123]. Su tez pálida y ojos azules no bastaron, sin embargo, para ahorrarle provocaciones raciales por parte de los espectadores[124]. La mayoría de los jugadores hispanos, como Martín Dihigo —apodado El Maestro— jugaban en las ligas negras, además de en Cuba y otros lugares de Latinoamérica, pero nunca tuvieron oportunidades en las grandes ligas al estar excluidos por su color de piel. Dihigo se retiró antes de que el deporte se integrase, pero posteriormente fue introducido en el Salón de la Fama del Béisbol de EE. UU., además de otros en Cuba, México y Venezuela[125].

Durante la era posterior a la segregación, muchos grandes jugadores hispanos acabarían accediendo a las grandes ligas, como Orestes (o Minnie)

Miñoso, el Cometa Cubano, que fichó por los Cleveland Indians en 1948 y debutó al año siguiente, antes de convertirse en el primer integrante negro de los Chicago White Sox en 1951. Anteriormente también había jugado en las ligas negras. Quizás el beisbolista hispano más famoso sea el puertorriqueño Roberto Clemente, que debutó en los Pittsburg Pirates en 1955; por desgracia, su brillante carrera quedó truncada al morir en un accidente de aviación en 1972 mientras participaba en un envío de ayuda a Nicaragua, que había quedado devastada por un terremoto.

Miñoso y otros jugadores afrolatinos se encontraron en un extraño aprieto durante sus primeros años en las grandes ligas: además de no ser blancos, tampoco eran lo bastante morenos como para gozar de la misma popularidad que tenían los jugadores afroestadounidenses en las comunidades negras[126]. Los beisbolistas hispanos se sintieron con más frecuencia como objetos de ridículo en manos de periodistas deportivos que desdeñaban su inglés con acento español o los describían reiteradamente como «de sangre caliente». También soportaron prejuicios residuales por parte de oponentes y compañeros de equipo; por ejemplo, Miñoso fue uno de los jugadores que fue más veces golpeado por un lanzador, y a pesar de ser la primera estrella afrolatina, aún está a la espera de un hueco en el Salón de la Fama[127].

También han salido grandes jugadores de México, cuya liga de béisbol se remonta a los años 20. Fernando Valenzuela Anguamea, que tuvo una década deslumbrante como lanzador en Los Angeles Dodgers entre 1980 y 1990, provocó una «fernandomanía» en la ciudad. También siguieron llegando cubanos, aunque antes tenían que desertar de su país, tal como hicieron Yoenis Céspedes y José Abreu. Los dominicanos han sido una fuerza cada vez mayor en las grandes ligas, y han aportado algunos de los mejores beisbolistas. Uno de los ingresos más recientes en el Salón de la Fama es Pedro Martínez, cuya elección en 2015 le hizo tan solo el segundo deportista de la República Dominicana en recibir este honor, siendo el primero el lanzador Juan Marichal, de los Giants, en 1983. En conjunto, el número de beisbolistas hispanos de toda raza y nacionalidad sigue en constante aumento, y actualmente constituyen el 27 % de los jugadores en las grandes ligas[128].

• • •

El fallido plan de vivienda de Chavez Ravine fue solo un ejemplo del entusiasmo de posguerra por la «renovación urbana» durante las décadas de los 50 y 60. El objetivo de esta renovación era despejar los barrios pobres y poner viviendas sociales de alta densidad en su lugar. La Ley de Vivienda de 1949 fijó el ambicioso objetivo de construir ochocientas diez mil unidades habitacionales públicas en seis años. Le siguió la Ley de Vivienda de 1954, y en total se concedieron fondos federales a casi mil proyectos de renovación urbana entre 1949 y 1964[129]. En algunos lugares se desplazó a comunidades enteras, como sucedió en el barrio del Upper West Side en Nueva York, que saltó a la fama con la película *West Side Story*, con su guerra entre las pandillas juveniles de los Sharks (puertorriqueños) y los Jets (polaco-estadounidenses). El Upper West Side abarca aproximadamente de la calle 59 hasta la 110, a lo largo de Central Park. Aunque hoy día es una zona cara de Nueva York, durante una parte de su historia albergó a comunidades pobres de inmigrantes, como las de *West Side Story*. A comienzos de los años 60 se demolieron los edificios de una parte de esta zona para dejar hueco al complejo de artes escénicas del Lincoln Center, que se ubica entre las calles 62 y 65 Oeste.

La renovación urbana no se limitó a las grandes ciudades. Las ciudades más pequeñas del Oeste también tenían problemas de alojamientos inadecuados. Aún en los años 30, las autoridades dijeron que los barrios de hispanos y negros en Phoenix (Arizona) eran tan malos como cualquier barrio de bloques de pisos de alquiler en Nueva York, y muchos vivían en chabolas sin agua corriente[130]. Como respuesta, para 1941 se construyeron seiscientas cuatro unidades de vivienda social en esta ciudad[131]. Otro informe indicó que San Antonio tenía uno de los barrios pobres más extensos de toda la nación, con doce mil mexicanos o mexicano-estadounidenses viviendo en un área de una milla de extensión[132]. No se trataba de apartamentos urbanos o pisos de alquiler, sino de barracas de madera, algunas de las cuales habían sido caballerizas[133]. Entre 1949 y 1958, la ciudad construyó tres mil seiscientas unidades de vivienda pública[134]. Al mismo tiempo surgió una enconada oposición a estos proyectos de viviendas sociales en Dallas, Albuquerque y Phoenix, aunque en las décadas siguientes se siguieron dando otras formas de «renovación urbana», a menudo a costa del desplazamiento y reubicación de comunidades asentadas[135].

La pobreza no era la única barrera para ser propietario de un hogar. Con frecuencia se prohibía a los hispanos poseer o siquiera alquilar una casa en ciertos barrios de las ciudades o, en casos más extremos, se les excluía de localidades enteras. Repartidos por todo Estados Unidos había lo que vino a llamarse como pueblos «del atardecer», una forma abreviada de expresar el sentimiento de «que no te veamos por aquí al caer la tarde», con la intención de mantener una población blanca. Las ordenanzas locales permitían la discriminación contra posibles residentes negros, y en ocasiones también se extendía a hispanos, judíos, chinos y nativos americanos[136]. En el caso de los mexicanos, un ejemplo era South Pasadena, en California, un «suburbio del atardecer» que admitía a indígenas, pero que intentaba dejar fuera a personas mexicanas y chinas. La integración se produjo por accidente cuando Manuel Servín, profesor en la Universidad del Sur de California, fue autorizado a comprar una vivienda histórica en esta localidad porque los vecinos creían que era nativo americano, cuando en realidad era mexicano[137].

Otros tipos de discriminación en la vivienda solían ser más directos. En los años 50, la «declaración de restricciones» de una nueva urbanización en Phoenix estipulaba: «Ninguno de los lotes numerados del Uno (1) al Trece (13) inclusive y del Quince (15) al Setenta (70) inclusive, podrán ser nunca vendidos, arrendados, alquilados a u ocupados por una persona que sea, o cuyo cónyuge sea, o que sea descendiente o cuyo cónyuge sea descendiente de un mexicano, japonés, chino, indio mexicano, indio americano, coreano, malayo, filipino, negro o hindú, o cualquier persona o raza que no sea la raza blanca o caucásica»[138]. Estas cláusulas distaban de ser infrecuentes.

Durante la guerra y en la etapa posterior, el tercio sur del país —conocido como *Sun Belt* o Cinturón del Sol— había experimentado un rápido crecimiento demográfico, en particular en el Suroeste. En Arizona, por ejemplo, Tucson tenía treinta y cinco mil habitantes en 1940, pero para 1960 se había convertido en una ciudad de doscientas trece mil personas[139]. En estos lugares hubo intentos de impedir que los ciudadanos de origen mexicano adquiriesen viviendas en ciertos barrios exclusivos. En ocasiones, los mexicano-estadounidenses de clase media se vieron obligados a distanciarse de los hispanos de clase obrera porque el término «mexicano» se estaba empezando a asociar con un estrato social inferior[140]. El historiador David Gutiérrez recordaba cómo esta clase de tensión se filtraba en su vida personal en el este de Los Ángeles. «Incluso de niño», escribió, «me llamaba la atención lo que a menudo parecía ser una relación de amor-odio casi cómica entre los mexicanos nacidos en Estados Unidos y los inmigrantes más recientes originarios de México». En su propia familia los «espalda mojada» eran objeto de reproche, ya que «la inmigración masiva de los llamados extranjeros ilegales, a quienes se consideraba atrasados y no americanizados, reforzaba los estereotipos negativos de los angloamericanos hacia todos los mexicanos»[141].

La Ley de Vivienda Justa de 1968 trataría de poner fin a las prácticas que conducían a estas divisiones al prohibir la «discriminación en la venta, alquiler y financiación de viviendas por motivos de raza, color, religión, sexo u origen nacional». A estas alturas, sin embargo, la segregación estaba firmemente arraigada en muchas ciudades, unas líneas invisibles que siguen creando separaciones silenciosas hasta el día de hoy. Históricamente, lugares como Los Ángeles, Nueva York, Chicago y Miami han contado todos ellos con vecindarios de hispanos (llamados «barrios» en inglés), y los estudios muestran cómo se ha mantenido esta tendencia general, con al menos nueve millones de personas hispanas viviendo en áreas metropolitanas donde aún en el año 2000 seguían experimentando un alto nivel de segregación[142].

Las desigualdades que soportaban los hispanos para encontrar un hogar venían acompañadas de discordancias similares a la hora de buscar un colegio para sus hijos. Durante los años 20 y 30, los niños de origen mexicano, nacidos o no en EE. UU., a menudo estudiaban en centros segregados; cerca del 90 % de las escuelas en Texas y el 85 % de las de California estaban separadas[143]. En un momento en que miles de personas estaban tratando de asimilarse a la vida en Estados Unidos, la enseñanza y la cultura en un sentido más amplio estaban reforzando la idea de que los mexicanos eran distintos e «inferiores»[144]. En 1935, algunos niños de origen mexicano llegaron incluso a verse segregados por leyes aprobadas por el congreso californiano en base a que eran «indios»[145]. En conjunto, las autoridades escolares a menudo justificaban la segregación en los colegios señalando con el dedo a los hijos de obreros inmigrantes, diciendo que tenían necesidades diferentes a las de los demás niños, o bien alegaban que las escuelas locales simplemente representaban la composición demográfica de unos barrios que a su vez solían estar segregados. Algunos distritos escolares empleaban requisitos de lengua inglesa para escindir a los niños mexicanos, una práctica que condujo a colegios de mayoría mexicana. Muchos de estos centros también ofrecían asignaturas diferentes para estos alumnos, a quienes colocaban en itinerarios más vocacionales y les daban un menor acceso a materias más académicas[146].

Un estudio realizado en 1940 por George I. Sánchez, pionero de los estudios sobre educación, señalaba que en el año académico de 1937-1938 Nuevo México tuvo un gasto medio de cincuenta y un dólares anuales por alumno, pero que los condados con el mayor porcentaje de estudiantes hispanohablantes gastaron menos de treinta y cinco dólares por alumno. A los efectos de este déficit de fondos se sumaba un plan de estudios basado en la premisa de que los niños procederían de hogares angloparlantes «que reflejasen los estándares culturales americanos». La falta de financiación y las presuposiciones culturales llevaron a Sánchez a calificar a los neomexicanos de «los hijastros de una nación»[147]. Instó a los lectores a recordar que, al evocar el «pasado heroico» de los «americanos de origen español [...] no debería pasarse por alto que hoy día están afrontando problemas inauditos y cuestiones a las que todavía no se ha hallado solución»[148].

Las organizaciones hispanas por los derechos civiles comenzaron a implicarse en la lucha por tener una casa y un colegio, y durante los años 30 una serie de casos legales forzaron la puesta en marcha de reformas. En la sentencia en 1931 del caso Roberto Álvarez contra Distrito escolar de Lemon Grove, la justicia se pronunció en favor de los estudiantes mexicanos en esta localidad californiana, sobre la base de que no se americanizarían si no contaban con acceso a instituciones anglo[149]. Tras la guerra, y alentadas por el auge de los grupos por los derechos civiles mexicano-estadounidenses, hubo un aumento de disputas legales en medio de una aguda concienciación de que se estaba obligando a los niños de origen mexicano, nacidos o no en EE. UU., a aceptar servicios de segunda clase[150].

En 1945, los padres de Sylvia Méndez llevaron a los tribunales sus frustraciones por esta situación. Querían enviar a su hija a una escuela predominantemente anglo en el distrito escolar de Westminster, en el condado de Orange, en California. Estaba más cerca de su casa y la pequeña Sylvia también quería ir allí, encandilada porque tenía un patio muy bonito —en su escuela, con mayoría de niños mexicanos, no había columpios—[151]. Sus padres Gonzalo y Felicitas, junto con otras familias que querían que se permitiera a sus hijos estudiar en centros de mayoría blanca, interpusieron una demanda colectiva contra cuatro distritos escolares en un caso conocido como Mendez contra Westminster. Ganaron en 1947, después de que el caso fuera a la Corte de Apelaciones del Noveno Circuito. La esencia del argumento radicaba en el hecho de que los mexicanos habían sido segregados en base a su apariencia y, puesto que no había ley federal alguna que declarara que los mexicanos eran indios, resultaban inválidos los precedentes establecidos por sentencias o legislaciones previas, tales como la ley californiana de 1935. También se invocó el Tratado de Guadalupe Hidalgo de 1848 y su promesa de igualdad de derechos[152]. El auto formó parte de una serie de sentencias dictadas en los años 40 y principios de los 50 que llevarían a un replanteamiento de qué constituía segregación, quién estaba siendo segregado, y del concepto de «separados pero iguales», abriendo el camino al histórico caso Brown contra Consejo de educación, que iniciaría el proceso de abolición de la segregación escolar para los afroestadounidenses.

En una entrevista en la Radio Pública Nacional en el sexagésimo aniversario de la sentencia del caso Brown, Sylvia Méndez dijo: «Todos los días fui al juzgado sin saber por qué estaban luchando. Simplemente creía que mis papás querían que fuésemos a la escuela bonita». Más adelante se dio cuenta de que anhelaban algo mucho más grande que el que ella pudiese jugar en un patio mejor. Aun así, hoy día cerca del 50 % de los niños hispanos de California estudian en centros, a menudo en las zonas más pobres, donde el cuerpo estudiantil tiene menos de un 10 % de blancos[153]. «Estamos más segregados en el colegio hoy de lo que lo estábamos en 1947», dijo Méndez. «Lo que tenemos ahora es una segregación *de facto*».

Casi al mismo tiempo, la LULAC y el AGIF estaban apoyando un caso similar al de Sylvia Méndez en Texas, llamado Delgado et al. contra Distrito escolar independiente de Bastrop. En el proceso, instruido en 1948, los abogados argumentaron que el principio de «separados pero iguales», contenido en la sentencia del Tribunal Supremo en el caso Plessy contra Ferguson de 1896, no era aplicable a los niños hispánicos dado que eran «caucásicos»; los demandantes acabaron ganando. En 1954, el Tribunal Supremo sentenció en el caso Hernández contra Texas que a los mexicanos no se les consideraba de otra raza, sino que eran «otros blancos»[154].

En Arizona, los colegios se enfrentaron a similares desafíos legales. Un caso notorio tuvo lugar en el pueblo agrícola de Tolleson, donde la Alianza Hispano-Americana exigió mejoras en los servicios educativos. Los niños anglos contaban con instalaciones modernas, y las de los mexicanos estaban ruinosas. La demanda para corregir esta situación pasó a juicio en 1951 como el caso Gonzales contra Sheely, en el que se sostuvo que a los niños mexicano-estadounidenses se les estaba negando su derecho constitucional bajo la Decimocuarta Enmienda. El distrito escolar alegó que los niños que no hablaban inglés estaban retrasando a todos los demás, aunque anteriormente los tribunales habían desestimado el idioma como un motivo de segregación. El juez sentenció en contra del distrito escolar, y el caso se convirtió en otro de los que allanaron el camino a Brown[155].

A pesar de los numerosos desafíos legales hacia los sistemas educativos del Suroeste, tras la sentencia en Brown continuaron los problemas relacionados con la segregación y la desigualdad. En Nueva York, los niños puertorriqueños estudiaban en centros abarrotados con escasos recursos y, para la década de los 60, los alumnos de la zona de El Barrio estaban yendo al colegio por turnos y contaban con pocos profesores bilingües[156]. En Texas se escuchaban quejas similares, que culminaron en el caso Cisneros contra Distrito escolar independiente de Corpus Christi, instruido en 1968. El pleito se originó cuando José Cisneros, un trabajador siderúrgico en esa localidad, oyó a sus hijos quejarse de la mala calidad de las instalaciones de su escuela. Se reunió con la dirección para hablar de la reparación de algunas partes del edificio, pero se dio cuenta de que los problemas no eran solo superficiales, ya que los alumnos no tenían el mismo plan de estudios que los de los colegios para anglos. Se puso en contacto con Héctor García y también tomó parte el sindicato de Cisneros, que se ofreció a pagar las costas judiciales[157].

El caso puso el foco sobre la discriminación sistemática que desde hacía largo tiempo soportaban los niños mexicano-estadounidenses en Texas. Los números hablaban por sí solos: el total de alumnos inscritos en educación secundaria incluía un 56 % de anglos y un 39 % de origen mexicano. Sin embargo, el conjunto de mil trescientos estudiantes mexicano-estadounidenses y doscientos afroestadounidenses iban a institutos con menos del 10 % de alumnos anglo, mientras que estos a su vez estudiaban en centros donde el 90 % de sus compañeros de clase eran blancos[158]. La composición de los colegios reflejaba la geografía social de la ciudad, con anglos y mexicanos agrupados en zonas diferentes. El juez federal Woodrow Seals descubrió que en Corpus Christi existía *de jure* un sistema de segregación, pero ese no fue el fin del asunto. La cuestión de cómo acabar con la segregación escolar se convirtió en una batalla legal en sí misma, que se prolongó hasta bien entrados los años 70. En 1973, el Tribunal Supremo mantuvo el fallo de un tribunal de distrito que en 1971 dictaminó que los mexicano-estadounidenses eran una minoría definible y que había que poner fin a la segregación en los centros educativos.

Un informe emitido en 1977 por el Comité Asesor del Estado de Texas para la Comisión de Derechos Civiles de los Estados Unidos, al cual pertenecía Héctor García, indicó como su principal hallazgo «que a pesar de haber transcurrido casi diez años de prolongados litigios y mandatos judiciales ordenando poner fin a la segregación, el distrito escolar independiente de Corpus Christi sigue manteniendo un sistema escolar segregado»[159]. De hecho, el título provisional del informe llevaba el subtítulo de «Una década de lucha», aunque en la versión final se rebajó el tono y quedó en «Desegregación escolar en Corpus Christi: ocho años después de Cisneros»[160].

Otro ámbito de preocupación para los activistas era el acceso a las urnas. Para impedir que los mexicano-estadounidenses votasen, en algunos lugares había desde hace tiempo barreras de tipo Jim Crow tales como el impuesto electoral en Texas, que no se juzgó como inconstitucional hasta 1966[161]. En consecuencia, la representación hispana por todo el Suroeste era mínima, aunque la elección de John F. Kennedy en 1960 movilizó a los votantes hispanos. Animado por la perspectiva de que Kennedy fuera presidente, Héctor García se involucró en los clubes «Viva Kennedy» organizados por mexicano-estadounidenses en la campaña de 1960 para fomentar el apoyo a nivel nacional entre los votantes hispanos. Una tarjeta de membresía de esta campaña muestra una ilustración en blanco y negro de JFK luciendo un sombrero mexicano con un «Viva» escrito en el frente mientras cabalga a lomos de un burro, símbolo del Partido Demócrata. García fue fundamental a la hora de organizar a la comunidad hispana; Kennedy obtuvo un 91 % del voto mexicano-estadounidense en Texas y el 70 % en Nuevo México[162]. Posteriormente, el presidente Kennedy nombró a Héctor García como representante para la firma de un acuerdo comercial con la Federación de las Indias Occidentales en 1961[163]. Poco después comenzaron a obtener escaños en el Congreso políticos hispanos, como el texano Henry B. González. Kennedy también nombró a un juez de origen mexicano, Reynaldo Garza, para el Tribunal Federal del Distrito Sur de Texas[164].

Cuando Lyndon Johnson asumió la presidencia tras el asesinato de Kennedy, ya tenía relación con la comunidad mexicano-estadounidense de Texas, pero había sido un equilibrio delicado de mantener. Como senador ayudaba a sus electores, aunque después quitaría importancia a cualquier implicación con la comunidad hispana en caso de ser atacado a cuenta de sus simpatías. Esta relación intermitente se prolongaría durante su estancia en la Casa Blanca, aunque con el tiempo se fue intensificando su apoyo. Durante una rueda de prensa en 1966, en respuesta a una pregunta sobre si los estadounidenses de origen mexicano deberían recibir más atención, dijo: «Creo que deberían tener más atención... Creo que se merecen una mayor consideración para empleos gubernamentales que la que han recibido. Creo que se les ha discriminado desfavorablemente a nivel de vivienda, educación, trabajos... No creo que podamos estar muy orgullosos de nuestro historial a ese respecto»[165].

Aunque Héctor García y muchos otros activistas de la comunidad mexicano-estadounidense lograron grandes avances en los años 50 y 60, a finales de esta última década había surgido una nueva generación, que se movía en una dirección muy diferente. Quizás la figura más conocida de este periodo sea César Chávez, quien hizo que el país volviera la atención a las pésimas condiciones de los trabajadores migrantes en el campo. Él conocía bien esta lucha; había crecido pobre en Arizona y, aunque su familia poseía tierras, las habían perdido tras pasar apuros financieros y no poder pagar sus impuestos[166]. La familia se dirigió al oeste en los años 30, en el apogeo de la Gran Depresión, en busca de trabajo. Chávez tenía doce años cuando se convirtió en temporero, con un empleo inestable, mal pagado y viviendo en tiendas y chabolas[167]. Se alistó en la Marina en 1946 y fue licenciado con honores al cabo de un par de años, para volver a trabajar en los cultivos en torno a Delano, en California. En 1949 se casó y formó una familia. Al poco se empezó a implicar en la Organización de Servicios Comunitarios, un grupo por los derechos civiles centrado en ayudar a los estadounidenses de origen mexicano.

En los años 60, las huelgas a gran escala de hacía tres décadas habían perdido fuerza, pero el trabajo seguía siendo dificultoso y mal pagado. Chávez vio la necesidad de organizar sindicatos en los campos. Junto con Dolores Huerta fundó la Asociación Nacional de Campesinos en 1962, que en 1966 se fusionó con el Comité Organizador de Trabajadores Agrícolas para formar la Unión de Campesinos. Luchó por que se pagaran salarios justos y por mejorar las condiciones de trabajo en un sector en el que las vidas de los obreros a menudo eran tan duras como lo habían sido en los años 30.

César Chávez propugnaba el uso de medios no violentos, aunque el enfrentamiento había sido desde hacía tiempo la seña de identidad de la represión de los sindicatos agrarios en California y Texas[168]. Una de sus campañas más conocidas fue la huelga y boicot de la uva en Delano, una serie de protestas y paros que comenzaron en 1965 y en la que participaron vendimiadores hispanos y filipinos. Como parte de esta acción, Chávez encabezó una marcha de agricultores durante más de cuatrocientos kilómetros desde Delano hasta Sacramento, la capital del estado, bajo un estandarte con una imagen de Nuestra Señora de Guadalupe, implorando a los consumidores que se abstuvieran de comprar cualquier uva que no llevase la pegatina del sindicato. Para 1970 el boicot había dado sus frutos y los productores de vid permitieron que se firmaran contratos sindicales para sus trabajadores. En un discurso en 1984, Chávez dijo: «La supervivencia del sindicato, su misma existencia, envió una señal a todos los hispanos de que estábamos luchando por nuestra propia dignidad»[169].

A medida que avanzaban los años 60, algunos activistas mexicanos comenzaron a rechazar ideas previas con relación a la asimilación y la reivindicación de la «blanquitud», promoviendo en su lugar una visión diferente.

En 1969, Rodolfo (o Corky) Gonzales, que dirigía la organización Cruzada por la Justicia, le dio un nombre a este tipo de activismo, al referirse como «chicanos» a los jóvenes mexicano-estadounidenses que asistían a una conferencia que había organizado[170]. En aquel momento, el término tenía una connotación negativa asociada a los mexicanos más pobres, que se remontaba a décadas atrás. Gonzales la tomó para sí y la convirtió en un símbolo lingüístico no solamente del trato hacia los mexicano-estadounidenses sino también de su negativa a aceptar las normas de los anglos[171]. El movimiento chicano —también conocido como El Movimiento a secas o, para algunos, La Reconquista— defendía los derechos y la igualdad en trabajo, política y servicios sociales, con el objetivo correspondiente de concienciar a la gente y mejorar la situación de los chicanos[172].

La Conferencia Nacional Juvenil para la Liberación Chicana que organizó Corky Gonzales fue un hito. En ella los participantes adoptaron el Plan Espiritual de Aztlán, basado en el lugar mítico del que parte la cosmología mexica. De hecho, el mapa de Disturnell de 1847 situaba Aztlán, descrita como «antigua residencia de los aztecas», en el sureste del moderno estado de Utah, cerca del río Colorado[173].

La visión de Gonzales consistía en la creación de una patria chicana en el Suroeste, en las tierras perdidas ante Estados Unidos en 1848 y ante los europeos antes de eso. Quería que los chicanos alcanzaran «independencia social, económica, política y cultural», que debería ser «el único camino para la liberación total de la opresión, la explotación y el racismo»[174]. Aztlán había de ser un lugar para la «gente de bronce» y su nación chicana[175]. Por esta época, la activista chicana Enriqueta Vásquez escribió en el periódico neomexicano *El Grito del Norte* que con Aztlán «se oye la llamada de la raza. Sabemos que no morirá nuestra cultura [...] El Plan de Aztlán es claro y fuerte. O somos hermanos fuertes juntos, o no. Vamos a vivir en el espíritu de Aztlán, ¿o no?»[176].

El activismo chicano también puso en tela de juicio las ideas dominantes acerca de la cultura «española». El historiador John Nieto-Phillips ha escrito acerca de su propia experiencia de encontrarse en este particular nudo cultural. De niño lo llevaban al pueblo de su madre cerca de Bernalillo, en Nuevo México, para participar en el baile de Matachines en el día de San Lorenzo, que conmemora el momento en que en 1693 los españoles hicieron las paces con los indios pueblo. Nieto-Phillips recordó cómo esta historia estaba recogida en la tradición familiar y cómo «durante años quise borrar estas historias de mi memoria [...] también me causaban una gran angustia». Parte de esta desazón procedía de la insistencia de su madre en que su familia neomexicana era «española». Para el joven Nieto-Phillips, «la mayoría de nuestros vecinos [en Pomona, en California] eran de México y no había manera de que yo fuera por el barrio proclamando que nosotros éramos españoles y no mexicanos... como si de algún modo fuésemos mejores que ellos»[177]. Le confundía aún más el hecho de que parte de su árbol genealógico incluyese a antepasados pueblo, lo que le hacía preguntarse: «¿Cómo podemos ser españoles e indios al mismo tiempo y no mexicanos?»[178]. Estas contradicciones le hicieron sentirse «atrapado por nuestra supuesta herencia "española"»[179].

La generación chicana rechazó el «mito español» y en su lugar miró hacia la cultura indígena de México y el Suroeste, a menudo criticando a los mexicano-estadounidenses que afirmaban ser blancos a expensas de sus raíces indígenas[180]. La cuestión identitaria, sin embargo, no se resolvería con facilidad, en parte debido a la diversidad de orígenes y experiencias que coexistían bajo el paraguas de lo latino y lo mexicano. Los activistas chicanos no eran un grupo estático, había distintas metas y se produjeron rupturas dentro de los círculos activistas. Para el autor Gregory Rodríguez, «la representación chicana de los mexicano-estadounidenses como un pueblo unificado, oprimido y preternaturalmente leal a su cultura ancestral era sorprendentemente similar a la manera en que los racistas anglos habían estado caracterizándolos desde hacía más de cien años»[181].

En Texas, el activismo penetró en la política con la fundación de Raza Unida como alternativa a los partidos tradicionales, y para 1971 se hallaba establecido en Nuevo México[182]. Allí el partido se centró en asuntos como la brutalidad policial, el trabajo y la educación. Aunque no tuvo un gran éxito a la hora de colocar a sus militantes en cargos electos, sí fue capaz de hacer que sus intereses se incluyeran en el programa de los partidos principales[183].

También en Nuevo México se formó otra organización activista en 1963, centrada en cuestiones agrarias. Con el nombre de Alianza Federal de Mercedes y conocido simplemente como La Alianza, el grupo estaba dirigido por Reies López Tijerina, un carismático ministro pentecostal a quien más adelante se conoció como «el Rey Tigre». Había nacido en Texas, pero su trabajo le condujo a Arizona y Nuevo México. Su obsesión era la tierra: instó a sus seguidores a «organizarse y conocer a los herederos de todas las concesiones españolas abarcadas por el Tratado de Guadalupe Hidalgo»[184]. A efectos prácticos, lo que quería era que reclamasen la devolución de las tierras perdidas ante los anglos en los años que siguieron a la guerra mexicano-estadounidense.

López Tijerina había estado viviendo en una comunidad compuesta por una docena de familias en un lugar que llamó el Valle de la Paz, en Arizona, pero huyó a Nuevo México en 1957 tras ser acusado de tentativa de fuga para liberar a su hermano de la cárcel. Allí se informó de las concesiones de tierras y comenzó su afán por hacer que se las devolviesen a los neomexicanos. Tuvo muchos encontronazos con las autoridades del estado y, al igual que sucedió con otros líderes activistas de la época, el FBI mantenía un nutrido expediente sobre sus actividades. Él era consciente de que le vigilaban, y en una ocasión envió a su hermano a las oficinas del FBI en Albuquerque para invitar a los agentes a la convención de La Alianza en 1964. El FBI reportó: «Se le agradeció al Sr. Tijerina [...] por su cortesía al acudir al FBI y se le dijo que un agente del FBI no podría asistir a la convención»[185].

Además de su trabajo en las concesiones agrarias, la organización trató de influir en la educación y en la política social. Uno de sus panfletos argüía que, para los chicanos, «la educación al modo americano significa enseñarles a ser conserjes, basureros, friegaplatos y temporeros». Hacía un llamamiento a que los chicanos «hagan que enseñen a sus hijos su idioma, costumbres, pensamiento y modo de vida, a fin de que entiendan su propia historia, no la historia puritana o del Destino Manifiesto»[186].

Uno de los emplazamientos más notables de su lucha por la tierra está a unas dos horas al norte de Santa Fe, en Tierra Amarilla, un terreno de más de doscientas mil hectáreas. Según una concesión de 1832 pertenecía a Manuel Martínez, aunque había partes reservadas a uso comunitario. En 1860, Estados Unidos confirmó la concesión a su hermano Francisco, aunque esta vez quedó registrada como enteramente privada, sin mención a las tierras comunales. Así, cuando en 1881 los Martínez vendieron la tierra al especulador Thomas Catron, este acudió a los tribunales para hacerse con el centenar de títulos que Manuel Martínez había otorgado a diversos colonos[187]. Para 1889, estas familias habían perdido sus terrenos y Catron iba camino de convertirse en uno de los mayores terratenientes de Estados Unidos[188]. Aunque las tierras se habían perdido, perduraba el recuerdo. El compromiso de Reies López Tijerina era tal, que llegó a viajar a Sevilla en 1966 para investigar en los archivos coloniales acerca de la base legal de las concesiones[189].

Sin embargo, siguió acosado por los tribunales y el gobierno federal, unos enfrentamientos que culminaron con un asalto al juzgado de Río Arriba el 5 de junio de 1967 para prender al fiscal del distrito, ya que los activistas creían que tenía bajo custodia a varios de sus compañeros. En la refriega que se produjo, dos policías recibieron heridas de bala y se tomó como rehenes a un periodista y al ayudante del sheriff. El gobernador envió a trescientos cincuenta efectivos de la Guardia Nacional y López Tijerina huyó del lugar. Acabó arrestado y encarcelado, pero fue liberado en 1971[190].

Este activismo no se limitaba al Suroeste o a la esfera de los grupos mexicano-estadounidenses, ya que en los años 60 el activismo puertorriqueño fue ganando terreno. Una de sus organizaciones más notorias fueron los Young Lords (Jóvenes Señores), nacionalistas a favor de la independencia de la isla, pero que también trataron de formar alianzas con afroestadounidenses, en parte porque cohabitaban en ciudades como Nueva York y sentían que tenían una causa común[191]. Uno de los miembros fundadores de los Young Lords fue Pablo (o Yoruba) Guzmán, que recordó cómo muchos boricuas neoyorquinos «sentían que siempre había habido potencial para la revolución entre la gente de Puerto Rico». Guzmán había nacido en Harlem este (El Barrio) de padre cubano y madre puertorriqueña, y se crio en el sur del Bronx. Sin embargo, el hecho de vivir junto a estadounidenses negros que estaban librando su propia lucha no constituía necesariamente la base de una alianza. «Descubrimos que a nivel de bases existía un alto nivel de racismo entre puertorriqueños y negros, y entre puertorriqueños de piel clara y morena. Teníamos que hacer frente al racismo porque bloqueaba cualquier tipo de crecimiento para nuestra gente»[192]. La organización se vio impelida en múltiples direcciones y se extendió a otros centros urbanos más allá de Nueva York, un proceso que condujo a la desintegración gradual de varias de sus ramas a finales de los 70 y principios de los 80.

• • •

Un siglo después del Tratado de Guadalupe Hidalgo, el río Bravo seguía sin acatarlo. Un problema de los ríos es que no permanecen en los recorridos trazados por los cartógrafos. Son dados a cambiar su curso, como fue el caso en este río de una diminuta franja de tierra entre El Paso y Ciudad Juárez. Conocida como El Chamizal, esta pequeña pero cambiante porción de terreno ocasionó grandes problemas desde el momento en que los agrimensores fijaron las fronteras del río en 1852. Para la década de 1860, el río Bravo comenzó a desplazarse hacia el sur; sumado a estas complicaciones estaba el hecho de que este tramo era propenso a inundarse. Para la década de 1890, parte de El Chamizal parecía encontrarse en la parte norte del río, y la cuestión de la propiedad de la tierra se convirtió en un asunto espinoso, ya que en teoría pertenecía a Pedro García, un labrador mexicano. Mientras las autoridades de México y EE. UU. trataban de decidir qué hacer, el agua en esa zona desapareció durante las sequías de 1895 y 1896. Cuando al año siguiente volvió a llover, las dos ciudades se inundaron, en parte debido a los depósitos de arena que se habían acumulado, aunque también por la erosión del lecho fluvial cerca de El Paso[193].

Como consecuencia, se adoptó la medida de ensanchar el cauce con el fin de controlar las inundaciones, lo que creó la isla de Córdoba, de unas ciento sesenta hectáreas de extensión. Se encontraba en el lado estadounidense de la frontera, aunque la propiedad seguía abierta a interpretaciones[194]. Los acuerdos y desacuerdos se sucedieron a intervalos regulares hasta los años 60. El presidente Kennedy y su homólogo mexicano Adolfo López Mateos pudieron finalmente alcanzar un acuerdo, que consistía en reconducir parte del río para que discurriese lo más cercano posible a donde estaba en 1864. Una vez completada la obra, Estados Unidos recibiría la parte norte de la isla, casi ochenta hectáreas justas, y el resto pasaría a México. Se concluyó un tratado el 18 de julio de 1963, con el que se selló el acuerdo[195]. Al año siguiente, el presidente Johnson lo ratificó y comenzaron las obras de infraestructura del proyecto, cuyo coste ascendió a más de cuarenta millones de dólares. En 1967, Johnson y el presidente mexicano Gustavo Díaz Ordaz pudieron por fin celebrar la apertura del canal de hormigón diseñado para reencauzar el río y poner fin a la disputa.

Hoy esas hectáreas forman parte del Memorial nacional de El Chamizal, justo al borde de El Paso, que luce las banderas de ambos países y desde donde los visitantes pueden ver el puente de las Américas que conecta con Ciudad Juárez, uno de los cuatro que enlazan ambas urbes. El centro de visitantes está cubierto por un gran mural que muestra escenas de la vida en Estados Unidos —incluidos retratos de los presidentes Kennedy y Obama— así como en México, con parejas bailando y vestidas con ropas tradicionales, mientras que en un extremo de la obra se ve la iglesia de una misión, un fraile y un grupo de conquistadores. A pesar de que en este lugar tan problemático el río fue domado después de casi un siglo, la necesidad de definir la frontera y decidir quién podía estar en qué lado no haría sino aumentar.

405

Capítulo 15

Miami, Florida

ca. 1960-1980

Entre los bloques de oficinas del centro de Miami se alza una estructura inusual, con una elaborada ornamentación que la diferencia del reluciente minimalismo de los rascacielos circundantes. De color amarillo albero y con un remate en varios niveles encaramado sobre una pequeña base, el edificio parece un artefacto sacado de otra época y lugar, como un campanario que ha extraviado su iglesia. Bien podría haber sido esa la intención original, pues la construcción está inspirada en la torre de la Giralda que se eleva junto a la catedral de Sevilla, cuyos orígenes se remontan al siglo XII y que es un ejemplo de arquitectura mudéjar, la combinación de diseños europeos e islámicos de la época en que el sur de España seguía bajo dominio musulmán. La de Miami, conocida hoy día como Torre de la Libertad, se construyó en 1925 y es una reliquia de aquella fascinación de hace casi un siglo por el pasado español. Formó parte de aquel gran compromiso arquitectónico con el estilo colonial, influido por las modas de la época además de por la cercanía de la ciudad con Cuba[1].

La Torre de la Libertad ha cambiado de uso en numerosas ocasiones. Construida originalmente como sede del diario *Miami News*, que permaneció allí hasta 1957, hoy pertenece al Miami Dade College. Entre medias funcionó entre 1962 y 1974 como punto de recepción para los cubanos, y por ello fue apodada «la Ellis Island del Sur». Más que un lugar para procesar inmigrantes se trataba de un centro asistencial, donde se ayudaba a los cubanos que habían huido de la revolución a encontrar una vivienda, informarse de sus opciones de reubicación y obtener otros servicios.

A continuación el edificio cambió varias veces de manos, y cayó en estado de abandono hasta que fue restaurado en los años 80. Durante este proceso, un grupo de artistas locales pintaron un mural en la entreplanta que recreaba un deteriorado tapiz original de los años 20. Conocido como el *Mural del Nuevo*

Mundo, esta obra de arte de doce metros representa la llegada de Ponce de León, con un mapa de las Américas a la izquierda y del resto del mundo a la derecha. Galeones y sirenas adornan el fondo de la escena mientras que, en el centro, Ponce comparte el lugar de preeminencia con un jefe tequesta. A cada lado hay cuatro pinturas rectangulares de idéntico tamaño que muestran escenas de nativos americanos en el margen derecho y de europeos en el izquierdo. El folleto informativo del Miami Dade lo describe como «un hermoso símbolo del encuentro del Viejo y el Nuevo Mundo». Hoy día la torre alberga dos exposiciones permanentes: la Experiencia del Exilio Cubano y la Galería del Legado Cultural de la Diáspora Cubana. En Miami convergen lo viejo y lo nuevo, lo real y lo imaginario. Lo que muchos consideran la capital moderna de Latinoamérica jamás fue una ciudad del Imperio español. Por el contrario, fue urbanizada por el magnate Henry Flagler en 1896.

Aunque Flagler no podía haberlo previsto, Miami se convertiría en una especie de ciudad de frontera con carácter propio, en la que el estrecho de Florida, y no el desierto, marcaba la divisoria. La mezcla de personas que actualmente viven en la ciudad incluye a cubanos, haitianos, venezolanos, y gente de otros países del hemisferio. Aunque Tampa había sido hogar de la anterior generación de emigrados cubanos, Miami la eclipsaría con creces.

En tiempos de Henry Flagler, sin embargo, Miami todavía era un lugar apartado y sofocante, cubierto de arena y rodeado de pantanos, próximo al extremo sur del estado. El magnate se había entusiasmado con Florida en la década de 1870, cuando su ojo empresarial detectó su potencial turístico. Gracias a sus contactos ferroviarios, y apoyado en su fortuna petrolera, Flagler pudo crear la red de ferrocarril de la costa este de Florida, que para 1896 había llegado a bahía Vizcaína. Entre medias inauguró el opulento hotel Ponce de León en San Agustín, un mamotreto apabullante de estilo neocolonial español, con elegantes palmeras y fuentes suntuosas en el exterior, y con exuberantes murales y vidrieras de Tiffany en el interior. Su tamaño es tal, que actualmente alberga el campus del Flagler College.

Ahora bien, la Florida de Flagler seguía siendo una tierra novedosa y poco poblada. Aún cuando se inauguró el hotel Ponce de León, la verdadera metrópolis se encontraba más al sur, en La Habana. La capital cubana era una de las ciudades de mayor tamaño, grandeza y poderío del Caribe, cuando no de las Américas. Separadas por los apenas ciento cincuenta kilómetros del estrecho de Florida, Miami y La Habana no podían haber sido más diferentes al comenzar el siglo, siendo la una un poblado arenoso y la otra una urbe con una historia de casi cuatrocientos años. Aunque ya habían quedado atrás los tiempos en que la Florida era un amortiguador entre la esfera anglo y la hispana, en el siglo XVIII, estaba evolucionando hacia otra clase de frontera moderna, con su propia cultura fronteriza. Miami y La Habana gravitaron hacia la misma órbita, con sus habitantes cruzando el estrecho de un lado al otro[2].

Cuando el Miami de los años 20 comenzó a florecer, trató de importar parte del encanto de La Habana. Los barrios nuevos tenían calles con nombres españoles, y las casas y edificios se construían con materiales importados de Cuba, incluyendo tejas y azulejos antiguos, puertas de madera y otros objetos con solera[3]. Existían trayectos regulares entre las dos ciudades, y era posible efectuar el viaje en un día de navegación[4]. El transporte aéreo hizo que el desplazamiento fuese aún más rápido. Aun así, los residentes en Miami no eran muchos —se cree que en los años 30 vivían unos seis mil cubanos en la ciudad, en una población total de unos ciento diez mil habitantes—[5]. Había contactos empresariales, era un buen lugar para ir de compras y se hablaba español de forma generalizada[6]. Los cubanos de clase media podían permitirse unas vacaciones en Miami; el mismo Fidel Castro pasó en la ciudad parte de su luna de miel con Mirta Díaz-Balart, su primera esposa[7].

Los cubanos siguieron llegando durante la década de los 40, y no siempre de vacaciones. Cuba estaba bajo el dominio de Fulgencio Batista tras un golpe militar en 1933, aunque no asumió la presidencia hasta 1940. Al principio, este nuevo régimen puso en marcha una serie de políticas que gozaron de popularidad, entre otras, la derogación de la aborrecida Enmienda Platt de 1901 (aunque Estados Unidos conservó su base en la bahía de Guantánamo), una reforma agraria, y la concesión del derecho al voto a las mujeres. Sin embargo, a mediados de los años 30 la isla también había experimentado periodos de huelgas y desórdenes políticos, y en 1940 se redactó una nueva constitución. Batista ganó las elecciones de aquel año y completó un mandato de cuatro años. En 1952 se preparó para volver a presentarse, pero decidió hacerse con el poder antes de que se celebraran los comicios.

La etapa posterior de Batista simboliza Cuba en su dimensión más infame: las discotecas, los casinos, el auge de la corrupción —empezando por los tratos con jefes mafiosos como Meyer Lansky para construir lujosos complejos hoteleros llenos de glamur—, todo lo cual hizo de La Habana una especie de Las Vegas junto al mar. Los visitantes estadounidenses continuaron su aventura amorosa con la ciudad, atraídos por el clima y la diversión ilícita que ofrecía, algo que habían descubierto los de la generación anterior durante la Ley Seca.

No todo el mundo estaba contento con esta afluencia de yanquis en busca de diversión. Aunque algunos cubanos habían obtenido pingües beneficios con el azúcar durante la Segunda Guerra Mundial, existía una amplia brecha entre ricos y pobres, que cada vez era más profunda. La estabilidad se estaba resquebrajando. Entonces, el 26 de julio de 1953 un joven abogado llamado Fidel Castro, al mando de unos ciento cincuenta rebeldes, lanzó un asalto sobre el cuartel Moncada, en Santiago, al sur de la isla. Era el inicio de la Revolución cubana, y durante los años posteriores grandes segmentos del público se pondrían en contra de Batista y su régimen. Muchos cubanos estaban hartos de la situación en la isla, convertida en un lugar peligroso para los críticos del régimen, por lo que la gente miró hacia Miami. A estas alturas, la comunidad cubana en la ciudad ascendía a unas veinte mil personas; en conjunto, entre 1956 y 1958 la media de inmigrantes cubanos que entraban en Estados Unidos era de 13 422 por año, aunque algunos se dirigían al norte, a Nueva York, o al oeste, a Los Ángeles[8]. Castro y sus seguidores saldrían triunfantes en su revolución menos de seis años después de haberse producido el ataque en Santiago, y Fulgencio Batista huyó de la isla el día de Año Nuevo de 1959. Miami nunca volvería a ser la misma.

Ante la confusión en Cuba, Miami parecía un refugio seguro, y en los meses posteriores a la revolución los cubanos llegaron a millares, con la esperanza de regresar a la isla cuando las cosas se hubiesen calmado. Su llegada coincidió con una época de crecimiento en la ciudad: la población de la zona del Gran Miami, justo por debajo del medio millón en 1950, había alcanzado los novecientos treinta y cinco mil habitantes para 1960, en un momento en que los cubanos y otros hispanohablantes apenas constituían aún el 5 %[9].

Muchos de los que huyeron de Cuba eran personas adineradas en una posición de poder durante los años de Batista, como jueces o empresarios destacados. A menudo tenían la piel clara, pero al igual que los anteriores cubanos que emigraron a Ybor City a finales del xix, se estaban adentrando en el Sur de Jim Crow. Debido en parte a ser identificados como hispanohablantes, en Miami acabaron ocupando un espacio a caballo entre el negro y el blanco. A diferencia de los que hablaban español en lugares como Texas, los cubanos en Miami podían comer, ir a bañarse y tomar el transporte público en los mismos lugares que la comunidad blanca[10].

La derrota de los cubanos que atacaron la isla con apoyo de la CIA durante el incidente de bahía de Cochinos en abril de 1961, seguida de la Crisis de los Misiles en octubre de 1962, pusieron a Cuba en medio de la Guerra Fría y fueron señal de que tal vez no habría vuelta atrás para la isla. Tan solo entre 1960 y 1962 habían llegado unos doscientos mil cubanos a Estados Unidos, a menudo al elevado precio de dejar atrás todas sus posesiones, además de sus hogares[11].

Entre ellos había un cierto número de niños no acompañados cuyo traslado se había arreglado con la operación Peter Pan, organizada por la Oficina de Bienestar Católico en Estados Unidos. Para finales de 1962 habían llegado unos catorce mil jóvenes para afrontar un futuro incierto. Muchos se reunieron posteriormente con sus padres o se fueron a vivir con parientes ya establecidos en Estados Unidos, aunque otros se quedaron con familias de acogida.

Algunos cubanos, sin embargo, decidieron regresar, aunque en números mucho más reducidos. El diario comunista *Noticias de hoy* afirmaba en 1961 que Estados Unidos estaba reteniendo a «patriotas» cubanos —algunos de los cuales ya eran residentes en Estados Unidos— en contra de su voluntad y «prácticamente encarcelados»[12]. Poco después dio la noticia de que cuarenta y cuatro personas habían regresado a la isla a bordo del Covadonga. Uno de los pasajeros, Juan Socorro Peña, declaró a *Noticias de hoy* que se había ido tras haber vivido más de una década en Estados Unidos, diciendo: «Llevo once años perdiendo mi tiempo en Nueva York como jefe de una planta de hacer bloques de concreto, pero renuncié a mi residencia, con mi esposa y mi hijo, porque allí no se puede vivir tranquilamente. Acosan a los buenos cubanos, a quienes maltratan cada vez que tienen oportunidad, mientras las autoridades protegen a los esbirros. Trabajaremos en Cuba y defenderemos la Revolución»[13].

Algunos miembros de la comunidad anglo en Miami expresaron sus deseos de que los cubanos que vivían allí hicieran lo mismo. Jack Kofoed, columnista del *Miami Herald*, dijo en octubre de 1965 que la ciudad estaba «hasta las trancas de refugiados cubanos», y que aunque algunos se habían convertido «en miembros buenos y sólidos» de la comunidad, «otros han sido un lastre, y algunos han contribuido al problema del crimen»[14]. En noviembre de aquel año, Kofoed siguió lamentándose por las actividades que él describía como «bastante normales para los cubanos», entre las que se incluían el «poner la tele y la radio al volumen más alto posible a todas horas de la noche [...] hablar en voz alta [...] conducir mal [...] abarrotar una vivienda unifamiliar con tres o cuatro familias», etc.[15]

Al margen de lo que pensaran los miamenses de los recién llegados, los cubanos eran actores en el gran drama de la Guerra Fría, que se estaba desarrollando en incómoda proximidad con Estados Unidos. De ahí que les otorgaran privilegios especiales, sobre todo con la Ley de Ajuste Cubano de 1966, que permitía convertirse en residente permanente a cualquier cubano que hubiese residido un año en el país. A continuación podían optar a la ciudadanía estadounidense por la vía rápida. Asimismo, entre 1961 y 1971 el gobierno de EE. UU. gastó al menos setecientos treinta millones de dólares en su Programa de Refugiados Cubanos, el cual facilitó la reubicación al proporcionar servicios como transporte o ayudas para la búsqueda de empleo. A nivel local se implantaron otras políticas y planes de asistencia a los recién llegados, incluidas clases de inglés[16].

Aunque muchos inmigrantes habían perdido todo lo que tenían en Cuba, algunos todavía conservaban capital social y acceso a financiación, y no pasó mucho tiempo hasta que hubo negocios cubanos sirviendo a esta floreciente comunidad, con una legión de médicos y abogados cubanos que constituían un sector fundamental de la economía de Miami. También se fundaron periódicos, canales de televisión y estaciones de radio en lengua española; los cubanos se estaban convirtiendo rápidamente en uno de los principales motores económicos de la ciudad.

A finales de los años 60 y comienzos de los 70, algunos cubanos seguían sin haberse reconciliado con la revolución, y Miami y otros lugares de Estados Unidos sufrieron una serie de atentados con bomba, cuya responsabilidad se atribuyó a extremistas anti-Castro. Dos de las organizaciones más infames fueron Omega 7 y Alpha 66, que perpetraron una serie de ataques contra personas o grupos sospechosos de querer mantener un diálogo con el régimen castrista. Amenazaban con asesinar a cualquiera que viajase a Cuba, y sus objetivos eran gobiernos extranjeros o instituciones que mantuvieran vínculos diplomáticos con la isla. Otro grupo llamado El Poder Cubano emprendió una extensa campaña de atentados por todo Estados Unidos; a él se imputa la explosión que se produjo en una oficina de turismo de México en Chicago en 1968[17].

En esta misma época también hubo múltiples secuestros de avión relacionados con Cuba. Inicialmente, a principios de los 60, algunos cubanos se apoderaban de las naves para exigir que los llevasen a Estados Unidos. No pasó mucho tiempo hasta que se empezaron a secuestrar aviones para tomar el rumbo opuesto. En ocasiones era por motivos políticos, como cuando el 1 de mayo de 1961 Antulio Ramírez Ortiz obligó a los pilotos del vuelo 337 de National Airlines a desviarse hacia Cuba[18]. Ramírez Ortiz alegó que el presidente dominicano Rafael Trujillo le había ofrecido cien mil dólares por matar a Castro y quería alertar al líder cubano[19]. En 1969, Tyrone y Linda Austin hicieron que un vuelo de Eastern Airlines de Nueva York a Miami se dirigiese hacia Cuba, gritando «La Habana, poder negro» durante el incidente[20].

Con el tiempo, Fidel Castro pasó de acoger a los secuestradores —y de cargar considerables sumas a las aerolíneas para recuperar sus aparatos— a interrogarlos, ante la preocupación de que fuesen agentes de la CIA[21]. El volumen de secuestros era tal que por un tiempo todas las cabinas contaban con cartas del mar Caribe con instrucciones para aterrizar en el Aeropuerto Internacional José Martí, sin importar cuál fuese el destino previsto. Asimismo, se proporcionaba a los pilotos fichas en español con frases del tipo «La aeronave tiene problemas mecánicos», en caso de tener que comunicarse con secuestradores que no hablaran inglés[22].

Para los años 80, el número de personas en Estados Unidos que habían nacido en Cuba ascendía a cerca de setecientos mil, aunque no todos estaban en Miami[23]. En esta década también comenzó a cambiar la naturaleza de la emigración cubana con la llegada de los «marielitos», en referencia a las personas que partían del puerto de Mariel. Estos no eran miembros de la élite sino cubanos pobres. Entre ellos había gente liberada de prisión y otros «indeseables» a quienes Castro, tal como anunció, no pensaba detener. Entre mayo y octubre de 1980 llegaron a Miami más de ciento veinte mil cubanos, a medida que una incansable flotilla los iba transportando a Florida. Estos cubanos sufrieron un mayor prejuicio que los que habían llegado en los 60, tanto desde dentro de la comunidad como desde fuera. Un estereotipo de marielito es Tony Montana, el personaje ficticio interpretado por Al Pacino en la película *El precio del poder*, de 1983. Montana llega durante este éxodo, entra en el negocio de la droga y amasa una fortuna, que acaba perdiendo. La película muestra un Miami sórdido, con tiroteos, discotecas, montones de cocaína y criminales cubanos, nada que ver con las imágenes de cubanos elegantes desembarcando de los aviones de la TWA de los años 60.

A finales de la década de los 80, el número de cubanos en Miami ascendía a más de un millón. A estas alturas, sin embargo, muchos se habían convertido en ciudadanos estadounidenses y por tanto tenían poder de voto, lo que no tardó en reflejarse en la composición política de Miami, a medida que los cubanos ocupaban cargos electos en la ciudad además de en Washington. La primera persona cubana en ser elegida al Congreso fue la republicana Ileana Ros-Lehtinen, que asumió el puesto en 1989 y lo conservó hasta su retiro en 2018[24].

Los cubanos no estaban solos en la migración de los 80. Para entonces estaban entrando miles de personas procedentes de toda Latinoamérica, a menudo de países desestabilizados por la política estadounidense o por intervenciones apoyadas por la CIA. Estados Unidos había participado de manera encubierta en diversos conflictos desde comienzos de la Guerra Fría. Entre sus operaciones se incluyen el derrocamiento del régimen de Guatemala de 1954, el golpe contra el presidente Salvador Allende en Chile en 1973, el adiestramiento y financiación de las Contras para librar una guerra civil contra el Frente Sandinista de Liberación Nacional (FSLN), que en 1979 había hecho caer la dictadura de Somoza en Nicaragua, y el apoyo a las fuerzas gubernamentales en la guerra civil salvadoreña. Millones de personas se vieron desplazadas por estos y otros conflictos, aunque no contaban como refugiados bajo los términos de la Ley de Refugiados de 1980[25]. Sin arredrarse, decenas de miles de personas entraron en Estados Unidos durante los 80 y 90. El censo del 2000 tiene un recuento de ciento veintinueve mil centroamericanos tan solo en la zona de Miami[26]. Este mismo censo calculó que en el país había más de un millón doscientos mil salvadoreños, guatemaltecos y nicaragüenses, la mayoría de los cuales eran inmigrantes de primera generación[27].

Al mismo tiempo los mexicanos se estaban desplazando al norte, tratando de huir de las graves dificultades económicas de esta época. A pesar de haber experimentado un robusto crecimiento durante los años 60, la economía mexicana, al igual que tantas otras, sufrió en los 70 la crisis del petróleo desencadenada por la OPEP (Organización de Países Exportadores de Petróleo). Aunque México era una nación productora, acusó el impacto de la ralentización de la economía global, y sus habitantes empezaron a notar la elevada inflación, la devaluación del peso y la caída de los salarios reales. A todo esto se sumaba la constante violencia política, tal como se vio en octubre de 1968, menos de dos semanas antes de la fecha prevista para el comienzo de los Juegos Olímpicos, cuando las tropas mexicanas abrieron fuego contra una protesta estudiantil en la plaza de Tlatelolco; la cifra exacta de muertos sigue sin conocerse.

En 1982 México entró en quiebra, con una deuda milmillonaria por préstamos concedidos por bancos extranjeros. La bancarrota provocó una devaluación del peso del 85 % respecto del dólar, una cadena de acontecimientos que desembocaron en lo que se ha llamado la «década perdida»[28]. Los mexicanos volvieron a mirar hacia el norte, y para los años 80 y principios de los 90 el número de «detenciones de extranjeros» se había elevado notablemente hasta superar el millón por año, un incremento del 50 % respecto del volumen durante los años 70[29]. En conjunto, en las décadas de los 80 y 90 la población hispana en Estados Unidos se había incrementado en más del triple, al pasar de 4,2 millones en 1980 a justo por encima de los catorce millones para el 2000. De esta cifra, el número de entradas de personas indocumentadas se estima en dos millones en el periodo de 1980 a 1989 y en unos cinco millones entre 1990 y 1999, si bien el 20 % de estas personas no procedían de México o Centroamérica[30].

En los Estados Unidos se intensificaron los llamamientos por una reforma en la inmigración, cuyo resultado fue la Ley de Reforma y Control de la Inmigración, firmada por el presidente Ronald Reagan en 1986. Esta medida concedió la amnistía a cualquiera que estuviese indocumentado y que hubiera permanecido en Estados Unidos desde 1982, unos requisitos con los que unos tres millones de personas podían legalizar su situación. A cambio, se incrementó la seguridad en la frontera y se puso más responsabilidad sobre los empleadores, que habían de probar que sus trabajadores tenían los papeles en orden. A pesar de este ajuste, en la década de los 90 algunos estados empezaron a proponer o aprobar leyes propias, consideradas hostiles hacia los inmigrantes, como la polémica Proposición 187 de California en 1994. El proyecto de ley exhortaba a suprimir cualquier apoyo público —incluido el acceso a la educación— a las personas indocumentadas, con la única excepción de los servicios médicos de emergencia. Fue tan controvertida que hasta la denunció Ernesto Zedillo, por entonces presidente electo de México[31]. Fue aprobada con un 59 %, aunque nunca llegó a ser puesta en marcha, pues no tardaron en emprenderse acciones legales.

Con Bill Clinton se introdujeron otros cambios notables durante los años 90, incluyendo la Ley de Responsabilidad Personal y Reconciliación de Oportunidades Laborales de 1996, que eliminó casi todos los beneficios del estado del bienestar a personas que no fuesen ciudadanos de Estados Unidos o que estuviesen indocumentadas. La ley suprimió el acceso a los cupones para alimentos y dejó a los estados la potestad de decidir si estas personas podían recurrir a algún tipo de asistencia temporal así como al Medicare, el programa de asistencia a los mayores[32].

También se introdujeron reformas en materia de inmigración cubana. Con el colapso de la Unión Soviética en 1989 se agotó el enorme subsidio por el azúcar que Cuba recibía de Rusia, y los años posteriores a la caída del muro de Berlín se conocen en Cuba como el «periodo especial», en el que la isla sufrió una grave escasez de todo. La gente estaba desesperada por marcharse y dispuesta a cruzar el estrecho de Florida por cualquier medio disponible, desde peligrosos viajes en balsa hasta barcos secuestrados. Estados Unidos introdujo un nuevo sistema de visado para controlar el número de llegadas. Se instaló una estación de procesamiento justo afuera de las aguas territoriales de la isla, en la que se procesaba a los cubanos interceptados en el marco de la operación Señal Marina antes de conducirlos a la base de Guantánamo para examinar sus papeles. No pasó mucho tiempo hasta que Estados Unidos se vio desbordado y obligado a llegar a un nuevo acuerdo con Cuba: EE. UU. concedería veinte mil visados anuales a los cubanos a condición de que el gobierno de la isla hiciese un mayor esfuerzo por detener a quienes se marchaban[33]. En las reformas de 1994 y 1995 se inscribe la creación de la política de «pies secos, pies mojados», mediante la cual se devolvía a la isla a cualquier cubano a quien detuvieran en el mar, pero que permitía quedarse a los que llegasen a Estados Unidos. En 1996, el Congreso aprobó la ley Helms-Burton después de que el ejército cubano derribase dos aeronaves civiles pilotadas por miembros de un grupo de exiliados cubanos. El propósito de esta legislación era desincentivar la inversión internacional en Cuba, limitar los viajes a la isla y endurecer el embargo existente. Sin embargo, el régimen de Castro pervivió, pese a las décadas de esfuerzos por parte de Estados Unidos para socavarlo o destruirlo.

Aunque durante los años 80 y 90 hubo miles de personas de Latinoamérica que se fueron a vivir a Miami, ningún grupo ha desbancado la influencia de los cubanos en la ciudad, como atestigua la calle Ocho de la Pequeña Habana miamense. Un paseo por este barrio revela un tenaz patriotismo, además de una cantidad nada desdeñable de señales y monumentos: uno a los exiliados que murieron en la bahía de Cochinos en 1961; una estatua de Néstor A. Izquierdo, un anticomunista cubano que murió en un accidente de aviación en 1979... El indestructible José Martí también tiene presencia. Bajo un árbol grande y frondoso se encuentra una losa de piedra ocre, con un mapa en relieve de Cuba sobre el cual se leen sus palabras: «La patria es agonía y deber».

La periodista Joan Didion apuntó en su libro *Miami*, de 1987, que para «los anglos que no se veían a sí mismos amenazados económica o socialmente por los cubanos, seguía habiendo una incomodidad considerable en la cuestión del idioma» en la ciudad. En parte era porque, a cierto nivel, el no hablar inglés «podía socavar la convicción [por parte de los anglos] de que la asimilación era un ideal universalmente compartido por aquellos que habían de asimilarse»[34]. Milton Weiss, residente en la ciudad, se quejaba en una carta enviada en 1990 al *Miami Herald* de que en la calle siempre le pedían indicaciones en español. A pesar de que hablaba el idioma y estaba casado con una mujer hispana no cubana, escribió: «Si quisiera vivir en un país latino me habría mudado a uno. En vez de eso, ese país se ha mudado aquí». En la carta indicó que este era el motivo de la fuga de anglos de Miami, señalando que «muchos no hispanos se sienten amenazados por esta evolución de los acontecimientos. La amenaza no es física; es sociocultural, psicológica»[35].

Estos sentimientos no eran exclusivos de Miami, ni tampoco eran nuevos. Desde hace tiempo, la presencia de hispanohablantes reacios a renunciar a su idioma ha suscitado una gran variedad de emociones, desde indiferencia hasta franca hostilidad. Para cubanos, mexicanos y demás, la lengua española se ha visto a menudo atacada, causando gran desconcierto sobre las supuestas implicaciones de la naturaleza de la asimilación estadounidense. La respuesta de las comunidades hispanohablantes también ha variado con el tiempo: por ejemplo, en los años 50, algunos padres en Texas hablaban inglés en casa para que sus hijos aprendieran, pero el activismo de los 70 hizo que se renovase el interés y el orgullo de hablar español.

Los colegios eran el campo de batalla más obvio en esta pugna. Muchos hispanos que crecieron en Estados Unidos en los años 40 y 50 pueden acordarse de los castigos por hablar español en la escuela. La escritora chicana Gloria Anzaldúa recordaba cómo le propinaban «tres golpes en los nudillos con una regla muy larga» por hablar español en el recreo, y cómo la «mandaban al rincón por "contestar" a la profesora anglo cuando todo lo que intentaba era decirle cómo pronunciar mi nombre»[36].

Décadas más tarde, en 1998, los votantes californianos consideraron la Proposición 227, que ponía el punto de mira en un programa de educación bilingüe a nivel estatal. En 1968 se había puesto en marcha la Ley de Educación Bilingüe, con el fin de emplear la financiación federal de las escuelas para ayudas en el idioma. La norma incluía a todos los niños inmigrantes, no solo a los hispanohablantes, y prestó asistencia a más de un millón de niños desde preescolar a quinto que no dominaban el inglés. La Proposición 227 preveía sustituir este plan a largo plazo por un programa inmersivo de un año para estos estudiantes. Aprobada con un 61 % de votos a favor y el 39 % en contra, la moción dividió a la comunidad hispana, ya que algunos opinaban que los niños debían aprender inglés rápidamente si querían progresar en California[37]. Arizona aprobó una legislación similar en el 2000, que intensificó la inmersión lingüística en las escuelas del estado.

En 2013, el distrito escolar unificado de Tucson (Arizona) votó para rescindir una impopular medida de bloqueo que había impuesto el año anterior sobre siete libros, incluidos títulos como *América ocupada: los chicanos y su lucha de liberación*, de Rodolfo Acuña, o *¡Chicano! La historia del movimiento de los derechos civiles mexicano-estadounidenses*, de Arturo Rosales[38*]. Este distrito ya había atraído la atención nacional por su papel en la prohibición de los estudios mexicano-estadounidenses en 2010 mediante la aprobación de la Ley de la Cámara de Arizona 2281, la cual ha sido llevada a los tribunales por infracción de la Primera Enmienda, que protege la libertad de expresión, de prensa, de culto y de reunión. Un juez de distrito bloqueó su puesta en marcha en 2017.

Los libros de texto también han suscitado controversia. Texas ha ejercido una influencia cada vez mayor en virtud del hecho de que tiene más alumnos que cualquier otro estado excepto California. Puesto que Texas pide tantos libros escolares, las editoriales han adoptado estándares texanos y vendido sus publicaciones en el resto del país. Una poderosa facción conservadora en el consejo de educación de Texas votó en 2010 en favor de efectuar unas profundas y polémicas reformas en la asignatura de historia a nivel estatal. Uno de los miembros del consejo defendió la decisión, diciendo: «La historia ya está escorada. El mundo académico está demasiado escorado a la izquierda». En juego estaba la inclusión de conceptos muy alejados de la corriente principal del pensamiento histórico, como el poner en tela de juicio la intención de los fundadores de separar iglesia y estado. Se desdeñaron los intentos de incluir las aportaciones de los hispanos o de poner el foco en la larga lucha de los mexicano-estadounidenses por la igualdad en el estado y la nación. Los consejeros hispanos quedaron frustrados, y uno dijo que el consejo estaba capacitado para «simplemente fingir que esta es una América blanca y que los hispanos no existen»[39]. En 2015, los activistas se anotaron una relativa victoria al presionar al consejo de educación de Texas para que incluyese a los mexicano-estadounidenses en el plan de estudios, aunque el libro fruto de esta iniciativa, *The Mexican American Heritage* (*La herencia mexicano-estadounidense*), causó irrisión incluso antes de mandarlo a imprenta. En 2016, una reseña de una muestra del libro lo calificó de «racista, revisionista y, en algunas partes, de una falsedad simplemente descarada», afirmando que, entre otros errores, ponía en el mismo saco a los chicanos nacidos en Estados Unidos y a los inmigrantes recientes, restaba importancia a las reivindicaciones agrarias de los hispanos en el Suroeste, y tildaba a los mexicano-estadounidenses de perezosos[40].

Un factor fundamental en la pervivencia del español ha sido su constante revitalización mediante la continua llegada de nuevos inmigrantes. Por el contrario, otros grupos lingüísticos como alemanes o italianos se han visto reducidos. Según los datos del censo, durante el periodo de 1980 al 2000 se incrementó el número global de hispanohablantes, con un aumento del 60 % hasta situarse justo por encima de los veintiocho millones en el año

---

* Esta segunda obra no está publicada en español, por lo que la traducción del título es mía. (*N. del T.*).

2000[41]. Durante la década de los 90, el número de personas en California que hablaban en casa un idioma que no fuera inglés se elevó del 31 al 39 %, convirtiéndolo en el estado con mayor porcentaje de personas que no hablaban inglés, con el español siendo el idioma de mayor predominancia en los hogares aparte del inglés[42].

En Miami, un intento por promover el inglés vino de la mano de *¿Qué pasa, U.S.A.?*, una telecomedia financiada por el gobierno y emitida en 1977 por el canal miamense WPBT. La serie estaba centrada en los Peña, una familia ficticia de cubanos que viven en la Pequeña Habana, y tenía el propósito de ayudar al espectador a mejorar su inglés con sus diálogos bilingües. Sólo tuvo cuatro temporadas, pero gozó de enorme popularidad[43].

Con menos cariño se recuerda la campaña lanzada al año siguiente por Emmy Shafer, residente en Miami. Frustrada porque los empleados públicos de la ciudad no tenían el nivel de inglés que ella consideraba aceptable, se propuso poner fin al bilingüismo de la ciudad. Superviviente de un campo de concentración nazi, explicó su postura diciendo que ella había tenido que aprender inglés y no entendía por qué otros refugiados no iban a hacer lo mismo. En 1978 lanzó una petición que recogió veintiséis mil firmas. En 1980 se llevó a las urnas un referéndum «antibilingüe» para hacer del inglés la lengua oficial para asuntos de gobierno. El plebiscito, que tuvo lugar justo después de que llegasen decenas de miles de personas durante el éxodo de Mariel, fue aprobado con el 59 % a favor. La ordenanza resultante fue derogada en 1993[44]. Sin embargo, en 1988, se enmendó la constitución de Florida para hacer del inglés el idioma oficial.

Por todo el país se produjeron batallas similares. En Arizona, una petición cursada en 1987 para hacer que la constitución del estado incluyese el inglés como el idioma oficial se convirtió en la Proposición 106, aprobada con menos de doce mil votos y un margen del 1 %. Sin embargo, su triunfo vino seguido de una prolongada batalla en los tribunales, en parte porque estipulaba que los empleados del estado y las agencias gubernamentales y hasta los cargos electos únicamente podían hablar inglés. En 1998, el tribunal supremo de Arizona dictaminó que lo que se había convertido en el artículo 28 de la constitución del estado violaba los derechos de los funcionarios electos y empleados públicos en virtud de la Primera Enmienda, y limitaba el acceso de los que no hablaban inglés a la cláusula sobre Protección Igualitaria de la Decimocuarta Enmienda. El fallo obligó a los partidarios del artículo 28 a enmendarlo para hacer que el inglés fuese el idioma oficial, pero sin prohibir que los empleados del gobierno hablasen otros idiomas[45].

A medida que seguían propagándose las leyes tipo «sólo inglés», se sucedieron los desafíos legales por parte de individuos, activistas y organizaciones por los derechos del inmigrante. En 2001 llegó al Tribunal Supremo el caso Alexander contra Sandoval, basado en una demanda colectiva contra Alabama por hacer del inglés la lengua oficial. En una decisión de cinco contra cuatro, la corte mantuvo la ley monolingüe de Alabama[46]. Hasta ahora el inglés como lengua oficial ha sido adoptado por treinta y dos estados.

Entre los cambios que se produjeron durante los 80 y 90, otro acontecimiento se estaba desarrollando de manera silenciosa: la invención del «hispano» (*Hispanic*). Entre los diversos grupos hispanohablantes todavía existía una endeble solidaridad, debido en parte a la geografía: en el Este había mayormente puertorriqueños, dominicanos y cubanos; y en el Oeste, mexicanos y centroamericanos. En sus relaciones históricas con los Estados Unidos había tanto similitudes como diferencias. Los puertorriqueños convivían con la situación de estado libre asociado de su isla; los cubanos tenían un largo historial de interferencias estadounidenses; los mexicanos tenían que lidiar con el legado de 1848. A estos grupos también los dividían ciertas sospechas mutuas. Los de Puerto Rico, por ejemplo, creían que el peso demográfico de los mexicano-estadounidenses suponía que se desviarían más recursos al Suroeste en vez de al Noreste[47]. Las agencias gubernamentales también estaban pasando dificultades. El término «mexicano» se había suprimido del censo para 1940, y hacia los años 60 la interpretación legal posicionaba a los mexicanos como «blancos»[48]. Para la década de los 70, cuando aumentó la preocupación de que no se estaban satisfaciendo las necesidades de la población hispanohablante de Estados Unidos, no había manera de recopilar estadísticas sociales basadas en el censo. El censo de 1970 había solicitado a los hispanos que identificaran su origen o ascendencia entre las siguientes opciones: mexicano, puertorriqueño, cubano, de América Central o del Sur, otros españoles, o ninguna de estas[49]. Muchos seguían descontentos porque les parecía muy limitado.

Una de las personas en busca de una mejor terminología fue Grace Flores-Hughes, una texana de origen mexicano que trabajaba en la Oficina de Asuntos de Americanos de Apellido Español, perteneciente al Departamento de Salud, Educación y Bienestar. Flores-Hughes se crio en una familia mexicano-estadounidense en la localidad de Taft, en Texas, antes de trasladarse a Washington D. C. para trabajar en una serie de puestos de funcionariado[50]. En sus memorias, Flores-Hughes recuerda una reunión en 1973 de representantes del gobierno y líderes comunitarios, convocada para debatir la situación educativa de los hispanos y nativos americanos, pero no tardó en disolverse porque «lo único de lo que podían hablar los asistentes era de los términos usados en el informe para referirse a sus respectivas poblaciones». Una de las muchas quejas era que no todos los hispanos presentes querían que les llamasen chicanos o mexicanos. Se canceló la reunión y se estableció un comité para determinar qué expresiones raciales y étnicas debería emplear el gobierno federal[51].

Le siguió un acalorado debate en aquel comité, acerca de identificadores como «hispanohablante» o «hispano». En un momento dado se pusieron de acuerdo en la recomendación de «latino» pero, según Flores-Hughes, algunos opinaban que «era de naturaleza masculina e incluía a personas de Italia y a otros europeos con raíces latinas»[52]. Al final, Flores-Hughes apoyó «hispano» porque era el término «que mejor identificaba a aquellas personas con apellidos españoles que afirmaban que su origen era español». Consiguió que otros se sumaran a su modo de pensar, y en 1975 la palabra «hispano» se introdujo en el lenguaje federal[53].

Su adopción y uso, sin embargo, trascendió con creces al Departamento de Salud, y recibió críticas por parte de personas que preferían «latino» y de otros que opinaban que no necesitaban ninguna etiqueta[54]. En 1977, la Oficina de Gestión y Presupuesto emitió su Directiva de Política Estadística n.º 15, que obligaba a las agencias federales a recopilar datos en base a cuatro categorías raciales: negro, blanco, indio americano/nativo de Alaska, y asiático/isleño del Pacífico. Colocaba a hispano/latino como una categoría «étnica» en vez de racial, lo que significaba que una persona podía ser hispana y de cualquier raza[55]. Como resultado, en el censo de 1980 apareció el término «hispano», y allí ha permanecido desde entonces[56]. En 2010 había una pregunta específica del censo sobre si una persona era «de origen hispano, latino o español». A los que respondían afirmativamente, el formulario les daba cuatro opciones para marcar «sí»: o bien mexicano, mexicano-estadounidense o chicano; o bien puertorriqueño; o bien cubano; o bien «otro origen hispano, latino o español», con instrucciones de escribir en una casilla debajo si eran, por ejemplo, «argentino, colombiano, dominicano, nicaragüense, salvadoreño, español, etcétera». A continuación se preguntaba la raza a todos los individuos, permitiéndoles elegir entre blanco, negro, indio americano/nativo de Alaska, asiático, nativo de Hawái/isleño del Pacífico, u otra raza. De los 47,4 millones de personas que se identificaron a sí mismas como hispanas, cerca de un tercio (15,8 millones) escogió «otra raza» y escribió mexicano/a, mexicano-estadounidense, hispánico/a, hispano/a, latinoamericano/a latino/a, rehuyendo de las tradicionales categorías raciales del censo como negro o blanco[57]. El hecho de que el censo desligara la identidad «hispana» de la raza parece reforzar la idea de que los hispanos pueden ser categorizados como negros, blancos o nativos americanos, mientras que las respuestas de las personas que escribieron su raza indican que sigue sin haber consenso sobre el significado de hispano[58]. En marzo de 2018, la Oficina del Censo anunció que el censo de 2020 preguntaría a los encuestados si son ciudadanos estadounidenses, una pregunta que no se había incluido desde 1950. Una consecuencia bien podría ser que las personas indocumentadas eviten rellenar los formularios censales, pero las repercusiones de tal movimiento —dado que las estadísticas censales se utilizan para planificar la financiación federal— podrían ser graves en muchas partes de Estados Unidos, empezando por las zonas con grandes comunidades de hispanos[59].

La socióloga G. Cristina Mora ha argumentado en su obra *Making Hispanics* (*Haciendo hispanos*) que el surgimiento de esta idea «panétnica» de lo hispano «no tenía que suceder»; el término obtuvo un amplio uso debido a que «funcionarios del gobierno, activistas y directivos de medios de comunicación nunca definieron con precisión quiénes eran en realidad los hispanos»[60]. Dos factores hicieron que esta identidad arraigase: la gran comunidad hispanohablante, no solo en Estados Unidos sino por todo el hemisferio occidental, y el rápido crecimiento de la sociedad de consumo, en la que ávidos ejecutivos de *marketing* vieron el potencial de rentabilidad en un grupo hispano ampliamente definido. Se estima que hoy día la comunidad hispana tiene un poder adquisitivo anual de alrededor de un billón de dólares[61].

Las anteriores generaciones de inmigrantes habían obligado a sus hijos a «convertirse en americanos» mediante el aprendizaje del inglés y la asimilación. Sin embargo, en la década de los 80, el canal en lengua española Univisión, así como diversas revistas, anuncios y productos, comenzaron a focalizarse en esta comunidad haciendo uso del castellano. Estos medios de masas podían al mismo tiempo satisfacer sus deseos como consumidores y también redefinir los límites entre hispánicos y «americanos». La paradoja, no obstante, es que su separación como consumidores sirvió para reforzar las ideas de que los hispanos eran, de hecho, una cultura diferente con sus propias tradiciones e idioma.

Desde su sede en Miami, Univisión desarrolló estrategias para fomentar una comunidad hispana con el fin de facilitar la venta de campañas publicitarias a nivel nacional, de modo que las empresas pudieran enfocar sus productos hacia los cubanos de Miami y los mexicano-estadounidenses de Los Ángeles. Univisión retrató al «hispano ideal» al poner en la pantalla a personas de ojos oscuros y piel clara pero olivácea. Esta iniciativa también se aplicó a la clase de español que se hablaba, al eliminar expresiones nacionales o regionales y asegurarse por el contrario de que todo el mundo usase una versión más universal[62].

Algunas empresas de marketing aprendieron a explotar las diferencias existentes entre los hispanohablantes, como ejemplifican las diversas campañas para Café Bustelo. Sus equipos descubrieron que los mexicanos y centroamericanos preferían el café soluble en lugar del expreso, por lo que elaboraron anuncios a medida para estos mercados. La empresa también vigiló cómo cambiaban los gustos de las personas al mudarse, como por ejemplo los mexicanos en Miami, a quienes empezaba a gustarles el café molido[63].

La «hispanidad» también se vende a la comunidad anglo, especialmente en la comida. En gran parte de Estados Unidos no hay comida «hispana», solamente mexicana. Su estilo procede del norte de México o las tierras de frontera, por lo que ahora «Tex-Mex» viene a significar mexicano, de un modo similar a cómo la cocina siciliana vino a representar la comida «italiana». Muchos de los libros de cocina mexicana publicados en Estados Unidos con recetas supuestamente «auténticas» están escritos por anglos, una tradición que se remonta a la California decimonónica[64]. Como parte de una recaudación de fondos para las iglesias misioneras, el Landmarks Club publicó un recetario en 1903 con un ensayo introductorio sobre «Cocina hispano-americana» escrito por el apasionado de California Charles Lummis[65].

Aunque las versiones estadounidenses puedan diferir de lo que se sirve al sur de la frontera, los tacos, burritos y otras comidas mexicanas se han convertido en un elemento esencial de la cocina norteamericana. Cualquier ciudad pequeña del país tiene al menos un restaurante mexicano, además del omnipresente —aunque de dudosa autenticidad— Taco Bell, que en los últimos años ha afrontado una mayor competencia por parte de otras cadenas como Chipotle. Los aperitivos como los nachos de maíz mojados en salsa se han convertido en platos de gran popularidad, y las tiendas de alimentación cuentan con estantes plenamente abastecidos de frijoles refritos, chiles jalapeños y salsas picantes, todo lo cual puede regarse con cervezas importadas o, por supuesto, con tequila. Tan asociada está la gastronomía mexicana con «lo hispano» en Estados Unidos que, sin duda, ha habido turistas en Puerto Rico y Cuba que se han quedado perplejos ante la ausencia de tacos en las islas. De hecho, a la comida del Caribe español no le ha ido tan bien, aunque sus rones siguen siendo populares. Esta zona no tiene un gran alcance culinario, aparte de en los lugares con grandes poblaciones puertorriqueñas, dominicanas o cubanas, con la excepción quizás del sándwich «cubano» popularizado, cómo no, en Florida. Ahora bien, resulta mucho más difícil encontrar unos buenos tostones (plátano frito) que unos tacos.

Uno de los puntos más obvios donde se solapan la cultura y la comercialización de alimentos es en las celebraciones anuales del Cinco de Mayo. La conmemoración de una batalla ganada contra Francia en 1862 durante una guerra que acabó perdiendo México no es, quizá, la ocasión más evidente para unos alegres festejos, pero esto es exactamente en lo que se ha convertido, a pesar de que allí apenas se celebra. Esta festividad arraigó entre los mexicanos en EE. UU. en los años posteriores a la guerra civil estadounidense y la ocupación francesa de México, como una expresión de solidaridad basada en el hecho de que ambas naciones habían salido airosas de sus respectivas luchas. Durante el siglo XIX la fecha se siguió celebrando en las comunidades mexicanas de lugares como California, y a comienzos del nuevo siglo se vio revitalizada por la llegada de inmigrantes. En la primera parte del XX se siguió utilizando para reafirmar las buenas relaciones entre ambos países; por ejemplo, en 1942 el alcalde de Los Ángeles organizó unas celebraciones del Cinco de Mayo a las que acudieron unas cinco mil personas, incluido el cónsul mexicano. En los años 70 se empezó a politizar cuando los estudiantes de la Universidad de California en Irvine utilizaron la conmemoración como base para organizar una conferencia de cinco días sobre la situación de los chicanos en ese estado. La más reciente encarnación del Cinco de Mayo cobró forma en los 80, con empresas de alimentación y bebidas alcohólicas patrocinando fiestas y alentando a la gente a celebrar la batalla ganada por México con un margarita y unos nachos[66].

• • •

Desde que en los años 30 comenzara la fiebre por la rumba y la moda por lo mexicano, siempre ha habido un grado de influencia hispana en la cultura popular estadounidense en su sentido más amplio, aunque de un modo que sigue sin ser uniforme y que hasta cierto punto depende de que no se sientan alienados quienes no hablan español. Un ejemplo temprano es la popular telecomedia *I love Lucy*, que cuenta la historia de Lucy y Ricky Ricardo. En muchos sentidos, este clásico de los 50 se adelantó a su tiempo al mostrar en televisión a un matrimonio formado por un cubano y una mujer anglo, algo que podría haber resultado controvertido pero que, por el contrario, acabó cosechando un enorme éxito, debido en buena medida a la prestancia cómica de Lucille Ball, pero también al encanto de Desi Arnaz, que ya era bien conocido como músico.

Desiderio Alberto Arnaz y de Acha III procedía de una familia cubana privilegiada que huyó de la dictadura de Batista, y alcanzó la fama en esta serie antes del surgimiento de la Revolución Cubana. A pesar de su inglés con acento, Arnaz tenía una piel lo bastante clara como para que el matrimonio resultase aceptable para las convenciones sociales de la televisión de los 50. Se podía jugar con sus dejes de español para provocar risas, como en un episodio en que Lucy le pica diciéndole que ya le podía entender porque había aprendido «a escuchar con acento».

Otras series posteriores que aparecieron durante los 70 también tenían el atractivo de la diversidad, como *Chico and the Man*, emitida por la NBC entre 1974 y 1978. Ambientada en un barrio mexicano de Los Ángeles, reflejaba el cambio de actitudes hacia los hispanos y solía hacer uso de una comedia acerada para abordar el racismo y la discriminación. La serie se centraba en la relación entre Chico y Ed, un anglo que es propietario de un taller en el que trabaja Chico. Sin embargo, este personaje no estaba interpretado por un mexicano-estadounidense sino por Freddie Prinze, criado en Nueva York y de padre alemán y madre puertorriqueña.

La década de los 2000 fue testigo de la llegada de *Ugly Betty*, con América Ferrera en el papel que da título a la serie, una joven poco atractiva que consigue obtener un trabajo en una revista de moda. La serie, emitida entre 2006 y 2010, fue una adaptación de *Yo soy Betty, la fea*, una telenovela colombiana. En otras series también han aparecido personajes hispanos; un ejemplo es Gabrielle Solís, una de las vecinas de Wisteria Lane en *Mujeres desesperadas* (2004-2012), interpretada por Eva Longoria.

En conjunto, sin embargo, los hispanos siguen infrarrepresentados en los medios de comunicación dominantes en Estados Unidos. En un reciente estudio titulado *The Latino Disconnect: Latinos in the Age of Media Mergers* (*La desconexión latina: los latinos en la era de las fusiones de medios*), comisionado por la Asociación Nacional de Productores Independientes Latinos, la Universidad de Columbia y la Fundación Hispana Nacional para las Artes, se descubrió a raíz de un análisis de películas y de la televisión que, aun «cuando los latinos son visibles, tienden a ser representados a través de estereotipos de hace décadas, como criminales, agentes de la ley, mano de obra barata y seres hipersexualizados»[67]. El informe señalaba que, en conjunto, las fusiones de grandes grupos mediáticos están empeorando la situación del consumidor hispano con una oferta menos diversa. A pesar de que el público hispano está «atento a su imagen» y no se priva de alzar la voz ante contenidos discriminatorios, «la participación latina en los grandes medios de comunicación en lengua inglesa es sorprendentemente baja». En otro estudio de la Universidad del Sur de

California se descubrió que, de los 3932 personajes con diálogo en las películas más taquilleras entre 2007 y 2013, solo el 4,9 % eran latinos —y esto a pesar de la estimación de que esta comunidad compra el 25 % de todas las entradas—[68].

El factor de la diversidad también ha ejercido influencia sobre la música. El sonido cubano continuó hasta los años 80, con Gloria Estefan dominando la música que salió de Miami durante esa década, anotándose una serie de éxitos como «Rhythm Is Gonna Get You» y «Get on Your Feet». Mientras tanto, en Texas, Selena Quintanilla-Pérez sacó la música tejana de los barrios mexicano-estadounidenses del sur de Texas para ponerla en el candelero durante los años 90, ganando numerosos Grammys Latinos y gozando del éxito en el mercado anglófono mientras conquistaba discos de oro. Al igual que tantos jóvenes de origen mexicano, ella creció hablando inglés y oyendo pop estadounidense, pero su padre músico le enseñó a cantar en español para que ampliara su público. Trágicamente, su carrera tuvo un abrupto final cuando la presidenta de su club de fans, Yolanda Saldívar, le pegó un tiro en 1995. Veinte años después, un museo dedicado a la vida y obra de Quintanilla-Pérez sigue atrayendo a entusiastas devotos a Corpus Christi. En 1997 se rodó una película biográfica sobre la cantante, protagonizada por la actriz y cantante Jennifer López en su papel revelación. Nacida en Nueva York de padres puertorriqueños, la propia Jennifer López ha pasado a convertirse en una superestrella tanto en inglés como en español. Las décadas de 1990 y 2000 fueron testigos del ascenso de muchos otros cantantes de pop deseosos de grabar en ambos idiomas y que se han ganado a legiones de fans en ambos mundos, incluyendo a ídolos como la colombiana Shakira, el puertorriqueño Ricky Martin y a Marc Anthony, nacido también en Nueva York de padres de Puerto Rico.

En una cultura común anglohispana, la cuestión de quién o qué es «hispano» sigue sin estar resuelta. Una cultura hispana mercantilizada tan solo puede ofrecer una fachada de cohesión: los actores y estrellas del pop siguen teniendo que actuar en inglés si quieren llegar a un público nacional. Mientras tanto, la cultura gastronómica está tan enraizada en el tejido nacional culinario que el recuerdo de cómo ha llegado allí —y cómo conecta con los asuntos contemporáneos— ya se ha desdibujado. La comercialización puede difundir la cultura pero también debilitarla, haciéndola desechable. El amor por los tacos y las canciones de J.Lo no dan para mucho a la hora de resolver el continuo debate sobre hispanos, mexicanos, inmigrantes indocumentados y a quién se permite ser estadounidense.

Capítulo 16

Tucson, Arizona

ca. 1994-2018

«Cuando México envía a su gente, no está enviando lo mejor [...] Están enviando a gente que tiene muchos problemas, y están trayendo sus problemas con [*sic*] nosotros. Están trayendo drogas, están trayendo crimen. Son violadores. Y algunos, supongo, son buenas personas»[1]. Con este discurso, el magnate inmobiliario Donald Trump anunció su candidatura a la presidencia de los Estados Unidos en junio de 2015. A medida que su campaña ganaba impulso, una de sus promesas más populares fue un plan para construir un «bonito» muro a lo largo de la frontera. A esta promesa, además de nuevas garantías de que deportaría a los inmigrantes ilegales, se le sumó su eslogan de campaña: «Make America Great Again» («Haced que América vuelva a ser grande») —contrarrestado por algunas mentes ágiles que sacaron gorras con la frase «Make America Mexico Again» («Haced que América vuelva a ser México»)—.

A lo largo de su campaña, Trump propuso medidas que afectarían negativamente a los hispanos que vivían en Estados Unidos, y se refirió a ellos de manera adversa, al usar la expresión «*Bad* hombres» en el tercer debate presidencial, algo que ningún otro candidato había hecho jamás. En otras ocasiones, abrazaría deliberadamente sus ideas de la cultura hispana, como cuando el Cinco de Mayo publicó en Twitter una foto suya comiendo de un cuenco de tacos con la frase de «¡Adoro a los hispanos!». En un momento dado, Trump llegó a viajar a México para reunirse con el presidente Enrique Peña Nieto, tras lo cual ambos dieron una incómoda rueda de prensa en la que evitaron tocar las cuestiones principales, empezando por las exigencias por parte de Trump de que México pagase por el muro que él había propuesto. Para el presidente mexicano, que ya estaba en apuros por sus bajos niveles de aprobación, la jugada no sentó bien a una nación preocupada por las repercusiones que conllevaría la presidencia de Trump para sus familias y amigos al otro lado de la frontera. Al cabo de pocas horas, el candidato estaba de vuelta en Estados Unidos para dar un mitin en Phoenix, donde dijo: «Construiremos un gran muro a lo largo de la frontera sur y México pagará ese muro. Cien por cien»[2].

Aunque el Partido Demócrata lleva tiempo dando importancia al voto de los hispanos, su candidata presidencial Hillary Clinton no escogió a uno de ellos como compañero de papeleta, aunque sí encontró a uno que hablaba español. Tim Kaine, senador y exgobernador de Virginia, había pasado un tiempo trabajando con misioneros en Honduras, donde aprendió el idioma. Asimismo, Kaine es católico, una cuestión que no es baladí para algunos votantes hispanos. En la víspera de las elecciones, muchos analistas creyeron que la retórica del candidato republicano generaría un número récord de votantes hispanos, asegurando de este modo la victoria de Clinton, pero estas esperanzas resultaron ser erróneas.

El número total de hispanos con derecho a voto en 2016 era de veintisiete millones, frente a los veintitrés millones de 2012, y el porcentaje global del voto hispano se incrementó, pasando del 10 % en 2012 al 11 % en 2016. Hillary Clinton obtuvo cerca del 66 % de estos sufragios y Donald Trump el 29 %, mientras que en las anteriores elecciones los hispanos dieron el 71 % de sus papeletas a Barack Obama y el 27 % a Mitt Romney. Ambas cifras representaron un descenso significativo para los republicanos desde que George W. Bush ganó el 40 % del voto hispano en 2004 y el 35 % en el 2000[3].

En conjunto, está aumentando la participación hispana en la política estadounidense, debido al crecimiento de su población y los cambios en la ley. La Ley de Derecho al Voto de 1965 fue ampliada diez años después para proteger a lo que se denominaba «minorías lingüísticas», grupos que habían tenido dificultades para emitir su voto a pesar de tener el derecho legal, y que habían soportado discriminación o amenazas que les impedían acceder a las urnas. Los cambios legislativos también contribuyeron a abrir el camino hacia una participación más activa de los hispanos en todos los niveles de la política. El Proyecto para la Educación y el Registro de Votantes del Suroeste, por ejemplo, afirma que ha ayudado a registrarse a dos millones y medio de votantes desde su fundación en 1974[4]. Ahora hay temores de que se reviertan algunos de los derechos electorales después de que en 2013 el Tribunal Supremo derogase parte de la legislación original de 1965, allanando el terreno para que los estados impusieran sus propias restricciones, entre otras, la polémica medida de exigir un carné de identidad con foto, como por ejemplo el permiso de conducir. No todo el mundo con derecho a voto tiene un documento así, y al igual que con las pruebas de alfabetización del pasado, quienes critican estas normas sostienen que podrían afectar desproporcionadamente a los votantes hispanos.

Los avances de los hispanos en la vida pública han sido irregulares. Se han dado adelantos notorios, tales como el nombramiento al Tribunal Supremo en 2009 de Sonia Sotomayor, nacida en Nueva York de padres puertorriqueños. Sin embargo, en el poder judicial, el Congreso y la política estatal y local no existe una representación proporcional al tamaño de la comunidad hispana. Por ejemplo, un informe en el *Austin American-Statesman* reveló que un millón trescientos mil hispanos en Texas —más del 10 % del total de la población hispana en ese estado— viven en ciudades o condados sin representación de este grupo en los ayuntamientos o comisiones condales. A nivel estatal, alrededor del 10 % de alcaldes y jueces condales son hispanos, a pesar de que estos constituyen cerca del 38 % de la población de Texas[5].

Otro estudio, elaborado por el Caucus Latino del congreso de California y entidades afiliadas, reveló en 2015 que, situados en el 38,6 %, «los latinos representan el grupo étnico más numeroso» en el estado, pero solo constituían el 19,6 % de sus votantes registrados. La representación política de latinos en California sigue siendo igualmente baja, con un 23,8 % en la asamblea estatal y un 14,6 % en los ayuntamientos en su conjunto[6]. Existen ciertas excepciones, como Santa Ana, en el condado de Orange, con un consistorio compuesto enteramente de cargos ejercidos por hispanos, en una ciudad donde este grupo constituye el 78 % de la población[7].

En términos nacionales, 2016 fue testigo de la elección al Senado de la primera mujer hispana, la demócrata Catherine Cortez Masto por el estado de Nevada, mientras que el 115.º Congreso (de enero de 2017 a enero de 2019) alcanzó el número récord de cuarenta y cinco miembros hispanos: treinta y un demócratas y catorce republicanos. Equivalen al 8,4 % entre ambas cámaras, aunque este porcentaje sigue algo desviado respecto del 17 % de hispanos a nivel global[8].

Al margen de la implicación de la comunidad hispana en las elecciones de 2016 y en la vida política, lo que todos los hispanos en EE. UU. están afrontando ahora —tengan papeles o no, sean ciudadanos o no— es un ambiente cada vez más hostil en el marco del debate sobre la inmigración. Han resurgido las ideas nativistas de Estados Unidos como un país blanco y anglófono, y lo mismo sucede con las inquietudes económicas, especialmente la noción de que la mano de obra barata mexicana está recortando empleos estadounidenses, al tiempo que el miedo a la violencia por parte de las bandas de narcos penetra en las comunidades de la frontera y más allá. El muro de Trump se ha convertido en un potente símbolo de la respuesta a estos problemas, sea cual sea la realidad demográfica o económica en que se basa. En ese sentido, hay reminiscencias de las deportaciones masivas de mexicanos en los años 30, pero el contexto es marcadamente diferente, no solo por la diversidad de las personas que han emigrado a Estados Unidos procedentes de América Central y del Sur —esta cuestión va mucho más allá de EE. UU. y México—, sino también por los cambios que han generado la cada vez mayor globalización económica y el auge de China como motor industrial.

A Trump y muchos otros estadounidenses les ha irritado en particular el Tratado de Libre Comercio de América del Norte (TLCAN, o NAFTA por sus siglas en inglés). Las quejas y los ocasionales encontronazos en materia de comercio han sido desde hace tiempo señas de identidad de las relaciones económicas entre México y EE. UU., que no siempre han sido fluidas. Las últimas décadas del siglo XX fueron testigo de varios experimentos comerciales, entre otros, el seguir eliminando restricciones en una zona fronteriza acostumbrada a las presiones para reducir los aranceles, y el establecimiento de zonas francas mucho antes de la puesta en marcha del NAFTA, en 1994.

Las fábricas maquiladoras que ahora jalonan la frontera tuvieron su origen en el Programa de Industrialización de la Frontera de 1965, implantado justo tras el final del programa Bracero. Estas plantas importaban a México, sin impuestos, materiales que requerían de ensamblaje, procesamiento o acabado para obtener un producto final, que a continuación se reexportaba fuera del país. El arancel sobre estos productos reflejaba el valor de la mano de obra, no el valor total de los materiales, y las empresas estadounidenses no tardaron en hacer uso de este sistema[9]. Por aquel entonces, el gobierno mexicano también creía que, al establecer estas plantas (y empleos) en la frontera, se podría impedir que la gente abandonase el país. Mucho antes de que se firmase el NAFTA, había unos quinientos cincuenta mil mexicanos trabajando en casi dos mil maquiladoras. Además de los cambios económicos, se produjo un importante giro basado en el género, ya que muchos de los empleados eran mujeres, a quienes se consideraba menos propensas a sindicalizarse[10].

Con el presidente Carlos Salinas de Gortari, que asumió el cargo en 1988, México también experimentó nuevas reformas económicas. Salinas eliminó las condiciones impuestas sobre la inversión extranjera que anteriormente recogía el polémico artículo 27 de la Constitución de 1917, y al tiempo privatizó tierras pertenecientes a los ejidos comunales y vendió muchos de los servicios públicos del Estado[11]. Para 1990, los líderes de México, Estados Unidos y Canadá convinieron en que un acuerdo comercial de mayor envergadura podría beneficiar a las tres naciones. También estaba el mensaje implícito de que un arreglo de este tipo podría ofrecer más oportunidades a nivel doméstico, y así los mexicanos se quedarían en su país. Ese mismo año, el número de estadounidenses de origen mexicano rondaba los quince millones, mientras que el de trabajadores indocumentados oscilaba entre dos y tres millones[12].

Cuando el NAFTA entró en vigor, el 4 de enero de 1994, un grupo en el estado mexicano de Chiapas inició una rebelión bautizada en honor del líder revolucionario Emiliano Zapata. Liderado por el subcomandante Marcos, siempre con su pipa y pasamontañas, el Ejército Zapatista de Liberación Nacional (EZLN) denunció el tratado e insistió en sus reivindicaciones en materia de reforma agraria y derechos indígenas[13]. Marcos y los demás zapatistas temían que las reformas del plan afectasen a los agricultores de la región, empobrecidos y mayoritariamente indígenas. También aspiraban a una mejor inclusión política de las personas que habían permanecido marginadas, conciudadanos cuyas tierras y medios de vida peligraban aún más, ahora que el país se había abierto a una mayor inversión extranjera.

Un acuerdo comercial de la envergadura del NAFTA trajo consecuencias tanto positivas como negativas para las economías implicadas, aunque hubo algunos efectos claros en determinados grupos[14]. Por ejemplo, el tratado ha supuesto un duro impacto para los agricultores mexicanos ya que, en virtud del mismo, sus competidores en Estados Unidos, recibiendo subsidios del gobierno, fueron capaces de aventajarse a sus vecinos al vender carne y grano por debajo del precio de mercado, incluida una materia prima tan fundamental como el maíz. Como consecuencia, el mercado mexicano se vio inundado de maíz estadounidense subsidiado, lo que obligó a los productores a irse a buscar trabajo a otros lugares, como por ejemplo EE. UU. Entre 1993 y 2008, el número de mexicanos empleados en agricultura cayó de 8,1 a 5,8 millones, generando muchos más desempleados de los que podían absorber las maquiladoras de la frontera[15].

Para mucha gente, la vida cambió tanto durante la década de los 90 que costaba reconocerla, tanto en las aldeas del campo como en las ciudades de la frontera, en constante crecimiento. En los hogares, la labor no remunerada de las mujeres resultaba fundamental, pero ahora muchas de ellas estaban dejando sus casas para irse a trabajar a las fábricas, lo que hizo desplazarse a comunidades enteras[16]. A medida que los mexicanos se trasladaban al norte del país, muchos decidieron cruzar la frontera, legalmente o no. En Estados Unidos, el número de residentes nacidos en México aumentó de cuatro millones y medio millones en 1990 hasta alcanzar los doce millones seiscientos mil en 2009[17]. Muchos de estos inmigrantes tenían buenos incentivos para dar el paso, sobre todo porque, a menudo, en México se cobraba menos por un día de trabajo de lo que se podía ganar en una hora en EE. UU. Las zonas industriales en México también se habían convertido en hervideros de contaminación, pobreza y violencia; desde 1993, al menos trescientas setenta mujeres trabajadoras han sido asesinadas en el área de Ciudad Juárez y otras zonas fronterizas del estado de Chihuahua.

Los mexicanos mantienen una postura ambivalente con respecto al NAFTA, sobre todo porque el 50 % de la población vive por debajo del umbral de la pobreza, una cifra que más o menos se ha mantenido desde la entrada en vigor del acuerdo. Un sondeo en 2016 reveló que solamente el 20 % de los mexicanos sentían que el acuerdo les había beneficiado[18]. Un informe publicado en 2014 por el Centro de Investigación en Economía y Política, un *think tank* con sede en Washington D. C., documentó que, pasados veinte años, en conjunto el NAFTA había resultado de poca ayuda para México, al menos en comparación con el resto de las economías de Latinoamérica. Explicaba que, si el acuerdo hubiera funcionado como se pretendía y devuelto el ritmo de crecimiento económico de México a los niveles anteriores a la década de los 80, «sería un país de ingresos relativamente elevados, con una renta per cápita notablemente más alta que la de Portugal o Grecia». Por el contrario, México se situaba en el decimoctavo puesto en una lista de veinte naciones latinoamericanas según el crecimiento real del PIB per cápita[19].

Estados Unidos también ha tenido sus problemas con el NAFTA. Mucha gente culpabiliza al tratado por el retroceso de la industria manufacturera y del número empleos de mano de obra no cualificada en el país, una constante durante la campaña para las elecciones presidenciales de 2016. Sin embargo, un informe del Instituto Peterson de Economía Internacional reveló que, en conjunto, Estados Unidos se había beneficiado del acuerdo ya que, por cada cien empleos industriales creados por las empresas estadounidenses en México, estas habían generado doscientos cincuenta en sus operaciones domésticas[20]. Asimismo, en general el desempleo en EE. UU. ha mantenido niveles bajos desde la puesta en marcha del NAFTA, si bien la desigualdad en materia de ingresos ha empeorado en ambos países. Trump se ha comprometido a renegociar el NAFTA o a abandonarlo por completo. El valor de las relaciones comerciales de Estados Unidos con México y Canadá asciende a un billón de dólares anuales, es decir, el 30 % del total de intercambios comerciales del país en 2016, y su abandono podría acarrear efectos desestabilizadores en las economías de los tres estados miembro[21].

Con relación a los cambios provocados por el NAFTA, en Estados Unidos quizás no hay asunto que se haya debatido con más encono en los últimos años que la cuestión de la inmigración y de qué hacer con los migrantes indocumentados o no autorizados. Los intentos de aplicar reformas migratorias se prolongaron a lo largo de la década de los 90 con la Ley de Reforma sobre la Inmigración Ilegal y Responsabilidad del Inmigrante de 1996, que otorgaba mayor financiación a la Patrulla Fronteriza y presionaba a los empleadores para que cumplieran con la ley al no contratar a trabajadores indocumentados. A finales de 2005, la Cámara de Representantes aprobó un proyecto de ley con propuestas para reducir el número de migrantes; la más controvertida de estas medidas fue la de convertir en delito el estar en Estados Unidos de manera ilegal. Asimismo, cualquiera que contratase o prestara asistencia a un trabajador indocumentado podría enfrentarse a los mismos cargos[22].

Cuando el Senado se reunió para debatir este borrador y otra serie de reformas en la agenda, los legisladores se vieron sorprendidos por una oleada de manifestaciones y protestas, que comenzaron en marzo de 2006, en apoyo de los inmigrantes hispanos, con o sin papeles. Se congregaron decenas de miles de personas en Chicago, Milwaukee, Nueva York y Phoenix, mientras que en Los Ángeles se estima que el número de participantes ascendió a casi un millón[23]. Las marchas se prolongaron hasta abril de ese año, y algunas tuvieron lugar en ciudades más pequeñas que no estaban tradicionalmente asociadas con poblaciones hispanas, como Nashville, en Tennessee. A continuación, entre el 9 y 10 de abril se produjeron manifestaciones simultáneas por todo el país, con una participación total estimada entre un millón trescientas mil y un millón setecientas mil personas[24]. Las movilizaciones culminaron en otra ronda de protestas el 1 de mayo, celebrado como el día del trabajador en otros países, aunque no en Estados Unidos; esta vez hubo mucha gente que sí se puso en huelga. Para la clase política fue una revelación, y para muchos anglos fue la primera vez que se hicieron una idea de cuán extendidas estaban las comunidades hispanas por toda la nación. El proyecto de ley quedó descartado. Sin embargo, al enojo de la comunidad hispana y de los partidarios de la inmigración no tardaría en llegarle el contragolpe, cuando el tono del debate sobre los indocumentados se hizo aún más estridente tras estos sucesos.

La administración de George W. Bush hizo un último intento de solucionar algunos de los problemas en torno a la inmigración con la Ley de Fronteras Seguras, Oportunidades Económicas y Reforma sobre Inmigración de 2007. El plan entró en punto muerto, en parte debido a ciertas disposiciones que habrían abierto una vía de obtener la ciudadanía para algunos trabajadores sin papeles. Bajo control republicano, el Senado votó a favor de terminar el debate al respecto, y la iniciativa quedó rechazada en el Congreso.

La inmigración siguió siendo un problema durante la presidencia de Barack Obama, tras asumir el cargo en 2008. Las deportaciones empezaron a aumentar bajo su administración y para 2015 habían superado los dos millones, esta vez en un contexto legal que hacía casi imposible que un deportado regresara a Estados Unidos. Los más afectados eran quienes acababan de entrar, pues dos tercios de las personas detenidas se encontraban a menos de ciento sesenta kilómetros de la frontera. En el pasado, muchos de estos arrestos se habrían considerado como «retornos voluntarios» y no contarían como deportaciones o remociones formales, pero este sistema cambió durante la última etapa de George W. Bush. El cambio en la clasificación —de retorno a remoción— pretendía desanimar a la gente dispuesta a hacer intentos reiterados de entrar en Estados Unidos, ya que el tener acusaciones formales en el historial podría suponer un elemento disuasorio[25].

En noviembre de 2014, Obama aprobó una serie de órdenes ejecutivas en materia de inmigración, incluida la ampliación del número de personas que podrían optar al programa de Acción Diferida para los Llegados en la Infancia (DACA por sus siglas en inglés), iniciado en 2012, de modo que incluiría a cualquiera que hubiese entrado en Estados Unidos antes de cumplir los dieciséis años y que hubiera residido en el país desde el 1 de enero de 2010. También introdujo el programa de Acción Diferida para Padres de Ciudadanos Estadounidenses y de Residentes Permanentes Legales (DAPA), que cubriría a los padres que cumplieran con los requisitos y que hubiesen residido en Estados Unidos desde el 1 de enero de 2010. Mientras tanto, siguieron fracasando los repetidos intentos por aprobar una versión de la Ley de Fomento para el Progreso, Alivio y Educación para Menores Extranjeros (o Ley DREAM, que también significa «sueño»), una norma que daría acceso a la residencia permanente a quienes hubiesen entrado como menores indocumentados. El DACA, por tanto, pretendía proporcionar permiso temporal para trabajar, obtener licencia de conducción y estudiar en la universidad al subvencionarles el coste estatal de matriculación.

Pocos meses antes, en verano de 2014, la administración Obama había vivido una tormenta perfecta en la frontera sur que combinaba drogas, bandas criminales e inmigración. Desde Guatemala, Honduras y El Salvador partieron mujeres y niños que huían de la escalada de violencia perpetrada por los narcotraficantes, en unos países cuyos gobiernos eran demasiado débiles o corruptos como para ofrecer protección. México también había pasado buena parte de los años 90 combatiendo el surgimiento de los cárteles de la droga, al igual que sucedió en la década posterior. Durante esos años, el centro del mundo de la droga se había ido desplazando de Colombia hacia el norte, en parte porque el principal mercado para las drogas ilegales sigue siendo Estados Unidos. Guatemala, El Salvador y Honduras se han visto sacudidos por la violencia relacionada con las bandas y, ansiosos por garantizar la protección de sus hijos, muchos padres hicieron que un «coyote» o contrabandista los llevase al otro lado de la frontera. A algunos adolescentes los enviaban solos para alejarlos de estas organizaciones, cuyo poder en algunos lugares es tal, que son capaces de reclutar a sus miembros o ejercer intimidación desde las mismas aulas.

En concreto, esta oleada de verano de 2014 se vio alimentada en parte por un rumor, que comenzó en Centroamérica, de que permitirían quedarse a las mujeres y niños que cruzasen la frontera, algo que las autoridades estadounidenses se desvivieron por corregir. La confusión radicaba en la creencia de que solo porque les permitieran quedarse con familiares, en vez de en un centro de detención, significaba que podrían permanecer en Estados Unidos. La ley federal obligaba a que se intentase contactar con parientes que vivieran en el país para enviarles a los niños mientras estos aguardaban la vista con el tribunal de inmigración, pero la deportación seguía siendo una posibilidad[26]. Aun así, ese verano llegaron decenas de miles de personas y tuvieron que habilitarse alojamientos temporales[27]. Se llenaron almacenes, bases del ejército y otros espacios improvisados durante aquellos meses de verano. Según estadísticas de la Oficina de Aduanas y Protección Fronteriza de los Estados Unidos, en el ejercicio fiscal finalizado en 2013 llegaron 5990 «menores extranjeros no acompañados» procedentes de El Salvador, 8068 de Guatemala, y 6747 de Honduras. Para finales de 2014, los números habían aumentado en más del doble, con 16 404, 17 057 y 18 244 llegadas desde estos mismos tres países[28].

El vicepresidente Joe Biden se reunió en 2014 con los presidentes de Guatemala y El Salvador y con altos cargos de Honduras y México, a quienes presionó para que abordasen las causas raíz de esta oleada de inmigración, aunque parte del problema tenía su origen en Estados Unidos[29]. Un informe de las Naciones Unidas indicó que la presencia de una de las mayores bandas callejeras en El Salvador, la mara Salvatrucha (MS-13) «es con casi total certeza el resultado de la oleada de deportaciones de criminales [...] con posterioridad a 1996»[30]. Estas bandas nacieron en las calles de Los Ángeles, formadas por jóvenes que habían escapado —o cuyos padres habían huido— de El Salvador en los años 80. Algunos acabaron en la cárcel y posteriormente deportados a su país, donde pudieron restablecer sus grupos. Su implicación en el tráfico de droga a nivel mundial ha supuesto que hayan evolucionado hasta ser más una fuerza militar que una banda callejera, y que ahora estén propagando la violencia y el terror, empujando a más gente a emprender el peligroso viaje a través de la frontera.

En Estados Unidos, los medios bramaron en un debate muy polarizado sobre si los niños involucrados debían ser considerados como «refugiados», y no todos los sectores del público compartían un sentimiento de simpatía. Un editorial del *New York Times* resumió así el ambiente de histeria:

> En el Congreso, donde han renunciado a crear un sistema de inmigración ordenado, los republicanos están viendo las dificultades del presidente Obama para controlar el problema, y poniendo un gran empeño en no ser de ayuda. Su reacción tiene una parte de pánico y dos de regocijo. El representante por Georgia Phil Gingrey está alertando a los Centros para el Control y la Prevención de Enfermedades acerca de migrantes portadores del virus del ébola. Para el representante por Texas Louie Gohmert, es el virus de la gripe A. El senador por Texas Ted Cruz está utilizando la crisis para exigir el fin del programa para aplazar las deportaciones de los jóvenes conocidos como *dreamers* puesto en marcha por el presidente Obama. No hay mejor ocasión que una crisis para reventar iniciativas previas destinadas a arreglar los fallos del sistema.[31]

Los refugiados siguieron afluyendo hacia el norte, y entre octubre de 2015 y mayo de 2016 se detuvo en la frontera mexicana a unas 120 700 personas procedentes de Guatemala, Honduras y El Salvador. Las cifras de la Patrulla Fronteriza estadounidense sitúan el total de arrestos en el ejercicio de 2016 (de octubre de 2015 a septiembre de 2016) en 408 870, de los que casi sesenta mil fueron de menores no acompañados, procedentes en su mayoría de Centroamérica[32]. A miles más les hicieron dar media vuelta antes siquiera de que intentaran cruzar, ya que las autoridades mexicanas intensificaron su vigilancia, impulsadas en parte por la presión y financiación adicional por parte de Estados Unidos. En 2016, México deportó a unos ciento setenta y siete mil centroamericanos. En el ejercicio de 2017, estos números disminuyeron en más del 20 %, con un número total de 310 531 arrestos, de los que 41 435 fueron de menores no acompañados[33]. Sin embargo, a comienzos de 2017 el gobierno mexicano —ahora enfrentado a la administración Trump, debido al muro en la frontera— dijo que no colaboraría con ningún plan para deportar a México a los arrestados procedentes de otros países[34].

Otra cuestión relacionada que surgió durante los años de Obama y la carrera a las elecciones presidenciales de 2016 fue la de los llamados bebés ancla, un término sesgado con el que se designa a los niños nacidos en Estados Unidos de padres extranjeros, y por tanto con derecho a la ciudadanía. Según el Pew Research Center, cada año nacen trescientos mil niños de inmigrantes no autorizados. A menudo se cree erróneamente que tener un bebé en Estados Unidos da derecho a un progenitor indocumentado a permanecer en el país, pero no es así. La cuestión de qué sucede con un niño cuando un padre es deportado ha cobrado un nuevo carácter de urgencia desde que Trump asumió la presidencia, y se estima que en 2017 el problema afectaba a cinco millones de niños con al menos un progenitor indocumentado[35].

El Departamento de Seguridad Nacional recibió instrucciones en 2017 que le permitían dar prioridad a la deportación de los inmigrantes no autorizados que tuvieran un historial delictivo, sin importar cuán leves fueran las faltas, o que resultasen sospechosos de haber cometido un crimen[36]. Al mismo tiempo, en 2017 había unas seiscientas mil personas a la espera de una vista con el tribunal de inmigración y con un sistema judicial en dificultades por la acumulación de casos[37]. Entonces, en septiembre de 2017, la administración Trump anunció la interrupción del DACA, aunque se permitió que continuaran las renovaciones mientras se resolvían las cuestiones legales y legislativas, lo que situó ante un futuro muy incierto a unos ochocientos mil jóvenes, la mayoría de los cuales procedían de México, pero también de otras partes de Latinoamérica. Asimismo, se informó a cerca de dos mil quinientos nicaragüenses y doscientos mil salvadoreños con Estatus de Protección Temporal (TPS, en inglés) de que tendrían que marcharse de Estados Unidos para 2019. El TPS fue creado en 1990 para ayudar a los extranjeros que huían de la guerra o de desastres naturales, al proporcionar un estatuto legal a las personas afectadas, aun cuando hubiesen entrado de manera ilícita. A finales de 2017, Trump anunció que no se volvería a renovar el TPS para estos dos colectivos, aunque finalmente se les ha concedido una prórroga temporal. Los salvadoreños que cumplían con los requisitos para el TPS llegaron en 2001 después de que dos terremotos devastasen su país y, tras casi dos décadas viviendo en Estados Unidos, tienen motivos de gran preocupación respecto a lo que les depara el futuro.

Hacia la primavera de 2018, la administración Trump había implantado una política de «tolerancia cero» para disuadir a los migrantes o refugiados que entrasen por la frontera, lo que implicaba que los adultos podrían ser objeto de acusaciones penales y que cualquier niño que viajase con ellos sería trasladado a un centro de detención diferente, lo que causó que un número estimado de dos mil trescientos niños acabasen separados de sus padres o tutores. Esto levantó críticas desde todo el espectro político, y en junio el presidente firmó una orden ejecutiva que declaraba que las familias debían permanecer unidas a la espera de juicio. Al mes siguiente, un tribunal federal ordenó que todos los niños separados debían reunirse con sus acompañantes para finales de julio, aunque estaba claro que no se cumpliría con este plazo, en parte debido al número de afectados y los problemas que estaban teniendo las distintas agencias a la hora de cotejar la información para reunificar a las familias. Este episodio en particular se produjo en medio de un acalorado debate sobre inmigración, y la cuestión de cómo reformar el sistema —sobre todo al ver que las opiniones siguen profundamente divididas— seguirá siendo un desafío para los políticos de todos los colores[38].

Los mexicanos siguen constituyendo el mayor grupo de hispanos en Estados Unidos, pues representan aproximadamente el 64 % de esta población y, por consiguiente, conforman un gran segmento de los inmigrantes no autorizados[39]. En conjunto, según el Pew Research Center, el número de inmigrantes no autorizados en EE. UU. en 2015 era de once millones, lo que viene a ser el 3,5 % de la población total del país. Esta cifra apenas ha variado desde 2009 y supone un descenso respecto a su punto álgido en 2007, con 12,2 millones[40]. Por debajo de estas estadísticas se están produciendo algunos cambios significativos. El número de personas procedentes de China e India está empezando a superar al de las que llegan desde México, sobre todo en estados alejados de la frontera como Ohio o Nueva York. De acuerdo con un análisis realizado en 2016 por el *Wall Street Journal*, en 2014 inmigraron unas ciento treinta y seis mil personas procedentes de la India y ciento veintiocho mil de China, mientras que de México entraron tan solo ciento veintitrés mil, y otros ochenta y dos mil llegaron desde otros países centroamericanos[41]. Ese mismo año, treinta y un estados recibieron a más chinos que mexicanos, y veinticinco estados tuvieron más inmigrantes de la India que de México. Aunque muchos de estos nuevos migrantes están altamente cualificados y se les ha proporcionado visado de trabajo, no todos lo están, y no todos son legales. Los asiáticos se han convertido en el segundo grupo de inmigrantes indocumentados, pero al situarse en torno al 13 % del total de personas sin papeles en Estados Unidos, permanecen muy alejados de las que proceden de México y Centroamérica, que en conjunto constituyen cerca del 71 %[42]. En realidad, los mexicanos han experimentado un descenso neto migratorio en términos globales. De hecho, la migración neta desde México ha caído por debajo de cero, según un estudio realizado en 2015 por Pew, con una pérdida neta de ciento cuarenta mil personas entre 2009 y 2014. En ese periodo, alrededor de un millón de mexicanos se marcharon de Estados Unidos para regresar a su país, mientras que otros ochocientos setenta mil hicieron el recorrido inverso[43].

En 2015, el total de la población hispana —incluyendo a inmigrantes recientes y ciudadanos estadounidenses— alcanzó un nuevo máximo de cincuenta y siete millones de personas, y representó el 54 % del crecimiento demográfico total en EE. UU. entre el 2000 y 2014[44]. Los hispanos también están viviendo en zonas más diversas, pues los datos de 2014 indican que la mitad de los condados en Estados Unidos tenían al menos un millar de habitantes hispanos. El lugar con el mayor crecimiento de la población hispana entre 2007 y 2014 fue el condado de Williams, en Dakota del Norte, con un incremento del 367 %[45].

• • •

La historia de México y las sustancias ilegales se remonta a muchas décadas atrás, pero el aumento del crimen relacionado con el narcotráfico en el siglo XXI no tiene precedentes. No hay un lugar en México que haya quedado indemne, y la violencia asociada —guerras entre cárteles, o tiroteos entre narcos y la policía o el ejército— se ha cobrado, según ciertos cálculos, al menos ochenta mil vidas, y ha causado asimismo la desaparición de decenas de miles de personas. Los periodistas han pagado un alto precio, y los que tratan de informar sobre los cárteles o la corrupción en sus propias ciudades acaban silenciados con una pistola[46].

En EE. UU., una solución indirecta aparte del problema puede estar en el cada vez mayor número de estados dispuestos a legalizar la marihuana. Las incautaciones de esta droga realizadas por la Patrulla Fronteriza en el ejercicio de 2016 fueron las más bajas en una década, con casi seiscientas toneladas[47]. Los productores legales en estados como Colorado están haciendo que los precios bajen, al tiempo que mantienen una calidad elevada. De hecho, en 2015 la Administración de Control de Drogas reportó algunos indicios de que en México se estaba introduciendo marihuana de contrabando desde Estados Unidos[48]. Ahora las sustancias más lucrativas para los cárteles son la metanfetamina y la heroína. La demanda de esta última deriva del abuso de opiáceos recetados; cuando ya no son capaces de obtenerlos de manera legal, muchos consumidores recurren a la heroína, y en ciertos lugares de Estados Unidos se han disparado las cifras de sobredosis.

El acceso de los cárteles a armamento —a menudo introducido desde Estados Unidos— les permite ganar la batalla contra la policía o el ejército mexicano. La corrupción penetra en el sistema hasta los más altos niveles. Estados Unidos se ha gastado más de dos mil quinientos millones de dólares en la Iniciativa Mérida desde su activación en 2008 con el fin de hacer frente al crimen organizado, establecer programas anticorrupción, reforzar la policía y reformar el sistema judicial[49]. La violencia también se ha colado en la vida de millones de personas a lo largo de la frontera y mucho más allá, al formarse una red de distribuidores que mueven drogas mexicanas por todo Estados Unidos, desde Alaska a Atlanta. Incluso la música de la frontera se ha visto imbuida por los cárteles, y los narcocorridos —una variación de la tradicional balada— ponen banda sonora a las historias de las comunidades que sufren la violencia y la pérdida.

En la frontera también se está dando otra clase de tráfico de drogas. El coste de los medicamentos en Estados Unidos lleva a algunas personas al otro lado, donde pueden comprar las mismas sustancias en formatos más baratos producidos en México, en lo que parecen ser manzanas infinitas de farmacias, existentes en casi todos los pueblos fronterizos y que constituyen una parte fundamental de la economía local. A la entrada del cruce peatonal del puente internacional entre Progreso y Nuevo Progreso, hay un cartel en inglés que dice: «Gracias a Dios por América & por nuestros Texanos de Invierno. Bienvenidos a Casa».

Mucho antes de que Trump insistiera en construir un muro, ya se habían hecho grandes esfuerzos por intensificar el control en la frontera con México.

Con la operación Hold the Line, en 1993, se incrementó el número de agentes en las secciones fronterizas próximas a El Paso, y lo mismo ocurrió al año siguiente en San Diego con la operación Gatekeeper, ambas en sectores densamente transitados. Durante este periodo se levantaron algunos vallados, pero el empuje para fortificar aún más la frontera vino después de los atentados del 11 de septiembre de 2001. El gobierno estadounidense empezó a gastar miles de millones en reforzar las regiones fronterizas, temiendo que su porosidad pudiera animar a posibles terroristas a entrar por el sur. Se creó el Departamento de Seguridad Nacional y se puso bajo su mando el Servicio de Inmigración y Naturalización, que fue reorganizado en nuevas áreas, entre otras, el Servicio de Inmigración y Control de Aduanas (ICE) y el Servicio de Aduanas y Protección Fronteriza (CBP), bajo el cual opera la Patrulla Fronteriza.

La Ley de Reforma de los Servicios de Inteligencia y Prevención del Terrorismo de 2004 proporcionó diez mil agentes adicionales a la Patrulla Fronteriza, lo que elevó el número total de empleados a unos veinte mil en 2016. Asimismo, en torno a 2004 comenzaron a llegar agentes extraoficiales, en la forma de un grupo parapolicial conocido como Proyecto Minutemen, que patrullaría algunas zonas de la frontera en busca de un mexicano a quien ellos llamaban «José Sánchez», un remoquete que aplicaban a todos los que entraban ilegalmente[50]. Al principio esta organización, formada en su mayoría por hombres blancos de clase obrera y exmilitares, recibió varias visitas de la Unión Americana por las Libertades Civiles, a fin de asegurarse de que ningún mexicano estuviese sufriendo daños. Los *minutemen* siguieron siendo controvertidos, con algunos que los elogiaban como patriotas*, y otros que los tachaban de racistas[51]. Un miembro explicó que se unió porque «lo que está sucediendo no es nada menos que una invasión. Ya hemos perdido California»[52]. Al final el grupo se fragmentó y se redujo el número de afiliados, especialmente después de que un miembro destacado, Shawna Forde, fuese sentenciada por asesinato, mientras que el cofundador del grupo, Chris Jimcox, fue encarcelado por abusos sexuales a menores.

En 2005 se introdujo la iniciativa Frontera Segura; su objetivo era crear un «muro» de vigilancia entre Estados Unidos y México con equipos de última

---

* Los *minutemen* (llamados así por estar listos «al minuto») fueron civiles que formaron milicias independientes durante la Revolución estadounidense. Fueron de los primeros en sumarse a la lucha contra los británicos, y son por ello un símbolo de victoria y patriotismo. (*N. del T.*).

generación. El fabricante de aeronaves Boeing ganó un concurso para acometer el proyecto y obtuvo un contrato de mil millones de dólares[53]. Las tecnologías tales como radares, drones, detectores infrarrojos o cámaras sofisticadas no son baratas, y los costes del programa se elevaron tanto, que se tuvo que suspender[54]. Los cambios emprendidos en este periodo también suscitaron críticas por la «militarización» de la frontera, que se vio ampliada aún más mediante la Ley del Cerco Seguro de 2006, que sufragó vallados adicionales. Para 2011 se habían completado unos mil kilómetros, a un coste de unos tres mil cuatrocientos millones de dólares[55]. Un proyecto de ley respaldado por ambos partidos en el senado en 2013 —la Ley de Seguridad Fronteriza, Oportunidades Económicas y Modernización de la Inmigración— buscaba seguir incrementando el gasto en la frontera, además de proporcionar vías de acceso a la ciudadanía para las personas indocumentadas. Fue aprobada en el Senado, pero quedó anulada en la Cámara de Representantes, bajo control republicano. Quizás la siguiente fase en el ámbito de la seguridad fronteriza sea el prometido muro de Trump, si bien su apoyo político, diseño, construcción y financiación siguen, de momento, en medio de una acalorada discusión.

• • •

En una tarde fresca y agradable de 2014 en Tucson, las apariciones de los difuntos comenzaron a desfilar por las calles del centro de la ciudad durante la procesión anual de Todas las Almas, celebrada por las mismas fechas que el Día de los Muertos en México. Relucían los rostros pintados de blanco, caracterizados como floridas calaveras mexicanas; algunos asistentes vestían el atuendo completo, que les asemejaba a elegantes esqueletos victorianos, aunque el origen de esta macabra imaginería se remonta a mucho antes, a las honras fúnebres de la época precolombina.

Otros procesionarios optaron por un enfoque más simple al ir con ropas de diario, sin maquillaje, y cada uno sujetando un palo con una garrafa vacía de plástico colgada de un extremo. Todos estos recipientes llevaban una lucecita en el interior, que les hacía emitir un tenue fulgor mientras se mecían en la noche desértica. Se trataba de un símbolo, escalofriante y conmovedor, de los miles de personas que han muerto en las proximidades de Tucson tratando de cruzar la frontera a través del desierto de Sonora: el agua habría podido salvarles la vida. Estos garrafones forman parte de los utensilios cotidianos que aparecen por todo el sur de Arizona, abandonados por quienes tratan de entrar en Estados Unidos, junto a mochilas, ropas y juguetes de niño. Este encuentro se ha convertido en una tradición de la ciudad y cae en el primer domingo después del Día de los Muertos, el 2 de noviembre. Toda la velada es sombría: no se vende alcohol, y la actitud es de circunspección y respeto. La gente sigue el recorrido del desfile llevando fotografías de seres queridos, a menudo sobre pancartas decoradas con flores y oropeles. Los participantes y espectadores también pueden escribir en un papel los nombres de personas que han muerto, que al final de la noche se ponen en una urna gigante que luego se sube con una grúa a una plataforma y allí se le prende fuego.

Esta procesión fue idea de dos artistas locales que, inspirados por la tradición mexicana, iniciaron la práctica en los años 90 como un modo de reconciliarse con sus propias pérdidas. Hoy día es un evento en el que participan cien mil personas según las estimaciones[56]. Al principio los mexicano-estadounidenses no tomaban parte, pero han empezado a sumarse, favoreciendo un acercamiento entre comunidades en una ciudad largo tiempo segregada, y que sigue lidiando con muchos problemas por encontrarse en primera línea del debate sobre inmigración. Como se leía en un rótulo escrito a mano que llevaban dos jóvenes en la procesión: «Si usas/robas nuestra cultura y aun así nos deportarías, no estás haciendo honor *a nadie*».

Únicamente en Arizona, la valla fronteriza tenía una longitud de casi trescientos kilómetros en 2010, lo que obligó a la gente a encontrar otro camino a través, uno que ha ocasionado muchos problemas al estado[57]. Las rutas que conducen a Arizona a través del desierto de Sonora están plagadas de peligros, sobre todo las temperaturas extremas y lo fácil que es desorientarse y perderse entre los matorrales. Según datos recopilados por la ONG local Humane Borders (Fronteras Compasivas), entre el 1 de octubre de 1999 y el 31 de julio de 2016 se han producido tres mil dos muertes en el sur de Arizona, siendo la deshidratación la causa principal. Los mapas de esta organización sitúan los fallecimientos en la zona, y los puntos alrededor de Tucson se asemejan a glóbulos rojos arremolinados bajo un microscopio[58].

En esta ciudad todo el mundo parece tener historias —del amigo de un amigo, o de alguien que posee tierras al sur— de gente a quien han ayudado a cruzar la frontera, o de alguien que ha encontrado ropas o zapatos viejos, mochilas abandonadas, cepillos de dientes, etc. La artista Valerie James, que reside en la zona de Tucson, empezó a coleccionar estos objetos y a utilizarlos en sus obras, como por ejemplo en una creación colaborativa consistente en tres estatuas a tamaño real —llamadas *Las madres*— para honrar a los que han muerto en el desierto. Declaró al *Wall Street Journal*: «Para quienes vivimos cerca de la frontera, la crisis humanitaria no es algo abstracto»[59]. Hoy día, algunos propietarios y residentes de Arizona quieren que se construya el muro que prometió Trump para poner fin a estos horripilantes encuentros en sus tierras.

La zona de Tucson es uno de los corredores con mayor tráfico de inmigrantes indocumentados, aunque este ha comenzado a ralentizarse. El Servicio de Aduanas y Protección Fronteriza detuvo a 70 074 personas en Arizona en el ejercicio de 2015, un descenso notable en comparación con las 613 346 del año 2000[60]. Del mismo modo, se ha registrado una reducción del 50 % en el número de personas indocumentadas residentes en ese estado entre 2007 y 2014, al caer de quinientos mil a unos doscientos cuarenta y cuatro mil, para una población total de casi siete millones de personas[61].

En 2010, las iniciativas legislativas por parte de Arizona con el fin de contener a los inmigrantes indocumentados atrajeron la atención nacional, debido al proyecto de ley SB 1070 del senado estatal[62]. Este borrador proponía que la policía tuviese autoridad para verificar la situación migratoria de una persona en caso de haber una «sospecha razonable» de que esta pudiera ser ilegal, lo cual podría suceder durante procedimientos rutinarios tales como un simple control en carretera por una infracción menor. Antes de que pudiera entrar en vigor, el Departamento de Justicia del presidente Obama emitió un mandato judicial en contra de Arizona sobre la base de que esta ley era inconstitucional, a lo que siguió una controversia a nivel nacional. El proyecto de ley también requería que los inmigrantes llevasen consigo sus papeles o se les acusaría de un delito menor, y otorgaba a las fuerzas de la ley el derecho a efectuar arrestos sin orden judicial en caso de que hubiese «causa probable» de que esa persona pudiera estar sujeta a remoción de los Estados Unidos.

Para la oposición, la propuesta de ley venía a ser una legislación que autorizaba el fichaje policial en función de la raza. La SB 1070 inspiró a un grupo de raperos a producir el tema «Back to Arizona» («De nuevo en Arizona»), una versión actualizada del «By the Time I get to Arizona» («Para cuando llegue a Arizona»), de Public Enemy, la cual a su vez fue escrita en respuesta a la oposición por parte de Arizona a instaurar en 1990 un día festivo a nivel estatal en honor al Dr. Martin Luther King Jr. Arizona realizó otra votación después de que se retirase la nominación de la ciudad de Tempe como sede de la Super Bowl de 1993, y la festividad quedó instaurada. Se produjeron boicots económicos similares con relación a la SB 1070, y las reservas de conferencias cayeron en un 30 %[63].

El estado recurrió el mandato judicial, pero este fue mantenido por el Tribunal de Apelaciones del Noveno Circuito en abril de 2011. Al año siguiente llegó al Tribunal Supremo, el cual, en sentencia dictada en junio de 2012, sostuvo la sección 2B de la ley, que requería «a los agentes de la ley a determinar la situación migratoria durante un control lícito». Quedaron anuladas las otras tres secciones en litigio: convertir en crimen el no llevar documentación de registro como extranjero, prohibir que un inmigrante no autorizado solicite o realice un trabajo, y permitir arrestos sin orden judicial de cualquier persona sospechosa de no tener papeles. A pesar de ello, otros estados siguieron el mismo ejemplo al aprobar, o intentarlo, legislación similar en Alabama, Georgia, Indiana, Carolina del Sur y Utah.

Arizona es también el hogar de Joe Arpaio, el sheriff del condado de Maricopa que alcanzó notoriedad nacional por sus controvertidos métodos a la hora de tratar con prisioneros y detenidos. Aunque en las elecciones de 2016 los votantes decidieron poner fin a su reinado de veinticuatro años al denegarle un séptimo mandato, en agosto de 2017 volvió a la palestra al recibir un indulto presidencial. Arpaio y la oficina del sheriff del condado de Maricopa habían sido acusados de violar de manera rutinaria los derechos de los hispanos al detenerlos según fuera su raza. En 2011 se le ordenó poner fin a estas prácticas y en julio de 2017, tras numerosas disputas legales, se le declaró culpable de desacato criminal hacia el tribunal por haber desobedecido dicha orden. El indulto fue una jugada polémica de Trump, y levantó críticas inmediatas por parte de organizaciones de hispanos y en favor de los derechos del inmigrante[64].

En 2009, la revista *The New Yorker* publicó una semblanza de Joe Arpaio que ponía de relieve muchos de los motivos por los que se adherían a él los contrarios a la inmigración[65]. En respuesta al hacinamiento en las cárceles, mandó montar carpas sacadas de los excedentes del ejército y las rodeó de alambradas, así hasta que su ciudad-campamento albergó a dos mil quinientos presos. Les prohibió casi todos los canales de televisión, los cigarrillos, el café, la comida caliente y hasta la sal y la pimienta, gastándose en los presos treinta centavos por comida. Implantó las cadenas de presidiarios, a quienes trató también de humillar al hacerles vestir prendas rosas, incluida la ropa interior.

Muchos de los que se hallaban bajo su custodia no estaban acusados de un crimen; de hecho, la mayoría eran personas indocumentadas a quienes había atrapado la policía. Arpaio acusaba a los inmigrantes ilegales de ser «co-conspiradores» al ser responsables de tráfico humano con ellos mismos, convirtiendo sus infracciones en una felonía de clase cuatro, lo que les inhabilitaba a pagar su propia fianza[66]. Aun así, lo que Arpaio se ahorró en sal y pimienta lo superarían con creces las costas judiciales. Los presos y los familiares de los que murieron en detención han acudido en tropel a los tribunales y, para cuando se presentó a la reelección en 2016, el condado se había gastado más de ochenta millones de dólares en pleitos[67].

• • •

Las primeras dos décadas del siglo XXI también han sido azarosas para cubanos y puertorriqueños. Durante los años 2000, las relaciones entre Estados Unidos y Cuba fueron complicadas, empezando con la disputa por Elián González. En noviembre de 1999, este niño de cinco años fue hallado flotando en una balsa hinchable cerca de la costa de Florida. Su madre y otros que habían intentado salir de Cuba a bordo de una lancha se habían ahogado. Lo enviaron con unos parientes que vivían en Miami, pero el gobierno cubano solicitó que el niño fuera devuelto a Cuba, donde residía su padre. Los Servicios de Inmigración y Naturalización (INS) dictaminaron que se diera la custodia al padre, una decisión que provocó protestas y acciones legales. Para enero del 2000 el asunto estaba en manos de la fiscal general Janet Reno, y mientras tanto se había convertido en una cuestión nacional.

El padre de Elián, Juan Miguel González, llegó a Estados Unidos en abril de aquel año, pero los familiares del niño en Miami prosiguieron su lucha en los tribunales. El clímax llegó en la mañana del 22 de abril, cuando agentes federales irrumpieron en el hogar de sus parientes en Miami y se llevaron al niño. Un fotógrafo capturó el momento en que un agente armado del INS, empuñando un fusil con la mano derecha, extiende la izquierda para agarrar al niño aterrorizado y escondido en un armario con un familiar, en una imagen dramática e impactante que dio la vuelta al mundo. Elián fue devuelto a Cuba —no sin que antes pasaran otros dos meses de pleitos y papeleos—, donde fue recibido como un héroe. Desde entonces ha vivido en la isla. El episodio fue otro de los puntos bajos en la relación entre Estados Unidos y Cuba, pero en 2014 se avistaron en el horizonte perspectivas totalmente diferentes.

En diciembre de aquel año, la administración Obama anunció sus planes de normalizar las relaciones con Cuba, una decisión acordada con el presidente Raúl Castro y con la intermediación del papa Francisco. Se produciría una liberación de presos políticos y un relajamiento de las restricciones estadounidenses en materia de viajes y transacciones bancarias, lo que permitiría una mayor afluencia de turistas y dinero a la isla. Sin embargo, acabar completamente con el embargo requeriría una votación en el Congreso. Al cabo de pocos meses, en la isla comenzó a circular el rumor de que pronto los cubanos iban a perder su condición migratoria privilegiada, recogida en la Ley de Ajuste Cubano, lo que provocó una avalancha de miles de personas que trataron de llegar a Estados Unidos. Algunos cubanos que tenían el dinero para marcharse en avión se dirigieron a Ecuador, que no les exigía un visado de entrada, y de allí viajaron por tierra a través de Centroamérica para cruzar a pie la frontera con México, esperando entrar en Estados Unidos con la provisión del «pie seco» incluida en la legislación vigente. En el último trimestre de 2015, unos doce mil cien cubanos entraron en Estados Unidos tan solo a través de los cruces fronterizos de Texas, y un total de 43 159 personas llegaron a través de todos los puertos de entrada del país en el año entero[68]. De hecho, tal como se temía, antes de abandonar el cargo en enero de 2017, el presidente Obama anunció el fin de la política de «pies secos, pies mojados» como parte de la normalización de relaciones. Como consecuencia, miles de cubanos quedaron varados en la frontera o en otras partes de Latinoamérica, en su intento de entrar en EE. UU.

A continuación, se produjo la derogación del acuerdo por parte de Trump en verano de 2017 y la reinstauración de las restricciones en los viajes y el comercio de ciertos productos, en base a que el acuerdo con Cuba perjudicaba a Estados Unidos y que las reformas políticas no habían avanzado lo suficiente. Algunos miembros de la comunidad cubano-estadounidense piensan que no debería haber relación alguna entre ambas naciones mientras Cuba siga siendo comunista. Sin embargo, desde que Raúl Castro entregó la presidencia a Miguel Díaz-Canel en abril de 2018, sumado a la muerte de Fidel en noviembre de 2016, la isla ha entrado en una era post-Castro, al menos oficialmente, aunque sigue sin estar claro qué es lo que hará falta para que los dos países retomen sus relaciones.

• • •

Puerto Rico también ha recorrido un duro camino junto a Estados Unidos en las décadas recientes, al haber sufrido una crisis de deuda, una despoblación masiva, y María, un devastador huracán de categoría cuatro que arremetió contra la isla en septiembre de 2017.

La raíz de los problemas financieros está en la Sección 936, un estatuto de exención creado por el gobierno estadounidense en 1976, que permitía a las empresas del país operar en Puerto Rico libres de impuestos. Entre las empresas que se trasladaron estaban las farmacéuticas, a las que siguió el crecimiento económico al haber unas cien mil personas trabajando en el sector del medicamento hacia los años 90[69]. Se estima que compañías como Johnson & Johnson se ahorraron mil millones de dólares en impuestos entre 1980 y 1990, al tiempo que proporcionaron puestos de trabajo en la isla[70]. Sin embargo, el Congreso decidió que un sistema de bienestar corporativo de esta magnitud resultaba demasiado costoso, y en 1996 resolvieron eliminar gradualmente la Sección 936 durante los siguientes diez años. Para 2006, gran parte de la industria se había marchado como consecuencia de esta medida. Puerto Rico se apresuró a crear un vacío legal que animase a algunas empresas estadounidenses a quedarse, lo que se tradujo en la práctica en permitir la creación de subsidiarias que no pagarían impuestos sobre sus ingresos, siempre y cuando el capital permaneciese fuera de EE. UU.[71]

Sumada a estos problemas, en 2012 comenzó a producirse una crisis de deuda, que causaría aún más daños en la ya frágil economía puertorriqueña. Para 2014, las agencias de calificación de crédito habían rebajado la deuda de la isla a la categoría de bono basura[72]. Parte del motivo por el que Puerto Rico se vio inmerso en este embrollo es que sus bonos son de «triple exención», lo que significa que sus tenedores no pagan impuestos a nivel municipal, insular o federal sobre los intereses, lo que los convirtió en un popular método de inversión. Cuando la economía comenzó a tambalearse después de 2006, el gobierno de la isla siguió emitiendo bonos para cubrir el déficit presupuestario, y cuando estos bonos —considerados como inversiones «seguras» por muchos puertorriqueños y por sus fondos de pensión— quedaron degradados, los fondos de alto riesgo se abalanzaron a ofrecer préstamos al territorio endeudado, empeorando su situación.

Por su condición de estado libre asociado, la isla no tiene autorización para declarar la bancarrota, a diferencia de los estados. Para 2017, Puerto Rico tenía una deuda de ciento veintitrés mil millones de dólares y ninguna forma de pagarla, por lo que parecía abocado a la quiebra. Un artículo publicado por el *New York Times* en agosto de 2016 lo calificó de un «estado fallido» dentro de Estados Unidos[73]. El gobierno estadounidense estableció una «junta federal de control» bajo la Ley de Supervisión, Administración y Estabilidad Económica de Puerto Rico (Ley PROMESA, por sus siglas en inglés), aprobada en 2016 para restructurar las finanzas de la isla. En mayo de 2017, Puerto Rico acudió a un tribunal federal para tratar de obtener alguna relevación de su bancarrota, a medida que se acumulaban las querellas interpuestas por sus acreedores[74].

Los referéndums sobre el estatuto de la isla siguieron apuntando en distintas direcciones. Un plebiscito en 1993 otorgó una ajustada victoria, con un 48,6 % del voto, a la opción de continuar como estado libre asociado, mientras que la de convertirse en estado le siguió de cerca con el 46,3 %[75]. Otro que tuvo lugar en 1998 arrojó un resultado más complicado. Ofrecía: estado libre asociado territorial, estadidad, independencia o «ninguna de las anteriores». Indignados, el 50,3 % de los votantes se decantó por esta última opción, mientras que la estadidad obtuvo el 46,5 %. La siguiente votación, en 2012, vino en dos partes. La primera preguntaba si la isla debía continuar en su actual condición de estado libre asociado, a lo que 970 910 votantes, aproximadamente el 54 %, respondieron «no». A continuación se formuló a los votantes una segunda pregunta sobre las opciones de futuro: estadidad, «asociación libre y soberana» o independencia. Ganó la estadidad, respaldada por más del 61 % de los que emitieron su voto en la segunda pregunta.

En las elecciones de 2016, el político proestadidad Ricardo Rosselló, del Partido Nuevo Progresista, obtuvo la gobernación de la isla. Asumió el cargo enfrentado a una crisis demográfica: la isla había perdido el 9 % de sus residentes desde el año 2000, unas 334 000 personas, con tres cuartos de este éxodo tras 2010[76]. En vez de Nueva York ha sido Florida, especialmente la zona de Orlando, la que se ha convertido en el hogar de muchas de estas personas, un estado donde la población puertorriqueña se ha incrementado hasta rebasar la marca de un millón[77]. Rosselló celebró otro plebiscito sobre el estatuto de la isla en junio de 2017; los resultados vinieron con un 97 % de los votos (518 199) en favor de la estadidad, aunque la participación fue tan solo del 23 %, en parte debido a un boicot por parte de los otros partidos[78].

Entonces, al cabo de pocos meses, la isla se sumió en el caos con los vientos de 250 km/h del huracán María, que tocó tierra el 20 de septiembre. Se cortó la luz en toda la isla, se destruyeron hogares y las cosechas quedaron arrasadas. Las cifras oficiales afirman que murieron sesenta y cuatro personas, pero una investigación realizada por el *New York Times* calculó que el número rondaba los mil cincuenta y dos, en parte porque hubo gente que murió tras la tormenta debido a factores como la falta de electricidad o la escasez de suministros médicos[79].

Muchos —habitantes de la isla incluidos— criticaron a la administración Trump por la excesiva lentitud de su respuesta. A la imagen de ineficiencia se sumó una fotografía de Trump lanzando rollos de papel de cocina a los damnificados en un refugio en San Juan, cuando hizo una visita a comienzos de octubre de 2017 para observar los daños. Puerto Rico también descubrió cómo los esfuerzos de ayuda inicial se veían obstaculizados por la ley Jones de 1920, que requería que el comercio entre todos los puertos de EE. UU. se realizara con barcos de construcción, propiedad y uso estadounidense, una reliquia legal de cuando el país quería fomentar la construcción naval. Esta ley había permanecido en los libros y afectaba desproporcionadamente a Puerto Rico en comparación con otros puertos estadounidenses. Tras el huracán se suspendió temporalmente su aplicación para permitir la llegada de envíos de alimentos, agua, medicinas y otros suministros.

Mientras la ayuda iba llegando, se reveló que tan solo el 54 % de los estadounidenses eran conscientes siquiera de que Puerto Rico era una colonia y que sus 3,4 millones de habitantes eran ciudadanos nacionales, lo que convertía el desastre en un asunto doméstico y no extranjero[80]. Tras la tormenta, miles de puertorriqueños usaron su ciudadanía para mudarse a Estados Unidos, o al menos para tomarse un respiro temporal. Hoy día muchos observadores esperan que se acelere el descenso de población de la isla, que ya estaba en marcha.

Meses después del suceso, en Puerto Rico se siguieron produciendo apagones, en una coyuntura en la que casi la mitad de la isla se hallaba sin electricidad y con la infraestructura seriamente dañada. Aun así, en diciembre de 2017 los legisladores decidieron permitir otra bofetada financiera con un programa fiscal, propuesto por los republicanos, que pondría fin a las exenciones de impuestos para las subsidiarias estadounidenses que permanecían allí. Las nuevas normas obligarían a que se tratase a cualquier filial del país como una empresa extranjera, de modo que estarían sujetas a tributar por cualquier ingreso generado por activos fuera de Estados Unidos, agravando los problemas de la isla[81].

Puerto Rico tal vez esté afrontando su prueba más dura desde la combinación de la guerra hispano-estadounidense de 1898 y el huracán San Ciriaco de 1899, y pasarán años hasta que la isla se recupere. En Washington no hay señales de que haya interés alguno en otorgar la estadidad a la isla, por lo que continuará a duras penas como un territorio, mientras trata de reconstruir su infraestructura devastada y de resolver su crisis de deuda.

• • •

El legado del pasado hispánico se ha hecho notar en el turbulento presente. Mientras Estados Unidos trata de lidiar con la inmigración, el NAFTA, las relaciones con Cuba y la reconstrucción de Puerto Rico, la incertidumbre se cierne sobre todos los implicados. Aun así, el tiempo sigue corriendo, y en la frontera sur, en el lado estadounidense del actual muro, los usuarios de teléfonos móviles reciben mensajes que dicen «Bienvenido a MÉXICO». Es un recordatorio útil de que las fronteras siguen siendo algo impreciso, y aun cuando pueden trazarse en un mapa, estas siguen siendo mudables. En el pasado resultó complicado controlar las aguas cambiantes del río Bravo, pero los avances en ingeniería pudieron ponerles riendas. Del mismo modo, ahora los teléfonos móviles e Internet hacen que sea más fácil tender puentes sobre las divisiones y conectar a las personas, estén o no físicamente al otro lado.

Son los muros o las barreras imaginarias las que son más difíciles de atravesar. La frontera estadounidense seguirá proyectando una larga sombra en la percepción del público mientras permanezca como símbolo de unos Estados Unidos que tratan de distanciarse de sus vecinos. Más aún, tras el muro se encuentra la zona del otro, el límite de lo desconocido, ese lugar sin ley tan consagrado en el acervo popular y la leyenda hollywoodense. Quizás este es el motivo por el que una de las pocas películas que plasman la sutileza y la complejidad de esta intrincada relación esté ambientada en un pueblo fronterizo. Dirigida en 1996 por John Sayles, en *Lone Star* se solapan los secretos familiares con la historia local. Mientras el sheriff Sam Deeds trata de resolver un asesinato en la ciudad ficticia de Frontera, en Texas, se reaviva su romance con su antigua novia del instituto, Pilar, que ahora es profesora de historia en esa localidad. Más adelante Sam descubre que su padre tuvo una larga aventura con Mercedes Cruz, madre de Pilar y empresaria mexicana, quien afirma ser «española» y lamenta la llegada de inmigrantes indocumentados desde el otro lado de la frontera, a quienes sin embargo contrata para que trabajen en su restaurante.

Décadas atrás, los dos padres —sin que se supiera que eran amantes— se habían opuesto a que Sam y Pilar salieran juntos cuando era adolescentes. La escena final desvela el motivo: Sam y Pilar son medio hermanos y comparten, como acaba revelándose, el mismo padre. Aun así, los dos deciden seguir adelante con su relación, y Pilar dice: «Todo lo demás, toda esa historia... al diablo con ella, ¿no?», para rematar con la última frase de la película: «Olvida El Álamo».

Epílogo

Dalton, Georgia, 2014

En octubre de 2014, regresé a mi antiguo instituto para la reunión con mis antiguos compañeros de clase con ocasión del vigésimo aniversario de nuestra graduación. El aparcamiento de la Dalton High School estaba lleno de Mustang nuevos y clásicos Mercedes descapotables, engalanados con globos y escarapelas, bajo un despejado cielo azul y el sol del final del otoño georgiano. Estos carruajes aguardaban a las princesas de la fiesta, que pronto estarían saludando a los asistentes en una verdadera tradición para tratarse de una nación tan joven.

A veces, visitar tu antiguo colegio puede hacerlo más pequeño de lo que parecía en tu imaginación juvenil, pero esta vez era mucho más grande. El instituto había doblado su tamaño, al pasar de menos de mil alumnos cuando estudiaba allí a tener ahora 1875. En los pasillos seguían algunas de las mismas taquillas; el gimnasio, la piscina cubierta, la pista de atletismo, el campo de fútbol americano fuera de las instalaciones... todo eso apenas había cambiado en veinte años. Los logos y referencias a la mascota de nuestro equipo, los Pumas, se veían por todo el edificio, tal como siempre ocurría antes de los partidos. Sin embargo, el edificio principal tenía toda un ala nueva, con más aulas y salas de conferencias. La clase donde estudiaba historia de Georgia ahora la usaban los cadetes júniores del Cuerpo de Formación de Oficiales de la Reserva. El instituto daba, como sucede con todos los que son buenos, una impresión de continuidad y progreso. El mayor cambio es que actualmente el 69 % del alumnado es hispano. Cerca del 80 % tienen comidas gratuitas o a bajo coste, lo que indica que muchos estudiantes proceden de familias de renta baja, y alrededor del 17 % están aprendiendo la lengua inglesa, por lo que no es un idioma que dominan.

La ciudad se vio inmersa en acontecimientos nacionales de mayor envergadura en 2014, cuando la frontera estadounidense comenzó a llenarse de menores centroamericanos indocumentados y algunos fueron enviados a Dalton, donde tenían contactos familiares. El resultado fue la Academia de Recién Llegados, una pequeña escuela ideada para ayudarlos. Beth Jordan es profesora de inglés para no nativos en Dalton, además de estar graduada en el instituto, y recuerda bien la afluencia de 2014: «Para nosotros la situación fue demencial. En un momento dado tenía sesenta y tantos alumnos en mi clase. Ponía a treinta en un aula y a treinta en otra y yo simplemente me movía entre las dos». El centro contrató a más personal para atender a los estudiantes, muchos de los cuales «no habían ido nunca a la escuela. No sabían leer, no conocían las letras, los colores, los números…»[1].

Jordan dijo que el distrito escolar tiene unos ciento cincuenta alumnos aprendiendo inglés en el nivel de secundaria. Muchos de ellos son hispanos, aunque otros vienen de países como China. Los niños hispanos proceden de México además de Honduras, Guatemala, El Salvador e incluso Cuba y Puerto Rico. «Somos una ciudad fronteriza», dijo Jordan, señalando que los colegios en Dalton tienen más en común con los de Texas o Arizona que con los demás colegios de Georgia.

Jennifer Phinney, otra graduada del instituto de Dalton, es ahora directora de apoyo escolar para los colegios públicos locales. «Me gradué en 1986 y luego empecé a dar clases aquí en 1991; a grandes rasgos era el mismo instituto que cuando me fui […], muy blanco y privilegiado», dijo. Después, a finales de los 90, el cambio fue repentino. «En tres años [de 1996 a 1999] pasamos a tener un 50 % de hispanos. Fue un cambio muy rápido»[2].

Erwin Mitchell, abogado local y excongresista, organizó un programa de intercambio en 1997 con el apoyo de Shaw Industries, uno de los mayores empleadores en Dalton. El Proyecto Georgia estuvo enviando a profesores de Dalton a la Universidad de Monterrey en México, y viceversa, durante una década[3]. Sirvió de ayuda a los dos grupos de profesores para tener una mayor comprensión y conocimiento mutuos, y preparó las instalaciones educativas municipales para los cambios que se avecinaban.

Dalton ha mantenido una población de unas treinta y tres mil personas, pero ahora la mitad de la ciudad es hispana, un crecimiento explosivo desde 1990, cuando su número era de apenas mil cuatrocientas[4]. En todo el condado de Whitfield, en Georgia, la población hispana pasó de 2321 en 1990 respecto de un total de 72 462 habitantes, a 34 518 en 2014 de un total de 103 542 personas, un incremento del 3 al 33 % de la población del condado[5].

No todo el mundo trabaja en la industria alfombrera que desde hace tiempo domina la economía de Dalton; algunos trabajan como temporeros en la agricultura, por ejemplo, en la cosecha de la manzana en la cercana Elijah. A medida que las familias han ido echando raíces y prosperando, muchos se han pasado a empleos más cualificados; de hecho, algunos de los alumnos hispanos que llegaron a finales de los 90 son actualmente profesores en el sistema escolar de la ciudad.

A la mezcla se han incorporado inmigrantes procedentes de Guatemala y otros países centroamericanos, y su llegada ha supuesto una serie de desafíos sin precedentes para Esther Familia-Cabrera, una puertorriqueña que se trasladó de Nueva York a Dalton en 2010 para ayudar en la coordinación de las llamadas promotoras de salud, que proporcionan servicios sanitarios a la comunidad. Le apasiona su trabajo, el cual, aunque es similar al que tenía en Nueva York, tiene aspectos característicos. «El idioma es una barrera enorme», dijo. Muchos de los inmigrantes recientes vienen de zonas rurales, en vez de ciudades, y solamente hablan lenguas indígenas.

Muchos de los hispanos en Dalton y los alrededores también son inmigrantes indocumentados, por lo que Familia-Cabrera y su equipo tienen que arreglárselas para dar con estos «invisibles», como los llama ella[6]. En este aspecto, Dalton se enfrenta a unos retos similares a los de ciudades mucho mayores. El principal de ellos es la integración: «Se sienten segregados y piensan: "¿Por qué me debería adaptar cuando no pertenezco a este lugar, cuando aquí no me aceptan? En algún momento me voy a volver a México porque nunca voy a ser estadounidense"». La segunda generación está atrapada entre ambos mundos, piensa ella, y lo que escuchan los jóvenes es un «No eres lo bastante mexicano» de sus familias, y un «Eres demasiado mexicano, tienes que ser más americano» del mundo exterior.

• • •

Luis Viamonte, médico en Dalton, procede de una familia de doctores en Cuba, pero se marchó a los diecisiete años, en 1961, como parte de la operación Peter Pan, que terminó al siguiente mes de octubre. «La historia que te contaban en Cuba en 1960 es que a los padres les iban a quitar a sus hijos y los iban a educar ellos [los revolucionarios]. Y fueron ellos quienes iniciaron el rumor», recordaba. «Lo otro que me decían es que a los dieciocho iba a tener que servir en el ejército de Castro. Casi todos mis amigos se estaban marchando. Solo me quedaban cuatro amigos en clase». Al poco iba camino de Miami, donde vivían unos tíos suyos. «[Los del gobierno cubano] Te daban cinco dólares», decía, «así que estaba con cinco dólares, una maleta, una manta, un par de zapatos y una muda de ropa». A partir de ese momento Viamonte, como tantos otros cubanos, esperó a cuando pudiera volver a la isla, pero no tardó en darse cuenta de que no iba a volver. Siguió la tradición familiar y estudió Medicina en la Universidad Emory de Atlanta, donde conoció a su mujer. Tras pasar temporadas en Dallas y San Diego, se trasladaron a Georgia, donde han residido desde los años 70. Contaba que sus pacientes sabían poco o nada de sus vínculos con Cuba, como casi todo el mundo en Dalton. De hecho, durante mucho tiempo aceptó, e incluso alentó, que pronunciaran mal su propio nombre, como «Lew-is», más sureño. «Tengo acento, pero se creen que es una especie de acento raro del sur», dijo. «Me alucina cuánta gente hay que no tiene ni idea de que nací en Cuba».

Al igual que tantas comunidades estadounidenses, el Dalton de Georgia se conecta de distintas maneras con la variedad de experiencias en el contexto de Latinoamérica: mexicano-estadounidenses de tercera generación impartiendo clases en los colegios; guatemaltecos de primera generación que no hablan inglés ni español; un médico cubano que hizo fortuna en Estados Unidos tras la revolución; y una «nuyorriqueña» que decidió probar la vida del Sur. En esta tranquila ciudad de montaña, y por todo Estados Unidos, el pasado hispánico sigue viviendo en el presente.

• • •

A comienzos de los años 2000, el historiador Samuel Huntington argumentó que la llegada de hispanos en grandes números suponía una amenaza directa para los Estados Unidos, una visión que sigue teniendo eco en mucha gente. Escribió que «América fue creada por colonos de los siglos XVII y XVIII que eran abrumadoramente blancos, británicos y protestantes. Sus valores, instituciones y cultura proporcionaron los cimientos y marcaron el desarrollo de los Estados Unidos en los siglos posteriores»[7]. Tal visión es errónea, sobre todo porque parece inspirarse solamente en una parte del país. Los valores, instituciones y cultura de los Estados Unidos no se formaron únicamente en Nueva Inglaterra, o en un vacío. Hasta un grado considerable cobraron forma de las interacciones con españoles, mexicanos y otros pueblos hispanos en Norteamérica, al igual que en Latinoamérica. Parte de esta interacción fue antagónica —el católico español frente al protestante británico, por ejemplo— pero, por otra parte, España acudió en ayuda de unos bisoños Estados Unidos durante la guerra revolucionaria. El Oeste que España perdió cuando su imperio se desmoronó se convirtió en el futuro de Estados Unidos. La expansión al oeste sigue formando parte de la psique nacional; la búsqueda de nuevos horizontes comenzó en el mismo continente. Estados Unidos aprendió lo que significaba ser una potencia regional y, poco después, una global, al tomar primero las tierras de los nativos americanos y después el 51 % de México en 1848, antes de proceder a hacerse con Puerto Rico en 1898, todo lo cual contribuyó al poder que tuvo que esgrimir posteriormente en operaciones militares por todo el mundo.

Gran parte de lo que sucedió en el Oeste decimonónico se envolvió en un manto de nostalgia por la conquista, convirtiendo un proceso a menudo violento e injusto en un mundo fantástico, reflejado en imágenes que inundan la cultura popular: gráciles señoritas españolas, vaqueros duros e intrépidos e indios leales, pero nada de linchamientos o apropiaciones de tierras.

La realidad de aquella época fue mucho más compleja e inquietante. La incorporación de personas que habían vivido en parte de Nueva España presentó una serie de problemas graves, incluyendo cómo iban a encajar en una perspectiva estadounidense más amplia. Algunos pensaron que no tenían más opción que invocar la quimera de la «blanquitud»; otros no podían escapar de su piel morena, pero tampoco eran «negros», mientras que otros eran considerados «indios» y no europeos, a pesar de tener un poco de ambos. La idea de la raza solo podía estirarse hasta cierto punto, y sus carencias se hicieron evidentes en los intentos de ubicar a los hispanos en la dicotomía negro-blanco que evolucionó durante la era de la esclavitud en Estados Unidos y la etapa posterior. Al cabo de más de un siglo, las consecuencias de un pensamiento tan racial resultan dolorosamente claras.

En algunos círculos, ser «americano» sigue significando ser blanco, protestante y hablar inglés. Tras las elecciones de 2016, la escritora Toni Morrison observó que, «a diferencia de cualquier nación en Europa, Estados Unidos considera la blanquitud como una fuerza unificadora. Aquí, para mucha gente, la definición de la "americanidad" es el color»[8]. La lucha de los hispanos contra esta discriminación y los avances logrados también se han convertido en parte de la historia estadounidense. En el siglo XIX, los hispanos lucharon por su tierra, sus derechos y su lugar en Estados Unidos. En el XX, lucharon por los Estados Unidos en calidad de soldados y, más adelante, por tener un acceso igualitario a todas las oportunidades que la nación podía ofrecerles como ciudadanos. Sin embargo, a diferencia de otros grupos de inmigrantes, los hispanos han seguido llegando a lo largo de las décadas, y los lugares donde viven están cambiando: Los Ángeles y Miami pueden seguir encabezando la lista, pero los lugares como Dalton, en Georgia, han dejado de ser una excepción[9].

Algunas de las acusaciones esgrimidas contra la cultura hispánica parecen hacer eco de la Leyenda Negra anticatólica sobre el cruel conquistador. Samuel Huntington también la evocó, ya que veía a los inmigrantes como personas con «nacionales duales y lealtades duales» debido a su idioma español y a su religión católica[10]. El teórico de la descolonización Walter Mignolo cuestionó las ideas de Huntington, diciendo: «Quinientos años después de la expulsión de los moros de la península ibérica y quinientos años después de la invasión e invención de América, Samuel Huntington identificó a los moros como enemigos de la civilización occidental y a los hispanos (esto es, a los latinos y latinas) como un desafío a la identidad anglo en Estados Unidos», añadiendo que «el espectro de la Leyenda Negra sigue vivo y coleando, contribuyendo al menosprecio de los españoles en Europa, marginando lo "latino" de Sudamérica, y criminalizando a los latinos y latinas en Estados Unidos»[11].

En realidad, las lealtades que preocupaban a Huntington no son inflexibles. La gente puede hablar español y ser católica y seguir disfrutando de aspectos de la cultura estadounidense, como la tarta de manzana y el béisbol. Por la misma regla de tres, los estadounidenses angloprotestantes pueden disfrutar comiendo tacos y escuchando música cubana sin renunciar a sus orígenes y religión. Las combinaciones culturales posibles en los Estados Unidos modernos son infinitas. La cuestión que se presenta al país en este momento es cómo reconciliar estas dos visiones, o si tal cosa sucederá: ¿será por asimilación, por variación o, prescindiendo de estos binarismos, por alguna especie de combinación?

Uno de los consuelos que ofrece la historia es que, aunque los eventos en sí mismos no pueden deshacerse, sí se puede revisitar el modo en que se piensa sobre ellos y, en caso de necesidad, revisarlo. Este ha sido el caso —y lo sigue siendo— con relación a la realidad y el legado de la esclavitud en Estados Unidos. Estas reevaluaciones también se están produciendo, por necesidad, en el pasado hispánico. Los hispanos fueron parte del pasado de Estados Unidos, y también serán parte del mañana.

• • •

Visto desde Ciudad de México, corazón del Imperio español durante trescientos años, «el Norte» era un lugar pobre y desolado, mientras que la capital era rica en su historia, abarcando desde sus templos del antiguo Imperio mexica hasta las suntuosas iglesias barrocas. Durante muchos años, el Norte fabuloso fue poco más que un mito; Cíbola nunca fue descubierto.

México permanece inmerso en una densa historia; todos sus rincones albergan ruinas, iglesias, misiones y otros restos de su turbulento pasado. Muchas de sus tradiciones más importantes, como el Día de los Muertos, su amor por los grandes murales cargados de simbolismo, y la devoción por la Virgen de Guadalupe, hunden sus raíces en prácticas precolombinas, aunque el pasado colonial es omnipresente. En medio de Ciudad de México, sobre el amplio y arbolado paseo de la Reforma, se encuentra una estatua de Cristóbal Colón, haciendo un gesto hacia el horizonte. A veces la estatua y el pedestal han aparecido pintarrajeados de rojo, casi como una herida en el pecho. Las autoridades lo están limpiando a todas horas, pero Colón acaba agredido una y otra vez.

En cierto sentido, México tiene un enfoque pragmático hacia su historia, como ilustran tres de sus museos. El Museo Nacional del Virreinato, en Tepotzotlán, cerca de la capital, está destinado a los objetos de la época colonial. En el centro de la ciudad hay un pequeño edificio, el Museo de las Constituciones, consagrado a las tres cartas magnas y a la lucha por crearlas, reformarlas y preservarlas. El Museo Nacional de las Intervenciones, emplazado en un monasterio del siglo XVII, es cuanto menos honesto acerca de las numerosas invasiones extranjeras, incluidas las de Estados Unidos, que el país ha soportado y, ciertamente, vencido.

Por comparación, en Estados Unidos la historia a menudo parece un simple adolescente, propenso a los cambios de humor y las salidas de tono, tomándose las críticas constructivas de modo personal. La novela *Gigante*, de Edna Ferber, trata de las fortunas de una familia de rancheros en Texas. En ella, la heroína Leslie Lynnton, procedente de la costa este (y a quien más tarde daría vida Elizabeth Taylor en su versión cinematográfica), formula a Bick Bennet, el ranchero texano con el que se acabaría casando (interpretado por Rock Hudson), la siguiente pregunta: «Sí que le robamos Texas a México, ¿verdad?». Ferber escribió:

> Él saltó como si hubiera tocado un cable electrificado. Sus ojos eran del color del ágata. Esperó un momento hasta que pudo dominarse para hablar: «No entiendo la broma», dijo finalmente a través de sus labios tensos. Pensaba en la cantidad de hombres que habían matado en Texas por decir mucho menos de lo que él estaba oyendo.

«No bromeo, señor Benedict, está ahí en los libros de historia, ¿no es así? Este señor Austin se trasladó aquí con doscientas o trescientas familias procedentes del Este, eso dice, y los mexicanos fueron gentiles y dijeron que podían establecerse y levantar sus haciendas si querían, bajo la autoridad de México. Y cuando te das cuenta van y dicen que quieren liberarse de México, se ponen a pelear y se quedan todo. ¡Desde luego! Qué poca educación».

Aunque Bick se enoja por las palabras de ella —«Si hubiera sido un hombre, la habría pegado, dijo para sus adentros»—, al final se acaban enamorando y Leslie se va a Texas con él[12].

La historia sigue llena de llagas sin cicatrizar, y una de las que perduran es la cuestión de si la memoria de los hispanos tiene cabida en el relato nacional. Se han dado iniciativas de inclusión; el Mes Nacional de la Herencia Hispana, que se produce todos los años entre el 15 de septiembre y el 15 de octubre, tiene como objetivo «celebrar las historias, culturas y contribuciones de los ciudadanos estadounidenses cuyos antepasados llegaron desde España, México, el Caribe y América Central y del Sur». A pesar de ello, sigue habiendo muchos ángulos muertos a nivel histórico y cultural. En 2014, el Comité Judicial de la Cámara de Representantes concedió la ciudadanía honorífica a Bernardo de Gálvez, quien prestó ayuda al Ejército Continental durante la guerra revolucionaria, aun cuando, según informaron en las noticias, «algunos de sus miembros dijeron que no habían oído nunca hablar de él». La iniciativa estuvo encabezada por Jeff Miller, exrepresentante por Florida, cuyo distrito comprendía Pensacola, la ciudad que Gálvez arrebató a los británicos en 1781. Un busto del español contempla la ciudad desde Fort George, con las palabras «Yo solo» conmemorando su entrada en el puerto y su más amplia aportación a la Revolución estadounidense. En aquel momento, el representante por Michigan John Conyers dijo a la prensa: «No sería del todo sincero si dijera que es un nombre conocido en la historia de Estados Unidos»[13].

Mi trabajo de investigación en este proyecto me llevó hasta México y las tierras de frontera, desde Florida hasta California, y remontando la costa oeste hasta Canadá, además de otros lugares como Nueva York, Tennessee y Alabama. Junto con los kilómetros, fui dejando atrás topónimos en español como San Agustín, San Antonio o Los Ángeles, que comparten el mapa con ciudades nombradas por emplazamientos nativos, franceses y británicos. Algunos los encontraba mientras pateaba las aceras, como un día en Nueva York en que alcé la mirada y vi que la calle 116 Este también se llama bulevar de Luis Muñoz Marín.

Recorrí la carretera del Camino Real de los Tejas, me detuve en misiones por toda la columna vertebral de California, leí pedestales y columnas desde el río San Juan, en Jacksonville, hasta la plaza mayor de Sonoma, en California, y saqué fotos de cualquier hotel cursi que tuviera un letrero de neón con un conquistador. Fui hasta Hidalgo, en Texas, para ver si allí había algo que honrase al cura mexicano y, efectivamente, encontré una estatua en el medio de aquella pequeña ciudad, que se encuentra en el río Grande, frente a Reynosa. Estando en Puerto Palomas, en Chihuahua, no se me escapó un monumento erigido en 2001 en honor a Pancho Villa, que cruzó la frontera en aquel punto durante su incursión en Nuevo México. En una placita de aquel pueblo, agazapado justo al lado de la calle principal que se extiende entre las dos naciones, Pancho Villa sigue recorriendo la frontera a lomos de su caballo al galope, gemelo de la efigie que tiene en Tucson.

El cómo una estatua de Pancho Villa fue a parar a Tucson es un recordatorio del poder de estos símbolos[14]. Este controvertido monumento fue donado a la ciudad en 1981 por las autoridades mexicanas y los miembros de la Agrupación Nacional Periodista, como regalo de amistad y un signo de la lucha común por la justicia librada a ambos lados de la frontera. No todo el mundo lo vio de esa manera. Muchos vecinos de Tucson quedaron horrorizados con este monumento que honraba a un hombre que asaltó los Estados Unidos y mató a algunos de sus ciudadanos, y no tardaron en llegar las demandas judiciales para impedir que se instalase. Al final, sin embargo, prevalecieron los partidarios de esta estatua de más de cuatro metros, y más de seiscientas personas se congregaron para presenciar su inauguración en el parque Veinte de Agosto, una pequeña zona de césped rodeada de concurridas calles en el centro de Tucson, cerca de la Placita, uno de los espacios más tradicionales de la ciudad.

El escultor, Julián Martínez, recibió en 1987 el encargo para producir una estatua ecuestre de cinco metros del padre Eusebio Kino, considerado por muchos el fundador de Arizona. El sacerdote fue un auténtico símbolo de la lucha por la justicia, según afirmaron sus partidarios, y también fue el santo patrón de las modernas tierras de frontera porque, a su modo de ver, impuso el orden a través del cristianismo y el desarrollo de las grandes llanuras con la ranchería y la agricultura. Hoy la estatua reside en una pequeña parcela de tierra polvorienta en una esquina junto a la autopista Kino. Aunque se sienta erguido en su montura, el caballo parece cansado, con la cabeza gacha, pero decidido a terminar el viaje. Por el contrario, el corpulento Pancho Villa aparece a lomos de un corcel vivaz, que parece a punto de saltar del pedestal y lanzarse rumbo a México. Para el historiador Gerardo Cavada, que ha estudiado las estatuas y sus múltiples significados, tanto Villa como Kino evocan las tensiones de los tucsonianos cuando piensan en su historia, pero ambos tienen un lugar, sostiene, como «contrapesos gigantes que mantienen unidas geografías y comunidades aparentemente fracturadas»[15].

El pasado hispano real e imaginario de Estados Unidos se puede encontrar en muchísimos lugares: junto al mar, a ambos lados de la frontera, en un rincón olvidado en una base militar, o en pleno Manhattan. Por supuesto, parte de la memoria cultural es reduccionista y hasta un poco ñoña, como por ejemplo el parque de la Fuente de la Juventud en San Agustín. También están las tradiciones más recientes e híbridas, tales como las que encarnan las muchachas conocidas como las «Marthas» de Laredo, en Texas, la ciudad más hispánica de Estados Unidos. Estas son las privilegiadas damas que se presentan en el desfile y baile colonial que organiza anualmente la Sociedad de Martha Washington, en un evento celebrado el 22 de febrero en honor al cumpleaños de Washington, a pesar de que este muriera antes de que Texas fuese siquiera un atisbo a ojos de los expansionistas. Estas jóvenes se ponen vestidos caros y fastuosos, que a menudo tardan meses en ser confeccionados, con ocasión de su debut en sociedad. ¿Es esta una unión de culturas, o una expresión de la hegemonía cultural estadounidense? ¿Una conciencia doble más en línea con un pasado colonial, o la expresión de un presente multicultural?

Una de mis últimas paradas fue el centro de visitantes del Capitolio en Washington D. C. En la galería principal hay dos estatuas, casi enfrentadas entre sí y tan solo separadas por la serpenteante hilera de turistas haciendo cola para comprar la entrada. Una es de Po'pay, el líder de la revuelta de los indios pueblo, esculpida en mármol blanco. Mientras otea la lejanía, sostiene en la mano un cordel anudado como los que usaron para pasar mensajes secretos, un poderoso símbolo del alzamiento de 1680. Al otro lado del pabellón de venta de entradas, el padre Eusebio Kino aparece de nuevo, fundido en bronce, esta vez alzando la mano derecha como si estuviese dispensando su bendición a los visitantes. A sus pies se halla un cactus, en representación de su labor en el desierto. Los dos hombres son contribuciones de sus respectivos estados, Nuevo México y Arizona. Cada uno de los cincuenta estados ha aportado dos figuras de importancia histórica al Salón Nacional de las Estatuas, aunque algunas de estas esculturas se han emplazado en el centro de visitantes. La de Junípero Serra, de California, se encuentra entre las que ocupan la sala. Son elecciones complicadas; Po'pay encarna el espíritu de resistencia a la incursión europea, mientras que Kino y Serra nos recuerdan el legado de la colonización y la conexión con Europa, que en tiempos recientes se ha convertido en objeto de disputa. En 2015 se produjo la polémica canonización de Serra, cuyos detractores afirman que representó la opresión y destrucción de la cultura de los nativos americanos. Mientras continúan las discusiones sobre la eliminación de monumentos confederados erigidos en el Sur durante la era de Jim Crow —una cuestión que alcanzó su punto de ebullición en el verano de 2017—, también merece la pena reflexionar sobre cómo se conmemora el pasado hispano. ¿Qué es lo que dicen las efigies de Villa, Hidalgo o Kino acerca de aquellas partes de la historia a las que se permite formar parte del gran relato nacional?

En el verano de 2016 llegó una noticia desde Parris Island, en Carolina del Sur, sobre un importante descubrimiento. Gracias a una tecnología para medir los cambios en los campos magnéticos, unos arqueólogos pudieron por fin ubicar el emplazamiento de San Marcos, uno de los fuertes que los españoles construyeron en el siglo XVII en el antiguo asentamiento de Santa Elena. En otoño del año anterior, unos investigadores de la Universidad de Florida Occidental desenterraron fragmentos de cerámica, clavos y otros restos del siglo XVI pertenecientes a la efímera colonia española que Tristán de Luna estableció en la bahía de Pensacola en 1559[16]. Rodeando estos lugares, por todas partes yacen pecios españoles sumergidos en las aguas litorales de Florida, a la espera de ser descubiertos. El paisaje contiene lo que el ojo a veces no ve.

La larga y compleja historia de los españoles e hispanos está inevitablemente entrelazada con la de los Estados Unidos; no es una historia separada de forasteros o intrusos, sino que forma parte esencial de cómo se ha desarrollado el país y de cómo seguirá evolucionando. Estados Unidos es parte de las «Américas» y, del mismo modo, los habitantes de las Américas son parte de Estados Unidos.

CRONOLOGÍA DE ACONTECIMIENTOS CLAVE

1492-1600

1492: Cristóbal Colón desembarca en La Española y toma posesión de la isla en nombre de los reyes de Castilla y Aragón.

1494: el Tratado de Tordesillas divide las Américas entre las esferas de influencia de Portugal y España.

1508: Juan Ponce de León toma posesión de la isla de Puerto Rico en nombre de España.

1511: Diego Velázquez de Cuéllar encabeza una expedición a Cuba.

1513: Juan Ponce de León desembarca en Florida durante su búsqueda de la isla de Bimini.

1519: Hernán Cortés zarpa hacia México. Álvarez de Pineda recorre la costa del Golfo correspondiente a Florida, Alabama y Misisipi.

1521: el Imperio mexica cae ante los españoles y pasa a ser Nueva España. Ponce de León regresa a Florida, pero es herido en combate y muere en Cuba. Pedro de Quejo desembarca en Winyah Bay (cerca de Myrtle Beach, en Carolina del Sur).

1525: Pedro de Quejo explora la costa atlántica llegando hasta Cape Fear, en Carolina del Norte, poniendo también nombre a la punta de Santa Elena (la actual Parris Island, en Carolina del Sur).

1526: Lucas Vázquez de Ayllón intenta llevar colonos a Winyah Bay, pero desembarca más al sur, en algún lugar próximo a la bahía de Sapelo, en Georgia, estableciendo el primer asentamiento español en Norteamérica: San Miguel de Gualdape.

1528: Pánfilo de Narváez protagoniza un intento fallido de colonizar Florida, desembarcando cerca de la bahía de Tampa.

1532: España lanza una campaña para apoderarse del Imperio inca y el Perú, ampliando su dominio hasta Sudamérica.

1533: Fortún Jiménez cruza el golfo de California y llega a la península de la Baja California.

1535: Hernán Cortés navega hasta la Baja California en busca de perlas.

1536: Álvar Núñez Cabeza de Vaca y otros tres supervivientes de la desastrosa expedición de Narváez reaparecen en el norte de Nueva España.

1539: Hernando de Soto desembarca en Florida. Francisco de Ulloa prosigue la exploración del golfo de California. Fray Marcos de Niza viaja a la frontera de Nueva España y afirma haber visto las fabulosas Siete Ciudades de Cíbola.

CRONOLOGÍA DE ACONTECIMIENTOS CLAVE • 463

1540: basándose en la información de fray Marcos de Niza, Francisco Vázquez de Coronado parte en busca de las ciudades de Cíbola, pero no logra encontrarlas.

1542: Juan Rodríguez Cabrillo emprende un viaje de reconocimiento de la costa de California. Hernando de Soto muere en algún lugar de las actuales Arkansas o Luisiana.

1559: la expedición de Tristán de Luna y Arellano alcanza la costa cerca de Pensacola, en Florida.

1562: hugonotes franceses se adentran en el río San Juan, cerca de la actual Jacksonville, en Florida, antes de dirigirse al norte hacia Port Royal, en Carolina del Sur, donde levantan el asentamiento de Charlesfort, que abandonan al año siguiente.

1564: los franceses regresan al río San Juan, en Florida, para establecer en esta ocasión Fort Caroline en un promontorio sobre el río.

1565: Pedro Menéndez de Avilés establece en San Agustín el primer asentamiento permanente en Florida, en la costa atlántica, y procede a expulsar a los franceses de Fort Caroline. En el Pacífico, los españoles incorporan las Filipinas a su imperio.

1566: los españoles levantan el fuerte de San Felipe cerca del antiguo emplazamiento de Charlesfort, en Santa Elena. Juan Pardo emprende una expedición hacia el interior, atravesando parte de la actual Carolina del Norte.

1567: Juan Pardo emprende un segundo viaje por el interior, regresando en la primavera de 1568 tras haber alcanzado posiblemente la actual Tennessee.

1568: Dominique de Gourgues llega desde Francia para vengar la muerte de sus compatriotas. Ataca a las tropas españolas en el fuerte de San Mateo (el antiguo Fort Caroline) y acaba con ellas, antes de regresar a Francia.

1577: Pedro Menéndez Márquez recibe órdenes de fortificar Santa Elena, lo que conduce a la construcción del fuerte de San Marcos.

1579: Francis Drake llega al norte de California y la bautiza como Nueva Albión (Nueva Inglaterra).

1586: Francis Drake ataca San Agustín.

1587: se abandona Santa Elena y se traslada a sus habitantes a San Agustín.

1597: se produce un alzamiento contra las misiones españolas encabezado por los indios guales, conocido también como la revuelta de Juanillo.

1598: Juan de Oñate parte hacia Nuevo México con el propósito de establecer un asentamiento español.

1600-1700

1602: Sebastián Vizcaíno logra alcanzar el cabo Mendocino, en California, poniendo nombre por el camino a Monterrey y San Diego.
1607: un grupo de pobladores ingleses establecen la colonia de Virginia.
1609: Francisco Fernández de Écija explora la costa de las Carolinas, llegando hasta la bahía de Chesapeake, en busca de signos de actividad inglesa.
1610: se funda Santa Fe en Nuevo México.
1620: llega el Mayflower, y los peregrinos de a bordo fundan la colonia de Plymouth.
1670: se establece el asentamiento inglés de Charles Town (la actual Charleston, en Carolina del Sur).
1680: comienza la revuelta de los indios pueblo contra los españoles, a quienes expulsan de muchos de sus poblados, causando unos quinientos muertos y obligándolos a retirarse a El Paso, al sur del río Bravo.
1682: René-Robert Cavelier, señor de La Salle, emprende el descenso del río Misisipi y toma posesión de la zona en nombre de Francia, bautizándola como la Luisiana en honor a Luis XIV.
1683: los jesuitas, dirigidos por Eusebio Kino, comienzan a explorar la Baja California, donde posteriormente establecen misiones.

1700-1800

1701: Europa se ve envuelta en la guerra de sucesión española, y al año siguiente el conflicto llega a Norteamérica con el nombre de guerra de la reina Ana.
1706: se funda Alburquerque en Nuevo México.
1714: termina la guerra de sucesión española; se cede a los británicos gran parte del Canadá francés, además del «asiento» de esclavos, un lucrativo contrato que les otorga el derecho de proveer a la América española de esclavos africanos.
1718: se construye un presidio militar, San Antonio de Béjar, en el sur de Texas. Acto seguido se funda la misión de San Antonio de Valero, posteriormente conocida como El Álamo. Se funda la Nouvelle-Orléans (Nueva Orleans) en la Luisiana.
1721: los españoles siguen fortificando Texas, con la fundación del presidio de Nuestra Señora de la Bahía de Espíritu Santo de Zúñiga en la costa del Golfo, aunque más adelante se cambia de ubicación.

1732:   se concede una carta a un grupo de pobladores ingleses para establecer una colonia de deudores entre los ríos Savannah y Altamaha, origen de Georgia.
1754:   la guerra franco-india comienza en el valle superior del río Ohio, conflicto que deriva en la guerra de los Siete Años, que estalla en Europa en 1756.
1762:   los franceses firman en secreto un tratado por el que se cede a España el territorio de la Luisiana, con el fin de evitar que caiga en manos británicas.
1763:   bajo los términos del Tratado de París, con el que se pone fin a la guerra de los Siete Años, Gran Bretaña recibe la Florida española a cambio de devolver a España La Habana, ocupada en 1762. Los británicos dividen el territorio en Florida Oriental y Occidental. Los españoles conservan el territorio de la Luisiana, mientras que Francia pierde sus posesiones canadienses y algunas islas en el Caribe.
1767:   Carlos III de España expulsa a la orden jesuita de todos los dominios españoles.
1769:   comienza la «expedición sagrada» a California, y se funda San Diego de Alcalá.
1774:   Juan Pérez llega hasta el paralelo 55, en torno a Haida Gwaii (o islas de la Reina Carlota). Juan Bautista de Anza comienza su viaje por tierra desde Nuevo México hasta California.
1775:   comienza la Revolución estadounidense. Se envía a Juan Francisco Bodega y Quadra a explorar los confines septentrionales de la Alta California española; realiza otro viaje en 1779.
1776:   Benjamin Franklin se reúne en secreto con el conde de Aranda, embajador español en Francia, con la esperanza de obtener su apoyo.
1777:   Bernardo de Gálvez llega a la Luisiana en calidad de gobernador.
1778:   el capitán James Cook recala en la bahía de Nutka.
1779:   España se suma a la Revolución estadounidense, siguiendo a Francia en su decisión de apoyar a los rebeldes. Gálvez organiza su campaña en Florida Occidental.
1781:   Gálvez arrebata Pensacola a los británicos. Se funda el pueblo de Los Ángeles en la Alta California.
1783:   el Tratado de París pone fin al conflicto de Gran Bretaña contra sus trece colonias, Francia y España. Florida vuelve a pasar a dominio español.
1790:   las pretensiones contrapuestas por parte de Gran Bretaña y España sobre la bahía de Nutka reavivan las hostilidades entre las dos

naciones. España accede a la primera de las tres convenciones, que se plegarán a las reivindicaciones británicas.

1800-1900

1803: Estados Unidos compra la Luisiana a Francia, que había firmado un tratado con España para volver a tomar posesión del territorio.

1808: Napoleón Bonaparte invade España y coloca a su hermano en el trono.

1810: en septiembre se proclama la efímera república de Florida Occidental y en diciembre las tropas estadounidenses toman el control de parte del territorio. En Nueva España, el padre Miguel Hidalgo lanza su Grito de Dolores, rebelándose contra las autoridades españolas.

1812: en marzo se declara la independencia de Florida Oriental, iniciativa malograda tras un ataque fallido a San Agustín. Comienza la guerra de 1812 entre británicos y estadounidenses por una disputa de tierras en Canadá. España promulga una constitución.

1814: termina la guerra de la independencia en España y Fernando VII recupera el trono, tras lo cual rechaza las reformas de la Constitución de 1812. En Estados Unidos, Andrew Jackson ataca Pensacola, arrebatándosela temporalmente a los españoles.

1818: Andrew Jackson vuelve a tomar Pensacola, esta vez de manera permanente.

1819: se firma el Tratado de Adams-Onís, por el que se ceden Florida Oriental y Occidental a Estados Unidos.

1821: México promulga su declaración de independencia.

1822: Agustín de Iturbide se convierte en emperador de México como Agustín I. Estados Unidos reconoce la independencia mexicana.

1823: encabezados por Stephen Austin, los colonos anglos comienzan a llegar al este de Texas.

1824: el Imperio mexicano es sustituido por una república presidencial y se redacta una constitución. México prohíbe también el tráfico de esclavos. En California estalla la revuelta de los indios chumash, que atacan tres misiones.

1826: los hermanos Edwards tratan de declarar su independencia de México y establecen la efímera república de Fredonia cerca de Nacogdoches, en Texas.

1829: España pierde una batalla en Tampico en un intento por recuperar México. Este mismo año se produce la abolición de la esclavitud en México.

1830:	el gobierno mexicano aprueba una legislación para contener la inmigración desde los Estados Unidos.
1836:	los colonos anglos de Texas declaran su independencia de México el 2 de marzo. Lideradas por Antonio López de Santa Anna, las tropas mexicanas aplastan a los rebeldes anglos en la batalla de El Álamo el 6 de marzo. Los anglos consiguen ganar la batalla de San Jacinto el 21 de abril y obtienen la independencia de Texas, que México se niega a reconocer.
1845:	Texas es admitido en la Unión como estado esclavista.
1846:	comienza la guerra mexicano-estadounidense.
1848:	se firma el Tratado de Guadalupe Hidalgo, poniendo fin a la guerra mexicano-estadounidense. México cede a Estados Unidos los territorios de la Alta California y Nuevo México, el 51 % de sus tierras, que hoy día abarcan California, Nuevo México, Arizona, Utah, Nevada y parte de Wyoming y Colorado.
1849:	la Comisión Mixta de Límites de Estados Unidos y México delimita la frontera, un proceso de casi siete años de duración. Comienza la Fiebre del Oro en California.
1850-1851:	Narciso López protagoniza dos intentos fallidos, con el apoyo de los estados esclavistas del Sur, por liberar Cuba del dominio español.
1853:	México accede a la Compra de Gadsden y Estados Unidos paga 10 millones de dólares por el valle de Mesilla, una franja de tierra al sur del río Gila que hoy conforma el sur de Arizona y Nuevo México. El presidente Franklin Pierce ofrece a España 130 millones de dólares por Cuba. El filibustero estadounidense William Walker desembarca en la Baja California y se autoproclama presidente del territorio.
1861:	comienza la guerra civil estadounidense. Texas se une a los sudistas y se establece el territorio confederado de Arizona.
1862:	la batalla de Glorieta Pass, librada entre el 26 y el 28 de marzo, provoca la expulsión de los confederados de Nuevo México. Francia envía tropas a México.
1864:	el archiduque Fernando Maximiliano José de Austria se convierte en el emperador Maximiliano I de México.
1865:	termina la guerra civil estadounidense.
1867:	Maximiliano I es ejecutado y Benito Juárez recupera el poder en México.
1868:	comienza la guerra de los Diez Años en Cuba, mientras que es sofocado el Grito de Lares, el intento de rebelión en Puerto Rico.
1873:	la esclavitud queda abolida en Puerto Rico.

1878: el pacto de Zanjón pone fin a la guerra de los Diez Años en Cuba, pero mantiene en el poder a los españoles.
1886: termina la esclavitud en Cuba.
1895: comienza la guerra de independencia en Cuba.
1898: el USS Maine explota en el puerto de La Habana el 15 de febrero y en abril se declara la guerra hispano-estadounidense-cubana, que termina en verano. Estados Unidos pone Cuba temporalmente a su cargo, pero Puerto Rico y Filipinas caen bajo su dominio total.

1900-2017

1910: en México, Francisco Madero promulga su Plan de San Luis de Potosí, un llamamiento por el fin del régimen vigente, y desencadena una serie de insurrecciones y transformaciones políticas durante la década siguiente conocidas como Revolución Mexicana.
1911: Porfirio Díaz es derrocado y Francisco Madero es elegido presidente.
1912: los estados de Nuevo México y Arizona se incorporan a la Unión.
1914: comienza la Primera Guerra Mundial. Se inaugura el canal de Panamá.
1916: Francisco (o Pancho) Villa y sus hombres atacan Columbus, en Nuevo México, y se envían tropas estadounidenses contra él en una expedición punitiva.
1917: la ley Jones-Shafroth otorga la ciudadanía estadounidense a los puertorriqueños. Estados Unidos se suma a la Primera Guerra Mundial. Se promulga la Ley de Inmigración. México redacta una nueva constitución.
1919: Johnston McCulley publica su primera historia de *El Zorro*.
1924: la ley Johnson-Reed implanta cuotas de inmigración, y establece también la Patrulla Fronteriza.
1931: unos 40 000 mexicanos abandonan California mientras se realizan redadas contra inmigrantes en las mayores ciudades de Estados Unidos. Hacia el final de la década, habrán abandonado el país unos 400 000 mexicanos.
1936: el líder independentista de Puerto Rico Pedro Albizu Campos es encarcelado después de que dos miembros de su Partido Nacionalista asesinen al comisario de la policía en respuesta a la muerte de varios miembros del partido en 1935.
1937: se produce un intercambio de fuego entre miembros del Partido Nacionalista de Puerto Rico y la policía insular en lo que pasa a conocerse como la Masacre de Ponce, causando veinte muertos.
1938: Lázaro Cárdenas expropia la industria petrolera en México.

1939:	comienza la Segunda Guerra Mundial en Europa.
1940:	Luis Muñoz Marín, líder del Partido Popular Democrático, es elegido presidente del senado de Puerto Rico.
1941:	Estados Unidos se suma a la Segunda Guerra Mundial.
1942:	comienza el programa Bracero para otorgar visados temporales de entrada en Estados Unidos a trabajadores mexicanos.
1943:	en Los Ángeles se producen los disturbios del traje *zoot*. Anita Brenner publica *El viento que barrió a México*.
1945:	termina la Segunda Guerra Mundial. En California, una familia mexicana acude a los tribunales para luchar contra la segregación escolar en lo que sería el histórico caso Mendez contra Westminster.
1946:	Estados Unidos aprueba una legislación que permite a los puertorriqueños votar para elegir a su propio gobernador.
1948:	Luis Muñoz Marín es elegido gobernador de Puerto Rico.
1950:	en octubre se produce un alzamiento armado en Puerto Rico en vísperas de un referéndum para aprobar una constitución para la isla, que conduce a la represión del movimiento independentista. El 1 de noviembre, dos nacionalistas protagonizan en Estados Unidos un intento fallido para asesinar al presidente Truman. El líder nacionalista Albizu Campos vuelve a ser arrestado.
1951:	Puerto Rico vota a favor de la Ley Pública 600, allanando el camino a una constitución.
1952:	Puerto Rico se convierte en un Estado Libre Asociado a Estados Unidos. Se aprueba la Ley de Inmigración y Nacionalización (también llamada ley McCarran-Walter), que suspende las cuotas de la Ley de Inmigración de 1924 y otorga también preferencia a los trabajadores cualificados y la reunificación familiar.
1953:	Fidel Castro ataca el cuartel Moncada, en Santiago de Cuba.
1959:	la Revolución cubana, bajo el liderazgo de Fidel Castro, se hace con el poder. El presidente Fulgencio Batista abandona la isla.
1961:	las fuerzas cubanas rechazan el ataque de un grupo de exiliados apoyados por la CIA en la bahía de Cochinos.
1962:	Cuba, la Unión Soviética y los Estados Unidos se enfrentan en la Crisis de los Misiles. César Chávez y Dolores Huerta organizan la Asociación Nacional de Campesinos, predecesora de la Unión de Campesinos.
1963:	México y Estados Unidos firman un tratado para resolver la prolongada disputa sobre la franja de El Chamizal en el río Bravo.
1964:	termina el programa Bracero de visados para trabajadores mexicanos.

1965: la Ley Hart-Celler remodela el sistema de inmigración, ahora con 120 000 visas asignadas a la totalidad del hemisferio occidental. Una década después se enmienda la ley para otorgar una cuota de 20 000 visados a cada nación.

1980: Fidel Castro levanta las restricciones a la inmigración, y Estados Unidos experimenta la llegada de más de 100 000 cubanos en el llamado éxodo de Mariel.

1986: la Ley de Reforma y Control de la Inmigración legaliza la situación de las personas indocumentadas que hayan permanecido en Estados Unidos desde 1982.

1994: entra en vigor el Tratado de Libre Comercio de América del Norte (TLCAN, o NAFTA por sus siglas en inglés). En el estado mexicano de Chiapas comienza una rebelión por el uso de la tierra, liderada por un grupo autodenominado los Zapatistas.

1996: la Ley de Reforma sobre la Inmigración Ilegal y Responsabilidad del Inmigrante otorga una mayor financiación a la Patrulla Fronteriza.

2005: la iniciativa Frontera Segura propone el uso de tecnología de vigilancia y seguimiento para reforzar aún más la frontera entre EE. UU. y México.

2006: la Ley del Cerco Seguro proporciona unos mil kilómetros de vallado en la frontera entre EE. UU. y México. Se produce una oleada de manifestaciones en apoyo de los inmigrantes hispanos y en contra de un proyecto de ley que incluye la disposición de convertir en delito el estar en Estados Unidos ilegalmente. Como consecuencia, el borrador queda descartado.

2012: se establece el programa de Acción Diferida para los Llegados en la Infancia (DACA por sus siglas en inglés), con el que se retrasa la deportación de algunas personas indocumentadas que hubiesen entrado en Estados Unidos de niños.

2014: Estados Unidos y Cuba anuncian la normalización de sus relaciones, incluyendo la liberación de presos políticos y la relajación de las restricciones de viaje.

2016: Donald Trump es elegido presidente de Estados Unidos y promete construir un muro en la frontera con México.

2017: Antes de abandonar el cargo, Barack Obama pone fin a la Ley de Ajuste Cubano, que daba trato preferente a los cubanos, como parte del proceso de apertura de las relaciones con Cuba. En verano, Trump revierte el acuerdo logrado por Obama. En septiembre el huracán María, de categoría cuatro, arremete contra Puerto Rico, devastando la isla.

Agradecimientos

El escribir y documentarme para este libro me ha supuesto un tremendo viaje a través del presente al igual que del pasado, y estoy muy agradecida por haber tenido a tanta gente apoyándome en el camino. Desearía dar las gracias en primer lugar al equipo de Grove Atlantic, empezando por mi corrector George Gibson, cuyos agudos comentarios y sugerencias han sido una gran contribución para este libro, al igual que a su predecesor Jamison Stolz y a mi editor Morgan Entrekin, a quienes la idea les entusiasmó desde el principio. Mi gratitud también va para Emily Burns y Julia Berner-Tobin por toda su ayuda y paciencia. Muchas gracias también a mi agente Bill Hamilton por su constante apoyo.

Gracias en especial por la gran generosidad de los amigos que se tomaron el tiempo de leer capítulos en su versión inicial o, en realidad, borradores enteros. Gracias a Andrea Acle-Kreysing, Juan Cobo Betancourt, Teresa Cribelli, J. Michael Francis y Juan José Ponce-Vázquez. Muchísimas gracias también a Rory Foster por ayudarme a hacer un uso claro de las comas, y de los hechos. A pesar de sus esfuerzos, todos los errores que se hayan producido son míos.

También me siento afortunada por haber tenido la oportunidad de ejercitar algunas de mis ideas mediante la lectura de ponencias, y quisiera dar las gracias por su interés en este proyecto a Eduardo Posada-Carbó, del Centro Latinoamericano de la Universidad de Oxford, y a Kate Quinn, Gad Heuman y Steve Cuchion en el seminario sobre el Caribe que organizó el Instituto de las Américas del University College de Londres. Un libro como este no podría existir sin el trabajo de tantos otros, y estoy profundamente agradecida de que exista una historiografía tan rica y diversa en la que apoyarse.

• • •

Los viajes para este libro fueron cuantiosos. Empezando por Tennessee y Georgia, desearía dar las gracias a mis padres, cuyas casas fueron la base de mis expediciones, al igual que a mis hermanos y familia en general. En Georgia, gracias también a Benjamin Carr, Hollie Cope, Beth y Nick Gadd, y a Crystal y Teague Paulk-Buchanan. Debo un agradecimiento especial a la promoción de 1994 del instituto de Dalton; mis compañeros de clase organizaron una reunión estupenda para el vigésimo aniversario, y algunos incluso me ayudaron a ponerme en contacto con personas necesarias en mi investigación. Gracias en especial a la generosidad de la familia Viamonte.

En el transcurso de mis viajes me detuve en muchos parques nacionales de Estados Unidos, donde me sentí impresionada y conmovida por el evidente entusiasmo del personal. Los parques fueron uno de los auténticos placeres de esta singladura, y los empleados del Servicio Nacional de Parques se merecen una enorme gratitud por el trabajo que realizan.

En Carolina del Sur, Eric y Charlotte Rayburn fueron, como siempre, anfitriones ejemplares. En Florida, la generosidad de David y Rebecca Ferguson me permitió explorar Pensacola, y Michael Deibert me ayudó a comprender Miami. Los equipos de la Sociedad Histórica de San Agustín, la Universidad del Sur de Florida y la Universidad de Florida Occidental fueron generosos con su tiempo. Más al norte, en Nueva York, mis agradecimientos van para Jennifer y Dana Burleson, Christine de la Garza y Reynaldo Ortiz-Minaya. El Centro de Estudios Puertorriqueños, del Hunter College, y el Centro Schomburg de Investigación sobre la Cultura Negra, de la Biblioteca Pública de Nueva York, continúan siendo lugares magníficos en los que trabajar.

Yendo hacia el oeste, me resultaron un placer los numerosos viajes a Arizona, y doy las gracias a Carol Brochin, Kira Dixon-Weinstein, Ceci García, Valarie James y Lauren Raine. En Texas, fue un gusto que Ernesto J. Cavazos y Kristal Gaston se reunieran conmigo mientras me abría paso por las colecciones especiales, y excepcionalmente útiles, de la Universidad de Houston, la Universidad Rice, el campus en Corpus Christi de la Universidad de Texas A&M, y el maravilloso Centro Dolph Briscoe de Historia Estadounidense de la Universidad de Texas en Austin. También he de dar gracias a Tony y Carla Hughes por su hospitalidad en Harlingen. En Nuevo México, muchísimas gracias a Joseph Martin por mi visita guiada a la Ciudad del Cielo de Acoma. Gracias también al Centro de Investigaciones sobre el Suroeste y las colecciones especiales de la Universidad de Nuevo México en Albuquerque, y a la Universidad Estatal de Nuevo México en Las Cruces.

En la costa oeste, tuve un nutrido repositorio en la Biblioteca Bancroft de la Universidad de California en Berkeley, y también fue para mí un gusto poder hablar de historia con Elena Schneider al pasar por la ciudad. Subiendo por la costa, gracias en especial a Renee Koplan por una estancia memorable en la isla López, en Washington. Muchísimas gracias también a Julie Schimunek y la tripulación del Uchuk III por ayudarme a llegar a la bahía de Nutka.

A varios miles de kilómetros de distancia, en Cuba, Jorge Renato Ibarra Guitart fue de gran ayuda una vez más, al igual que Angelina Rojas Blaquier. Siempre fue un placer quedarme con Armando y Betty Gutiérrez en mi segundo hogar cubano. En el Instituto de Historia de Cuba, doy gracias a René González Barrios y Yoel Cordoví Núñez, con un agradecimiento especial para Belkis Quesada Guerra. En Puerto Rico, gracias a Héctor Feliciano y María Concepción por su hospitalidad.

En Ciudad de México, muchas gracias a Lourdes Aguirre por su generosidad al enseñarme tantos de los fabulosos lugares históricos de México. Gracias también a Anne Staples, Ryan Jordan, Ricardo Fagoaga e Isabel Povea Moreno. Fue un placer añadido el encontrarme por el camino con Iris Montero mientras las dos estábamos de visita en la capital.

Mis amigos en Reino Unido y Europa llevan años escuchándome hablar de este libro, y solamente por ello se merecen un reconocimiento: gracias a David Batty, Mark Berry, Victoria Burgher, Lucas Cavazos, Chloe Stockford, Yvonne Singh, Tiffany Ferris y Chris Hall, Vicky Frost y Anthony Pickles, Lisa y Simon Hill, Mariama Ifode-Blease y Oliver Blease, Diana Siclovan y Josh Newton, Anne-Isabelle Richard y Alexandre Afonso.

A quien debo más gratitud de la que pudiera recoger en estas páginas es a mi marido Chris Stanford, cuya paciencia, humor y generosidad me han ayudado a recorrer el terreno, a veces tan accidentado a nivel logístico y emocional, a la hora de escribir y documentarme para un libro como este. Finalmente, debo dar las gracias a mi querido amigo y hermano Matthew Cavazos, quien me introdujo en el mundo de la frontera con las historias de su infancia en Texas. Cómo iba él a saber que algunos años después sería mi guía por El Norte. Este libro es para él.

Bibliografía selecta

He incluido a continuación los textos clásicos o libros más recientes en inglés que puedan resultar de interés para un lector no especialista. Para acceder a una lista completa de fuentes primarias y secundarias en inglés y español, véase carriegibson.co.uk.

Acuña, Rodolfo, *Occupied America: A History of Chicanos*, 3.ª ed. Nueva York: Harper & Row, 1988.
Anderson, Benedict, *Imagined Communities: Reflections on the Origin and Spread of Nationalism*, ed. rev., Londres: Verso Books, 1991.
Anzaldúa, Gloria, *Borderlands/La Frontera: The New Mestiza*, 4.ª ed., San Francisco: Aunt Lute Books, 2012.
Arellano, Gustavo, *Taco USA: How Mexican Food Conquered America*, Nueva York: Scribner, 2012.
Aron, Stephen, *American Confluence: The Missouri Frontier from Borderland to Border State*, Bloomington: Indiana University Press, 2006.
Ayala, César J., *American Sugar Kingdom: The Plantation Economy of the Spanish Caribbean, 1898–1934*, Chapel Hill: University of North Carolina Press, 1999.
—, y Rafael Bernabe, *Puerto Rico in the American Century: A History Since 1898*, Chapel Hill: University of North Carolina Press, 2007.
Balderrama, Francisco E. y Raymond Rodríguez, *Decade of Betrayal: Mexican Repatriation in the 1930s*, Albuquerque: University of New Mexico Press, 1995.
Balsera, Viviana Díaz y Rachel A. May (eds.), *La Florida: Five Hundred Years of Hispanic Presence*, Gainesville: University Press of Florida, 2014.
Beltrán, Cristina, *The Trouble with Unity: Latino Politics and the Creation of Identity*, Oxford: Oxford University Press, 2010.
Brading, D. A., *The First America: The Spanish Monarchy, Creole Patriots, and the Liberal State, 1492–1867*, Cambridge: Cambridge University Press, 1991.
Brenner, Anita, *The Wind That Swept Mexico: The History of the Mexican Revolution, 1910–1942*, fotografías recopiladas por George R. Leighton, Austin: University of Texas Press, 1971.
Brioso, César, *Havana Hardball: Spring Training, Jackie Robinson, and the Cuban League*, Gainesville: University Press of Florida, 2015.
Cadava, Geraldo L., *Standing on Common Ground: The Making of a Sunbelt Borderland*, Cambridge: Harvard University Press, 2013.
Calloway, Colin G., *One Vast Winter Count: The Native American West Before Lewis and Clark*, Lincoln: University of Nebraska Press, 2003.
Carrigan, William D. y Clive Webb, *Forgotten Dead: Mob Violence Against Mexicans in the United States, 1848–1928*, Oxford: Oxford University Press, 2013.
Clayton, Lawrence A., *Bartolomé de las Casas: A Biography*, Cambridge: Cambridge University Press, 2012.
Clendinnen, Inga, *Ambivalent Conquests: Maya and Spaniard in Yucatan, 1517–1570*. Cambridge: Cambridge University Press, 1987.
Cohen, Deborah, *Braceros: Migrant Citizens and Transnational Subjects in the Postwar United States and Mexico*, Chapel Hill: University of North Carolina Press, 2011.

Coronado, Raúl, *A World Not to Come: A History of Latino Writing and Print Culture*, Cambridge: Harvard University Press, 2013.
Deibert, Michael, *In the Shadow of Saint Death: The Gulf Cartel and the Price of America's Drug War in Mexico*, Guilford: Lyons Press, 2014.
De la Teja, Jesús F. y Ross Frank (eds.), *Choice, Persuasion, and Coercion: Social Control on Spain's North American Frontiers*, Albuquerque: University of New Mexico Press, 2005.
Delpar, Helen, *The Enormous Vogue of Things Mexican: Cultural Relations Between the United States and Mexico, 1920–1935*, Tuscaloosa: University of Alabama Press, 1992.
Dunkel, Tom, *Color Blind: The Forgotten Team That Broke Baseball's Color Line*, Nueva York: Atlantic Monthly Press, 2013.
DuVal, Kathleen, *Independence Lost: Lives on the Edge of the American Revolution*, Nueva York: Random House, 2015.
Elliott, J. H., *Empires of the Atlantic World: Britain and Spain in America, 1492–1830*, New Haven: Yale University Press, 2006.
Fernández-Armesto, Felipe, *Our America: A Hispanic History of the United States*, Nueva York: W. W. Norton, 2014.
Ferrer, Ada, *Insurgent Cuba: Race, Nation, and Revolution, 1868–1898*, Chapel Hill: University of North Carolina Press, 1999.
Fitz, Caitlin, *Our Sister Republics: The United States in an Age of American Revolutions*, Nueva York: Liveright, 2016.
Flores, Juan, *Salsa Rising: Nueva York Latin Music of the Sixties Generation*, Oxford: Oxford University Press, 2016.
Flores, Richard R., *Remembering the Alamo: Memory, Modernity and the Master Symbol*, Austin: University of Texas Press, 2002.
Foley, Neil, *Mexicans in the Making of America*, Cambridge: Belknap Press of Harvard University Press, 2014.
Fowler, Will, *Santa Anna of Mexico*, Lincoln: University of Nebraska Press, 2007.
Gallay, Alan (ed.), *Indian Slavery in Colonial America*, Lincoln: University of Nebraska Press, 2009.
Glasser, Ruth, *My Music Is My Flag: Puerto Rican Musicians and Their New York Communities, 1917–1940*, Berkeley: University of California Press, 1995.
Gómez, Laura E., *Manifest Destinies: The Making of the Mexican American Race*, Nueva York: New York University Press, 2007.
Gonzalez, Juan, *Harvest of Empire: A History of Latinos in America*, ed. rev., Nueva York: Penguin Books, 2011.
Gonzales-Berry, Erlinda y David Maciel (eds.), *The Contested Homeland: A Chicano History of New Mexico*, Albuquerque: University of New Mexico Press, 2000.
Grady, Timothy Paul, *Anglo-Spanish Rivalry in Colonial South-East America, 1650–1725*, Londres: Pickering & Chatto, 2010.
Gray, Paul Bryan, *A Clamor for Equality: Emergence and Exile of Californio Activist Francisco P. Ramírez*, Lubbock: Texas Tech University Press, 2012.
Grillo, Evelio, *Black Cuban, Black American: A Memoir*, Houston: Arte Público Press, 2000.
Greenberg, Amy S., *A Wicked War: Polk, Clay, Lincoln, and the 1846 U.S. Invasion of Mexico*, Nueva York: Alfred A. Knopf, 2012.
Gutiérrez, Ramón A., *When Jesus Came, the Corn Mothers Went Away: Marriage, Sexuality, and Power in New Mexico, 1500–1846*, Stanford: Stanford University Press, 1991.
Hahn, Steven, *A Nation Without Borders: The United States and Its World in An Age of Civil Wars, 1830-1910*, Nueva York: Penguin, 2016.
Hann, John H., *A History of the Timucua Indians and Missions*, Gainesville: University Press of Florida, 1996.
Henderson, Timothy J., *Beyond Borders: A History of Mexican Migration to the United States*, Malden: Wiley-Blackwell, 2011.
Hernández, José Ángel, *Mexican American Colonization During the Nineteenth Century: A History of the U.S.-Mexico Borderlands*, Cambridge: Cambridge University Press, 2012.

Hernández, Kelly Lytle, *Migra! A History of the U.S. Border Patrol*, Berkeley: University of California Press, 2010.
Hilfrich, Fabian, *Debating American Exceptionalism: Empire and Democracy in the Wake of the Spanish-American War*, Nueva York: Palgrave Macmillan, 2012.
Hoerder, Dirk y Nora Faires (eds.), *Migrants and Migration in Modern North America: Cross-Border Lives, Labor Markets, and Politics*, Durham: Duke University Press, 2011.
Holtby, David V., *Forty-Seventh Star: New Mexico's Struggle for Statehood*, Norman: University of Oklahoma Press, 2012.
Horne, Gerald, *Race to Revolution: The United States and Cuba During Slavery and Jim Crow*, Nueva York: Monthly Review Press, 2014.
Israel, J. I., *Race, Class, and Politics in Colonial Mexico, 1610–1670*, Londres: Oxford University Press, 1975.
Joseph, Gilbert M. y Jürgen Buchenau, *Mexico's Once and Future Revolution: Social Upheaval and the Challenge of Rule Since the Late Nineteenth Century*, Durham: Duke University Press, 2013.
Landers, Jane, *Black Society in Spanish Florida*, Urbana: University of Illinois Press, 1999.
Kagan, Richard L. (ed.), *Spain in America: The Origins of Hispanism in the United States*, Urbana: University of Illinois Press, 2002.
Kanellos, Nicolás (ed.), *Herencia: The Anthology of Hispanic Literature of the United States*, Oxford: Oxford University Press, 2002.
Keller, Renata, *Mexico's Cold War: Cuba, the United States, and the Legacy of the Mexican Revolution*, Cambridge: Cambridge University Press, 2015.
Kinzer, Stephen, *The True Flag: Theodore Roosevelt, Mark Twain, and the Birth of American Empire*, Nueva York: Henry Holt, 2017.
Knight, Alan, *The Mexican Revolution*, 2 vols. Cambridge: Cambridge University Press, 1986.
Kropp, Phoebe S., *California Vieja: Culture and Memory in a Modern American Place*, Berkeley: University of California Press, 2006.
Malavet, Pedro A., *America's Colony: The Political and Cultural Conflict Between the United States and Puerto Rico*, Nueva York: New York University Press, 2004.
Martínez, María Elena, *Genealogical Fictions: Limpieza de Sangre, Religion, and Gender in Colonial Mexico*, Stanford: Stanford University Press, 2008.
Martinez HoSang, Daniel, Oneka LaBennett y Laura Pulido (eds.), *Racial Formation in the Twenty-First Century*, Berkeley: University of California Press, 2012.
May, Robert E., *The Southern Dream of a Caribbean Empire, 1854–1861*, 2.ª pub., Gainesville: University Press of Florida, 2002.
McCoy, Alfred W. y Francisco A. Scarano (eds.), *The Colonial Crucible: Empire in the Making of the Modern American State*. Madison: University of Wisconsin Press, 2009.
McMichael, Andrew, *Atlantic Loyalties: Americans in Spanish West Florida, 1785–1810*, Athens: University of Georgia Press, 2008.
McWilliams, Carey, *North from Mexico: The Spanish-Speaking People of the United States*, actualizado por Matt S. Meier, Nueva York: Praeger, 1990.
Milanich, Jerald T., *Laboring in the Fields of the Lord: Spanish Missions and Southeastern Indians*, Gainesville: University Press of Florida, 2006.
Monroy, Douglas, *The Borders Within: Encounters Between Mexico and the U.S.*, Tucson: University of Arizona Press, 2008.
Montejano, David, *Anglos and Mexicans in the Making of Texas, 1836–1986*, Austin: University of Texas Press, 1987.
Mora, G. Cristina, *Making Hispanics: How Activists, Bureaucrats, and Media Constructed a New American*, Chicago: University of Chicago Press, 2014.
Narrett, David, *Adventurism and Empire: The Struggle for Mastery in the Louisiana-Florida Borderlands, 1762–1803*, Chapel Hill: University of North Carolina Press, 2014.
Ngai, Mae M., *Impossible Subjects: Illegal Aliens and the Making of Modern America*, Princeton: Princeton University Press, 2004.

Nieto-Phillips, John M., *The Language of Blood: The Making of Spanish-American Identity in New Mexico, 1880s–1930s*, Albuquerque: University of New Mexico Press, 2004.
Noel, Linda C., *Debating American Identity: Southwestern Statehood and Mexican Immigration*, Tucson: University of Arizona Press, 2014.
Omi, Michael y Howard Winant, *Racial Formation in the United States*, 3.ª ed., Nueva York: Routledge/Taylor and Francis Group, 2015.
Painter, Nell Irvin, *The History of White People*, Nueva York: W. W. Norton, 2010.
Paz, Octavio, *The Labyrinth of Solitude and Other Writings*, traducido por Lysander Kemp, Yara Milos y Rachel Phillips Belash, Nueva York: Grove Press, 1985.
Pérez, Louis A., *Cuba and the United States: Ties of Singular Intimacy*, 2.ª ed., Athens: University of Georgia Press, 1997.
— *Cuba Between Empires, 1878–1902*, Pittsburgh: University of Pittsburgh Press, 1983.
Pérez Firmat, Gustavo, *The Havana Habit*, New Haven: Yale University Press, 2010.
Picó, Fernando, *History of Puerto Rico: A Panorama of Its People*, Princeton: Markus Wiener Publishers, 2006.
Remeseira, Claudio Iván (ed.), *Hispanic New York: A Sourcebook*, Nueva York: Columbia University Press, 2010.
Restall, Matthew, *Seven Myths of the Spanish Conquest*, Nueva York: Oxford University Press, 2003.
Rodriguez, Gregory, *Mongrels, Bastards, Orphans, and Vagabonds: Mexican Immigration and the Future of Race in America*, Nueva York: Pantheon Books, 2007.
Rodriguez, Richard, *Brown: The Last Discovery of America*, Nueva York: Viking, 2002.
Rosales, F. Arturo., *Chicano! The History of the Mexican American Civil Rights Movement*, 2.ª ed. rev., Houston: Arte Público Press, 1997.
Sánchez, George J., *Becoming Mexican American: Ethnicity, Culture, and Identity in Chicano Los Angeles, 1900–1945*, Nueva York: Oxford University Press, 1993.
Sánchez, Joseph P., Robert L. Spude y Art Gómez, *New Mexico: A History*, Norman: University of Oklahoma Press, 2013.
Santiago, Roberto (ed.), *Boricuas: Influential Puerto Rican Writings—An Anthology*, Nueva York: One World, 1995.
Saunt, Claudio, *West of the Revolution: An Uncommon History of 1776*, Nueva York: W. W. Norton, 2014.
— *A New Order of Things: Property, Power, and the Transformation of the Creek Indians, 1733–1816*, Cambridge: Cambridge University Press, 1999.
Schmidt-Nowara, Christopher y John M. Nieto-Phillips (eds.), *Interpreting Spanish Colonialism: Empires, Nations, and Legends*, Albuquerque: University of New Mexico Press, 2005.
Schoultz, Lars, *Beneath the United States: A History of U.S. Policy Toward Latin America*, Cambridge: Harvard University Press, 1998.
Schrank, Sarah, *Art and the City: Civic Imagination and Cultural Authority in Los Angeles*, Filadelfia: University of Pennsylvania Press, 2009.
Sheridan, Thomas E., *Arizona: A History*, ed. rev., Tucson: University of Arizona Press, 2012.
Stagg, J. C. A., *Borderlines in Borderlands: James Madison and the Spanish-American Frontier, 1776–1821*, New Haven: Yale University Press, 2009.
Starr, Kevin, *California: A History*, Nueva York: Modern Library, 2005.
St. John, Rachel, *Line in the Sand: A History of the Western U.S.-Mexico Border*, Princeton: Princeton University Press, 2011.
Suarez, Ray, *Latino Americans: The 500-Year Legacy That Shaped a Nation*, Nueva York: Celebra, 2013.
Thomas, Evan, *The War Lovers: Roosevelt, Lodge, Hearst, and the Rush to Empire, 1898*, Nueva York: Little, Brown, 2010.
Thomas, Hugh, *Conquest: Montezuma, Cortés, and the Fall of Old Mexico*, Nueva York: Simon and Schuster, 1993.
Thompson, Jerry, *Cortina: Defending the Mexican Name in Texas*, College Station: Texas A & M University Press, 2007.

Truett, Samuel, *Fugitive Landscapes: The Forgotten History of the U.S.-Mexico Borderlands*, New Haven: Yale University Press, 2006.
Tutino, John, *From Insurrection to Revolution in Mexico: Social Bases of Agrarian Violence, 1750-1940*, Princeton: Princeton University Press, 1986.
Vargas, Zaragosa, *Crucible of Struggle: A History of Mexican Americans from Colonial Times to the Present Era*, Nueva York: Oxford University Press, 2010.
Weber, David J., *Bárbaros: Spaniards and Their Savages in the Age of Enlightenment*, New Haven: Yale University Press, 2005.
— (ed.), *Foreigners in Their Native Land: Historical Roots of the Mexican Americans*, ed. 30.º aniv., Albuquerque: University of New Mexico Press, 2003.
— *The Spanish Frontier in North America*, New Haven: Yale University Press, 1992.
Womack, John, *Zapata and the Mexican Revolution*, Harmondsworth: Penguin, 1972.
Worth, John E. (ed. y trad.), *Discovering Florida: First-Contact Narratives from Spanish Expeditions Along the Lower Gulf Coast*, Gainesville: University Press of Florida, 2014.

Notas

Nota de la autora

1. «Walt Whitman a la Asociación para el Aniversario Tercio-Milenario», Santa Fe, Nuevo México, 20.7.1883, en Ted Genoways (ed.), *The Correspondence* (Iowa City: University of Iowa Press, 2004). Disponible en Walt Whitman Archive, http://whitmanarchive.org/biography/correspondence/tei/med.00660.html (consultada: 7.11.2016).

Introducción: Nogales, Arizona

1. Rachel St. John, *Line in the Sand: A History of the Western U.S.-Mexico Border* (Princeton: Princeton University Press, 2011), pág. 95.
2. Juan Poblete, «Americanism/o: Intercultural Border Zones in Postsocial Times», en Marisa Belausteguigoitia, Ben. Sifuentes-Jáuregui, y Yolanda Martínez-San Miguel (eds.), *Critical Terms in Caribbean and Latin American Thought: Historical and Institutional Trajectories* (Londres: Palgrave Macmillan, 2016), pág. 47.
3. Octavio Paz, «Mexico and the United States», en Rachel Philips Belash, Yara Milos, y Lysander Kemp (trad.), *The Labyrinth of Solitude and Other Writings* (Nueva York: Grove Press, 1985), pág. 357.
4. Gloria Anzaldúa, *Borderlands/La Frontera: The New Mestiza* (San Francisco: Aunt Lute Books, 2012), pág. 25.
5. José Luis Abellán, *La idea de América: origen y evolución* (Madrid: Iberoamericana, 2009), pág. 25.
6. Felipe Fernández-Armesto, *Our America: A Hispanic History of the United States* (Nueva York: W. W. Norton, 2014), pág. 330, versión Kindle.
7. G. Cristina Mora, *Making Hispanics: How Activists, Bureaucrats, and Media Constructed a New American* (Chicago: University of Chicago Press, 2014), pág. 169.
8. Jens Manuel Krogstad y Mark Hugo Lopez, «Use of Spanish Declines Among Latinos in Major U.S. Metros», Pew Research Center FactTank, 31.10.2017, http://www.pewresearch.org/fact-tank/2017/10/31/use-of-spanish-declines-among-latinos-in-major-u-s-metros/ (consultada: 22.3.2018).
9. Michel-Rolph Trouillot, *Silencing the Past: Power and the Production of History* (Boston: Beacon Press, 1995), pág. xxiii.
10. Sobre la evolución de la raza y el control social, véase, por ejemplo: Patrick Wolfe, «Land, Labor, and Difference: Elementary Structures of Race», *American Historical Review* 106, núm. 3 (2001): págs. 866-905.
11. Nell Irvin Painter, *The History of White People* (Nueva York: W. W. Norton, 2010), loc. 88, versión Kindle.
12. Michael Omi y Howard Winant, *Racial Formation in the United States* (Londres: Routledge, 2014), págs. 105-111.
13. Sobre México, véase, por ejemplo: Mónica G. Moreno Figueroa y Emiko Saldívar Tanaka, «Comics, Dolls and the Disavowal of Racism: Learning from Mexican Mestizaje», en

Encarnación Gutiérrez Rodríguez y Shirley Anne Tate (eds.), *Creolizing Europe: Legacies and Transformations* (Liverpool: Liverpool University Press, 2015); sobre República Dominicana, véase David John Howard, *Coloring the Nation: Race and Ethnicity in the Dominican Republic* (Boulder: L. Rienner, 2001).
14. Richard Rodriguez, Brown: *The Last Discovery of America* (Nueva York: Penguin, 2002), págs. xi-xii.
15. Alan Gallay, *The Indian Slave Trade: The Rise of the English Empire in the American South, 1670–1717* (New Haven: Yale University Press, 2002), pág. 9.
16. George J. Sánchez, *Becoming Mexican American: Ethnicity, Culture, and Identity in Chicano Los Angeles, 1900–45* (Oxford: Oxford University Press, 1993), pág. 1.
17. Carey McWilliams y Matt S. Meier (ed.), *North from Mexico: The Spanish-Speaking People of the United States* (Nueva York: Praeger, 1990), pág. 8.
18. Mae N. Ngai, *Impossible Subjects: Illegal Aliens and the Making of Modern America* (Princeton: Princeton University Press, 2004), pág. 2.
19. Citado en Simon Schama, *The American Future: A History* (Nueva York: Ecco, 2009), pág. 240.
20. Gordon S. Wood, *The Purpose of the Past: Reflections on the Uses of History* (Nueva York: Penguin, 2009), pág. 244.
21. Citado en Schama, *The American Future*, pág. 242. Para más información sobre la creación y construcción de la identidad nacional, véase el clásico Benedict Anderson, *Imagined Communities: Reflections on the Origin and Spread of Nationalism* (Nueva York: Verso Books, 1991).
22. J. Hector St. John de Crèvecoeur, *Letters from an American Farmer and Sketches of Eighteenth-Century America* (Nueva York: Penguin Classics, 1981), págs. 68, 70.
23. Eliga Gould, «Entangled Histories, Entangled Worlds: The English-Speaking Atlantic as a Spanish Periphery», *American Historical Review* 112, núm. 3 (2007): págs. 764-786.
24. Para más información sobre Colón y los primeros asentamientos en el Caribe, con referencias y sugerencias para una lectura más exhaustiva, véanse los dos primeros capítulos de Carrie Gibson, *Empire's Crossroads: A History of the Caribbean from Columbus to the Present Day* (Nueva York: Grove Press, 2014).
25. Patricia Seed, «Exploration and Conquest», en Thomas H. Holloway (ed.), *A Companion to Latin American History* (Oxford: Blackwell, 2008), págs. 73-74.
26. Edwin Williamson, *The Penguin History of Latin America* (Londres: Penguin, 1992), págs. 80-81.
27. Citado en David J. Weber, *The Spanish Frontier in North America: The Brief Edition* (New Haven: Yale University Press, 2009), pág. 21.
28. «Inter Caetera, 1493», en J. H. Parry and Robert G. Keith (eds.), *New Iberian World: A Documentary History of the Discovery and Settlement of Latin America to the Early 17th Century*, vol. 1 (Nueva York: Times Books: Hector & Rose, 1984), págs. 272-273.
29. Colin M. MacLachlan, *Imperialism and the Origins of Mexican Culture* (Cambridge: Harvard University Press, 2015), pág. 181.
30. Colón tenía una larga relación con los franciscanos. Véase Julia McClure, *The Franciscan Invention of the New World* (Londres: Palgrave Macmillan, 2017), págs. 96-97.
31. Sobre esta materia, véase, por ejemplo: M. J. Rodríguez-Salgado, «Christians, Civilised and Spanish: Multiple Identities in Sixteenth-Century Spain», *Transactions of the Royal Historical Society* 8 (1998): págs. 233-251.
32. John Huxtable Elliott, *Empires of the Atlantic World: Britain and Spain in America, 1492–1830* (New Haven: Yale University Press, 2006), pág. 9.
33. Felipe Fernández-Armesto, *Amerigo: The Man Who Gave His Name to America* (Londres: Weidenfeld & Nicolson, 2006), pág. 120.
34. Aparentemente, Martin Waldseemüller acabó cambiando de parecer acerca de Amerigo Vespucci y dejó de poner su nombre en los mapas, pero para entonces ya había arraigado el uso de «América». *Ibidem*, págs. 187-191; C. R. Johnson, «Renaissance German Cosmographers and the Naming of America», *Past & Present* 191, núm. 1 (2006): págs. 3-45.

Capítulo 1: Santa Elena, Carolina del Sur

1. Robert S. Weddle, *Spanish Sea: The Gulf of Mexico in North American Discovery, 1500–1685* (College Station: Texas A&M University Press, 1985), pág. 40.
2. Fernando Picó, *History of Puerto Rico: A Panorama of Its People* (Princeton: Markus Wiener, 2006), págs. 36-37.
3. *Ibidem*.
4. John E. Worth (ed.), *Discovering Florida: First Contact Narratives from Spanish Expeditions Along the Lower Gulf Coast* (Gainesville: University Press of Florida, 2014), pág. 8.
5. Picó, *History of Puerto Rico*, pág. 38.
6. Worth, *Discovering Florida*, pág. 9; Margaret F. Pickett y Dwayne W. Pickett, *The European Struggle to Settle North America: Colonizing Attempts by England, France and Spain, 1521–1608* (Jefferson: McFarland, 2011), pág. 17.
7. Jerald T. Milanich, *Laboring in the Fields of the Lord: Spanish Missions and Southeastern Indians* (Gainesville: University Press of Florida, 2006), pág. 59.
8. Worth, *Discovering Florida*, pág. 16; Milanich, *Laboring in the Fields of the Lord*, pág. 55.
9. Worth, *Discovering Florida*, pág. 14.
10. Jerald T. Milanich, «Charting Juan Ponce de León's 1513 Voyage to Florida: The Calusa Indians amid Latitude of Controversy», en Viviana Díaz Balsera y Rachel May (eds.), *La Florida: Five Hundred Years of Hispanic Presence* (Gainesville: University Press of Florida, 2014), pág. 54. Véase este capítulo para profundizar sobre los posibles puntos de desembarco de Ponce de León.
11. Milanich, *Laboring in the Fields of the Lord*, pág. 57.
12. Worth, *Discovering Florida*, pág. 17.
13. T. D. Allman, *Finding Florida: The True History of the Sunshine State* (Nueva York: Atlantic Monthly Press, 2013), pág. 7.
14. Hay cierta inseguridad sobre si Cortés partió en 1504 o 1506, aunque las obras más recientes se están decantando por esta última fecha. Véanse Elliott, *Empires of the Atlantic World*, pág. 7; Hugh Thomas, *Conquest: Cortes, Montezuma, and the Fall of Old Mexico* (Nueva York: Simon and Schuster, 1995), pág. 117; Anthony Pagden (ed.), *Hernan Cortes: Letters from Mexico* (New Haven: Yale University Press, 1986), pág. xiv.
15. También podría haber bautizado la isla de Juana en honor al príncipe Juan, pero la cuestión no se ha aclarado. Para profundizar sobre los nombres que puso Colón a las islas, véase Evelina Gužauskytė, *Christopher Columbus's Naming in the Diarios of the Four Voyages (1492–1504): A Discourse of Negotiation* (Toronto: University of Toronto Press, 2014).
16. John Frederick Schwaller y Helen Nader, *The First Letter from New Spain: The Lost Petition of Cortés and His Company, June 20, 1519* (Austin: University of Texas Press, 2014), pág. 13; Thomas, *Conquest*, págs. 76, 133-134.
17. Puede hallarse una versión en línea de estas leyes en https://www.uv.es/correa/troncal/resources/leyesburgos1512.pdf.
18. Anthony Pagden, «Introduction», en Bartolomé de las Casas y Nigel Griffin (trad.), *Breve relación de la destrucción de las Indias Occidentales* (Londres: Penguin, 1992), pág. xxxv.
19. Ross Hassig, «The Collision of Two Worlds», en William H. Beezley y Michael C. Meyer (eds.), *The Oxford History of Mexico* (Oxford: Oxford University Press, 2010), pág. 74, versión Kindle.
20. Williamson, *The Penguin History of Latin America*, págs. 16-17.
21. Schwaller y Nader, *The First Letter from New Spain*, pág. 13.
22. Seed, «Exploration and Conquest», pág. 77.
23. Williamson, *The Penguin History of Latin America*, pág. 17; Elliott, *Empires of the Atlantic World*, pág. 58; Hassig, «The Collision of Two Worlds», pág. 75; Camilla Townsend, *Malintzin's Choices: An Indian Woman in the Conquest of Mexico* (Albuquerque: University of New Mexico Press, 2006), pág. 37.

24. Para profundizar sobre Malintzin y el papel que desempeñó, así como el debate sobre su legado, véase Townsend, *Malintzin's Choices*; y Matthew Restall, *Seven Myths of the Spanish Conquest* (Oxford: Oxford University Press, 2003), capítulo 5.
25. Schwaller y Nader, *The First Letter from New Spain*, pág. 14.
26. Williamson, *The Penguin History of Latin America*, pág. 43.
27. Schwaller y Nader, *The First Letter from New Spain*, pág. 15.
28. Véase, por ejemplo, Camilla Townsend, «Burying the White Gods: New Perspectives on the Conquest of Mexico», *American Historical Review* 108, núm. 3 (2003): págs. 659-687; John Charles Chasteen, *Born in Blood and Fire: A Concise History of Latin America* (Nueva York: W. W. Norton, 2001), pág. 49.
29. Para una lectura detallada y matizada sobre la conquista y cómo se ha escrito acerca de la misma, véase Inga Clendinnen, «'Fierce and Unnatural Cruelty': Cortés and the Conquest of Mexico», *Representations*, núm. 33, Special Issue: The New World (1991): págs. 65-100.
30. Schwaller y Nader, *The First Letter from New Spain*, pág. 15.
31. Para profundizar sobre este documento, véase *ibidem*; también Elliott, *Empires of the Atlantic World*, págs. 3-4; John Tate Lanning, «Cortes and His First Official Remission of Treasure to Charles V», *Revista de Historia de América* 2 (1938): págs. 5-29.
32. Hassig, «The Collision of Two Worlds», pág. 77; Helen Nader, «The Spain That Encountered Mexico», en Beezley y Meyer, *The Oxford History of Mexico*, pág. 38; Schwaller y Nader, *The First Letter from New Spain*, págs. 15-16.
33. Elliott, *Empires of the Atlantic World*, pág. 4; Hassig, «The Collision of Two Worlds», págs. 80-83.
34. Hassig, «The Collision of Two Worlds», págs. 86-88.
35. Miguel León Portilla (ed.) y Ángel María Garibay K. y Lysander Kemp (trad.), *The Broken Spears: The Aztec Account of the Conquest of Mexico* (Boston: Beacon Press, 1962), pág. xix.
36. Hassig, «The Collision of Two Worlds», pág. 88.
37. Hernán Cortés, «Segunda carta a la Corona, 1522», traducido en Pagden, *Hernan Cortes: Letters from Mexico*, págs. 101-104.
38. Véase, por ejemplo, Alfred W. Crosby, *The Columbian Exchange: Biological and Cultural Consequences of 1492* (Westport: Praeger, 2003); Charles C. Mann, *1493: Uncovering the New World Columbus Created* (Nueva York: Vintage Books, 2012).
39. Nader, «The Spain That Encountered Mexico», pág. 70.
40. Williamson, *The Penguin History of Latin America*, pág. 19.
41. Seed, «Exploration and Conquest», pág. 79.
42. Elliott, *Empires of the Atlantic World*, pág. 5.
43. Hassig, «The Collision of Two Worlds», pág. 90.
44. *Ibidem*, pág. 91.
45. Schwaller y Nader, *The First Letter from New Spain*, pág. 17.
46. Hassig, «The Collision of Two Worlds», pág. 102.
47. Williamson, *The Penguin History of Latin America*, pág. 20.
48. *Ibidem*.
49. Bernardino de Sahagún, *Historia General de las Cosas de Nueva España*, tomo IV (Ciudad de México: Editorial Pedro Robredo, 1938), págs. 85-86. Cabe destacar su *Códice florentino*, proyecto que inició alrededor de 1529, cuando llegó a México. Hizo muchas preguntas a los indígenas acerca de su cultura y de la llegada de los españoles. A menudo le respondían con su característica escritura pictográfica que, con la ayuda de numerosos nahuas, Sahagún pudo transcribir y traducir. Aunque no estuvo exenta de complicaciones —sobre todo por la precisión de las traducciones—, la obra sigue siendo una de las pocas fuentes con voces indígenas que sobreviven. Véase también Portilla, *The Broken Spears*, págs. 92-93.
50. Seed, «Exploration and Conquest», págs. 79-80; Williamson, *The Penguin History of Latin America*, págs. 21-22.
51. MacLachlan, *Imperialism and the Origins of Mexican Culture*, págs. 21-22.

52. Susan Elizabeth Ramírez, «Institutions of the Spanish Empire in the Hapsburg Era», en Holloway, *A Companion to Latin American History*, págs. 106-107.
53. Mark Burkholder, *Spaniards in the Colonial Empire: Creole vs. Peninsulars?* (Chichester, West Sussex: Wiley-Blackwell, 2013), pág. 9.
54. J. I. Israel, *Race, Class, and Politics in Mexico, 1610–1670* (Oxford: Oxford University Press, 1975), págs. 5-6.
55. MacLachlan, *Imperialism and the Origins of Mexican Culture*, págs. 198, 202.
56. Elliott, *Empires of the Atlantic World*, pág. 119.
57. Jay Kinsbruner, *The Colonial Spanish-American City: Urban Life in the Age of Atlantic Capitalism* (Austin: University of Texas Press, 2005), pág. 9.
58. Susan Schroeder, «The Mexico That Spain Encountered», en Beezley y Meyer, *The Oxford History of Mexico*, pág. 71, versión Kindle.
59. Kinsbruner, *The Colonial Spanish-American City*, págs. 9-10; Nader, «The Spain That Encountered Mexico», pág. 39.
60. Williamson, *The Penguin History of Latin America*, pág. 81; para profundizar sobre las leyes españolas de urbanismo en las Américas, véase Kinsbruner, *The Colonial Spanish-American City*; Axel I. Mundigo y Dora P. Crouch, «The City Planning Ordinances of the Laws of the Indies Revisited. Part I: Their Philosophy and Implications», *Town Planning Review* 48, núm. 3 (1977): págs. 247-268.
61. MacLachlan, *Imperialism and the Origins of Mexican Culture*, pág. 201.
62. Inga Clendinnen, *Ambivalent Conquests: Maya and Spaniard in Yucatan, 1517–1570* (Cambridge: Cambridge University Press, 1987), pág. 47. Véase también Robert Ricard y Lesley Byrd Simpson (trad.), *The Spiritual Conquest of Mexico: An Essay on the Apostolate and the Evangelizing Methods of the Mendicant Orders in New Spain: 1523–1572* (Berkeley: University of California Press, 1966).
63. Mark Burkholder y Lyman Johnson, *Colonial Latin America*, 5.ª ed. (Oxford: Oxford University Press, 2004), pág. 98.
64. Linda A. Curcio-Nagy, «Faith and Morals in Colonial Mexico», en Beezley y Meyer, *The Oxford History of Mexico*, pág. 144.
65. MacLachlan, *Imperialism and the Origins of Mexican Culture*, págs. 204-205.
66. Clendinnen, *Ambivalent Conquests*, págs. 47-48.
67. Williamson, *The Penguin History of Latin America*, pág. 102.
68. Véase, por ejemplo, D. A. Brading, *Mexican Phoenix: Our Lady of Guadalupe—Image and Tradition Across Five Centuries* (Cambridge: Cambridge University Press, 2001).
69. Lawrence A. Clayton, *Bartolomé de las Casas: A Biography* (Cambridge: Cambridge University Press, 2012), págs. 9, 14.
70. *Ibidem*, págs. 20-21.
71. *Ibidem*, pág. 33.
72. Bartolomé de las Casas, *Breve relación de la destrucción de las Indias Occidentales* (Sevilla: Imp. por Juan H. Hurtel, 1821), pág. 29.
73. Citado en Lewis Hanke, *All Mankind Is One: A Study of the Disputation Between Bartolomé de Las Casas and Juan Ginés Sepúlveda in 1550 on the Intellectual and Religious Capacity of the American Indians* (De Kalb: Northern Illinois University Press, 1974), pág. 4.
74. Clayton, *Bartolomé de las Casas*, págs. 55-56.
75. De las Casas, *Breve relación*, pág. 36.
76. *Ibidem*; Clayton, *Bartolomé de las Casas*, pág. 70.
77. Charles Gibson, *Spain in America* (Nueva York: Harper & Row, 1966), pág. 40.
78. Para profundizar sobre el Requerimiento y sus raíces islámicas, véase Patricia Seed, *Ceremonies of Possession in Europe's Conquest of the New World, 1492–1640* (Cambridge: Cambridge University Press, 1995), capítulo 3.
79. Clayton, *Bartolomé de las Casas*, págs. 80-81.
80. *Ibidem*, pág. 93.

81. *Ibidem*, pág. 95.
82. Para profundizar sobre las raíces norteafricanas y mediterráneas de la esclavitud, véase el capítulo 4 de David Brion Davis, *Inhuman Bondage: The Rise and Fall of Slavery in the New World* (Oxford: Oxford University Press, 2008).
83. Toby Green, *The Rise of the Trans-Atlantic Slave Trade in Western Africa, 1300–1589* (Cambridge: Cambridge University Press, 2011), págs. 187-188.
84. Clayton, *Bartolomé de las Casas*, págs. 102-103.
85. *Ibidem*, pág. 426.
86. Véase la Trans-Atlantic Slave Trade Database, http://www.slavevoyages.org/voyages/LffdfaeC (consultada: 3.1.2018).
87. En esta época, en Sevilla aún había unos 30 000 esclavos, aunque este número incluía a musulmanes norteafricanos además de personas esclavizadas en el África subsahariana. Véase Carmen Fracchia, «Depicting the Iberian African in New Spain», en Jean Andrews y Alejandro Coroleu (eds.), *Mexico 1680: Cultural and Intellectual Life in the "Barroco De Indias"* (Bristol: HiPLAM, 2007), pág. 48.
88. Las Casas, *Breve relación de la destrucción de las Indias Occidentales* (Sevilla, 1821), pág. 10.
89. *Ibidem*, pág. 15.
90. *Ibidem*, pág. 24.
91. Pagden, «Introduction», pág. xxvii.
92. William S. Maltby, *The Black Legend in England: The Development of Anti-Spanish Sentiment, 1558–1660* (Durham: Duke University Press, 1971), pág. 15.
93. Martine Julia Van Ittersum, *Profit and Principle: Hugo Grotius, Natural Rights Theories and the Rise of Dutch Power in the East Indies 1595–1615* (Leiden: Brill, 2006), pág. 59.
94. Felipe II, sin embargo, no asumió el título de Sacro Emperador Romano, que en su lugar pasó a su tío, Fernando I. Véase Elliott, *Empires of the Atlantic World*, pág. 119.
95. Citado en Irene Silverblatt, «The Black Legend and Global Conspiracies: Spain, the Inquisition, and the Emerging Modern World», en Margaret R. Greer, Walter D. Mignolo, y Maureen Quilligan (eds.), *Rereading the Black Legend: The Discourses of Religious and Racial Difference in the Renaissance Empires* (Chicago: University of Chicago Press, 2007), pág. 99.
96. Las Casas, *Breve relación de la destrucción de las Indias Occidentales* (Sevilla, 1821), págs. 12-13.
97. Van Ittersum, *Profit and Principle*, págs. 55, 63.
98. Clayton, *Bartolomé de las Casas*, pág. 347.
99. «Democrates Alter», en Parry y Keith, *New Iberian World*, vol. 1, págs. 323-324.
100. *Ibidem*.
101. Clayton, *Bartolomé de las Casas*, pág. 353.
102. «In Defence of the Indians», en Parry y Keith, *New Iberian World*, vol. 1, págs. 67-68.
103. *Ibidem*, pág. 146.
104. El manuscrito y los papeles de Bartolomé de las Casas quedaron al cuidado de los dominicos y, a comienzos del siglo XIX, se produjo un interés renovado en publicarlos, impulsado en parte por el historiador cubano José Antonio Saco. A su labor se opuso la Real Academia de la Historia, lo que provocó que Saco criticase a esta institución por echar tierra sobre esta obra —y su poco halagüeña caracterización del imperialismo español—. Al final fue él quien prevaleció, al cabo de varias décadas, y el manuscrito se comenzó a publicar en 1875. Para profundizar sobre esta larga disputa, véanse Clayton, *Bartolomé de las Casas*, págs. 409-410; Lewis Hanke, *Las Casas, Historiador, Estudio Preliminar a La Historia de Las Indias* (Ciudad de México: Fondo de Cultura Económica, 1951), págs. 54-56.
105. Worth, *Discovering Florida*, pág. 18.
106. Weber, *The Spanish Frontier in North America*, pág. 29.
107. Worth, *Discovering Florida*, pág. 11.
108. Weddle, *Spanish Sea*, págs. 95-108.
109. Juan Ponce de León a la Corona española, 10.2.1521, traducido en Worth, *Discovering Florida*, págs. 83-84.

110. Para más comentarios sobre las fuentes en el siglo XVI acerca de la Fuente de la Juventud, véase Worth, *Discovering Florida*, pág. 9.
111. Paul E. Hoffman, *A New Andalucia and a Way to the Orient: The American Southeast During the Sixteenth Century* (Baton Rouge: Louisiana State University Press, 1990), pág. 8.
112. *Ibidem*, pág. 4.
113. *Ibidem*, págs. 3-6, 42; Anna Brickhouse, *The Unsettlement of America: Translation, Interpretation, and the Story of Don Luis De Velasco, 1560–1945* (Oxford: Oxford University Press, 2015), pág. 27.
114. Brickhouse, *The Unsettlement of America*, pág. 27.
115. Paul E. Hoffman, *Florida's Frontiers* (Bloomington: Indiana University Press, 2002), pág. 25; y Hoffman, *A New Andalucia and a Way to the Orient*.
116. Hoffman, *A New Andalucia and a Way to the Orient*, pág. 54.
117. Lawrence S. Rowland, Alexander Moore, y George C. Rogers Jr., *The History of Beaufort County, South Carolina*, vol. 1, *1514–1861* (Columbia: University of South Carolina Press, 1996), pág. 18.
118. Hoffman, *A New Andalucia and a Way to the Orient*, pág. 61; Rowland *et al.*, *The History of Beaufort County, South Carolina*, vol. 1, pág. 19.
119. Rowland *et al.*, *The History of Beaufort County, South Carolina*, vol. 1, pág. 18.
120. *Ibidem*
121. Hoffman, *A New Andalucia and a Way to the Orient*, pág. 71.
122. *Ibidem*, pág. 73.
123. *Ibidem*, pág. 76.
124. John Francis Bannon, *The Spanish Borderlands Frontier, 1513–1821* (Nueva York: Holt, Rinehart y Winston, 1970), pág. 22; Allman, *Finding Florida*, pág. 20.
125. Weber, *The Spanish Frontier in North America*, págs. 30-31.
126. Worth, *Discovering Florida*, pág. 20.
127. Milanich, *Laboring in the Fields of the Lord*, pág. 63.
128. *Ibidem*.
129. Weber, *The Spanish Frontier in North America*, pág. 53; Robin Varnum, *Álvar Núñez Cabeza De Vaca: American Trailblazer* (Norman: University of Oklahoma Press, 2014), pág. 61.
130. Varnum, *Álvar Núñez Cabeza De Vaca*, pág. 61.
131. *Ibidem*, pág. 62.
132. Cyclone Covey (trad.), *Cabeza De Vaca's Adventures in the Unknown Interior of America* (Albuquerque: University of New Mexico Press, 1983), págs. 8-9.
133. *Ibidem*, págs. 48-55
134. Kathleen DuVal y John DuVal (eds.), *Interpreting a Continent: Voices from Colonial America* (Lanham: Rowman & Littlefield, 2009), pág. 32; Covey, *Cabeza De Vaca's Adventures in the Unknown Interior of America*, págs. 55-60.
135. Nicolás Kanellos *et al.* (eds.), *Herencia: The Anthology of Hispanic Literature of the United States* (Nueva York: Oxford University Press, 2002), pág. 37.
136. Covey, *Cabeza De Vaca's Adventures in the Unknown Interior of America*, pág. 64.
137. *Ibidem*, págs. 125-126.
138. Para profundizar sobre la falsa leyenda del descubrimiento del Misisipi por De Soto, véase Allman, *Finding Florida*, págs. 14-15.
139. Bannon, *The Spanish Borderlands Frontier, 1513–1821*, pág. 23.
140. Covey, *Cabeza De Vaca's Adventures in the Unknown Interior of America*, pág. 119.
141. *Ibidem*, pág. 12.
142. Milanich, *Laboring in the Fields of the Lord*, pág. 69.
143. Hernando de Soto a las autoridades en Santiago de Cuba, 9.7.1539, traducido en Worth, *Discovering Florida*, págs. 151-153.
144. Varnum, *Álvar Núñez Cabeza De Vaca*, pág. 83.
145. Milanich, *Laboring in the Fields of the Lord*, pág. 69.

146. Weber, *The Spanish Frontier in North America*, pág. 41.
147. Bannon, *The Spanish Borderlands Frontier, 1513–1821*, pág. 23; Milanich, *Laboring in the Fields of the Lord*, pág. 75.
148. Milanich, *Laboring in the Fields of the Lord*, pág. 74.
149. Allman, *Finding Florida*, pág. 13.
150. Weber, *The Spanish Frontier in North America*, pág. 43.
151. Hoffman, *Florida's Frontiers*, pág. 39.
152. Herbert Ingram Priestley (ed.), *The Luna Papers, 1559–1561*, vol. 1 (Tuscaloosa: University of Alabama Press, 2010), pág. xxviii; Weddle, *Spanish Sea*, págs. 260-263.
153. Milanich, *Laboring in the Fields of the Lord*, pág. 76.
154. Priestley, *The Luna Papers*, pág. xxxv.
155. *Ibidem*, pág. xxxvi.
156. Priestly, *The Luna Papers*, págs. xi-xii; Weddle, Spanish Sea, pág. 271.
157. Weddle, *Spanish Sea*, págs. 274-275.
158. Milanich, *Laboring in the Fields of the Lord*, pág. 78; Weddle, Spanish Sea, págs. 276-277.
159. Charles Arnade, «The Failure of Spanish Florida», *Americas* 16, núm. 3 (1960): pág. 277.
160. Seed, «Exploration and Conquest», pág. 76.

Capítulo 2: Río San Juan, Florida

1. Weber, *The Spanish Frontier in North America*, pág. 51.
2. Charles E. Bennett, *Laudonnière & Fort Caroline: History and Document* (Tuscaloosa: University of Alabama Press, 2001), págs. 6, 13.
3. Milanich, *Laboring in the Fields of the Lord*, pág. 78.
4. John T. McGrath, *The French in Early Florida: In the Eye of the Hurricane* (Gainesville: University Press of Florida, 2000), págs. 50-51.
5. Véase *Ibidem*, capítulo 4, para un contexto detallado del mundo de Ribault y la trascendencia de su trayectoria.
6. Bennett, *Laudonnière & Fort Caroline*, pág. 14.
7. Charles E. Bennett, *Three Voyages: René Laudonnière* (Tuscaloosa: University of Alabama Press, 2001), pág. 23.
8. J. Michael Francis, Kathleen M. Kole y David Hurst Thomas, «Murder and Martyrdom in Spanish Florida: Don Juan and the Guale Uprising of 1597», *Anthropological Papers of the American Museum of Natural History*, núm. 95 (2011): pág. 26.
9. *Ibidem*, pág. 27.
10. Milanich, *Laboring in the Fields of the Lord*, págs. 45-46.
11. Véase, por ejemplo, John H. Hann, *Indians of Central and South Florida, 1513–1763* (Gainesville: University of Florida Press, 2003).
12. Patricia R. Wickman, «The Spanish Colonial Floridas», en Robert H. Jackson (ed.), *New Views of Borderlands History* (Albuquerque: University of New Mexico Press, 1998), pág. 197.
13. Jerald T. Milanich, *The Timucua* (Oxford: Blackwell, 1996), págs. 95-97; Amy Turner Bushnell, «'None of These Wandering Nations Has Ever Been Reduced to the Faith'», en James Muldoon (ed.), *The Spiritual Conversion of the Americas* (Gainesville: University Press of Florida, 2004), págs. 156-157; Wickman, «The Spanish Colonial Floridas», pág. 201.
14. Randolf Widmer, «The Structure of Southeastern Chiefdoms», en Charles Hudson y Carmen Chaves Tesser (eds.), *The Forgotten Centuries: Indians and Europeans in the American South, 1521–1704* (Athens: University of Georgia Press, 1994), págs. 125-126; John H. Hann, «Political Leadership Among the Natives of Spanish Florida», *Florida Historical Quarterly* 71, núm. 2 (1992): pág. 188.
15. Hann, *Indians of Central and South Florida, 1513–1763*, págs. 78-79.
16. Rowland *et al.*, *The History of Beaufort County, South Carolina*, pág. 23.
17. *Ibidem*, pág. 24.

18. H. P. Biggar, «Jean Ribaut's Discoverye of Terra Florida», *English Historical Review* 32, núm. 126 (1917): págs. 266-267.
19. *Ibidem*, pág. 255; Rowland *et al.*, *The History of Beaufort County, South Carolina*, pág. 26.
20. Informe traducido en Lucy L. Wenhold, «Manrique De Rojas' Report on French Settlement in Florida, 1564», *Florida Historical Quarterly* 38, núm. 1 (1959): págs. 45-62.
21. *Ibidem*, pág. 54.
22. *Ibidem*, pág. 61.
23. Bennett, *Laudonnière & Fort Caroline*, pág. 17.
24. *Ibidem*, págs. 9-11.
25. *Ibidem*, pág. 21.
26. *Ibidem*, pág. 31.
27. Rowland *et al.*, *The History of Beaufort County, South Carolina*, pág. 27.
28. Eugene Lyon (ed.), *Pedro Menéndez De Avilés: Spanish Borderlands Sourcebooks* (Nueva York: Garland, 1995), pág. xvii.
29. Rowland *et al.*, *The History of Beaufort County, South Carolina*, pág. 26; Jean Parker Waterbury (ed.), *The Oldest City: St. Augustine Saga of Survival* (San Agustín: St. Augustine Historical Society, 1983), pág. 24; Milanich, *Laboring in the Fields of the Lord*, pág. 82.
30. Milanich, *Laboring in the Fields of the Lord*, págs. 82-83.
31. *Ibidem*, pág. 83.
32. *Ibidem*, pág. 84.
33. Waterbury, *The Oldest City*, pág. 27.
34. Rowland *et al.*, *The History of Beaufort County, South Carolina*, pág. 27.
35. Milanich, *Laboring in the Fields of the Lord*, pág. 84; Bennett, *Laudonnière & Fort Caroline*, pág. 37.
36. Hoffman, *Florida's Frontiers*, pág. 52.
37. Milanich, *Laboring in the Fields of the Lord*, pág. 84.
38. Bennett, *Laudonnière & Fort Caroline*, págs. 9-11.
39. Weber, *The Spanish Frontier in North America*, pág. 49.
40. Worth, *Discovering Florida*, págs. 31, 222-223.
41. Parte de sus memorias no aparecerían publicadas hasta 1722. Véase Worth, *Discovering Florida*, pág. 223.
42. Gonzalo Solís de Merás, traducido en Worth, *Discovering Florida*, pág. 245.
43. *Ibidem*, pág. 250.
44. *Ibidem*, pág. 251.
45. Para profundizar sobre el complejo proceso de formación del sistema de castas, véase, por ejemplo, *María Elena Martínez, Genealogical Fictions: Limpieza De Sangre, Religion, and Gender in Colonial Mexico* (Stanford: Stanford University Press, 2008).
46. Worth, *Discovering Florida*, pág. 262.
47. *Ibidem*, págs. 29-30.
48. Brickhouse, *The Unsettlement of America*, véase capítulo 4.
49. «Memoria de Hernando de Escalante Fontaneda», traducido en Worth, *Discovering Florida*, pág. 207.
50. Rowland *et al.*, *The History of Beaufort County, South Carolina*, págs. 29-30.
51. Weber, *The Spanish Frontier in North America*, pág. 54.
52. Rowland *et al.*, *The History of Beaufort County, South Carolina*, pág. 31.
53. *Ibidem*, págs. 31-32.
54. Milanich, *Laboring in the Fields of the Lord*, pág. 89.
55. Lyon, *Pedro Menéndez De Avilés*, pág. xix.
56. Rowland *et al.*, *The History of Beaufort County, South Carolina*, pág. 32.
57. «Fort San Juan», North Carolina History Project, http://www.northcarolinahistory.org/commentary/168/entry (consultada: 7.12.2015).
58. McGrath, *The French in Early Florida*, págs. 157-160.

59. Milanich, *Laboring in the Fields of the Lord*, pág. 95; Rowland *et al.*, *The History of Beaufort County, South Carolina*, pág. 33; McGrath, *The French in Early Florida*, págs. 157-163.
60. Lyon, *Pedro Menéndez De Avilés*, pág. xxii.
61. Hoffman, *Florida's Frontiers*, pág. 51.
62. Milanich, *Laboring in the Fields of the Lord*, págs. 88-89.
63. Rowland *et al.*, *The History of Beaufort County, South Carolina*, pág. 37; Francis *et al.*, «Murder and Martyrdom in Spanish Florida», pág. 24.
64. Rowland *et al.*, *The History of Beaufort County, South Carolina*, pág. 38; Milanich, *Laboring in the Fields of the Lord*s, pág. 105.
65. John H. Hann, *A History of the Timucua Indians and Missions* (Gainesville: University of Florida Press, 1996), págs. 41-42.
66. Hoffman, *Florida's Frontiers*, págs. 58-59; Hann, *A History of the Timucua Indians and Missions*, pág. 53.
67. Rowland *et al.*, *The History of Beaufort County, South Carolina*, pág. 40.
68. *Ibidem.*
69. Hoffman, *Florida's Frontiers*, págs. 67-68.
70. *Ibidem*, pág. 69.
71. Worth, *Discovering Florida*, págs. 23-24.
72. *Ibidem*, pág. 27.
73. Milanich, *Laboring in the Fields of the Lord*, pág. 89.
74. Brickhouse, *The Unsettlement of America*, págs. 59-60.
75. *Ibidem*, págs. 47-48.
76. *Ibidem*, pág. 98.
77. *Ibidem*, pág. 1; véase también págs. 284-286 acerca de la posibilidad de un vínculo con el término nahua «Aztlán».
78. *Ibidem*, pág. 55.
79. *Ibidem*, págs. 56-57.
80. *Ibidem*, págs. 62-63.
81. Milanich, *Laboring in the Fields of the Lord*, pág. 99. También en Weber, *The Spanish Frontier in North America*, págs. 54-55.
82. Seth Mallios, *The Deadly Politics of Giving: Exchange and Violence at Ajacan, Roanoke, and Jamestown* (Tuscaloosa: University of Alabama Press, 2006), págs. 54-55.
83. Milanich, *The Timucua*, pág. 95.
84. Citado en Brickhouse, *The Unsettlement of America*, pág. 155.
85. Citado en Ramón A. Gutiérrez, *When Jesus Came, the Corn Mothers Went Away: Marriage, Sexuality, and Power in New Mexico, 1500–1846* (Stanford: Stanford University Press, 1991), pág. 46; Weber, *The Spanish Frontier in North America*, pág. 59.
86. Bushnell, «'None of These Wandering Nations Has Ever Been Reduced to the Faith'», pág. 149.
87. Milanich, *The Timucua*, págs. 95-97.
88. *Ibidem*, pág. 99.
89. Bonnie G. McEwan, «The Spiritual Conquest of La Florida», *American Anthropologist* 103, núm. 3 (2001): pág. 634.
90. *Ibidem*, pág. 635.
91. Jerald T. Milanich, «Tacatacuru and the San Pedro De Mocamo Mission», *Florida Historical Quarterly* 50, núm. 3 (1972): pág. 287.
92. Milanich, *The Timucua*, págs. 38-40.
93. Bushnell, «'None of These Wandering Nations Has Ever Been Reduced to the Faith'», pág. 156.
94. Citado *ibidem*, pág. 163.
95. Milanich, *Laboring in the Fields of the Lord*, pág. 33.
96. *Ibidem*, pág. 132.

97. Puede hallarse un relato detallado en Francis *et al.*, «Murder and Martyrdom in Spanish Florida».
98. *Ibidem*, págs. 13-14, 42.
99. *Ibidem*, págs. 41-42.
100. *Ibidem*, pág. 42.
101. *Ibidem*, pág. 43.
102. *Ibidem*, pág. 47.
103. *Ibidem*, págs. 132-133.
104. *Ibidem*, pág. 47.
105. *Ibidem*, pág. 145.
106. *Ibidem*, pág. 48.
107. Milanich, *Laboring in the Fields of the Lord*, pág. 50.
108. *Ibidem*, págs. 40-41.
109. *Ibidem*, pág. 27.

Capítulo 3: Alcalde, Nuevo México

1. Colin G. Calloway, *One Vast Winter Count: The Native American West Before Lewis and Clark* (Lincoln: University of Nebraska Press, 2003), pág. 132.
2. Weber, *The Spanish Frontier in North America*, pág. 22.
3. Israel, *Race, Class and Politics in Mexico, 1610–1670*, pág. 3.
4. Covey, *Cabeza De Vaca's Adventures in the Unknown Interior of America*, pág. 141. Resultó que solo había seis poblados —y no siete ciudades— en la región de Zuñi. Véase Gutiérrez, *When Jesus Came, the Corn Mothers Went Away*, pág. xxvi.
5. Gutiérrez, *When Jesus Came, the Corn Mothers Went Away*, pág. 42.
6. Covey, *Cabeza De Vaca's Adventures in the Unknown Interior of America*, pág. 141.
7. Citado en Bannon, *The Spanish Borderlands Frontier, 1513–1821*, pág. 16.
8. Más adelante los españoles emplearon el término «cíbolo» para referirse a los bisontes que vieron en el Oeste. Véase Weber, *The Spanish Frontier in North America*, pág. 36.
9. Kanellos *et al.*, *Herencia*, pág. 41.
10. *Ibidem*, pág. 45.
11. *Ibidem*, pág. 38.
12. Bannon, *The Spanish Borderlands Frontier, 1513–1821*, pág. 17; Weber, *The Spanish Frontier in North America*, págs. 37, 61.
13. Calloway, *One Vast Winter Count*, pág. 134.
14. *Ibidem*.
15. Weber, *The Spanish Frontier in North America*, págs. 14-16.
16. Gutiérrez, *When Jesus Came, the Corn Mothers Went Away*, pág. xxi; John L. Kessell y Rick Hendricks (eds.), *By Force of Arms: The Journals of Don Diego de Vargas, New Mexico, 1691–93* (Albuquerque: University of New Mexico Press, 1992), pág. 3.
17. Ross Frank, «Demographic, Social, and Economic Change in New Mexico», en Jackson, *New Views of Borderlands History*, pág. 44; Michael V. Wilcox, *The Pueblo Revolt and the Mythology of Conquest: An Indigenous Archaeology of Contact* (Berkeley: University of California Press, 2009), págs. 103-104.
18. James A. Brown, «America Before Columbus», en Frederick E. Hoxie (ed.), *Indians in American History* (Arlington Heights: Harlan Davidson, 1988), págs. 35-36; Gutiérrez, *When Jesus Came, the Corn Mothers Went Away*, págs. 12-14.
19. Joseph L. Sánchez, Robert P. Spude, y Art Gómez (eds.), *New Mexico: A History* (Norman: University of Oklahoma Press, 2013), pág. 10.
20. Gaspar Pérez de Villagrá, Miguel Encianas, *et al.* (eds.), *Historia de la Nueva México, 1610* (Albuquerque: University of New Mexico Press, 1992), pág. xxxi.
21. Wilcox, *The Pueblo Revolt and the Mythology of Conquest*, pág. 93.

22. Calloway, *One Vast Winter Count*, pág. 135.
23. Gutiérrez, *When Jesus Came, the Corn Mothers Went Away*, pág. 45.
24. Matthew F. Schmader, «'The Peace That Was Granted Had Not Been Kept': Coronado in the Tiguex Province, 1540–1542», en John G. Douglass y William M. Graves (eds.), *New Mexico and the Pimería Alta: The Colonial Period in the American Southwest* (Boulder: University Press of Colorado, 2017), págs. 53-54.
25. Wilcox, *The Pueblo Revolt and the Mythology of Conquest*, pág. 102; Calloway, *One Vast Winter Count*, pág. 139.
26. Calloway, *One Vast Winter Count*, pág. 140; Gutiérrez, *When Jesus Came, the Corn Mothers Went Away*, pág. 45.
27. Carmen de Mora, *Las Siete Ciudades de Cíbola: Textos y testimonios sobre la expedición de Vázquez Coronado* (Sevilla: Ediciones Alfar, 1993), pág. 176.
28. Calloway, *One Vast Winter Count*, pág. 142.
29. MacLachlan, *Imperialism and the Origins of Mexican Culture*, pág. 5.
30. Marc Simmons, *The Last Conquistador: Juan De Oñate and the Settling of the Southwest* (Norman: University of Oklahoma Press, 1991), págs. 24-25; MacLachlan, *Imperialism and the Origins of Mexican Culture*, pág. 228.
31. P. J. Bakewell, *Silver Mining and Society in Colonial Mexico: Zacatecas, 1546–1700* (Cambridge: Cambridge University Press, 1971), pág. 14.
32. Robert W. Patch, «Indian Resistance to Colonialism», en Beezley y Meyer, *The Oxford History of Mexico*, pág. 178.
33. Bakewell, *Silver Mining and Society in Colonial Mexico*, págs. 131-132.
34. *Ibidem*, págs. 22-23.
35. *Ibidem*, págs. 44-47.
36. Danna A. Levin-Rojo, *Return to Aztlan: Indians, Spaniards, and the Invention of Nuevo México* (Norman: University of Oklahoma Press, 2014), pág. 80.
37. Simmons, *The Last Conquistador*, págs. 49-54.
38. Calloway, *One Vast Winter Count*, pág. 143; Gibson, *Spain in America*, pág. 185.
39. Simmons, *The Last Conquistador*, pág. 55.
40. Pérez de Villagrá, *Historia de la Nueva México*, 1610, pág. xxvi.
41. Calloway, *One Vast Winter Count*, pág. 146.
42. Pérez de Villagrá, *Historia de la Nueva México*, 1610, pág. xxvii.
43. *Ibidem*, págs. xxvi-xxvii.
44. «Instrucciones a don Juan de Oñate», 21 de octubre de 1595, originalmente en AGI Audiencia de México, legajo 26, y traducido en George P. Hammond y Agapito Rey (eds.), *Juan De Oñate: Colonizer of New Mexico, 1595–1628*, 2 vols., vol. 1 (Albuquerque: University of New Mexico Press, 1953); Gutiérrez, *When Jesus Came, the Corn Mothers Went Away*, pág. 47.
45. Celia López-Chávez, *Epics of Empire and Frontier: Alonso De Ercilla and Gaspar de Villagrá as Spanish Colonial Chroniclers* (Norman: University of Oklahoma Press, 2016), pág. 95.
46. *Ibidem*, pág. 92.
47. Jill Lane, «On Colonial Forgetting: The Conquest of New Mexico and Its *Historia*», en Peggay Phelan y Jill Lane (eds.), *The Ends of Performance* (Nueva York: New York University Press, 1998), pág. 53; Pérez de Villagrá, *Historia de la Nueva México*, 1610, pág. 6.
48. Calloway, *One Vast Winter Count*, pág. 146.
49. Pérez de Villagrá, *Historia de la Nueva México*, 1610, pág. xxix.
50. Simmons, *The Last Conquistador*, pág. 106; Pérez de Villagrá, *Historia de la Nueva México*, 1610, pág. xxx.
51. Pérez de Villagrá, *Historia de la Nueva México*, 1610, pág. xxxi.
52. Calloway, *One Vast Winter Count*, pág. 147.
53. Pérez de Villagrá, *Historia de la Nueva México*, 1610, pág. xxxvi.
54. Sánchez *et al.*, *New Mexico: A History*, pág. 35.
55. Calloway, *One Vast Winter Count*, pág. 148; Sánchez *et al.*, *New Mexico: A History*, pág. 37.

56. Calloway, *One Vast Winter Count*, pág. 148.
57. *Ibidem*; Weber, *The Spanish Frontier in North America*, págs. 63-64.
58. Calloway, *One Vast Winter Count*, pág. 149; William B. Carter, *Indian Alliances and the Spanish in the Southwest, 750–1750* (Norman: University of Oklahoma Press, 2009), pág. 146.
59. Calloway, *One Vast Winter Count*, pág. 149; Pérez de Villagrá, *Historia de la Nueva México*, 1610, pág. xxxix.
60. Sánchez et al., *New Mexico: A History*, pág. 42. Más información sobre este lugar en https://www.nps.gov/elmo/learn/historyculture/the-spaniards.htm.
61. Bannon, *The Spanish Borderlands Frontier, 1513–1821*, pág. 40.
62. Calloway, *One Vast Winter Count*, pág. 150.
63. López-Chávez, *Epics of Empire and Frontier*, pág. 114.
64. Pérez de Villagrá, *Historia de la Nueva México*, 1610, pág. 5; traducción en Lane, «On Colonial Forgetting», pág. 284.
65. Bannon, *The Spanish Borderlands Frontier, 1513–1821*, pág. 41.
66. Wilcox, *The Pueblo Revolt and the Mythology of Conquest*, pág. 134.
67. Phillip O. Leckman, «Meeting in Places: Seventeenth-Century Puebloan and Spanish Landscapes», en Douglass y Graves, *New Mexico and the Pimería Alta*, pág. 87.
68. Kessell y Hendricks, *By Force of Arms*, págs. 5-6; Gutiérrez, *When Jesus Came, the Corn Mothers Went Away*, pág. 82.
69. Wilcox, *The Pueblo Revolt and the Mythology of Conquest*, pág. 135.
70. Calloway, *One Vast Winter Count*, pág. 153.
71. Leckman, «Meeting in Places», pág. 87.
72. Carter, *Indian Alliances and the Spanish in the Southwest, 750–1750*, pág. 158.
73. Calloway, *One Vast Winter Count*, pág. 151.
74. Gutiérrez, *When Jesus Came, the Corn Mothers Went Away*, pág. 81.
75. Quoted *Ibidem*, pág. 12.
76. Baker H. Morrow (ed.), *A Harvest of Reluctant Souls: Fray Alonso De Benavides's History of New Mexico, 1603* (Albuquerque: University of New Mexico Press, 2012), págs. xi-xii.
77. *Ibidem*, pág. xviii.
78. *Ibidem*, pág. 15.
79. *Ibidem*, pág. 17.
80. Carter, *Indian Alliances and the Spanish in the Southwest, 750–1750*, pág. 154.
81. Kessell y Henricks, *By Force of Arms*, pág. 6.
82. J. Manuel Espinosa, *The Pueblo Indian Revolt of 1696 and the Franciscan Missions in New Mexico: Letters of the Missionaries and Related Documents* (Norman: University of Oklahoma Press, 1988), pág. 28.
83. Kessell y Hendricks, *By Force of Arms*, pág. 7.
84. *Ibidem*, pág. 8.
85. Espinosa, *The Pueblo Indian Revolt of 1696 and the Franciscan Missions in New Mexico*, pág. 29.
86. James E. Ivey, «'The Greatest Misfortune of All': Famine in the Province of New Mexico, 1667-1672», Journal of the Southwest 36, núm. 1 (primavera de 1994): pág. 82.
87. *Ibidem*, pág. 78.
88. *Ibidem*, pág. 83.
89. Calloway, *One Vast Winter Count*, pág. 170.
90. Ann Ramenofsky, «The Problem of Introduced Infectious Diseases in New Mexico, AD 1540–1680», *Journal of Anthropological Research* 52, núm. 2 (verano de 1996): págs. 161-163. Ramenofsky señala que en las fuentes históricas sólo hay dos referencias directas a brotes epidémicos en Nuevo México entre 1540 y 1680.
91. Carter, *Indian Alliances and the Spanish in the Southwest, 750–1750*, págs. 174, 187; Kessell y Hendricks, *By Force of Arms*, pág. 6.
92. Citado en Ivey, «The Greatest Misfortune of All», pág. 76.
93. Weber, *The Spanish Frontier in North America*, págs. 100-101.

94. Calloway, *One Vast Winter Count*, pág. 172.
95. *Ibidem*, pág. 173.
96. Espinosa, *The Pueblo Indian Revolt of 1696 and the Franciscan Missions in New Mexico*, pág. 33; Calloway, *One Vast Winter Count*, pág. 174.
97. Calloway, *One Vast Winter Count*, pág. 173; Dedra S. McDonald, «Intimacy and Empire: Indian-African Interaction in Spanish Colonial New Mexico, 1500–1800», *American Indian Quarterly* 22, núm. 1/2 (1998): págs. 134-156.
98. Calloway, *One Vast Winter Count*, pág. 174.
99. Antonio de Otermín a Francisco de Ayeta, 8.9.1680, en Barbara De Marco y Jerry R. Craddock, *Documents from the Early Days of the Pueblo Revolt of 1680* (Cíbola Project, University of California Berkeley), pág. 54. Disponible en línea: https://escholarship.org/uc/item/4v34d0nw.
100. Calloway, *One Vast Winter Count*, pág. 175; Espinosa, *The Pueblo Indian Revolt of 1696 and the Franciscan Missions in New Mexico*, págs. 34-35.
101. Carter, *Indian Alliances and the Spanish in the Southwest, 750–1750*, pág. 197.
102. Calloway, *One Vast Winter Count*, pág. 175.
103. *Ibidem*, pág. 176.
104. Matthew Liebmann, Robert Preucel, y Joseph Aguilar, «The Pueblo World Transformed: Alliances, Factionalism, and Animosities in the Northern Rio Grande, 1680–1700», en Douglass y Graves, *New Mexico and the Pimería Alta*, pág. 143.
105. Kessell y Hendricks, *By Force of Arms*, pág. 27; Liebmann *et al.*, «The Pueblo World Transformed», pág. 144.
106. Kessell y Hendricks, *By Force of Arms*, págs. 25-26.
107. *Ibidem*, pág. 389.
108. *Ibidem*, págs. 397-398.
109. Calloway, *One Vast Winter Count*, pág. 190; Kessell y Hendricks, *By Force of Arms*, pág. 357.
110. Calloway, *One Vast Winter Count*, pág. 191.
111. Carter, *Indian Alliances and the Spanish in the Southwest, 750–1750*, págs. 203-204; Calloway, *One Vast Winter Count*, pág. 195.
112. Wilcox, *The Pueblo Revolt and the Mythology of Conquest*, capítulo 5.
113. Gutiérrez, *When Jesus Came, the Corn Mothers Went Away*, pág. 157; Wilcox, *The Pueblo Revolt and the Mythology of Conquest*, pág. 159.
114. Gutiérrez, *When Jesus Came, the Corn Mothers Went Away*, págs. 150-151.
115. *Ibidem*, pág. 151.
116. James F. Brooks, «'This Evil Extends Especially ... to the Feminine Sex': Negotiating Captivity in the New Mexico Borderlands», *Feminist Studies* 22, núm. 2 (1996): pág. 283.
117. Gutiérrez, *When Jesus Came, the Corn Mothers Went Away*, pág. 149.
118. Frank, «Demographic, Social, and Economic Change in New Mexico», pág. 51.
119. Calloway, *One Vast Winter Count*, pág. 202.
120. Kevin Starr, *California: A History* (Nueva York: Modern Library, 2005), pág. 21.
121. Mozelle Sukut (ed.), *The Chronicles of California's Queen Calafia* (San Juan Capistrano: Trails of Discovery, 2007), pág. 17.
122. *Ibidem*, pág. 19.
123. *Ibidem*, pág. 43.
124. Starr, *California: A History*, pág. 21.
125. Weber, *The Spanish Frontier in North America*, pág. 34.
126. Starr, *California: A History*, pág. 25.
127. Rose Marie Beebe y Robert M. Senkewicz (eds.), *Lands of Promise and Despair: Chronicles of Early California, 1535–1846* (Santa Clara: Heyday Books, 2001), pág. 39.
128. Starr, *California: A History*, págs. 26-27; Beebe y Senkewicz, *Lands of Promise and Despair*, pág. 39.
129. Beebe y Senkewicz, *Lands of Promise and Despair*, págs. 39-41.

130. Carta de Sebastián Vizcaíno escrita desde Monterrey y enviada a Nueva España en la Almiranta, 28.12.1602 (Thomas W. Norris, 1949), Bancroft Library, University of California, Berkeley.
131. Starr, *California: A History*, págs. 29-31.
132. Gibson, *Spain in America*, pág. 186; Thomas E. Sheridan, *Arizona: A History* (Tucson: University of Arizona Press, 2012), pág. 41.
133. Calloway, *One Vast Winter Count*, págs. 183-184.
134. James Brooke, «Conquistador Statue Stirs Hispanic Pride and Indian Rage», *New York Times*, 9.2.1998, http://www.nytimes.com/1998/02/09/us/conquistador-statue-stirs-hispanic-pride-and-indian-rage.html.
135. La obra la realizó el escultor Jon Sherrill Houser. Véase Gregory Rodriguez, «El Paso Confronts Its Messy Past», *Los Angeles Times*, 25.3.2007, http://articles.latimes.com/2007/mar/25/opinion/op-rodriguez25.
136. Lee Goodwin, «Heritage and Change Through Community Celebrations: A Photographic Essay», *Western Historical Quarterly* 29, núm. 2 (1998): págs. 215-223.
137. Véase, por ejemplo, http://www.elsantuariodechimayo.us/Santuario/Fiesta.html o https://www.espanolafiesta.org.

Capítulo 4: Fuerte Mosé, Florida

1. E. G. R. Taylor (ed.), The Original Writings & Correspondence of the Two Richard Hakluyts, vol. 2 (Londres: Hakluyt Society, 1935), págs. 211-213.
2. Elliott, *Empires of the Atlantic World.*, págs. 23-26.
3. «Carta Real a Sir Walter Raleigh: 1584» (en inglés), http://avalon.law.yale.edu/16th_century/raleigh.asp (consultada: 20.5.2017).
4. Pedro de Zúñiga a Felipe III, 24.1.1607, en Philip Barbour (ed.), *The Jamestown Voyages Under the First Charter, 1606–09*, vols. 1 y 2 (Cambridge: Cambridge University Press for the Hakluyt Society, 1969), vol. 1, págs. 65, 70.
5. *Ibidem*, págs. 117-119.
6. *Ibidem*, págs. 255-256.
7. Barbour, *The Jamestown Voyages Under the First Charter, 1606–09*, vol. 2, pág. 292.
8. «Informe de Francisco Fernández de Écija», *ibidem*, págs. 293, 305, 309.
9. *Ibidem*, pág. 314.
10. Linda A Newson, «The Democgraphic Impact of Colonization», en Victor Bulmer-Thomas, John H Coatsworth, y Roberto Cortés-Conde (eds.), *The Cambridge Economic History of Latin America*, vol. 1 (Cambridge: Cambridge University Press, 2006), págs. 152-153.
11. Alan Taylor, *American Colonies: The Settling of North America* (Nueva York: Penguin, 2001), pág. 130.
12. Marilyn C. Baseler, *"Asylum for Mankind": America, 1607–1800* (Ithaca: Cornell University Press, 1998), pág. 32.
13. Taylor, *American Colonies*, pág. 136.
14. Elliott, *Empires of the Atlantic World*, págs. 81-83.
15. John Smith, «The Description of Virginia», en Edward Arber (ed.), *Capt. John Smith: Works* (Westminster: Archibald Constable, 1895), págs. 56-63.
16. *Ibidem*, págs. 62, 64.
17. Taylor, *American Colonies*, pág. 129.
18. John Locke, *Tratado del gobierno civil* (Madrid: Imp. de la Minerva Española, 1821), págs. 55-62.
19. Timothy Paul Grady, *Anglo-Spanish Rivalry in Colonial South-East America, 1650–1725* (Londres: Pickering & Chatto, 2010), pág. 21. Para profundizar sobre las relaciones entre católicos y puritanos en las Américas, véase Jorge Cañizares-Esguerra, *Puritan Conquistadors: Iberianizing the Atlantic, 1550-1700* (Stanford: Stanford University Press, 2006).

20. Smith, «The Description of Virginia», pág. 64.
21. Citado en Elliott, *Empires of the Atlantic World*, pág. 187.
22. Taylor, *American Colonies*, págs. 160-161.
23. *Ibidem*, pág. 137.
24. James E. McWilliams, *Building the Bay Colony: Local Economy and Culture in Early Massachusetts* (Charlottesville: University of Virginia Press, 2007), pág. 9.
25. Elliott, *Empires of the Atlantic World*, pág. 188.
26. Beezley y Meyer, *The Oxford History of Mexico*, pág. 109.
27. Lawrence W. Kennedy, *Planning the City upon a Hill: Boston Since 1630* (Amherst: University of Massachusetts Press, 1992), pág. 251.
28. Weber, *The Spanish Frontier in North America*, pág. 74.
29. Jerald T. Milanich, «Franciscan Missions and Native Peoples in Spanish Florida», en Hudson y Chaves Tesser, *The Forgotten Centuries*, págs. 280-282.
30. Kathleen A. Deagan, «Mestizaje in Colonial St. Augustine», *Ethnohistory* 20, núm. 1 (1973): pág. 55; Weber, *The Spanish Frontier in North America*, pág. 86.
31. Marvin T. Smith, «Aboriginal Depopulation in the Postcontact Southeast», en Hudson y Chaves Tesser, The Forgotten Centuries, págs. 265-266.
32. Deagan, «Mestizaje in Colonial St. Augustine», pág. 58.
33. Grady, *Anglo-Spanish Rivalry in Colonial South-East America, 1650–1725*, págs. 22-23.
34. Taylor, *American Colonies*, pág. 224.
35. Trans-Atlantic Slave Trade Database, http://www.slavevoyages.org/voyages/PrMJBIJq (consultada: 2.3.2016).
36. Margaret Ellen Newell, «Indian Slavery in Colonial New England», en Alan Gallay (ed.), *Indian Slavery in Colonial America* (Lincoln: University of Nebraska Press, 2009), pág. 33.
37. *Ibidem*, págs. 34-35.
38. C. S. Everett, «'They Shalbe Slaves for Their Lives'», en Gallay, *Indian Slavery in Colonial America*, págs. 69-70.
39. Alan Gallay, «South Carolina's Entrance into the Indian Slave Trade», en *Indian Slavery in Colonial America*, págs. 111, 135.
40. Grady, *Anglo-Spanish Rivalry in Colonial South-East America, 1650–1725*, pág. 92.
41. Weber, *The Spanish Frontier in North America*, pág. 91.
42. Gallay, «South Carolina's Entrance into the Indian Slave Trade», pág. 118.
43. *Ibidem*, pág. 125.
44. Grady, *Anglo-Spanish Rivalry in Colonial South-East America, 1650–1725*, pág. 63.
45. Galley, «South Carolina's Entrance into the Indian Slave Trade», pág. 140.
46. Grady, *Anglo-Spanish Rivalry in Colonial South-East America, 1650–1725*, pág. 55.
47. *Ibidem*, págs. 57-58.
48. William C. Foster (ed.), *The La Salle Expedition on the Mississippi River: A Lost Manuscript of Nicolas De La Salle, 1682* (Austin: Texas State Historical Association, 2003), págs. xii, 6, 93.
49. *Ibidem*, pág. 8.
50. Taylor, *American Colonies*, pág. 382.
51. Véase Weber, *The Spanish Frontier in North America*, págs. 110-112.
52. *Ibidem*, pág. 116.
53. Bannon, *The Spanish Borderlands Frontier, 1513–1821*, pág. 102.
54. Allan Greer (ed.), *The Jesuit Relations: Natives and Missionaries in Seventeenth-Century North America* (Boston: Bedford/St. Martin's, 2000), págs. 1-19.
55. *Ibidem*, págs. 187-188.
56. Thomas R. Hester, «Texas and Northwestern Mexico: An Overview», en David Hurst Thomas (ed.), *Columbian Consequences: Archaeological and Historical Perspectives on the Spanish Borderland West* (Washington D. C.: Smithsonian Institution Press, 1989), págs. 197-198.
57. Calloway, *One Vast Winter Count*, pág. 113.
58. *Ibidem*, pág. 207; Weber, *The Spanish Frontier in North America*, págs. 113-115.

59. Taylor, *American Colonies*, pág. 384.
60. Grady, *Anglo-Spanish Rivalry in Colonial South-East America, 1650–1725*, pág. 126.
61. Claudio Saunt, «'The English Has Now a Mind to Make Slaves of Them All': Creeks, Seminoles, and the Problem of Slavery», *American Indian Quarterly* 2, núm. 1/2 (1998): pág. 158.
62. Grady, *Anglo-Spanish Rivalry in Colonial South-East America, 1650–1725*, págs. 110, 115-118; Saunt, «'The English Has Now a Mind to Make Slaves of Them All'», pág. 163.
63. F. Todd Smith, *Louisiana and the Gulf South Frontier, 1500–1821* (Baton Rouge: Louisiana State University Press, 2014), pág. 76.
64. Milanich, *Laboring in the Fields of the Lord*, pág. 170; Smith, *Louisiana and the Gulf South Frontier, 1500–1821*, pág. 76; Saunt, «'The English Has Now a Mind to Make Slaves of Them All'», pág. 161.
65. Milanich, *Laboring in the Fields of the Lord*, pág. 190.
66. La colonización de esta parte de Luisiana quedó vinculada a un plan propuesto por un escocés llamado John Law, quien alentó la especulación inmobiliaria en lo que se acabaría llamando la «burbuja del Misisipi». Para más información, véase Smith, *Louisiana and the Gulf South Frontier, 1500–1821*, págs. 78-83.
67. Juliana Barr, «Beyond Their Control: Spaniards in Native Texas», en Jesús F. de la Teja y Ross Frank (eds.), *Choice, Persuasion, and Coercion: Social Control on Spain's North American Frontiers* (Albuquerque: University of New Mexico Press, 2005), pág. 158.
68. Weber, *The Spanish Frontier in North America*, pág. 119.
69. *Ibidem*, págs. 114, 120.
70. *Ibidem*, pág. 121.
71. *Ibidem*, págs. 124-125.
72. Calloway, *One Vast Winter Count*, pág. 209.
73. Thomas E. Chávez, «The Segesser Hide Paintings: History, Discovery, Art», *Great Plains Quarterly* 10, núm. 2 (1990): pág. 98; Calloway, *One Vast Winter Count*, pág. 209. Para profundizar en las relaciones entre los españoles y los utes, véase Ned Blackhawk, *Violence over the Land: Indians and Empires in the Early American West* (Cambridge: Harvard University Press, 2006).
74. Véase Weber, *The Spanish Frontier in North America*, págs. 110-112; Chávez, «The Segesser Hide Paintings», pág. 99.
75. El relato de este ataque quedó plasmado en unas pinturas sobre dos pieles de animales — probablemente de bisonte o uapití— realizadas por un artista desconocido, que representó a modo de tapiz las luchas de españoles y franceses contra indios otos, pawnees, apaches y pueblo. Existen otras pieles similares, que para mediados del siglo XVIII cayeron en posesión de Philipp von Segesser von Brunegg, un jesuita suizo que vivió en Sonora. Hoy día los Sesseger I y II se encuentran en el Palacio de los Gobernadores/Museo de Historia de Nuevo México en Santa Fe. Véase Chávez, «The Segesser Hide Paintings», pág. 99; Calloway, *One Vast Winter Count*, págs. 210-211.
76. Weber, *The Spanish Frontier in North America*, págs. 114, 125.
77. Kanellos *et al.*, *Herencia*, pág. 60.
78. Weber, *The Spanish Frontier in North America*, págs. 144-145; Charles R. Porter Jr., *Spanish Water, Anglo Water: Early Development in San Antonio* (College Station: Texas A&M University Press, 2009), págs. 73-74.
79. Weber, *The Spanish Frontier in North America*, págs. 144-145.
80. Porter, *Spanish Water, Anglo Water*, págs. 70-73.
81. Antonio de Benavides a Madrid, 2.11.1725, Archivo General de Indias, Sevilla (en adelante AGI), Santo Domingo, legajo 844.
82. Jane Landers, *Black Society in Spanish Florida* (Urbana: University of Illinois Press, 1999), pág. 25. Para profundizar acerca de las diferencias en la evolución de la esclavitud anglo e hispana, véase Frank Tannenbaum, *Slave and Citizen: The Classic Comparative Study of Race Relations in the Americas* (Boston: Beacon Press, 1992).

83. Antonio de Benavides a Madrid, 2.11.1725, AGI, Santo Domingo, legajo 844; Jane Landers, «Gracia Real de Santa Teresa de Mose: A Free Black Town in Spanish Colonial Florida», *American Historical Review* 95, núm. 1 (1990): pág. 15.
84. Landers, *Black Society in Spanish Florida*, págs. 26-27.
85. Antonio de Benavides, 15.10.1728, AGI, Santo Domingo, legajo 844.
86. James Edward Oglethorpe, *A New and Accurate Account of the Provinces of South-Carolina and Georgia: With Many Curious and Useful Observations on the Trade, Navigation and Plantations of Great-Britain, Compared with Her Most Powerful Maritime Neighbours in Ancient and Modern Times* (Londres: J. Worrall, 1733), pág. 31.
87. Weber, *The Spanish Frontier in North America*, pág. 136.
88. Francisco del Moral Sánchez, 2.3.1736, AGI, Santo Domingo, legajo 844.
89. Herbert Bolton (ed.), *Arredondo's Historical Proof of Spain's Title to Georgia: A Contribution to the History of One of the Spanish Borderlands* (Berkeley: University of California Press, 1925), pág. 183.
90. Harvey Jackson, «The Darien Antislavery Petition of 1739 and the Georgia Plan», *William and Mary Quarterly* 34, núm. 4 (1977): pág. 619.
91. Landers, *Black Society in Spanish Florida*, pág. 28.
92. DuVal y DuVal, *Interpreting a Continent*, págs. 179-180.
93. Landers, *Black Society in Spanish Florida*, págs. 29-30.
94. Rodney E. Baine, «General James Oglethorpe and the Expedition Against St. Augustine», *Georgia Historical Quarterly* 84, núm. 2 (2000): pág. 202.
95. Landers, *Black Society in Spanish Florida*, pág. 35.
96. *Ibidem*, pág. 36.
97. *Ibidem*, pág. 37.
98. Landers, «Gracia Real De Santa Teresa De Mose», pág. 20.
99. Landers, *Black Society in Spanish Florida*, pág. 36.
100. *Ibidem*, pág. 38.
101. Weber, *The Spanish Frontier in North America*, pág. 136.
102. Landers, *Black Society in Spanish Florida*, págs. 47-49.
103. *Ibidem*, pág. 50.
104. *Ibidem*, pág. 46.
105. Weber, *The Spanish Frontier in North America*, pág. 137.

Capítulo 5: Nueva Madrid, Misuri

1. Weber, *The Spanish Frontier in North America*, pág. 426.
2. Para un desglose más detallado de los inmigrantes, véanse Bernard Bailyn, *The Peopling of British North America: An Introduction* (Nueva York: Alfred A. Knopf, 1986); y Taylor, *American Colonies*.
3. Herbert S. Klein, *A Population History of the United States* (Nueva York: Cambridge University Press, 2004), pág. 64.
4. Magnus Mörner y Harold Sims, *Adventurers and Proletarians: The Story of Migrants in Latin America* (Pittsburgh: University of Pittsburgh Press, 1977), pág. 17. John Elliott sitúa el número de inmigrantes en el siglo XVI entre 200 000 y 250 000; véase Elliott, *Empires of the Atlantic World*, pág. 52.
5. Herbert S. Klein y Ben Vinson III (eds.), *African Slavery in Latin America and the Caribbean* (Oxford: Oxford University Press, 2007), pág. 273.
6. Gilbert C. Din, «Empires Too Far: The Demographic Limitations of Three Imperial Powers in the Eighteenth-Century Mississippi Valley», *Louisiana History: The Journal of the Louisiana Historical Association* 50, núm. 3 (2009): pág. 270.
7. Bannon, *The Spanish Borderlands Frontier, 1513–1821*, pág. 172.
8. *Ibidem*, pág. 169.

9. *Ibidem*, págs. 179-180.
10. Un buen punto de partida con relación a las a las reformas borbónicas puede ser Gabriel B. Paquette, *Enlightenment, Governance and Reform in Spain and Its Empire, 1759–1808* (Basingstoke: Palgrave Macmillan, 2008).
11. David J. Weber, *Bárbaros: Spaniards and Their Savages in the Age of Enlightenment* (New Haven: Yale University Press, 2005), pág. 3.
12. Bannon, *The Spanish Borderlands Frontier, 1513–1821*, págs. 154-155.
13. *Ibidem*, pág. 182.
14. Citado en Weber, *Bárbaros*, págs. 181-182.
15. Citado *ibidem*, pág. 91.
16. Allan J. Kuethe, «The Development of the Cuban Military as a Sociopolitical Elite, 1763–83», *Hispanic American Historical Review* 61, núm. 4 (1981): págs. 696-701.
17. *Ibidem*, págs. 697, 701; Barbara H. Stein y Stanley J. Stein, *Edge of Crisis: War and Trade in the Spanish Atlantic, 1789–1808* (Baltimore: Johns Hopkins University Press, 2009), pág. 6.
18. Barón de Montesquieu, Demetrio Castro Alfín (trad.), *El espíritu de las leyes* (Madrid: Istmo, 2002), pág. 485.
19. Adam Smith y Emeterio Fuentes (trad.), *La riqueza de las naciones* (Madrid: Verbum, 2020), pág. 452. Para profundizar sobre el pensamiento británico acerca de España, véase Gabriel B. Paquette, «The Image of Imperial Spain in British Political Thought, 1750–1800», *Bulletin of Spanish Studies* 81, núm. 2 (2004): págs. 187-214.
20. Abate Raynal y J. Justamond (trad.), *A Philosophical and Political History of the Settlements and Trade of the Europeans in the East and West Indies*, vol. 2, libro 4 (Londres: T. Cadell, 1776), pág. 424.
21. Smith, *Louisiana and the Gulf South Frontier, 1500–1821*, pág. 133.
22. *Ibidem*, pág. 131.
23. *Ibidem*, pág. 134.
24. *Ibidem*, pág. 133.
25. David Narrett, *Adventurism and Empire: The Struggle for Mastery in the Louisiana-Florida Borderlands, 1762–1803* (Chapel Hill: University of North Carolina Press, 2015), pág. 35.
26. *Ibidem*, pág. 36.
27. Citado *ibidem*, pág. 40.
28. Citado *ibidem*, págs. 41-42.
29. Deagan, «Mestizaje in Colonial St. Augustine», pág. 60.
30. Anónimo, *Reflections on the Terms of Peace* (Londres: G. Kearsly, 1763), pág. 8.
31. Landers, *Black Society in Spanish Florida*, págs. 66-67; J. Leitch Wright Jr., «Blacks in British East Florida», *Florida Historical Quarterly* 54, núm. 4 (1976): pág. 427.
32. Allman, *Finding Florida*, pág. 51.
33. Patricia C. Griffin, «Blue Gold: Andrew Turnbull's New Smyrna Plantation», en Jane Landers (ed.), *Colonial Plantations and Economy in Florida* (Gainesville: University Press of Florida, 2000), pág. 44.
34. Andrew Turnbull a James Grant, Julio de 1766, «A 'Greek Community' in British East Florida: Early Plans, Selecting a Site and Mosiquito [sic] Inlet, and Initaring [sic] the Smyrnea Settlement: Letters of Andrew Turnbull», http://www.unf.edu/floridahistoryonline/Turnbull/letters/2.htm (consultada: 7.8.2014).
35. Andrew Turnbull a Sir William Duncan, San Agustín, 26.11.1766, «A 'Greek Community' in British East Florida».
36. Griffin, «Blue Gold», pág. 44.
37. *Ibidem*, pág. 45.
38. *Ibidem*, págs. 39, 56.
39. *Ibidem*, pág. 58.
40. *Ibidem*, pág. 62.
41. Landers, *Black Society in Spanish Florida*, pág. 68.

42. John Stuart a James Grant, 4.8.1769, «The Indian Frontier in British East Florida: Letters to Governor James Grant from British Soldiers and Indian Traders», http://www.unf.edu/floridahistoryonline/Projects/Grant/index.html (consultada: 7.3.2016).
43. Claudio Saunt, *West of the Revolution: An Uncommon History of 1776* (Nueva York: W. W. Norton, 2014), loc. 2746, versión Kindle.
44. Anderson, *Imagined Communities*, pág. 47.
45. Kathleen DuVal, *Independence Lost: Lives on the Edge of the American Revolution* (Nueva York: Random House, 2015), loc. 1122, versión Kindle.
46. *Ibidem*, loc. 368.
47. Antonia Sagredo, «Personal Connections Between Spaniards and Americans in the Revolutionary Era: Pioneers in Spanish-American Diplomacy», en *Legacy: Spain and the United States in the Age of Independence*, compilada por Smithsonian Institution (Madrid: Julio Soto Impresor, 2007), págs. 46-48.
48. *Ibidem*, pág. 49.
49. Benjamin Franklin al Comité de Correspondencia Secreta, 4.1.1777, National Archives: Founders Online, https://founders.archives.gov/documents/Franklin/01-23-02-0066 (consultada: 24.5.2017).
50. Reyes Calderón, «Spanish Financial Aid for the Process of Independence of the United States of America: Facts and Figures», en *Legacy*, pág. 66.
51. *Ibidem*, págs. 68, 71. Según las estimaciones de Calderón, el total podría ascender hasta los 37 millones de reales; véanse págs. 74-75.
52. Comisionados estadounidenses al Comité de Asuntos Exteriores, 7.10.1777, National Archives: Founders Online, https://founders.archives.gov/?q=gardoqui&s=1111311111&sa=&r=12&sr= (consultada: 31.5.2017).
53. DuVal, *Independence Lost*, loc. 2149.
54. *Ibidem*, loc. 2290.
55. Para profundizar sobre el contexto europeo de la Revolución Estadounidense, véase Brendan Simms, *Europe: The Struggle for Supremacy, From 1493 to the Present* (Nueva York: Basic Books, 2014), capítulo 3.
56. DuVal, *Independence Lost*, loc. 2376.
57. Citado *ibidem*, loc. 2462.
58. *Ibidem*, loc. 2940-3076.
59. *Ibidem*, loc. 3367-3802; Smith, *Louisiana and the Gulf South Frontier, 1500-1821*, pág. 161.
60. Benjamin Franklin al Conde de Aranda, 7.4.1777, National Archives: Founders Online, https://founders.archives.gov/?q=franklin%20aranda&s=1111311111&sa=&r=11&sr= (consultada: 31.5.2017).
61. Citado en Sagredo, «Personal Connections Between Spaniards and Americans in the Revolutionary Era», en *Legacy*, págs. 58-60.
62. Borrador de carta a John Jay explicando sus instrucciones, [17.10.]1780, National Archives: Founders Online, http://founders.archives.gov/documents/Madison/01-02-02-0080 (consultada: 30.3.2017); Sagredo, «Personal Connections Between Spaniards and Americans in the Revolutionary Era», en *Legacy*, pág. 61.
63. Benjamin Franklin a John Jay, 2.10.1780, en Henry Johnston (ed.), *The Correspondence and Public Papers of John Jay, 1763-1781* (Nueva York: G.P. Putnam's Sons, 1890), pág. 432.
64. Instrucciones del Congreso a John Jay, 15.2.1781, *ibidem*, pág. 460; sobre Jay y Florida Occidental, véase Thomas E. Chávez, *Spain and the Independence of the United States: An Intrinsic Gift* (Albuquerque: University of New Mexico Press, 2004), pág. 210.
65. Tratado de Paz definitivo de 1783 (en inglés), http://avalon.law.yale.edu/18th_century/paris.asp (consultada: 22.5.2017).
66. DuVal, *Independence Lost*, loc. 4035-4061.
67. «Dictamen reservado que el excelentísimo Señor Conde de Aranda dio al Rey sobre la independencia de las colonias inglesas después de haber hecho el tratado de paz ajustado en Paris

el año de 1783», en Mario Rodríguez, *La revolución americana de 1776 y el mundo hispánico: ensayos y documentos* (Madrid: Editorial Tecnos, 1976), pág. 64.
68. Maya Jasanoff, *Liberty's Exiles: American Loyalists in the Revolutionary World* (Nueva York: Alfred A. Knopf, 2011), pág. 99.
69. *Ibidem*, pág. 108.
70. Landers, *Black Society in Spanish Florida*, pág. 69.
71. *Ibidem*, págs. 74-75.
72. *Ibidem*, págs. 76-80.
73. Calloway, *One Vast Winter Count*, págs. 347-352; Elliott, *Empires of the Atlantic World*, pág. 305.
74. Calloway, *One Vast Winter Count*, pág. 373.
75. Kevin T. Barksdale, *The Lost State of Franklin: America's First Secession* (Lexington: University Press of Kentucky, 2009), pág. 18.
76. *Ibidem*, pág. 31.
77. *Ibidem*, pág. 21.
78. George Henry Alden, «The State of Franklin», *American Historical Review* 8, núm. 2 (1903): pág. 273; Barksdale, *The Lost State of Franklin*, pág. 53.
79. Citado en Barksdale, *The Lost State of Franklin*, pág. 82.
80. *Ibidem*, pág. 146.
81. *Ibidem*, pág. 147.
82. Stephen Aron, *American Confluence: The Missouri Frontier from Borderland to Border State* (Bloomington: Indiana University Press, 2009), pág. 78.
83. Citado en Barksdale, *The Lost State of Franklin*, págs. 150-152.
84. *Ibidem*, págs. 138-139, 154, 159.
85. Andro Linklater, *An Artist in Treason: The Extraordinary Double Life of General James Wilkinson* (Nueva York: Walker, 2009), pág. 72.
86. *Ibidem*, pág. 85.
87. Barksdale, *The Lost State of Franklin*, pág. 155.
88. Gilbert C. Din, *Populating the Barrera: Spanish Immigration Efforts in Colonial Louisiana* (Lafayette: University of Louisiana at Lafayette Press, 2014), pág. 51.
89. Barksdale, *The Lost State of Franklin*, págs. 155-156.
90. Linklater, *An Artist in Treason*, págs. 4, 88.
91. Para profundizar sobre Wilkinson, véase Narrett, *Adventurism and Empire*.
92. *Ibidem*, pág. 120.
93. *Ibidem*, págs. 104, 125.
94. David Narrett, «Geopolitics and Intrigue: James Wilkinson, the Spanish Borderlands, and Mexican Independence», *William and Mary Quarterly* 69, núm. 1 (2012): pág. 108.
95. Aron, *American Confluence*, pág. 51.
96. *Ibidem*, pág. 3; «Report of the Various Indian Tribes Receiving Presents in the District of Ylinoa or Illinois, 1769», en Louis Houck (ed.), *The Spanish Regime in Missouri*, vol. 1 (Chicago: R. R. Donnelley, 1909), pág. 44.
97. Aron, *American Confluence*, pág. 81.
98. «First Spanish Detailed Statistical Report of St. Louis and Ste. Genevieve—Dated 1772», en Houck, *The Spanish Regime in Missouri*, vol. 1, pág. 53.
99. «Instrucciones generales de O'Reilly, 17.2.1770», *Ibidem*, pág. 78.
100. Aron, *American Confluence*, págs. 58-60.
101. *Ibidem*, pág. 61.
102. *Ibidem*, pág. 59.
103. «Informe del Capitán don Francisco Rui a Su Excelencia el Conde de O'Reilly Respecto del Asentamiento de Ylinois, y las Maneras y Costumbres de Dar y Recibir Presentes de los Indios», en Houck, *The Spanish Regime in Missouri*, vol. 1, pág. 63.
104. Aron, *American Confluence*, pág. 83.
105. DuVal, *Independence Lost*, loc. 5657, 5662.

106. Din, *Populating the Barrera*, pág. 55.
107. «Protesta del Gobernador Miró contra la Concesión al Cnel. George Morgan—Fecha 1789», en Houck, *The Spanish Regime in Missouri*, pág. 276.
108. Citado en DuVal, *Independence Lost*, loc. 5670.
109. «Protesta del Gobernador Miró contra la Concesión al Cnel. George Morgan—Fecha 1789», pág. 276.
110. Narrett, «Geopolitics and Intrigue», pág. 110.
111. Aron, *American Confluence*, pág. 83; Houck, *The Spanish Regime in Missouri*, pág. 309.
112. Din, «Empires Too Far», pág. 286.
113. Aron, *American Confluence*, pág. 84.
114. «Censo Estadístico de Nueva Madrid en 1797», en Houck, *The Spanish Regime in Missouri*, págs. 397-398.
115. Francis Baily, *Journal of a Tour in Unsettled Parts of North America in 1796 & 1797* (Londres: M. S. Rickerby, 1856), págs. 261-263.
116. *Ibidem*, pág. 264.

Capítulo 6: Bahía de Nutka, Canadá

1. James Cook y John Rickman, *Captain Cook's Last Voyage to the Pacific Ocean on Discovery* (Londres: E. Newbery, 1781), pág. 233.
2. *Ibidem*, pág. 234.
3. Instrucciones, 9.3.1761, Archivo General de Simancas, Estado, legajo 6618 (antiguo) en MSS Z-E 11, Bancroft Library, University of California, Berkeley.
4. Saunt, *West of the Revolution*, loc. 662.
5. Iris H. Engstrand, Robin Inglis, y Freeman M. Tovell (eds.) y Freeman M. Tovell (trad.), *Voyage to the Northwest Coast of America, 1792: Juan Francisco de la Bodega y Quadra and the Nootka Sound Controversy* (Norman: University of Oklahoma Press, 2012), pág. 24; Weber, *The Spanish Frontier in North America*, pág. 185.
6. Barry Gough, *Fortune's a River: The Collision of Empires in Northwest America* (Madeira Park: Harbour, 2007), págs. 115-116.
7. Engstrand *et al.*, *Voyage to the Northwest Coast of America*, 1792, págs. 25-26; Gough, *Fortune's a River*, pág. 117.
8. Gough, *Fortune's a River*, pág. 109; Howard V. Evans, «The Nootka Sound Controversy in Anglo-French Diplomacy 1790», *Journal of Modern History* 46, núm. 4 (1974): pág. 611.
9. Flores a Valdés, 23.12.1788, citado en Warren L. Cook, *Flood Tide of Empire: Spain and the Pacific Northwest, 1543–1819* (New Haven: Yale University Press, 1973), pág. 130.
10. Gough, *Fortune's a River*, pág. 112.
11. *Ibidem*, pág. 118.
12. *Ibidem*, pág. 119.
13. *Ibidem*, pág. 121.
14. Copia del Memorial presentado a la Cámara de los Comunes, 13.5.1790, en John Meares, *Voyages Made in the Years 1788 and 1789 from China to the North West Coast of America* (Londres: John Meares, 1790), pág. 450.
15. Engstrand *et al.*, *Voyage to the Northwest Coast of America*, pág. 27.
16. Flores a Valdés, 23.12.1788, citado en Cook, *Flood Tide of Empire*, págs. 186-187.
17. Engstrand *et al.*, *Voyage to the Northwest Coast of America, 1792*, pág. 27.
18. *Ibidem*.
19. *Ibidem*, pág. 28.
20. Cook, *Flood Tide of Empire*, pág. 275.
21. Copia del Memorial presentado a la Cámara de los Comunes, 13.5.1790, págs. 444-445.
22. *Ibidem*, pág. 451.
23. Frederick J. Turner, «English Policy Toward America in 1790–1791», *American Historical Review* 7, núm. 4 (1902): págs. 706-735.

24. Gough, *Fortune's a River*, pág. 123.
25. *Ibidem*, pág. 124; Derek Pethick, *The Nootka Connection: Europe and the Northwest Coast 1790–1795* (Vancouver: Douglas & McIntyre, 1980), pág. 23.
26. Flores a Valdés, 23.12.1788, citado en Cook, *Flood Tide of Empire*, pág. 247.
27. Engstrand *et al.*, *Voyage to the Northwest Coast of America*, 1792, pág. 25.
28. *Ibidem*, pág. 64.
29. *Ibidem*, pág. 66.
30. *Ibidem*, págs. 86-87.
31. Weber, *The Spanish Frontier in North America*, pág. 211.
32. Greg McLaughlin y Nancy H. Mayo (eds.), *The Mapping of California as an Island: An Illustrated Checklist* (Documento Ocasional núm. 3, California Map Society, 1995), disponible en línea en http://collections.stanford.edu/bookreader-public/view.jsp?id=00021264#3; Vicente Virga y Ray Jones, *California: Mapping the Golden State Through History* (Guilford: Morris Book, 2010), págs. 10-11.
33. Herbert Eugene Bolton (ed.), *Kino's Historical Memoir of Pimería Alta: A Contemporary Account of the Beginnings of California, Sonora, and Arizona, by Father Eusebio Francisco Kino, SJ, Pioneer Missionary Explorer, Cartographer, and Ranchman, 1683–1711*, vol. 1 (Cleveland: Arthur H. Clark, 1919), pág. 55.
34. McLaughlin y Mayo, *The Mapping of California as an Island*.
35. Véanse ejemplos de mapas en https://searchworks.stanford.edu/view/wy568jc7945 y https://searchworks.stanford.edu/view/hv371mq4870.
36. Saunt, *West of the Revolution*, loc. 127.
37. Starr, *California: A History*, pág. 32.
38. David Hurst Thomas, «The Life and Times of Fr. Junípero Serra: A Pan-Borderlands Perspective», *Americas* 71, núm. 2 (2014): págs. 191-192.
39. Citado en Beebe y Senkewicz, *Lands of Promise and Despair*, págs. 111, 114; Starr, *California: A History*, pág. 34.
40. Starr, *California: A History*, pág. 34.
41. *Ibidem*, pág. 35; Beebe y Senkewicz, *Lands of Promise and Despair*, pág. 114.
42. «Searching for Monterey», en Beebe y Senkewicz, *Lands of Promise and Despair*, pág. 128.
43. «A Beachhead at Monterey», *Ibidem*, pág. 137; Starr, *California: A History*, pág. 35.
44. Starr, *California: A History*, pág. 36; «A Beachhead at Monterey», pág. 137.
45. Junípero Serra a Francisco Palou, 13.6.1770, en Francisco Palou, *Relación histórica de la vida y apostólicas tareas del venerable padre Fray Junípero Serra* (Ciudad de México: Editorial Porrúa, 1970), pág. 76.
46. *Ibidem*, pág. 77.
47. Lisa Conrad, «The Names Before the Names», en Rebecca Solnit (ed.), *Infinite City: A San Francisco Atlas* (Berkeley: University of California Press, 2010), págs. 11-12; Lowell J. Bean, «Indians of California: Diverse and Complex Peoples», *California History* 71, núm. 3 (1992): pág. 303.
48. Conrad, «The Names Before the Names», págs. 10-11.
49. Taylor, *American Colonies*, pág. 455.
50. Conrad, «The Names Before the Names», pág. 15.
51. *Ibidem*, pág. 16.
52. Taylor, *American Colonies*, pág. 455.
53. Juan Crespí, «1769: el canal de Santa Bárbara», en Beebe y Senkewicz, *Lands of Promise and Despair*, pág. 121.
54. Conrad, «The Names Before the Names», pág. 15.
55. Douglas Monroy, «The Creation and Re-Creation of Californio Society», *California History* 76, núm. 2/3 (1997): pág. 179.
56. Gregory Rodriguez, *Mongrels, Bastards, Orphans, and Vagabonds: Mexican Immigration and the Future of Race in America* (Nueva York: Pantheon Books, 2007), pág. 67; Jack D. Forbes, «Black Pioneers: The Spanish-Speaking Afroamericans of the Southwest», *Phylon* 27, núm. 3 (1966): pág. 236.

57. *Ibidem*, pág. 237.
58. *Ibidem*, págs. 239-240.
59. Taylor, *American Colonies*, pág. 461.
60. *Ibidem*, pág. 462.
61. *Ibidem*, pág. 461.
62. Luis Jayme a Rafael Verger, 17.10.1772, en Geiger, Maynard (ed. y trad.), *Letter of Luís Jayme* (Dawson's Book Shop for the San Diego Public Library, 1970), pág. 58.
63. Vicente Fuster, «Rebelión en San Diego», en Beebe y Senkewicz, *Lands of Promise and Despair*, pág. 186.
64. Vicente Fuster a Junípero Serra, 1775, *Ibidem*, pág. 187.
65. *Ibidem*, pág. 191.
66. Starr, *California: A History*, pág. 34.
67. «Adapting to the Governor's Regulations», en Beebe y Senkewicz, *Lands of Promise and Despair*, pág. 217.
68. Charles N. Rudkin (trad.), *The First French Expedition to California: Lapérouse in 1786* (Los Ángeles: Glen Dawson, 1959), pág. 13.
69. *Ibidem*, pág. 55.
70. *Ibidem*, pág. 64.
71. Robert H. Jackson y Edward Castillo, *Indians, Franciscans, and Spanish Colonization: The Impact of the Mission System on California Indians* (Albuquerque: University of New Mexico Press, 1995), pág. 83.
72. *Ibidem*, págs. 74-75.
73. Fuster, «Rebellion at San Gabriel», págs. 247-248.
74. Steven Hackel, *Junípero Serra: California's Founding Father* (Nueva York: Hill and Wang, 2013), pág. 238.
75. «The Death of Junípero Serra», en Beebe y Senkewicz, *Lands of Promise and Despair*, pág. 226.
76. Jackson y Castillo, *Indians, Franciscans, and Spanish Colonization*, pág. 8.
77. Starr, *California: A History*, págs. 29, 39.
78. *Ibidem*, pág. 39.
79. Para una relación mucho más pormenorizada de esta expedición, véase Saunt, *West of the Revolution*, loc. 1259-1451.
80. Starr, *California: A History*, págs. 41-42.
81. «1797: Treatment of the Indians at Mission San Francisco», en Beebe y Senkewicz, *Lands of Promise and Despair*, pág. 260.
82. Frank, «Demographic, Social, and Economic Change in New Mexico», pág. 66.
83. Gough, *Fortune's a River*, págs. 161-164.

Capítulo 7: Nueva Orleans, Luisiana

1. Smith, *Louisiana and the Gulf South Frontier, 1500–1821*, pág. 85.
2. Emily Clark, «Elite Designs and Popular Uprisings: Building and Rebuilding in New Orleans, 1721, 1788, 2005», *Historical Reflections/Réflexions Historiques* 33, núm. 2 (2007): pág. 175.
3. Antonio María de Bucareli a Julián de Arriaga, 1.4.1767, AGI, Santo Domingo, legajo 2542A.
4. Marqués de Grimaldi a Julián de Arriaga, 13.5.1767, *ibidem*.
5. Carlos Marichal y Matilde Souto Mantecón, «Silver and Situados: New Spain and the Financing of the Spanish Empire in the Caribbean in the Eighteenth Century», *Hispanic American Historical Review* 74, núm. 4 (1994): pág. 590-591.
6. Narrett, *Adventurism and Empire*, pág. 47.
7. Antonio María de Bucareli a Julián de Arriaga, 4.12.1768, AGI, Santo Domingo, legajo 2542A; Weber, *The Spanish Frontier in North America*, pág. 150; Narrett, *Adventurism and Empire*, págs. 51-52.
8. Weber, *The Spanish Frontier in North America*, pág. 150.

9. Informe de 18.8.1769, *Records and Deliberations of the Cabildo: Book 1*, New Orleans Public Library City Archives, págs. 1-2.
10. Weber, *The Spanish Frontier in North America*, pág. 151.
11. Bannon, *The Spanish Borderlands Frontier, 1513–1821*, pág. 192.
12. Proclama de O'Reilly regulando el establecimiento de posadas, salones de billar y tabernas, 21.9.1769, Louisiana State Museum Archives, grupo de registro 4, número de entrada 1890.1.
13. Jane Landers, «Rebellion and Royalism in Spanish Florida: The French Revolution on Spain's Northern Colonial Frontier», en David Barry Gaspar y David Patrick Geggus (eds.), *A Turbulent Time: The French Revolution and the Greater Caribbean* (Bloomington: Indiana University Press, 1997), pág. 158.
14. Kimberly S. Hanger, «Conflicting Loyalties: The French Revolution and Free People of Color in Spanish New Orleans», *ibidem*, pág. 179.
15. Gilbert C. Din, *Spaniards, Planters, and Slaves: The Spanish Regulation of Slavery in Louisiana, 1763–1803* (College Station: Texas A&M University Press, 1999), pág. 154.
16. Hanger, «Conflicting Loyalties», pág. 180.
17. *Ibidem*, pág. 181.
18. Jean-Pierre Le Glaunec, «Slave Migrations in Spanish Louisiana and Early American Louisiana: New Sources and New Estimates», *Louisiana History* 46, núm. 2 (2005): pág. 188.
19. *Ibidem*, págs. 195-196; Jack D. L. Holmes, «The Abortive Slave Revolt at Pointe Coupée, Louisiana, 1795», *Louisiana History: The Journal of the Louisiana Historical Association* 11, núm. 4 (1970): pág. 342.
20. Kimberly S. Hanger, «Patronage, Property and Persistence: The Emergence of a Free Black Elite in Spanish New Orleans», en Jane Landers (ed.), *Against the Odds: Free Blacks in the Slave Societies of the Americas* (Londres: Frank Cass, 1996), pág. 57; Andrew McMichael, *Atlantic Loyalties: Americans in Spanish West Florida, 1785–1810* (Athens: University of Georgia Press, 2008), pág. 17.
21. Din, *Spaniards, Planters, and Slaves*, pág. 39.
22. Mary Williams, «Private Lives and Public Orders: Regulating Sex, Marriage, and Legitimacy in Spanish Colonial Louisiana», en Cécile Vidal (ed.), *Spanish Louisiana in Atlantic Contexts: Nexus of Imperial Transactions and International Relations* (Philadelphia: University of Pennsylvania Press, 2014), págs. 148-149.
23. *Ibidem*, pág. 152.
24. Carolyn Morrow Long, *A New Orleans Voudou Priestess: The Legend and Reality of Marie Laveau* (Gainesville: University Press of Florida, 2006), loc. 844, versión Kindle.
25. *Records and Deliberations of the Cabildo: Book 3*, 1.6.1786, New Orleans Public Library City Archives, págs. 105-112.
26. Ordenanzas promulgadas por el barón de Carondelet, citado en Ned Sublette, *The World That Made New Orleans: From Spanish Silver to Congo Square* (Chicago: Chicago Review Press, Lawrence Hill Books, 2009), págs. 171-172.
27. Holmes, «The Abortive Slave Revolt at Pointe Coupée, Louisiana, 1795», págs. 342, 351-353; Ulysses S. Ricard, «The Pointe Coupée Slave Conspiracy of 1791», *Proceedings of the Meeting of the French Colonial Historical Society* 15 (1992): pág. 118.
28. Narrett, *Adventurism and Empire*, pág. 157; Holmes, «The Abortive Slave Revolt at Pointe Coupée, Louisiana, 1795», pág. 357.
29. McMichael, *Atlantic Loyalties*, págs. 15-17.
30. Raymond A. Young, «Pinckney's Treaty—A New Perspective», *Hispanic American Historical Review* 43, núm. 4 (1963): pág. 530.
31. Gilbert C. Din, «Spanish Control over a Multiethnic Society: Louisiana, 1763–1803», en de la Teja y Frank, *Choice, Persuasion, and Coercion*, pág. 64; Narrett, *Adventurism and Empire*, pág. 231. Texto completo del tratado (en inglés) disponible en http://avalon.law.yale.edu/18th_century/sp1795.asp.
32. James Madison a Thomas Jefferson, 29.2.1796, Founders Online: National Archives, http://founders.archives.gov/documents/Jefferson/01-28-02-0488 (consultada: 30.3.2017).

33. Smith, *Louisiana and the Gulf South Frontier, 1500–1821*, pág. 171.
34. James E. Lewis, *The American Union and the Problem of Neighborhood: The United States and the Collapse of the Spanish Empire, 1783–1829* (Chapel Hill: University of North Carolina Press, 1998), págs. 4, 8.
35. James Madison a Thomas Jefferson, 6.3.1796, Founders Online: National Archives, http://founders.archives.gov/documents/Madison/01-16-02-0167 (consultado 30.3.2017).
36. Weber, *Bárbaros*, pág. 1; *American State Papers: Indian Affairs*, clase II, vol. 1 (Washington D. C.: Gales and Seaton, 1832), págs. 543-544.
37. Weber, *The Spanish Frontier in North America*, pág. 212.
38. Aron, *American Confluence*, pág. 107; Narrett, *Adventurism and Empire*, pág. 264.
39. Lewis, *The American Union and the Problem of Neighborhood*, págs. 24-25, 28.
40. Jerry P. Sanson, «'Scour[ing] at the Mortar of the Constitution': Louisiana and the Fundamental Law of the United States», *Louisiana History: The Journal of the Louisiana Historical Association* 48, núm. 1 (2007): págs. 8-9.
41. *Ibidem*, pág. 10.
42. Citado en Bernard Bailyn, *To Begin the World Anew: The Genius and Ambiguities of the American Founders* (Nueva York: Vintage Books, 2004), pág. 41.
43. Pedro Cevallos al marqués de Casa-Calvo, 2.4.1804, AGI, Papeles de Cuba, legajo 2356.
44. Humboldt citado en Narrett, «Geopolitics and Intrigue», pág. 116.
45. Narrett, «Geopolitics and Intrigue», págs. 117-119.
46. *Ibidem*, pág. 121.

Capítulo 8: Río Sabina

1. Weber, *The Spanish Frontier in North America*, pág. 216.
2. Linklater, *An Artist in Treason*, pág. 244.
3. Narrett, «Geopolitics and Intrigue», págs. 123-127; Linklater, *An Artist in Treason*, pág. 239.
4. Narrett, *Adventurism and Empire*, pág. 265.
5. McMichael, *Atlantic Loyalties*, pág. 76.
6. Este trato se menciona en Aaron Burr a Andrew Jackson, 24.3.1806, en Daniel Feller (ed.), *The Papers of Andrew Jackson Digital Edition* (Charlottesville: University of Virginia Press, Rotunda, 2015), http://rotunda.upress.virginia.edu/founders/JKSN-01-02-02-0061 (consultada: 8.8.2016).
7. McMichael, *Atlantic Loyalties*, págs. 152-153.
8. Jaime E. Rodríguez O., *The Independence of Spanish America* (Cambridge: Cambridge University Press, 1998), pág. 53.
9. Elliott, *Empires of the Atlantic World*, pág. 376.
10. Rodríguez O., *The Independence of Spanish America*, pág. 2; Elliott, *Empires of the Atlantic World*, pág. 375.
11. Para más información, véase D. A. Brading, *The First America: The Spanish Monarchy, Creole Patriots and the Liberal State, 1492–1866* (Cambridge: Cambridge University Press, 1991).
12. Barbara H. Stein y Stanley J. Stein, *Crisis in an Atlantic Empire: Spain and New Spain, 1808–1810* (Baltimore: Johns Hopkins University Press, 2014), pág. 328; Williamson, *The Penguin History of Latin America*, pág. 212; Rodríguez O., *The Independence of Spanish America*, págs. 53-54.
13. Rodríguez O., *The Independence of Spanish America*, pág. 61; Elliott, *Empires of the Atlantic World*, pág. 378; Brian R. Hamnett, «Process and Pattern: A Re-Examination of the Ibero-American Independence Movements, 1808–1826», *Journal of Latin American Studies* 29, núm. 2 (1997): pág. 304.
14. Rodríguez O., *The Independence of Spanish America*, pág. 8; Elliott, *Empires of the Atlantic World*, pág. 379.
15. Rodríguez O., *The Independence of Spanish America*, págs. 79-80.

16. *Ibidem*, pág. 82; Elliott, *Empires of the Atlantic World*, pág. 387; Michael P. Costeloe, *Response to Revolution: Imperial Spain and the Spanish American Revolutions, 1810–1840* (Cambridge: Cambridge University Press, 1986), pág. 173. Costeloe sitúa en 30 el número de personas que representaban a las colonias americanas al comenzar las Cortes, mientras es 63 la cifra que se arroja en Brian R. Hamnett, *The End of Iberian Rule on the American Continent, 1770–1830* (Cambridge: Cambridge University Press, 2017), pág. 194.
17. Stein y Stein, *Crisis in an Atlantic Empire*, págs. 658-659.
18. *Ibidem*, pág. 658.
19. John Lynch, *The Spanish American Revolutions, 1808–1826* (Nueva York: W. W. Norton, 1986), pág. 299.
20. Williamson, *The Penguin History of Latin America*, pág. 215.
21. Elliott, *Empires of the Atlantic World*, pág. 375.
22. Costeloe, *Response to Revolution*, págs. 21-22.
23. James Madison: Tercer Mensaje Anual al Congreso, 5.11.1811, American Presidency Project, http://www.presidency.ucsb.edu/ws/?pid=29453 (consultada: 26.6.2017); J. C. A. Stagg, *Borderlines in Borderlands: James Madison and the Spanish-American Frontier, 1776–1821* (New Haven: Yale University Press, 2009), pág. 144.
24. Citado en Jay Sexton, *The Monroe Doctrine: Empire and Nation in Nineteenth-Century America* (Nueva York: Hill and Wang, 2012), pág. 37; Vajda Zoltán, «Thomas Jefferson on the Character of an Unfree People: The Case of Spanish America», *American Nineteenth Century History* 8, núm. 3 (2007): págs. 273-292.
25. Thomas Jefferson a James Madison, 19.4.1809, Founders Online: National Archive, http://founders.archives.gov/documents/Madison/03-01-02-0143 (consultada: 15.3.2016).
26. Véanse, por ejemplo, Thomas Norman DeWolf, *Inheriting the Trade: A Northern Family Confronts Its Legacy as the Largest Slave-Trading Dynasty in U.S. History* (Boston: Beacon Press, 2008); Stephen M. Chambers, *No God but Gain: The Untold Story of Cuban Slavery, the Monroe Doctrine, and the Making of the United States* (Londres: Verso, 2015).
27. Véase, por ejemplo, Allan J. Kuethe, *Cuba, 1753–1815: Crown, Military, and Society* (Knoxville: University of Tennessee Press, 1986).
28. Gabriel Debien, «Les Colons de Saint-Domingue Réfugiés à Cuba, 1793–1815», *Revista de Indias* 13, núm. 54-56 (1953): págs. 559-605.
29. McMichael, *Atlantic Loyalties*, pág. 159.
30. *Ibidem*, pág. 164.
31. *Ibidem*, pág. 165.
32. James Madison a Thomas Jefferson, 19.10.1810, Library of Congress, Manuscript/Mixed Material, https://www.loc.gov/item/mjm016177 (consultada: 16.3.2016).
33. McMichael, *Atlantic Loyalties*, págs. 170-171.
34. Kenneth Wiggins Porter, «Negroes and the East Florida Annexation Plot, 1811–1813», *Journal of Negro History* 30, núm. 1 (1945): pág. 9.
35. J. C. A. Stagg, «George Mathews and John McKee: Revolutionizing East Florida, Mobile, and Pensacola in 1812», *Florida Historical Quarterly* 85, núm. 3 (2007): pág. 273.
36. *Ibidem*.
37. *Ibidem*.
38. *Ibidem*, pág. 278.
39. *Ibidem*, pág. 279.
40. *Ibidem*, pág. 284.
41. Para una relación más pormenorizada de la Guerra Patriótica, véase James G. Cusick, *The Other War of 1812: The Patriot War and the American Invasion of Spanish East Florida* (Gainesville: University Press of Florida, 2003).
42. Porter, «Negroes and the East Florida Annexation Plot, 1811–1813», pág. 17.
43. James Madison a Thomas Jefferson, 24.4.1812, Founders Online: National Archives, http://founders.archives.gov/documents/Jefferson/03-04-02-0546 (consultada: 30.3.2017).

44. Cusick, *The Other War of 1812*, págs. 6-7.
45. Barbara Tenenbaum, «The Making of a Fait Accompli: Mexico and the Provincias Internas, 1776–1846», en Jaime E. Rodríguez O. (ed.), *The Evolution of the Mexican Political System* (Wilmington: Scholarly Resources, 1993), pág. 93.
46. Elizabeth Howard West, «Diary of Jose Bernardo Gutierrez De Lara, 1811–1812», *American Historical Review* 34, núm. 1 (1928): pág. 57.
47. *Ibidem*, págs. 57-58.
48. *Ibidem*, pág. 71.
49. *Ibidem*, pág. 73.
50. David E. Narrett, «Liberation and Conquest: John Hamilton Robinson and U.S. Adventurism Toward Mexico, 1806-1819», *Western Historical Quarterly 40*, núm. 1 (2009): pág. 29; David E. Narrett, «José Bernardo Gutiérrez De Lara: 'Caudillo' of the Mexican Republic in Texas», *Southwestern Historical Quarterly* 106, núm. 2 (2002): pág. 208.
51. Narrett, «José Bernardo Gutiérrez De Lara», págs. 211-212.
52. Citado *ibidem*, pág. 209.
53. *Ibidem*, pág. 194; Raúl Coronado, *A World Not to Come: A History of Latino Writing and Print Culture* (Cambridge: Harvard University Press, 2013), págs. 248-250.
54. Citado en Coronado, *A World Not to Come*, pág. 414; Narrett, «José Bernardo Gutiérrez De Lara», págs. 214-216.
55. Bradley Folsom, *Arredondo: Last Spanish Ruler of Texas and Northeastern New Spain* (Norman: University of Oklahoma Press, 2017), págs. 85-86.
56. Andrew J. Torget, *Seeds of Empire: Cotton, Slavery and the Transformation of the Texas Borderlands, 1800–1850* (Chapel Hill: University of North Carolina Press, 2015), págs. 32-33.
57. Williamson, *The Penguin History of Latin America*, pág. 214; Elliott, *Empires of the Atlantic World*, pág. 386.
58. James F. King, «The Colored Castes and American Representation in the Cortes of Cadiz», *Hispanic American Historical Review* 33, núm. 1 (1953): pág. 57.
59. Jaime E. Rodríguez O., «The Process of Spanish American Independence», en Holloway, *A Companion to Latin American History*, pág. 198; Elliott, *Empires of the Atlantic World*, pág. 385.
60. Elliott, *Empires of the Atlantic World*, pág. 388.
61. Lynch, *The Spanish American Revolutions, 1808–1826*, pág. 296.
62. *La comisión de reemplazos representa a la Regencia del Reyno* (Cádiz: Imprenta de la junta de provincia, 1814), pág. 11. Citado en Costeloe, *Response to Revolution*, pág. 21.
63. Citado *ibidem*, pág. 26.
64. Citado *ibidem*, págs. 34-35.
65. Gregory A. Waselkov, *A Conquering Spirit: Fort Mims and the Redstick War of 1813–1814* (Tuscaloosa: University of Alabama Press, 2009), véase capítulo 6; Robert V. Remini, *Andrew Jackson and the Course of American Empire, 1767–1821* (Nueva York: Harper & Row, 1977), págs. 188-190.
66. Waselkov, *A Conquering Spirit*, pág. 86.
67. Véase *ibidem*, capítulo 5; Remini, *Andrew Jackson and the Course of American Empire*, pág. 191.
68. Remini, *Andrew Jackson and the Course of American Empire*, págs. 193-194.
69. Cusick, *The Other War of 1812*, pág. 301.
70. Remini, *Andrew Jackson and the Course of American Empire*, págs. 206-216.
71. John Armstrong a Andrew Jackson, 18.7.1814, en Feller, *The Papers of Andrew Jackson Digital Edition*, http://rotunda.upress.virginia.edu/founders/JKSN-01-03-02-0055 (consultada: 8.8.2016); Remini, *Andrew Jackson and the Course of American Empire*, pág. 225, nota 57.
72. Andrew Jackson a Mateo González Manrique, 12.7.1814, en Feller, *The Papers of Andrew Jackson Digital Edition*, http://rotunda.upress.virginia.edu/founders/JKSN-01-03-02-0051 (consultada: 8.8.2016).
73. Mateo González Manrique a Andrew Jackson, 26.7.1814, *ibidem*, http://rotunda.upress.virginia.edu/founders/JKSN-01-03-02-0060 (consultada: 8.8.2016).

74. Andrew Jackson a John Armstrong, 25.8.1814, *ibidem*, http://rotunda.upress.virginia.edu/founders/JKSN-01-03-02-0076 (consultada: 8.8.2016).
75. Cusick, *The Other War of 1812*, pág. 303.
76. Andrew Jackson a Mateo González Manrique, 6.11.1814, en Feller, *The Papers of Andrew Jackson Digital Edition*, http://rotunda.upress.virginia.edu/founders/JKSN-01-03-02-0115 (consultada: 8.8.2016).
77. Mateo González Manrique a Andrew Jackson, 6.11.1814, *ibidem*, http://rotunda.upress.virginia.edu/founders/JKSN-01-03-02-0116 (consultada: 8.8.2016).
78. Remini, *Andrew Jackson and the Course of American Empire*, pág. 242.
79. Cusick, *The Other War of 1812*, pág. 299.
80. Claudio Saunt, *A New Order of Things* (Cambridge: Cambridge University Press, 1999), pág. 279; Allman, *Finding Florida*, pág. 88.
81. Andrew Jackson a Mauricio de Zúñiga, 23.4.1816, en Feller, *The Papers of Andrew Jackson Digital Edition*, http://rotunda.upress.virginia.edu/founders/JKSN-01-04-02-0013 (consultada: 8.8.2016).
82. Mauricio de Zúñiga a Andrew Jackson, 26.5.1816, *ibidem*, http://rotunda.upress.virginia.edu/founders/JKSN-01-04-02-0022-0002 (consultada: 8.8.2016).
83. Ferdinand Louis Amelung a Andrew Jackson, 4.6.1816, *ibidem*, http://rotunda.upress.virginia.edu/founders/JKSN-01-04-02-0022-0001 (consultada: 8.8.2016).
84. T. Frederick Davis, «MacGregor's Invasion of Florida, 1817», *Florida Historical Society Quarterly* 7, núm. 1 (1928): pág. 3.
85. *Ibidem*, pág. 8; Caitlin Fitz, *Our Sister Republics: The United States in an Age of American Revolutions* (Nueva York: Liveright, 2016), pág. 110.
86. Davis, «MacGregor's Invasion of Florida, 1817», pág. 14.
87. *Ibidem*, pág. 18.
88. Rafe Blaufarb, «The Western Question: The Geopolitics of Latin American Independence», *American Historical Review* 112, núm. 3 (2007): pág. 753.
89. Fitz, *Our Sister Republics*, pág. 111.
90. *Ibidem*
91. Luis de Onís a John Quincy Adams, 8.1.1818, *Official Correspondence Between Don Luis de Onis and John Quincy Adams in Relations to the Florida and the Boundaries of Louisiana* (Londres: Effingham Wilson, 1818), págs. 60-61.
92. *Ibidem*; Fitz, *Our Sister Republics*, pág. 112.
93. John Quincy Adams a Luis de Onís, 16.1.1818, *Official Correspondence Between Don Luis de Onis and John Quincy Adams in Relations to the Florida and the Boundaries of Louisiana*, pág. 64.
94. Andrew Jackson a F. C. Luengo, 6.4.1818, University of West Florida, University Archives and West Florida History Center, Panton, Leslie and Company papers, serie núm. 946, bobina 21.
95. Andrew Jackson a James Monroe, 6.1.1818, en Feller, *The Papers of Andrew Jackson Digital Edition*, http://rotunda.upress.virginia.edu/founders/JKSN-01-04-02-0096 (consultada: 8.8.2016).
96. Andrew Jackson a Cuartel General, División del Sur, 23.5.1818, University of West Florida, University Archives and West Florida History Center, Panton, Leslie and Company papers, serie núm. 946, bobina 21.
97. Andrew Jackson a Rachel Jackson, 2.6.1818, *ibidem*
98. Remini, *Andrew Jackson and the Course of American Empire*, pág. 364; James Monroe a Andrew Jackson, 19.7.1818, en Feller, *The Papers of Andrew Jackson Digital Edition*, http://rotunda.upress.virginia.edu/founders/JKSN-01-04-02-0128 (consultada: 8.8.2016).
99. Andrew Jackson a James Monroe, 19.8.1818, *ibidem*, http://rotunda.upress.virginia.edu/founders/JKSN-01-04-02-0133 (consultada: 8.8.2016).
100. Remini, *Andrew Jackson and the Course of American Empire*, págs. 371-374.
101. James Monroe a Andrew Jackson, 19.7.1818, en Feller, *The Papers of Andrew Jackson Digital Edition*, http://rotunda.upress.virginia.edu/founders/JKSN-01-04-02-0128 (consultada: 8.8.2016).

102. Blaufarb, «The Western Question», pág. 751.
103. Luis de Onís al secretario de Estado, 12.12.1818, University of West Florida, University Archives and West Florida History Center, Panton, Leslie and Company papers, serie núm. 946, bobina 21.
104. Cusick, *The Other War of 1812*, págs. 305-306. Para acceder al texto completo del tratado (en inglés), véase «Treaty of Amity, Settlement, and Limits Between the United States of America and His Catholic Majesty, 1819», Avalon Project: Documents in Law, History, and Diplomacy, http://avalon.law.yale.edu/19th_century/sp1819.asp (consultada: 23.6.2017).
105. Rodríguez O., *The Independence of Spanish America*, pág. 194.
106. *Ibidem*, págs. 195-196.
107. Fitz, *Our Sister Republics*, págs. 4-5.
108. *Ibidem*, pág. 163.
109. *Ibidem*, pág. 15.
110. Jaime E. Rodríguez O., *"We Are Now the True Spaniards": Sovereignty, Revolution, Independence, and the Emergence of the Federal Republic of Mexico, 1808-1824* (Stanford: Stanford University Press, 2012), págs. 256-258.
111. Lynch, *The Spanish American Revolutions, 1808-1826*, pág. 322.
112. Romeo Flores Caballero y Jaime E. Rodríguez O. (Trand), *Counterrevolution: The Role of Spaniards in the Independence of Mexico, 1804-38* (Lincoln: University of Nebraska Press, 1974), pág. 63.
113. Virginia Guedea, «The Old Colonialism Ends, the New Colonialism Begins», en Beezley y Meyer, *The Oxford History of Mexico*, págs. 283-284; Costeloe, *Response to Revolution*, págs. 49, 191.
114. Christon I. Archer, «Fashioning a New Nation», en Beezley y Meyer, *The Oxford History of Mexico*, pág. 299; Lynch, *The Spanish American Revolutions, 1808-1826*, pág. 324.
115. Rodríguez O., *"We Are Now the True Spaniards"*, pág. 322.
116. Sean Wilentz, *The Rise of American Democracy: Jefferson to Lincoln* (Nueva York: W. W. Norton, 2005), págs. 222-223.
117. Lewis, *The American Union and the Problem of Neighborhood*, pág. 216.
118. Sexton, *The Monroe Doctrine*, pág. 3; Joseph Smith, *The United States and Latin America: A History of American Diplomacy, 1776-2000* (Londres: Routledge, 2005), pág. 15.
119. James Monroe: Séptimo Mensaje Anual al Congreso, 2.12.1823, USHistory.org: Historic Documents, http://www.ushistory.org/documents/monroe.htm (consultada: 17.3.2016).
120. Sexton, *The Monroe Doctrine*, pág. 4.
121. J. Hector St. John de Crèvecoeur y Dennis D. Moore (ed.), *Letters from an American Farmer and Other Essays* (Cambridge: Belknap Press of Harvard University Press, 2013), pág. 307; ensayo puesto en mi conocimiento en Elliott, *Empires of the Atlantic World*, págs. 403-404.
122. Thomas Jefferson al barón von Humboldt, 6.12.1813, Library of Congress: Manuscript/Mixed Material, https://www.loc.gov/item/mtjbib021586 (consultada: 17.3.2016).

Capítulo 9: San Antonio de Béjar, Texas

1. José María Sánchez, *Viaje a Texas en 1828-1829* (Ciudad de México: Papeles Históricos Mexicanos, 1939), pág. 45.
2. *Ibidem*.
3. *Ibidem*, págs. 45-46.
4. Mier y Terán a Guadalupe Vitoria, 30.6.1828, Archivo de Guerra y Marina (México), Operaciones Militares, fracción 1, legajo 7.
5. Alexis de Tocqueville, Sánchez de Bustamante (trad.), *De la democracia en la América del Norte* (París: Rosa, 1837), págs. 480-481.
6. Alan Taylor, «Remaking Americans: Louisiana, Upper Canada, and Texas», en Juliana Barr y Edward Countryman (eds.), *Contested Spaces of Early America* (Filadelfia: University of Pennsylvania Press, 2014), pág. 220.

7. *Ibidem.*
8. Torget, *Seeds of Empire*, pág. 25.
9. Para profundizar sobre Long y la expedición enviada por España, véase *ibidem*, pág. 46.
10. *Ibidem*, pág. 68.
11. H. W. Brands, *Lone Star Nation: The Epic Story of the Battle for Texas Independence* (Nueva York: First Anchor Books, 2005), pág. 14; Torget, *Seeds of Empire*, pág. 49.
12. Brands, *Lone Star Nation*, págs. 20-21.
13. *Ibidem*, pág. 101.
14. Narrett, *Adventurism and Empire*, pág. 265.
15. J. H. Young, «New Map of Texas: with the Contiguous American & Mexican States» (Filadelfia: S. Augustus Mitchell, 1835), Library of Congress, http://www.loc.gov/resource/g4030.ct002350/ (consultado 9.4.2015).
16. Rodriguez, *Mongrels, Bastards, Orphans, and Vagabonds*, pág. 72.
17. *Ibidem*, pág. 74.
18. Citado *ibidem*, pág. 73; véase también Eugene C. Barker, «Native Latin American Contribution to the Colonization and Independence of Texas», *Southwestern Historical Quarterly* 46, núm. 4 (1943): pág. 328.
19. Arnoldo De León, *They Called Them Greasers: Anglo Attitudes in Texas, 1821–1900* (Austin: University of Texas Press, 1983), pág. 6.
20. Joseph Smith, *The United States and Latin America* (Londres: Routledge, 2005), pág. 27.
21. David Woodman Jr., *Guide to Texas Emigrants* (Boston: M. Hawes, 1835), pág. 35.
22. Narrett, *Adventurism and Empire*, págs. 9, 51.
23. Richard Griswold del Castillo, *The Treaty of Guadalupe Hidalgo: A Legacy of Conflict* (Norman: University of Oklahoma Press, 1990), págs. 9-10.
24. Bannon, *The Spanish Borderlands Frontier, 1513–1821*, págs. 227, 238; Starr, *California: A History*, pág. 45.
25. Starr, *California: A History*, pág. 46.
26. *Ibidem.*
27. Monroy, «The Creation and Re-Creation of Californio Society», pág. 180.
28. Michael Gonzalez, «War and the Making of History: The Case of Mexican California, 1821–1846», *California History* 86, núm. 2 (2009): pág. 18; Jackson y Castillo, *Indians, Franciscans, and Spanish Colonization*, pág. 77.
29. Starr, *California: A History*, pág. 47.
30. Jackson y Castillo, *Indians, Franciscans, and Spanish Colonization*, pág. 87.
31. Starr, *California: A History*, pág. 49.
32. *Ibidem*, págs. 46-47.
33. *Ibidem*, pág. 54.
34. Richard Henry Dana, Francisco Torres Oliver (trad.), *Dos años al pie del mástil* (Barcelona: Alba editorial, 2017), pág. 51.
35. *Ibidem*, pág. 50.
36. *Ibidem*, pág. 52.
37. *Ibidem*, pág. 56.
38. *Ibidem.*
39. *Ibidem.*
40. Philip D. Curtin, *The Atlantic Slave Trade: A Census* (Madison: University of Wisconsin Press, 1969) pág. 46; Rodriguez, *Mongrels, Bastards, Orphans, and Vagabonds*, pág. 80.
41. Torget, *Seeds of Empire*, págs. 75-76.
42. Josefina Zoraida Vázquez y Michael M. Brescia (trad.), «War and Peace with the United States», en Beezley y Meyer, *The Oxford History of Mexico*, pág. 326.
43. *Ibidem*, pág. 321.
44. *Ibidem*, pág. 325.
45. Brands, *Lone Star Nation*, pág. 108; Taylor, «Remaking Americans», pág. 222.

46. Eric R. Schlereth, «Voluntary Mexican: Allegiance and the Origins of the Texas Revolution», en Sam Haynes y Gerald D. Saxon (eds.), *Contested Empire: Rethinking the Texas Revolution* (College Station: Texas A&M University Press, 2015), pág. 17.
47. Zoraida Vázquez, «War and Peace with the United States», pág. 327.
48. Torget, *Seeds of Empire*, pág. 122.
49. «Memoria en que el gobernador del estado libre de Coahuila y Tejas [...], 2.1.1834», University of Houston, Special Collections, Mexican Documents Collection, caja 1, expediente 32; Taylor, «Remaking Americans», pág. 223.
50. Citado en Zoraida Vázquez, «War and Peace with the United States», pág. 328.
51. Taylor, «Remaking Americans», pág. 223.
52. Paul D. Lack, «Slavery and the Texas Revolution», *Southwestern Historical Quarterly* 89, núm. 2 (1985): pág. 184.
53. *Ibidem.*
54. Paul D. Lack, *The Texas Revolutionary Experience: A Political and Social History, 1835–1836* (College Station: Texas A&M University Press, 1992), págs. 6-7; «Mensaje al coronel José Antonio Mexía», 13.6.1832 (Resoluciones de Turtle Bayou), Texas State Library and Archives Commission, https://www.tsl.texas.gov/treasures/republic/turtle/turtle-1.html (consultado 29.6.2017).
55. Lack, *The Texas Revolutionary Experience*, págs. 7, 183.
56. Will Fowler, *Santa Anna of Mexico* (Lincoln: University of Nebraska Press, 2007), págs. 136-137.
57. *Ibidem*, pág. 145.
58. Smith, *The United States and Latin America*, pág. 27; Lack, *The Texas Revolutionary Experience*, pág. 5.
59. «Memoria en que el gobernador del estado libre de Coahuila y Tejas».
60. Brands, *Lone Star Nation*, pág. 224.
61. Fowler, *Santa Anna of Mexico*, págs. 155-157.
62. *Ibidem*, pág. 161.
63. Torget, *Seeds of Empire*, pág. 174.
64. Martín Perfecto de Cos al Jefe Político del Departamento de Nacogdoches, 12.7.1835, BANC MSS P-O 110, Alphonse Louis Pinart collection, Documents for the History of Texas, Bancroft Library, University of California, Berkeley, pág. 1.
65. Ambos citados en Schlereth, «Voluntary Mexican», pág. 27.
66. «Acta de reunión de los ciudadanos de San Jacinto», 8.8.1835, BANC MSS P-O 110, Alphonse Louis Pinart collection, Documents for the History of Texas, Bancroft Library, University of California, Berkeley, pág. 1.
67. *Ibidem*, pág. 6.
68. «Acta de reunión de los ciudadanos de Nacogdoches», 21.9.1835, BANC MSS P-O 110, Alphonse Louis Pinart collection, Documents for the History of Texas, Bancroft Library, University of California, Berkeley, pág. 1.
69. Lack, *The Texas Revolutionary Experience*, pág. 17.
70. *Ibidem*, pág. 18.
71. Stephen Austin a Sra. Mary Austin Holley, 21.8.1835, en Eugene Barker (ed.), *The Austin Papers: October 1834–January 1837* (Austin: University of Texas Press, 1926), págs. 101-102.
72. Stephen Austin a David G. Burnet, 5.10.1835, *ibidem*, págs. 160-161.
73. Lack, *The Texas Revolutionary Experience*, págs. 43-52.
74. José María Ortiz Monasterio a John Forsyth, 28.10.1835 y 5.11.1835, en *Notes from the Mexican Legation in the U.S. to the Dept. of State, 1821–1906*, NARA, grupo de registro 59, microfilm 54, bobina 1, 1821-1835.
75. Circular del Gobierno, 1835, Archivo General de la Nación (AGN, México), Administración Pública: 1821-1910; Archivo de la Secretaría de Relaciones Exteriores, Secretaría de Guerra y Marina, Barker Transcripts, Dolph Briscoe Center for American History, University of Texas at Austin.

76. Fowler, *Santa Anna of Mexico*, pág. 164; para profundizar sobre los vínculos de Nueva Orleans con México, véase, por ejemplo, Linda K. Salvucci y Richard J. Salvucci, «The Lizardi Brothers: A Mexican Family Business and the Expansion of New Orleans, 1825-1846», *Journal of Southern History* 82, núm. 4 (2016): págs. 759-788.
77. Ray Suarez, *Latino Americans: The 500-Year Legacy That Shaped a Nation* (Nueva York: Celebra, 2013), loc. 549-577, versión e-book.
78. Schlereth, «Voluntary Mexican», págs. 28-30.
79. *Ibidem*, págs. 32, 35.
80. Sam W. Haynes, «'Imitating the Example of Our Forefathers': The Texas Revolution as Historical Reenactment», en Haynes y Saxon, *Contested Empire*, pág. 53; David J. Weber (ed.), *Foreigners in Their Native Land: Historical Roots of the Mexican-Americas* (Albuquerque: University of New Mexico Press, 2003), pág. 105.
81. Citado en Lack, *The Texas Revolutionary Experience*, pág. xiv.
82. Citado *ibidem*, pág. 86
83. «Proclama de Santa Anna», 26.2.1836, *Mercurio del Puerto de Matamoros*, consultado en el Dolph Briscoe Center for American History, University of Texas at Austin, vol. 1, 2Q266.
84. Fowler, *Santa Anna of Mexico*, pág. 165.
85. Para profundizar sobre los tejanos que se pusieron del lado de los centralistas, véase capítulo 9 en Lack, *The Texas Revolutionary Experience*.
86. Richard R. Flores, «Private Visions, Public Culture: The Making of the Alamo», *Cultural Anthropology* 10, núm. 1 (1995): pág. 100.
87. Citado en Brands, *Lone Star Nation*, pág. 352.
88. *Ibidem*, pág. 359.
89. Fowler, *Santa Anna of Mexico*, pág. 165.
90. Antonio López de Santa Anna, *Manifiesto que de sus operaciones en la campaña de Tejas y en su cautiverio dirige a sus conciudadanos* (Veracruz, 1837), pág. 10; citado en Weber, *Foreigners in Their Native Land*, pág. 110.
91. Brands, *Lone Star Nation*, pág. 367.
92. *Ibidem*, pág. 369.
93. *Ibidem*, págs. 371-373.
94. Fowler, *Santa Anna of Mexico*, pág. 166.
95. Brands, *Lone Star Nation*, págs. 378-379.
96. Timothy M. Matovina, *The Alamo Remembered: Tejano Accounts and Perspectives* (Austin: University of Texas Press, 1995), pág. 4.
97. Según el relato de Francisco Antonio Ruiz, citado *ibidem*, págs. 43-44.
98. Fowler, *Santa Anna of Mexico*, pág. 166.
99. *La lima de vulcano*, 22.3.1836, citado en Michael P. Costelo, «The Mexican Press of 1836 and the Battle of the Alamo», *Southwestern Historical Quarterly* 91, núm. 4 (1988): pág. 537.
100. *La luna*, 29.3.1836, citado *ibidem*, págs. 539-540.
101. *Laws of the Republic of Texas*, 2 vols. (Houston: Office of the Telegraph, 1838), vol. 1, págs. 9, 19.
102. «Public Meeting at Nashville», *Telegraph and Texas Register*, 20.2.1836.
103. «Shall We Declare for Independence?», *Telegraph and Texas Register*, 27.2.1836.
104. «Declaración de Independencia de Texas», 2.3.1836 (en inglés), http://avalon.law.yale.edu/19th_century/texdec.asp (consultado 24.4.2015).
105. Santa Anna al coronel José Urrea, 34.3.1836, en José Urrea, *Diario de las operaciones militares de la división que al mando del general José Urrea hizo la campaña de Tejas* (Victoria de Durango: Imp. del gobierno a cargo de M. González, 1838), págs. 60-61.
106. Stephen F. Austin a Andrew Jackson, 15.4.1836, en John Spencer Bassett (ed.), *Correspondence of Andrew Jackson* (Washington D. C.: Carnegie Institution of Washington, 1926-35), http://www.loc.gov/resource/maj.01094_0049_0052 (consultado 27.1.2017).

107. José María Ortiz Monasterio a John Forsyth, 19.11.1835, *Notes from the Mexican Legation in the U.S. to the Dept. of State, 1821–1906*, NARA, Grupo de registro 59, microfilm 54, bobina 1, 1821-1835.
108. Fowler, *Santa Anna of Mexico*, pág. 174; Lack, *The Texas Revolutionary Experience*, pág. 114.
109. Schlereth, «Voluntary Mexican», pág. 27.
110. Stephen F. Austin a Andrew Jackson, 15.4.1836, en Bassett, *Correspondence of Andrew Jackson*.
111. Fowler, *Santa Anna of Mexico*, págs. 167-172.
112. *Ibidem*, pág. 172.
113. *Ibidem*, págs. 173-175.
114. *Ibidem*, págs. 176, 183.
115. «Army of San Jacinto», *Pennsylvanian*, 24.6.1836, en University of Houston, Special Collections, Early Texas Document Collection, caja 1, expediente 201.
116. *Columbia Telegraph and Register*, 4.4.1837, citado en Matovina, *The Alamo Remembered*, pág. 2.
117. Torget, *Seeds of Empire*, pág. 270.
118. Manuel Eduardo de Gorostiza a funcionario desconocido, 12.7.1836, AGN (Mexico), Administración Pública: 1821-1910; Archivo de la Secretaría de Relaciones Exteriores, Secretaría de Guerra y Marina, Barker Transcripts, Dolph Briscoe Center for American History, University of Texas at Austin.
119. Alcalde Galán a Stephen Austin, citado en Lack, *The Texas Revolutionary Experience*, pág. 206.
120. Lorenzo de Zavala, John Michael Rivera (ed.), y Wallace Woolsey (trad.), *Journey to the United States of North America* (Houston: Arte Público Press, 2005), pág. 6.
121. Lorenzo de Zavala, *Viage a los Estados-Unidos del Norte de América* (París: Imp. de Decourchant, 1834), pág. i.
122. De Zavala, *Journey to the United States of North America*, pág. 79.
123. De Zavala, *Viage a los Estados-Unidos del Norte de América*, págs. 67-68.
124. Margaret Swett Henson, *Lorenzo de Zavala: The Pragmatic Idealist* (Fort Worth: Texas Christian University Press, 1996), págs. xi-xii.
125. De Zavala, *Journey to the United States of North America*, pág. xxix.
126. De Zavala, *Viage a los Estados-Unidos del Norte de América*, pág. 368.
127. Amy S. Greenberg, *A Wicked War: Polk, Clay, Lincoln, and the 1846 U.S. Invasion of Mexico* (Nueva York: Alfred A. Knopf, 2012), pág. 10.
128. *Resolutions of the Legislature of Rhode Island, Against the Annexation of Texas to the United States*, 17.4.1838, 25.º Congreso, 2.ª Sesión, SD281, Rice University, Woodson Special Collection, Americas Collection, serie III: Mexico, 1821–1865, y serie IV, United States 1823–1893, caja 3, expediente 16.
129. *Resolutions of the General Assembly of Tennessee, in Favor of the Annexation of Texas to the United States*, 17.4.1838, 25.º Congreso, 2.ª Sesión, SD384, *ibidem*.
130. J. L. Worley, «Diplomatic Relations of England and the Republic of Texas», *Quarterly of the Texas State Historical Association* 9, núm. 1 (1905): pág. 12.
131. Rodriguez, *Mongrels, Bastards, Orphans, and Vagabonds*, pág. 84.
132. Zoraida Vázquez, «War and Peace with the United States», pág. 336; Fowler, *Santa Anna of Mexico*, pág. 225.
133. Sam W. Haynes, *Soldiers of Misfortune: The Somervell and Mier Expeditions* (Austin: University of Texas Press, 1990), págs. 3-4.
134. Para profundizar sobre la expedición a Mier, véase *ibidem*.
135. Fowler, *Santa Anna of Mexico*, págs. 226-227.
136. Greenberg, *A Wicked War*, pág. 12.
137. *Ibidem*.
138. «Tratado de Anexión de Texas, 12.4.1844» (en inglés), http://avalon.law.yale.edu/19th_century/texan05.asp (consultado 14.7.2017).
139. Fowler, *Santa Anna of Mexico*, págs. 236-237.
140. Sexton, *The Monroe Doctrine*, pág. 91.

141. Citado en Greenberg, *A Wicked War*, pág. 19; para profundizar sobre los debates en Texas acerca de la esclavitud, véase David E. Narrett, «A Choice of Destiny: Immigration Policy, Slavery, and the Annexation of Texas», *Southwestern Historical Quarterly* 100, núm. 3 (1997): págs. 271-302.
142. «Mr. Clay on the Texas Question», *National Intelligencer*, 27.4.1884, pág. 3; Wilentz, *The Rise of American Democracy*, pág. 568.
143. «Tratado de Anexión de Texas, 12.4.1844».
144. James M. McPherson, *Battle Cry of Freedom: The Civil War Era* (Nueva York: Oxford University Press, 1988), pág. 47; Greenberg, *A Wicked War*, pág. 59.
145. Wilentz, *The Rise of American Democracy*, págs. 575-576.
146. «Discurso Inaugural de James Knox Polk, 4.3.1845» (en inglés), http://avalon.law.yale.edu/19th_century/polk.asp#texas (consultado 24.4.2015).
147. *Ibidem*.
148. «Annexation», *United States Magazine and Democratic Review* 17, núm. 1 (julio/agosto de 1845): págs. 5-9; Schama, *The American Future*, pág. 256.
149. Rodriguez, *Mongrels, Bastards, Orphans, and Vagabonds*, pág. 89; Fowler, *Santa Anna of Mexico*, pág. 247.
150. Wilentz, *The Rise of American Democracy*, pág. 582.
151. *El tiempo* (Ciudad de México), tomo I, núm. 12, AGI, Papeles de Cuba, legajo 2265.
152. Fowler, *Santa Anna of Mexico*, pág. 248.
153. Greenberg, *A Wicked War*, pág. 102.
154. Robert W. Johannsen, *To the Halls of the Montezumas: The Mexican War in the American Imagination* (Oxford: Oxford University Press, 1985), pág. 8; Greenberg, *A Wicked War*, pág. 119.
155. «James K. Polk: Mensaje Especial al Congreso acerca de las Relaciones con México» (en inglés), American Presidency Project, http://www.presidency.ucsb.edu/ws/?pid=67907 (consultado 23.7.2017).
156. Citado en Greenberg, *A Wicked War*, pág. 104.
157. Citado en Steven Hahn, *A Nation Without Borders: The United States and Its World in an Age of Civil Wars, 1830–1910* (Nueva York: Penguin, 2016), pág. 137, versión Kindle. El movimiento del Suelo Libre tenía el suficiente tirón como para que el expresidente demócrata Martin Van Buren volviera a presentarse a la presidencia en 1848, pero esta vez como miembro del Partido del Suelo Libre. Recibió alrededor del 10% de los votos. Para profundizar sobre el movimiento del Suelo Libre, véase Eric Foner, *Free Soil, Free Labour, Free Men* (Oxford: Oxford University Press, 1995).
158. Rodriguez, *Mongrels, Bastards, Orphans, and Vagabonds*, pág. 91.
159. McPherson, *Battle Cry of Freedom*, págs. 53-54.
160. Laura E. Gómez, *Manifest Destinies: The Making of the Mexican American Race* (Nueva York: New York University Press, 2007), pág. 20.
161. Rosemary King, «Border Crossings in the Mexican American War», *Bilingual Review/La Revista Bilingüe* 25, núm. 1 (2000): pág. 66.
162. Fabiola García Rubio, *El daily Picayune de Nueva Orleans durante los años del conflicto entre Estados Unidos y México (1846-1848): su postura ante la guerra y su recepción en la prensa Mexicana* (Ciudad de México: Instituto de Investigaciones Dr. José María Luis Mora, 2004), págs. 63, 70.
163. Johannsen, *To the Halls of the Montezumas*, págs. 186-188.
164. Prescott estaba prácticamente ciego cuando escribió este libro, por lo que sus ayudantes tenían que dictarle las fuentes y él redacto el libro con ayuda de un aparato llamado noctógrafo. Más adelante la obra se tradujo al español y gozó de una amplia difusión en México. Véanse William H. Prescott y Felipe Fernández-Armesto (ed.), *History of the Conquest of Mexico* (Londres: Folio Society, 1994), pág. xxiii; Johannsen, *To the Halls of the Montezumas*, págs. 30, 245. Véase también capítulo 3 en Eric Wertheimer, *Imagined Empire: Incas, Aztecs, and the New World of American Literature, 1771–1876* (Cambridge: Cambridge University Press, 1999).

165. Citado en Johannsen, *To the Halls of the Montezumas*, pág. 247. Véase también John E. Eipper, «The Canonizer De-Canonized: The Case of William H. Prescott», *Hispania* 83, núm. 3 (2000): págs. 416-427.
166. McPherson, *Battle Cry of Freedom*, págs. 49-50.
167. Para profundizar sobre la revuelta y el posterior juicio, véase capítulo 1 en Gómez, *Manifest Destinies*.
168. Starr, *California: A History*, págs. 67-68.
169. *Ibidem*, pág. 68; Hahn, *A Nation Without Borders*, pág. 134.
170. Hahn, *A Nation Without Borders*, pág. 134.
171. «Proclamation to the People of California from Stephen W. Kearny», 1.3.1847, *Letters sent by the Governors and by the Secretary of State of California, 1847–1848*, NARA, RG 94, microfilm 94/07.
172. Chasteen, *Born in Blood and Fire*, pág. 127.
173. Fowler, *Santa Anna of Mexico*, pág. 254.
174. Para profundizar sobre estas tropas, así como el debate acerca de su composición y anti-catolicismo, véanse John C. Pinheiro, «'Religion Without Restriction': Anti-Catholicism, All Mexico, and the Treaty of Guadalupe Hidalgo», *Journal of the Early Republic* 23, núm. 1 (2003): págs. 69-96; King, «Border Crossings in the Mexican American War».
175. Suarez, *Latino Americans*, loc. 632-647; Jesús de la Teja (ed.), *A Revolution Remembered: The Memoirs and Selected Correspondence of Juan N. Seguín* (Austin: Texas State Historical Association, 2002).
176. «Our Relations with Mexico», *American Review: A Whig Journal*, julio de 1846, págs. 3, 14.
177. Greenberg, *A Wicked War*, pág. 111.
178. *Ibidem*, pág. 160.
179. Fowler, *Santa Anna of Mexico*, pág. 263.
180. Santa Anna al Ministerio de la Guerra, 13.5.1847, en Smith (ed.), «Letters of General Antonio López de Santa Anna Relating to the War», *Annual Report of the American Historical Association*, 1917, pág. 426; citado en Fowler, *Santa Anna of Mexico*, pág. 255.
181. Johannsen, *To the Halls of the Montezumas*, pág. 155; Greenberg, *A Wicked War*, pág. 170.
182. «Proclamation Translated into Spanish from Winfield Scott in Veracruz», 22.3.1847, University of Houston, Special Collections, Mexican Documents Collection, caja 1, expediente 94.
183. *Ibidem*.
184. Fowler, *Santa Anna of Mexico*, págs. 263-264.
185. Manuel Balbontín, *La Invasión Americana, 1846 a 1848: Apuntes del subteniente de artillería Manuel Balbontín* (Ciudad de México: Imp. de Gonzalo A. Esteva, 1883), pág. 52.
186. Fowler, *Santa Anna of Mexico*, págs. 275-276.
187. Citado en Johannsen, *To the Halls of the Montezumas*, pág. 247.
188. Citado *ibidem*, pág. 248.
189. Henry David Thoreau y John Wood Krutch (ed.), *Walden, and Other Writings* (Nueva York: Bantam, 1981), pág. 85; Greenberg, *A Wicked War*, pág. 196.
190. Greenberg, *A Wicked War*, pág. 128; Sexton, *The Monroe Doctrine*, pág. 94; John Douglas Pitts Fuller, «The Movement for the Acquisition of All Mexico, 1846–1848», en *The Johns Hopkins University Studies in Historical and Political Science* (Baltimore: Johns Hopkins Press, 1936), pág. 112.
191. Fuller, «The Movement for the Acquisition of All Mexico, 1846–1848».
192. Reginald Horsman, *Race and Manifest Destiny: The Origins of American Racial Anglo-Saxonism* (Cambridge: Harvard University Press, 1981), págs. 2-3.
193. «Our Relations with Mexico», pág. 14; Horsman, *Race and Manifest Destiny*, págs. 236-237.
194. John C. Pinheiro, *Manifest Ambition: James K. Polk and Civil-Military Relations During the Mexican War* (Westport: Praeger Security International, 2007), pág. 148.
195. *Congressional Globe*, Senado, 30.º Congreso, 1.ª Sesión (diciembre de 1846), págs. 53-54; Pinheiro, *Manifest Ambition*, pág. 149.

196. *Speech of Mr. Calhoun, of South Carolina on His Resolutions in Reference to the War with Mexico*, 4.1.1848 (Washington D. C.: J. T. Towers, 1848), págs. 9-10, https://babel.hathitrust.org/cgi/pt?id=hvd.32044024364713;view=1up;seq=5.
197. *Congressional Globe*, Senado, 30.º Congreso, 1.ª Sesión (diciembre de 1846), pág. 54.
198. Pinheiro, *Manifest Ambition*, pág. 149.
199. Albert Gallatin, *Peace with Mexico* (Nueva York: Bartlett & Welford, 1847), pág. 28.
200. *Ibidem*, pág. 27.
201. Pinheiro, *Manifest Ambition*, pág. 149.
202. King, «Border Crossings in the Mexican American War», pág. 66.
203. Griswold del Castillo, *The Treaty of Guadalupe Hidalgo*, pág. 42.
204. McPherson, *Battle Cry of Freedom*, pág. 50.
205. Citado en Patricia Galeana, «Presentación», en Patricia Galeana (ed.), *Nuestra Frontera Norte* (México: Archivo General de la Nación, 1999), pág. 8.
206. *Ibidem*.
207. Balbontín, *La Invasión Americana, 1846 a 1848*, pág. 136. Véase también Charles A. Hale, «The War with the United States and the Crisis in Mexican Thought», *Americas* 14, núm. 2 (1957): págs. 153-173.
208. *Apuntes para la historia de la guerra entre México y los Estados-Unidos* (Ciudad de México: Imp. de M. Payno hijo, 1848), pág. 28.
209. James K. Polk: Cuarto Mensaje Anual al Congreso, 5.12.1848, American Presidency Project, http://www.presidency.ucsb.edu/ws/?pid=29489 (consultado 29.4.2015).
210. *Ibidem*.
211. Para profundizar en los principales generales que participaron en ambos conflictos, véase introducción de McPherson, *Battle Cry of Freedom*.
212. Ulysses S. Grant, *Memoirs and Selected Letters: Personal Memoirs of U.S. Grant, Selected Letters 1839–1865* (Nueva York: Library of America, 1990), pág. 41.
213. Citado en Brands, *Lone Star Nation*, págs. 352-353.
214. De la Teja, *A Revolution Remembered*, pág. 73.
215. *Clarksville Standard*, 4.3.1887, citado en Matovina, *The Alamo Remembered*, pág. 48.
216. Para profundizar sobre la creación y la importancia de la conmemoración de los niños héroes, véase Enrique Plasencia de la Parra, «Conmemoración de la hazaña épica de los niños héroes: Su origen, desarrollo y simbolismos», *Historia Mexicana* 45, núm. 2 (1995): págs. 241-279.

Capítulo 10: Mesilla, Nuevo México

1. José Angel Hernández, *Mexican American Colonization During the Nineteenth Century* (Cambridge: Cambridge University Press, 2012), pág. 170.
2. Gómez, *Manifest Destinies*, pág. 2.
3. Hernández, *Mexican American Colonization During the Nineteenth Century*, pág. 72.
4. Citado *ibidem*, pág. 69.
5. *Ibidem*, pág. 168.
6. Paula Rebert, *La Gran Línea: Mapping the United States-Mexico Boundary, 1849–1857* (Austin: University of Texas Press, 2001), pág. 6.
7. St. John, *Line in the Sand*, pág. 28.
8. *Ibidem*, págs. 28-29; véanse también Sánchez *et al.*, *New Mexico: A History*, pág. 127; Rebert, *La Gran Línea*, págs. 7-8.
9. St. John, *Line in the Sand*, pág. 24; McPherson, *Battle Cry of Freedom*, pág. 11; Rebert, *La Gran Línea*, pág. 12.
10. Allman, *Finding Florida*, pág. 180.
11. St. John, *Line in the Sand*, págs. 40-41.
12. Fowler, *Santa Anna of Mexico*, pág. 304.
13. St. John, *Line in the Sand*, págs. 22, 35, 46.

14. *Ibidem*, pág. 31.
15. Mesilla también fue tristemente célebre por su vinculación a Billy el Niño, pues fue allí donde fue juzgado y sentenciado.
16. Schama, *The American Future*, pág. 270.
17. Shirley Ann Wilson Moore, «'We Feel the Want of Protection': The Politics of Law and Race in California, 1848–1878», *California History* 81, núm. 3/4 (2003): pág. 99.
18. *Ibidem*, pág. 105.
19. Tomás Almaguer, *Racial Fault Lines: The Historical Origins of White Supremacy in California* (Berkeley: University of California Press, 1994), pág. 26.
20. James L. Ord a Henry Cerruti, *Answers to Questions Concerning U.S. Conquest of California and Impressions of Events and People, as Surgeon with Company F, 3d U.S. Artillery, Landed, Jan. 27, 1847 at Monterey from U.S. Ship, Lexington*, BANC MSS C-E 63-65, Bancroft Library, University of California, Berkeley, pág. 2.
21. *Ibidem*, pág. 4.
22. Christopher David Ruiz Cameron, «One Hundred Fifty Years of Solitude: Reflections on the End of the History Academy's Dominance on the Scholarship on the Treaty of Guadalupe Hidalgo», *Bilingual Review* 25, núm. 1 (2000): pág. 6.
23. «Proclamation to the People of California from Stephen W. Kearny», 1.3.1847, *Letters sent by the Governors and by the Secretary of State of California, 1847–1848*, NARA, RG 94, microfilm 94/07.
24. Richard Barnes Mason a L. W. Boggs, 7.6.1847, *ibidem*
25. Richard Barnes Mason a William Blackburn, 21.6.1847, *ibidem*
26. Almaguer, *Racial Fault Lines*, págs. 14-15.
27. Citado en Tamara Venit-Shelton, «'A More Loyal, Union Loving People Can Nowhere Be Found': Squatters' Rights, Secession Anxiety, and the 1861 'Settlers' War' in San Jose», *Western Historical Quarterly* 41, núm. 4 (2010): pág. 478.
28. Donald J. Pisani, «Squatter Law in California, 1850–1858», *Western Historical Quarterly* 25, núm. 3 (1994): pág. 290.
29. *Ibidem*, pág. 277; Venit-Shelton, «A More Loyal, Union Loving People Can Nowhere Be Found», pág. 476.
30. Pisani, «Squatter Law in California, 1850–1858», págs. 282-283.
31. *Ibidem*, pág. 277.
32. *Ibidem*, pág. 288.
33. Griswold del Castillo, *The Treaty of Guadalupe Hidalgo*, pág. 73.
34. Pisani, «Squatter Law in California, 1850–1858», pág. 287.
35. Starr, *California: A History*, pág. 105.
36. Pisani, «Squatter Law in California, 1850–1858», págs. 290-292.; Paul Kens, «The Frémont Case: Confirming Mexican Land Grants in California», en Gordon Morris Bakken (ed.), *Law in the Western United States* (Norman: University of Oklahoma Press, 2000), págs. 329-330.
37. Pisani, «Squatter Law in California, 1850–1858», pág. 287; Starr, *California: A History*, pág. 104. Pisani sitúa el número de concesiones confirmadas en 553, mientras que Starr sostiene que fueron 604.
38. Venit-Shelton, «A More Loyal, Union Loving People Can Nowhere Be Found», pág. 479.
39. Kanellos *et al.*, *Herencia*, pág. 111.
40. Citado *ibidem*
41. Paul Bryan Gray, *A Clamor for Equality: Emergence and Exile of Californio Activist Francisco P. Ramírez* (Lubbock: Texas Tech University Press, 2012), págs. 1-14.
42. Robert M. Fogelson, *The Fragmented Metropolis: Los Angeles, 1850–1930* (Cambridge: Harvard University Press, 1967), pág. 1.
43. Gray, *A Clamor for Equality*, pág. 15.
44. Daniel Lynch, «Southern California Chivalry: Southerners, Californios, and the Forging of an Unlikely Alliance», *California History* 91, núm. 3 (2014): pág. 60.

45. Venit-Shelton, «A More Loyal, Union Loving People Can Nowhere Be Found», págs. 483-484.
46. Lynch, «Southern California Chivalry», pág. 61.
47. *El Clamor Público*, 30.10.1855, núm. 20, pág. 2. Existen versiones digitalizadas de este periódico en http://digitallibrary.usc.edu/cdm/search/collection/p15799coll70.
48. Stacey L. Smith, «Remaking Slavery in a Free State: Masters and Slaves in Gold Rush California», *Pacific Historical Review* 80, núm. 1 (2011): pág. 29.
49. Robert F. Heizer y Alan J. Almquist, *The Other Californians: Prejudice and Discrimination Under Spain, Mexico and the United States to 1920* (Berkeley: University of California Press, 1971), pág. 124.
50. Moore, «We Feel the Want of Protection», pág. 109; Heizer y Almquist, *The Other Californians*, pág. 124.
51. Gray, *A Clamor for Equality*, págs. xvii, 17.
52. *El Clamor Público*, 24.7.1855, núm. 20, pág. 2.
53. *El Clamor Público*, 31.12.1859, núm. 20, pág. 2.
54. Ruiz Cameron, «One Hundred Fifty Years of Solitude», pág. 4.
55. Citado *ibidem*, pág. 4.
56. Griswold del Castillo, *The Treaty of Guadalupe Hidalgo*, págs. 54, 182.
57. *Ibidem*, págs. 81-82.
58. Venit-Shelton, «A More Loyal, Union Loving People Can Nowhere Be Found», pág. 474.
59. Frank H. Taylor, «Through Texas», *Harper's New Monthly Magazine*, octubre de 1879, pág. 713; De León, *They Called Them Greasers*, pág. 27.
60. Martha Menchaca, «Chicano Indianism: A Historical Account of Racial Repression in the United States», *American Ethnologist* 20, núm. 3 (1993): pág. 586.
61. Heizer y Almquist, *The Other Californians*, pág. 95; Donald E. Hargis, «Native Californians in the Constitutional Convention of 1849», *Historical Society of Southern California Quarterly* 36, núm. 1 (1954): pág. 4.
62. Rodriguez, *Mongrels, Bastards, Orphans, and Vagabonds*, pág. 123.
63. Menchaca, «Chicano Indianism», pág. 587; Moore, «We Feel the Want of Protection», pág. 109.
64. Hahn, *A Nation Without Borders*, pág. 171.
65. John Higham, *Strangers in the Land: Patterns of American Nativism, 1860–1925* (New Brunswick: Rutgers University Press, 1988), pág. 10.
66. Elliott West, «Reconstructing Race», Western Historical Quarterly 34, núm. 1 (2003): págs. 10-11.
67. Menchaca, «Chicano Indianism», pág. 590.
68. Constitution *ibidem*, pág. 589.
69. *Ibidem*, pág. 589.
70. Comunicación de J. H. Watts a H. H. Bancroft, 25.11.1878, BANC MSS P-E 1-3, Bancroft Library, University of California, Berkeley, págs. 14-15.
71. Zaragosa Vargas, *Crucible of Struggle: A History of Mexican-Americans from Colonial Times to the Present Era* (Oxford: Oxford University Press, 2011), pág. 151.
72. Caso citado en Ngai, *Impossible Subjects*, pág. 53.
73. Menchaca, «Chicano Indianism», págs. 592-595.
74. Gómez, *Manifest Destinies*, págs. 43-44.
75. Moore, «We Feel the Want of Protection», pág. 115.
76. Rodriguez, *Mongrels, Bastards, Orphans, and Vagabonds*, pág. 102.
77. William D. Carrigan y Clive Webb, «The Lynching of Persons of Mexican Origin or Descent in the United States, 1848 to 1920», Journal of Social History 37, núm. 2 (2003): pág. 414.
78. *Ibidem*, pág. 416.
79. William D. Carrigan y Clive Webb, *Forgotten Dead: Mob Violence Against Mexicans in the United States, 1848–1928* (Oxford, Oxford University Press, 2013, pág. 6.

80. Albert L. Hurtado, «Sex, Gender, Culture, and a Great Event: The California Gold Rush», *Pacific Historical Review* 68, núm. 1 (1999): pág. 4.
81. *Ibidem*, pág. 13.
82. Carrigan y Webb, «The Lynching of Persons of Mexican Origin or Descent in the United States, 1848 to 1920», pág. 69.
83. Jerry Thompson, *Cortina: Defending the Mexican Name in Texas* (College Station: Texas A&M University Press, 2007), págs. 13-17.
84. *Ibidem*, págs. 17-21.
85. *Ibidem*, pág. 23.
86. Citado *ibidem*, pág. 30.
87. *Ibidem*, págs. 40-41.
88. Suarez, *Latino Americans*, loc. 700-711; Rodriguez, *Mongrels, Bastards, Orphans, and Vagabonds*, pág. 103.
89. Thompson, *Cortina*, págs. 228, 236, 245.
90. Wilentz, *The Rise of American Democracy*, pág. 675.
91. De los papeles de Shaler y citado en Lewis, *The American Union and the Problem of Neighborhood*, págs. 36-37.
92. Citado en McPherson, *Battle Cry of Freedom*, pág. 105; para profundizar sobre todo este periodo, véase Robert E. May, *The Southern Dream of Caribbean Empire, 1854–1861* (Gainesville: University Press of Florida, 2002).
93. McPherson, *Battle Cry of Freedom*, pág. 105.
94. *Ibidem*.
95. *Daily Crescent*, 27.5.1850, III, núm. 72, pág. 1.
96. «El comunicado de Ostende», 18.10.1854, texto en inglés disponible en http://xroads.virginia.edu/~hyper/hns/ostend/ostend.html (consultada: 20.3.2016).
97. *Ibidem*.
98. William V. Wells, *Walker's Expedition to Nicaragua* (Nueva York: Stringer and Townsend, 1856), pág. 24.
99. *Ibidem*, pág. 25.
100. Juan Nepomuceno Almonte a William L. Marcy, 21.12.1853, Notes from the Mexican Legation in the United States to the Department of State, 1821-1906, NARA, RG 59, M0054, loc. 1/1/5, Mexico and the United States, bobina 3.
101. St. John, *Line in the Sand*, págs. 41-42.
102. Starr, *California: A History*, pág. 113.
103. Donald S. Frazier, *Blood & Treasure: Confederate Empire in the Southwest* (College Station: Texas A&M University Press, 1995), págs. 4-5; McPherson, *Battle Cry of Freedom*, pág. 683; véase también May, *The Southern Dream of Caribbean Empire, 1854–1861*.
104. Sánchez *et al.*, *New Mexico: A History*, pág. 130.
105. Gómez, *Manifest Destinies*, pág. 103; para más información, véanse págs. 98-105.
106. Mark J. Stegmaier, «A Law That Would Make Caligula Blush? New Mexico Territory's Unique Slave Code, 1859–1861», en Bruce Glasrud (ed.), *African-American History in New Mexico: Portraits from Five Hundred Years* (Albuquerque: University of New Mexico Press, 2015), págs. 47-48.
107. *Ibidem*, pág. 59.
108. Sánchez *et al.*, *New Mexico: A History*, págs. 131-132; Vargas, *Crucible of Struggle*, pág. 128.
109. Sánchez *et al.*, *New Mexico: A History*, pág. 131.
110. *Ibidem*, pág. 134.
111. Jerry Don Thompson, *Vaqueros in Blue & Gray* (Austin: Presidial Press, 1976), pág. 81; Frazier, *Blood & Treasure*, págs. 40, 104.
112. Thompson, *Vaqueros in Blue & Gray*, págs. 5-6.
113. Para profundizar sobre este periodo, véase Anne Eller, *We Dream Together: Dominican Independence, Haiti, and the Fight for Caribbean Freedom* (Durham: Duke University Press, 2016).

114. Lynch, *The Spanish American Revolutions*, 1808-1826, pág. 327.
115. Paul Vanderwood, «Betterment for Whom? The Reform Period: 1855-75», en Beezley y Meyer, *The Oxford History of Mexico*, págs. 352-353.
116. «The Fate of Mexico», *United States Democratic Review*, mayo de 1858, págs. 340-341.
117. Karl Marx, «The Intervention in Mexico», *New York Daily Tribune*, 23.11.1861; también en Karl Marx y Friedrich Engels, *Marx and Engels: Collected Works*, vol. 19 (Londres: Lawrence & Wishart, 2010), págs. 71-78.
118. Vanderwood, «Betterment for Whom?», pág. 358.
119. Hale, «The War with the United States and the Crisis in Mexican Thought», pág. 169; Jasper Ridley, *Maximilian and Juárez* (Londres: Constable, 1993), capítulo 2.
120. Leslie Bethell, «Brazil and 'Latin America'», *Journal of Latin American Studies* 42, núm. 3 (2010): pág. 460; John Leddy Phelan, «Pan-Latinism, French Intervention in Mexico (1861–1867) and the Genesis of the Idea of Latin America», en Juan A. Ortega y Medina (ed.), *Conciencia y autenticidad históricas: escritos en homenaje a Edmundo O'Gorman* (México: UNAM, 1968), pág. 279.
121. Phelan, «Pan-Latinism, French Intervention in Mexico (1861–1867) and the Genesis of the Idea of Latin America», págs. 279-281. Para profundizar sobre la evolución de la idea de «América Latina», véase Michael Gobat, «The Invention of Latin America: A Transnational History of Anti-Imperialism, Democracy, and Race», *American Historical Review* 118, núm. 5 (2013): págs. 1345-1375.
122. Vanderwood, «Betterment for Whom?», pág. 358.
123. McPherson, *Battle Cry of Freedom*, pág. 683.
124. M. M. Chevalier y W. Henry Hurlbut (trad.), *France, Mexico, and the Confederate States* (Nueva York: C. B. Richardson, 1863), pág. 6; Phelan, «Pan-Latinism, French Intervention in Mexico (1861–1867) and the Genesis of the Idea of Latin America», págs. 279-281.
125. Chevalier, *France, Mexico, and the Confederate States*, pág. 7.
126. Andrew Rolle, *The Lost Cause: The Confederate Exodus to Mexico* (Norman: University of Oklahoma Press, 1965), pág. 89. Véase capítulo 10 para profundizar sobre Sterling Price.
127. Carta de Sterling Price al cnel. Thomas L. Snead, 15.11.1865, Rice University, Woodson Special Collection, Americas Collection MS 518, series III y IV, caja 3, expediente 3.6.
128. Rolle, *The Lost Cause*, págs. 95-96.
129. Vanderwood, «Betterment for Whom?», pág. 362.
130. Hahn, *A Nation Without Borders*, pág. 391.
131. La muerte del emperador no tardó en quedar representada en una serie de cuadros realizados por Édouard Manet, https://www.nationalgallery.org.uk/paintings/edouard-manet-the-execution-of-maximilian.
132. Rolle, *The Lost Cause*, págs. x, 187; véase también Robert E. May, «The Irony of Confederate Diplomacy: Visions of Empire, the Monroe Doctrine, and the Quest for Nationhood», *Journal of Southern History* 83, núm. 1 (2017): págs. 96-98.
133. Gregory P. Downs, «The Mexicanization of American Politics: The United States' Transnational Path from Civil War to Stabilization», *American Historical Review* 117, núm. 2 (2012): pág. 387.
134. Mark Wahlgren Summers, «Party Games: The Art of Stealing Elections in Late-Nineteenth-Century United States», *Journal of American History* 88, núm. 2 (2001): pág. 431.
135. «What Is 'Mexicanisation'?», *Nation*, 21.12.1876, pág. 365.
136. *Ibidem*.
137. Summers, «Party Games», pág. 431.
138. «What Is "Mexicanisation"?», pág. 366.
139. McPherson, *Battle Cry of Freedom*, pág. 450.
140. St. John, *Line in the Sand*, pág. 67.
141. Willa Cather, *La Muerte Viene Hacia el Arzobispo* (Santiago de Chile: Andrés Bello, 1989), pág. 24.

142. Para profundizar sobre la «frontera del cobre» y el auge de la minería en el Suroeste, véase Samuel Truett, *Fugitive Landscapes: The Forgotten History of the U.S.-Mexico Borderlands* (New Haven: Yale University Press, 2006).
143. McPherson, *Battle Cry of Freedom*, pág. 818.
144. St. John, *Line in the Sand*, pág. 63.
145. *Ibidem*, págs. 91-94.
146. *Ibidem*, pág. 85.
147. *Ibidem*, pág. 77.
148. Griswold del Castillo, *The Treaty of Guadalupe Hidalgo*, págs. 80-81; Sánchez et al., *New Mexico: A History*, pág. 176.
149. David V. Holtby, *Forty-Seventh Star: New Mexico's Struggle for Statehood* (Norman: University of Oklahoma Press, 2012), pág. 6.
150. David L. Caffey, *Chasing the Santa Fe Ring: Power and Privilege in New Mexico* (Albuquerque: University of New Mexico Press, 2014), págs. xiii-xv.
151. *Ibidem*, pág. 42.
152. *Ibidem*, pág. 16.
153. David L. Caffey, *Frank Springer and New Mexico: From the Colfax County War to the Emergence of Modern Santa Fe* (College Station: Texas A&M University Press, 2006), págs. 25-26; John M. Nieto-Phillips, *The Language of Blood: The Making of Spanish-American Identity in New Mexico, 1880s–1930s* (Albuquerque: University of New Mexico Press, 2004), pág. 61; Holtby, *Forty-Seventh Star*, pág. 78.
154. Caffey, *Frank Springer and New Mexico*, págs. 48-49.
155. *Ibidem*, págs. 65-70.
156. Gran parte de esta explicación sobre la concesión Maxwell procede de Nieto-Phillips, *The Language of Blood*, pág. 61; Holtby, *Forty-Seventh Star*, pág. 78.
157. Rodriguez, *Mongrels, Bastards, Orphans, and Vagabonds*, pág. 103; Anselmo Arellano, «The People's Movement: Las Gorras Blancas», en Erlinda Gonzales-Berry y David Maciel (eds.), *The Contested Homeland: A Chicano History of New Mexico* (Albuquerque: University of New Mexico Press, 2000), págs. 59-83.
158. Arellano, «The People's Movement», pág. 66.
159. Informe a Samuel D. King, Agrimensor General de California, de Leander Ransom, 28.9.1852, NARA RG 49: Records of the Bureau of Land Management, Special Act Files, 1785–1926, núm. 124 (1860), United States–California Boundary, caja 27.
160. Charles F. Lummis, *The Spanish Pioneers and the California Missions* (Chicago: A. C. McClurg, 1936), pág. 304.
161. Thomas G. Andrews, «Towards an Environmental History of the Book: The Nature of Hubert Howe Bancroft's Works», *Southern California Quarterly* 93, núm. 1 (2001): pág. 36.
162. *Ibidem*, pág. 39.
163. *Ibidem*, pág. 42.
164. *Proceedings of the Society of California Pioneers in Reference to the Histories of Hubert Howe Bancroft* (San Francisco: Sterett, febrero de 1894).
165. María Amparo Ruiz de Burton, y Beatrice Pita y Rosaura Sánchez (eds.), *The Squatter and the Don* (Houston: Arte Público Press, 1997), versión Kindle. Para más narraciones orales, véanse Rosaura Sánchez, *Telling Identities: The Californio Testimonies* (Minneapolis: University of Minnesota Press, 1995); Marissa López, «The Political Economy of Early Chicano Historiography: The Case of Hubert H. Bancroft and Mariano G. Vallejo», *American Literary History* 19, núm. 4 (2007): págs. 874-904. Para profundizar sobre la vida de las mujeres en México y la California estadounidense primitiva, véase Miroslava Chávez-García, *Negotiating Conquest: Gender and Power in California, 1770s to 1880s* (Tucson: University of Arizona Press, 2004).
166. María Amparo Ruiz de Burton a Platón Vallejo, 23.4.1859, en Rosaura Sánchez y Beatrice Pita (eds.), *Conflicts of Interest: The Letters of María Amparo Ruiz De Burton* (Houston: Arte Público Press, 2001), págs. 157-158.

167. Ruiz de Burton, *The Squatter and the Don*, loc. 1114.
168. *Ibidem*, loc. 1290.
169. Helen Hunt Jackson, *Ramona*, traducción e introducción de José Martí, en Gonzalo de Quesada (ed.), *Obras completas de Martí*, núm. 57 (La Habana: Editorial Trópico, 1994), pág. 12.
170. *Ibidem*, pág. ix.
171. James J. Rawls, «The California Mission as Symbol and Myth», *California History* 71, núm. 3 (1992): pág. 347.
172. Jackson, *Ramona*, pág. 350.
173. *Ibidem*, pág. 387.
174. Lummis, *The Spanish Pioneers and the California Missions*, pág. 295.
175. Starr, *California: A History*, pág. 148.
176. Barbara A. Wolanin, *Constantino Brumidi: Artist of the Capitol* (Washington D. C.: Featured Senate Publications 103d Congress, 1998), pág. 164.
177. Montgomery C. Meigs a Emanuel Leutze, 8.2.1857, citado *ibidem*, pág. 149.
178. Francis V. O'Connor, «The Murals by Constantino Brumidi for the United States Capitol Rotunda, 1860–1880», en Irma B. Jaffe (ed.), *The Italian Presence in American Art, 1860–1920* (Nueva York: Fordham University Press, 1992), págs. 87-88.
179. Gracias en especial a Andrés Bustamante por hacer que me haya fijado en este friso, así como en la influencia de la obra de William Prescott sobre las tropas de EE. UU. durante la guerra mexicano-estadounidense.
180. Frederick Jackson Turner, *The Frontier in American History* (Nueva York: Holt and Company, 1920), pág. 1, versión Kindle.

Capítulo 11: Ybor City, Florida

1. Juan González, *Harvest of Empire: A History of Latinos in America*, ed. rev. (Nueva York: Penguin Books, 2001), pág. 238.
2. Luis Martínez-Fernández, «Political Change in the Spanish Caribbean During the United States Civil War and Its Aftermath, 1861–1878», *Caribbean Studies* 27, núm. 1/2 (1994): pág. 56.
3. Ulysses S. Grant: Séptimo Mensaje Anual al Congreso, 7.12.1875, American Presidency Project, http://www.presidency.ucsb.edu/ws/?pid=29516 (consultada: 21.3.2016); Louis A. Pérez Jr., *Cuba and the United States: Ties of Singular Intimacy* (Athens: University of Georgia Press, 1997), pág. 53.
4. Pérez, *Cuba and the United States*, pág. 54.
5. Laird W. Bergad, «Toward Puerto Rico's Grito De Lares: Coffee, Social Stratification, and Class Conflicts, 1828–1868», *Hispanic American Historical Review* 60, núm. 4 (1980): págs. 641-642.
6. Martínez-Fernández, «Political Change in the Spanish Caribbean During the United States Civil War and Its Aftermath, 1861–1878», pág. 55.
7. *Ibidem*, pág. 54.
8. *Ibidem*.
9. Louis A. Perez, «Vagrants, Beggars, and Bandits: Social Origins of Cuban Separatism, 1878–1895», *American Historical Review* 90, núm. 5 (1985): págs. 1094-1098.
10. *Ibidem*, pág. 1098.
11. Louis A. Pérez Jr., «Cubans in Tampa: From Exiles to Immigrants, 1892–1901», *Florida Historical Quarterly* 57, núm. 2 (1978): pág. 129.
12. Lisandro Pérez, «Cubans in the United States», *Annals of the American Academy of Political and Social Science* 487, núm. 1 (1986): pág. 128.
13. José Martí, Philip Foner (ed.), y Elinor Randall (trad.), *Our America: Writings on Latin America and the Struggle for Cuban Independence* (Nueva York: Monthly Review Press, 1977), pág. 249.

14. Paul J. Dosal, *Tampa in Martí/Tampa En Martí* (Matanzas: Ediciones Vigía, 2010), pág. 21.
15. Gerald E. Poyo, «Tampa Cigarworkers and the Struggle for Cuban Independence», *Tampa Bay History* 7, núm. 2 (otoño/invierno de 1985): pág. 103; Yoel Cordoví Núñez, *La emigración cubana en los Estados Unidos: estructuras directivas y corrientes de pensamiento, 1895-1898* (Santiago de Cuba: Editorial Oriente, 2012), pág. 32.
16. Cordoví Núñez, *La emigración cubana en los Estados Unidos*, pág. 44.
17. Gerald Horne, *Race to Revolution: The United States and Cuba During Slavery and Jim Crow* (Nueva York: Monthly Review Press, 2014), pág. 159.
18. Martí, *Our America*, pág. 93.
19. César Jacques Ayala, *American Sugar Kingdom: The Plantation Economy of the Spanish Caribbean, 1898–1934* (Chapel Hill: University of North Carolina Press, 2003), págs. 25-26.
20. Philip S. Foner, *The Spanish-Cuban-American War and the Birth of American Imperialism, 1895–1902* (Nueva York: Monthly Review Press, 1972), pág. 164.
21. Pérez, *Cuba and the United States*, págs. 56-57.
22. Ayala, *American Sugar Kingdom*, págs. 56-57.
23. Pérez, *Cuba and the United States*, págs. 57-58.
24. *Ibidem*, pág. 62.
25. *Ibidem*, pág. 71; César Brioso, *Havana Hardball: Spring Training, Jackie Robinson, and the Cuban League* (Gainesville: University Press of Florida, 2015), pág. 1.
26. Louis A. Perez, «Between Baseball and Bullfighting: The Quest for Nationality in Cuba, 1868–1898», *Journal of American History* 81, núm. 2 (1994): pág. 505.
27. *Ibidem*, pág. 511.
28. *Ibidem*, pág. 504.
29. Suarez, *Latino Americans*, loc. 3906.
30. George Marvin, «Puerto Rico, 1900–1903», *Puerto Rico Herald*, 1.8.1903, núm. 105.
31. Tom Dunkel, *Color Blind: The Forgotten Team That Broke Baseball's Color Line* (Nueva York: Grove/Atlantic, 2013), pág. 53.
32. Leslie Bethell, *Cuba: A Short History* (Cambridge: Cambridge University Press, 1993), pág. 28.
33. Horne, *Race to Revolution*, pág. 158.
34. *Colored American*, 13.8.1898, citado *ibidem*.
35. Horne, *Race to Revolution*, págs. 147-148.
36. *Ibidem*, pág. 149.
37. Ayala, *American Sugar Kingdom*, pág. 58.
38. Memorial al secretario de Estado, 17.5.1897, citado en Foner, *The Spanish-Cuban-American War and the Birth of American Imperialism, 1895–1902*, pág. 213.
39. Henry Cabot Lodge, «Our Blundering Foreign Policy», *Forum* 19 (marzo de 1895): págs. 17-18.
40. Piero Gleijeses, «1898: The Opposition to the Spanish-American War», *Journal of Latin American Studies* 35, núm. 4 (2003): págs. 686-707.
41. Citado *ibidem*, pág. 704. Para profundizar sobre la participación afrocubana en el movimiento por la independencia, véase Ada Ferrer, *Insurgent Cuba: Race, Nation, and Revolution, 1868–1898* (Chapel Hill: University of North Carolina Press, 1999).
42. Carmen Diana Deere, «Here Come the Yankees! The Rise and Decline of United States Colonies in Cuba, 1898–1930», *Hispanic American Historical Review* 78, núm. 4 (1998): pág. 732.
43. Evan Thomas, *The War Lovers: Roosevelt, Lodge, Hearst, and the Rush to Empire, 1898* (Nueva York: Little, Brown, 2010), pág. 200.
44. Citado *ibidem*, pág. 204.
45. Citado *ibidem*, pág. 209.
46. «The Maine Disaster», *New York Times*, 17.2.1898, pág. 1.
47. Thomas, *The War Lovers*, págs. 210-211.
48. «William McKinley: Declaración de guerra», Digital History, http://www.digitalhistory.uh.edu/disp_textbook.cfm?smtID=3&psid=1373 (consultada: 22.3.2016).

49. *Ibidem.*
50. Pérez, *Cuba and the United States*, pág. 95.
51. «William McKinley: Declaración de guerra».
52. Stephen Kinzer, *The True Flag: Theodore Roosevelt, Mark Twain, and the Birth of the American Empire* (Nueva York: Henry Holt, 2017), pág. 38, versión Kindle.
53. Deere, «Here Come the Yankees!», pág. 732; Pérez, *Cuba and the United States*, pág. 96.
54. Citado en Louis Pérez Jr., *Cuba Between Empires, 1878–1902* (Pittsburgh: University of Pittsburgh Press, 1983), pág. 95.
55. Para un análisis de cómo se ignoró o denigró la participación cubana tras la llegada de los estadounidenses, véase capítulo 4 en Louis A. Pérez, *The War of 1898: The United States and Cuba in History and Historiography* (Chapel Hill: University of North Carolina Press, 1998).
56. Ferrer, *Insurgent Cuba*, pág. 187; Pérez, *The War of 1898*, pág. 83.
57. Calixto García a Tomás Estrada Palma, 23.8.1898, en *Boletín del Archivo Nacional de Cuba*, núm. 35 (1936): págs. 124-25; citado en Ferrer, *Insurgent Cuba*, pág. 188.
58. Citado *ibidem*.
59. Philip Hanna a J. B. Moore, 21.6.1898, Center for Puerto Rican Studies, Hunter College, Microfilm Collection, U.S. Consuls in Puerto Rico, San Juan, bobinas de 1898 a 1899, bobina 21.
60. *New York Journal*, 13.8.1898.
61. Albert J. Beveridge, «March of the Flag», 16.9.1898, Voices of Democracy: U.S. Oratory Project, http://voicesofdemocracy.umd.edu/beveridge-march-of-the-flag-speech-text/ (consultada: 20.1.2017).
62. *Ibidem.*
63. W. E. B. Du Bois y Nahum Dimitri Chandler (ed.), «The Present Outlook for the Dark Races of Mankind (1900)», en *The Problem of the Color Line at the Turn of the Twentieth Century* (Nueva York: Fordham University Press, 2014), pág. 118.
64. Para profundizar en un sentido más amplio sobre el movimiento anti-imperialista en EE. UU. en este periodo, véase Michael Patrick Cullinane, *Liberty and American Anti-Imperialism, 1898–1909* (Nueva York: Palgrave Macmillan, 2012).
65. Thomas McCormick, «From Old Empire to New: The Changing Dynamics and Tactics of American Empire», en Alfred McCoy y Francisco Scarano (eds.), *Colonial Crucible: Empire in the Making of the Modern American State* (Madison: University of Wisconsin Press, 2009), capítulo 3.
66. Sexton, *The Monroe Doctrine*, págs. 213-214; Kinzer, *The True Flag*, pág. 66.
67. Citado en Kinzer, *The True Flag*, págs. 170-171.
68. *Ibidem*, pág. 171.
69. Citado en Pérez, *The War of 1898*, pág. 23.
70. *Ibidem*, pág. 33; Pérez, *Cuba Between Empires*, págs. 186, 277.
71. General William Ludow a la Cámara de Comercio de Nueva York, citado en Pérez, *Cuba Between Empires*, pág. 307.
72. Pérez, *Cuba Between Empires*, págs. 310-311.
73. Deere, «Here Come the Yankees!», pág. 737.
74. Pérez, *The War of 1898*, págs. 33-34.
75. Pérez, *Cuba and the United States*, págs. 121-122; Pérez, *Cuba Between Empires*, pág. 363.
76. Louis A. Perez, «Insurrection, Intervention, and the Transformation of Land Tenure Systems in Cuba, 1895–1902», *Hispanic American Historical Review* 65, núm. 2 (1985): pág. 234.
77. *Ibidem*, pág. 240.
78. *Ibidem*, pág. 252.
79. Deere, «Here Come the Yankees!», pág. 742.
80. Pérez, *Cuba and the United States*, pág. 122.
81. Philip Hanna a J. B. Moore, 21.6.1898, Center for Puerto Rican Studies, Hunter College, Microfilm Collection, U.S. Consuls in Puerto Rico, San Juan, bobinas de 1898 a 1899, bobina 21.

82. Picó, *History of Puerto Rico*, pág. 239.
83. Sam Erman, «Meanings of Citizenship in the U.S. Empire: Puerto Rico, Isabel Gonzalez, and the Supreme Court, 1898 to 1905», *Journal of American Ethnic History* 27, núm. 4 (2008): pág. 10.
84. «The New Governor», *Puerto Rico Herald*, 15.8.1903, núm. 107.
85. Suarez, *Latino American*, loc. 1155; José A. Cabranes, «Citizenship and the American Empire: Notes on the Legislative History of the United States Citizenship of Puerto Ricans», *University of Pennsylvania Law Review* 127, núm. 2 (1978): pág. 392.
86. Leonard Wood, William Taft, Charles H. Allen, Perfecto Lacoste, y M. E. Beale, *Opportunities in the Colonies and Cuba* (Londres: Lewis, Scribner, 1902), págs. 279, 290.
87. *Ibidem*, págs. 316-317.
88. *Ibidem*, pág. 369.
89. *Ibidem*, pág. 280.
90. «Porto Rico Not Prospering Under United States Rule», *New York Times*, 4.10.1903.
91. Picó, *History of Puerto Rico*, pág. 144; Vicki L. Ruiz y Virginia Sánchez Korrol, *Latinas in the United States: A Historical Encyclopedia* (Bloomington: University of Indiana Press, 2006), pág. 591.
92. Picó, *History of Puerto Rico*, págs. 243-244.
93. Erman, «Meanings of Citizenship in the U.S. Empire», pág. 6.
94. *Ibidem*, pág. 11.
95. *Ibidem*.
96. *Ibidem*, pág. 12.
97. *Ibidem*.
98. *Ibidem*, pág. 13.
99. *Ibidem*, pág. 15.
100. *Ibidem*, pág. 23.
101. Suarez, *Latino Americans*, loc. 1259.
102. Citado en César J. Ayala y Rafael Bernabé, *Puerto Rico in the American Century: A History Since 1898* (Chapel Hill: University of North Carolina, 2007), pág. 57; Harry Franqui-Rivera, «National Mythologies: U.S. Citizenship for the People of Puerto Rico and Military Service», *Memorias: Revista digital de historia y arqueología desde el Caribe* 10, núm. 21 (2013): pág. 8.
103. Nancy Morris, *Puerto Rico: Culture, Politics, and Identity* (Westport: Praeger, 1995), págs. 31-33.
104. Franqui-Rivera, «National Mythologies», pág. 14.
105. *Ibidem*.
106. *Ibidem*, pág. 15.
107. Truman R. Clark, «Governor E. Mont. Reily's Inaugural Speech», *Caribbean Studies* 11, núm. 4 (1972): págs. 106-108.
108. E. Mont. Reily a Warren Harding, 31.8.1921, Papeles de E. Mont. Reily, 1919-1923, New York Public Library MSS and Archives Division, 1919, expedientes 1.1-4.1. 1919 a junio de 1923.
109. Juan B. Huyke a Warren Harding, 22.9.1921, *ibidem*.
110. E. Mont. Reily a Warren Harding, 22.3.1922, y Juan B. Huyke a Warren Harding, 22.9.1921, ambos *ibidem*.
111. Clark, «Governor E. Mont Reily's Inaugural Speech», págs. 106-108.
112. Para profundizar sobre la historia del Canal de Panamá, véase Matthew Parker, *Panama Fever: The Battle to Build the Canal* (Londres: Hutchinson, 2007).
113. Theodore Roosevelt, Cuarto Mensaje Anual al Congreso, 6.12.1904, http://www.presidency.ucsb.edu/ws/?pid=29545 (consultada: 22.3.2016).
114. *Ibidem*.
115. *Ibidem*.

116. Linda Noel, «'I Am an American': Anglos, Mexicans, *Nativos* and the National Debate over Arizona and New Mexico Statehood», *Pacific Historical Review* 80, núm. 3 (2011): págs. 432-433.
117. Holtby, *Forty-Seventh Star*, pág. 34.
118. John M. Nieto-Phillips, «Spanish American Ethnic Identity and New Mexico's Statehood Struggle», en Gonzales-Berry y Maciel, *The Contested Homeland*, pág. 105.
119. Nota privada a Stephen B. Elkins, 22.5.1874, Washington D. C., MS 0033, caja 1, expediente 2, A&M núm. 53, Papeles de Stephen B. Elkins, Archives and Manuscripts Section, West Virginia Collection, West Virginia University Library, consultado en Archives and Special Collections Department, New Mexico State University Library, Papeles de Stephen B. Elkins, Rio Grande Historical Collection.
120. *New Mexico: Its Resources and Advantages*, Territorial Bureau of Immigration, 1881, New Mexico history collection, Center for Southwest Research, University Libraries, University of New Mexico, MSS 349, BC, caja 11, expediente 11.
121. *Ibidem*.
122. Discurso del H. Casimiro Barela en el Senado Estatal [de Colorado], con Ocasión del Memorial Conjunto al Presidente y al Congreso, Rogando por la Admisión a la Unión de Nuevo México, 8.2.1889, New Mexico History Collection, Center for Southwest Research, University Libraries, University of New Mexico, Papeles de Thomas B. Catron, 1692-1934, MSS 29, BC, serie 102, caja 2, expediente 5.
123. Prince citado en Nieto-Phillips, «Spanish American Ethnic Identity and New Mexico's Statehood Struggle», págs. 117-118.
124. Nieto-Phillips, *The Language of Blood*, pág. 1.
125. Miguel Otero, *My Nine Years as the Governor of the Territory of New Mexico, 1897–1906* (Albuquerque: University of New Mexico Press, 1940), pág. 35.
126. *Ibidem*, pág. 36.
127. *Ibidem*, pág. 50.
128. Sánchez *et al.*, *New Mexico: A History*, pág. 180.
129. Otero, *My Nine Years as the Governor of the Territory of New Mexico*, pág. 200.
130. John Braeman, «Albert J. Beveridge and Statehood for the Southwest 1902–1912», *Arizona and the West* 10, núm. 4 (1968): pág. 313; Beveridge, «March of the Flag».
131. Otero, *My Nine Years as the Governor of the Territory of New Mexico*, pág. 212.
132. *Ibidem*, pág. 216.
133. Para profundizar acerca de la enseñanza en lengua inglesa, véase Erlinda Gonzales-Berry, «Which Language Will Our Children Speak? The Spanish Language and Public Education Policy in New Mexico, 1890–1930», en Gonzales-Berry y Maciel, *The Contested Homeland*, pág. 173; Otero, *My Nine Years as the Governor of the Territory of New Mexico*, pág. 214.
134. Braeman, «Albert J. Beveridge and Statehood for the Southwest 1902–1912», pág. 318.
135. Nieto-Phillips, «Spanish American Ethnic Identity and New Mexico's Statehood Struggle», pág. 122.
136. Orville Platt a Stephen Elkins, 5.2.1889, New Mexico History Collection, Center for Southwest Research, University Libraries, University of New Mexico, Papeles de Thomas B. Catron, 1692–1934, MSS 29, BC, serie 102, caja 2, expediente 5.
137. Braeman, «Albert J. Beveridge and Statehood for the Southwest 1902–1912», pág. 322.
138. Theodore Roosevelt, Quinto Mensaje Anual al Congreso, American Presidency Project, http://www.presidency.ucsb.edu/ws/?pid=29546 (consultada: 5.10.2016).
139. Noel, «'I Am an American,'», págs. 435, 450; véanse también Linda C. Noel, *Debating American Identity: Southwestern Statehood and Mexican Immigration* (Tucson: University of Arizona Press, 2014); Braeman, «Albert J. Beveridge and Statehood for the Southwest 1902–1912», pág. 327; Sheridan, *Arizona: A History*, pág. 181.
140. Noel, «I Am an American», pág. 434.
141. *La Voz del Pueblo*, 25.2.1911, citado en Noel, «I Am an American», pág. 445.

142. Para más información, véase Nieto-Phillips, «Spanish American Ethnic Identity and New Mexico's Statehood Struggle», págs. 123-124.
143. «Taft Rebukes New Mexicans: Sharply Answers Speakers Who Utter Doubts on Statehood Promises», *New York Times*, 17.10.1909.
144. Para profundizar sobre este proceso de marginación, véase Noel, «I Am an American», págs. 461-465.
145. Holtby, *Forty-Seventh Star*, págs. 231-232.
146. *Ibidem*, pág. xiii.

Capítulo 12: Del Río, Texas

1. Fotografía reproducida en Carole Nagger y Fred Ritchin (eds.), *México: Through Foreign Eyes/ Visto Por Ojos Extranjeros, 1850–1990* (Nueva York: W. W. Norton, 1993), págs. 138-139. Véase también Claire F. Fox, *The Fence and the River: Culture and Politics at the U.S. Mexico Border* (Minneapolis: University of Minnesota Press, 1999), págs. 81-85.
2. Fox, *The Fence and the River*, pág. 81.
3. En la obra académica en lengua inglesa, un punto de partida mucho más detallado sobre la Revolución mexicana puede ser Alan Knight, *The Mexican Revolution*, vol. 1, *Porfirians, Liberals and Peasants*, y vol. 2, *Counter-Revolution and Reconstruction* (Lincoln: University of Nebraska Press, 1990).
4. Fox, *The Fence and the River*, pág. 69.
5. Véase capítulo 2 en Gilbert M. Joseph y Jürgen Buchenau, *Mexico's Once and Future Revolution: Social Upheaval and the Challenges of Rule Since the Late Nineteenth Century* (Durham: Duke University Press, 2013).
6. John Tutino, *From Insurrection to Revolution in Mexico: Social Bases of Agrarian Violence, 1750–1940* (Princeton: Princeton University Press, 1986), págs. 258-267.
7. *Ibidem*, págs. 269-270.
8. *Ibidem*, págs. 283-284; John Womack, «The Mexican Revolution, 1910–1920», en Leslie Bethell (ed.), *The Cambridge History of Latin America* (Cambridge: Cambridge University Press, 1984), vol. 5, pág. 82.
9. Tutino, *From Insurrection to Revolution in Mexico*, págs. 289, 298.
10. John Mason Hart, «The Mexican Revolution», en Beezley y Meyer, *The Oxford History of Mexico*, págs. 409-410.
11. Citado en Chasteen, *Born in Blood and Fire*, pág. 194.
12. Hart, «The Mexican Revolution», pág. 409; Knight, *The Mexican Revolution*, vol. 1, pág. 46.
13. Joseph y Buchenau, *Mexico's Once and Future Revolution*, págs. 35-36.
14. *Ibidem*, págs. 34-35. Véanse extractos en inglés en Documento 4: «Plan de San Luis de Potosí», Brown University Library, Center for Digital Scholarship, https://library.brown.edu/create/modernlatinamerica/capítulos/capítulo-3-mexico/primary- documents-with-accompanying-discussion-questions/document-4-plan-de-san-luis-de-potosi-francisco-madero-1910/; o en español en http://www.bibliotecas.tv/zapata/1910/plan.html (consultada: 18.10.2016).
15. Knight, *The Mexican Revolution*, vol. 1, pág. 181.
16. *Ibidem*, pág. 184.
17. Para una relación más detallada de la actividad de Zapata en Morelos durante la revolución, véase John Womack Jr., *Zapata and the Mexican Revolution* (Londres: Penguin, 1972).
18. Joseph y Buchenau, *Mexico's Once and Future Revolution*, págs. 42-43.
19. Womack, «The Mexican Revolution, 1910–1920», pág. 84.
20. *Ibidem*, pág. 85.
21. Hart, «The Mexican Revolution», pág. 412.
22. Knight, *The Mexican Revolution*, vol. 1, págs. 202-218.
23. Joseph y Buchenau. *Mexico's Once and Future Revolution*, págs. 42-43.

24. *Ibidem*, págs. 49-51; Hart, «The Mexican Revolution», pág. 413.
25. Hart, «The Mexican Revolution», pág. 415.
26. Joseph y Buchenau, *Mexico's Once and Future Revolution*, pág. 52.
27. *Ibidem*, pág. 53.
28. *Ibidem*, pág. 56; Hart, «The Mexican Revolution», pág. 419.
29. Joseph y Buchenau, *Mexico's Once and Future Revolution*, pág. 59.
30. *Ibidem*, pág. 60; St. John, *Line in the Sand*, pág. 132.
31. Nancy Brandt, «Pancho Villa: The Making of a Modern Legend», *Americas* 21, núm. 2 (1964): pág. 155.
32. Rodriguez, *Mongrels, Bastards, Orphans, and Vagabonds*, págs. 137-138.
33. St. John, *Line in the Sand*, págs. 122-123.
34. Ralph S. Connell a Albert B. Fall, 29.7.1913, Papeles de la familia de Albert B. Fall, MS 0008, New Mexico State University Library, Archives and Special Collections Department, MS 8, caja 7, expediente 15.
35. Albert Fall a Ralph S. Connell, 16.8.1913, *ibidem*.
36. Hart, «The Mexican Revolution», pág. 421.
37. Telegrama de W. H. Austin a T. B. Catron, 23.4.1914, New Mexico History Collection, Center for Southwest Research, University Libraries, University of New Mexico, Papeles de Thomas B. Catron, 1692-1934, MSS 29, BC, serie 501, caja 6, expediente 1.
38. Carta de Thomas B. Catron a William Jennings Bryan, 23.4.1914, *ibidem*.
39. Frank McLynn, *Villa and Zapata: A Biography of the Mexican Revolution* (Londres: Jonathan Cape, 2000), págs. 214-215; Womack, «The Mexican Revolution, 1910–1920», pág. 99.
40. St. John, *Line in the Sand*, pág. 131; McLynn, *Villa and Zapata*, págs. 219-220.
41. Hart, «The Mexican Revolution», pág. 422; McLynn, *Villa and Zapata*, pág. 220.
42. Hart, «The Mexican Revolution», págs. 422-424; St. John, *Line in the Sand*, pág. 131.
43. Joseph y Buchenau, *Mexico's Once and Future Revolution*, págs. 60-61.
44. Hart, «The Mexican Revolution», pág. 425.
45. Womack, «The Mexican Revolution, 1910–1920», pág. 106.
46. Hart, «The Mexican Revolution», pág. 423; Womack, *Zapata and the Mexican Revolution*, págs. 296-301.
47. Joseph y Buchenau, *Mexico's Once and Future Revolution*, págs. 63-64; McLynn, *Villa and Zapata*, pág. 261.
48. Joseph y Buchenau, *Mexico's Once and Future Revolution*, págs. 63-65.
49. Womack, *Zapata and the Mexican Revolution*, págs. 303-305.
50. *Ibidem*, pág. 306.
51. Womack, «The Mexican Revolution, 1910–1920», pág. 113.
52. L. W. Mix a Frederick Simpich, 29.1.1916, NARA, RG 59, Records of the Department of State, Relating to Internal Affairs of Mexico, 1910–1920, M274, bobina 190.
53. Langston Hughes, *The Big Sea* (Nueva York: Hill and Wang, 2015), págs. 39-40, versión Kindle.
54. McLynn, *Villa and Zapata*, pág. 399.
55. Oscar J. Martínez, *Fragments of the Mexican Revolution: Personal Accounts from the Border* (Albuquerque: University of New Mexico Press, 1983), pág. 248.
56. *Ibidem*, págs. 254-255.
57. Charles H. Harris III y Louis R. Sadler, *The Plan De San Diego: Tejano Rebels, Mexican Intrigue* (Lincoln: University of Nebraska Press, 2013), pág. 1.
58. Carrigan y Webb, *Forgotten Dead*, pág. 85.
59. Harris y Sadler, *The Plan De San Diego*, págs. 1-5.
60. Martínez, *Fragments of the Mexican Revolution*, pág. 146.
61. Vargas, *Crucible of Struggle*, pág. 185; Harris y Sadler, *The Plan De San Diego*, pág. 19.
62. David Montejano, *Anglos and Mexicans in the Making of Texas, 1836–1986* (Austin: University of Texas Press, 1987), págs. 122-125.

63. Ibidem, pág. 119; Carrigan y Webb, *Forgotten Dead*, pág. 86.
64. Harris y Sadler, *The Plan De San Diego*, pág. 27; Montejano, *Anglos and Mexicans in the Making of Texas*, pág. 117.
65. Joseph y Buchenau, *Mexico's Once and Future Revolution*, pág. 73; Hart, «The Mexican Revolution», pág. 428.
66. Womack, «The Mexican Revolution, 1910–1920», pág. 121; Hart, «The Mexican Revolution», pág. 436.
67. Tutino, *From Insurrection to Revolution in Mexico*, págs. 337-339.
68. Harris y Sadler, *The Plan De San Diego*, pág. 6.
69. James Sandos, «Pancho Villa and American Security: Woodrow Wilson's Mexican Diplomacy Reconsidered», *Journal of Latin American Studies* 13, núm. 2 (1981): pág. 300.
70. Martínez, *Fragments of the Mexican Revolution*, págs. 250-253.
71. Hart, «The Mexican Revolution», pág. 431.
72. Martínez, *Fragments of the Mexican Revolution*, págs. 178-179.
73. Sandos, «Pancho Villa and American Security», pág. 295.
74. Ibidem, pág. 293.
75. Martínez, *Fragments of the Mexican Revolution*, pág. 182.
76. Informe descriptivo, 13.º de Caballería, respecto del papel desempeñado por el regimiento en la Expedición Punitiva del Ejército de EE. UU. en México, del 15.3.1916 al 2.6.1919, fecha 16.3.1916, NARA, RG 395: Records of the U.S. Army Overseas Operations and Commands, 1898–1942, caja 1, NM-94, E-1201, HM 1999.
77. Sandos, «Pancho Villa and American Security», pág. 303.
78. Joseph y Buchenau, *Mexico's Once and Future Revolution*, pág. 78.
79. Telegrama de Zimmermann, NARA, RG 59, General Records of the Department of State, 1756–1979, disponible en línea en https://www.archives.gov/education/lessons/zimmermann/#documents.
80. Para profundizar sobre la participación alemana en México, véase Friedrich Katz, *The Secret War in Mexico: Europe, the United States, and the Mexican Revolution* (Chicago: University of Chicago Press, 1981).
81. Citado en Joseph y Buchenau, *Mexico's Once and Future Revolution*, págs. 8-83, 92; Womack, «The Mexican Revolution, 1910–1920», pág. 130; Tutino, *From Insurrection to Revolution in Mexico*, pág. 340. Para acceder al texto completo de la actual constitución mexicana, véase https://web.oas.org/mla/en/Countries_Intro/Mex_intro_txtfun_esp_1.pdf.
82. Hart, «The Mexican Revolution», pág. 434.
83. Joseph y Buchenau, *Mexico's Once and Future Revolution*, págs. 84-85.
84. Ibidem, págs. 92-95.
85. St. John, *Line in the Sand*, págs. 143-145.
86. Monica Muñoz Martinez, «Recuperating Histories of Violence in the Americas: Vernacular History-Making on the U.S.-Mexico Border», *American Quarterly* 66, núm. 3 (2014): págs. 667-669.
87. Carrigan y Webb, *Forgotten Dead*, pág. 64.
88. Ibidem, págs. 85-86.
89. Muñoz Martinez, «Recuperating Histories of Violence in the Americas», págs. 667-669; Carrigan y Webb, *Forgotten Dead*, págs. 124-125.
90. Timothy Henderson, *Beyond Borders: A History of Mexican Migration to the United States* (Oxford: Wiley-Blackwell, 2011), págs. 32-33; St. John, *Line in the Sand*, pág. 182.
91. Richard Delgado, «The Law of the Noose: A History of Latino Lynching», *Harvard Civil Rights–Civil Liberties Law Review* 44 (2009): pág. 305.
92. Starr, *California: A History*, pág. 169.
93. Ibidem, pág. 170.
94. Sánchez *et al.*, *New Mexico: A History*, pág. 181.
95. Ibidem, pág. 182.

96. *Ibidem*, págs. 182-183.
97. Sheridan, *Arizona: A History*, pág. 216.
98. Starr, *California: A History*, pág. 170; Sheridan, *Arizona: A History*, pág. 212.
99. Sheridan, *Arizona: A History*, pág. 214.
100. Montejano, *Anglos and Mexicans in the Making of Texas*, 1836–1986; véase capítulo 5.
101. A esta reducción se sumó el internamiento de japoneses durante la Segunda Guerra Mundial. Véase Kelly Lytle Hernández, *Migra! A History of the U.S. Border Patrol* (Berkeley: University of California Press, 2010), págs. 22-23.
102. *Ibidem*, pág. 37; St. John, *Line in the Sand*, págs. 103-104.
103. St. John, *Line in the Sand*, pág. 97.
104. *Ibidem*, pág. 99.
105. *Ibidem*.
106. *Ibidem*, pág. 163.
107. *Ibidem*, págs. 151-153.
108. *Ibidem*, págs. 156-157, 160.
109. *Ibidem*, pág. 110.
110. *Ibidem*, págs. 166, 172-173.
111. Katherine Benton-Cohen, «Other Immigrants: Mexicans and the Dillingham Commission of 1907–1911», *Journal of American Ethnic History* 30, núm. 2 (2011): pág. 33.
112. Para acceder al texto completo de esta legislación (en inglés), véase http://library.uwb.edu/static/USimmigration/39%20stat%20874.pdf (consultada: 15.7.2016); Benton-Cohen, «Other Immigrants», pág. 37.
113. Henderson, *Beyond Borders*, pág. 25.
114. Benton-Cohen, «Other Immigrants», pág. 37.
115. *Ibidem*, pág. 38.
116. Henderson, *Beyond Borders*, pág. 31.
117. *Ibidem*.
118. Karl De Laittre, «The Mexican Laborer and You», *Nation's Business* 18 (noviembre de 1930). Para profundizar sobre la concepción del mexicano como «temporero», véase Noel, *Debating American Identity*.
119. Montejano, *Anglos and Mexicans in the Making of Texas*, págs. 181-182, 228.
120. St. John, *Line in the Sand*, pág. 186.
121. Citado en Hernández, *Migra!* pág. 35.
122. *Ibidem*, págs. 53-55.
123. *Ibidem*.
124. Julie M. Weise, «Mexican Nationalisms, Southern Racisms: Mexicans and Mexican Americans in the U.S. South, 1908–1939», *American Quarterly* 60, núm. 3 (2008): pág. 749.
125. *Ibidem*, pág. 754.
126. *Ibidem*, págs. 755, 758.
127. *Ibidem*, pág. 772.
128. Registros de la sede de la WPA en Tampa, 1917–1943, University of South Florida Special Collections, 1929, pág. 241.
129. *Ibidem*.
130. Evelio Grillo y Kenya Dworkin y Méndez (Introd.), *Black Cuban, Black American: A Memoir* (Houston: Arte Público Press, 2000), loc. 192, versión Kindle.
131. *Ibidem*, loc. 200.
132. *Ibidem*, loc. 216.
133. Natalia Molina, «'In a Race All Their Own': The Quest to Make Mexicans Ineligible for U.S. Citizenship», *Pacific Historical Review* 79, núm. 2 (2010): págs. 168, 176.
134. *Ibidem*, págs. 178-180.
135. Jovita González Mireles y María Eugenia Cotera (ed.), *Life Along the Border: A Landmark Tejana Thesis* (College Station: Texas A&M University Press, 2006), pág. 6.

136. Priscilla Solis Ybarra, «Borderlands as Bioregion: Jovita González, Gloria Anzaldúa, and the Twentieth-Century Ecological Revolution in the Rio Grande Valley», MELUS 34, núm. 2 (2009): págs. 175-189.
137. González Mireles y Cotera, *Life Along the Border*, pág. 41.
138. *Ibidem*.
139. *Ibidem*, pág. 113. Jovita González acabo casándose y trabajando como profesora en Corpus Christi; murió en 1983. También fue coautora junto con Eve Raleigh de dos novelas: *Dew on the Thorn* y *Caballero: A Historical Novel*, pero los manuscritos no se descubrieron hasta que sus papeles fueron donados a la biblioteca de la Universidad de Texas A&M-Corpus Christi en 1992, y ya están publicados.
140. Julián Juderías, *La leyenda negra* (Madrid: Editorial Swan, 1986), pág. 28.
141. *Ibidem*.
142. Weber, *The Spanish Frontier in North America*, pág. 245.
143. Michael Kammen, *The Mystic Chords of Memory: The Transformation of Tradition in American Culture* (Nueva York: Vintage Books, 1993), pág. 55.
144. Flores, «Private Visions, Public Culture: The Making of the Alamo», pág. 99.
145. *Ibidem*.
146. *Ibidem*, pág. 101.
147. *Ibidem*, pág. 103.
148. Kenneth Baxter Ragsdale, *The Year America Discovered Texas: Centennial '36* (College Station: Texas A&M University Press, 1987), pág. 1.
149. James Early, *Presidio, Mission, and Pueblo: Spanish Architecture and Urbanism in the United States* (Dallas: Southern Methodist University Press, 2004), pág. 210.
150. Kammen, *The Mystic Chords of Memory*, pág. 47.
151. Carey McWilliams, y Dean Stewart y Jeannine Gendar (eds.), *Fool's Paradise: A Carey McWilliams Reader* (Santa Clara: Santa Clara University, 2001), pág. 4.
152. Monroy, «The Creation and Re-Creation of Californio Society», págs. 73-195.
153. Phoebe S. Kropp, *California Vieja: Culture and Memory in a Modern American Place* (Berkeley: University of California Press, 2006), pág. 28.
154. Richard Amero, «The Making of the Panama-California Exposition, 1909-1915», *San Diego Historical Society Quarterly* 36, núm. 1 (1990).
155. Christopher Reynolds, «How San Diego's, San Francisco's Rival 1915 Expositions Shaped Them», http://www.latimes.com/travel/california/la-tr-d-sd-sf-1915-panama-expos-20150104-story.html (consultada: 10.12.2015).
156. Harral Ayres, «Building of Old Spanish Trail as Thrilling as the Romance of Its Padres and Conquistadores», 1929, Briscoe Center for American History, 978 AY22B.
157. James W. Travers, *From Coast to Coast Via the Old Spanish Trail* (San Diego: n.p., 1929).
158. Benny J. Andrés Jr., «La Plaza Vieja (Old Town Alburquerque): The Transformation of a Hispano Village, 1880s-1950s», en Gonzales-Berry y Maciel, *The Contested Homeland*, pág. 243.
159. *Ibidem*, págs. 252-256.
160. *Ibidem*, pág. 240.
161. *Ibidem*, págs. 252-256.
162. Patricia Galloway, «Commemorative History and Hernando de Soto», en Patricia Galloway (ed.), *The Hernando De Soto Expedition: History, Historiography, and «Discovery» in the Southeast*, págs. 419, 421.
163. Annelise K. Madsen, «Reviving the Old and Telling Tales: 1930s Modernism and the Uses of American History», en Judith A. Barter (ed.), *America After the Fall: Painting in the 1930s* (Chicago: Art Institute of Chicago, 2016), pág. 93; Galloway, «Commemorative History and Hernando de Soto», pág. 422.
164. David J. Weber, «Turner, the Boltonians, and the Borderlands», *American Historical Review* 91, núm. 1 (1986): pág. 69; Albert L. Hurtado, «Bolton and Turner: The Borderlands and American Exceptionalism», *Western Historical Quarterly* 44, núm. 1 (2013): pág. 6.

165. John Francis Bannon, «Herbert Eugene Bolton—Western Historian», *Western Historical Quarterly* 2, núm. 3 (1971): pág. 268; Helen Delpar, *Looking South: The Evolution of Latin Americanist Scholarship in the United States, 1850-1975* (Tuscaloosa: University of Alabama Press, 2008), pág. 28.
166. Hurtado, «Bolton and Turner», págs. 9-10; Delpar, *Looking South*, págs. 41-42.
167. Herbert Eugene Bolton, *The Spanish Borderlands: A Chronicle of Old Florida and the Southwest* (New Haven: Yale University Press, 1921). En los últimos tiempos la obra de Bolton —cuando se habla de ella— ha sido objeto de críticas por lo que omite y a quien omite, en particular los pueblos indígenas. A pesar de sus defectos, el trabajo de Bolton influyó y tuvo un papel en el desarrollo de las ideas sobre las tierras de frontera, y de los estudios latinoamericanos y hemisféricos.
168. «The Epic of Greater America», en John Francis Bannon (ed.), *Bolton and the Spanish Borderlands* (Norman: University of Oklahoma Press, 1964), pág. 302. Acerca de Bolton y las tierras de frontera, véase también Jeremy Adelman y Stephen Aron, «From Borderlands to Borders: Empires, Nation-States, and the Peoples in Between in North American History», *American Historical Review* 104, núm. 3 (1999): págs. 814-841.
169. Franklin D. Roosevelt, Discurso Inaugural, 4.3.1933, American Presidency Project, http://www.presidency.ucsb.edu/ws/?pid=14473 (consultada: 10.10.2016).
170. Susannah Joel Glusker, *Anita Brenner: A Mind of Her Own* (Austin: University of Texas Press, 1998), págs. viii-27.
171. *Ibidem*, pág. 26.
172. Anita Brenner y George R. Leighton (fotografías), *The Wind That Swept Mexico: The History of the Mexican Revolution of 1910-1942* (Austin: University of Texas Press, 2008), pág. 4.
173. «Anita Brenner, Wrote on Mexico: Author and Journalist Dies—Detailed Life of Indians», *New York Times*, 3.12.1974.

Capítulo 13: Nueva York

1. Mitchell Codding, «Archer Milton Huntington, Champion of Spain in the United States», en Richard L. Kagan (ed.), *Spain in America: The Origins of Hispanism in the United States* (Chicago: University of Illinois Press, 2002), pág. 147.
2. Mike Wallace, «Nueva York: The Back Story: New York City and the Spanish-Speaking World from Dutch Days to the Second World War», en Edward J. Sullivan (ed.), *Nueva York, 1613-1945* (Nueva York: Scala and New-York Historical Society, 2010), págs. 59-61.
3. James D. Fernández, «The Discovery of Spain in New York, circa 1930», en Sullivan, *Nueva York, 1613-1945*, pág. 220.
4. Richard L. Kagan, «Blame It on Washington Irving: New York's Discovery of the Art and Architecture of Spain», en Sullivan, *Nueva York, 1613-1945*, págs. 162-164; Fernández, «The Discovery of Spain in New York, circa 1930», véase también Kagan, *Spain in America*.
5. «City's Spanish Colony Lives in Its Own Little World Here», *New York Times*, 23.3.1924.
6. *Ibidem*.
7. Wallace, «Nueva York», pág. 59.
8. *Ibidem*.
9. *Ibidem*, págs. 62-63.
10. Ana María Varela-Lago, «Conquerors, Immigrants, Exiles: The Spanish Diaspora in the United States (1848-1948)» (Tesis doctoral, University of California, San Diego, 2008), págs. 65-69.
11. Federico García Lorca, Christopher Maurer (ed.), y Greg Simon y Steven F. White (trad.), *Poet in New York* (Nueva York: Penguin Classics, 2002), pág. 202.
12. Fernández, «The Discovery of Spain in New York, circa 1930», pág. 225.
13. Federico García Lorca, Derek Harris (ed.), *Romancero gitano, Poeta en Nueva York, El público* (Barcelona: Taurus, 1993), pág. 133.

14. *Ibidem*, pág. 367.
15. Fernández, «The Discovery of Spain in New York, circa 1930», págs. 226-227.
16. Gabriel Haslip-Viera, «The Evolution of the Latino Community in New York City: Early 19th Century to the 1990s», en Claudio Iván Remeseira (ed.), *Hispanic New York: A Sourcebook* (Nueva York: Columbia University Press, 2010), pág. 37.
17. Jonathan Gill, *Harlem: The Four Hundred Year History from Dutch Village to Capital of Black America* (Nueva York: Grove Press, 2011), págs. 211-218.
18. *Club Cubano Inter-Americano, Inc. Records*, New York Public Library Schomburg Center for Research in Black Culture, 1945, Manuscript and Rare Books Division, caja 1, expediente 1, «Proyeto de Reglamento», noviembre de 1945.
19. Haslip-Viera, «The Evolution of the Latino Community in New York City», pág. 37; Wallace, «Nueva York», pág. 64; Peter Kihss, «Flow of Puerto Ricans Here Fills Jobs, Poses Problems», *New York Times*, 23.2.1953; David F. García, «Contesting That Damned Mambo: Arsenio Rodríguez and the People of El Barrio and the Bronx in the 1950s», en Miriam Jiménez Román y Juan Flores (eds.), *The Afro-Latin@ Reader: History and Culture in the United States* (Durham: Duke University Press, 2010), pág. 190.
20. Exposición: «Shaping Puerto Rican Identity: Selections from the DivEdCo Collection at Centro Library & Archives», visitada en noviembre de 2014, Centro de Estudios Puertorriqueños, Hunter College, City University of New York.
21. *Ibidem*.
22. González, *Harvest of Empire*, pág. 63.
23. Haslip-Viera, «The Evolution of the Latino Community in New York City», pág. 37.
24. Gill, *Harlem*, pág. 219.
25. Armando Rendon, «El Puertorriqueño: No More, No Less», *Civil Rights Digest* 1, núm. 3 (otoño de 1968): pág. 30.
26. *Ibidem*.
27. Judith Ortiz Cofer, *The Line of the Sun* (Athens: University of Georgia Press, 1989), págs. 171-172.
28. Rafael Angel Marín a Israel Weinstein, 22.10.1947, Oscar García Rivera Collection, Hunter Centro de Estudios Puertorriqueños, Nueva York, 1947, serie IV: Subject Files, caja 2, expediente 9.
29. Jorge Duany, «Transnational Migration from the Dominican Republic: The Cultural Redefinition of Racial Identity», *Caribbean Studies* 29, núm. 2 (1996): pág. 254.
30. Bernardo Vega, «Al Margen de la Lucha», *Alma Boricua* (Nueva York), octubre de 1934, pág. 8.
31. Julia Álvarez, Mercedes Guhl (trad.), *De cómo las muchachas García perdieron el acento* (Nueva York: Vintage Español, 2007).
32. Ed Morales, *The Latin Beat: Rhythms and Roots of Latin Music from Bossa Nova to Salsa and Beyond* (Nueva York: Da Capo Press, 2003), pág. xviii.
33. Ruth Glasser, «From 'Indianola' to 'Ño Colá': The Strange Career of the Afro-Puerto Rican Musician», en Jiménez Román y Flores, *The Afro-Latin@ Reader: History and Culture in the United States*, pág. 157.
34. Gill, *Harlem*, pág. 324.
35. Gustavo Pérez Firmat, *The Havana Habit* (New Haven: Yale University Press, 2010), pág. 51.
36. *Ibidem*, págs. 55-56.
37. Morales, *The Latin Beat*, págs. 5-6.
38. Pérez Firmat, *The Havana Habit*, pág. 60.
39. Glasser, «From 'Indianola' to 'Ño Colá'», pág. 170.
40. Morales, *The Latin Beat*, págs. 34-35.
41. Pérez Firmat, *The Havana Habit*, págs. 103-105.
42. García, «Contesting That Damned Mambo», pág. 187.
43. Para profundizar sobre los «latunes», véase Pérez Firmat, *The Havana Habit*, págs. 53-55.
44. Para profundizar sobre los «mamboides», véase *ibidem*, págs. 110-111.

45. *Ibidem*, págs. 116-117.
46. Juan Flores, «Boogaloo and Latin Soul», en Jiménez Román y Flores, *The Afro-Latin@ Reader*, pág. 190.
47. Ed Morales, «The Story of Nuyorican Salsa», en Remeseira, *Hispanic New York*, pág. 367.
48. *Ibidem*, pág. 367.
49. Ayala y Bernabe, *Puerto Rico in the American Century*, pág. 105.
50. Augusto Espíritu, «American Empire, Hispanism, and the Nationalist Vision of Albizu, Recto, and Grau», en Alyosha Goldstein (ed.), Formations of United States Colonialism (Durham: Duke University Press, 2014), págs. 158, 165, versión Kindle.
51. Ayala y Bernabe, *Puerto Rico in the American Century*, pág. 105.
52. Espíritu, «American Empire, Hispanism, and the Nationalist Vision of Albizu, Recto, and Grau», pág. 105.
53. Pedro Albizu Campos, «El nacionalismo puertorriqueño», Manuel Maldonado-Denis (ed.), *La conciencia nacional puertorriqueña* (Ciudad de México: Siglo Veintiuno Editores, 1979), págs. 58-61.
54. Picó, *History of Puerto Rico*, pág. 256.
55. González, *Harvest of Empire*, pág. 85.
56. José Trías Monge, *Puerto Rico: The Trials of the Oldest Colony in the World* (New Haven: Yale University Press, 1997), págs. 96-97.
57. José Acosta Velarde a Charles West, secretario del Interior en funciones, 12.6.1936, NARA, RG 126, Office of Territories and Classified Files, 1907–1951, caja 933, expediente 9-8-78.
58. James L. Dietz, *Economic History of Puerto Rico: Institutional Change and Capitalist Development* (Princeton: Princeton University Press, 1986), pág. 169.
59. Blanton Winship a Harold Ickes, secretario del Interior, 1.6.1936, NARA, RG 126, Office of Territories and Classified Files, 1907–1951, caja 933, expediente 9-8-78.
60. Lorrin Thomas, *Puerto Rican Citizen: History and Political Identity in Twentieth-Century New York City* (Chicago: University of Chicago Press, 2010), pág. 119.
61. *Ibidem*.
62. «Report on the Commission of Inquiry on Civil Rights in Puerto Rico», 22.5.1937, pág. 10.
63. *Ibidem*, pág. 12.
64. *Ibidem*, págs. 17, 21.
65. *Ibidem*, págs. 28-29.
66. Ernest Gruening, director de la División de Territorios e Islas, a Blanton Winship, 5.4.1937, NARA, RG 126, Office of Territories and Classified Files, 1907–1951, caja 933, expediente 9-8-78.
67. Cnel. John W. Wright, 65.º Infantería, a Ernest Gruening, director de la División de Territorios e Islas, 24.3.1937, *ibidem*.
68. «Report on the Commission of Inquiry on Civil Rights in Puerto Rico», pág. 15.
69. *Ibidem*, pág. 28.
70. Jorge Rodríguez Beruff, «From Winship to Leahy: Crisis, War, and Transition in Puerto Rico», en McCoy y Scarano, *Colonial Crucible*, págs. 435-436.
71. Registro del Congreso 84, 1939, pág. 4063. Extractos también disponibles en Annette T. Rubinstein (ed.), «I Vote My Conscience: The Debates, Speeches, and Writings of Congressman Vito Marcantonio, May 11, 1939», http://www.vitomarcantonio.org/capítulo_9.php#76th_8 (consultada: 27.10.2016).
72. *Ibidem*.
73. Monge, *Puerto Rico*, pág. 98.
74. Ayala y Bernabe, *Puerto Rico in the American Century*, pág. 98.
75. *Ibidem*, pág. 137.
76. Luis Muñoz Marín a Franklin D. Roosevelt, 28.11.1940, Materiales de la Franklin Delano Roosevelt Library referentes a Puerto Rico, bobina 1, Documentos Selectos referentes a Puerto Rico, Center for Puerto Rican Studies, Hunter College.

77. Ayala y Bernabe, *Puerto Rico in the American Century*, pág. 148.
78. *Ibidem*, pág. 149. Véase Nelson A. Denis, *War Against All Puerto Ricans: Revolution and Terror in America's Colony* (Nueva York: Nation, 2015), capítulos 11 y 17.
79. William D. Leahy a Dr. Rupert Emerson, director de la División de Territorios y Posesiones Insulares, 18.7.1940, NARA, RG 126, Office of Territories and Classified Files, 1907–1951, caja 933, expediente 9-8-78.
80. Memorando para el Secretario en el Departmento del Interior, 24.12.1943, *ibidem*.
81. Rexford Tugwell, *The Stricken Land: The Story of Puerto Rico* (Garden City: Doubleday, 1947), págs. 42-43, citado en Monge, *Puerto Rico*, págs. 97-98.
82. Ayala y Bernabe, *Puerto Rico in the American Century*, pág. 157.
83. Rexford Tugwell a Harold Ickes, 28.5.1943, Materiales de la Franklin Delano Roosevelt Library referentes a Puerto Rico, bobina 2, Papeles de Rexford Tugwell, Center for Puerto Rican Studies, Hunter College.
84. J. Edgar Hoover a Harry L. Hopkins, 17.7.1943, Materiales de la Franklin Delano Roosevelt Library referentes a Puerto Rico, bobina 3, Papeles de Hopkins, Center for Puerto Rican Studies, Hunter College.
85. J. Edgar Hoover a Harry L. Hopkins, 15.9.1943, *ibidem*.
86. Dietz, *Economic History of Puerto Rico*, págs. 206-210.
87. Ayala y Bernabe, *Puerto Rico in the American Century*, pág. 181.
88. *Ibidem*; Dietz, *Economic History of Puerto Rico*, pág. 238.
89. Katherine T. McCaffrey, *Military Power and Popular Protest: The U.S. Navy in Vieques, Puerto Rico* (New Brunswick: Rutgers University Press, 2002), pág. 30.
90. *Ibidem*, pág. 32.
91. *Ibidem*, págs. 35-36.
92. Ayala y Bernabe, *Puerto Rico in the American Century*, pág. 159.
93. *Ibidem*, pág. 158
94. *Ibidem*, pág. 160.
95. *Ibidem*, pág. 164.
96. Monge, *Puerto Rico*, pág. 114.
97. Ayala y Bernabe, *Puerto Rico in the American Century*, pág. 165.
98. Pedro A. Malavet, *America's Colony: The Political and Cultural Conflict Between the United States and Puerto Rico* (Nueva York: New York University Press, 2004), pág. 92.
99. Ayala y Bernabe, *Puerto Rico in the American Century*, pág. 165.
100. Malavet, *America's Colony*, pág. 92.
101. Arthur Krock, «In the Nation: The Tragedy in Pennsylvania Avenue», *New York Times*, 2.11.1950.
102. Ayala y Bernabe, *Puerto Rico in the American Century*, pág. 167.
103. *Ibidem*, pág. 168.
104. *Ibidem*.
105. Clayton Knowles, «Five Congressmen Shot in House by 3 Puerto Rican Nationalists: Bullets Spray from Gallery», *New York Times*, 2.3.1954.
106. *Ibidem*.
107. Irene Vilar, *The Ladies' Gallery: A Memoir of Family Secrets* (Nueva York: Vintage, 1998), pág. 99.
108. *Ibidem*, pág. 88.
109. *Ibidem*, pág. 72.
110. *Ibidem*, pág. 117.
111. *Ibidem*, pág. 96.
112. Para profundizar sobre Albizu Campos y su encarcelamiento, así como en la lucha nacionalista y las operaciones por parte de EE. UU. para contrarrestarla, véase Denis, *War Against All Puerto Ricans*.
113. Picó, *History of Puerto Rico*, pág. 277.

114. Hunter S. Thompson, Jesús Zulaika (trad.), *El diario del ron* (Barcelona: Anagrama, 2002).
115. Frederick E. Kidder a Alan Cranston, 22.1.1979, U.S. Senator for California, NARA, RG 204, Office of the Pardon Attorney, Entry #P3: Security-Classified Pardon Case Files: 1951–1991, caja #3.
116. Comunicado de Prensa del Departamento de Justicia, 6.9.1979, *ibidem*.
117. Kenneth H. Neagle, Alcaide de Prisión Federal de Alderson, a Norman A. Carlson, Director de Agencia de Prisiones, 10.9.1979, *ibidem*.
118. Tony Schwartz, «2 Freed Puerto Rican Nationalists Say They Can't Rule Out Violence», *New York Times*, 12.9.1979.
119. Joseph Egelhof, «2 Puerto Ricans Tell of U.S. Offer to Deal», *Chicago Tribune*, 12.9.1979, pág. 16.
120. Wayne King, «4 Nationalists Are Welcomed as Heroes in Puerto Rico», *New York Times*, 13.9.1979.
121. Ed Pilkington, «'I'm No Threat'—Will Obama Pardon One of the World's Longest-Serving Political Prisoners?», *Guardian*, 16.10.2016, https://www.theguardian.com/world/2016/oct/16/obama-pardon-mandela-puerto-rico-oscar-lopez-rivera- (consultada: 28.3.2018).
122. «Filiberto Ojeda Ríos», *Economist*, 29.9.2005. https://www.economist.com/node/4455267 (consultada: 3.4.2018); Abby Goodnough, «Killing of Militant Raises Ire in Puerto Rico», *New York Times*, 28.9.2005. https://www.nytimes.com/2005/09/28/us/killing-of-militant-raises-ire-in-puerto-rico.html (consultada: 3.4.2018).

Capítulo 14: Los Ángeles, California

1. Kropp, *California Vieja*, pág. 211.
2. William D. Estrada, «Los Angeles' Old Plaza and Olvera Street», *Western Folklore* 58, núm. 2 (1999): pág. 110.
3. *Ibidem*, págs. 110-113.
4. Citado en Jean Bruce Poole y Tevvy Ball, *El Pueblo: The Historic Heart of Los Angeles* (Los Ángeles: Getty Conservation Institute and J. Paul Getty Museum, 2002), pág. 43.
5. Citado *ibidem*, pág. 48.
6. Estrada, «Los Angeles' Old Plaza and Olvera Street», pág. 116.
7. Citado *ibidem*, pág. 117.
8. Kropp, *California Vieja*, págs. 228-229.
9. Citado en Estrada, «Los Angeles' Old Plaza and Olvera Street», pág. 115.
10. Citado en Poole y Ball, *El Pueblo*, págs. 50-51.
11. *Los Angeles Times*, 25.2.1924, citado en Gustavo Arellano, *Taco USA: How Mexican Food Conquered America* (Nueva York: Scribner, 2012), págs. 54-56.
12. Citado en Poole and Ball, *El Pueblo*, pág. 75.
13. Citado *ibidem*, pág. 77.
14. Citado en Sarah Schrank, *Art and the City: Civic Imagination and Cultural Authority in Los Angeles* (Filadelfia: University of Pennsylvania Press, 2009), pág. 49.
15. Leslie Rainer, «The Conservation of América Tropical: Historical Context and Project Overview», presentación en The Siqueiros Legacy: Challenges of Conserving the Artist's Monumental Murals, Getty Center, Los Ángeles. 16.10.2012, http://www.getty.edu/conservation/publications_resources/pdf_publications/pdf/historical_context.pdf (consultada: 2.4.2018).
16. Estrada, «Los Angeles' Old Plaza and Olvera Street», pág. 116.
17. Helen Delpar, *The Enormous Vogue of Things Mexican: Cultural Relations Between the United States and Mexico, 1920–1935* (Tuscaloosa: University of Alabama Press, 1992), pág. 55.
18. *Ibidem*, pág. 55; James Krippner, *Paul Strand in Mexico* (Singapur: Fundación Televisa/Aperture, 2010), pág. 18.
19. Johnston McCulley, *La marca del Zorro* (Ciudad de México: Andrés Bello, 1959), pág. 9.
20. *Ibidem*, pág. 7.

21. Krippner, *Paul Strand in Mexico*, pág. 17.
22. *Ibidem*, págs. 37, 69.
23. *Ibidem*, págs. 42-43.
24. Moreno Figueroa y Saldívar Tanaka, «Comics, Dolls and the Disavowal of Racism», págs. 187-190. Una contribución importante al movimiento del mestizaje fue un influyente ensayo, *La raza cósmica*, escrito por José Vasconcelos en 1925. Acabaría siendo nombrado ministro de Educación en México, y también fue promotor del muralismo en espacios públicos. En años más recientes se ha revisado su legado y el de su concepto de los mexicanos como una «raza cósmica» mixta, los cuales han sido objeto de críticas por su inherente racismo debido, por ejemplo, a la exclusión de los pueblos indígenas, entre otros.
25. Katherine Ware, «Photographs of Mexico 1940», en Krippner, *Paul Strand in Mexico*, págs. 267-268.
26. Lawrence Cardoso, *Mexican Emigration to the United States, 1897–1931* (Tucson: University of Arizona Press, 1980), págs. 91-94.
27. Henderson, *Beyond Borders*, pág. 51.
28. Starr, *California: A History*, pág. 204.
29. *Ibidem*, pág. 205.
30. Henderson, *Beyond Borders*, pág. 54.
31. *Ibidem*, pág. 56.
32. Zaragosa Vargas, «Tejana Radical: Emma Tenayuca and the San Antonio Labor Movement During the Great Depression», *Pacific Historical Review* 66, núm. 4 (1997): pág. 556.
33. Alan Knight, «Mexico, c. 1930–46», en Bethell, *The Cambridge History of Latin America*, vol. 7, págs. 3-5.
34. Joseph y Buchenau, *Mexico's Once and Future Revolution*, pág. 124.
35. Knight, «Mexico, c. 1930–46», págs. 19-20.
36. *Ibidem*, págs. 43-48; Joseph y Buchenau, *Mexico's Once and Future Revolution*, págs. 132-133.
37. St. John, *Line in the Sand*, pág. 189.
38. Starr, *California: A History*, pág. 179; Kropp, *California Vieja*, pág. 231.
39. Henderson, *Beyond Borders*, pág. 45; Francisco E. Balderrama y Raymond Rodríguez, *Decade of Betrayal: Mexican Repatriation in the 1930s* (Albuquerque: University of New Mexico Press, 1995), pág. 59.
40. Balderrama y Rodríguez, *Decade of Betrayal*, pág. 55.
41. Rodriguez, *Mongrels, Bastards, Orphans, and Vagabonds*, pág. 163; Carlos K. Blanton, «George I. Sánchez, Ideology, and Whiteness in the Making of the Mexican American Civil Rights Movement, 1930–1960», *Journal of Southern History* 72, núm. 3 (2006): págs. 569-604; Balderrama y Rodríguez, *Decade of Betrayal*, pág. 195.
42. F. Castillo Nájera a Cordell Hull, 26.9.1940 NARA, RG 59: General Records of Department of State, fichero decimal, de 811.4 a 811.4016/449, caja 3804, expediente 1: 811.40/7-811.4016/299, fichero 811.4016/272.
43. Culbert L. Olson a Sumner Welles, 11.4.1941, *ibidem*.
44. Geraldo L. Cadava, *Standing on Common Ground: The Making of a Sunbelt Borderland* (Cambridge: Harvard University Press, 2013), pág. 21, versión Kindle.
45. *Ibidem*, pág. 23.
46. Suarez, *Latino Americans*, loc. 1679.
47. Richard Griswold del Castillo, «The Los Angeles 'Zoot Suit Riots' Revisited: Mexican and Latin American Perspectives», *Mexican Studies/Estudios Mexicanos* 16, núm. 2 (2000): pág. 367.
48. Mauricio Mazón, *The Zoot Suit Riots: The Psychology of Symbolic Annihilation* (Austin: University of Texas Press, 1984), pág. 20.
49. Luis Alvarez, *The Power of Zoot: Youth Culture and Resistance During World War II* (Berkeley: University of California Press, 2008), pág. 2.
50. Suarez, *Latino Americans*, loc. 1664.

51. Starr, *California: A History*, págs. 230-234.
52. Griswold del Castillo, «The Los Angeles 'Zoot Suit Riots' Revisited», pág. 370; Mazón, *The Zoot Suit Riots*, pág. 2.
53. Citado en Alvarez, *The Power of Zoot*, pág. 155.
54. Henry S. Waterman al secretario de Estado, 11.6.1943, NARA, RG 59: General Records of Department of State, fichero decimal, de 811.4016/450 a 811.4016/637, caja 3805, fichero 811.4016/560.
55. *Ibidem*.
56. Griswold del Castillo, «The Los Angeles 'Zoot Suit Riots' Revisited», pág. 369.
57. Citado *ibidem*, pág. 386.
58. *El Nacional* (Ciudad de México), 17.6.1943, en NARA, RG 59: General Records of Department of State, fichero decimal, de 811.4016/450 a 811.4016/637, caja 3805, fichero 811.4016/568.
59. Griswold del Castillo, «The Los Angeles 'Zoot Suit Riots' Revisited», pág. 379.
60. *Ibidem*, págs. 369, 382.
61. McWilliams, Stewart, y Gendar, *Fool's Paradise*, pág. 206.
62. Carlos Kevin Blanton, «The Citizenship Sacrifice: Mexican Americans, the Saunders-Leonard Report, and the Politics of Immigration, 1951–1952», *Western Historical Quarterly* 40, núm. 3 (2009): pág. 300.
63. Steven H. Wilson, «Brown over 'Other White': Mexican Americans' Legal Arguments and Litigation Strategy in School Desegregation Lawsuits», *Law and History Review* 21, núm. 1 (2003): pág. 154.
64. Rodriguez, *Mongrels, Bastards, Orphans, and Vagabonds*, pág. 157.
65. Blanton, «The Citizenship Sacrifice», pág. 300.
66. Neil Foley, *Mexicans in the Making of America* (Cambridge: Belknap Press of Harvard University Press, 2014), pág. 97.
67. Suarez, *Latino Americans*, loc. 1522.
68. Foley, *Mexicans in the Making of America*, pág. 97.
69. *Ibidem*.
70. *Ibidem*, pág. 100.
71. *Ibidem*, págs. 101-102.
72. *Ibidem*, pág. 117.
73. Thomas H. Kreneck, «Dr. Héctor P. García: Twentieth Century Mexican-American Leader», en Donald Willett y Stephen J. Curley (eds.), *Invisible Texans: Women and Minorities in Texas History* (Boston: McGraw-Hill, 2005), pág. 207.
74. Véase, por ejemplo, Steve Rosales, «Fighting the Peace at Home: Mexican American Veterans and the 1944 GI Bill of Rights», *Pacific Historical Review* 80, núm. 4 (2011): págs. 597-627.
75. Kreneck, «Dr. Héctor P. García», pág. 208.
76. *Ibidem*, págs. 208-209.
77. Molina, «'In a Race All Their Own'», pág. 192.
78. *Ibidem*, págs. 199-200.
79. Roberto R. Treviño, «Facing Jim Crow: Catholic Sisters and the 'Mexican Problem' in Texas», *Western Historical Quarterly* 34, núm. 2 (2003): pág. 141.
80. Alonso Perales, «Lista que contiene los nombres de las poblaciones en Texas en donde se les ha negado servicio a los mexicanos», University of Houston, Special Collections, Papeles de Alonso S. Perales, caja 8, expediente 5. 1944. También disponible en http://digital.lib.uh.edu/collection/perales/item/65.
81. William P. Blocker a Cordell Hull, 27.2.1940, «Transmitting Results of a Confidential Survey of the Problem of Racial Discrimination Against Mexican and Latin American Citizens in Texas and New Mexico», NARA, RG 59: General Records of Department of State, fichero decimal, de 811.4 a 811.4016/499, caja 3804, fichero 3: 811-4106/337-360.
82. *Ibidem*.

83. *Ibidem.*
84. Para más información, véanse Thomas A. Guglielmo, «Fighting for Caucasian Rights: Mexicans, Mexican Americans, and the Transnational Struggle for Civil Rights in World War II Texas», *Journal of American History* 92, núm. 4 (2006): pág. 1212; Foley, *Mexicans in the Making of America*, pág. 79.
85. Foley, *Mexicans in the Making of America*, págs. 83-84.
86. Guglielmo, «Fighting for Caucasian Rights», págs. 1220-1230.
87. Rosie Escobar a Héctor García, 29.10.1951, Texas A&M University Corpus Christi, Mary and Jeff Bell Library, Hector Garcia Collection, caja 215, expediente 10.
88. Rodriguez, *Mongrels, Bastards, Orphans, and Vagabonds*, pág. 163.
89. Suarez, *Latino Americans*, loc. 1657.
90. Henderson, *Beyond Borders*, págs. 78-79.
91. *Ibidem*, págs. 62-63.
92. Blanton, «The Citizenship Sacrifice», pág. 299.
93. *Ibidem*, pág. 303.
94. Lyndon B. Johnson a Héctor García, 13.10.1949, Texas A&M University Corpus Christi, Mary and Jeff Bell Library, Hector García Collection, caja 223, expediente 5.
95. *What Price Wetbacks?* 1953, Arizona State University, Hayden Library, Department of Archives and Special Collections, Chicano Research Collection CHI NM-37, pág. 1.
96. *Ibidem*, pág. 5.
97. Michelle Hall Kells, *Héctor P. García: Everyday Rhetoric and Mexican American Civil Rights* (Carbondale: Southern Illinois University Press, 2006), pág. 132.
98. Henderson, *Beyond Borders*, pág. 58; Albert M. Camarillo, «Mexico», en Mary C. Waters, Reed Ueda, y Helen B. Marrow (eds.), *The New Americans: A Guide to Immigration Since 1965* (Cambridge: Harvard University Press, 2007), págs. 508-509.
99. Henderson, *Beyond Borders*, págs. 72, 85.
100. *Ibidem*, págs. 74-76.
101. Ngai, *Impossible Subjects*, pág. 258; Elizabeth Hull, *Without Justice for All: The Constitutional Rights of Aliens* (Westport: Greenwood Press, 1985), pág. 24.
102. Ngai, *Impossible Subjects*, pág. 261.
103. Henderson, *Beyond Borders*, pág. 102; Ngai, Impossible Subjects, pág. 261.
104. Don Parson, *Making a Better World: Public Housing, the Red Scare, and the Direction of Modern Los Angeles* (Minneapolis: University of Minnesota Press, 2005), pág. 164; Ronald López, «Community Resistance and Conditional Patriotism in Cold War Los Angeles: The Battle for Chavez Ravine», *Latino Studies* 7, núm. 4 (2009): pág. 459.
105. *Ibidem.*
106. Parson, *Making a Better World*, pág. 165.
107. *Ibidem*, pág. 167.
108. López, «Community Resistance and Conditional Patriotism in Cold War Los Angeles», pág. 460.
109. Citado *ibidem*, pág. 467.
110. Parson, *Making a Better World*, págs. 164-171.
111. *Ibidem*, pág. 172.
112. *Ibidem*, pág. 173.
113. *Ibidem*, pág. 174; López, «Community Resistance and Conditional Patriotism in Cold War Los Angeles», pág. 457.
114. Parson, *Making a Better World*, pág. 174.
115. *Ibidem*, pág. 177.
116. Nick Wilson, *Voices from the Pastime: Oral Histories of Surviving Major Leaguers, Negro Leaguers, Cuban Leaguers, and Writers, 1920-1934* (Jefferson: McFarland, 2000), pág. 138.
117. *Ibidem*, págs. 141-142.
118. Brioso, *Havana Hardball*, pág. 70.

119. Wilson, *Voices from the Pastime*, págs. 138-139.
120. *Ibidem*, pág. 141.
121. Adrian Burgos Jr., «An Uneven Playing Field: Afro-Latinos in Major League Baseball», en Jiménez y Flores, *The Afro-Latin@ Reader: History and Culture in the United States*, pág. 129.
122. Wilson, *Voices from the Pastime*, pág. 139.
123. Brioso, *Havana Hardball*, pág. 82.
124. Wilson, *Voices from the Pastime*, pág. 140.
125. *Ibidem*, pág. 141.
126. Burgos, «An Uneven Playing Field», págs. 131-132.
127. *Ibidem*, págs. 133-134.
128. Mark Armour y Daniel R. Levitt, «Baseball Demographics, 1947–2012», Society for American Baseball Research, http://sabr.org/bioproj/topic/baseball-demographics-1947-2012 (consultada: 27.5.2015).
129. Robert B. Fairbanks, «The Failure of Urban Renewal in the Southwest: From City Needs to Individual Rights», *Western Historical Quarterly* 37, núm. 3 (2006): pág. 303.
130. *Ibidem*, págs. 305-306.
131. *Ibidem*, pág. 406.
132. Robert B. Fairbanks, «Public Housing for the City as a Whole: The Texas Experience, 1934–1955», *Southwestern Historical Quarterly* 103, núm. 4 (2000): pág. 429.
133. *Ibidem*, pág. 409.
134. *Ibidem*, pág. 423.
135. Fairbanks, «The Failure of Urban Renewal in the Southwest», pág. 312. Sobre este tipo de tramas, véase, por ejemplo, Lydia Otero, *La Calle: Spatial Conflicts and Urban Renewal in a Southwest City* (Tucson: University of Arizona Press, 2010), referente al caso de Tucson.
136. James W. Loewen, *Sundown Towns: A Hidden Dimension of American Racism* (Nueva York: New Press, 2005), pág. 4.
137. *Ibidem*, págs. 75-76.
138. Declaración de restricciones: Propietarios de fincas, Phoenix (Arizona), 1950, Chicano Research Collection, Hayden Library, Arizona State University, ME CHI LC-3.
139. Cadava, *Standing on Common Ground*, pág. 13.
140. *Ibidem*, pág. 82.
141. David G. Gutiérrez, *Walls and Mirrors: Mexican Americans, Mexican Immigrants, and the Politics of Ethnicity* (Berkeley: University of California Press, 1995), pág. 2.
142. Michael E. Martin, *Residential Segregation Patterns of Latinos in the United States, 1990–2000: Testing the Ethnic Enclave and Inequality Theories* (Londres: Routledge, 2007), págs. 8, 42-43.
143. Menchaca, «Chicano Indianism», pág. 598.
144. David Torres-Rouff, «Becoming Mexican: Segregated Schools and Social Scientists in Southern California, 1913–1946», *Southern California Quarterly* 94, núm. 1 (2012): pág. 127.
145. Menchaca, «Chicano Indianism», págs. 597-598.
146. Torres-Rouff, «Becoming Mexican», pág. 96.
147. George I. Sánchez, *Forgotten People: A Study of New Mexicans* (Albuquerque: University of New Mexico Press, 1940), págs. 17, 32.
148. *Ibidem*, págs. 13-14.
149. Wilson, «Brown over 'Other White,'» pág. 155; Menchaca, «Chicano Indianism», pág. 598; Torres-Rouff, «Becoming Mexican», pág. 107.
150. San Miguel Guadalupe, «The Struggle Against Separate and Unequal Schools: Middle Class Mexican Americans and the Desegregation Campaign in Texas, 1929–1957», *History of Education Quarterly* 23, núm. 3 (1983): pág. 344.
151. «Before 'Brown v. Board,' Mendez Fought California's Segregated Schools», http://www.npr.org/blogs/codeswitch/2014/05/16/312555636/before-brown-v-board-mendez-fought-californias-segregated-schools (consultada: 18.1.2015).
152. Menchaca, «Chicano Indianism», págs. 598-599.

153. Gary Orfield, Erica Frankenberg, Jongyeon Ee, y John Kuscera, *Brown at 60: Great Progress, a Long Retreat and an Uncertain Future*, Civil Rights Project UCLA. 15.5.2014, https://civilrightsproject.ucla.edu/research/k-12-education/integration-and-diversity/brown-at-60-great-progress-a-long-retreat-and-an-uncertain-future/Brown-at-60-051814.pdf (consultada: 3.4.2018).
154. Wilson, «Brown over 'Other White,'» pág. 148.
155. Sheridan, *Arizona: A History*, pág. 296.
156. Gill, *Harlem*, págs. 353-354.
157. Wilson, «Brown over 'Other White,'» págs. 181-182.
158. *Ibidem*, pág. 183.
159. «School Desegregation in Corpus Christi, Texas», mayo de 1977, Texas A&M University Corpus Christi, Mary and Jeff Bell Library, Hector García Collection, caja 30, expediente 10.
160. Borrador de publicación propuesta por el Comité Asesor de Texas, 22.10.1976, Texas A&M University Corpus Christi, Mary and Jeff Bell Library, Hector García Collection, caja 9, expediente 16.
161. González, *Harvest of Empire*, págs. 170-171.
162. *Ibidem*, pág. 171.
163. Kreneck, «Dr. Héctor P. García», pág. 210.
164. Wilson, «Brown over 'Other White,'» pág. 174.
165. Raymond Telles a Héctor García, 2.4.1966, Texas A&M University Corpus Christi, Mary and Jeff Bell Library, Hector García Collection, caja 195, expediente 48.
166. Miriam Pawel, *The Crusades of Cesar Chavez: A Biography* (Nueva York: Bloomsbury, 2014), pág. 13.
167. *Ibidem*, pág. 15.
168. Rodriguez, *Mongrels, Bastards, Orphans, and Vagabonds*, pág. 206.
169. Citado en Pawel, *The Crusades of Cesar Chavez*, pág. 2.
170. Rodriguez, *Mongrels, Bastards, Orphans, and Vagabonds*, pág. 203.
171. *Ibidem*.
172. David R. Mariel y Juan José Peña, «La Reconquista: The Chicano Movement in New Mexico», en Gonzales-Berry y Maciel, *The Contested Homeland*, pág. 270.
173. Andrés Bustamante, «American Aztlán: Cultural Memory After the Mexican-American War», ponencia impartida en la conferencia Legacies of Conquest, 11.4.2017, http://www.crassh.cam.ac.uk/events/26941.
174. Rodriguez, *Mongrels, Bastards, Orphans, and Vagabonds*, pág. 203.
175. Gutiérrez, *Walls and Mirrors*, pág. 185.
176. Lorena Oropeza y Dionne Espinoza (eds.), *Enriqueta Vasquez and the Chicano Movement: Writings from el Grito del Norte* (Houston: Arte Público, 2006), págs. 86-87.
177. Nieto-Phillips, *The Language of Blood*, pág. x.
178. *Ibidem*, pág. xi.
179. *Ibidem*.
180. Joseph A. Rodríguez, «Becoming Latinos: Mexican Americans, Chicanos, and the Spanish Myth in the Urban Southwest», *Western Historical Quarterly* 29, núm. 2 (1998): págs. 166-167.
181. Rodriguez, *Mongrels, Bastards, Orphans, and Vagabonds*, pág. 212.
182. Mariel y Peña, «La Reconquista», pág. 280.
183. *Ibidem*, pág. 283.
184. Citado en Robert Urias, «The Tierra Amarilla Grant, Reies Tijerina, and the Courthouse Raid», Chicano-Latino Law Review 16, núm. 141 (invierno de 1995): pág. 148.
185. Memorando del FBI, 16.6.1964, New Mexico History Collection, Center for Southwest Research, University Libraries, University of New Mexico, Papeles de Reies López Tijerina, 1954-2003, MSS 654 BC, caja 2.
186. Panfleto de La Alianza, n.d., MSS 628 BC, Cajón C9, Colección Alianza Federal de Pueblos Libros, 1963-1997, New Mexico History Collection, Center for Southwest Research,

University Libraries, University of New Mexico.
187. Urias, «The Tierra Amarilla Grant, Reies Tijerina, and the Courthouse Raid», págs. 144-145; Lorena Oropeza, «Becoming Indo-Hispano: Reies López Tijerina and the New Mexican Land Grant Movement», in Goldstein, *Formations of United States Colonialism*, pág. 184.
188. Oropeza, «Becoming Indo-Hispano», pág. 185.
189. *Ibidem*, pág. 193.
190. Urias, «The Tierra Amarilla Grant, Reies Tijerina, and the Courthouse Raid», pág. 150.
191. Mora, *Making Hispanics*, pág. 4.
192. Pablo Guzmán, «Before People Called Me a Spic, They Called Me a Nigger», en Jiménez Román y Flores, *Afro-Latin@ Reader*, págs. 235-236.
193. Robert M. Utley, *Changing Courses: The International Boundary, United States and Mexico, 1848–1963* (Tucson: Southwest Parks and Monuments Association, 1996), pág. 100.
194. *Ibidem*, pág. 101.
195. *Ibidem*, pág. 109.

Capítulo 15: Miami, Florida

1. Louis Pérez Jr., «Between Encounter and Experience: Florida in the Cuban Imagination», *Florida Historical Quarterly* 82, núm. 2 (2003): pág. 178.
2. *Ibidem*.
3. *Ibidem*.
4. *Ibidem*.
5. *Ibidem*, pág. 179.
6. *Ibidem*, pág. 186.
7. *Ibidem*, págs. 179-180.
8. *Ibidem*, págs. 179-180, 189; Pérez, «Cubans in the United States», pág. 128.
9. C. N. Rose, «Tourism and the Hispanicization of Race in Jim Crow Miami, 1945–1965», *Journal of Social History* 45, núm. 3 (2011): pág. 736.
10. *Ibidem*.
11. Pérez, *Cuba and the United States*, pág. 245.
12. «Impide el departamento de estado la salida de los Cubanos de su territorio», *Noticias de Hoy*, 1.2.1961, pág. 1.
13. «Llegan a nuestra patria repatriados cubanos perseguidos en los Estados Unidos», *Noticias de Hoy*, 15.3.1961, pág. 11.
14. Jack Kofoed, «Miami Already Has Too Many Refugees», *Miami Herald*, 5.10.1965.
15. *Ibidem*.
16. Pérez, *Cuba and the United States*, pág. 254.
17. María de los Ángeles Torres, *In the Land of Mirrors: Cuban Exile Politics in the United States* (Ann Arbor: University of Michigan Press, 2001), págs. 85, 100-101.
18. Brendan I. Koerner, *The Skies Belong to Us: Love and Terror in the Golden Age of Hijacking* (Nueva York: Crown, 2013), pág. 35.
19. *Ibidem*, pág. 37.
20. *Ibidem*, pág. 50.
21. *Ibidem*, pág. 45.
22. *Ibidem*, pág. 48.
23. Pérez, *Cuba and the United States*, pág. 255.
24. *Ibidem*.
25. María Cristina García, «Central American Migration and the Shaping of Refugee Policy», en Dirk Hoerder y Nora Faires (eds.), *Migrants and Migration in Modern North America: Cross-Border Lives, Labor Markets, and Politics* (Durham: Duke University Press, 2011), pág. 354.
26. David M. Reimers, *Other Immigrants: The Global Origins of the American People* (Nueva York: New York University Press, 2005). Véase capítulo 5 sobre América Central y del Sur.

27. García, «Central American Migration and the Shaping of Refugee Policy», pág. 356.
28. Joseph y Buchenau, *Mexico's Once and Future Revolution*, págs. 156-157, 172-175.
29. Henderson, *Beyond Borders*, pág. 99.
30. «Statistical Portrait of Hispanics in the United States», Pew Research Center Hispanic Trends, http://www.pewhispanic.org/2016/04/19/statistical-portrait-of-hispanics-in-the-united-states-key-charts/ (consultada: 6.11.2016); «Estimates of the Unauthorized Immigrant Population Residing in the United States: January 2010, Office of Immigration Statistics, Department of Homeland Security», febrero de 2011, https://www.dhs.gov/xlibrary/assets/statistics/publications/ois_ill_pe_2010.pdf (consultada: 29.8.2017).
31. Starr, *California: A History*, pág. 312.
32. *Ibidem.*
33. Pérez, *Cuba and the United States*, pág. 269.
34. Joan Didion, *Miami* (Nueva York: Simon and Schuster, 1987), pág. 65.
35. Milton Weiss, «Letter to the Editor: Pre-Cuban Miami Was a Good Place to Live», *Miami Herald*, 15.10.1990.
36. Anzaldúa, *Borderlands/La Frontera*, pág. 75.
37. Starr, *California: A History*, pág. 315.
38. Héctor Tobar, «Tucson School Board Lifts Ban on Latino Studies Books», *Los Angeles Times*, 25.10.2013, http://articles.latimes.com/2013/oct/25/entertainment/la-et-jc-tucson-school-board-latino-studies-books-20131025 (consultada: 19.1.2015).
39. James C. McKinley, «Texas Conservatives Win Curriculum Change», *New York Times*, 12.3.2010, http://www.nytimes.com/2010/03/13/education/13texas.html?_r=0 (consultada: 31.3.2016); Gail Collins, «How Texas Inflicts Bad Textbooks on Us», *New York Review of Books*, 21.6.2012.
40. Cindy Casares, «A Textbook on Mexican Americans That Gets Their History Wrong? Oh, Texas», *Guardian*, 31.5.2016, https://www.theguardian.com/commentisfree/2016/may/31/texas-textbook-mexican-american-heritage-public-schools-us-history?CMP=share_btn_fb (consultada: 7.11.2016).
41. Censo EE. UU. 2000, Capítulo 8: Idioma, pág. 124, informe disponible en https://www.census.gov/population/www/cen2000/censusatlas/pdf/8_Language.pdf (consultada: 6.11.2016).
42. *Ibidem*, pág. 125.
43. María de Los Ángeles Torres, «¿Qué Pasa, U.S.A.? Gets a Modern Update for the Miami Stage», *Miami New Times*, 18.12.2017, http://www.miaminewtimes.com/arts/que-pasa-usa-at-arsht-center-may-17-to-may-19-9903994 (consultada: 20.1.2018).
44. Suarez, *Latino Americans*, loc. 3408-3431.
45. Sheridan, *Arizona: A History*, pág. 391.
46. *Ibidem.*
47. Mora, *Making Hispanics*, pág. 2.
48. «Measuring Race and Ethnicity Across the Decades: 1790-2010», United States Census Bureau, http://www.census.gov/population/race/data/MREAD_1790_2010.html (consultada: 28.3.2016).
49. *Ibidem.*
50. Grace Flores-Hughes, *A Tale of Survival: Memoir of an Hispanic Woman* (Bloomington: Author House, 2011), págs. xviii, 222.
51. *Ibidem*, pág. 226.
52. *Ibidem*, pág. 227.
53. *Ibidem.*
54. «Special Report: America's Hispanics: From Minor to Major: A Suitable Box to Tick», *Economist*, 14.3.2015, pág. 6.
55. «Measuring Race and Ethnicity Across the Decades: 1790-2010»; Painter, *The History of White People*, loc. 6351-6365.

56. Laura E. Gómez, «The Birth of the 'Hispanic' Generation: Attitudes of Mexican-American Political Elites Toward the Hispanic Label», *Latin American Perspectives* 19, núm. 4 (1992): pág. 46; Gómez, *Manifest Destinies*, pág. 150.
57. «'Mexican,' 'Hispanic,' 'Latin American' Top List of Race Write-Ins on the 2010 Census, Pew Research Center», http://www.pewresearch.org/fact-tank/2014/04/04/mexican-hispanic-and-latin-american-top-list-of-race-write-ins-on-the-2010-census/ (consultada: 1.9.2017).
58. Mora, *Making Hispanics*, pág. 167. Véase formulario del censo de 2010 en https://www.census.gov/schools/pdf/2010form_info.pdf (consultada: 18.11.2016).
59. Alex Wagner, «The Americans Our Government Won't Count», *New York Times*, 1.4.2018, https://www.nytimes.com/2018/03/30/opinion/sunday/united-states-census.html (consultada: 2.4.2018).
60. Mora, *Making Hispanics*, págs. 4-5.
61. «Special Report: America's Hispanics», pág. 4.
62. Mora, *Making Hispanics*, pág. 153.
63. Marilyn Halter, *Shopping for Identity: The Marketing of Ethnicity* (Nueva York: Schocken Books, 2000), pág. 51.
64. Arellano, *Taco USA*, pág. 90.
65. *Ibidem*, pág. 93.
66. David E. Hayes-Bautista, *Cinco de Mayo: An American Tradition* (Berkeley: University of California Press, 2012), capítulos 3 y 6.
67. Frances Negrón-Muntaner, Chelsea Abbas, Luis Figueroa, y Samuel Robson, *The Latino Media Gap: A Report on the State of Latinos in U.S. Media*, Columbia University, 2014, pág. 1.
68. «Hollywood Fails to Represent U.S. Ethnic Diversity, Says Study», theguardian.com, 5.8.2014, http://www.theguardian.com/film/2014/aug/05/hollywood-fails-to-represent-ethnic-diversity-study-usc (consultada: 20.1.2015).

Capítulo 16: Tucson, Arizona

1. Para acceder al texto completo (en inglés), véase, por ejemplo, https://www.washingtonpost.com/news/post-politics/wp/2015/06/16/full-text-donald-trump-announces-a-presidential-bid/ (consultada: 21.1.2018).
2. Ioan Grillo, «Why Did Peña Nieto Invite Trump to Mexico?», *New York Times*, 1.9.2016, http://www.nytimes.com/2016/09/02/opinion/why-did-pena-nieto-invite-trump-to-mexico.html (consultada: 11.11.2016).
3. Pew Research Center Hispanic Trends, «Latino Voters in the 2012 Election», http://www.pewhispanic.org/2012/11/07/latino-voters-in-the-2012-election/ (consultada: 19.1.2015).
4. Acerca del SVREP, véase http://svrep.org (consultada: 1.9.2017).
5. Jeremy Schwartz y Dan Hill, «Silent Majority: Texas' Booming Hispanic Population Deeply Underrepresented in Local Politics», *Austin American-Statesman*, 21.10.2016, http://projects.statesman.com/news/latino-representation/index.html (consultada: 7.11.2016); Pew Research Center Hispanic Trends: «Latinos in the 2016 Election: Texas», http://www.pewhispanic.org/fact-sheet/latinos-in-the-2016-election-texas/ (consultada: 29.8.2017).
6. «The Status of Latinos in California: An Analysis of the Growing Latino Population, Voting Trends and Elected Representation, 2015», http://leadershipcaliforniainstitute.org/sites/all/files/Status%20of%20Latinos%20Report%20Preview.pdf. También en http://latinocaucus.legislature.ca.gov/news/2015-07-09-report-despite-recent-gains-california-latinos-continue-be-underrepresented-every-le (consultada: 21.1.2018).
7. Adam Nagourney y Jennifer Medina, «This City Is 78% Latino, and the Face of a New California», *New York Times*, 11.10.2016, http://www.nytimes.com/2016/10/12/us/california-latino-voters.html?action=click&pgtype=Homepage&clickSource=story-heading&module=second-colum&_r=0 (consultada: 7.11.2016).
8. Rafael Bernal, «Latino Representation in Congress Record High, but Far from Parity», *Hill*, 14.9.2017, http://thehill.com/latino/350673-latino-representation-in-congress-at-record-high-but-far-from-parity (consultada: 21.1.2018).

9. González, *Harvest of Empire*, pág. 256; Josefina Zoraida Vázquez y Lorenzo Meyer, *México frente a Estados Unidos: un ensayo histórico, 1776–2000* (Ciudad de México: Fondo de Cultura Económica, 2013), pág. 215.
10. González, *Harvest of Empire*, pág. 257.
11. Joseph y Buchenau, *Mexico's Once and Future Revolution*, pág. 181.
12. Vázquez y Meyer, *México frente a Estados Unidos*, pág. 234.
13. Henderson, *Beyond Borders*, pág. 123.
14. González, *Harvest of Empire*, pág. 266.
15. *Ibidem*, pág. 269.
16. *Ibidem*, pág. 258; Henderson, *Beyond Borders*, págs. 93-94.
17. Mark Weisbrot, Stephan Lefebvre y Joseph Sammut, «Did NAFTA Help Mexico? An Assessment After 20 Years», Center for Economic and Policy Research (2014): pág. 1.
18. Azam Ahmed y Elisabeth Malkin, «Mexicans Are the Nafta Winners? It's News to Them», *New York Times*, 4.1.2017, https://www.nytimes.com/2017/01/04/world/americas/mexico-donald-trump-nafta.html?hp&action=click&pgtype=Homepage&clickSource=story-heading&mod&_r=0 (consultada: 1.9.2017).
19. Weisbrot *et al.*, «Did NAFTA Help Mexico?», pág. 1.
20. «NAFTA 20 Years Later: PIIE Briefing No 14-3», Peterson Institute for International Economics (2014), pág. 4.
21. Shawn Donnan, «Renegotiating Nafta: 5 Points to Keep in Mind», *Financial Times*, 1.1.2017, https://www.ft.com/content/4c1594c6-e18d-11e6-8405-9e5580d6e5fb (consultada: 1.9.2017).
22. González, *Harvest of Empire*, pág. 200.
23. *Ibidem*, pág. 201.
24. *Ibidem*, pág. 203.
25. Nora Caplan-Bricker, «Who's the Real Deporter-in-Chief: Bush or Obama?» *New Republic*, 18.4.2014, https://newrepublic.com/article/117412/deportations-under-obama-vs-bush-who-deported-more-immigrants (consultada: 29.3.2016); Brian Bennett, «High Deportation Figures Are Misleading», *Los Angeles Times*, 1.4.2014, http://www.latimes.com/nation/la-na-obama-deportations-20140402-story.html (consultada: 27.3.2018).
26. Julia Preston y Randal C. Archibold, «U.S. Moves to Stop Surge in Illegal Immigration», *New York Times*, 21.6.2014, http://www.nytimes.com/2014/06/21/us/us-plans-to-step-up-detention-and-deportation-of-migrants.html?_r=1&asset-Type=nyt_now (consultada: 19.1.2015).
27. Richard Fausset y Ken Belson, «Faces of an Immigration System Overwhelmed by Women and Children», *New York Times*, 6.6.2014, https://www.nytimes.com/2014/06/06/us/faces-of-an-immigration-system-overwhelmed-by-women-and-children.html (consultada: 21.1.2018).
28. «Southwest Border Unaccompanied Alien Children», United States Customs and Border Protection, http://www.cbp.gov/newsroom/stats/southwest-border-unaccompanied-children/fy-2015 (consultada: 19.1.2015).
29. Preston y Archibold, «U.S. Moves to Stop Surge in Illegal Immigration».
30. «Transnational Organized Crime in Central America and the Caribbean», United Nations Office on Drugs and Crime, 2012, https://www.unodc.org/documents/data-and-analysis/Studies/TOC_Central_America_and_the_Caribbean_english.pdf (consultada: 20.1.2015).
31. Editorial, «America's Test at the Border», *New York Times*, 21.7.2014, https://www.nytimes.com/2014/07/21/opinion/Americas-Test-Children-at-the-Border.html (consultada: 21.1.2018).
32. Editorial, «A Tale of Two Migration Flows», *New York Times*, 1.8.2016, http://www.nytimes.com/2016/08/01/opinion/a-tale-of-two-migration-flows.html; U.S. Customs and Border Protection, https://www.cbp.gov/newsroom/stats/southwest-border-unaccompanied-children/fy-2016 (consultada: 12.11.2016).
33. «A Tale of Two Migration Flows"; Kirk Semple, «Fleeing Gangs, Central American Families Surge Toward U.S." *New York Times*, 12.11.2016, http://www.nytimes.com/2016/11/13/

world/americas/fleeing-gangs-central-american-families-surge-toward-us.html?_r=0 (consultada: 13.11.2016). Para acceder a las estadísticas de la Patrulla Fronteriza en el ejercicio de 2017, véase https://www.cbp.gov/sites/default/files/assets/documents/2017-Dec/USBP%20 Stats%20FY2017%20sector%20profile.pdf (consultada: 4.4.2018).
34. Patrick J. McDonnell, «Mexico Rejects U.S. Plan to Deport Central Americans to Mexico», *Los Angeles Times*, 24.2.2017, http://www.latimes.com/politics/washington/la-na-essential-washington-updates-mexico-rejects-u-s-plan-to-deport-1487988401-htmlstory.html (consultada: 1.9.2017).
35. Colleen Shalby, «Parents Ask: What Happens to My Child If I'm Deported?» *Los Angeles Times*, 22.3.2017, http://www.latimes.com/politics/la-na-questions-trump-immigration-20170322-htmlstory.html (consultada: 1.9.2017).
36. Sabrina Siddiqui y Oliver Laughland, «Trump Plans to Greatly Expand Number of Immigrants Targeted for Deportation», *Guardian*, 21.2.2017, https://www.theguardian.com/us-news/2017/feb/21/donald-trump-immigration-deportation-guidelines-homeland-security (consultada: 1.9.2017).
37. Elliot Spagat, «Immigration Judges to Be Sent to Border Detention Centers», Associated Press, 18.3.2017, https://apnews.com/5b824828b2d647e589c004afd43ec858/immigration-judges-be-sent-border-detention-centers (consultada: 1.9.2017).
38. Miriam Jordan, «Trump Administration Says That Nearly 200,000 Salvadorans Must Leave», *New York Times*, 8.1.2018, https://www.nytimes.com/2018/01/08/us/salvadorans-tps-end.html (consultada: 27.3.2018); Miriam Jordan y Manny Fernandez. «Judge Rejects Long Detentions of Migrant Families, Dealing Trump Another Setback», *New York Times*, 9.7.2018, https://www.nytimes.com/2018/07/09/us/migrants-family-separation-reunification.html (consultada: 20.7.2018).
39. María DeGuzmán, *Spain's Long Shadow: The Black Legend, Off-Whiteness, and Anglo-American Empire* (Minneapolis: University of Minnesota, 2005), pág. xxvii.
40. Pew Research Center, «5 Facts About Illegal Immigration in the U.S.», 27.4.2017, http://www.pewresearch.org/fact-tank/2017/04/27/5-facts-about-illegal-immigration-in-the-u-s/ (consultada: 1.9.2017).
41. Janet Adamy y Paul Overberg, «Immigration Source Shifts to Asia from Mexico», *Wall Street Journal*, 7.9.2016, http://www.wsj.com/articles/immigration-source-shifts-to-asia-from-mexico-1473205576 (consultada: 12.11.2016).
42. *Ibidem*.
43. Ana Gonzalez-Barrera, «More Mexicans Leaving Than Coming to the U.S.», Pew Research Center, 19.11.2015, http://www.pewhispanic.org/2015/11/19/more-mexicans-leaving-than-coming-to-the-u-s/ (consultada: 29.3.2016).
44. Jens Manuel Krogstad, «Key Facts About How the U.S. Hispanic Population Is Changing», Pew Research Center, http://www.pewresearch.org/fact-tank/2016/09/08/key-facts-about-how-the-u-s-hispanic-population-is-changing/ (consultada: 1.9.2017).
45. *Ibidem*.
46. Véase, por ejemplo, Michael Deibert, *In the Shadow of Saint Death: The Gulf Cartel and the Price of America's Drug War in Mexico* (Guilford: Lyons Press, 2014), pág. 233.
47. Christopher Ingraham, «Legal Marijuana Is Finally Doing What the Drug War Couldn't», *Washington Post*, 3.3.2016, https://www.washingtonpost.com/news/wonk/wp/2016/03/03/legal-marijuana-is-finally-doing-what-the-drug-war-couldnt/ (consultada: 12.11.2016). Estadísticas del ejercicio de 2016 disponibles en https://www.cbp.gov/sites/default/files/assets/documents/2017-Jan/USBP%20Stats%20FY2016%20sector%20profile.pdf.
48. *Ibidem*.
49. Véase Departamento de Estado: Iniciativa Mérida, https://www.state.gov/j/inl/merida/ (consultada: 13.11.2016).
50. Harel Shapira, *Waiting for José: The Minutemen's Pursuit of America* (Princeton: Princeton University Press, 2013), pág. 3; Foley, *Mexicans in the Making of America*, capítulo 8.
51. Shapira, *Waiting for José*, pág. 13.

52. *Ibidem*, pág. 2.
53. James Marcus, «Easy Chair: Beyond a Boundary», *Harper's*, junio de 2014, pág. 5.
54. Sheridan, *Arizona: A History*, pág. 392.
55. *Ibidem*.
56. Mari Herreras, «All Souls All Community», *Tucson Weekly*, 6-12.11.2014, pág. 11.
57. Jeremy Harding, «The Deaths Map», *London Review of Books*, 20.10.2011, págs. 7-13.
58. Véase http://www.humaneborders.org/wp-content/uploads/deathpostercumulative_letter16. pdf. Esta organización también dispone de un mapa interactivo con los fallecimientos de inmigrantes en http://www.humaneborders.info/app/map.asp.
59. Miriam Jordan, «Desert Castaways Get Second Life in Art Exhibition», *Wall Street Journal*, 17.1.2008.
60. Marcus, «Easy Chair», pág. 5; U.S. Border Patrol, Sector Profile, FY 2015, CBP FY15 Border Security Report: Department of Homeland Security, 22.12.2015, pág. 3, https://www.cbp.gov/sites/default/files/documents/USBP%20Stats%20FY2015%20sector%20profile.pdf (consultada: 29.3.2016).
61. Bob Davis, «The Thorny Economics of Illegal Immigration», *Wall Street Journal*, 9.2.2016, edición en línea, http://www.wsj.com/articles/the-thorny-economics-of-illegal-immigration-1454984443 (consultada: 29.3.2016); véase también http://www.migrationpolicy.org/data/unauthorized-immigrant-population/state/AZ.
62. Sheridan, *Arizona: A History*, pág. 394.
63. Harding, «The Deaths Map», págs. 7-13; Jude Joffe-Block, «Ahead of Arizona Primary, Business Community Fears Trump Will Inspire Backlash», NPR, 16.3.2016, http://www.npr.org/2016/03/19/471000171/ahead-of-arizona-primary-business-community-fears-trump-will-inspire-backlash (consultada: 1.9.2017).
64. Julie Hirschfeld Davis y Maggie Haberman, «Trump Pardons Joe Arpaio, Who Became Face of Crackdown on Illegal Immigration», *New York Times*, 25.8.2017, https://www.nytimes.com/2017/08/25/us/politics/joe-arpaio-trump-pardon-sheriff-arizona.html (consultada: 1.9.2017).
65. William Finnegan, «Sheriff Joe», *New Yorker*, 20.7.2009, http://www.newyorker.com/magazine/2009/07/20/sheriff-joe (consultada: 19.1.2015).
66. *Ibidem*.
67. Jaques Billeaud, «Taxpayer Costs of Sheriff Joe Arpaio's Profiling Case: Another $13M on Top of $41M», Associated Press, 12.5.2016, https://www.azcentral.com/story/news/local/phoenix/2016/05/12/taxpayer-costs-sheriff-joe-arpaios-profiling-case-another-13m-top-41m/84293950/ (consultada: 1.9.2017).
68. Julia Preston, «Tension Simmers as Cubans Breeze Across U.S. Border», *New York Times*, 12.2.2016, https://www.nytimes.com/2016/02/13/us/as-cubans-and-central-americans-enter-us-the-welcomes-vary.html (consultada: 27.4.2018); Tom Dart, «Cuban Immigrants Face Resentment in Texas over 'Preferential Treatment'», *Guardian*, 14.3.2016, http://www.theguardian.com/us-news/2016/mar/14/cuban-immigrants-texas-resentment-us-policy (consultada: 29.3.2016).
69. González, *Harvest of Empire*, pág. 281.
70. *Ibidem*.
71. *Ibidem*, págs. 282-284.
72. Lizette Alvarez, «Economy and Crime Spur New Puerto Rican Exodus», *New York Times*, 9.2.2014, https://www.nytimes.com/2014/02/09/us/economy-and-crime-spur-new-puerto-rican-exodus.html (consultada: 21.1.2018).
73. Mary Williams Walsh, «A Surreal Life on the Precipice in Puerto Rico», *New York Times*, 6.8.2016, http://www.nytimes.com/2016/08/07/business/dealbook/life-in-the-miasma-of-puerto-ricos-debt.html (consultada: 15.11.2016).
74. Mary Williams Walsh, «Puerto Rico Declares a Form of Bankruptcy», *New York Times*, 2.5.2017, https://www.nytimes.com/2017/05/03/business/dealbook/puerto-rico-debt.

html?hp&action=click&pgtype=Homepage&clickSource=story-heading&module=first-column-region&region=top-news&WT.nav=top-news (consultada: 1.9.2017).
75. Ayala y Bernabe, *Puerto Rico in the American Century*, pág. 293.
76. Jens Manuel Krogstad, «Historic Population Losses Continue Across Puerto Rico», Pew Research Center Fact Tank, 24.3.2016, http://www.pewresearch.org/fact-tank/2016/03/24/historic-population-losses-continue-across-puerto-rico/ (consultada: 15.11.2016).
77. Patricia Mazzei y Nicholas Nehamas, «Florida's Hispanic Voter Surge Wasn't Enough for Clinton», *Miami Herald*, 9.11.2016, http://www.miamiherald.com/news/politics-government/election/article113778053.html (consultada: 15.11.2016).
78. Ed Pilkington, «Puerto Rico Governor to Take Statehood Case to Washington but Faces US Snub», *Guardian*, 12.6.2017, https://www.theguardian.com/world/2017/jun/12/puerto-rico-governor-washington-statehood-us (consultada: 1.9.2017).
79. Frances Robles, Kenan Davis, Sheri Fink y Sarah Almukhtar, «Official Toll in Puerto Rico: 64. Actual Deaths May Be 1,052», *New York Times*, 9.12.2017, https://www.nytimes.com/interactive/2017/12/08/us/puerto-rico-hurricane-maria-death-toll.html?_r=0 (consultada: 21.1.2018).
80. Kyle Dropp y Brendan Nyhan, «Nearly Half of Americans Don't Know Puerto Ricans Are Fellow Citizens», *New York Times*, 26.9.2017, https://www.nytimes.com/2017/09/26/upshot/nearly-half-of-americans-dont-know-people-in-puerto-ricoans-are-fellow-citizens.html?mcubz=1 (consultada: 21.1.2018).
81. Rebecca Spalding, «Puerto Rico to Lose Tax Advantages Under GOP Plan, Expert Says», *Bloomberg*, 16.12.2017, https://www.bloomberg.com/news/articles/2017-12-16/puerto-rico-to-lose-tax-advantages-under-gop-plan-expert-says (consultada: 21.1.2018).

Epílogo: Dalton, Georgia

1. Entrevista con Beth Jordan, Dalton (Georgia), 25.6.2015.
2. Entrevista con Jennifer Phinney, Dalton (Georgia), 2.6.2015.
3. «Georgia Project», *The New Georgia Encyclopedia*, 25.9.2009, http://www.georgiaencyclopedia.org/articles/education/georgia-project (consultada: 22.11.2015).
4. Miriam Jordan, «Georgia Town Is Case Study in Immigration Debate», *Wall Street Journal* (en línea) (consultada: 20.1.2015).
5. Véanse cifras del Pew Research Center Hispanic Trends, http://www.pewhispanic.org/states/county/13313/ (consultada: 14.11.2016).
6. Entrevista con Esther Familia-Cabrera, Dalton (Georgia), 24.3.2015.
7. Samuel P. Huntington, «The Hispanic Challenge», *Foreign Policy*, núm. 141 (2004): pág. 31.
8. Toni Morrison, «Mourning for Whiteness», *New Yorker*, 21.11.2016, http://www.newyorker.com/magazine/2016/11/21/aftermath-sixteen-writers-on-trumps-america (consultada: 13.11.2016).
9. «Hispanic Population Growth and Dispersion Across U.S. Counties, 1980–2014», Pew Research Center Hispanic Trends, 6.9.2016, http://www.pewhispanic.org/interactives/hispanic-population-by-county/ (consultada: 18.11.2016).
10. Huntington, «The Hispanic Challenge», pág. 32.
11. Walter D. Mignolo, «Afterward», en Greer *et al.*, *Rereading the Black Legend*, pág. 324.
12. Edna Ferber, *Giant* (Nueva York: Perennial Classics, 2000), págs. 74-75.
13. Richard Simon, «Little-Remembered Revolutionary War Hero a Step Closer to Citizenship», *Los Angeles Times*, 10.7.2014, http://www.latimes.com/nation/nationnow/la-na-nn-honorary-citizen-galvez-20140710-story.html (consultada: 31.3.2016).
14. La sección a continuación se inspira en Cadava, *Standing on Common Ground*, capítulo 6, versión Kindle.
15. *Ibidem*, pág. 244.
16. «Remains of Lost Spanish Fort Found on South Carolina Coast», *New York Times*, 26.7.2016. Para profundizar sobre el asentamiento de Tristán de Luna, véase http://uwf.edu/cassh/departments/anthropology-and-archaeology/luna-settlement/.

ÍNDICE TEMÁTICO

Abarca de Bolea, Pedro Pablo (conde de Aranda), 133, 137, 138, 465
Abellán, José Luis, 16
Abreu, José, 391
Acadiana, 129
acadianos, 124, 128, 135
acomas, indios, 78, 79, 84, 85, 92, 96, 97
Acta de Unión (1707), 113
Adams, John Quincy, 191, 193
Adams-Onís, Tratado de (1819), 193, 201, 202, 205, 466
adelantado, 29, 45, 47, 50, 63-66, 68-70, 82, 85
Adriano de Utrecht (papa Adriano VI), 41
Administración para la Reconstrucción de Puerto Rico (PRRA), 355, 356
Aduanas y Protección Fronteriza, Servicio de (CBP), 439
africanos
    comercio de esclavos por portugueses, 41, 107
    en Norteamérica, 107, 108
afrocubanos, 287, 332, 333, 389
AGIF (American G. I. Forum), 382, 385, 386, 396
agricultura, periodo colonial, 103
Agua Prieta (México), 271, 320, 323
Águila Roja (nativo americano), 187
Aguilar, Jerónimo de, 31, 32
Agustín I (caudillo mexicano), 196, 197, 466
agustinos, llegada a Nueva España, 38
Ahacus (una de las Siete Ciudades de Cíbola), 77
ais (ays), indios, 29, 58, 64
Ajacán (Axacán, Virginia), 68-70, 102
Ajuste Cubano, Ley de (1966), 409, 445, 470
Alabama, 45, 51, 58, 114, 129, 169, 187, 188, 197, 288, 418, 443, 458, 462
alabamas, indios, 135
Alarcón, Hernando de, 77
Alaska, 94, 148, 419, 438

Albizu Campos, Pedro, 354-357, 361-365, 468, 469
Albuquerque (Nuevo México), 76, 79, 263, 308, 339, 340, 392, 402, 472
Alcalde (Nuevo México), 75, 96, 97
Alcaraz, Diego de, 50
Alejandro VI (papa), 24
aleutas, indios, 207
Alfaro Siqueiros, David, 371, 374
algonquinos, indios, 103, 111
Alianza Federal de Mercedes, 401
Alianza Hispano-Americana, 380, 396
Allen, Charles Herbert, 297, 298
Almonte, Juan Nepomuceno, 261
Alta California, 126, 148, 153-156, 160, 206, 232, 236, 465, 467
Alta Luisiana, 143, 145, 160, 162
Altamirano, Juan de las Cabezas, 73
altos creeks, indios, 113, 114
Alvarado, Juan Bautista, 206, 249
Alvarado, Pedro de, 35
Álvarez, Julia, 351
Álvarez de Pineda, Alonso, 45, 462
alzamientos y rebeliones
    batalla de Portobelo (1739), 120
    de Baton Rouge (1810), 180
    de Nuevo México en el siglo XIX, 228
    en California en el siglo XIX, 206
    en California en el siglo XVIII, 157
    en las misiones de California, 157, 158
    en Texas en el siglo XIX, 183-185, 216-218, 220
    Grito de Dolores, 178
    guerra civil creek (siglo XIX), 187
    guerra de la Oreja de Jenkins, 120
    guerra de los Bastones Rojos, 187, 188
    guerra de Tigüex, 79
    guerra del Mixtón (1541-43), 80
    guerra Patriota, 182
    guerra Yamasi (1715-17), 114
    guerras Apaches, 270

guerras Cimarronas, 168
guerras con los westos, 108
hostilidades navales, 108, 109
levantamiento de los guales, 72, 73
primera guerra seminola (1817-18), 190
rebelión de los chumash (1824), 206, 466
rebelión de los indios pueblo, 90-92
Revolución haitiana, 165, 166, 168, 179
siglo XIX, 270
sublevación de los timucuas (1656), 106
Amelia, isla de, 113, 182, 190, 191, 199
América
    empleo del término, 16, 17
    véase también Estados Unidos
amerindios, 17, 26, 28-30, 39, 40-42, 44, 102.
    Véase también pueblos indígenas; nativos americanos
anasazis, indios, 77
Anexión, Tratado de (1844), 225
anglo, empleo del término, 17*n*
anglo-indio, mestizaje, 102, 103
anglo-texanos, 208, 212-221
Angloestadounidense, Convención (1818), 194
Antiguo Camino Español, carretera del, 339
Anza, Juan Bautista de, 159, 465
Anzaldúa, Gloria, 16, 415
apaches, guerras, 270
apaches, indios, 78, 89-92, 126, 127, 244
apaches lipanes, indios, 153, 202
apalaches, indios, 48, 51, 58, 71, 74, 77, 106, 120, 132
Apalachicola, río, 114, 129, 189, 190
apalachicolas, indios,
Aquisgrán, Tratado de (1748), 121, 122
arahuaco, pueblo, 26*n*
Arancelaria de Wilson-Gorman, Ley (1894), 289
Aranda, conde de (Pedro Pablo Abarca de Bolea), 133, 137, 138, 465
Aréchiga, familia, 389
Arenal, poblado de, 79
Argentina, 38, 186, 195, 346
Argonaut (barco), 149, 150
Arista, Mariano, 228
Arizona, 15, 16, 19, 77, 78, 80, 85, 96, 159, 237, 244, 247, 255, 262-264, 269-271, 303, 305-308, 319, 320, 322, 323, 326, 327, 339, 374, 380, 392, 393, 396, 399, 401, 402, 415, 417, 425, 441-443, 452, 459, 460, 467, 468, 472
    admisión como estado, 305-308
    amenazas: ayer y hoy, 98
    cruce de la frontera por el desierto de Sonora, 440, 441

educación en, 396, 415
escaramuzas fronterizas con México (siglo XX), 323
exploración de, 80-85
ferrocarril, 269
inglés como idioma oficial, 417
Ley de Habilitación (1910), 308
misiones en, 96
presa Roosevelt, 326
pueblos indígenas, 77, 78
San Xavier del Bac, 96, 96*n*
SB 1070, 442
vallado en la frontera, 438-440
Arizona y Nuevo México, ferrocarril de, 270
Arkansas, 52, 143, 171, 203, 463
Armstrong, John, 187, 188
Arnaz, Desi, 353, 422, 423
Arpaio, Joe, 443
Arredondo, Antonio de, 119,
Arredondo, José Joaquín de, 184, 185
asentamientos rurales, legislación sobre, 259
Asentamientos Rurales, Ley de (1862), 269, 271
asimilación, 204, 255, 333, 349, 399, 414, 415, 420, 456
Aubry, Charles-Philippe, 163
Augusta (Texas), 112
Aury, Louis, 191
Austin, Moses, 203
Austin, Stephen, 203, 209, 211, 213, 215, 219, 221, 239, 466
Austin, Tyrone y Linda, 410
Axacán (Ajacán, Virginia), 68-70, 102
Ayacucho, batalla de (1824), 195
Ayllón, Lucas Vázquez de, 46, 47, 462
ays (ais) indios, 29, 58, 64
Azúcar, Ley del (1764), 133
azucarera, industria (Cuba), 260, 287, 288

Bahamas, descubrimiento de las, 23
Bahía de Cochinos, incidente de, 408, 414, 469
Bahía de Massachusetts, colonia de la, 105
Bahía del Espíritu Santo, la (presidio), 184
Bahía, la (presidio), 214
Baily, Francis, 145, 146
Baja California, 93-95, 126, 152-154, 156, 183, 243, 244, 252*n*, 261, 275, 462, 464, 467
Baja Luisiana, 144, 162, 164
bajos creeks, indios, 114, 132
Balboa, Vasco Núñez de, 93, 338
Balbontín, Manuel, 233, 237
Bancroft, Hubert Howe, 274, 275
«bandera del oso», partido de la, 230

ÍNDICE TEMÁTICO • 553

Banderas, Antonio, 373*n*
Barbados, 104, 107
Barceló, Carlos Romero, 366
Barela, Casimiro, 304
Bartlett-García Conde, Compromiso (1850), 243
Bastones Rojos, guerra de los, 187
Batista, Fulgencio, 407, 408, 423, 469
Baton Rouge (Luisiana), 129, 135, 168, 180, 181
Baylor, John R., 263
Beaubien, Carlos, 272
Beaubien-Miranda, concesión de, 271
béisbol, 288, 289, 387-391, 456
Bellán, Esteban (o Steve), 288
Beltrán, Bernardino, 81
Benavides, Alonso de, 87
Benavides, Antonio de, 117, 118
Bent, Charles, 230
Betances, Ramón Emeterio, 283
Beveridge, Albert, 293, 294, 305-307
Biden, Joe, 434
Bienville, Jean Baptiste Le Moyne, señor de, 111, 114
Biloxi (Misisipi), 111, 129
Bimini, descubrimiento de, 28, 29, 462
«blanquitud», 19, 21, 254, 256, 273, 332, 333, 337, 382, 390, 399, 455
Bobadilla, Francisco de, 26, 28
Bodega y Quadra, Juan Francisco, 148, 151, 152, 465
Bolívar, Simón, 178, 190, 195
Bolivia, 195
Bolton, Herbert Eugene, 17, 341, 342
Bonaparte, José, 180
Bonaparte, Luis Napoleón, 265
Bonaparte, Napoleón, 170, 171, 175, 286, 466
Borinquén (Boriquén), 28, 352
Boston (Massachusetts), 106, 133, 207, 290
Boston, Motín del Té, 133
Bowie, Jim, 204, 217
Bracero, programa, 385-387, 428, 469
Bravo, río, 77-79, 81, 83, 85, 88, 90, 91, 115, 171, 172, 183, 205, 220, 225, 227, 228, 236, 242-244, 257, 258, 263, 309, 319, 320, 324-327, 330, 331, 335, 342, 403, 449, 464, 469
Bravo, valle del río, 88, 257, 319, 320, 326, 335
Brazos de Dios, río de los (Texas), 201, 203
Brenner, Anita, 343, 344, 469
Brenner, Isidore, 343
Brevísima relación de la destrucción de las Indias (Las Casas), 42, 43
británico, empleo del término, 113
Brooklyn Dodgers, 389

Brown, Albert Gallatin, 260
Brown contra Consejo de Educación (1954), 395
Brownsville (Texas), 228, 257, 258
Brumidi, Constantino, 278, 279
Bry, Theodore de, 43, 62
Bryan, William Jennings, 294, 316
Bucareli, Antonio María de, 148, 159, 162
Buchanan, James, 252, 262
Buford (buque de guerra), 314
Burnet, David G., 214
Buró de Reclamaciones, 326
Burr, Aaron, 174
Burton, Henry S., 275
Bush, George W., 426, 432
Bustamante, Anastasio, 210, 211, 221

caballos, uso por los apaches, 89
Cabeza de Vaca, Álvar Núñez, 48-51, 75, 76, 462
cabo Cañaveral (Florida), 29, 61, 62
cabo Fear (Carolina del Norte), 46, 462
cabo Mendocino (California), 95, 464
Caboto, Sebastián, 57
Cabrillo, Juan Rodríguez, 94, 463
Caddo, confederación, 112, 115
caddos, indios, 51, 173, 202
Calcasieu, río (Texas), 173
Calhoun, John C., 225, 234, 235
California, 19, 77, 93-95, 126, 148-150, 152-160, 183, 204*n*, 205-207, 226, 227, 229-234, 236, 237, 243-257, 261, 262, 264, 269, 271, 273-278, 280, 319, 325-327, 332, 335, 337, 339, 341, 346, 369, 370, 373-377, 385, 386, 393-396, 399, 401, 413, 415-417, 421, 422, 424, 427, 439, 458, 459, 461-469, 473
«ocupantes», 247-249, 251, 276
admisión como estado, 246, 247
arquitectura neocolonial española, 337
asesinatos a manos de multitud, 257
asimilación, 255
ciudadanía, 255, 256
colonización y exploración, 93-95
como isla, 93, 152
como territorio, 205
concesiones de tierras, 247-249
constitución de 1849, 246, 254
educación bilingüe, 415
esclavitud en, 251
especulación inmobiliaria en, 247, 248
exploración inglesa, 94
exploración portuguesa, 94, 95
Fiebre del Oro, 245, 251, 257, 327, 467
incorporada a la Unión, 246, 247
Ley de Esclavos Fugitivos (1852), 247, 251

Ley de Preferencias (1841), 248
Ley de Secularización (1833), 206
Ley de Tierras de California (1851), 248
mexicanos en, 206
misiones en, 95, 152-159
origen del nombre, 93
periódico en, 250
programas de irrigación (siglo XX), 325, 326
pueblos indígenas, 155, 156
reclamaciones de tierras, 248, 249
siglo XIX, 205, 206
Valle Imperial, 325, 326, 329, 375
californios, 206, 208, 230, 247-252, 254, 255, 262, 273-276, 278, 280, 304, 337, 338
Calle Ocho (Miami), 414
caló (idioma), 378
calusas, indios, 29, 45, 58, 63, 64, 71
Calvert, Cecilius, 105
calvinistas, 56, 105
Camero, Manuel, 156
Campbell, John, 136
campesinos mexicanos, 374, 399, 469
Canadá, 13, 17, 19, 111, 125, 147, 160, 182, 194, 198, 222, 226, 311, 331, 429, 431, 458, 464, 466
Canal de Panamá, 302, 338, 468
Canales, Antonio, 231
Canales, José T., 324
canarios (isleños), 116, 117, 130
Cancel Miranda, Rafael, 365, 366
Cáncer, Luis, 68
Cape Girardeau (Misuri), 143
Capitolio (EE. UU.), 278, 460
carancaguas, indios, 110
Cárdenas, Lázaro, 375, 376, 385, 468
Caribe, islas del, 11, 27, 53, 104, 124, 125, 266, 465
caribes, indios, 26*n*
Carlos (jefe calusa), 63, 64
Carlos I (rey de España, Sacro Emperador Romano como Carlos V), 35, 41-43, 45, 63
Carlos I (rey de Inglaterra), 105
Carlos II (rey de España), 112
Carlos II (rey de Inglaterra), 106
Carlos III (rey de España), 126-128, 138, 140, 143, 176, 465
Carlos IV (rey de España), 143, 175
Carlos IX (rey de Francia), 56, 57
Carolina, 103, 106-108, 118, 222, 464
Carolina del Norte, 46, 52, 65, 100, 114, 117, 139-141, 462, 463
Carolina del Sur, 27, 51, 56, 57, 106, 108, 113, 117, 118-120, 122, 129, 131, 225, 244, 262, 443, 461-464, 472

Carondelet, Francisco Luis Héctor, barón de, 165, 166, 168
Carranza, Venustiano, 314, 316, 317, 319-323
Carson, Kit, 230, 263, 370
Cartas de un granjero americano (Crèvecoeur), 21, 200
cárteles de la droga, México, 433, 437, 438
Carter, Jimmy, 366
Cartier, Jacques, 109
casa, barreras para comprar una, 392-394
Casa Calvo, marqués de, 171
Casa de Contratación, 37
Caso y Luengo, Francisco, 192
Castaño de Sosa, Gaspar, 81, 83
castas, jerarquía de, 63, 64, 92, 156, 178, 200, 202, 208
Castillo de San Felipe del Morro (Puerto Rico), 55, 109
Castillo de San Marcos, 109, 113, 121
Castillo Maldonado, Alonso del, 48
Castillo Nájera, Francisco, 377
Castillo y Lanzas, Joaquín María del, 214
Castro, Fidel, 407, 408, 410, 469, 470
Castro, Raúl, 444, 445
Cather, Willa, 269
Catalina II (emperatriz de Rusia), 149
Catron, Thomas, 316, 402
Cavendish, Thomas, 94
caxcanes, indios, 80
CBP (Servicio de Aduanas y Protección Fronteriza), 439
Central Pacific Railroad Company, 269
censo de EE. UU., etnia de los hispanos, 18, 418-420
Cerco Seguro, Ley del (2006), 440, 470
Cerdá, Agnes, 388
Cermeño, Sebastián Rodríguez, 94
Cerruti, Henry, 247
Cesión, Ley de (1784), 140
Céspedes, Carlos Manuel de, 282
Céspedes, Vicente Manuel de, 138, 139
Céspedes, Yoenis, 391
Cevallos, Pedro, 171
cha-cha, música, 353
Chacala (Baja California), 95
chalcas, indios, 36
Chamizal, 403, 404, 469
Champlain, Samuel de, 109
Chandler, Harry, 370
Chapultepec, batalla de, 233, 240
Chapultepec, castillo de (Ciudad de México), 239, 240, 345
Charles, lago (Texas), 173
Charles Town (Carolina del Sur), 106, 107, 109, 113, 122, 464

ÍNDICE TEMÁTICO • 555

Charlesfort (Carolina del Sur), 27, 57, 58, 60, 463
Chávez, Carlos, 373
Chávez, César, 398, 399, 469
Chávez, Julián, 388
Chávez, Manuel, 264
cheroquis, indios, 114, 140, 144, 187, 189, 209
Chesapeake, bahía de, 66, 101, 102, 464
Chevalier, Michel, 266, 267
chicano, movimiento, 400, 401
chicanos, empleo del término, 400
chichimecas, indios, 80
chickasaws, indios, 51, 114, 121, 130, 133
Chico and the Man (serie de TV), 423
Chicora, Francisco de (El Chicorano), 46, 47
chilamne, idioma, 155
Childress, George, 218
Chile, 17, 38, 64, 177n, 195, 411
Chiquita, guerra (Cuba), 285
choctaws, indios, 51, 130, 135, 136, 181, 190
cholulteca, pueblo, 36
chumash, indios, 155, 338
chumash, rebelión (1824), 206, 466
chutchuis, indios, 156
Cíbola, 75-77, 80, 81, 153, 237, 457, 462, 463
Cimarronas, guerras, 168
Cinco de Mayo, celebraciones del, 266, 422, 425
Cisneros contra Distrito escolar independiente de Corpus Christi, 396, 397
Cisneros, Francisco Jiménez de (cardenal), 41
Ciudad Juárez (México), 309, 313, 403, 404, 430
ciudadanía
  derecho de los indios pueblo a, 255
  extranjería y, 20
  mexicanos, 242, 253-256
  Puerto Rico, 299, 300, 357, 448, 468
«ciudadanos extranjeros», 20
Clamor Público, El (periódico), 250
Clark, William, 172
Clay, Henry, 225, 226, 232, 234, 246
Clinton, Bill, 367, 413
Clinton, Hillary, 426
Club Cubano Inter-Americano, 348
Club Nacional Cubano, 332, 333
Coahuila y Tejas (estado), 208, 209
coartación, 166
Code Noir, 167
Códice florentino (Sahagún), 50n
Código negro carolino, 167
Código negro español, 167
códigos de esclavos, 129, 166
Cofitachequi (cacicazgo), 51
Coimbre, Francisco (o Pancho), 390

Coligny, Gaspard de, 27, 56
Collazo, Domingo, 299
Collazo, Óscar, 364, 366
Colnett, James, 149, 150
Colombia, 56, 195, 302, 433
Colón, Cristóbal, 23-26, 28, 30, 39, 278, 347, 457, 462
Colón, Diego, 28
colonial, periodo (Canadá), 125, 147, 148, 182, 194
colonial, periodo (EE. UU.), 132-138
  «extranjería» y ser estadounidense, 20, 21
  Florida, 129-132
  franklinistas, 140, 141
  Georgia, 142
  Kentucky, 141, 142
  Línea de Proclamación de 1763, 139
  Luisiana, 125, 128, 129
  Territorio de la Alta Luisiana, 143
  véase también Revolución estadounidense
colonos ingleses, metas de los, 104
Colorado, 78, 159, 237, 242, 245, 271, 292, 304, 438, 467
Colorado, río, 77, 85, 160, 204, 204n, 243, 262, 269, 325
comanches, indios, 116, 126, 202
comercio de esclavos, 41, 42, 45, 89, 90, 92, 103, 104, 107, 108, 113, 123, 131, 166, 169, 181, 185, 191, 208-210, 247, 464, 466
comida hispana, 421
comida mexicana, 421
De cómo las muchachas García perdieron el acento (Álvarez), 351
Comonfort, Ignacio, 265
Compañía ruso-americana, 207
Compra de Gadsden, 244, 467
Compra de Luisiana, 170, 171, 198, 286
Compromiso de 1850, 246
concesiones de tierras, 247-249, 252, 253, 262, 271-273, 401-403
conchos, indios, 78
concubinato en Nueva Orleans, 167
«condado de Borbón», 142
confederados, colonias en México, 267
Congo Square (Nueva Orleans), 168
Consejo de Indias, 36, 52, 82, 104, 186
Convención Constitucional, 317
conversión religiosa de los pueblos indígenas, 24, 25, 31, 38, 39, 68-72, 127
  de los indios pueblo, 86, 87, 89
  en California, 158, 159
  en Florida, 68, 70, 71
  en México, 84, 85
  en Texas, 116
  por colonos ingleses, 104

Cook, James, 147-149, 153, 465
Copland, Aaron, 373
Corpa, Pedro de, 72
Córdoba, Tratado de, 196
Coronado, Francisco Vázquez de, 77, 79-81, 83, 97, 463
Coronado, Memorial nacional de (Arizona), 97
corriente del Golfo, 29, 65
Cortés, Hernán, 28, 30-39, 46, 48, 50n, 53, 75, 82, 93, 232, 462
Cortés, Isabel de Tolosa, 82
Cortez Masto, Catherine, 427
Cortina, Juan, 257, 258, 273
costa, pueblos de la, 155
Costa Rica, 195
Costaggini, Filippo, 279, 279n
costanos, indios, 155
Cox, Allyn, 279n
creeks, indios, 51, 58, 113, 114, 120, 121, 132, 133, 136, 140, 186-189
Crespí, padre, 154, 155
Crèvecoeur, J. Hector St. John de, 21, 200
criollos, 123, 176-178
Croix, Teodoro de, 127
Cruzate, Domingo Jironza Petrís de, 91
Cuádruple Alianza, guerra de la, 115
Cuauhtémoc (emperador azteca), 36
Cuba, 11, 18, 22, 29, 30, 31, 33, 35, 40, 45, 48, 50, 51, 53, 65, 66, 69, 73, 109, 119, 121, 125, 127, 130-132, 135, 162, 163, 167, 177n, 179, 182, 195, 199, 200, 210, 231, 259-262, 281-297, 302, 303, 306, 331, 333, 346, 348, 352-354, 389, 390, 407-411, 413, 414, 421, 444, 445, 449, 452-454, 462, 467-470, 473
aviones secuestrados, 410
Batista, 407, 408, 423, 469
béisbol, 288, 289, 389, 390
caso de Elián González, 444
cubanos en Florida, 332, 333
economía posindependencia, 296
emigración a EE. UU. en el siglo XIX, 283-286, 287
era pos-Castro, 444, 445
Grito de Yara, 282, 288
Guerra Chiquita, 285
guerra de Independencia (1895), 287, 289, 468
guerra de los Diez Años, 282, 286, 287, 289, 467, 468
incidente de Bahía de Cochinos, 408, 414, 469
independencia, 282-287, 289-293
industria azucarera, 260, 287, 288
ingresos de, 127
intentos de comprar Cuba, 260, 261, 282, 283, 291
Las Casas, 40
música cubana, 352-354, 456
Narváez, 40
población afrocubana, 295
posindependencia, 295, 296
pueblos indígenas, 29, 30
riqueza mineral, 66
Velázquez, 30, 31
Cuban American League, 287
Cuban Giants, 289
cubanos
ciudadanía de inmigrantes, 409, 410
cultura afrocubana, 352
emigración a Miami, 406-410
en Florida, 332, 333
en Nueva York, 348, 349
música de los, 352-354, 456
raza y, 286, 287, 290, 291, 294, 295, 389-391
siglo XXI, 444, 445
Culiacán (México), 76, 94
cultura española
en el oeste de EE. UU., 337, 338, 341, 342
en el sureste de EE. UU., 339-341
en Los Ángeles, 369, 370
en Nueva York, 345-348
cultura hispana, 420-424
béisbol, 288, 289, 389-391
celebraciones del Cinco de Mayo, 266, 422, 425
Día de los Muertos, 440, 441, 457
gastronomía, 421, 422
Mes Nacional de la Herencia Hispana, 458
música cubana, 352-354, 456
Cumberland, isla de, 71
Curasao, 104, 168
Cusa, pueblo de, 53

DACA (programa de Acción Diferida para los Llegados en la Infancia), 432, 435, 470
Dallas (Texas), 173, 392, 454
Dalton (Georgia), 11, 451-454, 456, 472
Dana, Richard Henry, 207, 208
DAPA (programa de Acción Diferida para Padres de Ciudadanos Estadounidenses y de Residentes Permanentes Legales), 432
Darien (Georgia), 72, 118
Darrell, William, 276
darwinismo social, 254
Davis, Jefferson, 238, 244
Décadas del Nuevo Mundo (Mártir), 50n

ÍNDICE TEMÁTICO • 557

Declaración de Independencia, 133
Del Río (Texas), 331
delawares, indios, 143, 144
Delgado *et al.* contra Distrito escolar independiente de Bastrop (1948), 396
La democracia en América (Tocqueville), 201
Democrates alter (Sepúlveda), 44, 44*n*
Departamento de Seguridad Nacional, 435, 439
deportación de inmigrantes no autorizados, 432, 433, 435, 470
Derecho al Voto, Ley de (1965), 426
derechos civiles, desigualdades para los hispanos, 380-385, 394-403
The Description of Virginia (Smith), 103
Desobediencia civil (Thoreau), 234
Dessalines, Jean-Jacques, 170
Día de la Raza, 347
Día de los Muertos, 440, 441, 457
El diario del ron (Thompson), 366
Díaz, José, 378
Díaz, Porfirio, 308, 310-313, 344, 345, 468
Díaz-Canel, Miguel, 445
Díaz Ordaz, Gustavo, 404
Didion, Joan, 414
Diego, Juan, 39
Diez Años, guerra de los (Cuba), 282, 286, 287, 289, 467, 468
Dihigo, Martín, 390
diputados suplentes, 177
Discourse of Western Planting (Hakluyt), 99
discriminación
  a los campesinos mexicanos, 330, 398, 399
  a los mexicano-estadounidenses, 376-380, 383-385
  barreras para comprar una casa, 391-394
  en el derecho al voto, 397, 398
  en la educación, 394-397
Disturnell, J., 243, 400
Dobie, J. Frank, 334
Dodger Stadium, 387-389
Domínguez, Francisco Atanasio, 159
Dominica, isla de, 125, 168
dominicanos, 38, 40, 68, 69
don Domingo (jefe), 73
don Francisco (jefe), 72
don Juan (jefe), 72, 73
doña Antonia (esposa de Menéndez), 63
Dorantes, Andrés, 48, 49
Douglas (Arizona), 271, 320
Douglas, William, 149
Downes contra Bidwell (1901), 299
Drake, Francis, 67, 94, 100, 463
DREAM, Ley (Progreso, Alivio y Educación para Menores Extranjeros), 432

Driscoll, Clara, 336, 337
Du Bois, W. E. B., 294

Ecuador, 186, 195, 445
educación, 394-397, 415
educación bilingüe, 415
Educación Bilingüe, Ley de (1968), 415
Edwards, Benjamin, 209, 466
Edwards, Haden, 209, 466
Ejército Popular Boricua, 368
Ejército Republicano del Norte, 184
Ejército Zapatista de Liberación Nacional, 429
El Álamo (misión de), 216-218, 220, 221, 238, 239, 336, 337, 449, 464, 467
El Morro (Nuevo México), 85
El Paso (Texas), 90, 97, 242, 243, 263, 308, 309, 313, 316, 318, 320, 403, 404, 439, 464
El Paso del Norte (asentamiento), 90, 91, 97
El Salvador, 195, 433, 434, 452
Eliza, Francisco de, 150
Elkins, Stephen, 303, 307
Embargo, Ley de (1807), 175, 181
empresario, acuerdo de, 203
encomiendas, sistema de, 28, 42, 58, 80, 111
enfermedades infecciosas
  en las misiones, 159
  inmigrantes y, 131, 350, 386, 434
  pueblos indígenas, 36, 89, 102, 113, 132, 159
Epic of Greater America (Bolton), 17
Escalante Fontaneda, Hernando de, 64
esclavitud
  admisión de estados a EE. UU. y, 197, 198
  de amerindios, 92, 107, 108
  definición de, 107
  en California, 251
  en Georgia, 119, 122
  en Luisiana, 166-168
  Jefferson acerca de, 139
  manumisión, 166
  Revolución francesa y, 164, 165
esclavos, códigos de, 167
esclavos, comercio de, 41, 42, 45, 89, 90, 92, 103, 104, 107, 108, 113, 123, 131, 166, 169, 181, 185, 191, 208-210, 247, 464, 466
esclavos comprando su libertad, 166
esclavos fugitivos, 117-120, 122, 138, 139
Esclavos Fugitivos, Ley de (1852), 247, 251
Escobar, Rosie, 384
«escoceses», 197
«espalda mojada», 330, 386, 393
España
  conflicto con los ingleses, 104, 106, 108, 109, 113, 114

Constitución política de la Monarquía
    Española, 185
Ejército Continental y, 134, 458
guerra de Independencia (o Peninsular),
    185, 186, 466
guerra de los Siete Años, 124-126, 130,
    132, 135, 164, 465
independencia cubana, 281-287, 289-294
Napoleón y, 175
siglo XIX, 175-179, 185, 186, 194, 195
tras la Revolución estadounidense, 138-
    144
español, identidad hispana e idioma, 17-19
Española (Nuevo México), 97
Espejo, Antonio de, 81
El espíritu de las leyes (Montesquieu), 128
Estados Unidos
    antiimperialistas, 294
    censo y etnia para los hispanos, 18, 418-
        420
    ciudadanía, 20, 21, 253-256
    como país latinoamericano, 17
    Compra de Gadsden, 244, 467
    desigualdades para los hispanos, 380-385,
        394-403
    desórdenes en México (comienzos del s.
        XX), 311-318
    excepcionalismo estadounidense, 16
    «extranjería» y ciudadanía, 20, 21
    guerra hispano-estadounidense, 23, 279n,
        291-293, 301, 305, 448, 468
    hispanohablantes, 346-350, 408, 414-418,
        421, 422
    importaciones desde México, 327, 328
    inglés como idioma oficial, 18, 19, 417,
        418
    inmigración (siglo XX), 329-331
    inmigración cubana, 408-411
    mano de obra mexicana, 385-387, 398,
        399
    frontera México-EE. UU., 236, 241-243-
        245, 270, 271
    NAFTA (Tratado de Libre Comercio de
        América del Norte), 11, 23, 428-431,
        449, 470
    número de hispanohablantes, 18
    obreros mexicanos, 329, 332, 375, 384, 385
    Patrulla Fronteriza, 98, 331, 332, 431, 434,
        438, 439, 468, 470
    periodo de la Reconstrucción, 268, 310n
    raza en, 19, 20
    ser «americano», 20, 21, 455
    ser «blanco», 21
Estados Unidos Mexicanos, 197
estancias misionales, 88

Estebanico (esclavo), 48, 49, 76
estereotipos, etnia y, 20
Estrada, Juan José de, 182
Estrada Palma, Tomás, 296
«etnicidad», identidad hispana y, 20
Eulate, Juan de, 88
Eustis, William, 183
excepcionalismo estadounidense, 16
Exclusión de Chinos, Ley de (1882), 327
Expedición de los Límites de 1792, 151
exploración/exploradores españoles
    en Arizona, 77, 78, 95, 96
    en Canadá, 148-153
    en Nuevo México, 87-93
    en Texas, 112, 115-117, 125, 126
    en Virginia, 68-70, 101, 102, 104
    identidad étnica de, 25
exploración francesa
    de Canadá, 109, 111
    de Carolina del Sur, 27, 56-58, 60, 463
    de Florida, 52, 56-62, 66
    del Golfo de México, 110, 111
exploración holandesa, 55, 99, 104
exploración inglesa, 99-103, 104-106, 105
    colonia de Virginia, 100-103, 464
    de California, 94
    de Florida, 60, 67, 100, 106, 108
    tabaco y, 103
exploración portuguesa de California, 94, 95
Exposición Panamericana (1939), 340
Exposición Universal de San Francisco
    (1915), 338
extranjería, 20

Fall, Albert B., 315
FALN (Fuerzas Armadas de Liberación
    Nacional), 367, 368
Felipe II (rey de España), 43, 53, 65, 69, 70,
    81, 99
Felipe III (rey de España), 101
Felipe V (rey de España), 113
Ferber, Edna, 457
Fernández, Bernard, 390
Fernández, Rodolfo, 390
Fernández-Armesto, Felipe, 17
Fernández de Écija, Francisco, 101, 102,
    464
Fernández de Oviedo y Valdés, Gonzalo, 46,
    50n
Fernandina (Florida), 182, 183, 199
Fernando (Sacro Emperador Romano), 43n
Fernando I (rey de España),
Fernando II (rey de España), 23, 30, 35, 41
Fernando VII (rey de España), 175-178, 186,
    194-196, 282, 466

ÍNDICE TEMÁTICO • 559

Fernando Maximiliano José (archiduque), 266, 467
Ferrera, América, 423
ferrocarril, 15, 243, 269, 270, 272, 303, 307, 311, 313, 319, 330, 343, 369
ferrocarril de la costa este de Florida, 406
Ferrocarril del Pacífico, Ley del (1862), 269
Fiebre del Oro, 245, 251, 257, 327, 467
Fiesta del Valle de Española, 97
Figueroa, José María, 206
Figueroa Cordero, Andrés, 365, 366
filibusterismo, 260, 262
Filipinas, 94, 95, 177, 292, 294, 382, 463, 468
fiscales, indios pueblo, 86
Flagler, Henry, 406
Flandes, guerra de, 43
Flores, Manuel Antonio, 148-150
Flores-Hughes, Grace, 418, 419
Flores Magón, Enrique, 311
Flores Magón, Ricardo, 311
Flores Rodríguez, Irving, 365, 366
Florida, 13, 18, 29, 45, 48, 50-53, 55-71, 73, 74, 77, 86, 94, 99, 100, 106-110, 112-114, 117-120, 122, 123, 125, 129-133, 135, 136, 138, 139, 162, 163, 165, 171, 175, 179, 182, 183, 186, 187, 189, 190, 192-194, 198, 199, 244, 248, 260, 261, 281, 282, 284-287, 332, 333, 339-341, 347, 380, 405-407, 411, 413, 417, 421, 444, 447, 458, 461-463, 465, 472
  admisión como estado, 194
  británicos y, 129-132
  caso de Elián González, 444
  comercio con nativos americanos, 129, 130
  De Soto, 51, 340
  disputas entre Florida y Georgia, 117-122
  educación en, 417
  Escalante, 64
  esclavos fugados, 117-120, 122, 138, 139
  españoles en, 29, 30, 45, 46, 48-53, 57-68, 70, 71, 73, 74
  evangelización y conversión de los pueblos indígenas, 68-72
  exploración inglesa, 67, 68, 100
  fin como colonia española, 193, 194
  Fort Caroline, 60-62, 66, 463
  franceses en, 52, 56-62, 66
  Fuente de la Juventud, 46, 460
  guerra de 1812, 182, 186-189, 193, 198, 466
  inglés como idioma oficial, 417
  Jackson y, 187-190, 192-194, 199
  Manrique de Rojas, 59
  mapa de emplazamientos de misiones, 2
  Menéndez de Avilés, 60-66, 68-70, 75, 101, 463

  misiones en, 2, 71-74, 106, 108
  Ponce de León, 29, 30, 45, 46, 53, 406, 462
  pueblos indígenas, 29, 57, 58, 106
  referéndum anti-bilingüe, 417
  segregación en, 287, 332, 333, 408, 409
  siglo XIX, 180-183, 284-287
  Solís de Merás, 63
Florida Occidental, 129, 130, 133, 135, 136, 138, 169, 171, 172, 174, 175, 180, 181, 184, 188, 189, 190, 192, 193, 461, 465, 466, 472
Florida Oriental, 129, 130, 132, 133, 136, 138, 175, 181-183, 189-191, 193, 465, 466
Floridablanca, conde de, 137, 169
Folch, Vincent, 180, 181
Fontainebleau, Tratado de (1762), 125
Foraker, ley (1900), 297
Forsyth, John, 214
Fort Caroline (Florida), 60-62, 66, 463
Fort Celeste (Luisiana), 145
Fort Charlotte (Alabama), 129, 135
Fort Condé (Alabama), 129
Fort George (Pensacola), 136, 458
Fort Louis (Fort Condé), 111
Fort Louis de la Louisiane, 111
Fort Maurepas (Luisiana), 111
Fort Mims (Alabama), 186
Fort Myers (Florida), 62
Fort St. Louis (Texas), 110
Fort Sumter (Carolina del Sur), 262
fuerte Carlota (Alabama), 135
fuerte de Barrancas (Florida), 188
fuerte de Matanzas (Florida), 121
fuerte de San Carlos (Florida), 183, 191, 199
fuerte de San Felipe (Florida), 65, 67, 463
fuerte de San Juan (Carolina del Norte), 65
fuerte de San Marcos (Carolina del Sur), 67, 463
fuerte de San Marcos de Apalache (Florida), 192
fuerte de San Miguel (Pensacola), 136
fuerte del rey Jorge (Georgia), 118
fuerte Federica (Georgia), 119
fuerte Negro (Florida), 189, 190
fuerte Mosé (Florida), 121, 122
fuertes, incursiones anglo-españolas, 108, 109
franceses, pueblos indígenas y los, 111
Francia, 27, 52, 55-60, 62, 66, 109-111, 113-115, 123-125, 128, 133-135, 138, 162, 164, 165, 167, 169-171, 175, 183, 194, 198, 223, 231, 264-268, 283, 311, 313, 343, 422, 463-467
franciscanos, 25, 38, 70, 73, 77, 81, 82, 87, 88, 92, 96n, 104, 122, 128, 149, 153, 158-160, 206, 371, 373
franco-india, guerra, 124, 465

Franklin, Benjamin, 21, 133, 134, 137, 140, 465
franklinistas, 140, 141
Fredonia, colonia de, 209, 466
Frémont, John C., 230, 231, 249, 275, 370
Friendly Cove (Columbia Británica), 147
frontera México-EE. UU., 236, 241-243-245, 270, 271
  contrabando, 97, 258, 262, 327, 328, 438
  mapas de, 160, 241-243, 269, 271, 441
  militarización, 439, 440
  reformistas morales y, 328
Frontera Segura, iniciativa (2005), 439, 470
Fronteras Seguras, Oportunidades Económicas y Reforma sobre Inmigración, Ley de (2007), 432
fronterizas, tierras, 16, 186, 187, 245, 311
  Bolton acerca de, 341, 342
  Chamizal, 403, 404, 469
  contrabando en la frontera México-EE. UU., 97, 258, 262, 327, 328, 438
  cruce de la frontera por el desierto de Sonora, 440, 441
  Patrulla Fronteriza, 98, 331, 332, 431, 434, 438, 439, 468, 470
  reformistas morales y, 328
  tráfico de drogas, 433, 437, 438
  vallado en la frontera de Arizona, 441
Fuster, Vicente, 157

gachupines, 176, 178
Gadsden, James, 244
Galaup, Jean-François (conde de Lapérouse), 158
Gallatin, Albert, 235
Gallay, Alan, 20
Galveston Bay Company, 219
Gálvez, Bernardo de, 134-137, 164, 458, 465
Gálvez, José de, 126, 134, 148, 153
Galveztown (barco), 136
Gante, Tratado de (1814), 189
García, Calixto, 292
García, Héctor, 381, 382, 384-386, 397, 398
García de Solís, Fulgencio, 122
García Lorca, Federico, 347
Gardoqui, Diego de, 140, 141, 144
Gardoqui e Hijos, José de, 134, 140
Garibay, Pedro de, 176
Garza, Agustín, 319
Garza, Bernardo (o Ben), 380
Garza, Reynaldo, 398
Genet, Edmond-Charles, 165
genízaros, 92
Georgia, 11, 47, 51, 58, 71, 72, 108, 114, 118-120, 122, 129, 131, 142, 169, 181, 182, 187, 189-191, 434, 443, 451, 452, 454, 456, 462, 465, 472
Gerónimo, 270
Gigante (Ferber), 457
Glorieta Pass, batalla de, 264, 467
Godoy, Manuel de, 169
Golden Hind (barco), 94
Gómez, Máximo, 289, 295
Gómez Farías, Valentín, 211, 233
Gonzales, Rodolfo (o Corky), 400
González, Abraham, 314
González, Elián, 444
González, Isabel, 299, 300
González, Jovita, 334, 335
González, Manuel, 310
Gonzales contra Williams (1904), 300
González Manrique, Mateo, 188
Goodhue, Bertram Grosvenor, 338
Gordillo, Francisco, 46
Gorostiza, Manuel Eduardo de, 221
Gorras Blancas, 273
Goseacochea, Juan Nepomuceno Cortina, 257
Gourgues, Dominique de, 66, 463
Gracia Real de Santa Teresa de Mosé (asentamiento), 120
Gran Colombia, 195
Gran Quivira (misión), 96
Grandes Lagos, región de los, 109, 124, 125, 143
Grant, James, 132
Grant, Ulysses S., 238, 282, 283
Gray, Robert, 149
Granada, isla de, 125
Grillo, Evelio, 333
Grito de Dolores, 178, 195, 312, 466
Grito de Lares, 283, 368, 467
Grito de Yara, 282, 288
Grito del Norte, 400
Grotius, Hugo, 55
guachichiles, indios, 80
Guadalupe, isla de, 110, 125
Guadalupe Hidalgo, Tratado de (1848), 236, 241, 242, 245, 247, 249, 252, 253, 256, 257, 275, 395, 401, 403, 467
guales, indios, 47, 57, 58, 67, 71-73, 106, 108, 463
guales, levantamiento de los (1597), 72, 73
Guam, isla de, 294
guamares, indios, 80
Guatemala, 177n, 195, 411, 433, 434, 452, 453
Guerra Civil, 238, 262-264, 268, 269, 273, 278, 279n, 282, 287, 306, 422, 467
Guerrero, Gonzalo, 31
Guerrero, Vicente, 196
Guilló, Ernesto y Nemesio, 288

ÍNDICE TEMÁTICO • 561

Golfo de México, 29, 45, 52, 110, 114, 129, 173, 193, 203
Gutiérrez, Eulalio, 317, 318
Gutiérrez, David, 393
Gutiérrez de Humaña, Antonio, 82
Gutiérrez de Lara, José Bernardo, 183, 184
Guzmán, Nuño de, 75
Guzmán, Pablo (o Yoruba), 403

Habilitación, Ley de (1910), 308
Habsburgo, monarquía de los, 43, 112
Hacket, Thomas, 59
Haida Gwaii, 148, 465
Haití, 24, 164, 179, 180, 261, 282, 291, 295, 331
Hakluyt, Richard, 99
Hanna, Philip, 293, 296
Hardin, John, 232
Harding, Warren G., 301
Harlem (Nueva York), 349, 353, 359, 403
Harlem «español», 349, 359, 403
Harlem Hellfighters, 352
Harrison, William Henry, 225
Harrison, ley de Narcóticos de (1914), 327
Hart-Celler, ley (1965), 387, 470
hasináis, indios, 112, 115
Hault de Lassus, Carlos de, 180
Hawikuh, poblado de, 76, 77, 79
Hawkins, John, 60
Hay, John, 293
Hayes, Rutherford B., 268
Hays, Arthur Garfield, 358
Hearst, William Randolph, 289, 291, 293, 314, 315, 380
Hemingway, Ernest, 348
Hernández, Rafael, 352
Hernández contra Texas (1954), 396
Herrán-Hay, Tratado, 302
Hidalgo y Costilla, Miguel, 178, 195, 208, 466
hispano, empleo del término, 17, 17*n*, 18, 19, 418-420
hispano/latino, como categoría étnica, 419
Hispanic Society of America, 345
hispanidad, 278, 347, 421
hispano-estadounidense, guerra, 23, 279*n*, 291-293, 301, 305, 448, 468
hispanohablantes en EE. UU., 346-350, 408, 414-418, 421, 422
hispanos
desigualdades en EE. UU., 380-385, 3 94-403
en la vida pública, 427, 428
en los medios, 420-423
migrantes indocumentados, 330, 385-387, 424, 429-432, 436, 437, 442, 449, 452, 453

pasado hispánico, 14, 19, 22, 449, 454, 456
votantes hispanos, 398, 426, 427
L'Histoire notable de la Floride (Laudonnière), 62
Historia de la Nueva México (Villagrá), 82, 85
Historia de la conquista de México (Prescott), 230
Historia de las Indias (Las Casas), 44, 44*n*
Historia general y natural de las Indias (Fernández de Oviedo y Valdés), 46, 50*n*
The History of White People (Painter), 19
Hondo, río (Texas), 173
Honduras, 195, 262, 426, 433, 434, 452
Hoover, J. Edgar, 361
hopis, indios, 78, 79, 92
Hopkins, Harry L., 361
houmas, indios, 135
Houston, Sam, 211, 215, 216, 220, 221, 223, 224, 252
Huerta, Dolores, 399, 469
Huerta, Victoriano, 314, 316
huexotzincas, indios, 36
Hughes, Langston, 318
hugonotes, 27, 55, 56, 109, 111, 463
huiluc, idioma, 155
Hull, Cordell, 377
Humboldt, Alexander von, 171, 200
Huntington, Archer Milton, 345, 346
Huntington, Samuel, 454, 456

I love Lucy (serie de TV), 353, 422
Iberville, Pierre Le Moyne d', 111
ICE (Servicio de Inmigración y Control de Aduanas), 439
Ickes, Harold L., 356, 361
La idea de América (Abellán), 16
identidad hispana, 17, 17*n*, 18-20
idioma, identidad hispana e, 18, 19
Idiomas Oficiales, Ley de (1902), 297
Ídolos tras los altares (Brenner), 344
Illinois, 197, 236, 372
Imperio español
California, 152-160
comercio, 127, 128
disolución, 194, 195
esclavitud en, 41, 119, 120, 166-168, 208
esfera de influencia en el Nuevo Mundo, 17
inmigración al, 119, 120
mujeres indias «regaladas» a españoles, 63
reformas borbónicas, 126, 176
Rusia e, 148, 153, 158
Imperio mexicano, 196, 197, 466
Inglaterra
conflicto con los españoles, 104, 106, 108, 109, 113, 114
guerra de los Siete Años, 124-126, 130, 132, 135, 164, 465

París, Tratado de (1763), 125, 465
París, Tratado de (1783), 136, 137, 139, 142, 169, 465
plantaciones irlandesas (siglo XVI), 99, 100
inglés como idioma oficial, 18, 19, 417, 418
inmigración
   asimilación, 204, 255, 333, 349, 399, 414, 415, 420, 456
   de cubanos, 406-411
   deportación de inmigrantes no autorizados, 432, 433, 435, 470
   en el siglo XX, 326, 327
   en el siglo XXI, 430-437
   enfermedades traídas por inmigrantes, 350, 386, 434
   estadísticas y tendencias actuales, 436, 437
   Estatus de Protección Temporal (TPS), 435, 436
   inmigrantes españoles en el siglo XX, 346-348
   inmigrantes indocumentados, 330, 385-387, 424, 429-432, 436, 437, 442, 449, 452, 453
   Ley de Exclusión de Chinos (1882), 327
   Ley de Inmigración (1917), 329, 330, 468
   Ley de Inmigración (1924), 346, 469
   ley Johnson-Reed (1924), 331, 468
   marielitos, 411
   «menores extranjeros no acompañados», 433
   niños refugiados, 433-435
   prejuicios en el siglo XX, 326, 327
   SB 1070 (Arizona), 442
   ser «blanco» en EE. UU., 19-22
inmigración china, 326, 327, 329
inmigración japonesa, 326, 329
Inmigración, Ley de (1917), 329, 330, 468
Inmigración, Ley de (1924), 346, 469
Inmigración y Control de Aduanas, Servicio de (ICE), 439
In re Rodriguez (1897), 255, 256
inca, imperio, 38, 462
Independencia, guerra de (España), 185, 186, 466
Independencia cubana, guerra de (1895), 287, 289, 468
Indiana, 197, 293, 306, 443
Indias Occidentales Danesas, 300
indígenas. *Véase* pueblos indígenas
índigo, 164
indocumentados, inmigrantes, 330, 385-387, 424, 429-432, 436, 437, 442, 449, 452, 453
Industrialización de la Frontera, Programa de (1965), 428
Inter cætera (bula papal, 1493), 24, 25

intercambio biológico, 35
Iphigenia (barco), 149
iroqueses, indios, 111
irrigación en California, 325, 326
Isabel I (reina de España), 23, 24, 30
Isabel I (reina de Inglaterra), 59, 99, 100
istmo de Panamá, 301, 302, 338
Iturbide, Agustín de, 196, 197, 208, 466
Iturrigaray, José de, 176

Jacobo I (rey de Inglaterra), 100-102, 105
Jackson (Misisipi), 129
Jackson, Andrew, 187-190, 192-194, 199, 219, 220, 222, 223, 226, 237, 238, 244, 466
Jackson, Helen Hunt, 276-279
Jacksonville (Florida), 29, 56, 339, 459, 463
Jamaica, 45, 104, 107, 136, 166, 168
Jamestown (Virginia), 102, 104, 106
Jay, John, 21, 137, 138
Jayme, Luis, 157
jeagas, indios, 64
Jefferson, Thomas, 133, 135, 139, 140, 169, 171, 174, 175, 179, 180, 182, 200, 281, 286, 326, 370
Jémez, indios de, 91, 92
Jenkins, Robert, 120
Jesús y María, río de, 116
jesuitas, 68-70, 81, 95, 104, 111, 128, 153, 464
jíbaros, 298, 360
Jimenes, Juan Isidro, 351
Jiménez, Fortún, 93, 462
Jiménez de Cisneros, Francisco (cardenal), 41
Joara (Joada, Carolina del Norte), 65
Johnson, Francis W., 213
Johnson, Lyndon, 382, 386, 398, 404
Johnson-Reed, ley (1924), 331, 468
Johnstone, George, 129, 130
Jones-Shafroth, ley (1917), 300, 356, 468
Jordan, Beth, 452
Jornada del Muerto, 83
José, Nicolás, 158
Juana, isla de, 30
Juanillo (hijo de don Francisco), 72, 463
Juárez, Benito, 265-267, 467
Juderías, Julián, 335
julpun, idioma, 155
jumanos, indios, 116
junta suprema central, 176
juntas, 175-177, 179
justicia parapolicial, 256

Kaine, Tim, 426
Kansas-Nebraska, Ley de (1854), 259
Kearny, Stephen Watts, 230, 231, 247
Kemper, hermanos, 174, 184

Kendrick, John, 149
Kennedy, John F., 398, 404
Kentucky, territorio de, 141-143, 145
Kidder, Federick, 366
Kindelán, Sebastián, 182
Kino, Eusebio, 95, 96, 152, 459-461, 464
kivas, 78, 84, 90
«know-nothing», partido, 254
Knox, Henry, 170
Knox, William, 305, 306
Kofoed, Jack, 409
kumiáis, indios, 154, 157

La Alianza, 380, 401, 402
La Española, 24-26, 26n, 27, 28, 30, 37, 40, 41, 46, 47, 462
La Guerra, Pablo de, 249
La Habana (Cuba), 53, 56, 59, 65, 70, 81, 113, 122, 125, 130-132, 135, 136, 162-164, 181, 260, 288, 291, 352, 406, 407, 410, 465, 468
La Isabela (colonia en La Española), 24
La Navidad (colonia en La Española), 24
La Paz (Baja California), 94, 153, 261
La Purísima (misión), 206
La Salle, René-Robert Cavalier, señor de, 110, 112, 115, 464
Lapérouse, conde de (Jean-François Galaup), 158
l'Archevêque, Jean, 110, 116
Laredo (Texas), 201, 460
Las Casas, Bartolomé de, 28, 39-44, 47, 68
Las Casas, Pedro de, 39
Las Cruces (Nuevo México), 245, 472
Latinoamérica
  raza en, 19, 20
  empleo del término, 16, 17
latino/a, empleo del término, 17, 18, 419
The Latino Disconnect: Latinos in the Age of Media Mergers, 423
latino/hispano como categoría étnica, 419
latinx, empleo del término, 17
Latour, Jean Marie, 269
Laudonnière, René Goulaine de, 57, 59, 60, 62
Le Blond de la Tour, Pierre, 161
Le Moyne, Jean Baptiste, señor de Bienville, 111, 114
Le Moyne de Morgues, Jacques, 62
Le Moyne d'Iberville, Pierre, 111
Leahy, William D., 359-361
Lebrón, Dolores (o Lolita), 365-367
Leclerc, Charles, 170
León, Alejandro Tomás de, 109
Lerdo, ley (1856), 310
Lesseps, Ferdinand de, 302

Lewis, Meriwether, 172
leyenda de Cíbola, 75, 76
Leyenda Negra, 43, 128, 200, 335, 456
Leyes Nuevas (1542), 42
leyes «sólo inglés», 418
Leyva de Bonilla, Francisco, 81, 82
Libre Comercio de América del Norte, Tratado de (NAFTA), 11, 23, 428-431, 449, 470
libros de texto (Texas), 416
Límites, Tratado de (1821), 205
Lincoln, Abraham, 236, 266, 269, 370
La línea del sol (Ortiz Cofer), 350
lipanes, indios, 78
Little Big Horn, batalla de, 270
llanuras, indios de las, 78, 82, 155
Loaiza, Juana, 257
Locke, John, 103
Lodge, Henry Cabot, 290
lomas de San Juan, batalla de las, 292
Londres, Tratado de (1604), 100, 101
Lone Star (Sayles), 449
Long, James, 202
Longoria, Eva, 423
Longoria, Félix Z., 382
López, Jennifer, 424
López, Narciso, 259-261, 467
López de Haro, Gonzalo, 148
López Mateos, Adolfo, 404
López Rivera, Óscar, 367
López Tijerina, Reies («Rey Tigre»), 401-403
Los Ángeles (California), 230, 250, 252n, 274, 311, 328, 369-373, 376, 378-380, 387, 388, 393, 394, 420, 422, 423, 431, 434, 456, 458, 469
Los Ángeles, pueblo de, 156, 159, 250, 465
Louisiane, la, 110
Luis XIV (rey de Francia), 110, 113, 464
Luisiana, 52, 58, 112, 113, 115, 125, 128-130, 133, 134, 141, 144, 151, 160-171, 173, 180, 184, 194, 197, 198, 202, 203, 209, 222, 226, 227, 261, 264, 286, 463-466
Luisiana, territorio de la, 111, 125, 146, 172, 465
LULAC (Liga de Ciudadanos Latinoamericanos Unidos), 380, 382, 384, 385, 396
Lummis, Charles, 274, 274n, 277, 278
Luna y Arellano, Tristán de, 52, 53, 77, 461, 463

Mabila (Alabama), 51
Maceo, Antonio, 287, 289, 290
MacGregor, Gregor, 190, 191
Macheteros (Puerto Rico), 368

Madero, Francisco, 312-314, 323, 468
Madison, James, 169, 171, 175, 179-183
Madrid, Tratado de (1670), 106
Magee, Augustus, 184
Maine (estado), 102, 198
Maine (buque de guerra), 291, 305, 468
Malhado, isla de (Texas), 49
Malintzin, también conocida como Marina o La Malinche (esclava), 32
mambo, música, 353
Mangoon, Charles, 296
Manila, 94, 95, 125
Manila, batalla de, 292
Manrique de Rojas, Hernando, 59
manumisión, 166
mapas
   de la frontera México-EE. UU., 160, 241-243, 269, 271, 441
   de Nuevo México y California, 160
maquiladoras, 428, 429
Marc Anthony (superestrella), 424
Marcantonio, Vito, 359
Marcos de Niza (padre), 75-77, 462, 463
Marcus, Stanley, 337
Marcy, William, 261
María de Ágreda («la Dama Azul»), 87
María Teresa (emperatriz del Sacro Imperio Romano), 112
Marichal, Juan, 391
marielitos, 411
Marín, Rafael Ángel, 350
Marquette, Jacques, 111
Martí, José, 276, 284-287, 289, 292, 414
Martin, Ricky, 424
Martínez, Antonio, 203
Martínez, Esteban José, 148-150
Martínez, Julián, 459
Martínez, Pedro, 391
Martínez Ybor, Vicente, 284
Martinica, isla de, 110, 125
Mártir, Pedro, 46, 50n
Marx, Karl, 265, 374
Maryland, colonia de, 103, 105, 107
Masacre de Ponce, 357, 358, 468
Mason, Richard Barnes, 247
Massachusetts, colonia de la Bahía de, 105
Matagorda, bahía de (Texas), 110
Matanzas, bahía de (Florida), 61
Mathews, George, 181, 182, 189
Maximiliano I (emperador de México), 266-268, 467
Maxwell, Lucien, 271, 272
Maxwell, concesión de, 271
Maxwell Land Grant and Railway Company, 272

maya, pueblo, 31, 32, 37
Mayflower (barco), 12, 105, 464
McCarran-Walter, ley (1952), 385, 469
McCulley, Johnston, 372, 468
McDowell, William O., 287
McKee, John, 181
McKinley, William, 287, 290-292, 305
McKinney contra Saviego (1856), 253
McWilliams, Carey, 20, 337, 380
Meares, John, 149, 150
medios de comunicación
   «hispanidad», 420
   hispanos en, 422-424
Médicis, Catalina de, 56
Medina, batalla de (1813), 184
Meigs, Montgomery C., 278
Mejía, José Antonio, 214
Memoria (Escalante), 64
Méndez, José, 390
Mendez, Sylvia, 395, 396
Mendez contra Westminster (1947), 395, 469
Méndez de Canzo, Gonzalo, 73
Mendoza, Antonio de, 52, 75, 77
Menéndez, Francisco, 119-122
Menéndez de Avilés, Pedro, 60-66, 68-70, 75, 101, 463
Menéndez Márquez, Pedro, 67, 463
Mes Nacional de la Herencia Hispana, 458
Mesilla (Nuevo México), 241-243, 245, 263, 467
mestizaje, 19, 25, 64, 102, 103, 156, 204, 374
mestizos, 25, 63, 86, 87, 89, 90, 92, 106, 123, 130, 156, 178, 185, 253, 254, 278, 298, 305, 307
métis, 111
Mexía, José Antonio, 214
mexica, pueblo, 32-35, 38, 279, 374
mexicanización, 268, 273
mexicano-estadounidense, guerra, 22, 23, 229, 238, 239, 243, 257, 264, 267, 269, 272, 279, 280, 303, 308, 319, 401, 467
mexicano-estadounidenses
   chicanos, empleo del término, 400
   activismo chicano, 400, 401
   discriminación, 376-380, 383-385
mexicanos
   «espalda mojada», 330, 386, 393
   estereotipos, 253, 254
   migrantes indocumentados, 330, 385-387, 424, 429-432, 436, 437, 442, 449, 452, 453
   mano de obra mexicana, 385-387, 398, 399
México, 11, 15-20, 22, 28, 34, 36, 36n, 39, 46-48, 52, 53, 68, 76, 80, 82, 97, 141, 170,

ÍNDICE TEMÁTICO • 565

186, 188, 195-197, 200, 202, 203, 204n, 205-210, 213, 215, 217, 219, 220, 222, 222n, 223-239, 241-245, 248, 249, 253, 258, 260-262, 264-268, 270, 272, 275, 277, 285, 307, 309, 311, 312, 314, 315, 318, 321, 322, 324, 327, 328, 330-332, 337, 341, 343-346, 350, 353, 369, 371-377, 380, 381, 384-386, 390, 391, 393, 401, 404, 410, 412, 421, 422, 425, 426, 428-431, 433-440, 445, 452, 453, 455, 457, 458, 460, 462, 466-470, 473
 cárteles de la droga, 433, 437, 438
 celebraciones del Cinco de Mayo, 266, 422, 425
 comercio con Texas, 258
 comida mexicana, 421, 422
 comienzos del siglo xx, 309-315
 Compra de Gadsden, 244, 467
 contrabando en la frontera con EE. UU., 97, 258, 262, 327, 328, 438
 conversión religiosa en, 38, 39, 81
 Coronado, 77, 79-80
 Cortés, 31-38
 creación de la nación, 195-197
 Decena Trágica, 314
 Declaración de Independencia, 184, 196, 205, 466
 economía moderna, 412, 428-431
 esclavitud en, 205, 208-210
 ferrocarril en, 270, 311
 frontera México-EE. UU., 236, 241-243-245, 270, 271
 Guerra de Reforma, 264, 265
 guerra mexicano-estadounidense, 22, 23, 229, 238, 239, 243, 257, 264, 267, 269, 272, 279, 280, 303, 308, 319, 401, 467
 Imperio mexicano, 196, 197, 466
 inmigración de anglos a, 204, 210
 intentos de comprar partes de, 244, 262
 intercambio biológico, 35
 intervención europea de 1862-1867, 264-267
 ley Lerdo (1856), 310
 mapa de emplazamientos de misiones, 3
 maquiladoras, 428, 429
 Maximiliano I, 266-268, 467
 mestizaje, 19, 204, 374
 mexicanización, 268, 273
 NAFTA (Tratado de Libre Comercio de América del Norte), 11, 23, 428-431, 449, 470
 Napoleón III, 265-267
 Oñate, 82-85
 operación Espalda Mojada, 386
 Plan de Ayala, 313, 317
 Plan de Casa Mata, 197
 Plan de Cuernavaca, 212
 Plan de Guadalupe, 314
 Plan de Iguala, 196
 Plan de San Diego, 318, 319, 323, 324
 Plan de Veracruz, 197
 plata, 34, 36, 42, 80-82, 94, 110, 162, 163, 170, 186, 244
 población de, 36n
 Porfiriato, 310-312, 314, 322
 programa Bracero, 385-387, 428, 469
 Protocolo de Querétaro, 253
 pueblos indígenas, 32, 33, 36
 raza en, 19, 20, 21
 reconocimiento de Texas, 224
 Revolución mexicana, 309-318, 325, 329, 343, 372, 468
 Siete Ciudades de Cíbola, 237, 462
 Velázquez de Cuéllar, 31, 33, 35
México, Ciudad de, 33, 37, 39, 42, 50, 76, 80, 85, 87, 88, 160, 178, 201, 202, 204, 206, 212, 217, 227, 233, 279, 313, 317, 318, 374, 379, 457, 473
Miami (Didion), 414
Miami (Florida), 71, 394, 405-412, 414, 417, 420, 421, 424, 444, 454, 456, 472
Michoacán, 81
Mier y Terán, Manuel de, 201, 209
Miera y Pacheco, Bernardo, 159
Miller, Jeff, 458
Millier, Arthur, 371
Menorca, isla de, 113, 131, 138
Miñoso, Orestes (o Minnie), 390, 391
Miquelón, isla de, 125
Miranda, Guadalupe, 272
Miró, Esteban, 141, 142, 144, 145, 167, 168
misioneros y misiones, 38, 39
 a finales del siglo xix, 273, 277, 278
 en Arizona, 96
 en California, 95, 96, 153-159
 en Carolina del Sur, 70-72
 en Florida, 70-74, 106, 108
 en Nuevo México, 82-90, 92, 96
 en Texas, 112, 115
 enfermedades infecciosas en las misiones, 112, 159
 misión típica, 72
 tratamiento hacia los pueblos indígenas, 157-159
 vida en las misiones, 156-159
Misisipi, estado de, 45, 51, 52, 58, 129, 197, 202, 260, 462
Misisipi, río, 13, 45, 51, 52, 109-112, 114, 115, 124, 125, 129, 137-144, 161, 162, 169, 175, 180, 203, 222, 249, 270, 280, 332, 464

Misisipi, territorio del, 169
Misuri, 123, 143, 146, 160, 171, 197, 198, 221, 259
misuris, indios, 144
Mitchell, Erwin, 452
miwoks, indios, 95, 155, 206
Mix, L. W., 318
Mixtón, guerra del (1541-43), 80
Mobile (Alabama), 129, 135, 136, 181, 187-189
mocamas, indios, 72
mocosos, indios, 51
Monroe, doctrina, 199, 302
Monroe, James, 183, 192, 193, 198, 199
Montalvo, Garci Rodríguez de, 93
Monterrey (California), 95, 153-155, 158, 159, 205-207, 229, 230, 232, 247, 318, 379, 452, 464
Montesinos, Antonio de, 40, 41, 47
Montesquieu, Charles-Louis de Secondat, 128
Montiano, Manuel de, 120, 121
Moñino y Redondo, José (conde de Floridablanca), 137, 169
Moore, James, 113
Mora, G. Cristina, 420
Morales, Vicente, 379
mordaza, ley (Puerto Rico), 363
Morgan, George, 144, 145
Morganton (Carolina del Norte), 65
moros y comercio de esclavos con los portugueses, 41, 107
Morrison, Toni, 455
Mosé, arroyo, 122
Moctezuma (gobernante azteca), 32, 35, 36, 82, 279
Mound Key, isla de (Florida), 62
mowachahts, indios, 147, 151
Mr. Polk, la guerra de, 231
La muerte llama al arzobispo (Cather), 269
mujeres
    mujeres indias «regaladas» a españoles, 63
    métis, 111
Mujeres desesperadas (serie de TV), 423
Mundus Novus (Vespucci), 26
Muñoz Marín, Luis, 349, 359, 360, 363-365, 458, 469
Muñoz Rivera, Luis, 297, 300, 359
Mural del Nuevo Mundo (Miami), 405, 406
muralistas, 374
música
    cha-cha, 353
    mambo, 353
    factor de la diversidad, 424
    música cubana, 352-354, 456

    música jíbara, 354
    música puertorriqueña, 354
    música tejana, 424
    rumba, 352, 353, 422
muscogueanas, pueblos de lenguas, 46, 51, 58, 71
muscoguis, indios, 51, 58, 113
mutualistas, sociedades, 380

Nacogdoches (Texas), 184, 201, 202, 209, 211-213, 466
NAFTA (Tratado de Libre Comercio de América del Norte), 11, 23, 428-431, 449, 470
nanipacanas, indios, 53
Napoleón. *Véase* Bonaparte, Napoleón
Napoleón III. *Véase* Bonaparte, Luis-Napoleón
narcocorridos, 438
Narcóticos de Harrison, ley de (1914), 327
narcotráfico, crimen relacionado con el, 433, 434, 437, 438
Narváez, Pánfilo de, 35, 40, 48, 49, 51, 462
Nashville (Tennessee), 215, 218, 237, 431
Natchez (Misisipi), 52, 129, 142, 202
Natchez, territorio de, 142
Natchitoches (Luisiana), 173
nativos americanos
    comercio con los españoles, 127
    enfermedades infecciosas, 36, 89, 102, 113, 132, 159
    esclavitud de, 92, 108
    matrimonios de blancos con, 102, 103, 103*n*
    Ordenanza del Noroeste y, 139
    toma de posesión de sus tierras, 124
«nativos» neomexicanos, 304
naufragios, 56, 58
navajos, indios, 78, 89
Navarro, José, 156
Navegación, Actas de, 130
Navidad (California), 94
Nebraska, 82, 116, 269
neocolonial española, arquitectura, 337
Nevada, 237, 245, 270, 427, 467
A New and Accurate Account of the Provinces of South Carolina and Georgia (Oglethorpe), 118
Ngai, Mae, 20
Nicaragua, 195, 262, 290, 302, 391, 412
Nieto-Phillips, John, 400, 401
No Transferencia, Resolución de (1811), 181
Noche Triste, 35
Nogales (Arizona), 15, 16, 270, 323
Nogales (México), 15, 16, 270, 318

Normas Justas de Trabajo, Ley de (1938), 359
Noroeste, Ordenanza del (1787), 139
North West America (barco), 149
Nouvelle-Orléans, la, 114, 464
Nuestra Señora de Guadalupe de Tolomato (misión), 72
Nuestra Señora de la Bahía de Espíritu Santo de Zúñiga (presidio), 115, 464
Nuestra Señora de los Dolores (misión), 95
Nuestra Señora de los Dolores de los Ais (misión), 115
Nueva Albión, 94, 463
Nueva Ámsterdam, 104
Nueva Esmirna (Florida), 114
Nueva España
  conversión religiosa, 24, 25
  Gálvez y, 126
  mapa de emplazamientos de misiones, 3
  Provincias Internas, 126, 127, 185
  sistema de encomiendas, 28, 42, 58, 80, 111
Nueva Francia, 109
Nueva Inglaterra, periodo colonial, 104, 105, 107
«Nueva Madrid», 123, 144-146
Nueva Orleans (Luisiana), 125, 130, 134, 135, 136, 141, 161-168, 171, 174, 175, 180, 183, 189, 215, 219, 222, 242, 260, 261, 269, 332, 339, 352, 464
Nueva Vizcaya, 82, 125, 127
Nueva York
  cultura española, 345-348
  exiliados cubanos en el siglo XIX, 281-283, 285
  inmigrantes españoles en el siglo XX, 345-348
  música cubana, 352-354
  renovación urbana, 392
Nuevo México, 15, 75, 77, 79, 80, 81, 85, 87, 89, 90, 92, 93, 95-97, 99, 111, 116, 123, 125, 149, 159, 160, 183, 185n, 205, 227, 229, 230, 233, 236, 237, 241, 242-245, 247, 253, 255, 257, 262-264, 269-271, 273, 299, 303-308, 315, 316, 319, 320, 322, 325-327, 339, 340, 374, 383, 394, 400-402, 459, 460, 463-465, 467, 468, 472
  activismo chicano, 400, 401
  admisión como estado, 271, 273, 303, 304
  concesiones de tierras, 271-273, 401-403
  economía de, 86
  esclavitud, 263
  exploración española, 75-80, 81-85, 87
  gasto en educación, 94
  geografía, 78
  gobierno y administración, 87, 88
  Guerra Civil y, 262-264

Ley de Habilitación (1910), 308
  misiones en, 82-90, 92, 96
  «nativos», 304
  Oñate, 83-85, 96, 97, 463
  Peralta, 85
  población de, 85, 86
  pueblos indígenas, 76-79
Nuevo Mundo, empleo del término, 26
Nutka, bahía de (Columbia Británica), 147-153, 158, 465, 473
Nutka, Convenciones de, 151

Obama, Barack, 367, 404, 426, 432-435, 442, 444, 445, 470
Obregón, Álvaro, 314, 316, 317, 320, 322, 323
Ochenta Años, guerra de los, 43
«ocupantes», 202, 209, 247-249, 251, 272, 276
O'Donojú, Juan, 196
Oeste de Estados Unidos
  concesiones de tierras, 247-249, 252, 253, 271-273, 401-403
  cultura española en, 337, 338, 341, 342
  ferrocarril, 269, 270
  Guerra Civil y, 262-264
  Ley de Asentamientos Rurales (1862), 269, 271
  Ley de Tierras Desérticas (1877), 271
  mapa de emplazamientos de misiones, 3
  primeros años en la Unión, 252-258
  remodelación medioambiental (siglo XX), 325, 326
Ogé, Vincent, 164
Oglethorpe, James Edward, 118-122
Ohio, 12, 110, 124, 142, 197, 269, 274, 436
Ohkay Owingeh, pueblo de, 83
ohlones, indios, 155, 156, 158
Ojeda Ríos, Filiberto, 368
Oklahoma, 80, 303, 305, 307
Olmos, Alonso de, 69, 70
Olson, Culbert L., 377
O'Malley, Walter, 388, 389
Omi, Michael, 19
Onís, Luis de, 191-193
Oñate, Juan de, 82-85, 96, 97, 463
opatas, indios, 78
Operación Bootstrap, 362
Operación Espalda Mojada, 386
Operación Gatekeeper, 439
Operación Hold the Line (1993), 439
Operación Señal Marina, 413
Opportunities in the Colonies and Cuba (Allen), 297
Ordenanzas de descubrimiento, 70
O'Reilly, Alejandro, 144, 163, 164
Oreja de Jenkins, guerra de la, 120

Orgánica, Ley (1900), 297
oristas, indios, 57, 58, 67, 71
oro, 24, 28, 29, 33, 34, 42, 43, 46, 48, 51, 55, 64, 74, 77, 93, 96, 99, 128, 237, 243, 246-248, 270, 272, 273, 328, 339, 346, 347, 370, 372, 424
Oro, Fiebre del, 245, 251, 257, 327, 467
oroysoms, indios, 138
Orozco, José Clemente, 374
Orozco, Pascual, 313, 314
Ortiz, Juan, 51
Ortiz Cofer, Judith, 350
Ortiz Monasterio, José María, 219
osages, indios, 143, 145
O'Sullivan, John Louis, 227
Otermín, Antonio de, 90, 91
Otero, Miguel, 305, 306
Ovando, Nicolás de, 28, 40

pachucos, 378, 379
Pacino, Al, 411
Pacto de Zanjón, 283, 468
Painter, Nell Irvin, 19
Pakenham, Richard, 225
Palou, Francisco, 153
Panamá, Canal de, 302, 338, 468
Pantano Sangriento, batalla del (1742), 121
Paquiquineo (don Luis de Velasco), 68-70
parapolicial, justicia, 251, 252, 256
Pardo, Juan, 65, 66, 463
Pareja, Francisco, 71
París, Tratado de (1763), 125, 465
París, Tratado de (1783), 136, 137, 139, 142, 169, 465
París, Tratado de (1898), 292, 294
Parris, isla de (Carolina del Sur), 27, 56, 461, 462
Partido Liberal Mexicano, 311
Partido Nacionalista de Puerto Rico, 354, 361, 468
Partido Revolucionario Cubano, 286
pasado hispánico, 14, 19, 22, 449, 454, 456
Patriota, guerra, 182
Patrulla Fronteriza, 98, 331, 332, 431, 434, 438, 439, 468, 470
Pauger, Adrien de, 161
pawnees, indios, 116
Paz, Octavio, 16
Paz con México (Gallatin), 235
Pecos, poblado de, 79, 91
Peninsular, guerra, 185, 186, 466
peninsulares, españoles, 176, 178
Pensacola (Florida), 115, 129, 135, 136, 137, 180, 181, 187, 188, 192, 193, 339, 458, 465, 466, 472

Pensacola, bahía de (Florida), 52, 53, 112, 461, 463
Peña Nieto, Enrique, 425
Peña y Peña, Manuel de la, 236
pequeños osages, indios, 144
Perales, Alonso, 383
Peralta, Pedro de, 85
Peregrinos, 105, 298, 464
Pérez, Juan, 148, 150, 465
Perfecto de Cos, Martín, 212
periodo colonial (Canadá). *Véase* colonial, periodo (Canadá)
periodo colonial (EE. UU.). *Véase* colonial, periodo (EE. UU.)
Pershing, John, 321, 344
Perú, 38, 42, 50, 56, 123, 148, 170, 177n, 185, 186, 195, 462
Philippe d'Anjou (príncipe francés), 112
Phinney, Jennifer, 452
Phoenix (Arizona), 392, 393, 426, 431
Pico, Andrés, 230
Picolata (fortín), 121
picuris, indios, 91
Pierce, Franklin, 244, 260, 467
pimas bajos, indios, 78
Pimería Alta, 78, 152
Pinckney, Thomas, 169
Pinckney, Tratado de (1795), 169
Pino, Pedro Bautista, 185n
Pino Suárez, José María, 314
Piñero, Jesús, 363
piratería, 55, 56, 101, 104, 190
piros, indios, 78, 83, 90, 92
Pitt, William (el Joven), 150
Pizarro, Francisco, 38
Plan de Ayala, 313, 317
Plan de Casa Mata, 197
Plan de Cuernavaca, 212
Plan de Guadalupe, 314
Plan de Iguala, 196
Plan de San Diego, 318, 319, 323, 324
Plan de Veracruz, 197
Plan Espiritual de Aztlán, 400
plantaciones, economía de (Carolinas), 108
plantaciones, Irlanda del siglo XVI, 99, 100
plata, 34, 36, 42, 51, 55, 64, 66, 80-82, 94, 99, 101, 110, 128, 130, 142, 162, 163, 170, 186, 244, 270, 295
Platt, Enmienda (1901), 295, 306, 407
Plessy contra Ferguson, 255, 396
Plymouth, 101, 102, 298
Plymouth, colonia de, 104, 105, 464
Pocahontas, 103
Poinsett, Joel R., 205

ÍNDICE TEMÁTICO • 569

Polk, James Knox, 226-229, 231-234, 236-238, 252, 253, 260
Polk, Sarah, 237
Pollock, Oliver, 134
Ponce de León, Juan, 28, 29, 30, 39, 40, 45, 46, 53, 406, 462
Ponce, Masacre de, 357, 358, 468
Pontchartrain, lago (Luisiana), 175
Po'pay (líder religioso), 90, 91, 460, 461
Popham, colonia de, 102
Por quién doblan las campanas (Hemingway), 348
Port Royal, bahía de (Carolina del Sur), 46, 56, 57, 463
Porter, Cole, 353
Portillo, Pedro, 315
Porfiriato, 310-312, 314, 322
Portobelo, batalla de (1739), 120
Portolá, Gaspar de, 153, 154
Portugal, esfera de influencia en el Nuevo Mundo, 25, 462
portugueses, comercio de esclavos por, 41, 107
Poulson, Norris, 388
Power, Ramón, 177
Powhatan, confederación, 102, 107
Prado, Pérez, 353
El precio del poder (película), 411
Preferencias, Ley de (1841), 248
presa Roosevelt (Arizona), 326
Prescott, William Hickling, 230, 233
presidios, 126, 157, 159, 280
Price, Sterling, 267
Princess Royal (barco), 150
Prinze, Freddie, 423
Proclamación, Línea de (1763), 139
PROMESA (Ley de Supervisión, Administración y Estabilidad Económica de Puerto Rico, 2016), 446
Prospect Bluff (Florida), 189
Protección Temporal, Estatus de (TPS), 435, 436
protestante, Reforma, 55
Protocolo de Querétaro, 253
Provincias Internas de Nueva España, 126, 127, 185
Provincias Unidas del Centro de América, 195
Provincias Unidas del Río de la Plata, 195
Proyecto para la Educación y el Registro de Votantes del Suroeste, 426
pueblo, indios, 77, 78, 83, 85-92, 96, 255, 280, 304, 400, 460, 464
pueblo, prácticas religiosas de los, 86
pueblo, rebelión de los indios, 90-92
pueblos indígenas
  de Arizona, 77, 78
  brutalidad contra los, 40, 41
  de California, 155, 156
  conversión religiosa de, 24, 25, 31, 38, 39, 68-72, 127
  de Cuba, 29, 30
  enfermedades infecciosas, 36, 89, 102, 113, 132, 159
  evangelización y conversión en Florida, 68-72
  de Florida, 29, 57, 58, 106
  franceses y, 111, 112
  de La Española, 24, 26, 26*n*
  De Las Casas y, 40-45
  métis, 111
  de México, 32, 33, 36
  mujeres indias «regaladas» a españoles, 63
  Leyes Nuevas (1542), 42
  de Nuevo México, 76-79
  de Texas, 202
  tratamiento en misiones, 157-159
  territorio de la Alta Luisiana, 143, 144
Puente, Ernesto (o Tito), 353, 354
puertorriqueños
  activismo de, 403
  en Nueva York (siglo XX), 348-350
  siglo XXI, 445-448
Puerto Rico, 11, 22, 28-30, 55, 61, 66, 109, 167, 177*n*, 179, 195, 283, 288, 293, 294, 296-301, 303, 348, 349, 354-368, 381, 389, 403, 418, 421, 424, 445-449, 452, 455, 462, 467-470, 473
  Albizu Campos, 354-357, 361-365, 468, 469
  béisbol y, 288, 289
  ciudadanía, 299, 300, 357, 448, 468
  condición de Estado Libre Asociado, 364, 446, 447, 469
  compañías farmacéuticas en, 446
  crisis de deuda, 446, 447
  Ejército Popular Boricua (Los Macheteros), 368
  estatuto moderno, 363, 364
  FALN, 367, 368
  Gran Depresión y, 355
  huracán María, 445, 447, 448, 470
  ley Jones-Shafroth (1917), 300, 356, 468
  ley mordaza, 363
  Ley de Supervisión, Administración y Estabilidad Económica de Puerto Rico (PROMESA), 446
  Masacre de Ponce, 357, 358, 468
  música de, 354
  movimiento nacionalista, 356-362
  Operación Manos a la Obra, 362
  raza y, 294, 298
  Sección 936, 446

Pulitzer, Joseph, 289
Pupo (fuerte), 121
puritanos, 105, 274

Quadra y Vancouver, isla de (Columbia británica), 151
quapaws, indios, 145
Quejo, Pedro de, 46, 462
queres, indios, 78, 83, 91
Quetzalcóatl (dios azteca), 32
Quintanilla-Pérez, Selena, 424
Quisqueya (La Española), 24
Quitman, John A., 260
Quivira, 79

«racialización», 19
Raleigh, Walter, 100
Ramírez, Francisco P., 250-252, 252n
Ramírez Ortiz, Antulio, 410
Ramos, Basilio, 319
rancherías, 155
Rattlesnake Island, 121
Raynal, abate, 128, 129
raza
 cubanos y, 286, 287, 290, 291, 294, 295, 389-391
 identidad hispana y, 19, 20
 mestizaje, 19, 25, 64, 102, 103, 156, 204, 374
 Puerto Rico y, 294, 298
 sistema de castas, 63, 64
Read, Lucy, 320
Reagan, Ronald, 413
Real Compañía Africana, 103, 107
rebeliones. *Véase* alzamientos y rebeliones
Reclamaciones, Ley de (1902), 326
Reconstrucción, periodo de la, 268, 310n
Reforma, guerra de, 264, 265
Reforma de los Servicios de Inteligencia y Prevención del Terrorismo, Ley de (2004), 439
Reforma y Control de la Inmigración, Ley de (1986), 413, 470
reformas borbónicas, 126, 176
refugiados, niños, 433-435
Reily, E. Montgomery, 301
reina Ana, guerra de la (1702-13), 113, 464
reina Calafia, leyenda de la, 93, 152
Reina Carlota, islas de la, 148, 149, 465
La relación (Cabeza de Vaca), 50
renovación urbana, 387-389, 391, 392
República de Fredonia, 209, 466
República de México, 183, 208, 229, 231, 264, 319
República de Texas, 218, 223, 225, 336

República de Florida Occidental, 174, 180, 466
República Dominicana, 11, 19, 24, 264, 288, 331, 350, 351, 389, 391
Resolution (barco), 147
Responsabilidad Personal y Reconciliación de Oportunidades Laborales, Ley de (1996), 413
«reunión para el gran exterminio de grasientos», 246
Revolución estadounidense, 126, 133-138, 143, 164, 170, 195, 439n, 458, 465
Revolución francesa, 151, 164
Revolución haitiana, 165, 166, 168, 179
Revolución mexicana, 309-318, 325, 329, 343, 372, 468
Revolucionaria, guerra. *Véase* Revolución estadounidense
Rhode Island, 224
Ribault, Jean, 27, 57-61, 99
Ribero, Diego, 47
rickahockan, indios, 108
Riggs, Elisha Francis, 356
Río, Dolores del, 372
La riqueza de las naciones (Smith), 128
Rivera, Diego, 343, 374
Rivière de Mai (Florida), 56
roanokes, indios, 100
Roberto Álvarez contra Distrito escolar de Lemon Grove (1973), 395
Robinson, arroyo (Florida), 120
Rochambeau, vizconde de (Donatien-Marie-Joseph de Vimeur), 170
Rodríguez, Abelardo, 376
Rodríguez, Agustín, 81
Rodríguez, Ricardo, 255, 256
Rodríguez, Richard, 20
Rogel, Juan, 71
Rolfe, John, 103, 104
Romney, Mitt, 426
Roosevelt, Franklin D., 342, 355, 359-361, 376
Roosevelt, corolario de, 302
Roosevelt, presa (Arizona), 326
Roosevelt, Theodore, 292, 302, 305-307
Rosselló, Ricardo, 447
Rothschild, L. G. («el Barón»), 306
Rouffi, Guillaume, 59
Rough Riders, 292
Rubí, marqués de (Cayetano María Pignatelli de Rubí y Corbera-Santcliment), 125, 126
Ruiz, José Francisco, 219
Ruiz de Burton, María Amparo, 275-278
rumba, música, 352, 353, 422
Ruso-americana, Compañía, 207

ÍNDICE TEMÁTICO • 571

rusos, costa del Pacífico norte, 147-149
rutas comerciales (Imperio español), 55, 56

Sabina, río (Texas), 173, 174, 193, 194, 200, 205, 209, 216
Sahagún, Bernardino de, 50*n*
Sainsevain, Pierre, 247
Saint Augustine (Texas), 115
Saint-Domingue, 110, 158, 164-167, 170, 179
Salas, José Mariano, 242
Saldívar, Yolanda, 424
Salinas, Carlos, 428
Salinas, Monumento Nacional de las Misiones Pueblo de, 96
salineros, indios, 156
Salvatierra, Juan María de, 95
San Agustín (Florida), 61, 62, 65-67, 70, 71, 73, 74, 94, 100-102, 104, 106, 108, 109, 113, 117-122, 130-132, 138, 182, 191, 199, 282, 339, 406, 458, 460, 463, 466, 472
San Antón de Carlos (fuerte en Florida), 62
San Antonio (barco), 154
San Antonio (Texas), 183, 203, 241, 253, 311, 334, 339, 343, 375, 392, 458
San Antonio de Béjar (presidio), 115, 184, 201, 203, 204, 213, 215, 216, 220, 221, 224, 464
San Antonio de Valero (misión), 115, 216, 217, 464
San Blas (México), 126, 148, 150, 152, 153
San Carlos (barco), 153, 155
San Carlos Borromeo de Carmelo (misión), 154, 155, 158
San Carlos, fuerte de (Florida), 183, 191, 199
San Clemente (California), 337
San Cristóbal, isla de, 104
San Diego (California), 94, 95, 154, 230, 241, 244, 273, 324, 338, 339, 439, 454, 464
San Diego (fuerte), 121
San Diego de Alcalá (misión), 154, 157, 465
San Diego de Satuache (misión, Carolina del Sur), 70
San Esteban del Rey (misión), 96
San Felipe de Austin (Texas), 201, 203, 211, 218, 220
San Felipe del Nuevo México, 81
San Francisco, bahía de, 154, 155, 159
San Francisco de Asís (misión), 85, 155, 246
San Francisco de los Tejas (misión), 112
San Gabriel (misión), 158
San Gabriel de Yunque (Nuevo México), 83, 85
San Gregorio de Abó (misión), 96
San Ildefonso, tercer Tratado de (1800), 170
San Jacinto (Texas), 213, 220, 221, 238, 467

San José (barco), 154
San José de Guadalupe (California), 159, 248
San Juan, río (Florida), 55, 56, 60-62, 66, 67, 113, 119-121, 131, 459, 463
San Juan Bautista (Texas), 115
San Juan Bautista, isla de. *Véase* Puerto Rico
San Juan de los Caballeros (Nuevo México), 83
San Juan de Ulúa (fuerte) (México), 109
San Lorenzo, río, 109, 124
San Lorenzo, río (río Loup), 116
San Lorenzo, Tratado de (1795), 169
San Lorenzo de Nuca (Columbia Británica), 149
San Luis (Misuri), 110, 143, 144, 160, 311
San Luis de Apalache (misión), 108
San Luis de Talimali (misión), 74
San Luis Obispo (California), 158
San Luis Rey (misión), 273
San Marcos (fuerte), 67, 461, 463
San Marcos de Apalache (fuerte), 108, 192
San Miguel (iglesia, Santa Fe), 96
San Miguel de Culiacán (México), 76
San Miguel de Gualdape (colonia), 47, 462
San Miguel de Linares de los Adaes (misión), 115
San Pascual, batalla de, 230
San Patricios, batallón de los, 231
San Pedro, isla de, 125
San Pedro de Mocama (misión), 71, 72
San Pelayo (barco), 61
San Ramón (barco), 136
San Sabá (misión), 153
San Salvador, descubrimiento de, 23
San Simón, isla de (Georgia), 119, 121
San Vicente, isla de, 125
San Xavier del Bac (misión), 96, 96*n*
Sánchez, Francisco, 81
Sánchez, Francisco del Moral, 118
Sánchez, George I., 394, 395
Sánchez, George J., 20
Sánchez y Tapia, José María, 201
sándwich «cubano», 421
Santa Ana (galeón), 94
Santa Anna, Antonio López de, 197, 209-213, 215-217, 219-221, 223-225, 231-233, 244, 279, 467
Santa Bárbara (México), 81, 82
Santa Bárbara (misión), 206, 230, 250, 277, 338
Santa Catalina, isla de, 70
Santa Catalina de Guale (misión), 70, 72
Santa Clara de Tupiqui (misión), 72
Santa Elena (Carolina del Sur), 27, 46, 52, 53, 55, 64-68, 70, 101, 106, 111, 151, 461-463

Santa Fe (Nuevo México), 13, 85, 87-91, 96, 97, 116, 159, 224, 227, 230, 263, 303, 402, 464
Santa Fe, Anillo de, 271, 272, 303
Santa Fe de Toloca (misión), 114
Santa Inés (misión), 206
Santa María, bahía de, 66, 68, 69
Santa María, río, 131, 136, 181, 182
Santa María de Galve (Florida), 112
Santísimo Nombre de María (misión), 112
Santo Domingo, 30, 37, 40, 46, 104, 110, 167, 195, 261, 360
Santo Domingo de Asao (misión), 73
Santo Domingo de Talaje (misión), 118
Santo Domingo, poblado de, 83, 86, 91
sarampión, 106
Saturiwa, cacicazgo, 67
Sayles, John, 449
SB 1070 (Arizona), 442
Schuchard, Carl, 241
Scott, Mary Means, 321
Scott, Winfield, 232, 233, 238, 279
Seals, Woodrow, 397
Secularización, Ley de (1833), 206
Segovia, Josefa, 257
segregación
  en el béisbol, 389-391
  en Florida, 286, 286n, 287, 332, 333
  en Miami, 408, 409
  en el Suroeste, 255, 256, 334, 335, 393-395
Seguín, Juan, 215, 217, 221, 231, 239
Seguridad Fronteriza, Oportunidades Económicas y Modernización de la Inmigración, Ley de (2013), 440
Seguridad Nacional, Departamento de, 435, 439
Segunda Guerra Mundial, 13, 23, 362, 363, 376, 377, 381, 385, 388, 408, 469
Selena (cantante), 424
Seloy, cacicazgo, 67
seminola, primera guerra (1817-18), 190
seminolas, indios, 132, 183, 189, 190, 192, 244
Sepúlveda, Juan Ginés de, 44
Las sergas de Esplandián (Montalvo), 93
seris, indios, 78
Serra, Junípero, 153, 154, 157-159, 373, 461
Servicio de Aduanas y Protección Fronteriza (CBP), 439
Servicio de Inmigración y Control de Aduanas (ICE), 439
Servicio Selectivo, Ley de (1917), 300
Servicio Selectivo, Ley de (1940), 381
Siete Años, guerra de los, 124-126, 130, 132, 135, 164, 465
Siete Ciudades de Antilia, 75

Siete Ciudades de Cíbola, 237, 462
Siete partidas, 167
Sevier, John, 140, 141, 143
Shafer, Emmy, 417
Shakira (superestrella), 424
Shaler, William, 183, 260
shawnis, indios, 143, 144
Silenciando el pasado (Trouillot), 19
«Situado, el», 66, 163
«A Sketch of the Contrast Between the Spanish and the English Colonies» (Crèvecoeur), 200
Sleepy Lagoon, caso de, 378
Slidell, John, 227
Smith, Adam, 128
Smith, John, 103, 104
sobaipuris, indios, 78
Social Life in Cameron, Starr, and Zapata Counties (González), 334
sociedad La Unión Martí-Maceo, 333
Socorro, poblado de, 83
Socorro Peña, Juan, 409
Solís de Merás, Gonzalo, 63
Sonora, desierto de, 440, 441
Sonthonax, Léger-Félicité, 165
Sorolla y Bastida, Joaquín, 345, 346
Soto, Comisión para la Expedición de, 340
Soto, Hernando de, 50, 51, 77, 340, 341, 462, 463
Soto, Monumento a la Ruta de, 340
Sotomayor, Sonia, 427
The Spanish Borderlands: A Chronicle of Old Florida and the Southwest (Bolton), 341
The Spanish Pioneers and the California Missions (Lummis), 274
The Squatter and the Don (Ruiz de Burton), 276
St. Croix, isla de, 300
St. John, isla de, 300
St. Thomas, isla de, 300
Sterling, Christine, 369-371
Strand, Paul, 373
Stuart Town (Stuart's Town) (Carolina del Sur), 109
sucesión española, guerra de, 113-115, 125, 464
La sucesión presidencial en 1910 (Madero), 312
Sudamérica, colonización, 45
Sureste de Estados Unidos, raíces españolas, 340-342
Suroeste
  admisión como estado, 303-308
  desafíos a sus sistemas educativos, 394-397
  desarrollo del *Sun Belt*, 393
  mapa de emplazamientos de misiones, 3
  segregación en, 383-385

ÍNDICE TEMÁTICO • 573

Swing, Joseph, 386

Tacatacuru, cacicazgo, 71
Taft, William Howard, 296, 308, 313, 314
taínos, indios, 26*n*
Tallahassee (Florida), 51, 74
Tallmadge, James, 197, 198
Tampa (Florida), 284-287, 332, 333, 348, 366, 406
Tampa, bahía de (Florida), 48, 51, 68, 132, 462
Tampa, Resoluciones de, 286
Tanner, Henry S., 243
tañoanos, indios, 78
Taos (Nuevo México), 96, 230
Taos, indios de, 88, 91
tarahumaras, indios, 79
Tascalusa (jefe), 51
Taylor, John W., 197
Taylor, Zachary, 194, 227, 228, 260
tejana, música, 424
tejanos, 184, 203, 204, 211-213, 215, 217-219, 221, 222, 224, 242, 253, 255, 257, 258, 264, 280, 319, 323, 324, 334, 335
Teller, Henry Moore, 292
Templo Mayor (México), 35, 37
Tennessee, 58, 65, 140, 143, 174, 206, 211, 222, 224, 237, 431, 458, 463, 472
Tenochtitlán (México), 33, 34, 36-38, 75, 230
tequestas, indios, 58, 62, 71
tewas, indios, 78, 91
tewas del sur, indios, 92
Texas
  activismo chicano, 401
  admisión como estado, 223-226
  El Álamo, 216-218, 220, 221, 238, 239, 336, 337, 449, 464, 467
  anexión a EE. UU., 223, 225, 226
  anglos en, 204, 205
  anglotexanos, 208, 212-218, 220, 221
  colonización española, 116, 117
  comercio con México, 258
  concesiones de tierras, 252, 253
  conversión religiosa de los pueblos indígenas, 116, 127
  educación en, 416
  escaramuzas fronterizas con México (siglo xx), 323
  Guerra Civil y, 262, 264
  independencia de, 219-221
  isleños canarios, 116, 117, 130
  justicia parapolicial, 251, 252, 256
  mapa de emplazamientos de misiones, 3
  misiones en, 3, 112
  música tejana, 424

  origen del nombre, 112
  población de, 202
  pueblos indígenas, 202
  querellas contra el sistema de educación, 396, 397
  reconocimiento por parte de México, 220, 221, 224
  Tratado de Anexión (1844), 225
  Tratado de Guadalupe Hidalgo (1848), 236, 241, 242, 245, 247, 249, 252, 253, 256, 257, 275, 395, 401, 403, 467
Texas Land Company, 219
Texas Western Railroad Company, 241
Texcoco, pueblo de, 32, 80
Teypana, poblado de, 83
«el Turco» (indio), 79
Thoreau, Henry David, 234
La tierra azotada (Tugwell), 361
Tierras de California, Ley de (1851), 248
Tierras Desérticas, Ley de (1877), 271
Tigüex, guerra de, 79
Tijuana (México), 328, 372, 375
Tilden, Samuel, 268
Timbre, Ley del (1765), 133
Timucua, provincia de, 106, 108
timucuas, indios, 57, 58, 60, 62, 66, 67, 71, 106, 132
timucuas, sublevación de los (1656), 106
tiwas, indios, 78
tiwas, poblados, 79, 81
tiwas del sur, indios, 92
Tlaxcala, pueblo de, 35, 80
tlaxcaltecas, 33-37
tabaco, exploración inglesa y, 103, 104
Tobago, isla de, 125
tocobagas, indios, 48, 58, 62, 64
Tocqueville, Alexis de, 201, 202
tohono o'odham, indios, 78, 96, 245
tompiros, indios, 90, 92
Tonyn, Patrick, 131, 132
Tordesillas, Tratado de (1494), 25, 462
Torre de la Libertad (Miami), 405
Torresola, Griselio, 364
totonacas, indios, 32, 33
Totonteac (una de las Siete Ciudades de Cíbola), 77
towas, indios, 78
Townshend, leyes (1767), 133
Toypurina (mujer nativa), 158
TPS (Estatus de Protección Temporal), 435, 436
A Tramp Across the Continent (Lummis), 274
Transcontinentalidad, Tratado de (1819), 193
Tratados sobre el gobierno civil (Locke), 103
Travis, William Barret, 216, 217, 238

Treviño, Juan Francisco, 89
Trienio Liberal, 194, 281
Trist, Nicholas, 236
Trouillot, Michel-Rolph, 19
Trujillo Molina, Rafael Leónidas, 351, 410
Truman, Harry S., 363, 364, 469
Trump, Donald, 12, 425, 426, 428, 430, 435, 436, 438, 440, 442, 443, 445, 448, 470
Tucson (Arizona), 15, 96, 97, 393, 415, 425, 440-442, 459
Tugwell, Rexford, 361
tupelos, indios, 51
Turnbull, Andrew, 131, 132
Turner, Frederick Jackson, 279, 341
Tydings, Millard, 357, 361
Tyler, John, 225

ucitas, indios, 51
Ugly Betty (serie de TV), 423
Ulloa, Antonio de, 144, 162, 163, 167
Ulloa, Francisco de, 94, 462
Unión de Puerto Rico, 300
unisumne, idioma, 155
Universalis cosmographia (mapa), 26
Univisión (canal de TV), 420
Unzaga, Luis, 164
Upshur, Abel, 225
urbana, renovación, 387-389, 391, 392
Urbano VIII (papa), 87
Utah, 159, 237, 245, 247, 269, 400, 443, 467
utes, indios, 78, 91, 116
Utrecht, Tratado de (1713), 113, 124, 135

Valencia, Amparo F. de, 318
valla de seguridad Estados Unidos-México, 15, 16, 439-441, 470
Valle Imperial (California), 325, 326, 329, 375
Vallejo, Mariano, 230
Valverde, batalla de, 263
Valverde y Cosío, Antonio, 116
Vancouver, George, 151, 152
vaquero, 157, 314, 317, 325, 325*n*, 339, 455
Varela, Félix, 281, 282, 284
Vargas, Aurora, 389
Vargas, Diego de, 91, 92, 97
Vega, Bernardo, 350
Velasco, don Luis de (Paquiquineo), 68-70
Velázquez de Cuéllar, Diego, 30, 31, 33, 35, 462
Vélez de Escalante, Francisco Silvestre, 159
Venezuela, 177*n*, 179, 186, 190, 195, 259, 390
Veracruz (México), 28, 33, 35, 38, 45, 50, 52, 56, 109, 127, 130, 136, 197, 211, 212, 229, 231-233, 265, 267, 316, 317, 323

Veramendi, Úrsula, 204
Verrazzano, Giovanni da, 52
Vespucci, Amerigo, 26
Viamonte, Luis, 453, 454
Villafañe, Ángel de, 53
Victoria, Guadalupe, 201
El viento que barrió a México (Brenner), 344, 469
Vieques, isla de, 362, 363
Vilar, Irene, 365
Villa Real de la Santa Fe (Nuevo México), 85
Villa, Francisco (o Pancho), 312-315, 317, 320, 321, 323, 329, 344, 350, 372, 386, 459, 468
Villagrá, Gaspar Pérez de, 82, 85
Villasur, Pedro de, 116
Vimeur, Donatien-Marie-Joseph de (vizconde de Rochambeau), 170
Vinckeboons, Joan, 152
Virgen de Guadalupe, 39, 178, 236, 399, 457
Vírgenes Estadounidenses, Islas, 300
Virginia, territorio de, 107
viruela, 36, 106, 112
vivienda, discriminación en, 391-394
Vivienda, Ley de (1949), 392
Vivienda, Ley de (1954), 392
Vivienda Justa, Ley de (1968), 393
Vizcaíno, Sebastián, 95, 154, 464
Von Humboldt, Alexander, 171, 200
voto
    discriminación y derecho al voto, 397, 398
    votantes hispanos, 398, 426, 427
    registro de votantes, 426, 427

Waldseemüller, Martin, 26
Walker, James, 219
Walker, William, 261, 262, 467
Walnut Springs (Texas), 221
Washington, George, 124, 238, 278, 370, 460
Watauga, Asociación, 140
Waterman, Henry S., 379
Watts, J. H., 255
Watts, John Sebrie, 255
Weiss, Milton, 414
Welles, Sumner, 377
West, Charles, 356
West Side Story (musical), 392
westos, guerras con los, 108
westos, indios, 108
Weyler, Valeriano, 290
White, Edward, 299
White, Enrique, 181
White, James, 140, 141

Whitman, Walt, 13, 14
Who Would Have Thought It? (Ruiz de Burton), 276
Whole and True Discoverye of Terra Florida (Ribault), 59
wichitas, indios, 79, 202
Wilkinson, James, 141, 142, 145, 172-174, 204, 204n
Williams, William, 299
Wilmot, David, 229
Wilson, Henry Lane, 314
Wilson, Woodrow, 316, 319-321, 351
Wilson-Gorman, Ley Arancelaria de (1894), 289
Winant, Howard, 19
Winship, Blanton, 356-359
Winyah Bay (Carolina del Sur), 46, 47, 462

Xicoténcatl, Felipe Santiago, 239

Yamasi, guerra (1715-17), 114
yamasis, indios, 108, 114
Ybor City (Florida), 281, 284-286, 333, 408
Yfusinique (poblado), 73
«yorkinos», 197
Young Lords, 403
yumas, indios, 78, 152

Yunque (Nuevo México), 83
Yuquot (Columbia Británica), 147-149, 152

Zacatecas (México), 80-82, 85, 212, 316
zacatecos, indios, 80
Zaldívar, Juan de, 83, 84
Zaldívar, Vicente, 84
Zanjón, Pacto de, 283, 468
Zapata, Emiliano, 312, 313, 317, 318, 320-323, 334, 344, 429
zapatistas (Ejército Zapatista de Liberación Nacional), 429
zapotecas, indios, 37
Zavala, Adina de, 336
Zavala, Lorenzo de, 219, 222, 222n, 223
Zedillo, Ernesto, 413
zías, indios, 91
zoot, disturbios del traje, 378-380, 469
Zorro, películas del, 373, 373n
Zuloaga, Félix María, 265
Zúñiga, Gaspar de, 82, 95
Zúñiga, Mauricio de, 189
Zúñiga, Pedro de, 101
zuñis, indios, 76-78, 92

1812, guerra de, 182, 186-189, 193, 198, 466
1850, Compromiso de, 246